한국의 논어

다산 논어

| 2 권 |

한국의 논어
다산 논어

정약용의 논어 읽기

김홍경 지음

글항아리

차례

제11편

선진

先進

11.1

선생님께서 말씀하셨다. "'먼저 나아간 사람은 예악에 야인이었고, 나중에 나아간 사람은 예악에 군자였다'라고 하나 내가 만약 등용한다면 나는 먼저 나아간 사람으로부터 시작할 것이다."

子曰; 先進於禮樂, 野人也, 後進於禮樂, 君子也. 如用之, 則吾從先進.

이 편 「선진」은 공자의 제자에 대한 이야기가 많다.『논어』의 흐름을 볼 때 이 편은 공자의 일상을 기록한 「향당」을 이어 그의 제자를 논하는 셈이다.

본문의 '선진先進'과 '후진後進'이 누구를 가리키는가에 관해서는 네 가지 설이 있다. 고주에서 포함과 형병은 이들이 공자의 제자 중에 벼슬길에 먼저 나아간 사람과 늦게 나아간 사람을 가리킨다고 보았다.『논어음의』에서 정현은 학문에 먼저 나아간 사람과 늦게 나아간 사람을 가리킨다고 주장했다 (『경전석문』, 24:15b). 또 황간은 삼왕 이전의 사람이 '선진'이고, 그 이후의 사람이 '후진'이라고 했다. 삼왕은 하·은·주 삼대의 창업자인 우왕, 탕왕, 그리고 문왕·무왕을 가리킨다. 반면 금주는 공자 이전, 특히 주초의 인물이 '선진'이고, 공자의 시대 곧 주말의 인물이 '후진'이라고 했다. 이 문제에서 다산은 포함과 형병의 견해를 따른다. 곧 공자의 제자 중 노나라 양공과 소공 때의 제자가 '선진'이고, 정공과 애공 때의 제자가 '후진'이다. '선진'과 '후진'은 선후배라는 말과 조응하는데, 공자의 문하에서 선배 무리가 '선진'이고, 후배 무리가 '후진'이다.

이 장은 예악과 관련하여 '선진'이 야인이고 '후진'이 군자라고 했다. 군자는 유교의 이상적 인격이므로 당연히 공자는 '후진'을 높이 사야할 것 같은데, 나중의 결론을 보면 '선진'이 우월한 듯이 보인다. 이것 때문에 주해가들은 혼란을 겪었다. 고주는 얼핏 보기에 모순적 언급을 정합적인 것으로 만들기 위해 복잡한 해설을 붙였다. 곧 선배 무리인 '선진'이 원래 예악에 뛰어났으나 주나라 말기에 예악이 쇠퇴하면서 시대의 흐름에 맞게 적응한 '후진'이 군자가 되었고, 그들의 눈에 '선진'은 야인과 같았다. 하지만 예악을 회복하기 위해 노력한 공자는 혹여 사람을 등용할 기회가 주어진다면 '선진'을 쓰겠다고 했다. 이렇게 해설하면서 고주는 '후진'이 군자인 이유가 예악의 문제에서 시중時中했기 때문이라고 말했는데, 이런 말 때문에라도 다산은 고주를 받아들일 수 없었다. 시중한 군자라면 완벽한 사람인데, 공자가 그들을 쓰지 않았을 리 없기 때문이다.

이 혼란을 해결할 돌파구를 마련한 사람은 정이였다. 금주에서 그는 이 장의 앞부분을 당시 사람들의 말로 만들었다. 곧 공자는 이렇게들 말한다고 먼저 운을 떼고는 그와는 달리 자신은 '선진'을 애호할 것임을 밝혔다. 금주에서 '선진'은 주나라 초기의 사람이므로 공자는 결국 주말의 예악보다는 주초의 예악을 좋아한다고 밝힌 셈이다. 공자는 문채가 승한 주말의 예악 문화를 싫어했기 때문에, 혹은 문질빈빈한 주초를 사랑했기 때문이다. 참고로 금주에서 '용用'은 고주나 다산과 달리 '등용하다'라는 의미가 아니라 '예악을 사용하다'라는 의미다. 그렇다면 이 장에서 공자는 노골적으로 주초의 예악을 선호한다고 말했다. 이렇게 금주는 이 장에서 다시 그들의 문질론으로 돌아간다. 이미 몇 번 서술한 것처럼 성리학은 주나라 말기에 '문文'을 너무 중시하여 주나라가 쇠퇴했다고 보고 '문'보다 '질質'을 강조하여 문질빈빈의 이상적 균형을 회복해야 한다고 주장했다. 다산은 이 주장을 강력하게 반대했는데, 이에 대해서는 이미 해설했다(2.23, 3.4, 6.17). 어쨌든 이 장의 앞부분을 사람들의 말로 만들어버림으로써 금주는 이 장의 혼란을 해결했다.

정이는 다산에게도 영감을 주었다. 금주처럼 다산도 이 장의 앞부분을 공자가 아닌 다른 사람의 말로 본다. 다산을 통해 『논어』를 읽을 때는 이 점을 분명히 해야 한다. 하지만 그는 금주처럼 이 말을 세간의 말로 보지는 않았다. 그에게는 이 말이 '후진', 곧 제자 중에서 나중에 벼슬에 나아간 사람들이 한 말이었다. 다산에 따르면 후배 무리는 이미 정돈된 공문에서 공부했으므로 예악에 사뭇 익숙했고, 스스로를 군자답다고 생각했다. 그들이 보기에 선배 무리는 예악에 관해 야인과 같았다. 그래서 "먼저 나아간 사람은 예악에 야인이었고, 나중에 나아간 사람은 예악에 군자였다"라는 말이 그들의 입을 통해 공문에 떠돌았다. 이것을 들은 공자는 "내가 만약 등용한다면(用) 나는 먼저 나아간 사람으로부터 시작할 것(從)이다"라고 말했다. 예악의 세절에서는 공문의 후배가 선배보다 능하지만, 따라서 '문'이라는 측면에서는 선배보다 낫지만, 선배에게는 순박함의 '질'이 있기 때문이었다. 이때 다산이 '종從'을 보통처럼 '따르다'라는 의미로 보지 않고 '시작하다'라는 의미로 푼 것에 주목해야 한다. 보통처럼 '따르다'라고 보면 '질'을 보존한 선배를 중시하고 '문'에 능한 후배를 완전히 배척하게 된다. 하지만 다산처럼 보면 '질'을 보존한 선배를 먼저 등용하고 나중에 '문'에 능한 후배를 등용하게 된다. 다산은 항상 성리학이 '문'을 천대하는 편견을 가졌다고 비판했기 때문에 만약 공문의 후배가 '문'에 능했다면 그들을 완전히 배척할 수 없었다.

> 진실로 주나라 말기에 '문'이 승했다면 난왕과 현왕의 치세가 문왕과 무왕
> 의 치세보다 더 번성했을 것이다. '문'이 비록 '질'을 기다려 아름다움을 완
> 성하지만 '질' 또한 '문'을 기다려 근본을 보존하게 된다.

여기에서 볼 수 있듯이 그의 문질론은 성리학에 비해 '문'을 중시하지만 절
차로 보았을 때 먼저 '질'을 갖추어야 '문'이 완성될 수 있다고 생각한다. 그렇
기 때문에 다산은 공자가 먼저 '선진'을 등용하고 나중에 '후진'을 등용하려
고 했다고 보았다. 이렇게 다산은 성리학처럼 문질론에 기초하여, 하지만 그
들과는 전혀 다른 방향으로 이 장을 해석했다. 이 해석은 '원의총괄'에 "오종
선진吾從先進은 사람을 등용할 때 '먼저 나아간 사람'부터 등용할 것이라는
뜻이다"라고 요약되었다. '종'을 '시작하다'라는 뜻으로 푼 것이 이 장의 해석
에서 중요한 역할을 했음을 알 수 있다.

11.2
**선생님께서 말씀하셨다. "진나라와 채나라에서 나를 따른 자들은
모두 성문에 이르지 않았다."**

子曰; 從我於陳蔡者, 皆不及門也.

금주에서 이 장은 다음 장과 연결되어 한 장이 된다. 『논어집해』에는 다음
장에 대한 주가 없으므로 원래 두 장을 연결해 읽었는지 확인할 길이 없으

나 형병에 따르면 정현은 연결했고, 황간은 분리했다. 형병 자신은 다음 장에서 이 장을 '앞의 장(前章)'이라고 했다. 다산도 황간과 형병처럼 이 장을 분리했다.

금주는 다분히 의도적으로 두 장을 붙였다. 다음 장의 제자 열 명은 공문 십철이라고 불리는데, 성리학의 세계관에서 가장 중요한 제자 중의 하나인 증자가 빠졌다. 성리학에 따르면 증자는 안자를 이어 공자의 도를 전수받았고, 그것을 자사와 맹자에게 전했다. 성리학에서는 공자의 도를 전한 이 넷을 사성, 네 명의 성인이라고 하는데, 다음 장에는 정작 증자가 빠졌다. 따라서 금주는 다음 장의 의미를 축소해야 했고, 그곳에 열거된 열 명의 제자가 단지 진나라와 채나라 사이에서 공자와 함께 있었기 때문에 기록되었다는 점을 강조해야 했다. 이것이 금주가 두 장을 합한 배경이다.

반면 다산은 『논어고금주』 전편을 통해 도통을 강조하는 성리학으로부터 무고에 가까운 비판을 받았던 공자의 제자를 변호하기 위해 노력했다. 그는 성리학의 도통 의식에서 자유로웠고, 합장할 필요성을 느끼지 못했다. 그에게 공문십철은 말 그대로 공자 문하의 뛰어난 제자 열 명을 의미한다. 그래서 다산은 단순한 사실, 이 장은 공자의 말이고 다음 장은 아니라는 사실에만 주목하여 두 장을 분리했다. 금주도 다음 장이 공자의 말이 아니라고 인정했지만 그들의 필요성이 사실의 고려보다 더 컸다. 물론 다산에게도 두 장은 관련을 가진다. 다음 장에 나오는 열 명의 제자가 "진나라와 채나라에서 나를 따른 자"이기 때문이다.

다산에 따르면 노 애공 6년인 기원전 489년 공자는 진나라와 채나라 사이에서 여행했다. 이때 오나라가 진나라를 공격하기 시작했으므로 초나라는 진나라를 구하기 위해 군사를 보냈고, 공자가 진과 채 사이에 있다는 것을 알았다. 초나라는 공자를 초빙하려고 했다. 이 소식을 들은 진나라의 대부들은 공자가 초나라에 가서 자신들의 비리를 폭로할까 두려워했고, 공자 일행의 길을 막았다. 그 때문에 공자 일행은 이레 동안 곡식 맛을 보지 못하고 굶주려야 했다. 이 일이 일어난 뒤 공자는 다시 위나라로 돌아갔다. "진나라와 채나라에서 나를 따른 자"란 이 사건이 일어났을 때 공자와 함께 있던 제자를 가리킨다. 그중에는 자로도 있었고 안연도 있었다. 그런데 공자는 이들이 "모두 문門에 이르지 않았다"라고 했다. 그러므로 여기에서 '문'이 무엇을 의미하는지가 논란이 된다.

고주에서 '문'은 벼슬에 이르는 문이다. 곧 진과 채 사이에서 공자를 따랐던 제자는 그들의 재주에 걸맞은 자리를 얻지 못했고, 공자는 아쉬워했다. 다산은 '문'이라는 글자를 이렇게 해석할 수 없다고 하면서 고주를 받아들이지 않았는데, 따지고 보면 다음 장의 십철 중 끝까지 벼슬을 하지 않은 사람은 안연과 민자건뿐이다. 자로와 염유는 공자가 노나라를 떠나기 전에 이미 계씨에게 벼슬했으며, 공자가 떠돌아다닐 때에도 제자 여럿이 크고 작은 자리를 차지했다. 그러므로 고주처럼 이 장을 읽으면 앞뒤가 맞지 않는다.

한편 금주에서 '문'은 공자의 문하, 곧 공문을 가리킨다. 공자가 이 장에 기록된 말을 할 때 공문에는 옛날 진채 사이에서 함께 곤란을 당했던 제자가 '모두(皆)' 부재했으므로 공자가 옛날을 회상하며 이렇게 이야기했다는 것이 금주의 설명이었다. 하지만 이런 해석은 본문의 '급及'을 '있다'라는 뜻으로 풀어야만 가능하다. 다산은 그렇게 풀 수 없다고 했고, 게다가 이들 열 명의 제자가 "동시에 모두 흩어질 그런 이치는 없다"라고 하여 금주가 이치에도 맞지 않는다고 보았다. 사실 『논어』 등에서는 공자와 이들 사이의 대화가 지속적으로 이어지므로 과연 이들 모두가 공문에 부재할 때가 있었는지 의심스럽다.

그래서 다산은 '문'이 위나라의 성문을 가리킨다고 이해했다. 곧 '문'은 진채 사이에서 곤액을 경험한 공자가 다시 위나라로 돌아갔을 때 통과했던 성문이다. 다산에 따르면 이때 공자를 수행한 제자들은 공자와 떨어진 채 한참이나 뒤처져서 공자를 따랐다. 환란을 당했을 때 일행의 뒤를 지키는 것이 미덕이고, 스승을 먼저 안전한 곳으로 보내야 했기 때문이다. 『맹자』는 공자가 이 곤란을 겪을 때 "위로나 아래로 사귈 사람이 없었다"(『맹자집주』, 7B:18)라고 했는데, 다산에게는 이것이 바로 공자가 제자들과 떨어졌다는 증거였다. 공자가 천신만고 끝에 위나라의 성문에 도착했을 때 제자들은 모두 아직 도착하지 않았고, 그래서 공자는 이 장의 말을 남겼다. 그렇다면 이 장은 공자의 제자들, 특히 다음 장에 나올 제자 열 명의 공자에 대한 지극한 존경심과 충성을 보여준다. 다산의 독법은 오규의 설, 곧 본문의 '문'이 위나라 성문을 가리킨다는 설에서 영감을 얻었지만 맥락의 추론은 다산의 것이다. '원의총괄'은 이 독특한 해석을 "'개불급문皆不及門'은 (제자들이 모두) 위나라의 성문에 이르지 않았음을 말한다"라고 요약했다.

11.3

덕행에는 안연, 민자건, 염백우, 중궁이요, 언어에는 재아와 자공이요, 정사에는 염유와 계로요, 문학에는 자유와 자하였다.

德行, 顔淵·閔子騫·冉伯牛·仲弓. 言語, 宰我·子貢. 政事, 冉有·季路. 文學, 子游·子夏.

여기 나오는 '덕행德行'과 '언어言語' '정사政事' '문학文學'이 이른바 공문사과, 공문 제자가 뛰어났던 네 가지 분야이며, 여기 나오는 열 명의 제자가 이른바 공문십철이다. 이때 '언어'는 요즘 쓰는 말로 언변에 가깝다. 당시 제후국 간의 외교는 언변에 뛰어난 사신을 통해 이루어졌으므로 '언어'에 뛰어났던 재아와 자공은 외교 분야에 특장이 있었던 셈이다. 그런데 여기 나오는 열 명의 제자는 모두 이름이 아니라 자로 기록되었다. 참고로 이 열 명의 원래 이름은 순서대로 안회, 민손, 염경, 염옹, 재여, 단목사, 염구, 중유, 언언, 복상이다. 자는 성인인 상대방을 존중하는 의미에서 사용하는 것이고, 스승이 제자를 부를 때는 자가 아니라 이름을 사용하므로 이 장은 공자의 말이 아니다. 그래서 다산은 앞 장과 이 장을 분리했다.

이 장은 제자 열 명만 거론했지만 보통 공문에는 뛰어난 제자가 72명 있었다고 한다. 그러므로 당연히 어떤 기준으로 이들을 뽑았는지 논란이 될 수밖에 없었다. 고주는 두 가지 설을 소개한다. 하나는 이들이 공문의 가장 뛰어난 제자였다는 설이고, 다른 하나는 진채 사이에서 공자를 수행했던 제자들 중 뛰어났다는 설이다. 이미 설명한 것처럼 이 명단에는 증자가 빠졌으므로 금주는 두 번째 설을 받아들일 수밖에 없었다. 더 나아가 금주에서 공문십철은 정론이 아니라 세속에서 말하기 좋아하는 이들이 퍼뜨린 개념에 불과했다. 반면 열에 아홉 이상 금주를 배격하는 모기령은 첫 번째 설을 받아들이면서 염유가 진채 사이에서 공자를 시종할 입장에 있지 않았다는 점을 그 증거로 제시했다. 염유는 이 사건이 있기 3년 전에 이미 계강자에게 등용되어 노나라에서 벼슬을 하고 있었기 때문이다(『사서승언』, 4:18b). 모기령의 주장이 사실이라면 진채 사이에서 공자와 함께 있었다는 것이 열 명의 공통점이 될 수 없다.

다산은 이 문제에서 금주를 지지했다. 일단 모기령의 증거가 약하기 때문이다. 그는 『춘추』의 여러 기사를 검토한 뒤 염유가 계강자에게 등용된 사실이 있더라도 문제가 되는 사건의 시점에 노나라에 있었는지는 증명할 수 없음을 확인했다. 더욱이 여기 열 명을 공문의 가장 뛰어난 제자로 본다면 다른 제자들, 가령 자장, 증자, 유약, 공서화, 고시 같은 "결코 홀대할 수 없는" 제자를 홀대하게 된다. 그래서 그는 이들이 모두 진채 사이에서 공자를 시종했다는 금주의 견해를 취하는 것이 낫다고 판단했다. 곧 다산은 금주와 같은 입장이었지만 입장을 취한 동기는 달랐다. 금주는 이 장의 중요성을 한정해야 했고, 다산은 이 장이 야기할 차별을 막아야 했다.

이 장에서 다산이 금주와 공유하는 견해는 또 있다. 이미 설명한 것처럼 양자 모두 '덕행' 등 네 가지 분야를 공자가 말하지 않았다고 본 것이다. 금주에 따르면 공자는 단지 열 명을 거론했을 뿐이고, 그들을 네 가지 분야로 정리한 것은 이 장을 기록한 사람이었다. 다산도 이 견해를 받아들였다. 하지만 그들의 동기는 다시 다를 수 있다. 금주는 이러한 분류에 의미를 부여하지 않으려고 했을 것이다. 반면 다산은 '덕행'이 가장 중요하다는 인상을 줄 가능성을 염려했을 수 있다. 가령 성리학의 선하인 한유는 공문사과가 중요한 순서대로 배열되었다고 하면서 "덕행의 과목이 가장 높다"라고 선언했다. 다산은 이런 차별을 반대했고, 당연히 한유의 설을 배격했다. 다산이 공문사과의 분류를 공자의 생각과 떼어놓으려고 한 데는 이런 오해에 대한 염려가 작용하지 않았나 싶다. '원의총괄'은 "공문사과 열 명의 기록은 우리 선생님의 말이 아니다"라는 '원의'를 기록했다.

이 장을 통해 형성된 공문십철이라는 관념은 유교 문화에도 영향을 미쳤다. 그래서 문묘에는 공자와 공자의 도를 이었다는 성인들 다음에 항상 '십철'의 위패가 있어야 했다. 그런데 '십철' 중 공자의 각별한 사랑을 받은 안연은 일찍부터 '십철'의 범주를 넘어섰고, 그에 따라 그의 위패는 공자의 위패에서 가장 가까운 곳으로 옮겨졌다. 이 때문에 '십철'은 '구철'이 될 뻔했으나 '십철'이라는 관념이 강했으므로 이제 증자를 옮겨 '십철'의 숫자를 채웠다. 그런데 나중에는 증자마저 '십철'을 넘어 성인으로 대접을 받게 되었다. 그래서 이제는 자장이 '십철'의 한 자리를 차지했고, 그로써 현재 문묘에 배향된 '십철'의 명단이 확정되었다. 사실 고대 중국에 대한 권위 있는 기록인 『염철론』은 공자의 제자 72인의 대표자로 '정사'의 염유와 자로, 그리고 '언어'의 재아와 자공 네 사람만 언급하며, 성리학이 존중하는 '덕행'의 네 사람은 하나도 언급하지 않았다(『염철론』, 6:1a~b). 그렇다면 '덕행'의 제자들은 후대 유학자들에 의해 실제보다 훨씬 더 높이 추숭되었는지도 모른다. 조선에서 성리학이 득세한 뒤 길재(1353~1419)나 김종직(1431~1492) 같은 조선 성리학의 선배가 권근(1352~1409)이나 신숙주(1417~1475) 같은 관학파 유학자보다 훨씬 더 많은 존경을 받은 것과 비교할 수 있겠다.

11.4

선생님께서 말씀하셨다. "회는 나를 도와주는 사람이 아니다! 내 말에 기뻐하지 않는 바가 없다."

子曰; 回也, 非助我者也! 於吾言, 無所不說.

공자는 자하가 『시』의 한 구절을 물었을 때 "나를 흥기시키는 자는 상이로구나! 비로소 더불어 『시』를 말할 만하다"(3.8)라고 했다. 또 자공을 두고는 "사와는 이제 더불어 『시』를 이야기할 수 있겠다"(1.15)라고 하면서 기뻐했다. 하지만 안회는 공자에게 배울 때 "종일 어긋나지 않는 것이 마치 어리석은 듯했다"(2.9). 이 장에서도 안회는 공자에게 아무런 의문도 품지 않고 질문도 하지 않는다. 그래서 고주는 "도와주는 사람이 아니다!"라는 말을 액면 그대로 받아들여 실제로 안회가 공자를 돕지 않았다고 했다. 두 사람의 마음이 같았기 때문이었다. 하지만 다산은 안회 역시 공자를 계발했다고 보았다. 질문하는 제자도 스승을 계발하지만 안회처럼 묵묵히 알아듣는 학생 때문에 스승은 스스로를 계발하기도 한다.

11.5

선생님께서 말씀하셨다. "'효성스럽구나, 민자건이여!'라고 해도 사람들이 그 부모와 형제의 말에 틈을 만들지 못했다."

子曰; 孝哉, 閔子騫! 人不間於其父母昆弟之言.

민자건은 효성으로 이름난 제자였다. 그의 계모가 자신의 아들 둘을 낳은 뒤 민자건에게는 갈대 수염뿌리를 집어넣은 옷만 줄 정도로 민자건을 홀대했다. 민자건의 아버지가 이를 알고 계모를 내치려고 하자 민자건은 계모 밑에서는 한 아들이 춥지만 계모를 내친다면 세 아들이 외로울 것이라고 하면서 아버지를 만류했다. 민자건은 결국 계모까지 감동시켰다. 다산은 이런 일이 있은 뒤 공자가 이 장에 기록된 대로 민자건을 칭찬했다고 보았다. 그런데 이 장을 자세히 보면 민자건에게 형(昆)이 있고, 위의 이야기에는 민자건에게 형이 없다. 전해지는 이야기를 모두 믿을 수 없음을 알 수 있다.

고금주와 달리 다산은 "효성스럽구나, 민자건이여!"라는 말을 공자가 아니라 당시 사람들이 했다고 보았다. 민자건의 원래 이름은 민손이고, 자건子騫은 그의 자인데, "우리 선생님은 그의 문인을 자를 이용해서 부른 적이 없다." 따라서 이 말은 당시 사람들이 하는 말을 공자가 인용한 것이다. 이 주장은

'원의총괄'에도 기록된 만큼 다산을 통해 『논어』를 읽을 때는 이 점을 정확히 반영해야 한다. "'효성스럽구나, 민자건이여!'라는 말은 본래 당시 사람들의 말이다." 이 말이 공자의 말이 아니라는 설은 방홍정(1516~1611)이나 다자이도 제기했다. 하지만 그들은 공문 제자 중 『논어』에서 '자'로 불린 사람, 가령 증자나 유자가 이렇게 말했다고 생각했으므로 그들의 주장이 다산의 주장과 같지는 않다.

다산에게 본문의 '간(間)'은 '사이를 만들다' 혹은 '틈을 만들다'라는 뜻으로 어떤 주장의 신뢰성을 떨어뜨린다는 의미다. 금주의 호인도 '간'을 이렇게 이해했다. 하지만 그는 공자가 직접 칭찬하는 말을 했다고 보았고, "민자건의 부모 형제가 그의 효도와 우애를 칭찬할 때 사람들이 모두 믿어서 다른 말을 하지 않았다"라고 하면서 민자건의 가족이 그를 칭찬했다고 판단했다. 그와는 달리 다산은 가족을 넘어 민자건을 아는 많은 사람이 그를 칭찬했다고 판단한다. 심지어는 공자도 여기에서 민자건의 효성을 칭찬하기 때문이다. 참고로 고주는 '간'을 '이간하다'라는 뜻으로 풀어 이 장의 뒷부분을 "사람들이 그 부모와 형제를 이간하는(間) 말을 얻지 못했다"라는 식으로 읽었다. '얻다'라는 말을 첨가해야 이렇게 읽을 수 있으므로 다산은 받아들이지 않았다.

11.6

남용이 '백규' 시를 세 번 반복하니 공자가 형의 딸로 처를 삼게 했다.

南容三復白圭. 孔子以其兄之子妻之.

남용은 공자의 제자로 앞에서도 등장했다(5.1). 그곳에서도 공자가 그에게 "형의 딸로 처를 삼게 했다"라고 했으므로 그가 공자의 조카사위였음은 확실하다. 하지만 그의 정체를 놓고는 여러 주장이 있었다. 논의 끝에 다산은 그가 '백규' 시를 하루에 세 번 읽었다는 남궁도와 동일 인물이며(『공자가어』, 3:7b), 남궁열(남궁경숙)이나 나중에 「헌문」에 나오는 남궁괄과는 다른 사람이라고 주장했다.

'백규'는 『시』 「대아·억抑」의 시로 "백옥으로 만든 서옥의 티는 오히려 갈 수 있지만 말의 티는 그렇게 할 수 없네"(『모시주소』, 25:18a)라고 노래한다. 한 번 내뱉은 말은 돌이킬 수 없으므로 언제나 조심해야 한다는 뜻이다. 이렇게 남용은 신중한 사람이었으므로 공자는 자신의 조카딸과 혼인시켰다. 이 사람이 "'백규' 시를 세 번 반복했다(復)"라고 하는데, 『시』를 읽다가 '백규'가 나오면 세 번 반복해 읽었다는 뜻일 수도 있고(고주), 하루에 무조건 세 번씩 읽었다는 뜻일 수도 있다(금주). 금주의 견해는 『공자가어』에 기반했으므로 다산은 이 문제에서 고주를 따랐다. 그러므로 다산을 통해 『논어』를 읽을 때는 그가 금주를 따르지 않았음을 분명히 해야 한다.

이 장에서 다산은 남용을 더 설명하기 위해 『사기』 「공자세가」의 기사를 인용한다. 그것에 따르면 남용은 공자를 따라 주나라로 가서 노자를 만났고, 언행을 조심하라는 충고를 들었으며, "마침내 '백규' 시를 세 번 반복했다." 이 인용에는 눈에 띄는 두 가지 실수가 있다. 먼저 「공자세가」에서 공자와 함께 노자를 만난 사람은 남용이 아니라 남궁경숙이며, 또 「공자세가」에는 남용이든 남궁경숙이든 노자를 만난 뒤 '백규' 시를 세 번 반복했다는 말이 없다. 그러므로 누군가가 원래의 「공자세가」 기사를 첨삭하여 『논어고금주』에 인용한 것이다. 이 사람은 남용을 남궁경숙으로 잘못 이해했고, 또 언행을 조심하라는 노자의 교훈을 '백규' 시와 연결시키려고 했다. 물론 『논어고금주』의 저자는 다산이므로 이 사람이 다산이라고 해도 반론하기 어렵다. 하지만 다산은 이미 남용과 남궁경숙이 다른 사람이라고 했다. 그가 『공자가어』를 위서로 보면서도 그것을 참고하여 남용이 남궁도임을 주장한 것은 이해하더라도 「공자세가」 기사를 자신의 주장에 배치되도록 첨삭하여 인용했다는 것은 이해하기 어렵다. 이 혼란을 초래한 장본인이 다산이 아니라면 이것 역시 『논어고금주』가 후인의 손에서 개정되었다는 증거가 될 것이다.

11.7

계강자가 "제자 중에 누가 배우기를 좋아합니까?"라고 물으니 공자가 대답했다. "안회라는 사람이 배우기를 좋아했으나 불행히도 단명하여 죽고 지금은 없습니다."

季康子問; 弟子孰爲好學? 孔子對曰; 有顔回者好學, 不幸短命死矣, 今也則亡.

앞의 한 장에 이 장과 거의 비슷한 대화가 나온다(6.2). 다른 점도 약간 있다. 앞에서 질문한 사람은 노 애공이었고 여기에서는 계강자다. 앞 장에는 안회가 "옮겨 화를 내지 않았고, 허물에 두 마음을 갖지 않았습니다"라는 부연 설명이 있고, 또 "지금은 없습니다"라는 말 뒤에 "아직 배움을 좋아하는 사람을 듣지 못했습니다"라는 말이 추가되었다. 참고로 황간본에는 이 장에도 "아직 배움을 좋아하는 사람을 듣지 못했습니다"라는 말이 있다. 앞 장에서 다산은 본문의 '금야즉무今也則亡'를 고금주와 달리 위에 옮긴 것처럼 읽었고, 그 점도 이미 논의했다. 그러므로 다산을 통해 『논어』를 읽을 때는 그 다름을 반영해야 한다.

거의 같은 대화가 두 곳에 기록되었음에도 불구하고 다산을 비롯한 어느 누구도 두 장을 중복으로 보지 않았다. 오히려 고금주와 다산은 모두 애공과 계강자의 같은 질문에 왜 공자가 조금 다르게 대답했는지 설명하려고 했다. 황간은 두 가지 설을 소개했다. 앞 장에서 질문한 애공은 임금이었고, 임금이 질문할 때는 소상히 아뢰어야 하므로 앞 장에서 공자가 안회를 더 자세하게 소개했다는 것이 하나의 설이었고, 애공에게 "옮겨 화를 내고 허물에 두 마음을 갖는" 병통이 있었기 때문에 그것을 지적하기 위해 공자가 의도적으로 안회를 비교했다는 것이 다른 하나의 설이었다. 금주와 다산은 첫 번째 설을, 형병은 두 번째 설을 받아들였다. 두 번째 설이 맞는다면 공자는 임금을 조롱한 혐의가 있다. 강상을 중시한다면 그것을 받아들이기 어려웠을 것이다.

11.8

안연이 죽었는데 안로가 선생님의 수레를 청하여 외관을 만들려고 하니 선생님께서 말씀하셨다. "재주가 있든 재주가 없든 또한 각자 내 아들이라고 말하니 리가 죽었을 때 관은 있었지만 외관은 없었다. 내가 걸어다니기로 하면서까지 외관을 만들지 않은 것은 내가 대부의 뒤를 따르는 사람이라 걸어다닐 수 없기 때문이었다."

顏淵死, 顏路請子之車以爲之椁. 子曰; 才不才, 亦各言其子也. 鯉也死, 有棺而無椁, 吾不徒行以爲之椁, 以吾從大夫之後, 不可徒行也.

이 장부터 아래로 넉 장은 모두 안회가 죽었을 때를 기록했다. 이 장에서는 안회의 아버지 안로가 아들의 장례를 후하게 지내려는 생각에 공자의 수레를 팔아 외관(槨)을 마련하려고 한다. 외관은 관을 감싸는 또 다른 관이다. 안로는 '노路'가 자이고, 이름은 『사기』에 따르면 무요無繇, 『공자가어』에 따르면 유由였다고 한다. 『공자가어』는 또 그의 자가 계로季路라고도 했다. 그런데 공자의 제자 자로도 안로처럼 자가 '노'이고, 계로로도 불렸으며, 이름도 유다. 안로는 공자보다 여섯 살, 자로는 공자보다 아홉 살이 어렸다고 하므로 나이도 비슷하다. 안로와 자로 사이에 무슨 연관이 있는 듯한데, 정확히 알 수 없다. 옛날 기록은 정확하지 않고, 정확하지 않아야 옛날 기록이다.

안회가 언제 죽었는지, 또 이 장이 언급한 공자의 아들 공리(鯉)가 언제 죽었는지는 분명하지 않다. 『사기』 「중니제자열전」과 『공자가어』는 모두 안회가 공자보다 30세 어렸고, 29세에 머리가 온통 백발이 되었으며, 일찍 죽었다고 했다. 『공자가어』는 좀 더 구체적으로 그가 죽었을 때 32세였다고 했다. 그렇다면 안회는 공자가 62세였을 때 죽었고, 이 장은 그때의 기록이다.

그렇지만 이런 연대는 공자의 다른 사건을 고려했을 때 받아들이기 힘들다. 앞에서도 소개한 것처럼 공자는 노 애공 6년인 기원전 489년 진나라와 채나라 사이에서 곤액을 당했다. 『사기』 「공자세가」에 따르면 이때 안회는 공자의 옆에 멀쩡히 살아 있었다(『사기』, 47:24a). 노 애공 6년이면 공자는 63세였다. 『공자가어』에 따르면 이미 죽었어야 할 안회가 「공자세가」에 따르면 아직 살아 있다. 공리의 죽음과 관련된 「공자세가」와 『공자가어』의 기록도 문제다. 「공자세가」에 따르면 공리는 50세의 나이로 공자보다 먼저 죽었다(『사기』, 47:35b). 그리고 『공자가어』는 공자가 상관씨의 여인과 19세에 결혼하여 공리를 낳았다고 했다(『공자가어』, 9:9a). 그러므로 공자는 빨라야 20세에 공리를 낳은 것이고, 공리가 죽었을 때 그의 나이는 최소한 70세였다. 그렇지만 이 장에서 공자는 그의 나이 62세 때 죽은 안회보다 공리가 먼저 죽었다고 말한다.

이런 문제를 놓고 『공자가어』를 지은 왕숙은 "이 책이 오래 되어서 연수에 대해서는 착오가 있으나 자세히 고찰하기 어렵다"(『공자가어』, 9:1a)라고 혼란을 인정했고, 형병도 무엇이 문제인지 서술했다. 형병은 또 이러한 혼란을 염두에 두고 재미있는 독법을 하나 소개한다. 곧 이 장에서 공자는 공리의 죽음을 가정하고 말했다는 것이다. 그렇다면 문제가 되는 부분은 "리가 죽어도 관은 있되 외관은 없을 것이니 내가 걸어다니기로 하면서까지 외관을 만들지 않는 것은……"이라는 정도가 된다. 이렇게 읽으면 이 장의 시점에 공리는 살아 있는 셈이다.

그런데 이렇게 해도 안회와 공리의 죽음을 둘러싼 모든 문제가 해결되지 않는다. 진채 사이에서의 일만 문제가 아니다. 공자가 노나라로 돌아오기까지 안회가 공자를 시종했다는 정황 증거가 많다. 그래서 모기령은 안회가 32세에 죽은 것이 아니라 41세에 죽었다는 참신한 설을 들고 나왔다. 노 애공 14년인 기원전 481년에 공자가 안회와 자로의 연이은 죽음을 슬퍼했다는 『춘추공양전』의 기사가 결정적 증거였다(『논어계구편』, 5:4b~6b). 『춘추공양전』에서 공자가 두 사람의 죽음을 슬퍼하면서 한 말도 흡사하다(『춘추공양전주소』, 28:17a~b). 노 애공 14년이면 안회는 41세였고, 공자는 71세였다. 모기령은 안회의 요절을 증언하는 『공자가어』의 기록에서 '32세'는 '31세'의 오자였다고 주장했는데, 그것도 『공자가어』의 '32세'가 '31세'가 되어야만 그것이 '41세'의 오자였다고 주장할 수 있기 때문이었다.

그렇지만 모기령의 설도 문제가 없지 않다. 안회가 "불행히도 단명하여 죽었다"라는 것은 공자가 스스로 이야기했다. 모기령이 주장한 대로 안회가 41세에 죽었다면 41세에 죽은 사람을 "단명했다"라고 할 수 있는지 옛날의 수명을 생각할 때 납득할 수 없다. 그는 『공자가어』의 '32세'가 '31세'의 오자라고 했지만 증거는 없다. 더욱이 그의 결정적 증거,『춘추공양전』의 기록 자체가 문제다. 공자는 노 애공 14년 사람들이 기린을 포획한 것을 알고는 더 이상 역사를 기록하는 의미가 없다고 보고『춘추』의 집필을 그만두었다. 곧 노 애공 14년인 기원전 481년이『춘추』의 마지막 해다. 안회와 자로의 죽음을 슬퍼하는 공자의 말도 이 획린獲麟의 기사에 붙어 있다. 그러나 자로는 애공 14년이 아니라 15년 위나라의 내전에 휘말려 죽었다. 기원전 481년이『춘추』의 마지막 해인데,『춘추공양전』에서는 이듬해에 죽은 자로의 죽음을 공자가 앞당겨 슬퍼한다. 있을 수 없는 일이다. 이렇게 옛날 기록은 아무리 가치가 높더라도 모조리 신뢰할 수 없다.『공자가어』는 말할 것도 없고,『사기』나『춘추공양전』도 마찬가지다.

안회가 몇 살에 죽었는지를 놓고 다산은 대체로 모기령에 동의하는 듯이 보인다. 그는 모기령의 주장을 길게 소개했고, 또 "모기령의 설에 일리가 있다"라고 평을 했다. 하지만 그는 모기령의 설을 적극적으로 지지하지도 않았다. "일리가 있다"라는 것은 소극적 동의다. 이것도 이해가 간다. 다산도 안회가 요절했다는 것을 전제로『논어』를 해설했기 때문이다. 그래서 그는 이 논의에 깊숙이 개입하는 대신 위서인『공자가어』가『논어』의 기록을 덮을 수 없음을 강조한다.

『공자가어』는 위서이니 어찌『공자가어』의 앞뒤 안 맞는 말로 백어가 안연보다 늦게 죽었을 것이라고 의심할 수 있겠는가? 반드시 이런 일은 없다.

다산은 앞에서 형병이 소개한 참신한 독법을 받아들일 수 없다고 하면서 이렇게 말했다. 곧 그에 따르면 이 장에서 공자는 공리의 죽음을 가정하고 말하지 않았다.

어쨌든 다산은 어떠한 고전보다도 『논어』를 신뢰했다. 그에게 『논어』는 오류가 없는 고전이었다. 현대 문헌학의 관점에서 볼 때 『사기』나 『공자가어』보다 『논어』의 신뢰성이 훨씬 높으므로 다산의 견해에 일리가 있다. 하지만 『논어』의 기록 전부를 신뢰할 수 있는지는 또 다른 문제다.

이 장에는 안회가 언제 죽었는지에 대한 문제 말고도 얼른 해명되지 않는 논란거리가 하나 더 있다. 안회를 누구보다도 아꼈음에도 불구하고 공자는 왜 안로의 청을 거절했는가 하는 문제다. 고주는 공자의 해명을 그대로 받아들였다. "대부의 뒤를 따르는 사람"인 공자가 수레를 팔아치우고 걸어다닐 수는 없었다는 것이다. "대부의 뒤를 따르는 사람"이라는 말은 대부의 말석을 차지한 사람이라는 뜻으로 고금주와 다산에게 모두 겸손한 표현이다. 금주는 고주의 해설에 공자의 수레가 나라에서 준 물건이었으리라는 추측을 더했다. 나라에서 준 물건을 함부로 팔 수 없었다는 것이다. 그렇지만 다산은 대부라서 걸어다닐 수 없었다든지 하는 말을 액면 그대로 믿어서는 안 된다고 주장한다. 그것은 거절의 완곡한 표현이었을 따름이다. '원의총괄'은 이러한 주장을 "'걸어다닐 수 없다(不可徒行)'라는 것은 우리 선생님께서 상황에 맞게 하신 말이다"라고 기록했다. 생각해보면 수레를 하나 내준다고 공자가 정말로 걸어다녀야 했던 것은 아닐 것이다. 그렇다면 수레를 내주지 않은 공자의 참뜻은 무엇이었을까?

이와 관련하여 다산은 공자가 언제나 소박한 장례를 선호했음을 상기시킨다. 제자 자유가 상례에 갖추어야 할 물건을 물었을 때 공자는 "상주에게 진실로 재산이 없다면 망자의 머리와 발 그리고 몸을 수습해서 관을 광중에 내리고 봉분을 하면 될 것이니 남이 어찌 그것을 비난하겠는가?"(『예기주소』, 16b~17a)라고 했고, 가난한 자로가 상도 제대로 치를 수 없는 처지를 비관했을 때도 "망자의 머리와 발 그리고 몸을 수습해서 외관 없이 곧바로 장례를 치르더라도 이것을 예라고 할 것이다"(10:4a)라고 했다. 이외에도 공자가 검소한 장례를 선호했다는 증거는 많다. 안회처럼 가난한 학자가 땅에 묻힐 때는 더 말할 것도 없었다. 공자 스스로도 자로가 자신의 장례를 후하게 치르려고 할 때 못마땅해 한 바 있었다(9.12). 곧 다산에 따르면 공자는 안로의 청을 거부함으로써 안회의 장례가 마땅히 검소해야 함을 암시했다. 그럼에도 불구하고 안회의 동료들은 그의 장례를 후하게 치렀고, 그 때문에 곧이어 나오는 한 장에서 공자는 큰 슬픔을 나타낸다(11.11). 다산은 그 장을 읽으면 공자가 안회의 소박한 장례를 원했음을 더 확실하게 알게 된다고 했다. '원의총괄'이 기록하지 않은, 그러나 충분히 동의할 만한 참신한 설명이었다.

11.9

안연이 죽자 선생님께서 말씀하셨다. "아! 하늘이 나를 망치는구나! 하늘이 나를 망치는구나!"

顔淵死, 子曰; 噫! 天喪予! 天喪予!

이 장은 안연의 죽음을 맞닥뜨린 공자의 슬픔을 절절하게 묘사한다. 본문의 '상喪'은 '망치다' 혹은 '상하게 하다'라는 뜻이다. 다산이 받아들인 금주에 따르면 공자는 이때 "도를 전할 수 없음을 슬퍼했다." 공자의 한탄은 앞 장에서 언급한 『춘추공양전』에도 그대로 기록되었는데, 다산도 인용한다. 『춘추공양전』은 일단 기린이 사로잡히자 공자가 슬퍼했다고 전한다. "'너는 누구를 위해 왔느냐? 너는 누구를 위해 왔느냐?' 소매를 뒤집어 얼굴을 훔칠 때 눈물이 흘러 공자의 도포를 적셨다"(『춘추공양전주소』, 28:14b~15b). 공자의 슬픔은 이어 기록된 두 사람의 죽음에 의해 배가되는데, 하나가 안연이고 다른 하나는 자로다. 공자는 안연의 죽음을 두고 "하늘이 나를 망치는구나(天喪予)!"라고 했고, 자로의 죽음을 두고는 "하늘이 나를 끊어버리는구나(天祝予)!"라고 했다. 성왕의 출현을 예고하는 상서로운 동물인 기린의 죽음과 공자가 사랑했던 제자 둘의 죽음이 『춘추공양전』의 서사에서는 『춘추』의 마지막이다. 이 사건을 기록한 뒤 『춘추공양전』은 공자의 도가 다했다(窮)고 하면서 공자의 춘추시대를 마감했다. 공자가 죽기 2년 전의 일이었다.

한편 왕충은 안연의 죽음을 '공자를 도왔던 네 사람(孔子四友)'이라는 개념과 연결하여 설명한다. 문왕을 도운 네 명의 신하가 있었던 것처럼 공자에게도 사업을 도운 네 명의 제자가 있었다. 안연, 자로, 자공, 자장이었다. 왕충은 안연이 죽음으로써 공자의 사업이 성공할 가능성이 사라졌고, 그 때문에 공자는 애통해 했다고 보았다(『논형』, 9:14a~b).

다산에 따르면 이렇게 모든 사건을 정치적으로 해석하려는 것이 한나라 유자의 고질병이었다. 공자가 기린을 슬퍼했던 일(傷麟)을 놓고도 『춘추공양전』을 해설한 하휴는 해당 기사가 음양오행설에 따른 왕조의 흥망을 예고해준다고 주장했다. 기린은 목의 기운을 대표하는데 그런 기린이 이름도 모르는 서인庶人, 화의 기운을 대표하는 서인에게 사로잡힌 것은 목기의 주나라가 망하고, 오행상승의 도식에 따라 목기를 이기는 화기의 제국, 불의 제국이 탄생할 것을 예고한다는 설명이었다. 기린이 목의 기운을 대표한다는 것은 아마도 기린의 뿔이 나무를 닮았기 때문일 것이며, 서인이 화기를 대표한다는 것은 그 글자에 불(灬)이 들었기 때문일 것이다. 불의 제국은 한나라다. 이렇게 음양오행을 붙들고 이것저것 꿰맞추는 것이 한나라의 학풍이었고, 바로 이 점 때문에 다산은 한학이 심각한 문제를 안고 있다고 진단했다.

11.10

안연이 죽으니 선생님이 곡을 하며 애통해 하셨다. 따르는 자가 "선생님께서 애통해 하십니다"라고 하니 선생님께서 말씀하셨다. "애통함이라는 것이 있는가? 무릇 이 사람을 위해 애통해 하지 않으면 누구를 위해 그렇게 하겠는가?"

顔淵死, 子哭之慟. 從者曰; 子慟矣. 曰; 有慟乎? 非夫人之爲慟, 而誰爲?

고금주를 비롯해 대부분은 이때 공자가 안연의 죽음을 지나치게 슬퍼했다고 보았다. 그들에게는 본문의 '통慟'이 '슬픔이 지나친 것'을 의미한다. 아마도 공자의 곡하는 소리가 너무 컸다든지 아니면 공자가 너무 많은 눈물을 흘렸다든지 했을 것이다. 따르는 사람이 그 사실을 지적하자 그제야 정신을 차린 공자는 "지나치게 슬퍼하던가(有慟乎)?"라고 묻고는 말을 이었다. 이런 해석에서는 안연이 얼마나 소중한 제자였는지가 드러난다. 너무나 소중했던 나머지 어떤 상황에서도 침착함을 잃지 않던 공자는 자신이 지나치게 슬퍼하는 것도 몰랐다.

그렇지만 다산은 이 해석을 받아들이지 않았다. "공자가 어떻게 자신이 지나치게 슬퍼하거나 지나치게 슬퍼하지 않거나 하는 것을 모를 수가 있는가?" 다산은 안연의 소중함을 위해 공자의 신중함을 희생시키는 종래의 해석에 동의할 수 없었다. 그래서 그는 '통'을 단순히 '애통해 하는 것'으로 이해한다. 그러므로 다산을 통해 『논어』를 읽을 때는 그가 '통'을 고금주와 다르게 해석했다는 사실을 반영해야 한다.

이렇게 해석하면 "따르는 자"가 한 말은 단순히 공자가 슬퍼했다는 것을 의미한다. 그리고 그에 대해 공자는 "애통함이라는 것이 있는가(有慟乎)?"라고 대꾸했다. 다시 말하면 공자는 "이때 천하에 애통해 할 일이 있는가?"라고

"따르는 자"에 반문했다. 천하에 애통할 일이 없다면 모르겠지만 그럴 일이 있다면 안연의 죽음이야말로 애통해 할 일이라는 의미였다. 이 해석은 '원의 총괄'에 "'유통호有慟乎'는 '천하에 애통해 하는 법이 있는가?'라는 의미다"라고 기록되었다. 다산은 특별한 전거를 제시하지는 않았다. 하지만 이 독특한 해석을 통해 그가 언제나 공자를 완벽한 성인으로 이해했음을 확인시켜주었다.

11.11

안연이 죽어 문인들이 후하게 장사 지내려고 하니 선생님께서 말씀하셨다. "불가하다." 문인들이 후하게 장사 지내니 선생님께서 말씀하셨다. "회는 나 보기를 아버지처럼 했는데 나는 그 보기를 아들처럼 하지 못했으니 나를 비난하겠구나, 그대들아."

顔淵死, 門人欲厚葬之, 子曰; 不可. 門人厚葬之. 子曰; 回也, 視予猶父也, 予不得視猶子也. 非我也夫, 二三子也.

이 장을 보면 공자가 안회의 검소한 장례를 선호했다는 사실을 분명히 알게 된다. 이미 설명한 대로 다산은 이 장을 참고하여 왜 공자가 안로의 청을 거절했는지 참신하게 설명했다(11.8). 이 장에 대한 다산의 독법도 고금주와 다르다. 특히 마지막 두 구절에 대한 해석이 다르다. 고금주는 그것을 글자 그대로 옮길 때 "내가 아니다. 너희다(非我也, 夫二三子也)"라고 읽었다. "불가하다"라는 공자의 말을 무시하고 안회를 후하게 장사 지낸 것은 공자 자신이 아니라 "너희"라는 의미였다. 안로는 수레를 청할 때부터 안회를 위한 후한 장례를 선호했고, 문인들 역시 마찬가지였다. 그리고 아들의 장례에서는 아버지의 뜻이 결정적이었다. 결정권을 안회의 아버지가 가졌으므로 공자가 할 수 있는 일이 없었다. 그래서 공자는 예에 어긋난 안회의 장례는 자신이 아니라 제자들 때문이었다고 밝혔다.

그렇지만 이렇게 보면 공자는 불미한 일을 두고 남을 탓한다. "내가 아니다. 너희다"라는 말은 "마치 재판정에서 양방이 서로를 힐난하는 것 같은 느낌을 주므로 성인의 말이 아니다." 이렇게 판단한 다산은 새로운 해석을 모색했다. 그때 영감을 준 것이 오규였다. 그는 마지막 두 구절을 다산과 같은 방식으로 읽었다. 이들에게 '비非'는 부정사가 아니라 '비난하다'라는 동사이며, "그 대들(二三子)"은 장례를 강행한 제자들이 아니라 당시 노나라에 없었던 선배 문인들, 가령 위나라에 있던 자로나 오나라와 초나라를 여행하던 자공을 가리킨다. 즉 공자는 이들이 노나라로 돌아와 안회의 후장을 알게 되면 반드시 아쉬워할 것을 알았고, 자신을 향해 아쉬움을 표시하리라 짐작했다. 이것이 오규의 해석인데, 다산은 "오규의 설을 바꿀 수 없다"라고 하면서 적극적으로 동의했다. '원의총괄'은 이를 "'비아야부非我也夫'는 당시 다른 나라에 있던 제자들이 돌아와 나를 허물하리라는 뜻이다"라고 기록했다.

다산은 또 본문의 '문인門人'이 안회가 아니라 공자의 문인을 가리킨다고 보았는데, 이 견해는 다자이의 견해와 같다. 고주에서는 '문인'이 안회의 문인을 가리킨다. 다산은 안회가 생전에 문호를 세울 수 없다고 보았다.

이렇게 자신의 뜻과 달리 사랑하는 제자를 보낸 공자는 "나는 그 보기를 아들처럼 하지 못했다"라고 했다. 고금주에서 이 말은 공자가 자신의 의도대로 안회의 장례를 치르지 못했음을 의미한다. 안회를 아들처럼 대할 수 있었다면 검소한 장례를 치렀을 텐데 안로가 있기 때문에 공자는 그렇게 하지 못했다. 또 아들 공리를 위해서는 검소한 장례를 치렀음에도 안회를 위해서는 그렇게 하지 못했다는 점에서도 공자는 안회를 아들처럼 대하지 못했다. 그렇지만 이런 식으로 아쉬움을 표현하는 것 역시 다산에게는 성인 공자의 면모가 아니었다. 제자의 죽음을 놓고 하는 풍자이기 때문이다. 이 늙은 스승은 자신을 안로에 비교할 생각도, 자신의 아들 공리를 안회에 비교할 생각도 없었으며, 단지 이렇게 말함으로써 그의 안타까운 심정을 전달했을 뿐이다. 다산만의 해석이었다.

11.12

계로가 귀신 섬기는 것을 물으니 선생님께서 말씀하셨다. "아직 사람을 섬기는 것도 능하지 않은데 어찌 귀신을 섬길 수 있겠는가?" "감히 죽음을 묻습니다." 선생님께서 말씀하셨다. "삶도 아직 알지 못하는데 어찌 죽음을 알겠는가?"

季路問事鬼神. 子曰; 未能事人, 焉能事鬼? 曰; 敢問死. 曰; 未知生, 焉知死?

계로는 자로를 가리킨다. 당시만 해도 사람을 어떻게 부르고 기록해야 하는지 원칙이 없었기 때문에 본명이 중유인 이 사람은 때로는 자인 자로로 불리고, 경우에 따라서는 막내임을 나타내기 위해 계로로 불렸다. 어떤 경우에 자로이고 어떤 경우에 계로인지는 일일이 따지기 어렵다.

이 장은 유교의 인본주의를 보여준다고 알려져 있다. 유교는 인간과 일상에 주목하는 가르침이며, 다른 오래 된 가르침과 달리 인간 이외에 다른 요소들, 가령 신이나 자연 등에 주목하지 않는다. 공자의 주제는 언제나 인간이며, 실존적이거나 존재론적이거나 영웅적인 인간이 아닌 일상의 인간관계속에서 살아가는 인간이다. 이 장에서 공자는 이런 유교의 특성에 걸맞게 귀신과 죽음보다는 인간과 삶에 집중하라고 권유하는 듯이 보인다. 그래서 유교의 인본주의를 서술하려는 사람은 곧잘 이 장을 인용했다.

하지만 이 장에 대한 고주와 금주의 해석은 같지 않다. 유교의 인본주의를 더 잘 보여주는 것은 고주다. 고주는 귀신과 죽음의 논의가 "무익하기 때문에" 공자가 논하지 않으려고 했다고 보았다. 이런 시각에서 귀신과 죽음은 유교의 주제가 아니다. 반면 금주는 공자가 이런 문제에 관심이 없었던 것은 아니라고 판단했다. 그들이 보기에는 질문을 한 사람이 자로라는 게 문제였다. 한 마디로 자로는 이런 심오한 주제를 논할 준비가 안 되어 있었다. 그래서 공자는 공부의 단계를 뛰어넘으려는 자로를 경계하기 위해 그의 질문에 친절히 대답하지 않았다. 그러면서 금주는 이 장의 공자를 통해서도 "죽음과 삶, 귀신과 인간이 하나면서도 둘이고, 둘이면서도 하나인" 진리를 이해할 수 있다고 주장했다. 물론 자로는 그 진리를 이해하지 못했다. 이런 시각에서 귀신과 죽음은 유교의 주제다. 오히려 충분히 단련된 사람만 연구할 수 있는 높은 차원의 주제다.

귀신과 죽음을 대하는 고주와 금주의 시각 차이는 유학의 발전 궤적을 보여준다. 공자가 귀신과 죽음이 아니라 인간과 삶에 주목했다는 증거는 『논어』에 많으므로 유교는 인본주의로 출발했다고 보아도 무방하다. 사실 『장자』를 제외한 선진 제자는 모두 현실적이고 실용적인 문제에 관심을 가졌다. 그래서 중국이 이른바 '실용 이성'을 중시했다는 말도 나온다. 이러한 중국 지성사의 기본 골격을 뒤흔든 것은 한 제국의 붕괴와 예제의 몰락 그리고 불교의 유입이었다. 위진남북조라는 분열의 시대에서 불교와 도교가 성행했고, 인간과 삶을 넘어선 많은 주제의 천착이 이루어졌다. 모든 지식인이 새로운 연구에 영향을 받는 동안 유교도 변해야 했고, 유교에서도 형이상학에 대한 관심이 높아졌다. 새로운 유학, 신유학이라고 부르는 성리학은 이렇게 태어났다. 그러므로 성리학의 금주는 선진 유학처럼 귀신과 죽음의 문제를 다룰 수 없었고, 이 장을 고주와 다르게 해석했다. 자로는 이 새로운 해석의 희생양이었다.

『논어고금주』를 통해 다산은 줄곧 성리학의 폄훼와 무고에서 자로를 구하려고 노력했다. 공자를 가장 오랫동안 모신, 『논어』에서는 십철의 한 사람이었고, 『염철론』에서는 사철의 한 사람이었으며, 『논형』에서는 '공자사우'의 한 사람이었고, 『춘추공양전』에서는 안회와 함께 특별히 기억된 두 제자 중의 하나였던 자로의 명예를 다산은 존중했다. 그러므로 다산이 이 장을 둘러싼 고주와 금주의 차이를 확인했다면 그는 고주를 따랐을 것이다. 하지만 이 장에서 다산은 금주를 지지한다.

> 마땅히 주자의 설과 같아야 한다. 공자는 "인한 사람이 부모를 섬기는 것은 하늘을 섬기는 것과 같으니 하늘 섬기기를 부모 섬기기처럼 하라"(『예기주소』, 50:19b)라고 했다. 주자의 설 또한 이 의미를 담는다.

주희의 해설은 자로의 명예를 희생했으므로 "주자의 설"을 받아들이면 다산의 원칙은 훼손된다. 그럼에도 불구하고 다산은 금주를 받아들인다. 귀신과 죽음은 그의 세계관에서도 주요한 주제였기 때문이다. 이 장은 '하늘'을 언급하지 않았는데도 위 인용문에서 다산은 구태여 귀신과 죽음의 문제를 하늘과 연결시켰다. 그의 세계관에서는 귀신과 죽음의 근원에 하늘이 있기 때문이다. 곧 이 장에서 다산은 자기 세계관의 정합성을 유지하기 위해 자로의 명예를 지킨다는 사업의 일관성을 희생했다.

11.13

민자가 곁에서 모실 때는 적절히 행동하는 듯했고, 자로는 굳센 듯
했으며, 염유와 자공은 화락한 듯했다. 선생님께서 즐거워하셨다.
"유는 그 죽음을 얻지 못할 것이다."

閔子侍側, 誾誾如也. 子路, 行行如也. 冉有子貢, 侃侃如也. 子樂. 若由也, 不
得其死然.

'민자閔子'는 공문 고제 중의 하나인 민손이다. 유약 유자, 염구 염자, 증삼
증자와 함께 『논어』에서 '자子'로 기록된 제자 넷 중의 하나로, 다른 제자가
적어도 두개 장에서 '자'로 기록된 데 비해 민손은 이 장에서만 '자'다. 그가
공자를 모실 때 '은은誾誾'했다는데, 고주나 다산에 따르면 '은은'은 행동이
절도에 맞는 것을 말한다. 쉽게 말하면 점잖은 것이다. 대단히 긍정적인 평가
다. 또한 유독 그만을 '자'로 칭한 것을 볼 때 이 장은 민손과 관련된 사람이
기록했을 가능성이 높다. 하지만 민손은 민자건으로 자주 불리므로 글을 옮
겨 적는 과정에서 '건騫'이 누락되었을 가능성도 있다. 민자가 점잖았다면 자
로는 군센 모습을 보여주었고, 다른 두 제자 염유와 자공은 화락한 모습을
보여주었다. '간간侃侃'은 「향당」에서도 나왔는데(10.2), 이것을 '강직한 모습'
으로 이해한 금주와 달리 다산은 그곳에서나 이곳에서나 고주를 따라 '화락
한 모습'이라고 이해했다. 그러므로 다산을 통해 『논어』를 읽을 때 이 표현을
금주에 따라 옮겨서는 안 된다.

공자는 각각의 성격에 맞게 처신하는 제자들을 보면서 즐거워했다. 황간
본에는 '약유야若由也' 앞에 '왈曰'이라는 글자가 하나 더 있는데, 다산은 마땅
히 그렇게 되어야 한다고 보았다. '왈'자와 함께 이 장을 인용한 고전이 몇 있
는 것도 그렇게 봐야 할 이유지만 '유由'가 자로의 이름이라는 것도 이유였다.

스승이 아니면 자로를 이름으로 일컬을 수 없기 때문이다. 스승 앞에서도 할 말은 하는 자로를 보면서 공자는 그가 제 명에 죽지 못하리라 걱정했다. 과연 자로는 나중에 위나라의 내전에 휘말려 괴외에게 죽었다. 다산은 줄곧 자로를 변호했지만 그의 죽음은 변호하지 않았다. 다산에 따르면 그의 죽음은 괴외를 지지할 것인가 괴외의 아들 첩을 지지할 것인가를 두고 스승과 다른 생각을 고집한 잘못의 결과였기 때문이다.

11.14

노나라 사람이 장부전을 만들려고 하니 민자건이 말했다. "옛날의 관수를 그대로 쓰면 어떻게 하려고 하는가? 왜 반드시 고쳐 만들어야 하는가?" 선생님께서 말씀하셨다. "이 사람은 말을 하지 않을지언정 말을 하면 반드시 적중한다."

魯人爲長府. 閔子騫曰; 仍舊貫, 如之何? 何必改作? 子曰; 夫人不言, 言必有中.

다산은 이 장에서 또 다시 고금주와 전혀 다른, 이제껏 들어보지 못한 독법과 해석을 제시한다. 고주와 금주의 독법은 같다. "노나라 사람이 장부를 만들려고 했다. 민자건이 '옛날 일(舊貫)을 그대로 하면(仍) 어떠한가? 왜 반드시 고쳐 만들어야 하는가?'라고 하자 선생님께서 말씀하셨다. '이 사람은 말을 하지 않을지언정 말을 하면 반드시 이치에 맞는다.'" 글자를 놓고 보면 다산은 '장부長府', '관貫', '중中'을 다르게 이해했다. 하지만 근본적으로는 고금주처럼 읽었을 때 발생할 문제에 대한 그의 염려가 새로운 해석을 낳았다.

고금주에 따르면 이때 "노나라 사람," 곧 노나라의 권력을 전횡하던 계씨는 '장부'라는 이름의 창고를 고쳐 만들려고 했다(改作). '장부'는 계씨 집안이 아니라 나라의 창고였다. 소공 25년인 기원전 517년 소공은 이 창고가 있는 곳에서 군사를 일으켜 계씨를 몰아내려고 했다. 그렇지만 실패했고, 그는 결국 망명길에 올랐다. 이 사건이 일어난 뒤 계씨는 창고를 다시 지으려고 했다. 이를 알게 된 민자건은 창고를 새로 짓느라 고생할 백성이 걱정되었다. 계씨에게 '장부'는 자신을 쫓아내려던 소공의 흔적이 있는 곳이었지만 민자건이 보기에는 창고가 멀쩡했다. 그래서 그는 기존의 창고를 사용하던 이전의 관습, 곧 '옛 일(舊貫)'을 보존할 것을(仍) 제안했다. 새로 짓느라 재력과 민력을 낭비할 필요가 없다는 뜻이었다. 이를 들은 공자는 크게 공감하여 민자건이 말하는 것이 '이치에 맞는다(中)'라고 칭찬했다.

다산은 이 해석에 큰 문제가 있다고 보았다. 한마디로 창고를 다시 지을 필요가 있으면 다시 지어야 한다는 것이다. 민력의 손실이나 백성의 고생을 걱정하여 당연히 해야 될 나라의 사업을 미룬다면 그것이야말로 문제다. 이런 문제가 예상되는데도 민자건이 새 창고 건설의 중지를 제안하고 공자가 그 제안에 공감하는 일은 일어날 리 없다.

　창고나 곳간이 무너지고 낡았다면 예에 따라 마땅히 고쳐 지어야 한다. 만약 옛 건물을 그대로 쓰는 것이 좋다고 한다면 아버지가 그 집을 좋아했다고 해서 아들이 무너지는 것을 허용하는 것이니 십 년도 못 가서 천하가 썩어 문드러지게 될 것이다.

고금주는 이때 계씨가 쓸데없이 창고를 고쳐 지으려고 했으므로 민자건이 반대했다고 보았지만 다산은 이 사업을 필요한 사업으로 이해했다. 이미 설명한 것처럼 그는 계씨를 무조건 비판하지 않았고, 그 지위를 존중했다. 그러므로 다산이 보기에는 그들의 사업이라고 해서 무조건 잘못이라고 예단하는 것도 문제였다. 더욱이 낡은 건물을 부수고 새 건물을 짓는 개혁과 재건이 필요했던 당시 조선의 현실을 감안하면 새 창고를 지으려는 계씨의 사업에는 상징성이 있었다. 다시 말하면 다산은 원리주의적인 애민보다는 나라의 사업을 진행해야 할 실제적 필요를 중시했다. 그렇게 해서 나라를 반듯하게 만들어야 궁극적으로 백성이 잘 살 수 있다. 국가의 건설이 애민의 방법이었던 것이다. 거듭 확인하지만 그는 낭만적 도덕주의자가 아니라 현실주의자였다.

고금주의 문제점을 확인했으므로 다산은 새로운 해석을 모색했다. 이때 그에게 영감을 준 것이 양기원(1547~1599)이었다. 다산이 인용한 바에 따르면 그는 "'관'은 창고에 소장된 돈의 수효다. 장부를 고쳐 지으려고 한 것은 원래 세금을 더 부과하려고 한 것이다"라고 주장했다. 이 주장에서 언급한 '관'에 대한 새로운 정의와 이 장을 부세의 문제와 연관시킨 안목이 다산의 다른 해석에 결정적인 역할을 했다.

다산은 이 사람의 견해를 비롯하여 명나라 유학자의 『논어』 해석을 종종 인용한다. 내 느낌으로는 명유의 『논어』 해석을 모아놓은 책이 있고, 다산은 그것을 참고하여 다양한 주석을 열람한 것 같다. 하지만 아쉽게도 아직까지 그 책이 어떤 책인지 확인하지 못했다. 지금처럼 그들의 주장을 인용할 때 출처를 적시하지 못하는 것도 그 때문이다. 유배지의 다산처럼 나도 보고 싶은 책을 다 보지는 못했다. 이렇게 다산이 인용했으나 출처를 알 수 없는 주해는 거의 모두 명나라 유학자의 것이다. 이 책 『다산 논어』에서는 그들 모두를 인용하지는 않으나 이런 범주에 속하는 인물로 적어도 명대의 인물임을 확인한 사람은 60, 70명이 된다. 이미 소개한 갈인량, 육농기, 양신, 원황, 양기원 등을 제외하고 그 나머지를 열거하면 다음과 같다. 괄호 안의 것은 『논어고금주』가 이들을 인용할 때의 이름이고, 괄호 밖의 것은 이들의 본명이다. 구체적 정보가 없는 인물은 괄호 없이 『논어고금주』에 인용된 이름 그대로를 적었다.

계팽산(1485~1563), 고기원(고태초: 1565~1628), 고몽린(고린사: 1585~1653), 공안국(공수헌: 16세기), 구곤호, 구조린(구모백: 1572~1629), 구준(구경산: 1421~1495), 나여방(나근계: 1515~1588), 담약수(담감천: 1466~1560), 도망령(도석궤: 1562~1609), 등잠곡(1529~1593), 마맹하, 방효유(방정학: 1357~1402), 사조제(1567~1624), 서상길(서경현), 서자명(서분붕: 1560~1642), 설선(설문정: 1389~1464), 설응기(설방산: 1500~1575), 섭주(섭문통: 17세기), 소준(소자계: 1542~1599), 손광(손월봉: 1543~1613), 심일관(심교문: 1537~1615), 오성암, 오여필(오강제: 1391~1469), 왕관도, 왕기(왕용계: 1498~1583), 왕복례, 왕세무(왕인주: 1536~1588), 왕약생, 왕우태(1549~1613), 왕일계, 요순목(요승암: 1543~1627), 요원소, 우춘우, 원굉도(1568~1610), 원창유, 유기(1311~1375), 윤공소(윤가빈: 1572~1623), 이공(이서곡: 1659~1733), 이광진(이충일: 1549~1623), 이몽양(이공동: 1472~1529), 이문찬(이남려: 1573~1620), 이반롱(이우린: 1514~1570), 임희원(임차애: 1481~1565), 장거정(장태악: 1525~1582), 장기원(장중유: 1599~1633), 장남사(17세기), 장내(장동초: 17세기), 조명양(조백옹), 주래봉, 진계유(진미공: 1558~1639), 진도빈, 철현(철정석: 1366~1402), 추역산, 축석림, 탕곽림, 탕현조(탕약사: 1550~1616), 풍문자, 하경명(하대복: 1483~1521), 하구범, 해서(해강봉: 1514~1587), 허경암(1535~1604), 황회계.

이외에도 명대의 인물인 듯하지만 확실하지 않은 사람으로 강현액, 고중현, 곽구해, 뇌정암, 당의지, 두완릉, 만심곡, 서봉산, 서암천, 서약수, 악목정, 예백소, 오무장, 옹자선, 왕현보, 유화암, 철경산 등이 있다. 이 명단이 다산이 인용한 명대 유학자를 망라하지는 않으며, 명대 유학자는 아니지만 다산이 인용했고 그 말의 출처를 알 수 없는 다수의 다른 인물도 있다.

본론으로 돌아가서 양기원에게서 영감을 얻은 다산은 본문의 '관'이 동전을 꿰어 놓은 '돈꿰미'를 의미한다고 보았다. '관'을 '일(卋)'로 정의하는 고주의 견해가 『이아』에 근거하기는 하나(『이아주소』, 1:16b) 고전에서는 그렇게 사용된 바가 없고, 그에 비해서 '관'이 '꿰다'라는 뜻 그리고 그것에서 발전하여 동전을 꿰어 놓은 '돈꿰미'라는 뜻으로 사용된 경우는 허다하다는 것이 다산의 주장이었다. 이 주장은 아마도 '관'을 엽전 꿰미의 단위로 사용한 조선의 관습에 영향 받았을 것이다. 나아가 다산은 역사적 사례를 통해 이러한 동전이 보통 주조한 곳의 이름을 따라서 명명되었음을 밝힌다. 가령 수리를 관리하는 수형水衡에서 주조한 동전은 수형전水衡錢이라고 하는 식이다. 따라서 본문의 '장부'는 원래 나라 창고의 이름이지만 여기에서는 그 창고에서 주조한 동전의 이름일 것이라고 다산은 추론한다. 곧 고금주와 달리 다산에게 '장부'는 '장부전長府錢'을 의미한다.

그러면 계씨는 왜 동전을 새로 주조하려고 했는가? 다산은 다시 역사적 사례를 뒤적여서 역대 왕조에서 동전을 새로 주조했을 때는 대부분 부세와 관련된 동기가 있다고 파악했다. 왕조의 권력자가 종종 사용하는 수법은 동전을 새롭게 주조하여 이전에 사용되던 동전보다 더 무겁고 가치가 높은 동전을 발행하되 처음에는 높아진 동전의 가치에 맞게 조세로 부과되던 동전의 수를 줄여주다가 나중에는 그 이전과 같은 동전의 수를 세금으로 부과하여 결과적으로 부세를 중하게 하는 것이었다. 곧 동전을 새롭게 주조한 뒤에는 '관'의 수를 줄였다가 나중에 다시 "옛날의 관수(舊貫)"대로 세금을 부과하여 백성을 착취하는 것이 역대의 고약한 수법이었다. 민자건은 동전을 새롭게 주조하려는 움직임을 보고 이러한 결과를 예측했다. 곧 그는 동전을 주조하려는 시점에서 차후 부세가 더 무거워질 것을 예상하고 "옛날의 관수를 그대로 쓰면(仍) 어떻게 하려고 하는가? 왜 반드시 고쳐 만들어야 하는가?"라고 비판적으로 물었다. 이때 "어떻게 하려고 하는가(如之何)?"라는 말은 "나중에 반드시 생기게 될 문제를 어떻게 대처하려고 하는가?"라는 뜻이다. 고금주에서는 "옛날 창고를 그대로 사용하면 어떤가?"라는 뜻이었다.

다산의 주장에 따르면 과연 노나라는 이 동전을 주조한 뒤 부세를 위한 동전의 관수를 줄이는 듯했으나 곧바로 옛날의 관수를 복원시켰다. 그것이 그들의 원래 목적이었기 때문이다. 이러한 일이 벌어지고 나서 공자는 본문에 기록된 대로 민자건의 혜안을 칭찬한다. 이때 '중'은 고금주처럼 '이치에 맞는 것'이 아니라 '예언한 일이 현실에 적중하는 것'을 의미한다. 민자건의 예측이 들어맞았다는 의미다. 그러므로 다산의 해석에서는 민자건의 말과 공자의 말에 시간적 거리가 있다. 민자건의 예측이 있은 뒤 한참 지나서 공자의 칭찬하는 말이 있었다. 이 복잡하면서도 독창적인 다산의 해석은 '원의총괄'에 "'장부'는 동전의 이름이다. '잉구관(仍舊貫)'의 '관(貫)'은 돈꿰미를 가리킨다"라고 요약되었다.

이 장의 '원의'를 찾으려는 다산의 긴 논변은 고전의 연구와 사실의 참고 그리고 가정 및 추론으로 이루어졌다. 노나라가 실제로 '장부전'이라는 동전을 주조해서 증세했다는 것은 문헌이 증명하지 않는 다산의 추론이다. 하기는 본문을 다산처럼 읽는다면 이 장이 역사적 가설에 대한 문헌적 증거가 될 수도 있다. 물론 다산의 해석을 받아들이지 않는 사람에게는 그렇지 않다. 다산의 설득력은 평가에 달렸지만 부정할 수 없는 사실은 그의 비판과 창신의 정신이 언제나, 이곳에서도 새로 주조한 동전처럼 반짝반짝 빛나고 있다는 점이다.

11.15

선생님께서 말씀하셨다. "유의 거문고를 어찌 나 구의 문 안에서 연주하는가?" 문인이 자로에게 불경하니 선생님께서 말씀하셨다. "유는 당에 올랐으나 아직 방에 들어오지 못한 것이다."

子曰; 由之瑟, 奚爲於丘之門? 門人不敬子路. 子曰; 由也, 升堂矣, 未入於室也.

이 장에는 다르게 읽힐 말이 없으므로 고금주와 다산은 모두 위에 옮긴 것처럼 읽었다. 하지만 다산은 이 장도 고금주와 전혀 다르게 해석한다. 고금주가 후반부에 나오는 공자의 말을 자로에 대한 전반적 평가로 이해한 데 비해 다산은 음악의 성취에만 한정시켜 좁게 이해했다.

다산이 이렇게 이해한 것은 역시 자로에 대한 무고 때문이다. 이 장에서 공자는 자로를 힐난하는데, 그가 왜 그랬는지는 아무도 모른다. 오직 그것이 자로의 거문고(瑟) 연주 때문이라는 것만 알 수 있다. 당연히 이유에 대한 추측이 있었다.

우선 고주에 따르면 공자는 자로의 연주가 '아雅'와 '송頌'의 음악, 곧 궁중의 행사나 제사에 쓰이는 전례 음악과 조화를 이루지 않았기 때문에 자로를 힐난했다. 공자는 예학자였으므로 전례에 밝았고, 전례의 필수 요소인 음악을 중시했음에도 불구하고 자로는 중요한 전례 음악을 익히지 못해 공자를 실망시켰다. 금주의 추측도 고주와 비슷했다. 하지만 금주는 고주보다 심했다. 이때 자로가 거문고를 연주하자 그의 거문고에서 '북쪽 변경 지역의 살벌한 소리'가 들렸다는 것이다. 아름다워야 할 음악을 연주하면서도 자로는 이민족의 살기가 느껴지는 소리를 냈다. 이렇게 자로에게 문화와 교양을 결여한 이민족 전사의 인상을 덮어씌우는 경향은 한나라 이후 널리 유포되었고, 그래서 『설원』이나 『공자가어』 그리고 『공총자』 같은 책은 모두 '거문고로 북방의 소리를 내는 자로'와 관련된 이야기를 전했다. 금주는 특히 『공자가어』를 인용했다.

이러한 무고를 읽으면서 다산은 다시 자로를 구해야 했다. 물론 다산도 자로의 거문고 연주에 문제가 있었음을 인정한다. 공자의 힐난이 명백하기 때문이다. 하지만 다산에 따르면 공자는 '아'와 '송'에 대한 자로의 연주를 아쉬워하지는 않았다. 어느 정도 공부한 유학자라면 모두 그런 연주를 습득한다. 게다가 자로는 공문십철의 한 사람이 아닌가? 공자의 가장 뛰어난 제자 중의 하나인 자로가 '아'와 '송'을 제대로 연주하지 못해 스승에게 지청구를 먹는다는 건 상상할 수 없는 일이었다. 그래서 다산은 자로가 단지 남음南音, 곧 '주남'과 '소남'을 제대로 연주하지 못했다고 판단했다. 남음이야말로 선왕의 음악 중 가장 어렵기 때문이다. 이렇게 판단한 다산은 고전이 어떻게 '주남' '소남'의 연주와 '아' '송'의 연주를 구분하는지 살폈다.

연구 결과 다산은 고전이 '주남'과 '소남'을 '방중지악房中之樂', '아'와 '송'을 '당상지악堂上之樂'으로 구별함을 확인했다. '방중지악'은 한 집안의 가장 깊숙한 곳인 방에서 듣는 음악이고, '당상지악'은 방으로 들어가기 전 대청에서 듣는 음악이다. 결국 본문의 '방(室)'은 '방중지악'을 은유하고, '당堂'은 '당상지악'을 은유한다. 공자는 자로를 낮추어 보는 다른 문인 제자에게 자로는 "당에 올랐으나 아직 방에 들어오지 못했다"라고 했다. 다시 말해서 공자는 자로가 '아' '송'은 완전히 습득했으나 아직 '주남' '소남'은 자기 것으로 하지 못했다고 했다. 공자는 단순히 자로의 분발을 촉구하려고 잠시 힐난했으나 제자들이 자신의 말을 오해하자 이렇게 부연했다. 이것이 다산의 참신한 해석이다. 이 해석은 '원의총괄'에 "'유의 거문고'는 능히 당상의 음악을 연주할 수 있었으나 방중의 음악만은 능히 연주하지 못했다"라고 기록되었다.

따라서 자로가 '아' '송'도 제대로 연주하지 못했다는 고주, 또 그의 연주에서 북방의 살벌한 소리가 났다는 금주는 자로의 원사를 부를 만했다.

> 갑자기 북방 변경 지역의 살벌한 소리를 우리 선생님 앞에서 연주했다고 주장하니 이런 이치가 있는가?

다산의 비판은 자로의 폄하를 즐겼던 한나라 유학자에 대한 일반적 비판으로까지 이어진다. 그에 따르면 자로를 부정적으로 기록한 『공자가어』와 『공총자』는 위서이고, 『설원』을 쓴 유향은 길에서 들은 이야기를 길에서 떠들고 다니는 사람에 불과하다. 유사한 기록을 담은 『예기』 「악기」는 경전의 한 장이 아니라 한나라 유학자가 나중에 찬입한 것이고, 『한서』도 오염되었다.

> 이런 것들은 모두 요언이며 망언이니 바른 이치에 맞지 않는다. 이런 설을 자주 접한 나머지 지금 사람들은 마침내 거문고와 비파의 소리는 심술心術에서 나온다고 한다. 그러면서 그들은 자로가 거문고를 뜯을 때 그의 뱃속에는 살심이 가득했다고 하니 어찌 무고가 아니겠는가?

이러한 관점에서 다산은 공자가 이 장에서 자로를 전체적으로 평가했다는 주장에도 반대한다. 그것이 전체적 평가라면 자로는 공자의 입실제자도 못 되는 셈인데, 말이 되는가?

　　공문의 사과에 속한 십철에 자로가 들어가 있으니 자로는 공문의 고제이
　　다. 형병은 오직 안자만이 방에 들었다고 하니 어찌 망령되지 아니한가?

한국에는 자로의 후손인 중씨仲氏가 없지만 자로의 후손이 그를 무고에서 구하기 위한 다산의 노력을 알았다면 크게 고마워했을 것이다.

11.16
자공이 묻기를 "사와 상은 누가 더 낫습니까?"라고 하자 선생님께 서 말씀하셨다. "사는 지나치고, 상은 미치지 못한다.""그러면 사가 더 나은 것입니까?" 선생님께서 말씀하셨다. "지나친 것은 미치지 못하는 것과 같다."

子貢問, 師與商也孰賢? 子曰; 師也過, 商也不及. 曰; 然則師愈與? 子曰; 過猶
不及.

'사師'는 자장, '상商'은 자하를 가리킨다. 다산은 금주를 인용하면서 자장 은 "재주가 높고 뜻이 넓어서 구차하고 어려운 일을 처리하기를 좋아했고" 자 하는 "두텁게 믿고 근실하게 지키지만 규모가 작았다"라고 두 사람을 평가했 다. 『논어』에 「자장」이 있는데, 그곳에서 자장과 자하를 여러 차례 비교할 수 있다. 특히 두 사람이 다른 사람과 어울리는 방식을 보면 자하는 사귈 만한

사람하고만 교우하고, 자장은 충만한 자신감을 가지고 남을 가리지 않았다 (19.3). 이런 태도를 놓고 공자는 자장은 "지나치고" 자하는 "미치지 못한다"라고 평가했다. 자장이나 자하를 넘어서 『논어』에는 지나치거나 미치지 못하는 사례가 적지 않게 나온다. 가령 '광狂'은 지나치고 '견狷'은 미치지 못하며(13.21), 다른 사람의 일을 겸하려고 한 자로는 지나치고 언제나 물러서는 염유는 미치지 못한다(11.21). 또 예를 행할 때 사치한 것은 지나치고 검소한 것은 미치지 못한다(3.4). 자공은 지나친 것이 나은가를 물었지만 공자는 지나친 것과 미치지 못하는 것이 같다고 단언했다. 모두 중도에서 벗어났기 때문이었다.

그런데 지나치고 미치지 못한다는 것은 무엇에 지나치고 무엇에 미치지 못한다는 것인가? 대답은 여러 가지여서 도가 기준이 될 수도 있고, 중용이 기준이 될 수도 있다. 그런데 다산은 기준이 결국 예라고 말한다. 곧 예에 맞는 행동이 중용이고, 예에 맞지 않는 행동은 지나치거나 미치지 못한다. "자장의 지나침은 예에 지나친 것이고, 자하의 미치지 못함은 예에 미치지 못하는 것이다." 그가 얼마나 예의 준행을 강조했는지 알 수 있다.

이 장에서는 이른바 이단 사상에 대한 다산의 평가도 눈에 띈다. 그가 『노자』와 『장자』를 고전으로 인정하여 필요한 경우 그것들을 참고했다는 점은 이미 서술했다. 그런데 이 장에서 다산은 한 발 더 나아가 양주와 묵적을 '현자賢者'의 종류라고 과감히 진술한다. 이 진술은 자장과 자하를 각각 '현지賢知'와 '우불초愚不肖'에 비교한 금주를 비판하는 과정에서 나왔지만 그렇더라도 양주와 묵적에게 '현자'의 이름을 부여하는 것은 완고한 성리학자라면 상상조차 할 수 없는 일이었다.

11.17

계씨가 주나라의 삼공보다 부유한데도 "구가 그를 위해 세금을 거두어 부를 늘려주었다." 선생님께서 말씀하셨다. "나의 문도가 아니다. 그대들이 이를 명고의 율로 다스리더라도 괜찮을 것이다."

季氏富於周公, 而求也爲之聚斂而附益之. 子曰; 非吾徒也. 小子鳴鼓而攻之, 可也.

'원의총괄'은 이 장에서 다산이 발견한 '원의'를 두 항목으로 정리했다. 그하나는 '주공周公'과 관련하여 "'부어주공富於周公'은 천자의 삼공보다 부유했다는 말이다"라는 '원의'이고, 다른 하나는 '명고鳴鼓'와 관련하여 "'명고'는 다른 나라를 정벌할 때 대사마가 집행하던 군율이지 스승의 문하에서 제자에게 벌을 줄 때 사용한 법이 아니다"라는 '원의'이다. 그만큼 다산은 이 장을 고주나 금주와 전혀 다르게 읽고 해석한다.

대부분은 '주공'을 성인 주공을 가리키는 것으로 이해한다. 그렇게 이해하도록 만든 것은 형병이다. 형병 이전 공안국은 '주공'이 단순히 '주나라의 재상과 경사卿士'를 의미한다고 했다. 그런데 나중에 형병은 '주공'을 역사적 인물인 주공으로 이해하면서 노나라가 '주공'의 후손에게 봉한 나라라고 했다. 그리고 금주가 형병을 받아들이자 형병의 견해가 지배적인 것이 되었다. 공안국을 형병처럼 보완하지 않은 사람도 있었다. 황간은 '주공'이 주공의 후예를 가리킨다고 보면서 주공이 죽은 뒤 후예들이 주나라에 식읍을 가졌으므로 주나라의 공경이라는 의미에서 그들을 '주공'이라고 불렀다고 설명했다.

다산도 황간처럼 '주공'을 성인 주공으로 보지 않았다. 다산이 형병과 금주를 받아들이지 않은 데는 이유가 있었다.

법에 규정된 것 이상으로 세금을 거두는 것은 성인이 즐겨 하는 일이 아니다. 그러므로 원성元聖 주공이 부유한 것으로 이름을 얻는 그런 이치는 절대 없다. 이미 그런 이름을 얻은 적이 없다면 어찌 "주공보다 부유했다"라고 말할 수 있겠는가? 이것에도 역시 그런 이치가 없다.

『논어』가 이 장에서 계씨와 비교한 '주공'이 역사적 주공이 되기 위해서는 그가 부유함의 대명사가 되어야 하는데, 어떻게 성인 주공이 그럴 수 있느냐는 것이 다산의 논리였다. 그래서 다산은 본문의 '주공'이 '주나라의 삼공三公'을 의미한다고 주장한다. 『예기』「왕제」를 보면 "천자의 삼공이 가진 밭은 공작과 후작의 밭에 비교되고, 천자의 경은 백작에, 천자의 대부는 자작과 남작에 비교된다"(『예기주소』, 11:3b)라는 말이 있고, 계씨는 노공보다 부유했기 때문에 악명을 얻었다. 노공은 노나라의 공작이므로 천자의 삼공과 비슷한 재력을 가졌을 것이다. 그러므로 이 장의 '주공'이 '주나라의 삼공'인 태사, 태부, 태보를 가리켜야 『논어』의 비교가 말이 된다. 다산은 이때의 삼공이 동주의 삼공이 아니라 서주의 삼공을 가리킨다는 점도 분명히 했다. 주 왕실의 권위가 땅에 떨어진 동주시대에는 삼공이 작은 나라의 주요 관리보다도 부유하지 않았기 때문이다.

'원의총괄'에는 기록되지 않았지만 "구가 그를 위해 세금을 거두어 부를 늘려주었다"라는 구절을 공자의 말로 보는 것도 다산의 독특한 견해다. 그가 보기에 오직 공자만 공문의 고제 염유를 이름인 '구求'로 부를 수 있었기 때문이다. 따라서 다산을 통해 『논어』를 읽을 때는 사소하지만 이런 점도 반영해야 한다.

여하튼 염구는 공자가 볼 때 이미 부유한 계씨의 부를 늘려주는 잘못을 저질렀다. 다산은 이 일이 공자가 노나라로 돌아오는 기원전 484년 이전에 있었다고 했다. 환국하기 전에는 몰랐다는 말이다. 공자는 기원전 492년 염구가 계씨에게 벼슬할 때 그의 출사를 격려했고, 나중에 환국할 때도 염구의 노력으로 계강자의 환대를 받으며 돌아왔다. 만약 공자가 환국 이전에 염구의 잘못을 알았다면 그는 아마도 다른 결정을 내렸을 것이다. 잘못을 저지른 제자의 덕을 볼 수는 없기 때문이다.

그래서 환국한 뒤에야 염구의 잘못을 알게 된 공자는 "나의 문도가 아니다"라고 말할 정도로 분노했다. 그리고 위에 기록된 말을 했다. 고금주는 모두 이 말을 "그대들아! 북을 울려(鳴鼓) 그를 공격함이(攻) 옳다(可)!"라고 읽는다. 고금주를 따를 때는 이 문장에 분노를 표현하는 느낌표가 붙어야 한다. 하도 화가 난 나머지 공자는 제자에게 북을 울려 그를 성토하라고까지 했다. 그렇지만 다산은 이렇게 읽으면 안 된다고 보았다.

다산이 보기에 '명고'는 실제로 북을 울린다는 것이 아니라 '명고의 율'을 의미한다. '명고의 율'은 군법의 하나로 죄를 지은 병사에게 북을 울려 죄를 묻는 것을 의미한다. 천자의 명령을 받아 혹은 도덕적 정당성을 가지고 다른 나라를 정벌할 때도 이 군율을 적용한다. 그런데 이것은 오직 군사에만 적용된다. 전쟁과 관련된 행위에서만 이 군율을 적용하여 죄를 물을 수 있지 다른 영역에는 적용되지 않는다. 그러므로 공자가 '명고' 운운한 것은 염구의 잘못이 '명고의 율'을 적용할 정도로 중하다는 의미지 실제로 북을 가져와 두드려대면서 그를 성토하라는 말은 아니었다. 다시 말해 본문의 '명고'는 단지 상징일 뿐이다.

그런데도 이 '원의'를 잘못 이해한 후대의 유학자들은 실제로 누군가를 성토하기 위해 북을 쳤다. 다산이 그런 일이 벌어진 곳으로 특별히 지목한 곳은 성균관이었다.

오늘날 태학생 가운데 죄가 있는 사람을 다룰 때는 이른바 명고의 법이라는 것이 있다. 죄를 지은 자에게 북을 메게 하고, 무리들이 시끄럽게 떠들면서 북을 치고 그를 교문橋門 밖까지 따라간다. 그러면서 그들은 "이것이 공자의 명고의 법이다"라고 말하니 아, 어찌 잘못된 것이 아닌가? 심히 부끄러운 일이다.

조선의 성균관 유생은 성리학의 도덕 원칙을 수호하는 정예병이었다. 성리학의 훈도에 깊이 노출된 젊은 피들은 평범한 양반이나 백성은 물론 왕이나 대신도 아랑곳하지 않고 비행을 고발하고 시정을 요구했다. 연명하여 상소를 올리는 일은 흔했고, 권당이라는 집단행동을 통해 수업을 거부하고 거리로 나가는 일도 적지 않았다. 다산은 개인적으로 이들의 원리주의적인 사문 수호의 결의에 희생되었다. 1785년 추조적발사건부터 시작해 1787년의 반회사건, 1791년 진산사건, 1795년 을묘실포사건, 1801년 황사영백서사건에 이르기까지 조선의 천주교 탄압과 관련하여 줄곧 의심을 받던 다산은 위에 열거한 사건 대부분에서 성균관 유생의 탄핵을 받았다. 그런 경험을 가졌던 그는 이 장을 고금주처럼 이해할 수 없었다. 그렇게 이해하면 성균관 유생들의 가혹한 성토를 정당화해주기 때문이다.

고금주는 또한 공자가 북을 울려 염구를 '공격해야' '옳다'고 말했다고 주장했다. 하지만 다산에게 본문의 '공攻'은 '공격하다'라는 뜻이 아니라 '다스리다(治)'라는 뜻이다. 공문의 여러 제자가 한 제자를 '공격하는' 과격한 행위를 다산은 용인할 수 없었다. 나아가 '가피'도 다산에게는 '옳다'라는 뜻이 아니라 '괜찮다'라는 뜻이다. '공'과 '가'를 이렇게 풀면 공자는 북을 울려 공격해야만 옳다고 말하지 않고, 염구의 사안을 심각하게 다루어도 괜찮다고 말했다. 곧 다산에게 "이를 명고의 율로 다스리더라도 괜찮을 것이다"라는 말은 가정일 뿐이며, 거기에는 어떤 느낌표도 존재하지 않는다.

마지막으로 다산은 염구의 죄를 중하게 만들려는 또 다른 시도, 곧 염구가 이때 선왕의 조세법인 철법에 더해서 따로 밭에 조세를 했으므로 공자가 특별히 분노했다는 허경암(1535~1604)의 주장에도 반대했다. 따지고 보면 염구는 노나라의 대부인 계씨의 가신이었으므로 중요한 제도의 개정을 제안하거나 결정할 만한 지위에 있지 않았다. 그럼에도 불구하고 염구를 "벼슬하기에 급급했던(정이)," 그래서 공자가 "이미 끊어낸(주희)" 불초한 제자로 보았던 성리학은 기원전 594년에 이미 실시된 '초세무初稅畝'의 전부田賦 제도를 백 년 뒤의 인물인 염구의 책임으로 돌리려고까지 했다. 다산은 이 주장을 단호하게 거부하면서 당시 공자의 분노를 유발케 한, 지금은 모를 어떤 일이 따로 있을 것이라고 추측했다. 사실 다산은 이미 누구를 섬기기로 하고 벼슬했으면 그를 위해 충심을 다하는 것이 옳은 일이라고 하면서 "계씨에게 벼슬하는 것은 공문에서 부끄러워 할 바가 아니었다"라고 말했다(6.8).

11.18

"시는 어리석고, 삼은 둔하고, 사는 치우쳤고, 유는 속되다." 선생님께서 말씀하셨다. "회는 도에 가까웠으나 자주 궁핍했다. 사는 하늘의 명을 받지 않은 채 장사를 하고 가축을 길렀으며, 억측하여 자주 맞추었다."

柴也愚, 參也魯, 師也辟, 由也喭. 子曰; 回也, 其庶乎, 屢空. 賜不受命, 而貨殖焉, 億則屢中.

'시柴'는 공자의 제자 고시로 여기에서 처음 나온다. 자는 자고다. '삼參'은 증삼 증자이고, '사師'는 전손사 자장이며, '유由'는 중유 자로다. 이 제자 넷은 모두 이름으로 불렸으므로 다산은 이 장의 앞부분 역시 공자의 말이라고 했다. 그는 또 고주를 따라 안회 안연(回)과 단목사 자공(賜)에 대한 품평을 같이 붙여 한 장으로 취급했다. 금주는 두 장으로 분리했지만 한 장으로 다룰 수도 있다고 했다.

본문의 '우愚'는 어리석은 것인데, 어리석기 때문에 원칙을 잘 지킨다는 의미도 들어 있다. '노魯'는 둔한 것인데, 둔하기 때문에 끈기 있게 노력한다는 의미도 들어 있다. '벽辟'은 치우친 것인데, 재주가 뛰어나기 때문이다. '언喭'은 속스럽게 보이는 것인데, 가식이 없기 때문이다. 모두 제자들의 단점이지만 이면에는 장점도 있다.

이 장은 도통의 증삼을 다른 제자와 병렬했다. 금주는 그것이 마뜩치 않았다. 금주에서 증삼의 '둔함'은 그 둔함 때문에 "도에 깊이 이를 수 있게 한" 둔함이고, 따라서 단점처럼 보이지만 단점이 아니다. 증삼과 비슷하게 "어리석다"라는 평을 받은 고시의 '어리석음' 역시 나머지 두 제자의 단점과는 상이한, 장점에 가까운 단점이었다. 오직 자장과 자로의 단점만이 장점이 보이지 않는 단점이었다. 이렇게 금주는 이 장을 놓고 증삼이 출중하고, 그 다음이 고시고, 그 다음이 자장과 자로라는 위계를 만들어냈다. 물론 다산은 동의하지 않았다. 그가 보기에 공자는 제자들을 비슷하게 평가했고, 일관되게 그들의 단점에 주목했다. 오직 "도에 가까웠다(其庶乎)"라는 말만 예외였다.

그렇다면 안회에게도 단점이 있는가? 있다. 다산은 '누공屢空'을 안회의 단점으로 보았다. 다산에게 '누공'은 "자주(屢) 궁핍했다(空)"라는 뜻이다. 그에 비해 고금주는 '누공'을 "자주(屢) 뒤주가 비었다(空)"라는 의미로 이해했고, 금주는 이 말이 안빈낙도한 안회를 잘 묘사한다고 생각했다. 뒤주가 비어도 개의치 않고 오직 도에 마음을 두어 "그 즐거움을 고치지 않았다"(6.10)라는 것이다. 그렇지만 다산은 이미 "녹봉에 뜻을 두는 것을 모두 잘못이라고 한다면 덕을 온전히 할 수 있는 사람이 적을 것이다"라고 주장한 사람이다(8.12). 여기에서도 마찬가지다.

> 무릇 군자의 도는 부귀와 떨어지지 않는다. 만약 아침도 굶고 저녁도 굶는 것을 도에 가까운 것의 표준으로 삼는다면 도를 배우는 모든 사람은 굶주릴 것이다.

그래서 다산이 보기에 "자주 궁핍했던" 것은 안회의 결점이었다. 가난을 벗어나려고 적극적으로 도모하지 않았다는 점에서 그렇다. 이 견해는 '원의 총괄'에 "'누공'은 안회를 책망하는 말이니 '화식貨殖'으로 자공을 책망한 것과 같다"라고 기록되었다. 과연 이러한 '원의'는 정말 가난을 경험해보지도 않고 빈한함을 찬양하는 양반은 발견하지 못할 것이었다.

금주가 '누공'을 안빈낙도와 연결시켰다면 고주에서 '누공'은 단순한 사실일 뿐이다. 이 단순한 사실에 묘미가 없다고 생각했는지 하안은 '누공'의 색다른 해석을 소개한다. 그에 따르면 '누屢'는 '매번'이라는 뜻이고, '공空'은 '마음을 비우다'라는 뜻이다. 이 독법에서는 '누공'을 '서기호其庶乎'에 붙여야 한다. "매번 마음을 비우는 데 가까웠다(其庶乎屢空)." 공자는 항상 마음을 비울 것을 강조했는데 오직 안회만 이런 경지에 올랐다는 것이다. 다산은 이 해석을 두고 "하안의 학문은 노불에 염습되어서 뜻을 천착함이 이와 같았다"라고 싸늘한 평가를 내렸다. 반면 성리학의 선하인 한유는 이 해석을 높이 사서 "이 설이 바른 해석에 가깝다"라고 평가했다. 불교가 성했던 당의 유학이 부지불각 중에 불교의 영향을 받았음을 알 수 있다. 혹은 불교의 영향을 받았으므로 한유가 성리학의 선하가 되었는지도 모르겠다.

한편 단목사에 대한 공자의 평가를 두고도 해석이 갈라진다. 우선 "명을 받지 않았다(不受命)"라는 말이 애매하다. 이 말은 예교에 몰두하라는 공자의 명을 받들지 않았다는 뜻일 수도 있고(고주), 도덕적 인간이 되라는 천명을 받들지 않았다는 뜻일 수도 있다(금주). 하지만 다산은 자공이 부를 추구하라는 하늘의 명을 받지 않고 부를 추구했기 때문에 이런 평가를 받았다고 보았다. 그에 따르면 "귀한 신분이 아닌데도 부를 구하는 것, 이것이 명을 받지 않은 것이다." 귀한 신분으로 태어나야 법과 도덕을 어기지 않고 부를 추구할 수 있는데 자공은 그렇게 태어나지도 않았으면서 부를 추구했다. 이와 관련하여 다산은 '화식貨殖'을 흔히 이해하는 것처럼 '재물(貨)을 불리는 것(殖)'이 아니라 '장사를 하고(貨) 가축을 기르는 것(殖)'으로 이해한다.

마지막으로 "억측하여(億) 자주(屢) 맞추었다(中)"라는 말이 칭찬인지 비판인지도 아리송하다. 금주는 칭찬으로 보고 그를 다른 제자보다 높게 평가했고, 부를 추구한 것도 공자로부터 배우기 전 일시의 일이었다고 해명했다. 금주에서 이 말은 "능히 사태를 헤아려서 곧잘 적중시키는 것"을 의미한다. 하지만 다산에게는 이것 역시 자공의 단점이었다. 『춘추좌씨전』에 자공이 실제로 "억측하여 자주 맞춘" 사례가 있는데, 그를 두고 공자가 "불행히도 사(자공)는 말을 하면 적중한다. 이 때문에 사는 말을 많이 한다"(『춘추좌씨전』, 56:28b~29b)라고 분명히 부정적으로 평가했기 때문이다. 고주도 자공의 단점으로 이해했다.

11.19

자장이 사람을 좋게 만드는 도를 물으니 선생님께서 말씀하셨다.
"옛 자취를 따르지 않으면 또한 방에 들어가지 못할 것이다."

子張問善人之道. 子曰; 不踐迹, 亦不入於室.

고금주와 달리 다산에게 본문의 '선善'은 '좋게 만들다'라는 뜻의 동사다. 곧 '선인善人'은 "사람을 좋게 만들다"라는 뜻이다. 고금주에서 '선인'은 인격이며, '선한 사람'이라는 의미다. 다산은 이미 해설한 두 개의 장에서도 '선'을 같은 뜻으로 이해했다. '진선盡善'에서의 '선'은 '좋게 만드는 것'을 의미하고 (3.25), '선도善道'에서의 '선'도 '잘 닦는 것'을 의미한다(8.13). '선인'을 성인이나 현인처럼 어떤 인격으로 보기에는 뜻이 모호하다는 게 고금주와 달리 푼 동기였던 것 같다. 가령 금주는 '선인'이 "바탕은 아름답지만 아직 배우지 않은 사람"을 가리킨다고 했는데, 애매하다. 다산은 금주의 정의가 성립하는지 의심하면서 "성인의 여러 말이 소기하는 바는 '선'일 뿐이다. 이미 선한데 '방에 들어가지 못했다(不入於室)'라는 이런 이치가 있는가?"라고 반문했다.

'천적踐迹'에 대한 다산의 해석도 고금주와 다르다. 고금주도 이 말을 "옛 자취를 따른다"라고 읽지만 그 함의는 부정적이다. 구습이나 구태를 반복하는 것이 '천적'이기 때문이다. 그러므로 고주에서는 "옛 자취를 따르지 않아야" '선인'이 되고, 금주에서는 '선인'이 "옛 자취를 따르지 않는" 정도는 이미 되는 사람이다. 따라서 고주를 통해 공자의 말을 읽으면 "옛 자취를 따르지 않아야 할 것이나 역시 방에는 들어가지 못할 것이다"라는 정도가 되고, 금주를 통해 읽으면 "옛 자취를 따르지는 않으나 역시 방에는 들어가지 못할 것이다"라는 정도가 된다.

이와는 달리 다산에게 '천적'은 성인의 지난 발자취를 따라서 한 발 한 발

나아가는 것을 의미한다. 곧 공자는 여기에서 자장에게 꾸준하고 성실하게 조금씩 나아가라고 충고한다. 자신을 과신한 자장은 항상 단계를 뛰어넘으려고 했으므로 공자가 이렇게 조언했다고 한다. 그래서 다산에게 이 장은 성인이 되는 방법을 보여준다. 성인이 되는 길은 성인의 옛 자취를 따라 걷는 것이다. 반면 고금주에서 이 장은 결과적으로 '선인'과 성인이 어떻게 다른가를 보여준다. 그래서 고금주를 받아들이면 '선인'을 물은 자장은 아무리 해도 성인이 될 수 없다. '선인'은 아무리 잘 한다고 하더라도 성인의 "방에 들어가지 못할 것"이기 때문이다. 결국 다산은 이 장을 달리 해석함으로써 또 다시 도통의 제자를 제외한 나머지 공문 제자를 폄하하는 칼날을 무디게 만들었다. '원의총괄'은 다산의 주장을 "'선인지도善人之道'란 사람을 가르치는 방법을 의미한다"라고 기록했다.

11.20

선생님께서 말씀하셨다. "말하는 것이 돈독하다고 이에 허여한다면 군자이겠는가, 얼굴빛만 장엄한 사람이겠는가?"

子曰: 論篤是與, 君子者乎? 色莊者乎?

고주는 이 장을 앞 장에 붙여 읽었다. 이 장 또한 '선인'을 논한다고 보았기 때문이다. 그래서 고주를 따를 때는 이 장을 완전히 달리 읽게 된다. "말하는 것이 돈독하면 이것이겠는가? 군자이겠는가? 얼굴빛이 장엄한 사람이겠는가?" 이때 '이것(是)'은 '선인'을 가리킨다. 공자가 "말하는 것이 돈독하면 선인이라고 할 수 있겠는가?"라고 말했다는 것이다. 질문의 형식을 취했지만 실제 질문은 아니며, 단지 "공자가 겸손하여 곧바로 이야기하지 않고 '여與'나 '호乎'를 사용하여 의심하는 것 같이 말한 것"일 뿐이다. 따라서 고주에서는 '말하는 것이 돈독한 사람(論篤)' '군자(君子者)' '얼굴빛이 장엄한 사람(色莊者)'이 모두 '선인'이다.

반면 금주에서는 '군자'만이 긍정적인 인격이며, 나머지 둘은 겉보기에는 그럴듯하지만 실제로는 문제인 사람이다. '말하는 것이 돈독한 사람'은 말만 번지르르한 사람이고, '얼굴빛 장엄한 사람'은 내면에서 원칙을 지키는 데 무른 사람이다. 그러므로 금주에 따르면 이 장에서 공자는 만약 누군가가 다른 사람의 말만 보고 '이에(是)' '허여한다면(與)' 그런 사람을 군자로 봐야 하는지 아니면 얼굴빛만 장엄한 사람으로 봐야 하는지를 질문한다. 물론 군자로 볼 수 없다는 것이 답이다. 이렇게 금주는 이 장이 '선인'과 관련이 없다고 보았기 때문에 앞 장과 분리시켰다. 다산은 금주를 받아들여 "주자의 뜻을 바꿀 수 없다"라고 했다.

11.21

자로가 "들으면 이에 행해야 합니까?"라고 물으니 선생님께서 말씀하셨다. "부형이 계시니 듣고서 이에 행한다면 어찌 하겠는가?" 염유가 "들으면 이에 행해야 합니까?"라고 물으니 선생님께서 말씀하셨다. "들으면 이에 행하라." 공서화가 말하기를 "유가 '들으면 이제 행해야 합니까?'라고 물으니 선생님께서 '부형이 계시다'라고 말씀하셨고, 구가 '들으면 이제 행해야 합니까?'라고 물으니 선생님께서 '들으면 이에 행하라'라고 하셨으니 저 적은 미혹되어 감히 묻습니다"

라고 하니 선생님께서 말씀하셨다. "구는 물러서니 나아가게 했고, 유는 다른 사람을 겸하려고 하니 물러서게 했다."

子路問; 聞斯行諸? 子曰; 有父兄在, 如之何其聞斯行之? 冉有問; 聞斯行諸? 子曰; 聞斯行之. 公西華曰; 由也問聞斯行諸, 子曰; 有父兄在. 求也問聞斯行諸, 子曰; 聞斯行之. 赤也惑, 敢問. 子曰; 求也退, 故進之. 由也兼人, 故退之.

이 장을 읽고 다산은 자로는 지나쳤고 염유는 미치지 못했다고 평가했다. 다산에게 본문의 '겸인兼人'은 말 그대로 "다른 사람(人)을 겸하는 것(兼)," 다른 사람이 책임져야 할 일까지 겸해서 하는 것을 말한다. 자로는 늘 남의 일까지 도맡아 두 사람 몫을 감당하려고 했다. 이에 비해 고주와 금주는 '겸인'을 '남을 이기려고 하는 것'이라고 풀었다. 역시 자로를 낮추려는 뜻을 볼 수 있다.

자로는 실천하는 데 적극적이었다. "자로는 들은 것이 있는데 아직 그것을 행하지 못했으면 오직 다시 듣는 것이 있을까 두려워했다(5.13)." 반면 염유는 계씨가 노나라의 속국인 전유를 정벌하려고 할 때 계씨를 적극적으로 말리지 못했고, 공자가 그 점을 책망했을 때도 자신이 그렇게 하려고 한 것이 아니라 계씨가 그렇게 하려고 한 것이라고 변명했다(16.1). 뒤로 물러서는 염유의 습벽을 보여준다. 공자는 이렇게 상대하는 제자에 따라 가르침을 달리했다. 이러한 '변증법적' 교육의 맥락을 이해하지 못하면 공자의 교훈은 읽는 사람을 어리둥절하게 한다. 공자의 가르침은 논리가 아니라 삶과 실천을 통해 이해해야 한다. 대화는 길지만 '겸인'을 제외하고는 논쟁이 될 만한 구석이 없다.

11.22

선생님께서 광에서 두려워하실 때 안연이 뒤에 처졌다. 선생님께서 말씀하셨다. "나는 네가 죽으려고 하는 줄 알았다." "선생님께서 계신데 회가 어찌 죽음을 감당하려고 하겠습니까?"

子畏於匡, 顔淵後, 子曰; 吾以女爲死矣. 曰; 子在, 回何敢死?

공자가 "광에서 두려워한" 일은 이미 설명했다(9.5). 또한 다산은 이때 공자가 몸을 먼저 피하자 제자들이 뒤를 지키느라 그와 떨어졌고, 공자가 위나라에 도착했을 때 그의 제자들은 "모두 성문에 이르지 않았다"(11.2)라고 설명했다. 그중 한 명이 안연이었다.

다산은 이 장을 고금주와 같은 방식으로 읽었다. 우선 본문의 '이여위사以女爲死'는 보통 옮기듯이 안연이 죽었다고 공자가 생각한 것이 아니라 안연이 죽으려고 했다고(爲死) 공자가 생각한(以) 것을 의미한다. 다시 말해 공자는 안연이 스승을 구하기 위해 죽음도 불사했다고 생각했다. 죽음도 불사했다면 결국 죽었을지 모르므로 뜻에서는 큰 차이가 없지만 제자에게 "네가 죽은 줄 알았다"라고 말하는 것은 스승의 체면을 깎으므로 고금주와 다산은 모두 이렇게 읽었다. 본문의 '감사敢死'도 보통 옮기듯이 '감히 죽다'라는 뜻이 아니라 '죽음을 감히 하다' 혹은 '죽음을 감당하려고 하다'라는 뜻이다. '사死'가 아니라 '감敢'이 동사다. 역시 의미로는 큰 차이가 없다. 죽음을 감당하는 것이 감히 죽으려고 하는 것이기 때문이다. 하지만 스승의 면전에서 "어찌 감히 죽겠습니까?"라고 말하는 것도 속되므로 고금주와 다산은 모두 이렇게 읽었다.

유교에는 임금과 부모와 스승이 살았을 때는 죽음을 감당하려고 해서는 안 된다는 의리가 있다. 이들을 모셔야 할 의무가 있으므로 죽음조차도 마음대로 결정해서는 안 된다는 말이다. 이 장에서 공자와 안연은 이 의리를 확인한다. 안연만 그런 것이 아니다. 『여씨춘추』에 따르면 증자도 그랬다. 한 번은 증자가 아버지의 심부름으로 멀리 나간 뒤 기일이 지나도록 돌아오지 않았다. 그런데도 증점은 걱정을 하지 않았다. 증자 같은 효자가 아버지가 살아 있는데 죽음을 감당하려고 하지는 않으리라는 것을 알았기 때문이다(『여씨춘추』, 4:5b). 비슷한 맥락에서 제자에게는 스승이 무사히 몸을 피했는지 수시로 확인할 의무가 있다. 이 장에서 공자는 안연이 어떻게 되었는지 몰랐지만 안연은 이미 공자가 무사하다는 것을 알았고, 그렇기 때문에 "선생님께서 계신데"라고 말했다. 안연이 훌륭한 제자라는 것은 이런 점에서도 드러난다. 모두 다산의 설명이다.

11.23

계자연이 묻기를 "중유와 염구는 대신이라고 할 만합니까?"라고 하니 선생님께서 말씀하셨다. "나는 선생께서 좀 다른 것을 물을 줄 알았는데 유와 구에 대한 질문이로군요! 이른바 대신이란 도로써 임금을 섬기다 그것이 불가능하면 그만두는 것입니다. 이제 유와 구는 숫자를 채우는 신하라고 할 수 있습니다." "그러면 주인을 따르는 사람입니까?" "부모나 임금을 죽이는 일에는 또한 따르지 않을 것입니다."

季子然問; 仲由冉求, 可謂大臣與? 子曰; 吾以子爲異之問, 曾由與求之問! 所謂大臣者, 以道事君, 不可則止. 今由與求也, 可謂具臣矣. 曰; 然則從之者與? 曰; 弑父與君, 亦不從也.

고금주는 계자연을 계씨의 자제라고만 소개했는데, 다산은 풍의 (1140~1232)와 『사서인물고』를 참고하여 그가 계평자 계손의여의 아들로 이 장의 시점에서 계씨의 가장이었던 계환자의 동생이라고 보충했다. 『사서인물고』는 명나라의 설응기(1500~1575)가 쓴 책으로 다자이도 이 장에서 인용한다. 계자연은 자가 '자연子然'이었던 것 같다. 노나라 세경의 자제이자 대부의 지위를 가졌으므로 공자와는 당연히 존대하는 사이로 봐야 한다.

　다산에 따르면 이 대화는 공자가 노나라를 떠나기 전 그리고 중유와 염구, 곧 자로와 염유가 계씨의 가신이 된 이후의 어느 시점에 있었다. 두 사람이 계씨 밑에서 처음으로 벼슬한 것은 노 정공 12년인 기원전 498년이다. 다산은 그 다음 해인 노 정공 13년에 공자가 노나라를 떠났다고 본다. 계씨가 자로와 염유를 등용하자 집안사람인 계자연이 공자에게 그들의 자질을 물었다.

　"그대가 좀 다른 것을 물을 줄 알았다"라는 말은 계자연처럼 높은 지위에 있는 사람이라면 뭔가 좀 중요한 일을 물을 줄 알았다는 말이다. 정말로 제자를 묻는 질문을 사소하게 생각한 것이 아니라 제자를 낮춤으로써 계자연을 기롱했다. 이어 나오는 문장에서 '증曾'은 '내乃'와 같다. 또 '구신具臣'은 구색을 갖추는 데 필요한 신하라는 뜻이다. 고금주와 다산 모두에게 "신하의 숫자를 갖추는 데" 필요한 신하를 의미한다.

　공자가 '대신大臣'을 설명하자 계자연은 이들이 주인인 계환자를 따를 것인지 물었다. 그것이 정말로 그가 알고 싶었던 내용이었다. "부모나 임금을 죽이는 일에는 또한 따르지 않을 것"이라는 응답 역시 뼈가 있는 말이었다. 이 대화 전 이미 계씨는 노나라 정공을 내쫓았다. 임금이 망명 중이었으므로 당시 노나라에는 임금이 없었다. 계자연의 질문에 이렇게 대답하여 공자는 설령 계씨가 정공을 해하려는 계획을 꾸미더라도 제자들이 따르지 않을 것임을 밝혔다. 대체적으로 고금주와 다산이 공유하는 설명이다.

11.24

자로가 자고에게 비의 읍재가 되도록 하니 선생님께서 말씀하셨다. "남의 아들을 해치는구나." 자로가 "백성인 사람들이 있고 사직이 있으니 어찌 반드시 책을 읽은 이후에야 배운다고 하겠습니까?"라고 하니 선생님께서 말씀하셨다. "이런 것 때문에 말이 잰 사람을 미워하는 것이다."

子路使子羔爲費宰. 子曰; 賊夫人之子. 子路曰; 有民人焉, 有社稷焉, 何必讀書然後爲學? 子曰; 是故. 惡夫佞者.

자로는 정공 12년 계씨의 가신이 되었는데, 같은 해 공산불뉴가 '비費'라는 지역을 근거로 계씨에게 반란을 일으켰다. 비는 계씨의 세력을 지탱하는 주요한 거점이었다. 공산불뉴는 계씨에게 비의 읍재로 임명되어 그곳을 다스리다가 반란을 일으켰다. 정공을 내쫓은 계씨의 전횡을 참을 수 없었기 때문이었다. 『논어』에 따르면 이때 공산불뉴는 공자를 초청하려고 했고, 공자는 마치 갈 듯이 보였다(17.4). 공자도 정공을 다시 임금으로 모셔야 한다고 생각했기 때문이다. 결국 공자는 가지 않았지만 다산에 따르면 공자는 공산불뉴를 현인으로 생각했다(6.8).

그런데 공산불뉴의 반란을 진압한 사람이 바로 자로였다. 이때 자로는 정공의 명을 받아 공산불뉴를 진압했다고 한다. 그렇다면 정공을 위해 계씨에게 반란을 일으킨 사람을 정공이 진압하라고 명령한 셈인데, 과연 그런지 아니면 계씨가 정공의 명을 훔쳐 자로를 움직였는지는 알 수 없다. 어쨌든 반란을 진압한 후 계씨는 민자건을 비의 읍재로 삼으려고 했다. 이미 양화가 비를 근거로 반란을 일으켰는데 다시 공산불뉴가 반란을 일으켰으므로 계씨는 민자건처럼 점잖은 사람을 이 말썽 많은 곳의 책임자로 삼으려 했다. 민자건이 이 제안을 어떻게 고사했는지는 앞에 묘사되었다(6.8). 아마도 이런 일들이 있은 뒤 얼마 지나지 않아서 자로는 자고를 추천하여 비의 읍재가 되도록 했을 것이다. 관련된 장들에 대한 다산의 해설을 참고하여 이 장의 배경을 설명하면 이렇다. 하지만 이즈음 공자를 둘러싸고 노나라에서 벌어진 일이 서로 어떻게 연결되는지는 불분명하고, 위에 설명한 배경도 모두 기록을 통해 확인되지는 않는다. 다산은 나중에 이 문제를 좀 더 자세하게 논한다(17.1, 17.4).

본문으로 돌아가면 공자는 자고를 비의 읍재에 앉힌 자로를 비판했다. "남의 아들(人之子)"은 자고를 가리킨다. 아직 공부가 미숙한데도 자고를 정사에 관여케 함으로써 결국 인격적으로 성숙할 기회를 빼앗았기 때문이었다. 그런데 스승의 비판에 대응하는 자로가 과감하다. 자고가 비의 읍재가 되면 그곳의 백성을 상대하고 사직의 신에 제사하면서 많이 배울 텐데 그런 기회를 독서의 필요 때문에 마다하겠느냐는 반문이었다. 스승의 앞에서도 할 말은 하는 자로다. 자로의 반문에 공자는 "말이 잰 사람을 미워한다"며 다시 그를 나무랐다. 여기까지는 고금주와 다산의 설명이 같다.

그런데 고금주와 달리 다산은 공자가 자로를 비판한 다른 이유가 있다고 보았다. 이것은 민자건이 비의 읍재를 고사한 일과도 관련이 있다. 곧 비는 계씨의 근거지이므로 읍재가 되어 훌륭하게 다스리면 계씨에게는 좋지만 노나라 공실에는 좋지 않다. 계씨의 세력이 커질수록 노나라 공실의 힘이 약해지기 때문이다. 그래서 공자는 자고를 비의 읍재로 추천한 자로가 못마땅했다. 벼슬하는 사람은 주인을 위해서 봉사해야 하는데 그렇게 하다보면 자고는 노나라 공실의 역적이 될 수 있기 때문이었다. 그렇다면 공자는 비라는 특수한 지역에 자고를 추천했기 때문에 자로를 나무랐다. 벼슬길보다 공부와 수신을 더 중시해야 하기 때문이 아니다. 도를 배우는 것은 벼슬하기 위함이라는 다산의 일관된 생각을 반영하는 해설이다.

11.25

자로, 증석, 염유, 공서화가 모시고 앉았는데 선생님께서 말씀하셨다. "내가 너희보다 하루라도 나이가 많다고 해서 나 때문에 어려워하지 말라. 평소에 있을 때 말하기를 '나를 알아주지 않는다'라고 하니 만약 어떤 사람이 너희를 알아준다면 어떻게 하겠는가?" 자로가 급하게 대답하며 말했다. "천승의 나라가 큰 나라를 끼고 있는데 거기에 군사까지 더해지고 또 기근이 뒤를 잇는다고 하면 저 유는 그 나라를 다스려 삼 년이 되면 그 나라가 용기를 가지고 또 향할 곳을 알도록 하겠습니다." 우리 선생님께서 미소를 지으셨다. "구야, 너는 어떠냐?" 염유가 대답했다. "사방 육칠십 리 혹은 오륙십 리 되는 땅을 저 구가 다스려 삼 년이 되면 백성이 풍족하도록 하겠습니다만 예악 같은 것은 군자를 기다리겠습니다." "적아, 너는 어떠냐?" 공서화가 대답했다. "능히 할 수 있다고 말하는 것은 아닙니다만 배우기를 원합니다. 종묘와 제후의 회동 같은 일에 현단을 입고 장보관을 쓰고 원컨대 작게 돕는 사람의 역할을 하고자 합니다." "점아, 너는 어떠냐?" 거문고 뜯는 소리가 희미해지더니 '쟁' 하며 거문고를 내려놓고는 증석이 일어나 대답했다. "세 사람이 말한 것과는 다릅니다." 선생님께서 말씀하셨다. "무슨 해가 있겠느냐? 또한 각자 그 뜻을 말하는 것이다." "늦봄에 봄옷이 완성되면 관을 쓴 사람 대여섯, 동자 예닐곱과 함께 기수에서 물을 적시고, 무우에서 바람을 쐬고, 노래를 부르며 돌아오고자 합니다." 우리 선생님께서 한숨을 쉬고 탄식하며 말씀하셨다. "나는 점을 허여하겠다." 세 사람이 나가고 증석이 뒤에 남았다. 증석이 묻기를 "대저 저 세 사람의 말이 어떻습니까?"라고 하니 선생님께서 말씀하셨다. "또한 각자 그 뜻을 말한 것뿐이다." "우리 선생님께서는 왜 유에게 미소를 지으셨습니까?" "나라는 예로 다스리는 것인데 그 말이 겸양치 않으니 이 때문에 미소를 지었다. 구가 말한 것은 나라에 관한 것이 아니더냐? 사방 육칠십 리 혹은 오륙십 리면서도 나라가 아닌 것을 어디에서 보았는가? 적이 말한 것은 나라에 관한 것이 아니더냐? 종묘와 회동에 관한 일을 제후가 아니면 어떻게 하겠느냐? 적이 도우는 것이 작다면 누가 큰 것을 도울 수 있겠느냐?"

子路 · 曾晳 · 冉有 · 公西華侍坐. 子曰; 以吾一日長乎爾, 毋吾以也. 居則曰; 不吾知也, 如或知爾, 則何以哉? 子路率爾而對曰; 千乘之國, 攝乎大國之間, 加之以師旅, 因之以饑饉, 由也爲之, 比及三年, 可使有勇, 且知方也. 夫子哂之. 求, 爾何如? 對曰; 方六七十, 如五六十, 求也爲之, 比及三年, 可使足民. 如其禮樂, 以俟君子. 赤, 爾何如? 對曰; 非曰能之, 願學焉. 宗廟之事, 如會同, 端章甫, 願爲小相焉. 點, 爾何如? 鼓瑟希, 鏗爾舍瑟而作, 對曰; 異乎三子者之撰. 子曰; 何傷乎? 亦各言其志也. 曰; 莫春者, 春服旣成, 冠者五六人, 童子六七人, 浴乎沂, 風乎舞雩, 詠而歸. 夫子喟然歎曰; 吾與點也. 三子者出, 曾晳後. 曾晳曰; 夫三子者之言, 何如? 子曰; 亦各言其志也已矣. 曰; 夫子何哂由也? 曰; 爲國以禮, 其言不讓, 是故哂之. 唯求則非邦也與? 安見方六七十, 如五六十, 而非邦也者? 唯赤則非邦也與? 宗廟會同, 非諸侯而何? 赤也爲之小, 孰能爲之大?

증석은 증자의 아버지 증점인데, '석晳'이 그의 자다. '무오이毋吾以'를 글자 그대로 옮기면 "나(吾) 때문이라고(以) 하지 말라(毋)"라는 정도인데, 위에서는 뜻을 감안하여 옮겼다. '섭攝'은 고주에서는 '핍박받다'라는 뜻이고 금주에서 는 '속박을 받다'라는 뜻이지만 다산은 '끼고 있다'라는 의미로 이해했다. '사 려師旅'는 군대의 크기를 보여주는 단위로, 2500명의 군졸이 '사師'가 되고, 500명의 군졸이 '려旅'가 된다. "거기에 군사가 더해진다(加之以師旅)"라는 것 은 이미 어려운데 설상가상으로 군졸을 동원하는 일까지 더해진다는 말이 다. 다산에 따르면 '방方'은 '방정하다(고주)'라거나 '방향(금주)'이라는 뜻이 아니며 '사람이 향하는 곳'이라는 의미다. '신哂'은 크게 웃는 것이 아니라 미 소 짓는 것이다. '현단(端)'과 '장보관(章甫)'은 전례를 거행하기 위해 입는 복식 이다. 다산에 따르면 '소상小相'은 『주례』에 나오는 소종백처럼 모든 의례에서 군주를 돕는 역할을 하는 관리를 가리킨다. '찬撰'은 고금주에서 '세 제자가 갖추고 있는 바', 곧 재능을 의미하지만 다산은 글자의 기본 뜻을 따라 '벌여 놓은 것', 곧 앞에서 세 제자가 진술한 내용을 의미한다고 보았다. '모춘莫春' 은 일부가 주장하는 것처럼 주나라 달력으로 3월인 지금의 음력 1월이 아니 라 하나라 달력으로 3월인 지금의 음력 3월을 말한다. "관을 쓴 사람(冠者)"이 란 20세 이상의 성인을 말한다. 하나라 달력으로 3월이라도 물에 들어가 목 욕하기는 어려우므로 '욕浴'은 금주처럼 물을 적셔 손발이나 갓끈 등을 씻는 것으로 봐야 한다. '무우舞雩'는 기우제를 지내는 곳인데 기우제를 지낼 때 춤 (舞)을 추므로 이렇게 불렸다. 제단 근처에 나무를 심어 무성하게 했으므로 사람들이 바람을 쐬러 자주 찾았다고 한다. '여與'는 '허여하다'라는 뜻이다.

이 장은 「향당」을 제외하면 『논어』에서 가장 길다. 다산은 「향당」을 잘게 쪼갰으므로 『논어고금주』에서는 「향당」을 포함해도 가장 길다. 당연히 다산 의 해설도 길고 논쟁하고 반론하는 일도 많은데, 그중에서도 증석의 희망과 공자의 공감을 어떻게 이해해야 하는가가 사상적 의미를 지닌다. 본문에서 공자는 분명히 "나는 점(증점)을 허여하겠다"라고 했다. 그런데 증석은 다분히 자연을 즐기고 자족하는 도가의 꿈을 꾼다. 그에 비해 다른 세 제자는 유교적 포부를 가졌다. 그들은 모두 관리가 되어 나라를 다스리려고 했다. 그런데도 공자는 증석의 꿈을 허여했다. 더욱이 어떤 일에서든 공자가 제자를 허여하는 일이 드물다는 점을 감안하면 증석의 꿈에 대한 공자의 반응은 특별하다. 그러므로 주해가들은 그 함의가 무엇인지 설명해야 했다.

그런 설명 중에 단연 눈에 띄는 것은 금주다. 금주에 따르면 이때 증석은 그가 공자에 버금가는 인격을 완성했음을 보여주었다. 조금 길지만 주희의 극찬을 그대로 옮기면 다음과 같다.

> 증점의 학문은 대체로 무릇 사람의 욕망이 다 흩어진 곳에 천리가 유행하여 도처에 충만하고 조금이라도 빠뜨린 곳이 없음을 보여주었다. 그러므로 움직이고 고요한 사이에 평화로움이 이와 같았고, 뜻을 말한 것은 자신이 있는 바로 그 자리에서 일상의 평범함을 즐기는 것에 지나지 않았으니 처음부터 자신을 버리고 남을 위하려는 뜻이 없었다. 흉금이 유유자적하여 곧바로 위로나 아래로나 천지만물과 같이 흘렀다.

이렇게 금주는 이보다 더할 수 없을 정도의 상찬을 증석에게 바쳤다. 증석에게 유유자적함이 있더라도 그것이 이런 찬탄을 받을 만한가? 금주에 의거하더라도 증석은 '광자狂者'에 불과하다. 『논어』의 '광자'가 나쁘지는 않지만 당장 공자의 말만 빌어도 중용의 선비에는 미치지 못한다. 그런데도 성리학은 이런 상찬도 모자라 급기야 그가 "요순의 기상을 가졌다"라는 헌사를 올렸다.

사실 증석에 대해서는 알려진 바가 거의 없다. 물론 이 장은 그를 이해하는 중요한 자료다. 그런데 이 장 외에도 그를 알 수 있는 자료가 하나 더 있다. 『예기』「단궁」이다. 그에 따르면 계무자가 죽었을 때 증석은 "문에 기대어 노래를 불렀다"(『예기주소』, 9:5b). 계무자는 노나라의 실권자였는데, 그를 조문 가서 노래를 불렀다면 이 사람이 어떤 사람인지 대충 짐작이 간다. 『장자』를 읽은 사람은 당장 자기 부인이 죽었을 때 노래를 부른 장자가 생각날 것이다. 이렇게 꺼려하는 것이 없었으므로 그는 '광자'였고, 공자 앞에서도 자신의 희망을 꺼릴 것 없이 늘어놓았다. 이것이 정말로 요순의 기상에 비할 바인가? 요즘이라면 증석이 증자의 아버지이고, 증자는 『논어』의 완성에 깊숙이 관여했을 것이며, 또 성리학은 증자를 도통의 성인으로 존경했다는 사실을 지적할 수도 있다.

실제로 증석에게 바치는 금주의 헌사를 못마땅해 하는 사람이 과거에도 적지 않았다. 주희와 같은 남송 사람 황진(1213~1281)은 『황씨일초』에서 불만을 늘어놓았고(『황씨일초』, 2:22a~23a), 채청(1453~1508)도 『사서몽인』에서 황진의 의견에 적극 공감을 표시했다(『사서몽인』, 37:7a~b). 알아차릴 수 있겠지만 다산도 그중의 하나였다. 다산처럼 도가의 무위를 신랄히 비판하는 사람이 금주의 찬사에 눈을 감는다면 그것도 이상하다. 그런데 다산은 금주를 직접 비판하지는 않았다. 비판을 하되 자신의 문장으로 비판하지 않았다. 그는 유화암이라는 인물의 입을 빌어 주희를 비판하는데, 그 비판의 수위가 사뭇 높다.

늦봄에 노닐고 싶다는 말 같은 것은 음풍농월하면서 스스로 유유자적하겠다는 것에 불과하다. (…) 그런데도 송유는 우리 선생님이 한 번 허여했다고 마침내 "거문고 뜯는 소리가 희미해지더니" 이하의 세 구절을 붙들고 증석이 움직이거나 움직이지 않거나 모든 것을 좋게 보면서도 스승과 학우가 각자 뜻을 말하는데 (증석처럼) 거문고를 뜯는 것이 광태狂態인 것을 몰랐다.

다산은 이 비판을 '질의'라는 범주에 넣어 인용했는데, '질의'는 주희 혹은 주희가 『논어집주』에서 받아들인 견해를 비판할 때 항상 붙이는 말머리였다. 그는 유화암의 비판을 그대로 주희에게 쏟아부었다.

그러면 왜 공자는 증석의 꿈을 허여했을까? 이 문제를 놓고 다산은 고주로 돌아간다. 고주는 이때 공자가 "증점 홀로 때를 안 것을 좋게 여겼다"라고 했다. 당시가 나라를 좋게 다스리겠다는 꿈을 실현하지 못할 시대임을 알았다는 의미다. 곧 증석은 다른 세 제자와는 달리 자연 속에서 자족하려는 희망을 밝힘으로써 공자의 시대가 세상에 나아갈 때가 아니었다는 점을 드러냈다. 공자는 증석의 꿈에 담긴 이러한 함의 때문에, 또 자신의 불우함을 떠올리면서 한숨과 함께 증석의 꿈을 허여했다.

그렇지만 그렇다고 해서 공자가 다른 세 제자의 꿈을 낮추어 보거나 용납하지 않았다고 이해해서는 안 된다. "공자는 본래 나라를 다스리는 일을 물었으므로 세 사람이 잘못 대답하지는 않았다." 다산은 세 제자가 잘못 대답하지 않았다는 점을 수차례 확인했다. 다산에게 이 장의 핵심 주제는 여전히 나라를 다스리는 일이었다. 그러므로 비록 공자가 증석의 꿈을 허여하기는 했으나 그의 삶 전체를 허여한 것은 아니었다. 단지 증석이 "때를 알았고," 공자 자신도 그 때에 희생되었으므로 공감을 보낸 것뿐이다. 아울러 다산의 해석에서 공자는 꿈을 이야기하는 자로의 겸손하지 못함 때문에 미소를 지었지 나라를 잘 다스리려는 그의 야망을 비웃지 않았다. 그렇기 때문에 공자는 염유와 공서화의 꿈이 나라를 다스리는 일과 관련되었다고 담담히 말했다.

그런데 증석을 높이려는 금주의 시도는 헌사만으로 끝나지 않았다. 같은 목적으로 금주는 이 장의 후반부를 고주와 달리 읽었다. 금주는 "구가 말한 것은 나라에 관한 것이 아니더냐?"라는 말, 그리고 "적이 말한 것은 나라에 관한 것이 아니더냐?"라는 말을 공자가 아닌 증석의 말로 보았다. 그러므로 금주에 따르면 이 두 구절은 "구가 말한 것은 나라에 관한 것이 아닙니까?" "적이 말한 것은 나라에 관한 것이 아닙니까?"라는 정도가 된다. 그리고 이 질문에 이어 공자가 대답을 한다.

금주의 독법은 치밀한 계산에서 나온 듯하다. 일단 금주가 본문의 '신', 곧 자로의 희망에 대한 공자의 반응을 부정적으로 이해한다는 데 주목해야 한다. 금주에서도 '신'은 미소 짓는 것이지만 호의적인 미소가 아니라 비웃음에 가까운 미소다. "나라는 예로 다스리는 것인데 그 말이 겸양하지 않았기 때문"이기도 하지만 거기에 보태서 자로의 꿈도 문제였다. 자로는 힘든 나라를 반듯한 나라로 만들겠다는 야심찬 포부를 밝혔다. 이 꿈은 금주가 극찬한 증석의 꿈과 극명하게 대비된다. 증석이 유유자적하려고 했다면 자로는 때를 모르고 정치적 포부를 밝혔다. 곧 금주에서 공자는 자로의 거침없는 태도 때문만이 아니라 그가 실현할 수 없는 과감한 정치적 희망을 가졌기 때문에 웃었다. 그리고 지금 문제가 되는 두 구절을 증석의 질문으로 만들면 증석은 공자에게 "나머지 두 사람의 꿈도 정치적인 것이 아닙니까?"라고 묻는 셈이 된다. 그에 대한 공자는 대답은 "맞다"라는 것이었다. 고주나 다산에게 후반부에 나오는 공자의 말은 아무런 부정적 함의도 지니지 않지만 금주에서는 나머지 두 사람도 자로와 다르지 않다는, 곧 웃음의 대상이 될 수 있다는 함의를 지닌다. 그렇다면 증석은 자로는 물론이고 염유, 공서화와도 구별되는, "요순의 기상을 가진" 특별한 제자가 된다.

금주가 정말로 이러한 목적을 가졌는지는 확인할 수 없다. 하지만 이 장에는 두 구절이 증석의 질문이라는 아무런 증거도 없다. 증석의 질문이라면 그 앞에 '왈曰' 같은 글자가 있어야 한다. 증거가 없고, 또 고주가 그것을 공자의 말로 보았다면 고주를 따르는 것이 보통이다. 그럼에도 불구하고 금주가 구태여 달리 읽었다면 거기에는 어떤 의도가 있었을 것이다. '원의총괄'은 문제가 되는 두 구절이 공자의 말이라는 것을 다산의 '원의'로 기록했다. "'유구唯求'와 '유적唯赤'으로 시작되는 두 구절은 모두 우리 선생님의 말이다." 고주를 답습했지만 '원의총괄'은 특별히 이것을 '원의'로 기록했다. 금주처럼 읽어서는 안 된다고 다산이 강조했기 때문이다.

마지막으로 "기수에서 물을 적신다(浴乎沂)"라는 말에 대한 다산의 해설도 보자. 여기의 '욕'이 목욕이 아니라 물을 적시며 손발이나 갓끈 등을 씻는 것을 의미한다는 점은 이미 언급했다. 금주의 견해이며, 다산이 받아들였다. 나아가 금주는 이렇게 "물을 적시는" 일을 음력 3월의 첫 사일巳日, 곧 상사일上巳日에 불제할 때 행했다고 해설했다. 그렇지만 다산은 여기에서 '상사'가 '상기上己'의 잘못이라고 주장한다. '상사'는 어느 달의 상순에 들어 있는 사일이라는 뜻인데, 사일은 십이지 중의 한 날이므로 경우에 따라서는 상순 열흘 사이에 사일이 하나도 없는 경우가 있다. 만약 어느 달의 초하루가 오일이나 미일이라면 그 달에는 상사일이 없다. 그래서 다산은 역법에서 상순의 특별한 날을 가리킬 때는 항상 십간을 사용하지 십이지를 사용하지 않는다고 주장한다. 음력 3월의 상사일을 삼짇날이라고 하고, 이날에 화전을 부쳐 먹는 등 풍속을 즐기는데, 만약 다산의 주장이 맞는다면 삼짇날의 정의도 달라져야 하고 올해 삼짇날이 어느 날인지도 달라진다.

제12편

안연

顔然

12.1

안연이 인을 물으니 선생님께서 말씀하셨다. "자기를 이기고 예로 돌아가는 것이 인이 된다. 어느 하루에 자기를 이기고 예로 돌아가면 천하가 인에 돌아갈 것이다. 인을 하는 것은 자기로부터 말미암는 것이니 남으로부터 말미암겠는가?" 안연이 "청컨대 그 절목을 묻습니다"라고 하니 선생님께서 말씀하셨다. "예가 아니면 보지 말고, 예가 아니면 듣지 말고, 예가 아니면 말하지 말고, 예가 아니면 움직이지 말라." 안연이 말했다. "저 회가 비록 불민하나 청컨대 이 말씀에 종사하겠습니다."

顏淵問仁. 子曰; 克己復禮爲仁. 一日克己復禮, 天下歸仁焉. 爲仁由己, 而由人乎哉? 顏淵曰; 請問其目. 子曰; 非禮勿視, 非禮勿聽, 非禮勿言, 非禮勿動. 顏淵曰; 回雖不敏, 請事斯語矣.

이 장은 훌륭한 선생 공자와 뛰어난 제자 안연이 공자 사상의 핵심인 '인仁'의 실천을 두고 나눈 대화를 기록하므로 읽는 사람의 흥미를 끌고 긴장하게 만든다. 무언가 유교의 핵심적인 가르침이 설파될 것 같은 분위기다. 과연 후대의 유학자는 '극기복례克己復禮'라는 말과 예가 아니면 보지도 듣지도 말하지도 움직이지 말라는 '사물四勿'을 금과옥조처럼 받들었다. 특히 성리학자들은 "이 장의 문답은 심법을 전수하는 절실하고 긴요한 말"이라고 하면서 이 장을 이해하지 못하면 성인의 문하에 들지 못하리라 단언했다. 사실 인은 공자 사상의 핵심인데도 공자에게 인을 물은 제자는 몇 안 된다.『논어』를 보면 번지가 세 번 물었고, 중궁과 사마우, 자공, 자장이 각 한 번씩 물었다. 그리고 지금 안연이 인을 묻는다. 공자의 교육은 변증법적이었기 때문에 질문하는 제자에 따라 답이 달랐다. 따라서 인에 대한 공자의 궁극적 답변을 들으려면 가장 뛰어난 제자에게 말한 내용을 살펴야 하는데, 이 장이 바로 그런 장이다.

요점만 놓고 보면 공자가 이 장에서 정의한 인은 '극기복례'다. 이 말은 보통 위에 옮긴 대로 "자기를 이기고 예로 돌아간다"라고 읽지만 실상 고주는 이렇게 읽지 않았다. 고주에서 마융은 '극克'이 '단속하다'라는 뜻을 가진 '약約'과 같은 글자라고 하면서 '극기복례'를 "자기를 단속하여 예로 돌아가는 것"이라고 설명했다. 이때 "자기를 단속한다"라는 것은 쉽게 말하면 자신을 절제하는 것이다. 그런데 자신을 절제하는 '극기'는 도덕과 관련이 없을 수도 있다. 가령 나에게 못되게 구는 사람을 공격하고 싶지만 내가 힘이 약해서 참는 것도 '극기'다. 남을 해쳐서는 안 된다는 도덕적 기준을 지키기 위해서 공격하지 않았다면 도덕이지만 힘이 약해서 공격하고 싶은 충동을 절제하는 것은 도덕이 아니다. 맛있는 음식을 먹고 싶지만 날씬한 몸매를 가지기 위해 참는 것도 마찬가지다. 음식에 대한 탐욕과 싸우기 위해서 맛있는 음식을 참았다면 도덕이지만 설정한 목표를 달성하기 위해 자신을 절제하는 것은 도덕이 아니다. 일상에서의 극기는 대부분 이런 극기에 가깝다. 다산은 '극'을 이렇게 이해하면 안 된다고 보았다. '극기복례'의 핵심은 악을 낳는 어떤 요소와의 싸움을 통해 선으로 나아가는 것이기 때문이다.

그래서 다산은 '극'을 '이기다(勝)'라는 뜻으로 이해해야 한다고 주장했다. 금주와 같다. 곧 '극기복례'의 핵심은 싸워서 이긴다는 것이다. 이때 이길 대상은 '나(己)'인데, 나의 모든 것이 아니라 일부분이다. 금주에서는 사욕(私)이고, 다산에게는 인심이다. 사욕은 성리학에서 악의 원인이고, 인심은 다산철학에서 악의 원인이다. 그러므로 성리학에서는 사욕을 이기면 천리를 보존하게 되고, 예로 돌아갈 수 있다. 마찬가지로 다산철학에서는 인심을 이기면 도심이 나의 주인이 되고, 예로 돌아갈 수 있다. '극기'는 악을 물리치는 일이며, '복례'는 선을 실천하는 행위다.

다산의 '극기'가 인심을 이기는 것이라면 이기는 주체는 도심이다. 인심이 나에게 속하는 것처럼 도심도 나에게 속하므로 도심이 인심을 이긴다는 것은 내가 나를 이긴다는 말이다. 한편 성리학에서 사욕을 이기는 주체 역시 마음이다. 인간의 마음에는 순선한 본성에 관계하는 마음과 선악이 혼재하는 감정에 관계하는 마음이 있는데, 본성에 관계하는 마음이 사욕을 극복하면 '극기'가 된다. 이 마음을 도심이라고 하면 성리학과 다산의 '극기'는 크게 다르지 않다. 또 성리학의 사욕은 기질氣質, 곧 육체 때문에 생기고 다산의 인심 역시 소체小體, 곧 육체 때문에 생긴다. 생각이 비슷하다.

'극기'의 해석에서 금주와 다산에게 영감을 준 사람은 형병이 소개하는 수나라의 유학자 유현(546?~613?)이다. 그는 '극'을 '승勝'과 같은 글자로 보았고, 내 몸 안에서 "기욕과 예의가 싸우면 예의가 기욕을 이기도록 하여 그 몸이 예에 복귀할 수 있도록 하는 것"을 '극기'로 이해했다. 형병도 결론적으로 유현을 지지했다. 그리고 금주가 유현의 해석을 받아들임으로써 그것이 성리학의 시대에서 '극기'의 표준적 해석이 되었다. 하지만 다산의 시대가 되면 성리학에 도전하는 학자가 나타나 금주보다 고주를 존중한다고 선언했다. 모기령 같은 사람이 그들이었다. 그들은 유현을 비판하고 마융을 지지했다.

앞에서도 몇 번 서술한 것처럼 다산은 성리학에 대한 당대 학자의 무조건적 비판을 질타하면서 한당유학과 송명이학을 지양하려고 했고, 사안에 따라 때로는 고주를 지지하고 때로는 금주를 지지함으로써 둘의 균형을 잡으려고 했다. 그리고 '극기'의 해석에서는 금주의 편에 섰다. 그냥 편을 든 정도가 아니라 금주를 강력히 지지했다. 그가 보기에 이 문제에 관한 한 금주를 부정하는 일부 학자는 고질적인 문제를 가졌다.

> 근세의 학자는 송원시대 여러 유학자의 이기설이 가지는 내선외유內禪外儒의 폐단을 교정하려고 하여 경전을 논함에 한결같이 한나라와 진나라의 학설을 따르려고 한다. 그들은 무릇 송유에게서 나온 의리는 불문곡직하고 한결같이 반대하는 것을 의무로 한다. 이런 행태가 한두 사람에게 심술의 병이 된 것은 놔두더라도 장차 천하 모든 사람으로 하여금 겨우 얻은 것을 잃게 하고 겨우 밝아진 것을 어둡게 하여 흙탕물이 흘러가듯 도도하게 그들을 금수로 만들고 목석이 되도록 할 것이니 작은 일이 아니다.

'극기'의 해석을 둘러싼 논의가 성리학을 옹호하는 웅변으로까지 이어지는 것이다. 뿐만 아니다. 다산은 내친 김에 성리학이 유학사에 어떤 기여를 했는지 설명하는데, 그 내용은 성리학의 도통 이론과 같다. 곧 "맹자가 죽은 뒤 도의 맥락이 마침내 끊어져" 한당의 학자들이 "인심과 도심의 구분이나 소체와 대체의 구별과 관련하여 어떤 것이 인간의 본성이 되고 어떤 것이 천도가 되는지에 도무지 막연하여 알지 못하는" 상태가 되었다가 주희가 "『중용』의 서문에서 이 이치를 밝힘으로써" "우리 도를 중흥한 조상이 되었다"라는 것이다.

이 장에서 금주와 다산 사이에 이견이 없지는 않다. 금주는 이 장에서 인을 '본심의 온전한 덕(本心之全德)'이라고 정의했는데, 다산은 이런 정의를 언제나 거부한다. 그에게 인은 인간관계에서의 실천을 통해서만 완성된다. 다산에게 인은 '두 사람(二人)'이고, 부모와 자식, 임금과 신하, 스승과 제자 등 두 사람의 인간관계에서 도덕적 의무를 다하는 것이다. 그런데 이런 생각은 "인을 하는 것은 자기로부터 말미암는 것이니 남으로부터 말미암겠는가?"라는 말과 어긋나지 않은가? 다산은 그렇지 않다고 보았다. 인은 두 사람의 인간관계를 통해서 완성되지만 그것을 완성시키는 주체는 자기일 수밖에 없기 때문이다.

인은 두 사람 사이에서 생겨나지만 인을 하는 것은 나로부터 말미암지 남으로부터 말미암지 않는다.

다산은 또 "인은 두 사람의 일이지만 두 사람의 일은 온전히 한 사람에게만 달려 있다"라고도 말한다. 같은 맥락의 설명이다. '원의총괄'은 "두 사람이 인이지만 '인을 하는 것은 자기에게 말미암는다.' 두 사람이 함께 그것을 완성시키는 것은 아니다"라고 하여 이 생각을 이 장의 '원의'로 기록했다.

그런데 "인을 하는 것은 자기로부터 말미암는다"라는 말에도 '자기'가 있다. 앞에서는 '자기'를 극복한다고 하더니 여기에서는 '자기'로부터 말미암는다고 한다. 이런 모순적 진술 때문에 금주를 비판하는 모기령은 공자가 인을 하는 것이 사욕(己)에서 말미암는다고 말했느냐는 조롱을 보내기도 했다. 그렇지만 다산의 '극기'를 이해한다면 여기에서의 '자기'는 도심을 가리킨다는 것을 쉽게 알 수 있다. 곧 "자기를 이긴다"라고 할 때의 '자기'는 인심이며, "자기로부터 말미암는다"라고 할 때의 '자기'는 도심이다.

> 그러나 나의 대체(도심)도 자기이고, 나의 소체(인심)도 자기다. 자기가 자기를 극복하는 것이니 어떤 것이 자기가 아닌가? "자기를 이긴다"라고 할 때의 '자기'와 "자기로부터 말미암는다"라고 할 때의 '자기'는 서로 방해하지 않는다.

사실 이런 생각도 성리학적 사유와 크게 다르지 않다. 성리학에서도 "자기를 이긴다"라고 할 때의 '자기'는 나의 사욕이고, "자기로부터 말미암는다"라고 할 때의 '자기'는 나의 본성과 양심이다. 완전히 같지는 않다. 다산은 이런 사유에서 연장된 성리학의 공부 방법을 수용하지 않았기 때문이다. 성리학은 '자기'를 극복하기 위해 또 다른 '자기'를 튼튼하게 만들려고 했고, 그를 위해 심지어 생각이 싹트지 않을 때조차 도덕에 집중하는 이른바 '마음을 보존하고 본성을 배양하는(存心養性) 공부를 강조했다. 그러나 다산이 보기에 이런 공부는 선불교의 명상에 다름이 없다. 그런 것에 집중하면 정작 인의 실천에서 멀어지므로 다산은 이런 공부를 배척했다.

어쨌든 크게 볼 때 '극기복례'의 해석에서 금주와 다산은 크게 다르지 않다. 하지만 다산은 답습하기만 하는 사람이 아니다. 그는 이 장의 두 구절을 금주는 물론 고주와도 다르게 해석했다. 먼저 '일일一日'은 고금주에서 '하루라도'라는 뜻이다. 하지만 다산에게는 위에 옮긴 대로 "어느 하루에"라는 뜻이다. 곧 다산에게 '하루'는 '극기'가 지속되는 시간이 아니라 '극기'가 실천되는 시점, '어느 날'을 의미한다. '천하귀인天下歸仁'에 대한 다산의 해석도 다르다. 한글로는 어느 해설을 따르더라도 "천하가 인에 돌아갈 것이다"라고 옮기겠지만 고주에서는 천하의 모든 사람이 '극기복례'를 마친 인한 사람, 특히 인한 군주에게 돌아간다는 뜻이고, 금주에서는 천하의 모든 사람이 인을 실천하게 될 것이라는 뜻이다. 이에 비해 다산에게 '천하귀인'은 천하의 모든 사람이 아니라 나와 관계 맺고 있는 사람이 인으로 돌아간다는 의미다. 고주는 공자의 대화 상대가 임금이 아닌 안연이라는 점에서 받아들일 수 없다. 금주는 인을 너무 거창하게 본 나머지 한 사람의 인의 실천이 마치 만천하를 교화시킬 것처럼 오해하게 만든다. 그래서 다산은 내가 '극기복례'하면 나와 관계된 사람하고만 인의 관계를 맺을 수 있고 그들만 교화시킬 수 있다고 하여 인을 마술로 만들기보다 일상의 실천으로 만들려고 했다.

12.2

중궁이 인을 물으니 선생님께서 말씀하셨다. "문을 나서서는 큰 손님을 본 듯이 하고, 백성을 부릴 때는 큰 제사를 받드는 듯이 하며, 내가 하고 싶지 않은 것을 남에게 베풀지 말라. 나라에 있을 때도 원망이 없을 것이며, 집에 있을 때도 원망이 없을 것이다." 중궁이 말했다. "저 옹이 비록 불민하나 청컨대 이 말에 종사하겠습니다."

仲弓問仁. 子曰; 出門如見賓, 使民如承大祭, 己所不欲, 勿施於人. 在邦無怨, 在家無怨. 仲弓曰; 雍雖不敏, 請事斯語矣.

"문을 나서서는 큰 손님을 본 듯이 하고, 백성을 부릴 때는 큰 제사를 받드는 듯이 한다"라는 말은 『춘추』에도 보이는데(『춘추좌씨전』, 16:25b), 구계라는 사람이 들은 말로 기록되었다. 구계는 노 문공 때의 사람, 공자가 태어나기도 전의 인물이므로 『춘추』의 기록이 맞다면 이 말은 고어다. 다산의 견해다. 비슷한 안목에서 다산은 "자기를 이기고 예로 돌아가는 것이 인이 된다"라는 앞 장의 말도 고어로 이해했다. 『춘추』에서 공자가 이 말을 하면서 고어라고 했기 때문이다(『춘추좌씨전』, 45:55b~56a』). 하지만 다산은 공자가 고어를 사용했다고 했지 인용했다고 하지 않았으므로 옮기면서 인용부호를 넣지는 않았다.

본문의 '대빈人賓'은 임금의 빈객을 가리키고, '대제人祭'는 교제나 체제 같은 큰 제사를 가리킨다. 모두의 일치된 견해다. 단지 '재방在邦'과 '재가在家'는 제후의 신분일 때와 대부의 신분일 때를 가리킬 수도 있고(고주), 나라에 벼슬할 때와 벼슬 없이 집에 기거할 때를 가리킬 수도 있다(다산). 나머지 부분에서는 논쟁할 곳이 없다.

고금주와 다산이 동의하듯이 이 장에서 공자가 인의 요체로 가르친 것은 '경敬'과 '서恕'다. 공자 말의 앞 두 구절은 언제나 공경하라는 교훈을 담고(敬), 이어지는 두 구절은 나의 마음으로 다른 사람의 마음을 헤아려서 다른 사람이 원하는 것을 행하라는 교훈을 담는다(恕). 공경하는 것은 자기 관리의 핵심이고, 다른 사람의 마음을 헤아리는 것은 인간관계를 유지하는 핵심이다. 다산은 특히 '서' 이외에는 인을 실천할 다른 방법이 없다고 항상 주장했다. 그의 인은 인간관계를 통해서만 완성되고, 그것을 아름답게 유지하는 관건은 남을 이해하고 남을 나처럼 대하는 것이기 때문이다. 그래서 다산이 보기에 공자는 인을 가르칠 때 '서'를 이야기하지 않은 적이 없었다. 앞 장에서 극기복례를 이야기할 때도 마찬가지다. 얼핏 봐서는 '서'를 말하지 않은 것 같지만 다산에 따르면 '극기'란 남보다 자기를 더 우선시하는 '자기'를 극복하는 일이므로 그 자체가 '서'다. 다산은 이렇게 '서'를 통해 인을 이해해야 인에 대한 공자의 다양한 설명을 모두 하나로 꿸 수 있다고 생각했다.

12.3

사마우가 인을 물으니 선생님께서 말씀하셨다. "인은 그것에 대해 말하는 것을 어렵게 여기는 것이다." "그것에 대해 말하는 것을 어렵게 여기면 인이라고 할 수 있습니까?" 선생님께서 말씀하셨다. "그것을 행하는 것이 어려우니 그것에 대해 말하는 것이 어렵지 않을 수 있겠는가?"

司馬牛問仁. 子曰; 仁者, 其言也訒. 曰; 其言也訒, 斯謂之仁矣乎? 子曰; 爲之難, 言之得無訒乎?

사마우는 앞에서 언급했다(6.5, 7.23). 그의 정체는 논란거리인데, 다산에 따르면 '사마司馬'가 성이고, 자가 '자우子牛'이며, 이름이 '리犁'다. 다산은 공안국의 주 그리고 다자이가 인용한 『공자가어』를 참고해서 이름을 '리'라고 했으나 현행본 『공자가어』는 사마우를 송나라 사람 사마경司馬耕으로 소개한다(『공자가어』, 9:5b). '리'와 '경耕'은 모두 '밭을 갈다'라는 뜻이므로 두 이름 사이에 뭔가 관련이 있는 듯한데, 여하튼 기록이 일치하지 않는다. 사실 옛날 사람들의 정보를 깔끔하게 정리하기는 어렵다. 가령 다산이 사마우의 형이라고 보는 환퇴는 어떤 때는 송나라 공족 출신이라는 의미에서 자퇴, 어떤 때는 송 환공의 자손이라는 의미에서 환퇴, 어떤 때는 집안의 시조 이름이 '상'이었다는 의미에서 상퇴, 어떤 때는 사마 벼슬을 했다는 의미에서 사마상퇴 혹은 사마환퇴로 불린다. 이때 '자'와 '사마'는 성이고, '상'과 '환'이 씨인데, 사마우가 환퇴의 동생이라면 그도 이런 성과 씨를 가질 수 있고, 거기에 이름이 '리'일 수도 있고, '경'일 수도 있다. 정확한 정체를 알기 어렵다.

이 장은 보통 금주에 기반하여 읽는다. 금주에서 '기언야인其言也訒'은 "말하는 것을(其言) 어렵게 여긴다(訒)"라는 정도다. 한 번 내뱉은 말을 실천하기가 쉽지 않기 때문에 공자는 이 장에서 말을 가볍게 하지 말라고 가르치면서 그것을 인과 연결시켰다는 것이다. 특히 사마우가 말을 많이 했기 때문에 이런 교훈을 주었다고 한다.

하지만 다산은 이렇게 봐서는 안 된다고 보고 고주를 따랐다. 고주는 이 장에서 공자가 인을 말하고 인을 실천하는 문제를 논한다고 보았다. 그냥 말하는 것을 어렵게 여기는 것이 아니라 인을 말하는 것(其言)을 어렵게 여기는 것이고(訒), 그냥 실천하는 게 어려운 것이 아니라 인을 실천하는 게(爲之) 어려운 것(難)이다. 다산은 고주를 채택하면서 『논어』에서 공자가 인의 설명에 얼마나 말을 아꼈는가를 보여주었다. 특히 「자한」의 첫 장은 다산의 독법을 따를 때 공자가 인을 드물게 말했다고 직접 증언한다. 그러므로 다산을 통해 『논어』를 읽을 때는 다산이 이 장을 금주와 달리 읽었다는 점을 보여줘야 한다.

다산이 고주를 따른 데는 또 다른 이유가 있다. 앞에서도 논의했듯이 그에게는 과묵이 항상 미덕이 아니며, 달변이 항상 부덕이 아니다(1.3). 그러므로 다산은 과묵함을 미화시키는 방향으로 이 장을 읽고 싶지 않았을 것이다. 더욱이 금주는 말에서 실수하지 않으려면 궁극적으로 본심을 보존하는 공부가 필요하다고 주장했다. 하지만 이런 공부는 다산의 공부가 아니다. 이 점 역시 다산이 고주를 따른 이유가 될 것이다.

12.4

사마우가 군자를 물으니 선생님께서 말씀하셨다. "군자는 근심하지 않고 두려워하지 않는다." "근심하지 않고 두려워하지 않으면 군자라고 할 수 있습니까?" 선생님께서 말씀하셨다. "안으로 살펴서 병될 것이 없으니 무엇을 근심하고 무엇을 두려워할 것인가?"

司馬牛問君子. 子曰; 君子不憂不懼. 曰; 不憂不懼, 斯謂之君子矣乎? 子曰; 內省不疚, 夫何憂何懼?

고주는 이때 사마우가 '장차' 난을 일으키려 하는 형 환퇴 때문에 근심에 싸였다고 보았다. 그래서 군자는 근심하지도 두려워하지도 않는다고 가르쳐 공자가 그를 북돋았다. 다산은 이 해설을 받아들였는데, 그로 인해 그 자신의 해설에 모순을 남겼다.

환퇴는 송 경공으로부터 총애를 받았으나 거만이 지나쳤고, 경공이 벌하려고 하자 먼저 난을 일으켰다. 이 사건에 대한 『춘추』의 기록에 사마우라는 사람이 그의 동생으로 나온다. 그는 반란에 실패한 환퇴가 위나라로 도망가자 "집안의 식읍과 서옥을 송 경공에게 바친 뒤 제나라로 갔고"(『춘추좌씨전』, 59:27b), 나중에 형이 제나라로 오자 제나라 실권자인 진항이 벼슬로 만류했음에도 불구하고 오나라로 갔다. 이 기록에 근거하여 다산은 사마우가 반란 이후 형을 피했을 뿐만 아니라 처음부터 반란에 가담하지 않았다고 판단했다. 그래서 다산에게 이 장 그리고 다음 장은 반란 이후 공자와 사마우가 나누었던 대화다. 반란 전이라면 사마우가 누구나 그의 근심을 알 수 있도록 하지는 않았을 것이기 때문이다. 나아가 다산에게는 "안으로 살펴서 병 될 것이 없으면(不疚)" 근심하거나 두려워할 필요가 없다는 말도 환퇴의 반란과 직접적으로 연관된다. 아무리 형이 반란을 일으켰다고 하더라도 자신이 가담하지 않았다면 근심하거나 두려워할 필요가 없다는 뜻이기 때문이다.

그렇지만 『춘추』를 보면 사마우는 반란이 일어난 노 애공 14년 5월에 송나라에 있었고, 반란이 실패한 6월에 송나라를 떠나 제나라로 갔으며, 연이어 오나라로 갔다. 만약 다산의 판단처럼 반란 이후에 공자와 사마우가 본문의 대화를 나누었다면 사마우는 알 수 없는 때에 오나라에서 다시 노나라로 와서 공자에게 가르침을 받은 것이다. 그런데 노 애공 14년은 공자가 죽기 2년 전이다. 사마우가 송나라에서 제나라로, 또 제나라에서 오나라로, 또 오나라에서 노나라로 여행하는 시간을 감안하면 반란 이후 공자가 그를 볼 수 있는 시간이 많지 않다. 볼 수는 있다고 하더라도 환퇴의 반란 이후 공자가 이 장에 기록된 대로 사마우를 가르쳤다는 다산의 추론은 적어도 형이 '장차' 반란을 일으킬 것을 걱정하고 두려워했기 때문에 공자가 이 장에 기록된 대로 사마우를 북돋았다는 고주와 양립할 수 없다. 그렇지만 사마우가 왜 걱정을 했는지를 설명하면서 다산은 고주를 받아들였다. 다산의 해설에 모순이 있는 것이다. 뿐만 아니라 『논어』에 따를 때 노나라에 있으면서 형이 '장차' 반란을 일으킬 것을 걱정한 사람이 『춘추』에 따를 때 반란이 일어나는 현장에 나타나 도망친 형의 뒷수습을 하기도 쉽지 않다. 그래서 공자의 제자 사마우와 환퇴의 아우 사마우는 다른 사람이라는 추측도 있다. 하지만 같은 시대에 사마우라는 사람이 둘이기도 쉽지 않다. 이렇게 옛날 일은 모를 구석이 많다.

12.5

사마우가 근심하며 "사람들은 모두 형제가 있는데 나만 홀로 없구나!"라고 하니 자하가 말했다. "나 상이 들으니 죽고 사는 데는 명이 있고, 부귀는 하늘에 달려 있다고 하오. 군자가 공경하여 잃음이 없고, 사람과 사귐에 공손하여 예를 지키면 사해 안이 모두 형제이니 군자가 어찌 형제가 없음을 걱정하겠소."

司馬牛憂曰; 人皆有兄弟, 我獨亡! 子夏曰; 商聞之矣, 死生有命, 富貴在天. 君子敬而無失, 與人恭而有禮, 四海之內, 皆兄弟也. 君子何患乎無兄弟也?

이 장은 고금주와 다산이 대체로 위와 같이 읽었다. 앞에서 공자의 제자 사마우와 송나라의 사마우를 다른 사람으로 보는 사람도 있다고 했는데, 이토 고레사다도 그중의 하나다. 형제가 있었다면 사마우가 이 장에서 "나만 홀로 없구나(亡)!"라고 탄식하지 않았을 것이기 때문이다. 그렇지만 고금주와 다산은 모두 형제들이 죽을 것을 알았기 때문에 사마우가 이렇게 탄식했다고 했다. 또 다산은 복상 자하가 들었다는 말, "죽고 사는 데는 명이 있고, 부귀는 하늘에 달려 있다"라는 말이 고어라고 했는데, 그렇게 판단한 이유를 분명히 밝히지는 않았다. 금주는 자하가 공자에게서 들었다고 보았다. 다산에 따르면 본문의 "잃음이 없다(無失)"라는 말은 "나에게 있는 도를 잃지 않는다"라는 뜻이다.

이 장은 많이 알려진 대로 일종의 사해동포주의를 보여준다. "사해 안이 모두 형제"라는 발언은 각자의 명분을 중시하는 유교와는 걸맞지 않은 면이 있다. 발언은 아름답지만 유학자는 이런 이야기를 흔히 하지 않는다. 자칫하면 남의 아버지와 나의 아버지를 구별하지 않았다고 해서 아버지가 없는 사람의 이론이라는 비판을 받은 묵가로 몰리기 십상이기 때문이다. 당연히 성리학은 이 장의 위험성을 경고했다. 금주에서 주희는 "자하가 사마우의 근심을 덜어주려고 부득이한 말을 한 것이니 읽는 사람은 말 때문에 뜻을 해치지 않아야 할 것이다"라고 했고, 호인은 "사해가 모두 형제라는 자하의 말은 단지 사마우의 뜻을 넓히려고 한 것이니 뜻은 원만하나 말에 막힌 바가 있다"라고 했다. 그들에게는 다행스럽게도 이렇게 말한 사람은 공자가 아니라 자하다. 꼭 성인의 말은 아니었던 것이다. 그래서 호인처럼 자하가 "사랑에 가리어 이치에 어두웠다"라고 비판하는 것도 가능했다.

그런데 장재(1020~1077)도 자하와 비슷한 말을 했다. 그의 「서명」에는 "백성은 나의 동포이며, 사물은 나와 동류다"라는 말이 있다. 성리학자들은 한편으로 자하를 경계하면서도 장재의 「서명」은 족자로 만들어 방에 걸어놓곤 했다. 「서명」에는 "큰 임금은 내 부모의 맏아들이며, 대신은 그 맏아들의 가상家相이다"라는 구별 의식도 있기 때문이다. 따지고 보면 「서명」은 '이일분수理一分殊'라는 성리학의 개념을 반영한다. 곧 "백성은 나의 동포"라는 말은 이치가 하나(理一)라는 뜻이고, "임금은 내 부모의 맏아들"이라는 말은 하나의 이치가 인간관계에 적용되면서 분화된다(分殊)는 뜻이다. 이렇게 유교의 '사해동포'는 반드시 사람들은 저마다 다른 명분을 가진다는 발언과 함께 나와야 한다. 자하는 그렇게 하지 않았으므로 성리학의 비판을 받았다. 그러면 다산의 입장은 어떤가?

> 결국 사마우가 마음 아파했던 것은 같은 부모님에게서 나온 자신의 형제의 일이었다. 그런데도 자하는 넓고 소활한 말로써 그를 위로하려고 했으니 인한 사람의 말이 아니다. "뜻은 원만하나 말에 막힌 곳이 있다"라는 호인의 말은 바로 이 점을 지적한다.

다산은 금주와 완전히 같은 입장이었다. 사마우는 형제를 잃어서 슬퍼하고 있는데 엉뚱하게 사해의 모든 사람이 형제라며 위로를 했으므로 다산이 보기에 자하는 사마우의 슬픔을 진정으로 이해하지 못했다. 남의 슬픔을 진정으로 이해하지 못했으므로 '서'가 아니고 따라서 인도 아니다.

12.6

자장이 밝음을 물으니 선생님께서 말씀하셨다. "젖어드는 참언과 피부 밑으로 스미는 하소연이 행해지지 않으면 밝다고 할 수 있다. 젖어드는 참언과 피부 밑으로 스미는 하소연이 행해지지 않으면 멀리 본다고 할 수 있다."

子張問明. 子曰; 浸潤之譖, 膚受之愬, 不行焉, 可謂明也已矣. 浸潤之譖, 膚受之愬, 不行焉, 可謂遠也已矣.

'침윤지참浸潤之譖'은 어떤 물건이 점차 물에 젖어드는 것처럼 자꾸 들은 나머지 결국은 영향을 받게 되는 참언을 가리킨다. 이런 말이 영향을 미치지 못한다면 그 사람은 밝은(明) 사람이다. 고금주와 다산이 모두 이렇게 보았다. 한편 '원遠'은 위에 옮긴 대로 '멀리 보다'라는 뜻으로 풀 수도 있고(금주), '고원함'을 의미하는 것으로 볼 수도 있다(고주). 소소한 차이다.

이 장의 논란거리는 '부수지소膚受之愬'라는 말이다. 이를 두고는 아래와 같은 해석이 가능하다.

마융: "피부(膚)로만 받는(受) 참소"이다. 곧 내실이 없는 거짓된 참소로서 '소愬'는 '참譖'과 같다.

형병: "피부(膚)에 쌓이는(受) 참소"다. 곧 피부에 더러운 것이 묻어 점차 때가 되듯이 사람에게 점점 영향을 미치는 참소다. '소'는 '참'과 같으므로 '침윤지참'과 '부수지소'도 내용적으로 같다.

주희: "피부(膚)가 상처를 입어서(受) 나오는 하소연(愬)"이다. 곧 피부가 벗겨져서 곧 큰 고통을 가져다줄 상황에서 하는 급박한 하소연이다. 이때 '소'는 '하소연'이라는 의미다.

다산의 해석은 고금주와 다르다. 그는 '부膚'가 '주리腠理'를 가리킨다고 보았다. 주리는 전통 의학의 개념으로 피부와 살 사이에 있는 틈을 가리킨다. 『사기』「편작열전」에 따르면 병은 처음에는 주리에 들었다가 점차 악화되면서 혈맥으로, 또 장기로, 급기야 골수로 옮아간다(『사기』, 105:8a~b). 이와 마찬가지로 주리에 들어온 하소연도 점차 사람의 마음을 움직이게 되는데, 그것이 '부수지소'다. 그러므로 다산에게도 '침윤지참'과 '부수지소'는 내용적으로 같다. 단지 그에게 '참'은 일방적 비방이고, '소'는 억울함을 호소하는 행위, 곧 하소연이다. 금주도 마찬가지로 이해했지만 다산의 '하소연'은 이유 없는 하소연이고, 금주의 '하소연'은 이유 있는 하소연이다. 피부가 벗겨지는 상황에서 고통을 호소하는 것은 당연히 이유 있는 하소연이다.

1798년 곡산 부사로 있을 때 다산이 『마과회통』이라는 의서를 쓴 것은 잘 알려진 사실인데, 아마도 그는 이때 전통 의학을 연구했을 것이다. 다산은 그 지식을 이용하여 '부수지소'를 새롭게 해석했다. 이 독창적 해석은 '원의총괄'에도 기록되었다. "'부수지소'는 주리에 병이 들어 점차 골수로 침입해 들어가는 것과 관련이 있다."

12.7

자공이 정사를 물으니 선생님께서 말씀하셨다. "먹을 것을 풍족히 하고, 병비를 풍족히 하며, 백성이 믿도록 할 것이다." 자공이 말했다. "꼭 부득이하여 이 셋 중에 버려야 한다면 어느 것을 먼저 합니까?" "병비를 버린다." 자공이 말했다. "꼭 부득이하여 이 둘 중에 버려야 한다면 어느 것을 먼저 합니까?" "먹을 것을 버린다. 예로부터 죽음은 있는 것이지만 백성은 믿지 않으면 일어서지를 않는다."

子貢問政. 子曰; 足食, 足兵, 民信之矣. 子貢曰; 必不得已而去於斯三者, 何先?

曰; 去兵. 子貢曰; 必不得已而去於斯二者, 何先? 曰; 去食. 自古皆有死, 民無

信不立.

우선 몇 가지 사소하지만 독창적인 다산의 해석을 열거해본다. 첫째, "백성이 믿도록 할 것이다(民信之)"라는 말에서 대명사 '지之'는 보통 위정자를 가리키지만 다산은 특별히 위정자의 법령을 가리킨다고 보았다. 그러므로 이말은 "백성이 위정자의 법령을 믿도록 할 것이다"라는 말이다. 둘째, 보통은 '거去' 뒤에서 끊어 읽는데, 다산은 위에서처럼 붙여 읽었다. 해석에서는 차이가 없다. 셋째, 다산은 보통과 다르게 '불립不立'을 백성이 명령을 따르기 위해 "일어서지 않는 것"으로 이해했다. 고주에서는 나라가 제대로 서지 않는 것이며, 금주에서는 스스로 우뚝 서지 않는 것이다. 넷째, '병兵'을 보통은 '병사'로 이해하지만 고염무에 따르면 경전에서 '병'이라고 할 때는 언제나 병기를 의미한다(『일지록』, 7:14a~b). 다산은 병기 안에는 병기를 소지하는 병사가 포함되므로 반드시 병기라고 옮길 수는 없다고 했지만 꼭 병사로 옮겨야 한다고 하지도 않았다. 그를 감안하여 위에서는 '병'을 '병비'로 풀었다.

이 장에서 공자는 정치의 세 가지 요소를 거론하면서도 부득이해서 버린다면 먼저 병비, 그 다음에 먹을 것을 버려야 한다고 했다. 병비와 먹을 것은 백성의 생존을 보장하는 수단이다. 병비는 외적으로부터 백성을 보호하는 수단이고, 먹을 것은 안에서 백성을 살찌우는 수단이다. 당연히 양자가 모두 필요하다. 그렇지만 "병비를 버린다고 반드시 죽지는 않지만 먹을 것을 버리면 반드시 죽는다." 그러므로 병비를 먼저 버려야 한다. 그다음의 부득이한 상황에서는 먹을 것을 버리는데, 그렇게 되면 누구나 다 죽는다. 하지만 공자가 말한 대로 "예로부터 죽음은 있는 것"이었다. 반면 백성이 윗사람의 명령을 듣기 위해 일어서지 않으면 "비록 병비가 있더라도 환란을 막을 수 없고, 비록 먹을 것이 있더라도 즐거움을 향유할 수 없다." 따라서 백성이 윗사람의 법령을 믿도록 하는 것이 가장 중요하다.

다산과 달리 고주에서 형병은 병비를 가장 먼저 버리는 이유가 "무릇 '병'은 흉기이자 백성을 해치고 재용을 좀먹기 때문"이라고 했다. 이 설명에 대한 다산의 비판이 흥미롭다.

> 정사의 조목은 열 개가 될 수도 있고 백 개가 될 수도 있는데 공자는 특히 세 가지 큰 조목을 들면서 병비를 그 속에 넣었다. 그런데도 형병은 '병'을 흉기로 보아 없애려고 했으니 우원한 유자(迂儒)다.

"우원한 유자"란 현실과 시의를 모르고 이상만을 좇는 유학자를 말한다. '병'이 흉기임은 누구나 알지만 현실 정치를 위해서는 불가결하므로 공자가 세 가지 큰 사업 중의 하나로 언급했다. 그럼에도 불구하고 흉기 운운하는 데서 형병의 우활함이 엿보인다는 것이다. 이런 비판을 하는 다산은 역시 현실주의자였다.

그의 현실주의적 안목은 금주를 비판할 때도 엿보인다. 주희는 왜 백성의 신뢰가 가장 중요한가를 설명하면서 "내가 차라리 죽을지언정 백성의 믿음을 잃지 않아 백성이 차라리 죽을지언정 나에 대한 믿음을 잃지 않도록 해야 한다"라고 역설했다. 보기에 따라서는 감동적인데, 다산은 이 말의 논리적 맹점을 차분히 지적한다. "병비를 버리고 먹을 것을 버리는데 왜 하필 위에 있는 사람이 '차라리 죽어야 한다'라고 말을 하는가? 또한 백성이 믿는 것은 윗사람을 믿는 것인데 백성이 믿음을 잃었다고 어떻게 그들을 책망할 수 있겠는가?" 병비와 먹을 것을 버리면 윗사람이나 아랫사람이나 모두 함께 죽게 되는데도 "내가 차라리 죽을지언정"이라는 극적인 표현을 사용하는 이유를 알 수 없고, 그 지경이 되어 백성이 곤란을 겪는 것은 결국 위정자의 책임인데 "백성이 차라리 죽을지언정"이라고 하여 마치 백성이 죽어야 한다는 암시를 주는 격한 언사를 사용하는 이유도 알 수 없다는 비판이었다.

다산은 "창고를 실하게 하고 무비를 갖춘 연후에 교화를 행하여 백성이 나를 믿도록 해야 한다"라는 금주의 해설을 비판할 때도 냉정하다. 금주처럼 이해하면 창고를 실하게 하거나 무비를 갖추면 백성의 신뢰를 얻게 된다. 그러면 이 장에는 '병兵' '식食' '신信' 세 가지가 아니라 '병'과 '식' 두 가지 절목만 남게 된다. 그러므로 공자를 존중한다면 세 가지를 모두 분리된 사업으로 봐야 한다. 다산은 '신'을 특히 법령에 대한 신뢰로 이해했기 때문에 그의 해석에서 세 사업은 각각 군사, 경제, 법률을 가리키게 된다. '원의총괄'은 이 섬세한 비판을 이 장에서 다산이 발견한 '원의'로 기록했다. "백성의 믿음은 먹을 것을 족하게 하고 병비를 족하게 하는 것 때문에 생기지 않는다." 꼼꼼히 살피고 냉정히 관찰하지 않았다면 이렇게 비판하지 못했을 것이다.

12.8

극자성이 "군자는 바탕일 뿐이니 어찌 문채로써 하겠는가?"라고 하니 자공이 말했다. "우리 선생님께서 군자를 말씀하신 것이 애석하군요! 네 필의 말이 끄는 수레로도 혀를 따라가지 못합니다. 문채는 바탕과 같고, 바탕은 문채와 같습니다. 털을 벗긴 호랑이나 표범의 가죽은 털을 벗긴 개나 양의 가죽과 같습니다."

棘子成曰; 君子質而已矣, 何以文爲? 子貢曰; 惜乎夫子之說君子也! 駟不及舌.

文猶質也, 質猶文也, 虎豹之鞹, 猶犬羊之鞹.

고주에서 정현은 극자성이 위나라의 대부라고 했다. 『한서』 「고금인표」에는 혁자성革子成으로 나오는데(『전한서』, 20:72a), 다산은 이 경우 '극棘'과 '혁革'은 통하는 글자라고 보았다. 본문의 "우리 선생님(夫子)"은 당연히 이 사람을 가리킨다. 제자들이 공자를 칭할 때 '우리 선생님'이라고 했으므로 자공이 극자성을 대단히 높였음을 알 수 있다. 극자성이 대부라면 대부가 아닌 자공이 그런 태도를 취한 것은 당연하다. 따라서 이 장에서 상호간의 존대 문제도 그에 맞추어 정리되어야 한다. '사불급설駟不及舌'은 잘 알려진 성어인데, 이때 '사駟'는 네 필의 말이 끄는 수레다. 한번 내뱉은 말은 네 필의 말이 끄는 수레보다 빨리 달려 널리 퍼지므로 말을 할 때 항상 조심해야 한다는 뜻이다. '곽鞹'은 털을 벗겨낸 가죽이다.

이 장을 읽다보면 고주와 금주, 다산의 문질론을 이해하게 된다. 극자성이 예악의 '문채(文)'보다 덕성의 '바탕(質)'을 중시한 것은 분명하므로 논란이 없다. 그렇지만 자공의 말을 놓고는 고주와 금주가 전혀 다르게 읽는다.

고주: "애석합니다! 우리 선생님께서 군자를 말씀하신 것이! 네 필의 말이 끄는 수레로도 혀를 따라가지 못합니다. 문채가 바탕과 같고 바탕이 문채와 같다고 한다면 털을 벗긴 호랑이나 표범의 가죽은 털을 벗긴 개나 양의 가죽과 같은 게 됩니다."

금주: "애석합니다! 우리 선생님께서 말씀하신 것이! 그것 역시 군자의 말이지만 네 필의 말이 끄는 수레로도 혀를 따라가지 못합니다. 문채는 바탕과 같고 바탕은 문채와 같으니 털을 벗긴 호랑이나 표범의 가죽은 털을 벗

긴 개나 양의 가죽과 같습니다."

고주에 따르면 자공은 우선 군자에 대한 극자성의 촌평이 잘못임을 지적하면서 그렇게 내뱉은 말은 주워 담기가 어려움을 일러준다. 그리고 '문文'과 '질質'이 같다고 한다면 그것은 일부러 털을 깎아서 호랑이 가죽과 개 가죽을 같게 만드는 일이라고 풍자했다. '질'보다는 '문文'이 중요하기 때문이다. 호랑이가 개와 다른 것은 무늬(文)가 다르기 때문이듯 군자와 소인의 다름도 오직 문채를 통해서 드러난다. 그런데도 '문'과 '질'을 같다고 한다면 호랑이의 털을 깎아 그 가죽을 값어치 없는 것으로 만드는 짓이라는 말이다. 예교로서의 유교의 본래 면목에 부합하는 해석이다.

반면 금주에 따르면 자공은 극자성의 촌평을 아쉬워하면서도 그것이 군자의 발언이라는 점을 인정했다. 이렇게 '질'을 중시하는 극자성이 군자의 발언을 했다고 했을 때부터 금주는 '문'보다 '질'을 우위에 놓는 시각을 보여준다. 이어 자공은 '문'과 '질'이 같다고 했고, 예의 가죽의 비유를 들었다. 완전히 '문'을 무시한다면 군자와 소인을 구분하기 어렵다는 뜻을 전하기 위해서였다. 하지만 금주가 보기에는 자공의 견해도 완벽하지 않았다. '문질빈빈'이 원칙이기는 하되 선후와 본말에서는 '질'이 '문'보다 앞서기 때문이다. 그래서 금주는 "자공이 극자성의 폐단을 교정하려고 하면서도 본말과 경중의 차이를 보여주지 않았으니 서로 다 옳지 않다"라고 자공에게도 아쉬움을 남겼다.

앞에서도 여러 번 확인한 것처럼 문질론에서 다산의 대원칙은 '문질빈빈'이다. 하지만 성리학의 문질론이 지배적인 시대적 상황에서 그는 결국 '질'보다 '문'을 강조했다. 당연히 그는 '문'의 경시를 당연시하는 금주에 동의할 수 없었다. 그래서 다산은 반드시 "우리 선생님께서 군자를 말씀하신 것이 애석하군요!"라는 말을 한 문장으로 읽을 것을 제안했고, 금주를 놓고는 "이미 군자의 말이라고 허여하고 또 그 실언을 애석해 하는 이런 이치는 아마도 없을 것이다"라고 비판했다. 이 견해는 '원의총괄'에도 기록되었다. "'우리 선생님께서 군자를 말씀하신 것이 애석하군요!'라는 말은 한 구절이다."

그렇지만 고주에도 문제가 있다. 고주는 '문'을 지나치게 강조했고, 결국 자공이 '문질빈빈'을 반대하는 것처럼 해석했다. 고금주와 달리 다산이 보기에 자공은 이 장에서 '문질빈빈'을 받아들이면서 극자성처럼 '질'만 중시한다면 호랑이와 표범의 털을 벗겨 개나 양의 가죽을 만들어버리는 일이라고 경고한다. '문질빈빈'을 문질론의 핵심으로 말한 공자의 입장(6.17)과 완벽히 조화를 이룬다. 그러므로 다산이 볼 때 '문'과 '질'의 균형을 언급한 자공은 공자의 참된 제자다. 성리학은 이 참된 제자를 놓고도 그에게 잘못이 있다고 무고를 하니 자공으로서는 얼마나 억울한 일인가?

12.9

애공이 유약에게 "어느 해 기근이 들어 나라에서 쓸 것이 부족해지면 어떻게 하는가?"라고 물으니 유약이 대답했다. "어찌 철법을 쓰지 않으십니까?" "열에 둘로도 내가 오히려 부족한데 어떻게 철법을 쓰겠는가?" 유약이 대답했다. "백성이 풍족하면 임금이 누구와 더불어 부족하겠습니까? 백성이 부족하면 임금이 누구와 더불어 풍족하겠습니까?"

哀公問於有若曰; 年饑, 用不足, 如之何? 有若對曰; 盍徹乎? 曰; 二, 吾猶不足, 如之何其徹也? 對曰; 百姓足, 君孰與不足? 百姓不足, 君孰與足?

이 장에서 다산이 발견한 '원의'로 '원의총괄'에 기록된 것은 두 가지인데, 특이하게도 두 가지 다른 '원의'를 분리하지 않고 같은 조목에 병렬했다. 첫 번째 '원의'는 "'연기年饑'는 가정하는 말"이라는 것이다. 고금주를 비롯하여 거의 모두는 이 장의 시점에서 이미 기근에 일어났다고 보았고, 그렇기 때문에 이 장을 "올해 기근이 들어 나라의 쓸 것이 부족하니 어떻게 해야 하는가?"라고 읽으면서 시작한다. '기饑'는 '기근이 들다'라는 뜻이다. 나머지 부분은 고금주와 다산이 대체로 위에 옮긴 것처럼 읽었다. 하지만 이 장에 대한 다산의 해석은 정말로 참신하다.

우선 노나라의 조세 제도가 어떻게 변화되어 왔는가를 살펴봐야 한다. 『맹자』에 따르면 하나라에서는 나라가 농가 하나당 50무畝의 땅을 주고 소출의 1/10에 해당하는 공물을 받았고(貢), 은나라에서는 농가 하나당 70무를 주고 소출의 1/10에 해당하는 소출이 공전에서 나올 만큼 품앗이를 하도록 했으며(助), 주나라에서는 농가 하나당 100무를 주고 그중의 1/10에서 나오는 곡식을 납부하도록 했다(徹)(「맹자집주」, 3A:3). 나라가 농가에 주는 땅의 규모가 늘어난 것은 인구가 줄었기 때문이라고 한다. 어쨌든 주나라에서는 '철법(徹)'이 보편적인 징세 방법이었고, 당연히 노나라도 이 방법을 따랐다.

그러던 것이 노 선공 15년인 기원전 594년 노나라는 이왕에 징수하는 1/10의 세금, 곧 각 농가가 받은 토지의 1/10에서 나온 곡식을 거둬들이는 것에 더하여 나머지 땅에서 나오는 곡식의 1/10도 세금으로 거둬들이기 시작했다. 이것이 『춘추』에 기록된 이른바 '초세무初稅畝', 곧 "처음으로 땅에 세금을 부과했다"(『춘추좌씨전』, 24:9b)라는 기록이 증언하는 바다. 이렇게 함으로써 노나라는 소출의 1/10을 거두는 선왕의 세법을 무시하고 2/10을 거두기 시작했다. 철법에서는 농가가 경작하는 땅의 1/10에서 나오는 곡식을 바쳤고, '초세무' 이후에는 거기에 더하여 또 모든 소출의 1/10을 바쳤으므로 결국 2/10다. 위에서 애공은 자신이 열에 둘을 거둔다고 했는데, 그것이 선공 이후 계속된 노나라의 세법이었다.

여기까지는 고주가 알려주는 정보다. 그런데 다산은 이 장을 이해하기 위해서 더 알아야 할 내용이 있다고 한다. 곧 기원전 562년 노나라의 권력을 틀어쥔 삼환씨(맹손씨, 숙손씨, 계손씨)는 3군을 창설하여 각각 1군씩 소유한 뒤 일정한 수의 농민을 자신의 군에 소속시켰고, 소속된 농민에게는 나라에 낼 세금을 면제해주는 등의 특혜를 주어 나라의 재정을 약화시켰다. 기원전 537년 삼환씨는 중군을 없애고 별도로 2군을 만들어 결국 4군을 두게 되었고, 그중의 2군을 계씨가 소유했다. 이때 삼환씨는 소속된 농민으로부터 직접 징세를 하면서 나라에는 단지 일정한 공물만 바치도록 하여 나라의 재정을 더욱 고갈시켰다. 이 때문에 노 공실의 재정은 열악해졌고, 애공이 토로하는 것처럼 2/10를 수취하고도 예산이 부족한 고충을 겪었다. 다산의 해석에 따르면 이러한 어려움에 직면한 애공은 공자의 제자 유약에게 평년에도 재정에 문제가 있는데 흉년까지 들면 나라의 재정을 어떻게 해야 하느냐는 걱정 어린 질문을 던진다.

유약의 대답은 다시 철법을 복원하여 사용하라는 것이었다. 철법은 소출의 1/10을 징세하는 것이므로 애공은 2/10를 징세해도 부족한 판에 세금을 더 줄이라는 뜻이냐고 반문했다. 하지만 다산에 따르면 유약은 당시 노나라의 재정적 곤란을 낳은 핵심적 원인을 지목하고 그 해결책을 제시했다. 이미 설명한 것처럼 2/10의 징세로도 국용이 부족한 것은 삼환씨의 착복 때문이었다. 만약 착복이 없다면 1/10로도 나라 살림을 건강하게 유지할 수 있다. 노나라만 그런 것이 아니라 모든 나라가 다 그렇다. 그렇기 때문에 철법이 천하의 공법이 된 것이다. 따라서 드러내놓고 말은 안 했지만 유약의 제안은 결국 4군을 장악한 삼환씨의 수탈을 막고 국가의 조세와 재정을 정상으로 되돌리라는 뜻을 담았다. 다시 말해서 당시 상황에서 철법 시행의 권유는 당권자인 삼환씨에 대한 혁명적 도전이었다.

만약 고금주처럼 본문의 시점에 이미 기근이 발생했다고 이해하면 철법의 재시행을 촉구하는 유약의 제안은 한마디로 어리석은 제안이었다.

> 지금 나라의 임금이 급한 일로 이야기하는데도 대경대법大經大法만을 받들고 체면 차리는 이야기로 거절하면서도 어디가 아픈지 어디가 가려운지를 알지 못하고, 살이 쪘는지 비쩍 말랐는지를 살피지 않고, 오직 내 말이 정직한 것만을 챙긴다면 어찌 충신이겠는가? 유자(유약)의 학문은 아직 진정함을 잃지 않았으니 반드시 이런 이치는 없었을 것이다.

만약 이미 일어난 기근을 극복할 방책을 묻는데도 유약이 철법을 거론하면서 설령 시행해도 이듬해에나 효과를 볼 수 있는 방안을 제시했다면 유약은 자신의 결벽만 지키려는 가짜 충신에 불과하다는 것이다. 물론 다산이 이해하는 유약은 그렇지 않았다. 유약이 가짜 충신일 리 없으므로 그가 이미 일어난 기근을 두고 철법의 재시행을 건의했을 리도 없다. 그렇기 때문에 이 장을 시작하는 문장은 가정으로 읽어야 하며, 가정으로 읽는 것이 '원의'가 된다.

여기까지 설명이 되었다면 '원의총괄'에 기록된 또 다른 '원의'도 이해하기 쉽다. "철법을 행한다면 삼환씨의 세 가문이 공실을 넷으로 나눌 수 없었다." 이런 해석에서는 말미에 나오는 유약의 반문에도 맥락이 있다. 곧 "임금이 누구와 더불어 부족하겠습니까?"라는 말은 철법을 다시 시행하면 오직 삼환씨만 부족해질 것이므로 애공이 삼환씨의 편을 들지 않는 한 같이 부족함을 느낄 사람이 없다는 뜻이다. 마찬가지로 "임금이 누구와 더불어 풍족하겠습니까?"라는 말은 철법을 시행하지 않으면 오직 삼환씨만 풍족해질 것이므로 애공이 삼환씨와 운명을 함께 하지 않는 한 같이 풍족함을 느낄 사람이 없다는 뜻이다. 그래서 다산의 눈에 유약의 제안은 목숨을 내놓고 하는 충언이었다. 말은 조용했지만 그 안에 담긴 뜻에서는 좋은 신하의 뜨거운 충정이 느껴졌다.

> (유약의 제안은) 가슴 속에서 울분이 솟구친 나머지 화복을 돌보지 않은 채 충실함을 다하고 정성을 다하여 기휘忌諱를 범하는 것이었다. 비록 우왕이나 후직이 다시 태어나더라도 폐단을 구제하려는 방술이 어찌 여기에 더할 것이 있겠는가!

다산 역시 이런 울분을 느꼈을 것이다. 산더미처럼 쌓인 나라의 할일을 두고도 귀양처에서 경전이나 주석할 수밖에 없는 처지였다. 그는 국가 경영에 참여하기를 열렬히 원했고, 고루한 원칙이 아니라 시의에 걸맞은 방책을 통해 나라를 반듯이 하기를 원했다. 그렇기 때문에 이 장에서 단지 철법의 지당함만 확인한다면 그것은 유약에 대한 모욕이었다.

> 유자가 철법의 시행을 청한 것이 어찌 단지 대경을 인용하고 대법을 근거로 삼으려고 하는, 우활하면서도 시의를 모르는 유학자의 논의라고 하겠는가?

고금주처럼 이 장에서 주나라의 철법이 선왕의 보편적 세법이라는 점만 확인하고, 또 국가의 대사를 논하면서도 단지 백성과 고락을 함께 하라는 교훈만 읽는다면 그것은 시무를 모르는 낭만적 도덕주의자의 해석이다. 물론 다산 역시 도덕주의자였다. 하지만 그는 현실 속에서 시의를 찾고 그 시의의 실천을 도덕으로 이해하는 현실적 도덕주의자였지 원리 원칙만 강조하는 낭만적 도덕주의자는 아니었다.

다산은 종래 이 장을 잘못 이해한 것은 주해가의 과오였다고 하면서 그들의 오독 때문에 상홍양(기원전 152~기원전 80)은 유교를 잘못 비판했다고 했다. 상홍양은 한나라 때의 재상으로 소금과 철 그리고 술의 국가 전매를 주장한, 그럼으로써 국가와 중앙의 이익을 대변한 사람이다. 나중에 그의 힘이 약화되자 유학자들은 그를 비판하며 들고 일어나 그와 대토론회를 가졌는데, 환관(기원전 1세기)은 이 토론을 기록하여 『염철론』을 펴냈다. 곧 상홍양은 중앙과 지방의 대립으로 점철된 동아시아의 정치사에서 중앙을 강조하는 관료 집단의 대명사였다. 조선으로 보면 그는 조선 초기 중앙집권화가 성공하도록 태종과 세종, 세조를 보필한 관학파 유학자와 같았다. 그는 유학의 낭만적 도덕주의 때문에 유교 전체를 비판했는데, 다산은 주해가들의 과오 때문에 상홍양이 유교를 오해했다고 지적했다. 곧 다산의 입장에서 유교는 낭만적 도덕주의가 아니었다.

다산의 이런 참신한 해석에 영감을 준 것은 명나라 유학자 당의지였다. 그는 기근을 맞아 노나라의 국용이 부족해진 것은 조세제도를 문란케 한 세가문 때문이었다고 하여 다산이 이 장에서 '원의'를 발견하는 데 큰 도움을 주었다. 하지만 당의지도 기근이 든 것을 가정으로 보지는 않았다. 이와 관련하여 금주의 풍의는 이 대화가 있었을 즈음에 노나라에 실제로 메뚜기 떼로 인한 기근이 발생했다고 했다. 풍의는 신조선사본 『논어고금주』나 정본 『논어고금주』에서 모두 채청으로 되어 있는데, 고쳐야 할 글자다. 여하튼 다산은 풍의의 고증을 이 장에 연결시키는 데 반대한다. 그가 보기에 이 장의 시점은 풍의가 고증한 애공 12년 혹은 13년이 아니라 애공이 '전답에 부세하는(田賦)' 조치를 취한 애공 12년 봄 이전이기 때문이었다. 이 견해도 암시하는 바가 크다. 다산은 이 장에 기록된 대화를 가진 후 애공이 유약의 제안을 받아들여 '전답에 부세하는' 조치를 취했다고 본 것이다. 곧 다산이 새롭게 해석한 유약의 제안은 제안으로 그치지 않고 실제로 시행되었다.

이 장에서 다산은 또 몇 가지 소소한 문제를 논한다. 먼저 '철徹'이라는 말은 보통 말하는 것처럼 '통通'(고금주)이나 '균均'(금주)과 통하는 글자가 아니라 '취取'와 통하는 글자다. 철법만 천하의 통법이 아니므로 철법이 통법이라는 뜻이 될 수 없다. 오히려 철법은 세금을 취하는 것이므로 나중에 뜻이 발전되었다고 하더라도 우선은 '철'을 '취'와 같은 의미로 봐야 한다. 또 이 장에서는 유약이 이름으로 기록되었고 다른 장에서 애공과 대화하는 재여는 자(재아)로 기록되었다는(3.21) 사실을 두고 두 제자 사이의 우열을 논하는 경우가 있었는데, 다산은 특별한 의미가 있는 것은 아니며 모두 해당 인물이 살아 있을 때 불리던 관습에 기초한 것이라고 했다. 이 주장도 『논어』의 여러 사례를 보면 설득력이 있다.

12.10

자장이 덕을 높이고 미혹을 분변하는 것을 물으니 선생님께서 말씀하셨다. "충실함과 믿음직함을 위주로 하고 의로 옮겨가는 것이 덕을 높이는 것이다. 사랑한다면 살기를 바라고 미워한다면 죽기를 바라는 것인데, 이미 살기를 바랐다가 또 죽기를 바라는 것, 이것이 미혹된 것이다. '진실로 부유하게 되지도 않으며, 또한 단지 이상하게 여길 뿐이다.'"

子張問崇德辨惑. 子曰; 主忠信, 徙義, 崇德也. 愛之, 欲其生, 惡之, 欲其死, 旣
欲其生, 又欲其死, 是惑也. 誠不以富, 亦祇以異.

다산의 독창적인 『논어』 읽기는 이 장에서도 계속된다. 결론적으로 그는
고금주와 달리 이 장도 앞의 장들처럼 국정에 대한 제안을 담는다고 보았다.
얼핏 보면 그런 제안이 없는 것 같다. 하지만 다산에 따르면 "이미 살기를 바
랐다가 또 죽기를 바라는 것"이라는 말이 바로 세법과 관련된 것이었다.

천하의 만사를 검토해보아도 오직 토지를 나누어준 뒤 세금을 무겁게 매
기는 것만이 이 말에 해당한다. 이 일 이외에 사랑하고 미워함이 동시에
드러나고 삶과 죽음을 동시에 원하는 일은 다시 찾을 수 없다.

사랑과 미움은 동시에 존재할 수 없다. 양자는 서로 모순되는 감정이다. "사
람이 사람을 놓고 이미 사랑하여 살기를 원했다가 또 미워하여 죽기를 원하
는 이런 이치가 있겠는가?" 그러므로 사랑과 미움이 동시에 존재하는 인간관
계는 없다. 오직 백성을 살리기 위해 전답을 나누어주고, 동시에 무거운 세금
을 거둬들임으로써 그들을 죽음으로 내모는 정치에서만 사랑과 미움이 공존
한다. 공자는 이렇게 하는 것을 "미혹된 것(惑)"이라고 했으므로 이렇게 하지
않으면 미혹으로부터 벗어나게 된다. 결국 다산에 따르면 이 장에서 공자는
부세를 가볍게 하라고 권유한다.
 그렇기 때문에 공자가 인용한 『시』의 한 구절도 맥락으로 보아 문제가 되
지 않는다. 이 시는 「소아·아행기야」의 일부인데, 원래의 '성成'이 '성誠'으로
잘못 인용되었고, 시의 뜻을 이 장에 어떻게 적용시켜야 하는지도 애매했다.
그래서 금주는 그것을 빠져야 할 글로 보았다. 원래 이 시는 이미 혼인한 남

자가 새로운 여인을 찾아 또 혼인하려는 것을 원망하는 내용으로 정현에 따르면 인용된 부분은 "혼인을 한다 해도(成) 부유하게 되지 않을 것이며, 또한 단지 사람들이 이상하게 여길 뿐이다"(『모시주소』, 18:25a)라고 읽어야 한다. 고금주는 이 장을 국정이 아니라 개인의 덕성과 관련시켜 읽었는데, 보다시피 그렇게 읽으면 이 시가 왜 여기 들어가 있는지 얼른 이해되지 않는다. 주희는 정현과 다르게 해당 구절을 "혼인을 한 것은 부유해서가 아니라 이전 사람과 달랐기 때문이다"(『시경집전』, 5:14b)라고 읽지만 그래도 역시 이 시가 어떤 의미인지 불분명하다.

하지만 다산처럼 이 장을 이해하면 공자가 왜 이 시를 인용했는지 알 수 있다. 중한 세금을 부과하는 것은 위정자 자신이 부유해지고 싶어서이지만 농민을 착취하여 부유해질 수 있는 길은 없기 때문에 "진실로(誠) 부유하게 되지도 않으며," 그런 중한 부세는 선왕의 제도를 어기는 것이어서 결국 사람들이 "단지 이상하게 여길 뿐"인 것이다. 물론 이렇게 보아도 왜 '성成'이 여기에서는 '성誠'인지 해명할 수 없다. 하지만 적어도 어떤 맥락에서 이 시를 인용했는지는 알 수 있다. 다산이 볼 때 금주는 "미혹을 분변한다는 말의 뜻을 알지 못했기 때문에" 착간 주장을 폈다. 이렇게 다산은 이 장에서 또 하나의 '원의'를 발견했다. "'이미 살기를 바랐다가 또 죽기를 바라는 것'은 땅을 나눠주면서도 세금을 무겁게 하는 것을 말한다. 또한 '진실로 부유하게 되지도 않는다'라는 구절을 옮겨서는 안 된다."

12.11

제 경공이 공자에게 정사를 물으니 공자가 대답했다. "임금은 임금답고, 신하는 신하답고, 부모는 부모답고, 자식은 자식다운 것입니다." 공이 말했다. "선하도다! 진실로 임금이 임금답지 않고, 신하가 신하답지 않고, 부모가 부모답지 않고, 자식이 자식답지 않으면 비록 곡식이 있더라도 어떻게 먹을 수가 있겠는가?"

齊景公問政於孔子. 孔子對曰; 君君, 臣臣, 父父, 子子. 公曰; 善哉! 信如君不君, 臣不臣, 父不父, 子不子, 雖有粟, 吾得而食諸?

공자는 기원전 517년 노 소공이 계씨 축출에 실패하고 제나라로 망명을 하자 소공을 따라 제나라로 가서 고소자의 가신이 되었고, 그 이듬해 고소자의 주선으로 제 경공을 만났다. 그의 나이 불과 36세였다. 이때 경공이 백성을 돌보지 않아서 나라에 원망이 자자했으므로 "임금이 임금답지 않은" 일이 실제로 제나라에 있었다. 경공이 실정하는 틈에 진항이 백성의 신망을 사서 분에 넘치는 일을 했으므로 "신하가 신하답지 않은" 일도 있었다. 경공은 첩실을 총애한 나머지 다른 아들을 멀리 보내고 첩실이 낳은 자식을 태자로 앉혔으므로 "부모가 부모답지 않은" 일도 있었고, 자식들 중 목숨을 걸고 간하는 사람도 없었으므로 "자식이 자식답지 않은" 일도 있었다. 노나라의 사정도 비슷해서 소공은 신하인 계씨를 억누르지 못하고 망명 중이었으므로 "임금이 임금답지 않은" 일이 있었고, 노나라의 정사를 전횡한 계씨 등 삼환 씨를 보면 "신하가 신하답지 않은" 일도 있었다. 고금주와 다산은 모두 두 나라의 실제 상황 때문에 공자가 위의 조언을 했다고 보았다.

본문에 뜬금없이 곡식 먹는 이야기가 나온다. 다산은 그것을 보고 원래 제 경공은 어떻게 하면 백성에게 곡식을 더 많이 거둬들일 수 있는지를 물으려고 했다고 추측했다. 그의 의도에도 불구하고 공자가 핵심을 찌르는 충언을 하자 경공이 비로소 무엇이 중한가를 알아차리고 본문에서처럼 공자의 말에 동의를 표했다는 것이다. 그렇지만 경공은 끝내 공자의 충고를 받아들이지 않았다. 그는 후사를 정하지 못한 채 병사했고, 제나라는 수년 간 혼란을 겪은 끝에 결국 진항(전항)이 권력을 장악했다. 강성의 제나라(姜齊)가 전성의 제나라(田齊)로 바뀌는 시작이었다.

이 장은 모두가 사회적 신분에 따라 주어진 도덕적 의무를 수행해야 한다는 유교의 정언명령, '무엇답게 행동하라'라는 유교 명분론의 핵심적 내용을 담았다. 사상적으로는 대단히 중요하지만 독법과 해석에서는 별다른 이견이 없다. 다산의 해설 역시 역사적 배경을 밝히는 데 주안점을 두었다.

12.12

선생님께서 말씀하셨다. "한쪽 편의 말을 가지고 옥송을 결단할 수 있는 사람은 유일할 것이다!" 자로는 미리 승낙하는 일이 없었다.

子曰; 片言可以折獄者, 其由也與! 子路無宿諾.

'편언片言'에 대해서는 '한쪽 편의 말'을 의미한다는 설(고주)과 '한 조각의 말'을 의미한다는 설(금주)이 있다. '한쪽 편의 말'이란 옥송에 얽힌 양방이 아니라 어느 한쪽만의 진술을 의미하고, '한 조각의 말'이란 완전히 끝나지 않은 진술, 반쪽의 발언을 의미한다. '절옥折獄'이 옥사를 처결한다는 의미라는 데는 모두가 동의한다. 그러므로 '편언'을 고주처럼 읽으면 이 옥송은 한쪽 편의 말만 듣고 결론을 내는 옥송이다. 금주처럼 읽으면 이 옥송은 한 사람의 진술이 채 끝나기도 전에 결론을 내는 옥송이다. 이런 옥송은 보통 불공정하겠지만 거기에 자로가 개입되어 있다면 문제가 없다는 게 이 장에서 말하는 바다. 자로는 공정한 사람이었기 때문이다.

자로가 어떻게 개입되는지에 대한 이해에서도 고주와 금주는 다르다. 고주에서 형병은 자로가 결론을 낸다고 보았고, 금주는 자로가 진술을 한다고 보았다. 그러므로 형병에 따르면 자로는 어느 한쪽의 말만 듣고도 옥송을 올바르게 처리했다. 이 해석에서는 자로의 명석함이 빛난다. 금주에 따르면 옥송을 결단하는 사람이 자로의 말을 듣는데, 그의 말을 다 듣기도 전에 올바른 결론을 내린다. 자로는 거짓이 없는 사람이었기 때문이다.

이 문제에서 다산은 고주의 형병을 따랐다. 공자가 어떻게 옥송을 다루었는지를 기록한 『대학』의 한 구절에 주목했기 때문이다.

> 선생님께서 말씀하셨다. "송사를 듣는 것은 내가 남들과 같지만 반드시 송사가 없도록 하리라." 실정이 없는 사람이 말을 다 마치지 못한 것은 백성의 뜻을 크게 두렵게 했기 때문이다"(『대학장구』, 5a).

이 기록을 참고하여 다산은 "실정이 없는 사람이 말을 다 마치지 못하도록 하는" 곧 진실한 일방만 진술하는 옥송을 좋은 옥송이라고 보았다. 공자의 고제인 자로는 옥송을 다루는 공문의 방법을 알았을 것이고, 따라서 '한쪽 편의 말'로만 옥송을 처결했을 것이다. 이렇게 보면 쟁송에서 거짓이 횡행하지 못하도록 하는 것이 공문의 전통이다. 물론 쟁송에 참여한 사람이 공정하지 않으면 이 전통은 무용지물이다.

이렇게 다산은 고주의 형병을 따랐기 때문에 '원의총괄'은 다산이 논란이 되는 문제에서 구설을 따랐다고 했다. "'편언'과 '절옥'에 관련해서는 마땅히 구설을 따라야 한다. '숙낙宿諾'도 그렇다." 하지만 정확히 말하면 다산은 구설 중에서도 형병을 따랐다. 문제가 되는 구절은 원래 공안국이 해설했는데,

그의 해설은 불분명하다. 그래서 황간은 공안국을 부연하면서 문제가 되는 구절을 금주처럼 해석했다. 공안국의 구설이 애매했기 때문에 같은 설을 두고 황간과 형병이 다르게 해석한 것이다. 금주와 일치하는 황간의 해석은 다산도 소개했다. 그러므로 '원의총괄'의 요약과는 달리 여기에서 다산이 구설을 따랐다고 하려면 한정이 필요하다.

이 장의 마지막 문장은 다른 제자가 덧붙인 것이다. 고주와 금주는 이 문장의 '숙낙'을 놓고 또 이견을 보인다. 고주는 '숙宿'이 '미리'라는 뜻의 '예豫'와 같다고 했고, 금주는 '묵히다'라는 뜻의 '류留'와 같다고 했다. 고주에서 자로는 차후 어떤 일이 벌어질지 모르는 상태에서 성급하게 약속하지 않는 사람, 어떤 일도 미리 승낙하지 않는 사람이다. 금주에서 자로는 한 번 약속을 하면 약속한 것을 묵혀두지 않고 즉시 실행하는 사람이다. 이 문제에서 다산은 다시 고주를 따른다. 모든 약속을 묵혀두지 않고 즉시 실행하는 것은 사실상 불가능하기 때문이다. 자로를 변호하려고 했던 다산이지만 가능하지 않은 일로 자로를 칭찬할 수는 없었다.

12.13

선생님께서 말씀하셨다. "송사를 듣는 것은 내가 남들과 같지만 반드시 송사가 없도록 하리라!"

子曰; 聽訟, 吾猶人也. 必也使無訟乎!

송사가 발생하면 쟁송하는 양방을 불러 그들의 주장을 듣는 것이 송사를 다루는 사람이 하는 일이므로 송사를 '듣는 것聽'이 곧 송사의 처리다. 그러므로 공자가 송사를 듣는 문제에서 남과 다를 바 없다고 한 것은 송사가 발생하면 자신도 다른 사람들처럼 양방을 불러 증거를 제출하게 하고 그들의 증언을 듣는다는 뜻이다. 하지만 이미 송사가 생겼다는 것은 갈등이 존재한다는 것이고, 따라서 송사를 잘 다스리는 것은 "말단을 다스리고 유탕함을 막는" 일에 불과하다. 더 좋은 것은 "근본을 바로 세우고 근원을 맑게 하여" 송사가 생기지 않도록 하는 것이다.

그런데 문제는 그리 간단하지 않다. 어떻게 "송사가 없도록" 할 것인가가 또 다른 문제다. 하나의 방법은 송사가 일어나기 전 일을 잘 처리하는 것이다. 왕필은 이런 방법을 지지했다. 왕필은 『역』「송괘」의 "군자는 일을 시작함에 처음을 도모한다(謀始)"(『주역주소』, 2:31a)라는 말을 설명하면서 이 장을 인용했는데, 여기에서 "처음을 도모한다"라는 것은 나중에 문제가 생기지 않도록 처음을 신중히 처리하는 것을 의미한다. 가령 어떤 사업을 위해 계약서(契)를 작성한다면 그것이 사업의 시작이다. 그러므로 "처음을 도모하는" 사람은 계약서를 잘 들여다보고 계약에 문제가 없는지를 확인한다. 그래야 나중에 송사가 생기지 않기 때문이다.

또 다른 방법은 거짓을 주장하는 사람이 아예 쟁송할 엄두를 내지 못하도록 하는 것이다. 앞 장에서 『대학』을 인용했는데, 거기에서 이 장을 해설한 사람이 이 방법을 지지했다. "실정이 없는 사람이 말을 다 마치지 못한 것은 백성의 뜻을 크게 두렵게 했기 때문이다." 송사란 자신이 옳다고 주장하는 양방이 있어야 성립되는데, 그중 일방의 주장은 반드시 실정에 부합하지 않는다. 송사는 그런 거짓 주장을 하는 사람이 누구인지 가리는 절차다. 하지만 공자는 아예 그런 사람이 법정에 나와 허황된 주장을 늘어놓지 못하도록 했다. 공자는 "백성의 뜻을 크게 두렵게 했기 때문"이다. 이렇게만 될 수 있다면 공자의 법정에서는 송사가 생길 수 없다. 형병은 이 두 방법을 소개하면서

"어느 것이 맞는지 모르겠으므로 두 설을 다 싣는다"라고 했다.

다산은 이 문제를 놓고 왕필을 비판한다. "(왕필의 해석은) 잘못이다. 왕필은『역』을 몰랐다." 이렇게만 이야기하고 다산은 더 이상 설명하지 않았기 때문에 왜 그가 왕필을 비판했는지는 알 수 없다. 아마도『대학』의 방법이 옳다고 생각한 듯하다. 그런데 다산의 왕필 비판에서 "왕필은『역』을 몰랐다"라는 언급이 눈길을 끈다. 왕필은『주역』에 표준적 해석을 제공한『주역주소』의 대표 주석가다. 그를 두고 "『역』을 몰랐다"라고 말했다면 다산이 얼마나『역』에 대한 이해를 자부했는지 알 수 있다. 과연 다산의『역』해석은 대단히 독창적이다.

12.14

자장이 정사를 물으니 선생님께서 말씀하셨다. "거할 때 게을리 하지 않고, 행할 때 충실함으로 하는 것이다."

子張問政. 子曰; 居之無倦, 行之以忠.

간단한 문장이지만 고주와 금주의 해석이 다르다. 고주는 대명사 '지之'가 '정사를 하는 도'를 가리킨다고 보았다. 그러므로 고주에 따르면 여기에서 공자는 게으름 없이 정사의 도에 거하고 충실히 정사의 도를 행하라고 가르친다. 반면 금주는 '지'가 지시하는 특별한 내용이 없다고 보았다. 금주는 단지 이 장으로부터 무엇인가를 마음에 가지고 있을 때(居) 게을리 하지 말고, 무엇인가를 실천할 때(行) 충실히 하라는 일반적 교훈을 얻는다.

다산의 해설은 자세하지 않다. 하지만 그에 따르면 "게을리 하지 않는다"

라는 말은 자신의 직무를 성실히 수행하는 것을 말한다. 지금 자장이 정사를 물었으므로 공자의 가르침도 정사와 관련해 이해해야 한다고 본 듯하다. 그렇다면 '지'는 정사를 가리킨다고 볼 수 있다. 이와 관련하여 다산에게 정사(政)는 항상 '정正'과 같은 말이라는 점도 환기할 필요가 있다. 나를 바르게 함으로써(正) 다른 사람과 사물을 바르게 하는 것(正)이 다산이 생각하는 정사다. 이 장에서는 "(정사에) 거할 때 게으리 하지 않는 것"이 나를 바르게 하는 방법이고, "(정사를) 행할 때 충실함으로 하는 것"이 사물을 바르게 하는 방법이다. 다산의 설명이다.

12.15

선생님께서 말씀하셨다. "글을 널리 배우고 예로써 규약하면 또한 어기지 않을 수 있다."

子曰; 博學於文, 約之以禮, 亦可以弗畔矣夫.

이 장은 제일 앞에 '군자君子'가 생략된 것만 제외하면 앞에 나온 한 장과 동일하다(6.26). 황간본에는 '군자'가 있는데, 두 장을 조화시키기 위해 나중에 집어넣었을 수 있다. 이렇게 같은 말이 두 곳에 기록된 것은 제자들이 저마다 공자의 말을 기록했기 때문이다. 그러므로 이런 경우는 『논어』를 한 사람이 기록하지 않았다는, 나아가 한 사람이 편집하지 않았다는 증거가 된다.

12.16

선생님께서 말씀하셨다. "군자는 남의 미명을 이루고, 남의 악명을 이루지 않는다. 소인은 이와 반대다."

子曰; 君子成人之美, 不成人之惡. 小人反是.

다산에 따르면 여기의 '미美'나 '악惡'을 고금주처럼 미덕과 악덕으로 이해하면 안 된다. 그렇게 이해하면 이 장은 결국 한 사람의 미덕과 악덕이 다른 사람에 의해 결정된다고 하는 것이기 때문이다. 한 사람이 미덕을 가지는지 악덕을 가지는지는 순전히 그 사람에게 달려 있다. 그리고 다산에 따르면 애당초 '미' '악'은 '선' '악'과는 다른 개념이다. '미' '악'은 한 사람의 인격을 두고 사람들이 평가하는 말이고, '선' '악'은 내재하는 덕성을 가리킨다. 따라서 본문의 '미' '악'을 '선' '악'과 동일시해서는 안 된다.

이렇게 이해한 뒤 다산은 본문의 '미'가 '미명'을, '악'이 '악명'을 가리킨다고 주장했다. 곧 다른 사람을 칭찬해서 미명을 얻도록 하는 것이 "남의 미명을 이루는 것"이고, 반대로 비방을 퍼부어 악명을 얻도록 하는 것이 "남의 악명을 이루는 것"이다. 나의 덕은 나에게 달려 있지만 나의 명성은 다른 사람의 평가에 달렸다. 내 인격에는 다른 사람이 관여할 수 없지만 나의 명성에는 관여할 수 있다. 한마디로 이 장은 남을 칭찬하면서 비방하지 않으면 군자이고, 칭찬에는 인색하면서 비방에 열심이면 소인이라는 공자의 생각을 전한다. "원의총괄"은 이러한 다산의 주장을 "'성인지미成人之美'나 '성인지악成人之惡'은 모두 명성과 관련한 말이다"라고 요약했다. 그러므로 다산을 통해 『논어』를 읽을 때는 이러한 다산 해석의 독특성을 잘 반영해야 한다.

12.17

계강자가 공자에게 정사를 물으니 공자가 대답했다. "정사는 바르게 하는 것입니다. 당신께서 바름으로써 이끈다면 누가 감히 바르지 않겠습니까?"

季康子問政於孔子. 孔子對曰; 政者, 正也. 子帥以正, 孰敢不正?

다산은 정사(政)를 정의할 때 항상 이 장의 말을 빌려온다. 곧 그에게 정사란 언제나 "바르게 하는 것"이다. 이때 공자가 '수(帥)'라는 글자를 쓴 것이 절묘하다. 이 글자는 원래 '장수'를 뜻하고, 나중에 뜻이 발전하여 '이끌다(率)'라는 뜻을 가지게 되었다. 공자가 여기에서 이 글자를 쓴 것은 계씨 가문에게 나라를 이끌 책임이 있기 때문이었다. 계씨는 노나라의 대부를 이끄는 상대부이자 세경이었으므로 신하를 지휘하는 장수와 같았다. 그러므로 만일 지휘 아래에 있는 누군가가 바르지 않은 일을 했을 경우 그 책임도 전적으로 지휘관인 계씨가 떠안아야 했다. 이 대화 전 계씨는 이미 공산불뉴나 양화 등 가신의 잦은 반란 때문에 곤란을 겪었다. 그런 반란을 어떻게 방지할 것인가가 계씨의 정치적 현안이었다. 그러면 그것은 누구의 책임인가? 이끄는 사람의 책임이다. 계강자에게 위와 같은 조언을 줌으로써 공자는 모든 문제가 계씨에게서 시작되었음을 풍자했다.

12.18

계강자가 도적을 근심하여 공자에게 물으니 공자가 대답했다. "진실로 당신께서 원하지 않으신다면 비록 상을 주더라도 훔치지 않을 것입니다."

季康子患盜, 問於孔子. 孔子對曰; 苟子之不欲, 雖賞之不竊.

고주와 금주는 모두 '불욕不欲'을 '욕심을 내지 않는다면' 혹은 '탐욕을 부리지 않는다면'이라고 풀었다. 백성이 도둑질하는 근본 이유는 계강자의 탐욕 때문이라는 것이다. 백성은 윗사람에게서 배우므로 윗사람이 탐욕스러우면 역시 탐욕스러워져 결국 도둑질을 하게 된다(고주). 더욱이 계강자의 탐욕은 소소한 물건에 대한 탐욕이 아니라 권력에 대한 탐욕이었으므로 그 해악이 더욱 컸다(금주). 이런 해석은 모두 "노나라의 큰 도적인(호병문)" 계강자를 비판하는 데 초점을 맞춘다.

그렇지만 다산이 보기에 노나라의 실권자인 계강자와 대화하면서 그렇게 노골적으로 상대방을 비판하는 것은 공자의 말이 아니다.

　　살펴보건대 성인의 말이 박절하지 않음은 말할 것도 없다. 공자는 "상대부
　　와 이야기할 때는 절도에 맞는 모습이었다"(10.2). 어떻게 면전에서 이렇게
　　꾸짖을 수 있겠는가?

이 장이 자로의 말이었다면 고금주처럼 읽어 이 장을 계강자에 대한 노골적인 비난으로 이해할 수도 있겠다. 하지만 다산이 정확히 지적한대로 공자는 윗사람에게 과격한 언사를 사용한 적이 없다. 공자의 과격함은 기껏해야 임금의 질문이 마음에 안 들면 그 나라를 떠나거나, 완곡히 간하다 윗사람이 안 받아들이면 아쉬움을 남기고 자리를 뜨는 것이었다. 따라서 고금주의 독법은 공자를 모르는 사람에게서 나왔다.

더욱이 "백성이 도둑질을 하는 것은 궁핍하기 때문"이지 윗사람의 탐욕을

배워서가 아니다. 윗사람의 탐욕이 백성이 도둑질하는 근본 이유라면 재물이 충분할 때도 백성은 도둑질을 한다. 윗사람은 여전히 탐욕스럽기 때문이다. 하지만 이런 일은 좀체 없다. 따라서 백성이 도둑질을 하지 않도록 하려면 잘 살게 만들면 된다. 그리고 백성을 잘 살게 하려면 위정자가 그런 정책을 펴면 된다. 곧 위정자가 백성이 도둑질하는 것을 진실로 "원하지 않으신다면(不欲)," 다시 말해서 "형벌을 줄이고 부세를 경감하여 위로는 족히 부모를 섬기고 아래로는 족히 처자를 기를 수 있으며, 흉년이 되어서도 죽음을 면할 수 있게 한다면" 당시 고질적 문제인 도둑질의 횡행을 막을 수 있다. 다산이 보기에는 이것이 이 장에서 공자가 말하려는 바였다. 그렇다면 이것은 노나라뿐 아니라 모든 위정자가 새겨들어야 할 교훈이다. 참신하면서도 설득력 있는 해석이다. '원의총괄'은 이 새로운 해석을 "'자지불욕子之不欲'의 '욕欲'을 탐욕의 '욕慾'으로 읽어서는 안 된다"라고 기록했다.

12.19

계강자가 공자에게 정사를 물으며 말했다. "만약 도가 없는 사람을 죽여서 도가 있는 곳으로 나아가게 한다면 어떻습니까?" 공자가 대답했다. "당신께서는 정사를 함에 어찌 죽이는 일을 쓰려고 하십니까? 당신께서 선을 원하면 백성도 선해질 것입니다. 군자의 덕은 바람이오, 소인의 덕은 풀이니, 풀 위에 바람이 불면 반드시 눕습니다."

季康子問政於孔子曰; 如殺無道, 以就有道, 何如? 孔子對曰; 子爲政, 焉用殺?
子欲善, 而民善矣. 君子之德風, 小人之德草. 草上之風, 必偃.

유교에서 형벌은 나라 경영의 불가결한 요소이지만 그 요체는 아니다. 어떤 경로로 해서든 이미 자행된 악은 징치해야 마땅하지만 질서를 유지하는 근원적 힘은 교화에서 나오지 형벌의 위력과 공포에서 나오지 않는다. 유교의 교화는 오늘날의 교육과 같으면서도 다른데, 교화는 말로만 이루어지지 않고 위정자가 솔선하여 덕을 보임으로써 완성되기 때문이다. 그래서 좋은 세상을 만들려면 위정자가 덕을 추구해야 한다. 그런 위정자를 가진다면 백성은 마치 바람에 눕는 풀처럼 교화될 것이다. "백성이 교화를 따르기는 쉽기" 때문이다.

이 장의 논란거리 중의 하나는 계강자가 묻는 말에 나오는 '취就'자다. 고주는 이것이 '이루다(成)'라는 의미라고 했다. 그렇다면 계강자의 말은 "만약 도가 없는 사람을 죽여서 도가 있는 세상을 이룬다면(成) 어떻습니까?"라는 뜻이다. 주어가 생략되어 있지만 도가 있는 세상을 이루는 것은 도 없는 사람을 죽이는 위정자다. 이 해석은 보통의 해석과 다르다. 보통은 '취'를 '나아가다(卽)'라는 뜻으로 보기 때문이다. 그렇다면 계강자의 말은 "만약 도가 없는 사람을 죽여서 도가 있는 곳으로 나아가게 한다면 어떻습니까?"라는 뜻이다. 이렇게만 읽으면 "도가 있는 곳으로 나아가는" 사람이 누구인지 분명하지 않기 때문에 이 장 전체가 결국은 백성의 교화를 말한다는 점을 감안하여 "만약 도가 없는 사람을 죽여서 백성이 도가 있는 곳으로 나아가게 한다면 어떻습니까?"라는 식으로 읽는 경우도 많다.

이 보통의 독법이 금주의 독법이라고 생각할 수도 있는데, 확실하지 않다. 금주는 '취'에 대한 고주의 해석에 아무런 문제 제기도 하지 않았다. 이럴 경우 금주는 고주를 계승했다고 볼 수 있다. 명나라의 유학자 추역산도 '취'를 읽는 세 가지 설을 소개하면서 두 가지는 '이루다'라는 뜻을 취했고, 다른 하나는 '나아가다'라는 뜻으로 취했다고 이야기했다.

'나아가다'가 '취'의 기본 의미이므로 그렇게 해석해도 물론 무방하다. 적어도 1590년『논어언해』가 발간될 때까지는 '나아가다'가 우세해진 것 같다. 『논어언해』는 문제가 되는 부분을 "만일 도가 없는 사람을 죽여서 도가 있는 곳으로 '취就하게' 한다면 어떻습니까?"라고 옮기고 있는데, 문맥으로 보아 '나아가다'라는 뜻을 취한 것이 틀림없다. 결국 추역산의 시점에서 일설이었던 '나아가다'를 정철(1536~1593)과 이산해(1539~1609)가 주도해 편찬한 『논어언해』가 받아들였고, 『논어언해』가 『논어집주』에 기반했으므로 사람들은 금주가 '취'를 '나아가다'로 해석했다고 생각했을 것이다.

다산도 다자이와 함께 '나아가다'를 지지한 사람 중의 하나다. 그는 추역산을 인용하면서 세 가지 설 모두를 받아들일 수 있다는 그의 견해를 두고 "세 설이 모두 통한다는 말에 이치가 있겠는가?"라고 반문하고는 오직 '나아가다'라는 뜻만 받아들일 수 있다고 했다.

12.20

자장이 "사는 어떻게 해야 널리 떨친다고 할 수 있습니까?"라고 물었다. 선생님께서 말씀하셨다. "무슨 뜻이냐, 네가 말하는 널리 떨친다는 것이?" 자장이 대답하기를 "나라에 있을 때도 이름이 들리고, 집에 있을 때도 이름이 들리는 것입니다"라고 하니 선생님께서 말씀하셨다. "그것은 이름이 들리는 것이지 널리 떨치는 것이 아니다. 무릇 널리 떨치는 사람은 바탕이 올곧고 의를 좋아하며, 남의 말을 살피고 안색을 보아 남에게 낮출 것을 생각하니 나라에 있을 때도 반드시 널리 떨칠 것이고, 집에 있을 때도 반드시 널리 떨칠 것이다.

무릇 이름이 들리는 사람은 낯빛으로는 인을 취하면서도 행동은 다르고, 좋은 것에 거하면서도 의심하지 않으니 나라에 있을 때도 반드시 이름이 들리고, 집에 있을 때도 반드시 이름이 들릴 것이다."

子張問; 士何如斯可謂之達矣? 子曰; 何哉, 爾所謂達者? 子張對曰; 在邦必聞, 在家必聞. 子曰; 是聞也, 非達也. 夫達也者, 質直而好義, 察言而觀色, 慮以下人. 在邦必達, 在家必達. 夫聞也者, 色取仁而行違, 居之不疑. 在邦必聞. 在家必聞.

'달達'은 한 사람의 명예가 어느 곳에서도 막히지 않고 사방에 떨쳐지는 것을 의미하므로 위에서는 '널리 떨치다'라고 옮겼다. 다산에 따르면 한 사람이 "널리 떨치는" 길에는 두 가지가 있다. 하나는 덕과 의를 통해서, 다른 하나는 명예의 회자를 통해서다. 전자는 당연히 모든 유학자에게 아름답다. 하지만 후자에 대한 입장은 약간씩 달라진다. 가령 도덕적 순수를 지향하는 성리학자는 후자를 명예를 구하는 탐욕의 결과로 볼 수도 있다. 그렇지만 다산은 후자에 너그럽다. 그는 『예기』 「유행」에 나오는 "뛰어난 사람을 추천하여 나아가 널리 알려지게 한다(達)"(『예기주소』, 59:12b)라는 말이 후자와 관련된다고 보았다. 곧 그에게는 한 사람이 그의 명예를 기억하는 많은 사람의 입을 통해 세상에 알려지는 것도 정당하게 "널리 떨치는" 길이다. 다산에 따르면 이렇게 "널리 떨치는" 길이 두 가지이기 때문에 자장의 질문을 받은 공자는 구체적으로 어떤 것을 말하는지 알고 싶어서 그에게 "무슨 뜻이냐?"라고 반문했다. 그러므로 공자의 반문에는 어떤 폄훼의 의미도 없다. 그럼에도 금주는 공자가 이미 "바깥의 일에 힘을 쓰는" 자장의 병폐를 알았기 때문에 그런 문제점을 지적하기 위해 반문 아닌 반문, 힐문을 했다고 본다.

그런데 자장은 "널리 떨치는" 것과 유명해지는 것을 동일시하는 잘못을 범했다. 공자는 자장의 잘못을 바로잡으면서 "널리 떨치는 것"과 여기저기에서 "이름이 들리는 것," 곧 유명해지는 것의 차이를 위에 나오는 대로 알려준다.

이 차이는 정직하고 의로운지("바탕이 올곧고 의를 좋아하며") 아니면 가식적이고 불의한지("낯빛으로는 인을 취하면서도 행동은 다르고")를 통해서도 드러난다. 하지만 다산에 따르면 또 간과하지 말아야 할 것이 한 사람의 교만함 여부다. 다산이 보기에는 "남의 말을 살피고(察言) 안색을 보아(觀色) 남에게 낮출 것(下人)을 생각한다(慮)"라는 말이 "널리 떨치는" 사람이 공통적으로 갖는 겸손함을 형용한다. 이들이 "남의 말을 살피고 (남의) 안색을 보는" 것은 남들이 무엇을 원하는지 알기 위해서다. 남의 말과 낯빛을 통해 그들이 무엇을 원하는지 이해하고 설령 나도 그것을 원한다고 하더라도 남에게 양보한다. 이것이 "남의 말을 살피고 안색을 보아 남에게 낮출 것을 생각한다"라는 말의 뜻이다. 고주도 이렇게 생각했다.

반면 주희는 "남의 말을 살피고 안색을 보는 것"이 결국 자기 수양의 방편이라고 생각했다. 곧 주희에게는 남의 말을 살펴 그 시비를 이해함으로써 나의 올바름을 추구하고, 또 남의 행동을 보고 그 가부를 판단함으로써 나의 가함을 추구하려는 것이 "남의 말을 살피고 안색을 보는" 이유다. 덕성의 함양을 중시했던 성리학은 결국 이 말도 내면의 수양과 연결했다. 다산은 금주의 해석이 잘못이라고 판단한다. 그에게 "남의 말을 살피고 안색을 보는" 것은 단순히 남들이 무엇을 원하는지 알기 위한 방법이므로 거기에 내면 수양의 거창한 의미를 부여할 필요가 없다. 다산은 자꾸 내면으로만, 안으로만, 추상으로만 달려가는 성리학에 저항했다.

이렇게 겸손을 "널리 떨치는" 사람의 핵심적 특성으로 이해했기 때문에 다산은 내실 없이 유명한, "이름이 들리는" 사람의 공통점이 교만이라고 보았다. 다산이 볼 때 본문의 '거지불의居之不疑'라는 말이 그들의 교만함을 형용한다. 고금주는 모두 이 말이 "거짓에 거하면서도 의심하지 않는" 태도를 가리킨다고 보았다. 곧 '지之'는 '거짓' 혹은 '거짓된 생각'이다. 하지만 다산은 공자가 "널리 떨치는" 사람과 "이름이 들리는" 사람을 대비한다는 데 주목한다. 따라서 "이름이 들리는" 사람의 행동은 "널리 떨치는" 사람의 행동과 분명히 대비되어야 한다. 그래서 다산은 '지'를 '거짓'이 아니라 '좋은 것'이라 해석한다. 맛 좋은 음식이나 편한 자리 같은 것이 그에 해당한다. "널리 떨치는" 사람은 남들을 살펴서 그들이 이런 것을 원한다는 것을 알아차리고서 양보하지만 "이름이 들리는" 사람은 나도 좋아하고 남들도 좋아하는 것, 가령 다산의 설명에 따르면 "길을 갈 때는 앞서 걷고" "앉을 때는 상석에 앉으며" "임금이 제사 고기를 나누어줄 때는 기름진 부위를 취하고" "관료로 나라에 봉사할 때는 높은 자리를 차지하는" 등 누구나 좋아하는 것을 독점하면서도 부끄러움이 없다. 자신의 교만한 행동을 의심하지 않는 것이다. 이것이 이 장에 보이는 다산의 독창적 해석이다.

'원의총괄'은 이 장의 논쟁을 정리하면서 "'찰언관색察言觀色'에 관련해서는 마땅히 고주를 따라야 한다"라고 기록했다. 그런데 다산은 '찰언관색'과 관련해서만 고주와 같다. 위에서 설명한 것처럼 '거지불의'를 놓고 보면 금주는 물론 고주와도 다르다. '거지불의'의 독창적 해석은 '찰언관색'을 고주처럼 이해함으로써 가능했기 때문에 다산의 논의를 '원의총괄'처럼 정리할 수도 있지만 다산 해석의 참신함을 드러내려면 '찰언관색'과 함께 '거지불의'도 언급해야 한다.

어쨌든 다산은 내실 있는 명예에 아무런 반감이 없다. 성리학은 좀 다르다. 완고한 성리학자는 이름을 떨친다는 말만 들어도 경기를 일으킬 수도 있다. 금주의 정이는 이렇게 말한다.

이름을 위해 학문을 하면 이것은 거짓이다. 오늘날의 학자는 대개 이름을 위하니 이름을 위하는 것과 이익을 위하는 것은 비록 청탁의 다름은 있으나 그 이익을 추구하는 마음에서는 하나다.

유학에서 입신양명은 악덕이 아닌데도 강렬하게 덕성의 근본을 추구하는 나머지 근본 아닌 것을 배척하면 정이와 같은 경직된 사유를 하게 된다. 다산은 훨씬 더 현실주의적이고 유연한 사고를 했다.

12.21

번지가 선생님을 따라 무우 아래에서 노닐 때 "감히 덕을 높이고, 사특함을 다스리며, 미혹을 분변하는 것을 묻습니다"라고 하니 선생님께서 말씀하셨다. "좋구나, 네 질문이! 먼저 일하고 나중에 얻는 것이 덕을 높이는 일이 아니겠는가? 내 악을 살피고 남의 악은 살피지 않는 것이 사특함을 다스리는 일이 아니겠는가? 하루아침의 분노로 몸을 잊어서 화가 부모에게까지 미치는 것이 미혹이 아니겠는가?"

樊遲從遊於舞雩之下曰; 敢問崇德脩慝辨惑? 子曰; 善哉問! 先事後得, 非崇德與? 攻其惡, 無攻人之惡, 非脩慝與? 一朝之忿, 忘其身, 以及其親, 非惑與?

앞에서도 나왔지만(11.25) '무우舞雩'는 노나라에서 기우제를 지낼 때 사용하던 제단이다. 공터를 만들어 제단을 올리고 주위에 나무를 심었으므로 지금의 공원처럼 쉴 수 있었다고 한다. 번지가 이때 공자를 모시고 노닐다가 위의 질문을 던졌다. 앞의 한 장에서 자장도 "덕을 높이고 미혹을 분변하는" 것을 질문한 바 있다(12.10).

이 장에서 다산의 독창성은 '선사후득先事後得'의 해석에서 드러난다. 고금주는 이 말을 "일할 것을 먼저 하고, 얻는 것을 나중에 한다"라고 푸는데, 위에 옮긴 것과 큰 차이가 없어 보이지만 해석에서는 전혀 다르다. 되도록이면 원문을 글자 그대로 옮긴다는 이 책『다산 논어』의 원칙 때문에 위에서는 드러나지 않지만 다산의 해석에서 '선사후득'은 "남보다 먼저 일하고, 남보다 나중에 얻는다"라는 뜻이기 때문이다.

다산이 고금주를 받아들이지 않은 이유는 "일할 것을 먼저 하고, 얻는 것을 나중에 한다"라는 말에서는 특별한 도덕적 교훈을 얻을 수 없기 때문이다. 생각해보면 모든 소득과 이득은 어떤 일의 결과로 주어진다. 다산이 말했듯이 "농사꾼이 밭을 경작하고, 장인이 집을 짓고, 상인이 험지를 마다하지 않을 때도 모두 어떤 일에 먼저 수고를 들이고 그 이후에 보답을 얻는다." 모든 사업의 자연스러운 추세가 일 먼저, 소득은 나중이다. 그러므로 고금주처럼 '선사후득'을 이해하면 공자가 왜 그것을 "덕을 높이는" 방법의 요체라고 했는지 알 수 없다. 다산이 보기에 "덕을 높이는" 것은 인을 실천하는 길이며, 따라서 '선사후득'은 인의 실천이라는 목표와 연결되어야지 하나마나한 이야기가 되어서는 안 된다. 그리고 거듭 확인하지만 다산에게 인의 실천은 언제나 남의 마음을 헤아려 그 마음을 자신의 마음과 연결시키는 '서恕'를 통해서만 가능하다. 따라서 '선사후득'도 결국 '서'를 이야기하는 것이어야만 한다.

이제 남의 마음을 헤아려보면 누구나 남보다 먼저 이득을 얻고 싶어함을 알 수 있다. 남들의 마음이 그렇다면 내가 그들을 도와 그들이 원하는 것을 성취할 수 있도록 도와야 한다. 그렇게 하는 것이 '서'이고, 그를 통해서만 나와 남의 조화로운 관계, 곧 인이 가능하다. 그러므로 이득을 얻는 것은 남에게 양보하여 남보다 나중에 한다. 또 남의 마음을 헤아려보면 누구나 남보다 나중에 일을 하려고 함을 알 수 있다. 그렇다면 일을 할 때는 내가 솔선하여 남보다 먼저 일을 한다. 이것이 '선사후득'의 뜻이다.

사실 『논어』에는 이 말과 유사한 말이 있다. "어려운 일은 남보다 먼저 하고, 얻는 일은 남보다 뒤에 한다(先難而後獲)"(6.21)라는 말이다. 「옹야」의 이 말도 공자와 번지 사이의 대화에서 나온 것이며, 인의 실천과 관련된 말이다. 당연히 두 말의 함의도 같다. 다산은 「옹야」에서도 고금주와 다르게 해석했고, 여기에서도 다르게 해석했다. 단지 「옹야」의 '선先'과 '후後'는 동사로 보는 것이 자연스럽고, 여기의 '선'과 '후'는 동사로도 부사로도 볼 수 있는 차이점이 있다.

마지막으로 이 장에서 다산이 번지를 성리학의 폄훼로부터 옹호하려고 했다는 것도 적어둘 만하다. 완고한 성리학자에게 번지는 농사짓는 법 따위의 하찮은 일에나 관심을 기울인 작은 학자였다. 그가 그런 일에 관심을 기울인 것은 결국 물질적 이득을 중시했기 때문이었다. 곧 그는 소인배였다(13.4). 하지만 다산은 형병과 사양좌를 인용하면서 번지가 농사짓는 일에 관심을 기울인 것은 "백성에게 그 방법을 가르쳐주려고 했기 때문"이었고, "장차 백성을 위하려는 것이었지 스스로 재물을 불리는 일에 뜻을 두었기 때문이 아니었다"라고 해명한다. 번지가 농사짓는 법을 물었을 때 공자는 그를 '소인'이라고 했지만 다산에 따르면 그때 '소인'은 군자와 대비되는 소인이 아닌 관료와 대비되는 평민이라는 뜻이었다. 그러므로 공자의 의도를 잘못 이해해서 번지를 소인배로 이해하는 일은 없어야 한다. 번지만 아니라 공문 제자 모두가 같다. 성문의 제자라면 누구 하나 가볍게 볼 수 없다.

성기고 비루하며 이익을 가까이 했다는 단정을 성문의 제자에게 가볍게 뒤집어 씌워서는 안 될 것이다.

다산은 이미 여러 차례에 걸쳐 이른바 도통에 입각하여 공문의 제자를 서열화하려는 성리학을 비판했고, 자로 등 많은 제자를 구하기 위해 노력했다.

12.22

번지가 인을 물으니 선생님께서 말씀하셨다. "남을 사랑하는 것이다." 다시 지를 물으니 선생님께서 말씀하셨다. "남을 아는 것이다." 번지가 이해하지 못하니 선생님께서 말씀하셨다. "곧은 사람을 들어 굽은 사람 위에 놓으면 굽은 사람을 곧게 만들 수 있다." 번지가 물러나서 자하를 보고 묻기를 "지난번에 내가 선생님을 뵙고서 지를 물었는데 선생님께서 '곧은 사람을 들어 굽은 사람 위에 놓으면 굽은 사람을 곧게 만들 수 있다'고 했네. 무슨 뜻인가?"라고 했다. 자하가 말했다. "풍성하구나, 말씀이여! 순임금이 천하를 가졌을 때 무리에서 뽑아 고요를 등용하니 불인한 사람이 드물어졌고, 탕왕이 천하를 가졌을 때 무리에서 뽑아 이윤을 등용하니 불인한 사람이 드물어졌다네."

樊遲問仁. 子曰; 愛人. 問知. 子曰; 知人. 樊遲未達. 子曰; 擧直錯諸枉, 能使枉者直. 樊遲退, 見子夏曰; 鄕也吾見於夫子而問知, 子曰; 擧直錯諸枉, 能使枉者直. 何謂也? 子夏曰; 富哉, 言乎! 舜有天下, 選於衆, 擧皐陶, 不仁者遠矣. 湯有天下, 選於衆, 擧伊尹, 不仁者遠矣.

이 장에서 공자는 '인仁'과 '지知'에 대한 사전적 정의를 내린다. 인은 "남을 사랑하는 것"이고, 지는 "남을 아는 것"이다. 그러므로 자식이 부모를 사랑하는 것도 인이고, 신하가 임금을 사랑하는 것도 인이고, 목민관이 백성을 사랑하는 것도 인이다. 단지 개별적 인간관계에 따라 사랑을 가리키는 별도의 이름이 있는데, 자식이 부모를 사랑하는 것을 효도라고 하고, 신하가 임금을 사랑하는 것을 충성이라고 하며, 목민관이 백성을 사랑하는 것을 자애로움이라고 한다. 하지만 모든 사랑은 결국 인간에 대한 보편적 사랑, 곧 인의 구체적 적용이므로 모두가 인이다. 인이 뭐 거창한 것이 아니라 자기 주위에 있는 사람들을 잘 배려하면 그것이 곧 인이다. 이것이 인에 대한 다산의 일관된 생각이다.

다산에 따르면 번지는 인에 대한 공자의 간단명료한 정의에는 의문이 없었다. 그렇지만 공자가 지를 "남을 아는 것"이라고 했을 때 번지는 고개를 갸웃하게 되었다. 어떻게 해야 남을 아는 것인지, 남의 어떤 부분을 안다는 것인지 확실하지 않았기 때문이다. 그래서 공자는 더 설명을 해줬다. 곧은 사람을 굽은 사람 위에 두라는 것이 그의 부연 설명이었다. 아쉽게도 부연 설명을 듣고도 번지는 "남을 아는 것"이 무엇인지 확연히 깨닫지 못했다. 과연 "남을 아는 것"과 "곧은 사람을 들어 굽은 사람 위에 놓으면 굽은 사람을 곧게 만들 수 있다"라는 것이 어떤 연관을 지니는지 누구나 의문을 품을 수 있다. 그래서 번지는 자하에게 도움을 요청했다. 자하는 두 성왕의 실제 사례를 들어 수많은 사람 중에서 곧은 사람을 알아보는 것, 그것이 지라고 했다. 곧 "남을 아는 것"은 심지가 올곧은 사람과 그렇지 않은 사람을 구별하는 능력을 가지는 것이다. 자하의 해설을 듣고도 번지가 여전히 "남을 아는 것"의 의미를 깨닫지 못했다고 할 이유가 없으므로 그를 통해 번지도 지가 무엇인지 이해했다고 보겠다. 적어도 그것이 공자의 제자를 대하는 다산의 일반적 관점에 부합한다. 번지가 "이해하지 못했다"라는 문제를 두고 다산은 이 장을 이렇게 파악했고, 고주의 설명도 대체로 그와 같다.

금주의 설명은 약간 다르다. 금주는 번지가 이해하지 못한 부분은 "남을 사랑하는 것"과 "남을 아는 것"의 성격이 다르다는 점이었다고 한다. "남을 사랑하는 것"은 남을 품으려는 사유이고, "남을 아는 것"은 선한 사람과 불선한 사람을 구별하려는 사유다. 인과 지는 공히 공자 사상의 주요한 덕목이므로 양자가 길항하면 안 되는데 공자의 정의만 보면 양자는 다른 경향이며, 어떤 의미에서는 반대되는 것 같다. 그래서 번지는 "이해하지 못했다." 결국 금주는 공자의 부연 설명 중 "곧은 사람을 들어 굽은 사람 위에 놓는 것"이 지의 부연이고, 그렇게 해서 "굽은 사람을 곧게 만들 수 있다"라는 것이 인의 부연이라고 주장했다. 번지가 인과 지가 어떻게 조화되는지를 깨닫지 못했으므로 공자가 "곧은 사람을 들어 굽은 사람 위에 놓으면 굽은 사람을 곧게 만들 수 있다"라고 말하여 양자의 연관을 알려주었다는 것이다.

다산이 보기에 금주의 설명은 억지에 불과했다. 그는 언제나 『논어』를 실천적으로, 이해하기 쉽게 읽으려고 노력했다. 사실 담담히 본문을 읽으면 이 장을 금주처럼 복잡하게 해설하기 어렵다. 결정적으로 "곧은 사람을 들어 굽은 사람 위에 놓으면 굽은 사람을 곧게 만들 수 있다"라는 말이 오직 지에 대한 것임은 "경문에 분명히 드러나 있다." 번지가 자하와 이야기를 시작할 때 공자에게 지를 물었는데 공자가 "곧은 사람을 들어 굽은 사람 위에 놓으면 굽은 사람을 곧게 만들 수 있다"라고 했다고 분명히 밝혔기 때문이다. 참고로 "곧은 사람을 들어 굽은 사람 위에 놓는다(擧直錯諸枉)"라는 표현은 앞에서 이미 나왔고, 이 표현을 둘러싼 두 가지 독법과 여러 가지 논쟁점도 소개했다 (2.19).

마지막으로 다산은 순임금과 탕왕이 고요와 이윤을 등용했을 때 "불인한 사람이 드물어졌다(遠)"라는 표현도 논한다. 거의 모두는 이 표현을 "불인한 사람이 멀어졌다(遠)"라는 식으로 옮긴다. 그렇지만 다산은 특별히 시간을 들여 이렇게 읽는 것이 잘못임을 이야기한다. 공자는 분명히 곧은 사람을 들어 굽은 사람 위에 놓음으로써 "굽은 사람을 곧게 만들 수 있다"라고 했는데, 이 독법에서는 곧은 사람을 들어 굽은 사람 위에 놓음으로써 굽은 사람을 쫓아버리기 때문이다. 곧 공자는 불인한 사람의 교화를 말했는데, 지배적 해석에서는 그들을 징벌하고 추방한다. 다산의 지적이 일리가 있다. 그러므로 다산을 통해서 『논어』를 읽을 때는 '원遠'을 단순히 '멀어지다'로 옮기기보다 '소원해지다' 혹은 '드물어지다'라는 뜻으로 옮겨 다산이 왜 구태여 이 문제를 논했는지를 알려주어야 한다.

12.23

자공이 벗과 교유하는 것을 물으니 선생님께서 말씀하셨다. "충실히 충고하고 선으로써 인도하되 불가하다면 그칠 것이니 스스로를 욕 되게 하지 말라."

子貢問友. 子曰; 忠告而善道之, 不可則止, 毋自辱焉.

'충忠'은 내 마음을 다하는 것, 곧 충실함이다. 벗과 사귀는 것은 서로의 덕을 북돋아주는 데 의미가 있으므로 벗에게 문제가 있다면 충심으로 고하여 덕을 향해 나아가도록 해야 한다. 단지 벗은 혈연이라는 지울 수 없는 관계가 아니라 의를 통해 맺어진 관계이므로 벗이 충심에서 우러난 충고를 받아들이지 않는다면 구태여 끝까지 충고를 고집할 필요가 없다. 서로 생각하는 의가 맞지 않으면 벗은 헤어지게 된다. 그것이 자연스럽다. 그럼에도 불구하고 혹시라도 끝끝내 자신의 길로 벗을 인도하려고 하면 자신이 오히려 욕을 입고 화를 당하기 십상이다. 그러므로 벗에게 충고하고 좋은 길로 인도할 때는 멈출 줄도 알아야 한다.

'선도지善道之'를 놓고는 고주와 금주의 독법이 다르다. 고주는 "선한 도로써 인도한다"라고 읽었고, 금주는 "잘 인도한다"라고 읽었다. 고주는 '선善'을 명사로 보았고, 금주는 부사로 보았다. 다산은 고주를 따라 명사로 보았다. 황간본에 '선' 앞에 '이以'가 더 붙어 있는데, 다산이 그 점을 구태여 부기한 것으로 보아 아마도 그것을 참고하여 고주를 선택한 듯하다. 황간본에서는 '선'이 부사가 될 수 없다. 그래서 다자이는 고주와 다른 해석을 하는 금주를 보고 "주희는 고본을 보지 않았다"라고 단정적으로 비판했다. 고주에서는 '선'을 명사로 보았고, 또 황간본도 그렇게 보는 것을 돕기 때문이다.

하지만 '선도지'를 금주처럼 읽지 못할 것은 없다. 고주를 알면서도 고주와 다른 참신한 독법을 선보이는 것이 금주이므로 여기에서 주희가 고본을 보지 않았다고 단정하는 것은 매정하다. 주희를 대놓고 비판하는 다자이의 의도가 다분히 개입된 논평이었다. 이러한 다자이를 늘 못마땅하게 여기는 다산은 그래서인지 '선'을 명사로 보면서도 '선한 도'라고 풀어 해석하지 않고 단순히 '선'으로 이해하여 약간 달리 해석했다. 나아가 그는 황간본에만 있는 '이'는 빠져야 할 글자라고 주장했는데, 왜 그래야 하는지는 설명하지 않았다.

12.24

증자가 말했다. "군자는 글을 통해 벗을 모으고, 벗을 통해 인을 돕는다."

曾子曰; 君子以文會友, 以友輔仁.

다산에 따르면 여기에서 '글(文)'은 『시』 『서』 『예』 『악』 같은 문헌 전적을 의미한다. 문질의 '문文'을 제외한 '문'을 구체적 문헌으로 보는 것은 다산의 일관된 입장이다. 군자가 벗을 만날 때는 이런 고전을 담론하는 것이 좋은 계기가 되지만, 일단 벗이 되었다면 문예의 천착에 힘을 쓸 것이 아니라 서로 덕의 함양을 권면하여 인을 체득하는 데 도움이 되도록 해야 한다. 다산의 설명이다. 앞 장에 이어 벗과 사귀는 도리를 설명했다.

제13편

자로

子路

13.1

자로가 정사를 물으니 선생님께서 말씀하셨다. "백성보다 먼저 하고 백성을 위로하는 것이다." 조금 더 청하니 선생님께서 말씀하셨다. "나태함이 없는 것이다."

子路問政. 子曰; 先之, 勞之. 請益. 曰; 無倦.

『논어』 제13편은 「자로」다. 앞의 「안연」과 함께 국정의 요체가 무엇인지, 또 위정자로서 백성에게 모범을 보이려면 어떻게 해야 하는지에 대한 논의가 많다. 안연과 자로는 모두 공문의 큰 제자인데, 나이가 어림에도 불구하고 구태여 「안연」을 앞에 배치한 것은 자로보다 안연이 더 윗길의 성현이기 때문이라는 설도 있고, 안연이 자로보다 먼저 죽었으므로 먼저 죽은 사람을 예우하는 예법 때문이라는 설도 있다.

공자는 이 장에서 좋은 정치의 핵심을 두 번 설명한다. 첫 번째 설명을 풀면서 다산은 금주를 따랐다. 이때 '노勞'가 금주에서 '위로하다'라는 뜻인지는 확실하지 않은데, 적어도 다산은 그렇게 이해했다. 말하자면 좋은 지도자란 국가가 필요로 하는 일을 백성보다 앞서서 실천하고, 어쩔 수 없이 백성을 동원할 때도 그들을 잘 위로한다는 뜻이다. 이에 비해 고주는 해당 부분을 "먼저 이끌고 나서 백성을 수고롭게 한다"라는 식으로 읽는다. 좋은 정책과 덕을 통해 먼저 교화한 뒤 백성을 부리면 원망이 없다는 뜻이다.

고주는 두 가지 전거에 의해 뒷받침된다. 하나는 「자장」에 나오는 "군자는 믿게 한 뒤 백성을 수고롭게 한다(勞)"(19.10)라는 말이고, 다른 하나는 『역』에 나오는 "기쁨으로써 백성을 부리면 백성은 그 수고로움(勞)을 잊는다"(『주역주소』, 10:13b)라는 말이다. 그러므로 고주도 충분한 근거가 있다. 그렇지만 다산은 고주의 좋은 정치는 "백성을 수고롭게 하는 것"을 피할 길이 없다며 비판한다.

> 백성에게 노역을 시키는 것이 어찌 족히 덕의 정사가 되겠는가? 군사의 충원이나 건설 사업을 위해서 부득불 백성을 부리는 일이 있기는 하나 군자는 그런 일을 대할 때 백성을 위무하고, 그들의 노고를 이야기하며, 그들을 위로한다. 이것이 바야흐로 덕의 정사다.

백성을 부리는 것이 성인의 정치가 될 수 없다는 생각이었다. 다산의 애민 사상을 엿볼 수 있다.

좋은 정치에 대한 설명을 들은 자로는 조금 더 가르쳐주기를 청했다. 자로가 이왕의 설명이 부족하다고 여겼으므로 좀 더 가르쳐주기를 청했다는 견해도 있는데(고주), 이렇게 되면 자로는 다 실행하지도 못할 교훈을 욕심 사납게 청하는 사람이 된다. 자로를 근거 없는 폄훼에서 구하려는 다산은 이런 해설을 받아들일 수 없었으므로 "조금 더 청하는 것"은 스승과 제자 사이에 문답이 오고 갈 때 제자가 취해야 할 예의라고 설명했다. 이미 많이 배웠더라도 더 배우려는 욕심을 보이는 것이 제자의 도리다.

여하튼 그렇게 해서 공자는 좋은 정치를 다시 설명했다. "나태함이 없는 것이다(無倦)." 그런데 이 대답에는 무엇에 대한 나태함이 없다는 말인지 구체적인 설명이 없다. 그래서 고주와 금주는 모두 이왕의 교훈을 실천하는 데 나태함이 없어야 한다는 뜻이라고 했다. 자로는 용감함이 지나쳐서 한 번 시작한 일을 꾸준히 하지 못했고, 그 병폐를 염려하여 공자가 이렇게 이야기했다는 것이다. 짐작하겠지만 이런 해설도 다산에게 탐탁지 않았다. 그래서 그는 한 사람의 책무에 나태함이 없는 것을 의미한다고 주장했다. 다산이 이렇게 해석한 데는 근거가 있다. 앞의 나오는 "(정사에) 거할 때 게을리 하지 않는다(無倦)"(12.14)라는 말이 그것이다. 같은 표현이 이미 나왔으므로 이 장의 '무권無倦'도 그에 상응해서 해석해야 한다. 결국 '무권'을 두고는 다산이 『논어』의 앞뒤를 고려했고, '노지勞之'를 두고는 공안국이 『논어』의 앞뒤를 고려했고 할 수 있다.

13.2

중궁이 계씨의 가재가 되어 정사를 물으니 선생님께서 말씀하셨다. "유사보다 먼저 하고, 작은 허물을 용서하고, 뛰어나고 재주 있는 이를 등용하는 것이다." "어떻게 뛰어나고 재주 있는 이를 알아보고 등용하겠습니까?" "네가 아는 이를 등용하면 네가 모르는 이는 사람들이 내버려두겠느냐?"

仲弓爲季氏宰, 問政. 子曰; 先有司, 赦小過, 擧賢才. 曰; 焉知賢才而擧之? 曰;
擧爾所知, 爾所不知, 人其舍諸?

'중궁仲弓'은 공자의 고제 염옹이다. 자로, 염구와 함께 계씨의 가신이 된 공자의 제자 셋 중 하나인데, 자로와 염구가 계씨의 가신이 된 기원전 498년 이후 어느 시점에 계씨에게 벼슬했을 것이다. '재宰'는 모든 행정을 총괄하는 높은 직책으로, 주나라에는 총재冢宰가 있고, 경대부의 식읍에는 읍재邑宰가 있고, 그들의 집안과 관련된 모든 일을 총괄하는 가재家宰도 있다. 중궁은 이때 가재가 되었다. 가재가 한 집안 행정의 최종 책임자라면 '유사有司'는 어떤 특정한 업무를 담당하는 직책이다. 특별히 담당하는(司) 분야가 있기 때문에 유사라고 한다.

이 장의 논란거리는 '선유사先有司'라는 말이다. 하기는 논란이 된다면 어폐가 있을지도 모른다. 다산 이전에는 고금주를 비롯하여 거의 모두가 "유사를 먼저 둔다(先)"라고 읽었기 때문이다. 이렇게 읽으면 계씨 같은 큰 대부 집안의 행정을 총괄할 때는 특정한 업무를 관장하는 유사를 먼저 임명하는 게 필요하다는 교훈을 얻는다. 그들에게 구체적인 임무를 준 뒤 행정의 최종 책임자인 가재는 그들의 업무를 고과하여 잘한 사람에게는 상을 주고 기대에 못 미치는 사람에게는 분발을 촉구하거나 벌을 준다. 이것이 정치의 요체라는 것이다. 왕숙은 "정사를 할 때는 마땅히 먼저 유사를 임명하고, 그 후에 일에 대한 책임을 물어야 한다"라고 해설했고, 금주를 비롯하여 거의 모두가 이 해설을 받아들였다.

하지만 다산은 이런 해석에 큰 문제가 있다고 보았다. 권력을 움켜쥔 사람이 아랫사람에게 업무를 맡긴 뒤 그들의 성과를 놓고 상벌하면서 국정을 운영한다는 발상은 유교가 아니기 때문이다. 과연 이런 정치사상은 전형적인 황로사상이다. 황로사상은 스스로 다스리지 않는다는 노자의 무위 정치를 신하에 대한 엄격한 상벌의 집행을 통해 통치한다는 법가(황제)의 통치술과 결합시킨 이념이었다. 적어도 다산이 보기에는 그랬다. 「위정」의 첫 장에서 길게 논술한 것처럼 다산은 성인의 정치에 조금이라도 무위의 함의가 들어가지 않도록 경계했다. 난세에 위정자가 할 일은 너무나 많고, 그들의 분발을 촉구해야 할 절박함은 너무나 큰데, 혹시라도 경전에 소개된 아름다운 정치에 무위의 흔적이 묻어 그렇지 않아도 게으른 위정자가 경전의 문장을 통해 자신을 합리화할까 노심초사한 게 다산이었다. 그러므로 '선유사'에 대한 종래의 해석이 혹시라도 무위와 황로사상을 암시한다면 당연히 새로운 해석을 제시하는 것이 공자의 진면목을 회복하려는 이 야심찬 학자의 임무였다. 그래서 그는 '선유사'를 "유사보다 먼저 한다"라고 읽기를 제안했다. 유사에게 일을 떠넘기기 전에 지도자가 솔선수범해야 한다는 의미였다.

> 만약 유사에게 모든 일을 위임한 채 태만히 무슨 일인지 알지도 못하면서 오직 임금이 신하의 할 일을 할까만을 크게 경계한다면 온갖 법도가 무너져 다스릴 수 없다. 선유는 다스림의 도를 논하면서 오직 위상과 병길의 뜻을 높이고, 「요전」 「고요모」 「입정」 「무일」은 모두 잊었으니 세도의 화가 이보다 심한 것이 없었다.

위상(?~기원전 59)과 병길(?~기원전 55)은 한나라 선제(기원전 74~기원전 48)의 신하로 법령과 시세에 순응함으로써 개인적으로는 지위를 보존하고 밖으로는 선제 시대의 평화를 이끈 이름 난 재상이다. 말하자면 그들은 유학자로서 도가적 처세를 배워 처신함으로써 오랫동안 명예를 누렸다. 행동하는 재상이라기보다는 조용히 인내하는 정치가였다. 다산은 이들의 소극적, 보수적 처세를 『서』의 여러 편에 기록된 성왕의 적극적 통치와 대비하여 당시의 문제가 적극적 실천의 결여에서 기인한다고 진단했다. 이렇게 '선유사'라는 세 글자에 대한 다산의 새로운 해석은 사상적 함의와 시대적 자각을 반영한다. 하지만 이 논의는 '원의총괄'에 없다.

　위의 논의에 이어 다산은 이 장을 놓고 중궁마저 깎아내리는 성리학의 편협함도 지적한다. 중궁은 자신이 모든 인재를 다 알아보지 못할까를 염려했는데, 이를 두고 금주의 정이는 중궁이 모든 인재를 자신이 알아야 한다는 강박과 욕심을 가졌다고 비판한다. 그러한 욕심의 이면에는 아는 사람을 등용하려는 사심이 있다는 게 정이의 힐난이었고, 그렇기 때문에 그에게 중궁은 마음 씀이 작고 사사로움에 휩싸인 사람이었다. 공자가 "남쪽으로 면하게 할 만하다"(6.1)라고 높이 평가한 사람이 중궁인데, 이 장을 읽고 어떻게 이렇게 과도하고 인색한 평가가 가능한지 얼른 이해되지 않는다. 그래서 다산은 '질의'한다. "이제 오로지 뒤의 두 구절에만 집착하여 공자를 크게 공정하고 지극히 바른 사람으로 추존하고, 중궁을 사사롭고 작은 사람으로 배척하는 것은 아마도 이치(理)에 맞지 않을 듯하다." 정이라는 이학의 거두를 그 자신의 '이치'에 근거하여 비평한 것이다.

13.3

자로가 말했다. "위나라의 임금이 선생님을 기다려 정사를 하려고 하니 선생님께서는 장차 무엇을 먼저 하시겠습니까?" 선생님께서 말씀하셨다. "반드시 이름을 바로잡을 것이다!" 자로가 말했다. "이런 것이었군요, 선생님의 우원함이! 어떻게 바로잡겠습니까?" 선생님께서 말씀하셨다. "조야하구나, 유야! 군자는 알지 못하는 것을 두고서는 대개 비워놓는 듯이 하는 법이다. 이름이 바르지 않으면 말에 순서가 없고, 말에 순서가 없으면 일이 이루어지지 않으며, 일이 이루어지지 않으면 예악이 일어나지 않고, 예악이 일어나지 않으면 형벌이 적중하지 않는다. 형벌이 적중하지 않으면 백성이 손발을 놓을 곳이 없다. 그러므로 군자가 이름을 붙였다면 반드시 말을 할 수 있어야 하고, 말을 했다면 반드시 행동할 수 있어야 한다. 군자는 그 말에 구차함이 없을 뿐이다."

子路曰; 衛君待子而爲政, 子將奚先? 子曰; 必也正名乎! 子路曰; 有是哉, 子之迂也! 奚其正? 子曰; 野哉, 由也! 君子於其所不知, 蓋闕如也. 名不正則言不順, 言不順則事不成, 事不成則禮樂不興, 禮樂不興則刑罰不中, 刑罰不中則民無所措手足. 故君子名之, 必可言也, 言之, 必可行也. 君子於其言, 無所苟而已矣.

여기에서 "위나라의 임금"은 위 출공 첩을 가리킨다. 위 출공과 그의 할아버지 위 영공, 그의 할머니 남자, 그의 아버지 괴외 등을 둘러싼 파란만장한 이야기는 이미 소개했다(6.27). 다산에 따르면 이 장의 대화는 기원전 493년 첩이 왕위에 오른 뒤, 그러나 아직 아버지 괴외와의 싸움이 시작되기 전 어느 시점에 있었다고 한다. 아직 아들이 아버지를 공격하는 패륜적 행위를 하지 않았을 때, 위나라의 왕위 계승을 둘러싼 갈등이 전쟁으로까지 비화되지 않았을 때의 대화다. 이때 자로를 비롯해 공자의 제자 여럿이 위나라에 벼슬했으므로 첩은 현안에 대한 공자의 생각을 들으려고 했다. 이에 공자는 "이름을 바로잡는다(正名)"라는 말로 요약되는 방법을 통해서 모든 문제를 근본적으로 해결하고자 했다.

이 장에 대한 다산의 생각을 알기 위해서는 이른바 '이름(名)'을 다산이 어떻게 이해했는지 알아야 한다. 다산이 말한 대로 "'명'이 어떤 것인지 앞선 학자들은 애매하게 이해하고 모호하게 말해서 가리킨 바가 없었기" 때문이다.

대부분은 이 장이 공자의 정명론을 진술한다고 보면서 '명(名)'이 명분을 의미한다고 설명한다. 명분은 개개인의 사회적 지위(名)에 따라 주어지는 도덕적 의무(分)다. 다산의 이해도 명분과 아예 관련이 없지는 않다. 하지만 엄밀히 말하면 다산의 '명'은 명분이라기보다는 그냥 '이름'이다. 물론 산천초목 모든 물건의 이름을 의미하지는 않는다. 이름이지만 도덕적 명분과 관련된 이름이다. 가령 어떤 사람이 '아버지' 혹은 '아들'이라는 이름으로 불린다면 그는 동시에 그 이름이 가지는 도덕적 의무를 지닌다. '학생'도 그렇고 '선생'도 그렇다. 그런데 누군가 실제로는 학생인데 선생이라는 이름을 가지면 어떤 일이 벌어지는가? 혼란이다. 그가 학생으로서의 의무를 다해야 하는지, 선생으로서의 의무를 다해야 하는지 말하기 어렵다. 아버지와 아들도 마찬가지다. 아들이 아버지라고 하고, 아버지가 아들이라고 하면 모든 사람에게 혼란을 준다. 그들이 주요한 지위에 있다면 더 말할 것도 없다. 그러므로 사회에 혼란과 분란이 존재한다면 그것이 '이름'의 잘못된 사용 때문에 빚어진 것이 아닌지 검토해봐야 한다.

　다산에 따르면 이때 위나라에서는 손자인 첩이 군주가 되어 할아버지 영공을 아비사당(禰)에 모심으로써 마치 영공의 아들인 것처럼 행세하고, 정작 영공의 아들인 괴외는 나라 밖에서 위의 세자라고 불림으로써 마치 당시 위나라 군주인 자신의 아들의 아들인 것처럼 되는 상황이 벌어졌다. 아들이 아버지가 되고, 아버지가 아들이 되어버린 것이다. "이름을 바로잡을 것이다"라는 공자의 말은 구체적으로 이 문제를 겨냥한다. 누가 아버지고, 누가 아들인지 정확히 하면 아들로서 첩은 어떤 선택을 해야 하고, 아버지로서 괴외는 어떤 선택을 해야 하는지 명확해지고, 궁극적으로 위나라의 분란이 해소될 것이다. 그래서 공자는 먼저 "이름을 바로잡는" 일을 최우선의 과제로 생각했다.

이렇게 보지 않고 '명'을 명분으로 이해하면 가령 "이름이 바르지 않으면 말에 순서가 없다"라는 말은 "명분이 바르지 않으면 말이 순하지 않다"라는 뜻이 된다. 의미가 불분명하다. 반면 다산의 해석에서 이 말은 "아버지는 나라 밖에서 세자라고 하고, 첩은 엄연히 스스로를 임금이라고 칭하는" 구체적 상황과 관계된다. 아버지와 아들이라는 이름이 올바르지 않기 때문에 그들에 대한 어떤 진술도 모순을 가지는 것, 이것이 "말에 순서가 없다"라는 말이 뜻하는 바다. 이런 상황에서는 이들에 관계된 어떤 일도 제대로 이루어질 수 없다. 가령 누군가 "아들이 아버지를 위해 양보하는 것이 필요하다"라고 조언하더라도 아버지와 아들의 이름이 바로잡히지 않은 이상 어떻게 해야 하는지 불분명하다. 나아가 이런 상황에서는 어떤 예법을 따라야 하는지도 애매하다. 예컨대 첩이 괴외를 만난다면 아들로서 아버지를 대하는 예를 취해야 하는지, 왕으로서 신하를 대하는 예를 취해야 하는지 결정할 수 없다. 임금이 된 첩이 다른 제후국과 교류할 때 죽은 아버지를 이은 다른 제후처럼 자신을 '고孤'라고 칭해야 하는지 아닌지, 정작 자신의 아버지는 살아 있는데 그렇게 할 수 있는지 모든 것이 뒤죽박죽이 되어버린다.

다산의 해석을 취하면 "군자가 이름을 붙였다면 반드시 말을 할 수 있어야 하고, 말을 했다면 반드시 행동할 수 있어야 한다"라는 말의 뜻도 명료해진다. 누구든 첩을 아들이라고 하고 괴외를 아버지라고 했다면 그 사람 곧 '군자'는 첩의 앞에서 "당신이 아들이니 양보하시오"라고 말을 할 수 있어야 하며, 그렇게 말을 했다면 첩이 아버지 괴외에게 양위하여 천륜을 회복할 수 있도록 행동해야 한다. 다산에 따르면 그것이 바로 공자가 하려고 했던 일이다. 위정자에게 올바른 조언을 주는 것은 지식인의 중요한 행동이기 때문이다. 이러한 일을 할 때 군자는 당연히 자신의 유불리를 따져서는 안 된다. 곧 "군자는 그 말에 구차함이 없을 뿐이다." 이렇게 모든 경우에서 위나라의 상황과 관련된 함의를 찾는 것이 이 장을 이해하는 요체가 되므로 '원의총괄'은 "'정명正名'은 위나라 군주를 둘러싼 아버지와 아들, 군주와 신하의 이름을 바로잡는 것을 말한다"라고 이 장의 논의를 옳게 정리했다.

따라서 이 장을 섣불리 명분론으로 확대해석해서는 안 된다. 명분론의 함의는 있지만 그렇게 하면 위나라의 구체적 상황이 묻힌다. 더욱이 이 장을 선진시대의 큰 화두였던 명실론으로 이해하는 것은 다산이 보기에 큰 문제였다. 다산은 관자, 순자, 윤문자, 한비자, 회남자, 사마천 등 과거 명실 문제를 깊이 논의했던 사상가의 이론을 간략하게 소개한 뒤 이렇게 말한다.

이것들은 모두 명가의 학설이니 대개 '명'에 따라서 실질을 구하는 것 역시 한 나라를 다스리는 방법이기는 하나 별도로 문호를 세워서 그것을 종지로 삼는다면 이단을 면하지 못한다. 공자의 '정명'이 어찌 이것을 말하는 것이겠는가?

다시 말하지만 이 장을 명분론이나 명실론으로 확대 해석하는 것이 완전히 잘못은 아니다. "이름을 바로잡는다"라는 목표는 명분론이나 명실론과 모두 관련된다. 하지만 다산에 입각해서 이 장을 이해하려면 후대에 발전된 이론을 배제하고 위나라의 상황에 접목시켜 좁게 이해해야 한다.

이 장에서 자로는 위나라의 군주가 "선생님을 기다려 정사를 하려고 한다"라고 했는데, 다산에 따르면 이것은 첩이 실제로 공자를 등용하려고 했다는 뜻이 아니다. 그는 단순히 당시 문제를 어떻게 해결해야 좋을지 공자의 조언을 구했다. 이 점을 밝히는 것도 중요하다. 만약 첩이 공자를 등용할 의사를 가졌고, 그것을 알면서도 공자가 "이름을 바로잡을 것이다"라고 했다면 공자에게 첩을 도우려는 의사가 있었다고 볼 수 있기 때문이다. 모기령이 그렇게 보았다. 공자가 첩의 편이었는지, 아니면 그의 아버지 괴외의 편이었는지, 아니면 이도저도 아니었는지를 놓고는 역대로 많은 논쟁이 있었는데, 다산은 결연히 공자가 괴외를 지지했다고 본다. 그렇기 때문에 다산은 공자가 첩을 도우려고 했다는 어떤 단서도 부정했어야 하며, 따라서 첩이 공자를 "기다려 정사를 하려고 한다"라는 말도 실제적인 등용과 관련이 없는 것이 되어야 했다.

공자는 이렇게 나름 근본적인 계책을 제시했지만 자로는 "이런 것이었군요, 선생님의 우원함이! 어떻게 바로잡겠습니까(奚其正)?"라고 스승을 비판한다. "우원함(迂)"이란 현실에 어두운 것이므로 자로의 눈에 "이름을 바로잡을 것"이라는 공자의 계획은 비현실적이었음이 분명하다. 군사, 재정, 외교 등 할 일이 많은데도 공자가 한가한 생각을 하는 듯이 보였기 때문이다. 이런 맥락에서 대부분은 '해기정奚其正'을 위에서와는 달리 "어찌 바로잡는 것을 하시려고 하십니까?"라는 식으로 읽는다. 어떻게 "이름을 바로잡는 것"을 정책의 일순위로 삼느냐는 힐난이다.

그에 비해 다산은 '해기정'을 다시 위나라의 상황과 구체적으로 접목시킨다. 당시 위나라는 공회와 석만고가 실질적으로 장악했고, 또 제나라가 이들 무리를 지원했다. 설령 첩이 스스로 이름을 바로잡아 괴외의 아들로서 아버지를 받아들이려고 했었더라도 그렇게 될 수 있는 상황이 아니었다. 그래서 자로는 "어떻게 바로잡겠습니까?"라고 비판한 것이다. 바로잡으려고 해도 불가능하다는 의미였다. 곧 자로는 "이름을 바로잡을 것"이라는 정책 방향을 근본적으로 의심했다기보다는 공자의 계획이 실현되기 어려운 현실이 존재한다는 염려를 했다. 이렇게 보면 공자가 왜 결론적으로 "군자는 그 말에 구차함이 없을 뿐이다"라고 했는지 더 잘 이해할 수 있다. 현실이 어찌 됐든 군자는 원칙에 따라 말하고 행동할 뿐이라는 것이다.

다산에 따르면 자로는 위나라 부자간의 문제를 둘러싸고 항상 공자와 대립했다. 공자가 괴외와 첩이 부자라는 점에 주목했다면 자로는 괴외가 모후인 남자를 죽이려고 했고, 그 때문에 아버지인 위 영공에게 쫓겨났다는 데 주목했다. 괴외와 첩 사이에도 부자관계가 존재하지만 위 영공과 괴외 사이에도 부자관계가 존재하며, 그래서 자로가 보기에는 이 분쟁에서 첩을 지지하는 것이 옳았다. 그랬기 때문에 그는 공자가 첩을 위나라의 군주로 만든 장본인인 남자를 만날 때 불쾌한 기색을 숨기지 않았고, 나중에 이 내란에서 괴외가 승리를 거둘 때도 첩의 편이었던 공회를 위해 끝까지 싸우다가 괴외에게 죽임을 당했다.

그러면 이 문제에 대한 성리학의 입장은 무엇이었을까? 성리학의 표준적인 판단은 금주의 호인이 보여준다.

> 괴외는 어미를 죽이려고 하여 아비에게 죄를 얻었고, 첩은 나라를 근거로 삼아 아버지를 거절했으니 모두 아비가 없는 사람들이다. 그들이 나라를 가질 수 없음은 분명하다.

두 사람을 모두 비난한 뒤 금주는 이 문제를 천자에게 보고하고 여러 제후와 함께 논의하여 궁극적으로 괴외도 첩도 아닌 괴외의 아우 태자 영을 세우는 것이 해결책이었다고 진단했다. 사실 위 영공은 도망간 세자 괴외를 대신해서 둘째 아들인 태자 영에게 자리에 오르라 명했고, 이 분란에서 태자 영은 군주 자리를 조카인 첩에게 양보하는 등 미덕을 보였다. 이 생각이 성리학의 기본 입장이었다는 것을 전제로 실상 주희는 괴외보다는 첩을 지지하는 듯한 발언을 남겼다.

만약 첩에게 아비를 거부하려는 마음이 있었다면 진실로 더 논할 것이 없지만 그에게 아비를 피하려는 마음이 있었다면 위나라의 신하는 군신의 의에 의거하여 마땅히 괴외를 막고 첩을 보좌해야 했을 것이다(『회암집』, 39:55a~b).

따지고 보면 괴외와 첩의 갈등이 본격화되는 시점에서 첩은 어찌됐든 한 나라의 군주였다. 군신의 의리를 강조하는 명분론자에게는 첩이 더 중요했을 것이다. 더욱이 아비를 거절한 첩의 결정은 『춘추공양전』과 『춘추곡량전』에 의해 정당화된 바도 있다.

"첩의 의로움은 가히 성립할 수 있는가?" "있다." (『춘추공양전주소』, 27:6b~7a)
"첩이 아비의 명을 받지 않은 것은 할아버지의 명을 받았기 때문이다. 아비를 편들어 할아버지를 사양하는 것은 할아버지를 존중하지 않는 것이니 첩이 아비를 받지 않은 것은 할아버지를 존중한 것이다." (『춘추곡량전주소』, 20:7b)

이렇게 경전이 첩의 입장을 지지했으므로 군신의 의리를 중시하는 명분론자는 첩과 괴외를 모두 비판하면서도 첩에게 기울어진다. 이 장에서 다산이 여러 번 인용하는 모기령 역시 이런 입장이었다.

하지만 다산은 결단코 괴외의 편에 섰고, 그것이 공자의 진의라고 주장했다. 짐작할 수 있듯이 이와 관련하여 다산은 금주를 비판하는데, 그의 비판은 금주를 넘어서 경전인 『춘추공양전』과 『춘추곡량전』으로까지 향한다.

이 두 선생(『춘추공양전』과 『춘추곡량전』의 저자인 공양자와 곡량자)의 말은 인륜을 무너뜨리고 강상을 어지럽히는 사사로운 말이니 선왕의 법제가 아니다. 선유는 이 두 선생을 잘못 신뢰하여 마침내 괴외를 거절하는 것을 의리로 이해했으니 감히 알지 못하겠다만 춘추 시대에 아비에게 쫓겨난 자는 모두 나라의 주인이 되지 못했고, 어미를 죽이려고 한 자는 모두 임금이 될 수 없었다는 말인가?

발언의 격함이 듣는 사람의 귀를 의심하게 할 정도다. 다산은 마치 아비에게 쫓겨나고 어미를 죽이려고 했다고 한들 괴외에게 큰 죄를 물을 수 없다고 말하는 듯하다. 춘추시대라는 역사적 특수성이 전제되었지만 깜짝 놀랄 만한 발언이다.

그러면 다산은 왜 이렇게 괴외를 옹호하려고 했던 것인가? 사실 괴외는 춘추시대의 사도세자이고, 사도세자는 조선의 괴외다. 두 사람 모두 세자였으나 아비에게 벌을 받아 그 지위를 박탈당했고, 그 때문에 불행을 경험했다. 그들에게는 모두 아들이 있었으며, 그 아들이 왕이 되었다. 춘추시대 괴외의 아들 첩은 위 출공이 되었고, 사도세자의 아들 이산은 정조가 되었다. 단지 다른 점이 있다면 첩은 군주가 된 뒤 아비를 거절했으나, 이산은 왕이 된 뒤 애써 죽은 아비의 명예를 회복시키려 노력했다는 것이다. 할아버지에게 핍박받아 죽은 아비의 명예를 회복시키려는 조선의 왕에게 괴외는 어떻게 평가되어야 했을까? 그리고 이제 다산이 과연 정조의 충신이었음을 기억해야 한다. 그는 이 장의 긴 논평을 통해 결국 정조의 사업을 도우려고 했을 것이다.

13.4

번지가 곡식 심는 일을 배우려고 청하니 선생님께서 말씀하셨다. "나는 늙은 농부보다 못하다." 다시 채소 심는 일을 배우려고 청하니 선생님께서 말씀하셨다. "나는 늙은 채마지기보다 못하다." 번지가 나가니 선생님께서 말씀하셨다. "소인이로다, 번수여! 윗사람이 예를 좋아하면 백성이 감히 공경하지 않음이 없고, 윗사람이 의를 좋아하면 백성이 감히 복종하지 않음이 없으며, 윗사람이 믿음을 좋아하면 백성이 감히 실정으로 응하지 않음이 없다. 무릇 이와 같다면 사방의 백성이 강보에 자식을 업고 이를 것이니 어찌 곡식 심는 일을 쓰겠는가?"

樊遲請學稼. 子曰; 吾不如老農. 請學爲圃. 曰; 吾不如老圃. 樊遲出. 子曰; 小人哉, 樊須也! 上好禮, 則民莫敢不敬, 上好義, 則民莫敢不服, 上好信, 則民莫敢不用情. 夫如是, 則四方之民襁負其子而至矣, 焉用稼?

논밭에 곡식을 심는 것이 '가稼'이고, 채마밭에 열매를 맺는 나무와 풀을 심는 것이 '포圃'인데, '포'는 또 그런 일을 하는 사람을 가리키기도 한다. '수須'는 번지의 이름으로 스승이 제자를 직접 호명했으므로 이름으로 기록했다. '지遲'는 그의 자다.

바로 이 장 때문에 번지는 공부의 근본은 도외시하고 농사짓는 따위의 말단에만 관심을 기울인 공자의 열등한 제자가 되었다. 주희의 스승 양시는 금주에서 "번수는 성인의 문하에서 놀면서도 곡식 심고 채소 심는 일을 물었으니 그 뜻이 누추하다. 거절하고 내침이 가할 것이다"라고 하면서 그를 낮추어 보았다. 번지를 이렇게 평가하면 본문의 '소인小人'은 군자와 대비되는 소인, 곧 이익에만 관심을 갖는 사람을 가리키게 된다.

하지만 다산은 이런 평가가 크게 잘못되었음을 지적한다. 다산에게도 도덕 의리가 근본이지만 그에게는 생활에 실익을 주는 다른 분야도 그만큼 중요했다. "후직도 몸소 농사를 지어 천하를 소유했으니 농사짓는 것도 본래 성문에서 칭술한 바다." 더욱이 양시는 공자의 제자인 번지를 마치 가까이하지 못할 사람처럼 취급하지 않았는가? 이것은 번지의 의도를 잘못 이해한 결과다. 번지는 결코 근본 공부를 포기하고 농사를 지으려고 하지 않았다. 그의 의도는 다른 데 있었다. "번지는 도가 행해지지 않음을 알고 농사짓는 방법을 배워 사방의 백성을 오게 하려고 했으니 그 또한 선왕의 도를 배우는 사람이었으며, 가히 곁에서 다스릴 수 있는 사람이었다." 번지는 나라를 흥기시키는 방안으로 농업 기술의 진작을 도모하려고 했지 스스로 농사꾼이 되려고 하지는 않았다. 그런데도 양시는 번지를 오해하여 업신여기는 말을 함부로 했다.

> 성인이 나라를 다스릴 때는 반드시 농사의 이치(農理)에 밝은 사람을 하나 얻어서 농관農官으로 삼은 이후에야 조정의 직책을 모두 완비할 수 있다. 만약 그것을 한결같이 엄히 배척한다면 어찌 사람들이 그 일을 하겠는가? 번지는 본래 공자의 고제이니 그가 진실로 늙은 농부를 찾아가는 그런 이치(理)는 없다.

이런 이해에서 본문의 '소인'은 군자에 대비되는 소인이 아니라 평민이라는 뜻이다. 농사는 평민이 짓는 것이므로 공자는 그에 관심을 가지는 번지를 평민에 비유했다. 다산은 '소인'을 이렇게 이해해야 한다고 주장했다.

농사 등 의리 아닌 모든 학문을 말단으로 여기는 성리학을 꾸짖는 다산은 보통 이야기하는 실학자로서의 다산이다. 다산의 이치는 근본적으로 형이상학적인 하늘의 이치지만 성리학과 달리 '농사의 이치'와 같은 실제 사무의 이치를 적극적으로 포용하는 이치이며, 그런 면에서 폭이 넓고 현실에 뿌리를 내린다. 이 책『다산 논어』는 그런 이치에 기반하는 다산학을 실리학으로 이해한다고 했다. 물론 다산은 의리보다 농사가 더 중요하다고 생각하지 않았다. 농사를 배우려는 번지를 매도하는 일도 이치에 맞지 않지만 공자의 고제가 농부를 찾아가는 그런 이치도 다산에게는 없다. 그렇기 때문에 다산학은 종래 소개되었던 것처럼 단순히 실학이 아닌 실리학이다.

13.5

선생님께서 말씀하셨다. "『시』의 삼백 편을 외운다고 하더라도 정사를 맡겼을 때 통달하지 못하고, 사방에 사신을 보냈을 때 혼자 응대하지 못한다면 비록 많이 배웠다고 한들 또한 무엇을 할 것인가?"

子曰; 誦詩三百, 授之以政, 不達, 使於四方, 不能專對, 雖多, 亦奚以爲?

『시』는 백성의 실정을 살피고 임금의 마음을 바르게 하는 데 도움을 준다. 그것이 정사의 핵심이므로『시』를 배우고도 정사를 원활히 수행하지 못한다면 제대로 배운 것이 아니다. 이 뜻은 고금주와 다산이 모두 받아들인다. 그렇지만『시』와 사신의 역할이 어떻게 연관되는지를 놓고는 고주와 금주의 해석이 다르다. 고주에 따르면 사신은 곧잘 시를 통해 의사를 전달했으므로『시』를 배웠다면 사신의 임무를 잘 할 수 있어야 했다. 그렇게 하지 못한다면 아무리 많은 시를 외운다고 하더라도 소용이 없다. 이때 '다多'는 외운 시편이 많다는 뜻이다. 반면 금주는『시』를 배우면 자연히 풍자하고 은유하는 능력을 가지므로 사신으로 나가 상대방의 군주, 대신과 교유할 때 말에 막힘이 없게 된다고 보았다. 『시』의 학습을 통해 자연스럽게 뛰어난 발화 능력을 가지는 것이다. 이때 '다'는 외운 시편이 많은 것이 아니라 공부가 많은 것을 의미한다. 이 문제에서 다산은 금주를 따랐다.

옛날 사신은 군주로부터 사명(命)을 받아 나가지만 상대국과 현안을 논의할 때의 구체적인 언사(辭)를 지시받지는 않았다. 그래서 말재주가 중요했다. 공문사과 중에 '언어言語'가 있고, 재아와 자공이 그에 뛰어났다고 하는데, 이때의 '언어'가 주로 이러한 일에서의 언어 능력을 의미한다.

13.6

선생님께서 말씀하셨다. "내 몸이 바르면 영을 내리지 않아도 행해지고, 내 몸이 바르지 않으면 영을 내려도 사람들이 따르지 않는다."

子曰; 其身正, 不令而行, 其身不正, 雖令不從.

여기에서 '령令'은 정령을 의미한다. 『노자』에 이 장과 유사한 문장이 있다. "내가 무위하니 백성은 스스로 교화되고, 내가 고요함을 좋아하니 백성은 스스로 올바르게 된다"(『노자도덕경』, 57장). 이 장의 앞부분이 『노자』의 두 번째 구절과 흡사하다. 물론 『노자』는 이 문장을 통해 무위정치를 진술했다. 다산은 『논어』에서 어떤 무위의 함의도 지우려고 했는데, 이 장에서는 따로 논평하지 않았다. 『노자』가 "내가 고요함을 좋아하니"라고 한 데 비해 이 장은 "내 몸이 바르면"이라고 했기 때문이다. 백성이 교화되는 결과는 같지만

『논어』의 전제는 『노자』의 전제와 다르다. 자신의 몸을 바르게 하려면 상황에 순응하는 무위가 아니라 목표에 다가가려는 유위가 필요하다.

13.7

선생님께서 말씀하셨다. "노나라와 위나라의 정사는 형제와 같다."

子曰; 魯衛之政, 兄弟也.

노나라는 주공 희단을 봉한 나라이고, 위나라는 그의 동생 강숙 희봉을 봉한 나라이므로 원래 두 나라는 형제의 나라다. 처음부터 밀접한 관계가 있었지만 공자가 보기에는 정사도 유사해서 "형제와 같다"라고 할 정도였다.

그런데 어떻게 비슷한가? 고주에 따르면 주공과 강숙은 서로 화목하여 형제의 의를 나누고, 정사도 서로 본받았다. 말하자면 긍정적인 의미에서 두 나라의 정사가 "형제와 같다." 반면 금주에 따르면 지금 공자는 당대의 노나라와 위나라의 정사를 두고 말한다. 두 나라가 모두 혼란과 쇠락을 경험했으므로 두 나라의 정사가 "형제와 같다."

다산은 금주를 따르면서도 공자가 이렇게 말한 계기를 구체적으로 지목한다. 곧 노나라에서는 "계손씨가 소공을 내쫓고 세자를 폐한 뒤 정공을 세워 국정을 천단했다. (위나라에서는) 석만고가 제나라의 위세를 끼고서 세자를 거절했고, 출공을 겁박하여 국정을 천단했다." 이 때문에 두 나라에서는 "군신과 부자의 인륜이 모두 사라졌으므로 그들의 정사가 형제와 같았다." 충분히 참고할 만하다.

13.8

선생님께서 위 공자 형을 두고 말씀하셨다. "집에서 처신하기를 잘 했다. 처음에 가졌을 때 '가까스로 맞추었다'라고 했고, 조금 가졌을 때 '가까스로 완비했다'라고 했으며, 풍족히 가졌을 때 '가까스로 아름다워졌다'라고 했다."

子謂衛公子荊; 善居室. 始有曰; 苟合矣, 少有曰; 苟完矣, 富有曰; 苟美矣.

위 공자 형은 위 헌공의 아들로 『좌전』이 거원(거백옥), 사추 등과 함께 위나라의 현자 여섯 중의 하나로 기록한 인물이다(『춘추좌전주소』, 39:28b~29a). 기원전 6세기 중반에 활약했고, 공자보다 약간 연상이지만 크게 보아 동시대 인물이다. 『좌전』은 현자라고 했고, 공자도 여기에서 그를 칭찬했으므로 그에 상응하는 사적이 있겠지만 자세한 것은 알 수 없다.

본문의 '선거실善居室'은 다른 해석이 가능한데, 다산처럼 "집에서(室) 처신하기를(居) 잘 했다(善)"라고 읽는 것이 보통이다. "집을 짓는 것을(居) 잘 했다"라고 읽어 집을 지을 때 모든 것을 법도에 맞게 했다는 뜻으로 해석할 수도 있다. 다산은 동의하지 않았다.

"집에서 처신하기를 잘 했다"라고 읽어도 그 뜻을 달리 해석할 수 있다. 고주는 집안 살림을 키웠다는 뜻으로 보았다. 착실히 살림을 늘리면서도 자랑하지 않고 항상 "가까스로(苟)" 했다고 겸손을 보였고, 그 때문에 공자에게서 좋은 말을 들었다. 하지만 다산은 이 해석이 사리에 맞지 않는다고 판단했다. 형이 임금이었다면 궁에서 나와 일가를 이룰 때 이미 일정한 재산이 있었을 것이므로 마치 그가 자수성가한 것처럼 해석해서는 안 된다는 것이었다. 그래서 다산은 "수입을 계산해서 지출을 정하고, 사치하거나 검소한 것을 절도에 맞게 했기" 때문에 공자가 그를 칭찬했다고 보았다. "가까스로"라는 말이 그의 쓰임이 언제나 절도에 맞았음을 보여준다. 이 한 단어가 넘치지도 않고 그렇다고 모자라지도 않음을 보여주는 것이다. 다만 다산의 해석에서도 이 장은 결국 궁실이나 의복, 거마, 온갖 그릇 등 집안의 재물을 다룸에서 공자형이 얼마나 검소했는지를 보여준다. "가까스로 맞추었다(合)"라는 것은 재물이 겨우 법도에 손색이 없을 만큼 마련되었다는 뜻이고, "가까스로 완비했다"라는 것은 재물이 겨우 빠지는 것이 없을 정도로 갖추어졌다는 뜻이고, "가까스로 아름다워졌다"라는 것은 재물이 겨우 아름답게 여겨질 정도가 되었다는 뜻이다.

13.9

선생님께서 위나라로 가실 때 염유가 수레를 몰았다. 선생님께서 말씀하셨다. "사람들이 많구나!" 염유가 물었다. "이미 사람들이 많다면 또 무엇을 더하시렵니까?" "부유하게 할 것이다." "이미 부유하다면 또 무엇을 더하시렵니까?" "가르칠 것이다."

子適衛, 冉有僕. 子曰; 庶矣哉! 冉有曰; 旣庶矣, 又何加焉? 曰; 富之. 曰; 旣富矣, 又何加焉? 曰; 敎之.

춘추시대에서 풍족한 인구와 경제적 풍요 그리고 교육을 통한 계몽은 작게는 열국 간 경쟁에서 살아남고, 크게는 천하를 통일하여 태평성대를 이루려고 할 때 불가결한 요소였다. 이 장은 이 세 가지 요소를 열거했는데, 시작은 많은 인민이다. 옛날 좋은 정치를 하는 목적은 우선 사람들을 오게 하는 것, 곧 많은 인구를 확보하는 것이었다. 풍부한 노동력이 농업사회의 생산력을 결정했기 때문이다. 앞에서도 공자는 위정자가 좋은 모습을 보이면 궁극적으로 많은 농민을 유입시킬 수 있다고 했다(13.4).

그러므로 세상의 경영에 뜻을 품은 공자가 많은 사람을 보았을 때의 감회는 남달랐을 것이다. 이때 공자가 위나라의 백성이 많음을 보고 찬탄했다고 볼 수도 있지만(고주), 다산은 그렇지 않다고 생각했다. 반드시 위나라의 백성이어서가 아니라 성인은 어느 나라에서든지 많은 사람을 보면 가슴이 뛴다는 것이다. 위나라가 아니라 제나라에 가서도 공자는 가슴이 뛰었을 것이고, 초나라에 갔더라도 가슴이 뛰었을 것이다. 그러므로 반드시 위나라의 백성을 보고 남다른 감회를 가졌다고 한정할 필요가 없다. 뜻을 크게 품은 사람은 세상을 경영하는 일의 선결 과제가 해결되는 순간 공자가 그랬듯이 "사람들이 많구나!"하고 탄성을 지른다.

충분한 노동력이 확보되었다면 다음에는 백성을 부유하게 만들어야 하고, 그 다음이 교육이다. 경제와 교육 중에서 경제가 먼저다. 이것이 성왕의 정치다. 공자 이전에 순임금은 교육을 관장한 설보다 농사를 관장한 후직을 먼저 임명하여 무엇이 먼저인지를 보여주었고, 기자가 홍범을 진술할 때도 삼덕보다 팔정을 먼저 진술하여 먹을 것을 팔정의 으뜸에 놓았다. 공자도 여기에서 그렇게 이야기했고, 맹자도 먼저 논밭의 구획을 정리하여 민생을 돌본 뒤에 학교를 세울 것을 제안했다. 다산을 보자면 다산 경학은 계몽을 위한 것이고, 그의 경세학은 창고를 위한 것이었다. 그런 면에서 『목민심서』가 『논어고금주』보다 먼저 세상에 알려진 것은 어쩌면 당연한 일이었다. 이것이 성왕의 정치임에도 불구하고 유교는 도덕철학이다. 유교에서 문명은 궁극적으로 교육과 계몽을 통해서 완성되기 때문이다. 다산의 사상에서도 그렇고, 다산학에서도 그렇다. 다산 역시 경제를 먼저 생각했지만 결국 의리로 귀착되었고, 다산학에서도 『목민심서』가 『논어고금주』보다 앞서 알려졌지만 그 핵심은

『논어고금주』일 수 있다.

13.10

선생님께서 말씀하셨다. "진실로 나를 쓰는 자가 있으면 한 달만이라도 가할 것이니 삼 년이면 성취가 있을 것이다."

子曰; 苟有用我者, 期月而已可也, 三年有成.

이 장은 세상의 경영에 뜻을 품은 공자의 자부와 실망을 동시에 보여준다. 할 수 있다는 자신감은 있으되 쓰이지 않는 현실이 아프다. 『사기』에 따르면 공자가 위 영공에게 이 말을 했다고 하는데, 앞에서 계속 위나라와 관련된 언급이 나오므로 『논어』의 장절 배치에 어떤 맥락이 있다면 그럴 법도 하다.

이 장의 논란거리는 '기월期月'이다. 고금주는 모두 이것이 일 년을 의미한다고 했는데, 다산은 받아들이지 않았다. 이때 '기期(朞)'가 한 바퀴를 돈다는 의미에서 '주周'와 같다는 데는 모두가 동의하는 듯하다. 그런데 무엇의 한 바퀴를 도는지가 문제다. 일 년으로 보는 견해에서는 한 해의 모든 달을 돈다는 의미다. 1월부터 12월까지 한 바퀴를 돌아야 '기월'이 되므로 '기월'은 일 년이다. 반면 다산에게는 한 달의 모든 날을 돈다는 의미다. 1일부터 말일까지 한 바퀴를 돌아야 '기월'이 되므로 '기월'은 한 달이다.

경전에도 이 말을 한 달이라는 뜻으로 쓴 경우가 있다. "사람들은 모두 '내가 안다'라고 하지만 중용을 택하여 한 달(期月)을 지키지도 못한다"(『중용장구』, 5a). 이 말로 공자는 사람들을 비판했는데, '기월'이 일 년이라면 공자는 남들이 일 년 동안 중용을 지키지 못했다고 비판한 것이다. 하지만 그랬을 리 없다. 그는 단지 석 달 동안 인을 어기지 않은 안회도 칭찬했기 때문이다(6,6). 따라서 『중용』의 '기월'은 한 달을 의미하는 것이 분명하고, 주희도 『중용장구』에서 그렇게 주를 달았다. 그럼에도 불구하고 주희는 『논어집주』의 이 장에서는 '기월'이 일 년을 의미한다고 했다.

다산이 '일 년'이라는 여태껏 합의된 풀이를 마다하고 구태여 '한 달'을 택한 것은 그렇게 봐야 글이 이치에 들어맞기 때문이다. 이 장은 어떤 시간의 양을 '삼 년'이라는 시간과 비교한다. 삼 년이 주어진다면 일정한 성과를 낼 수 있고, 설령 더 짧은 시간이 주어지더라도 상황을 상당히 호전시킬 수 있다고 공자가 말한다. 두 시간의 양을 극적으로 대비하려면 '일 년'이 아니라 '한 달'이 되어야 이치에 맞는다.

이렇게 이치에 맞는 해석을 발견했으면 가능한 한 많은 경전적 근거를 찾아야 한다. 그것이 다산이 『논어』를 새롭게 읽는 방법이다. 이미 언급한 『중용장구』의 주희 주도 근거가 될 수 있지만 경전이면 더 좋다. 그래서 다산이 찾은 것이 『좌전』의 한 구절이다. "적狄나라가 진나라를 정벌했다. 채상에서의 전쟁을 보복한 것이었다. '기월'이라는 말이 사실로 드러났다"(『춘추좌전주소』, 12:9b). "'기월'이라는 말이 사실로 드러났다"라는 것은 채상의 전쟁 이후 적나라가 진나라를 '기월' 안에 공격하리라는 예언이 사실로 드러났다는 뜻이다. 다산에 따르면 이때 '기월'도 한 달을 가리킨다.

그런데 『좌전』의 '기월'이 다산이 주장하는 대로 정말 '한 달'인지는 의문이다. 해당 기록의 앞뒤를 읽어보면 '일 년'으로 보아도 전혀 무리가 없으며, 오히려 그렇게 하는 것이 설득력이 있다. 이것도 다산 『논어』 읽기의 한 단면이다. 다산은 자신의 이치에 의거해서 경전을 이해하되 이치에 맞지 않는 독법은 아무리 권위가 있더라도 받아들이지 않고 새로운 '합리적' 해석을 모색했으며, 그 새로운 해석을 뒷받침하기 위해 부지런히 전거를 찾았다. 하지만 다산은 궁극적으로 말이 아니라 뜻을 연구하는 학자다. 말에 대한 그의 연구는 종종 부정확하다. 그렇다고 해서 그것이 뜻에 대한 그의 연구를 가리지는 않는다.『좌전』의 '기월'에 대한 다산의 주장에 의문을 표할 수는 있지만 그렇다고 해서 이 장의 '기월'을 한 달로 읽어야 글의 뜻이 더 산다는 다산의 주장이 부정되지는 않는다.

13.11

선생님께서 말씀하셨다. "'정치를 잘 하는 사람이 백 년 동안 나라를 다스려야 겨우 잔혹함을 이기고 살인을 없앨 수 있다'라고 했으니 참이로다, 이 말이!"

子曰; 善人爲邦百年, 亦可以勝殘去殺矣. 誠哉, 是言也!

이 장에서 공자가 "참이로다"라고 찬동하기 이전의 말은 모두 당시 전해져 내려오던 고어다. 이 점에서는 아무런 이견이 없다. 고어에 나오는 '역亦'은 다산에 따르면 '겨우'라는 뜻이다. 그렇지만 이 고어의 해석을 둘러싸고는 다산과 다른 주해가 사이에 흥미로운 차이가 있다.

우선 '선인善人'이 무엇을 의미하는가다. 고금주를 비롯하여 거의 모두는 이것이 '선한 사람'을 가리킨다고 보았다. 일견 당연한 듯이 보인다. 유교는 덕치를 지향하므로 예의 고어는 '선한 사람'이 백 년 동안 나라를 다스리면 어떻게 되는지를 알려주는 것일 수도 있다. 하지만 다산은 이런 당연한 해석을 거부한다. 결론적으로 그에게 '선인'은 어떤 특정한 일을 잘하는 사람, 이 장의 맥락에서는 "정치를 잘하는 사람"이다. 물론 그도『논어』의 '선인'이 '선한 사람'일 때가 있음을 인정한다. 무엇보다 공자가 "선한 사람(善人)은 내가 만나볼 수 없으니 한결같은 사람이라도 만나볼 수 있으면 좋겠다"(7.27)라고 했을 때의 '선인'은 분명 사람의 품성을 놓고 말한 것이다. 그렇지만 '선인'은 그렇게만 쓰이지 않는다. 『논어』를 비롯한 여러 경전에 이 말이 나오지만 대부분은 선한 사람이 아니라 어떤 일에 뛰어난 사람이라는 뜻이다. 다산이 보기에 그렇다. 가령 그는 뒤에 나오는 "'선인'이 백성을 7년 가르치면 또한 군대의 일에 나아갈 수 있다"(13.29)라는 말에서의 '선인'도 선한 사람이 아니라 백성을 훈련시키는 데 능한 사람을 가리킨다고 본다. 사실 '선인' 자체는 이렇게도 저렇게도 볼 수 있다. 그러므로 이 말을 구태여 '어떤 일에 능한 사람'으로 이해하려는 다산에게는 사상적 배경이 있을지도 모른다. 아래 인용한 해설이 그것을 보여준다.

> 이제 사람들은 모두 재주도 능력도 없으면서도 단지 선한 마음을 가진 이들을 선인이라고 한다. 아아, 재주도 없고 능력도 없는 사람이 비록 천 년을 다스린다고 한들 어떻게 잔혹함을 이기고 살인을 없애겠는가?

흥미로운 발언이다. 세상을 구제하는 데는 인격보다 능력이 필요하다는 사람들의 발언과 같다. 인격보다 능력이 중요하다고 생각하는 사람은 기능주의자, 공리주의자, 실력주의자이지 도덕주의자가 아니다. 물론 이 발언만 보고 다산을 그렇게 이해할 수는 없다. 그는 공자의 제자이고, 공자에게 오류가 없다고 믿는 사람이다. 그런 면에서 그는 덕치주의자이며, 도덕주의자이고, 명분론자다. 하지만 다산의 덕치주의를 감싸는 껍질은 다른 유학자들의 그것보다 훨씬 부드럽다. 좋게 말하면 원칙을 지키되 원칙을 탄력적으로 운용하는 포용력이 있고, 다른 식으로 말하면 세상과 타협할 수도 있는 사람이 다산이다. 인격의 중요성을 강조하면서도 필요하다면 능력을 말할 수 있는 사람이 그다. 그는 인격만으로는 세상의 문제가 해결되지 않는다는 것을 허심탄회하게 인정했고, 덕성의 함양에만 매달리는 유학자를 현실에 어두운 이로 비판했다. 인격에 기대기에는 너무나 절급한 문제들이 있었던 것이다. 다산의 삶은 지사의 삶처럼 고난과 역경으로 점철되었지만 사실 그는 지사라기보다는 현실주의자였다.

위의 고어에서 다산이 비판적으로 검토하는 다른 표현은 '거살去殺'이다. 고금주는 모두 이것이 "살인하는 일을 없애는 것" 곧 사형이라는 극형을 사용하지 않는 것이라고 해설했다. 백 년 동안의 좋은 정치는 백성을 교화시키고, 교화된 백성은 극형을 받을 만한 일을 저지르지 않으므로 결국 사형은 불필요하다. 다산은 이 해석도 받아들이지 않았다. 그에 따르면 '거살'은 '승잔勝殘'과 같은 말이다. '승잔'이 "잔혹함을 이기는 것"이라면 '거살'은 "살인을 없애는 것"이다. "잔혹함을 이긴다"라는 것은 잔혹한 사람이 활개 칠 수 없도록 한다는 의미이며, "살인을 없앤다"라는 것은 남을 죽이는 흉악한 사람을 제거한다는 의미다. 받아들일 수 있는 해석이다. 하지만 '선인'의 경우와 마찬가지로 지배적 해석도 받아들일 수 있다. 그러면 구태여 '거살'을 이렇게 해석하는 데도 사상적 배경이 있을까? 그렇다.

형벌을 사용하지 않는 것은 치도가 극도로 성했을 때 일어나는 일이다. 요 임금, 순임금의 세상에서도 오히려 죽이고 귀양을 보내는 일이 있었으니 형벌을 사용하지 않는다는 것을 쉽게 말할 수 없다.

형벌을 사용하지 않는 것이 이상이기는 하지만 현실 정치에서는 불가능하므로 공자의 말을 그렇게 이해해서는 안 된다는 것이다. 여기에서 다시 다산의 현실주의를 보게 된다. 그를 현실주의자로 규정하는 것이 결코 근거가 없지 않다.

한편으로 다산이 '거살'의 지배적 해석을 거부한 이유는 그 해석에서 '거살'의 역사적 사례로 이른바 '문경지치'가 곧잘 거론되기 때문이기도 하다. 심지어 금주도 이 장을 해설하면서 문제와 경제를 언급한다. '문경지치'는 두 한나라 황제의 치세를 일컫는 말인데, 비평가들은 이때 중국 역사상 유일하게 무위정치 이론이 실제에 적용되었다고 본다. 실권자 두태후를 비롯한 한의 귀족이 『노자』를 애독하고 선전했던 것도 이때다. 그러므로 항상 무위에 대한 유위의 필요성을 역설한 다산은 공자의 가르침을 문제와 경제에 연결시키는 고리를 끊어야 한다고 생각했을 것이다. '원의총괄'은 '거살'에 대한 다산의 논의를 "'승잔'과 '거살'은 본래 같은 뜻이며, '거살'은 형벌을 사용하지 않는다는 뜻이 아니다"라고 요약했다. 하지만 '원의총괄'은 어쩌면 그보다 더 중요하고 더 흥미로운 '선인'에 대한 다산의 참신한 해석은 기록하지 않았다.

13.12

선생님께서 말씀하셨다. "진정한 왕이 있다고 하더라도 반드시 대를 물린 이후에야 인을 할 수 있다."

子曰; 如有王者, 必世而後仁.

'왕자王者'는 진정한 왕, 왕으로서 세상을 교화하여 태평성대를 이루는 사람이다. 금주에 따르면 "성인이 천명을 받아 왕의 자리에 오르면" '왕자'라고 불린다. '인仁'은 이 문장에서 동사다. 위에서는 두루뭉술하게 '인을 하다'라고 풀었지만 구체적인 이해는 약간씩 다르다. 고주에서 "인을 할 수 있다"라는 말은 "인정仁政을 펼칠 수 있다"라는 뜻이다. 금주에서는 "인의 교화를 이룰 수 있다"라는 뜻이다. 다산에게는 "인으로 백성을 이끌 수 있다"라는 뜻이다. 형벌, 제도가 아니라 인으로써 백성을 다스릴 수 있다는 말이다. 다산은 특히 '인'에 대한 고주의 해석이 잘못임을 지적하는데, "인정이란 정전제를 실시하는 것이고, 또 고아나 홀아비 같이 의지할 데 없는 사람을 구휼하고 궁핍과 재난을 당한 백성을 구제해주는 것도 인정이어서 이런 일은 한 달이면 충분히 마칠 수 있기 때문"이다. 곧 인정을 위해서는 세대를 물리는 오랜 시간이 필요 없으며, 따라서 '인'을 고주처럼 이해하면 안 된다. 이렇게 비판한 뒤 그는 "요임금과 순임금이 인으로써 천하를 이끄니 백성이 그들을 따랐다"(『대학장구』, 9a)라는 말을 인용하면서 '인'에 대한 자기 해석이 정당함을 주장했다.

간단한 문장이지만 이 장에 대한 다산의 독법도 독특하다. 고금주의 독법은 같은데, 그에 의거하면 이 장은 "진정한 왕이 있다면 반드시 한 세대가 지난 뒤에는 인을 할 수 있을 것이다"라는 정도가 된다. 이것을 위에 옮긴 것과 비교해보면 다산의 독법이 고금주와 완연히 다름을 알 수 있다. 우선 그는 '세世'를 고금주처럼 '한 세대' 곧 30년이라는 의미로 이해하지 않고, '아들이 아버지의 대를 잇다'라는 의미로 이해했다. 그에 따르면 '세'를 한 세대, 30년으로 이해하는 것은 대를 잇는 아들과 물려주는 아버지의 나이 차이가 30년 정도 되는 경우가 많아서 파생된 뜻이다. 원래 '세'는 대를 물려주는 것을 의미한다. 이 차이는 대단히 중요하다. 만약 고금주처럼 보면 어떤 진정한 왕이 등장해서 통치를 시작한 뒤 30년이 지나면 인정을 실시하든 인의 교화를 이루든 성과를 낼 수 있다. 이 경우 진정한 왕은 한 사람이다. 시간이 걸리기는 하지만 진정한 왕은 기어이 덕화를 이루어낸다. 그렇지만 '세'를 다산처럼 보면 인으로 백성을 이끄는 성과는 진정한 왕이 출현하고 다시 그를 계승하는 왕이 나올 때 가시화된다. 곧 다산의 해석에서는 진정한 왕이 있고, 그로부터 시작된 좋은 정치의 결실을 거두는 또 다른 왕이 있다. 그러면 만약 훌륭한 왕이 있었으되 그의 사업이 계승되지 않았다면 어떻게 되는가? 이 경우에는 인으로 백성을 이끄는 이상적인 결과를 얻을 수 없다. 오직 훌륭한 왕이 훌륭한 왕의 사업을 이을 때만 '인'의 결과가 나올 수 있는 것이다. 그러므로 다산을 통해 『논어』를 읽을 때는 '여유왕자如有王者'를 고금주처럼 "진정한 왕이 있다면"이라고 읽어서는 안 된다.

다산은 왜 이런 독법을 제안했을까? 한마디로 그것이 역사적 사실에 부합하기 때문이다. 요임금의 사업은 순임금이 그의 치세를 이었을 때 비로소 성과가 드러났고, 탕왕의 다스림은 이윤이 태갑을 도왔을 때 비로소 결실을 맺었으며, 문왕의 사업은 무왕과 주공이 이었을 때 완성되었다. 인으로 백성을 이끄는 대단한 성과는 한 모범적인 왕의 사업만으로는 이뤄지지 않으며, 창업을 거쳐 수성의 단계에 이르러서야 체감됨을 역사는 보여준다. 이런 해석에서 이 장은 결국 '인'의 결과를 얻기가 얼마나 어려운가를 보여준다. 반면 고금주의 독법에서 이 장은 진정한 왕이 있다면 반드시 큰 성과를 내고야 만다는 낙관을 보여준다. 다산이 제안한 다른 독창적 독법과 마찬가지로 그의 창신이 전통을 모두 부정하는 것은 아니나 이를 통해 적어도 그가 『논어』를 새롭게 읽기 위해 얼마나 고심했는지 알 수 있다. '원의총괄'은 이 논의를 "'세이후인世而後仁'은 진정한 왕이 반드시 대를 물린 이후에야 천하가 인을 좇는다는 뜻이다"라고 정리했다.

13.13

선생님께서 말씀하셨다. "진실로 그 몸을 바르게 한다면 정사에 종 사함에 무슨 어려움이 있겠는가? 그 몸을 바르게 하지 못한다면 어 떻게 남을 바르게 하겠는가?"

子曰; 苟正其身矣, 於從政乎何有? 不能正其身, 如正人何?

다산에게 정치의 가장 큰 목표는 사람들을 바르게 하는 것이다. 그래서 그는 정치란 무엇인가 하는 질문에 언제나 "정사(政)란 바르게 하는 것(正)" (12.17)이라고 말한다. 앞에서 공자는 "내 몸이 바르지 않으면 영을 내려도 사람들이 따르지 않는다"(13.6)라고 했는데, 그 장을 이 장과 함께 읽어도 좋 다. 곧 위정자의 몸이 바르지 않으면 백성을 바르게 하려는 영을 내려도 사람 들이 따르지 않는다. 그러므로 "어떻게 남을 바르게 하겠는가?"

본문에 '종정從政'이라는 말이 나오는데, 금주에 따르면 이 말은 대부에게 적용되고, 군주가 주체일 때는 '위정爲政'이라는 말을 쓴다. 하지만 경전에 반 대 증거가 없지 않기 때문에 다자이는 앞의 한 장에서 금주를 반대하며 '종 정'은 사, '위정'은 대부에게 적용된다고 주장했다(6.7). 그런데 이 장을 보면 '종정'을 군주에게 쓰지 못할 것도 없다. 다산은 '종정'이 사나 대부 가릴 것 없이 누구에게나 쓸 수 있는 말이라고 했는데, 이 판단이 옳을 것이다.

13.14

염자가 조회에서 물러나니 선생님께서 말씀하셨다. "어찌 늦었느 냐?" 대답하기를 "정사가 있었습니다"라고 하니 선생님께서 말씀하셨다. "그것은 잡사일 것이다. 만약 정사가 있었다면 내가 비록 쓰이지는 않지만 그에 대해 들었을 것이다."

冉子退朝, 子曰; 何晏也? 對曰; 有政. 子曰; 其事也. 如有政, 雖不吾以, 吾其與聞之.

염자는 공자의 제자 염구다. 그는 『논어』에서 유자, 증자, 민자와 함께 '선생님'이라는 뜻의 '자子'로 불린 제자 넷 중의 하나다. '안晏'은 '늦다'라는 뜻이며, '이以'는 여기에서 '용用'과 호환되는 글자로 '등용되어 쓰이다'라는 뜻이다. 본문 마지막의 '지之'는 『염철론』에 '저諸'로 되어 있는데(『염철론』, 7:2a), '저'라면 탄식하는 느낌이 더 강해진다. 지금 공자가 한탄하는 것은 분명한데, 무엇에 대한 한탄인지는 주해가마다 견해가 다르다.

일단 '조朝'라는 글자를 보자. 이 글자에는 '조정'이라는 뜻도 있고, '조회하다'라는 뜻도 있다. 위에서는 후자로 옮겼다. 전자일 경우 '퇴조退朝'를 "조정에서 물러나니" 정도로 옮길 수 있다. 실질적으로 뜻은 같다. 조정에서 조회하는 것이 '조'이기 때문이다. 이 장에서 다산도 양 뜻을 번갈아 취한다. 하지만 이 책 『다산 논어』에서 본문을 옮길 때는 『논어고금주』가 먼저 소개하는 주해가 기준이 된다. '조'와 관련하여 다산은 주생렬의 주를 소개했다. "'퇴조'는 노나라 군주에게 조회하는 일을 파한 것을 말한다." 곧 이때 염구는 노나라 조정에서 노군을 만나고 물러나와(退) 사가로 돌아왔다.

그런데 공자는 무엇을 한탄했는가? 고주에 따르면 본문의 '정政'은 특별한 정치적 문제를 논의하는 것이고, '사事'는 통상적인 문제를 논의하는 것이다. 그렇다면 이 장에서 염구는 "어찌 늦었느냐?"라는 공자의 질문에 "특별한 논의가 있었습니다"라고 대답했고, 그러자 공자는 "그것은 통상의 논의였을 것이다"라고 한 셈이다. 통상적인 논의였기 때문에 자신이 알지 못했지 만약 중요한 논의였다면 자신이 알지 못했을 리 없다는 것이다. 국가의 대사가 있다면 그것을 공론화해서 자격 있는 모든 사람이 논의에 참여하도록 해야 한다. 그런데도 대부인 자신이 배제되었다면 공자가 탄식할 만하다. 이 경우 공자는 이미 조정에서 중요한 논의가 있었음을 알면서도 짐짓 그것을 부정하며 타락한 현실을 기롱하고 한탄한다.

이렇게 고주를 통해서도 공자의 한탄을 읽을 수 있다. 하지만 한탄의 강도는 그렇게 강하지 않다. 금주는 이 한탄을 좀 더 극적으로 만든다. 금주는 이때 염구가 노나라 임금의 조정이 아니라 계씨의 조정에서 계씨를 만나고 물러나왔다고 보았다. 이 견해는 정현이 먼저 제시했는데, 금주는 더 발전시킨다. "이때 계씨가 노나라를 전횡했다. 국정을 다루면서도 공조에서 대신과 함께 논의하지 않고 오직 자신의 집안에서 가신과 일을 도모했다." 당시 염구는 계씨에게 벼슬한 계씨의 가신, 노나라의 군주에게 임명된 조정 대신이 아니라 한갓 대부 집안의 가신이었음에도 불구하고 계씨의 조정에서 노나라 국사를 논하고 돌아왔고, 그러면서도 "어찌 늦었느냐?"라는 공자의 질문에 "국정(政)이 있었습니다"라고 대답했다. 금주에서 '정'은 국정이라는 뜻이고, '사'는 '집안의 일'이라는 뜻이다. 곧 공자는 염구의 대답을 듣고 "그것은 계씨 집안의 일이었을 것이다"라고 했다. 이 해석에서도 공자는 계씨와 염구가 사사로이 국정을 논했다는 것을 알면서도 짐짓 이렇게 말한다. 국정을 논했다면 자신이 반드시 알았을 텐데 그렇지 않았으니 너희가 논한 것은 국정처럼 보이지만 실상은 한 집안의 일, 노나라를 전횡하는 한 집안의 일에 불과하다는 것이다. 이러한 해석에서는 계씨와 염구가 악인으로 등장한다. 이들이 지배하는 세상에 대한 공자의 한탄이 훨씬 더 크게 들린다.

그런데 사실 본문을 보면 계씨에 대한 언급이 전혀 없다. 그럼에도 금주는 계씨를 맹비난하므로 좀 뜬금없기도 하다. 당시 염구는 계씨에게 벼슬을 했고, 따라서 염구가 조회에서 물러났다면 계씨를 조회하고 물러났으리라는 추측이 가능하기는 했다. 게다가 금주가 보기에 대부의 가신이 제후를 직접 조회하는 일은 벌어질 수 없다. 이러한 맥락에서 금주의 풍의는 염구가 계씨를 만났음에도 '조朝'라는 글자를 쓴 것 자체가 잘못이라고 비판했다. '조'는 일국의 신하가 군주를 조회할 때 쓰는 글자이지 대부의 가신이 자기 주인을 만난다고 해서 쓸 수 있는 글자가 아니다. 그럼에도 이 장은 '조'라는 글자를 채택하여 염구가 조정에서 군주를 조회하고 온 것처럼 기록했다. 말의 선택에서부터 계씨와 염구의 비도덕성, 예를 참월하는 그들의 교만이 드러난다.

이 논의에서 다산은 금주의 주장이 모두 잘못이라고 본다. 결정적으로 금주는 춘추시대에 대부의 가신이 제후를 직접 알현하고 조회하는 사례가 있다는 사실을 간과했다. 다산은 고전에 대한 풍부한 지식을 이용하여 이러한 사례를 발견했고, 그에 의거하여 "염자가 조회에서 물러났다"라고 해서 반드시 그가 계씨를 만나고 돌아왔다고 할 근거가 없다고 했다. 곧 다산에 따르면 이때 염구는 노나라 군주를 조회했고, 노나라 조정에서 벌어진 어떤 정치적 논의에 참여했다. 이렇게 되면 일단 계씨는 비난 대상이 아니다. 이 장을 놓고 공자가 계씨의 무도함을 한탄했다고 주장할 근거가 없어진다. 나아가 다산은 춘추시대에는 대부가 모두 집안에 조정을 가지고 있었다고 주장한다. 이 장은 계씨와 관련도 없지만 계씨가 집안에 조정을 두었다고 해서 비난할 이유가 없다. 계씨만 집안에 조정을 두었던 것이 아니다. 모든 대부가 그랬고, 그렇게 하는 게 하나의 관습이었다. 대부에게 그만한 권한이 있다는 이런 생각은 「팔일」의 첫 두 장에 대한 다산의 독창한 해석을 낳기도 했다.

금주에 대한 다산의 반박은 일관된 가치관을 반영한다. 무엇보다 다산은 금주에서 염구가 악인으로 등장한다는 점에 불편을 느꼈을 것이다. 이미 소개한 것처럼 염구는 『논어』에서 '자'로 불린 공자의 큰 제자 넷 중 하나인데 그를 이런 식으로 매도하는 것은 용납하기 어렵다. 계씨도 마찬가지다. 다산도 종종 계씨를 비판했지만 이 가문에 대한 성리학의 균형 잃은 비난은 받아들이지 않았고, 때로는 계씨가 노나라를 위해 어떤 의미 있는 일을 했는지 밝히려고도 했다(6.14). 말하자면 다산은 강상과 현실 사이에서 균형을 잡으려고 했고, 그 연장선에서 사림의 지나친 정의감이 역사를 왜곡하는 것에 항상 반론했다. 사실 풍의는 이 장에서 '조'라는 글자를 쓴 것 자체를 비판했지만 설령 그의 주장이 맞더라도 이 장을 염구가 기록한 것도 아닌데 글자를 놓고 염구와 계씨를 비판하는 것은 누가 봐도 지나치다. 다산은 이렇게 계씨와 염구에 대한 성리학의 편견을 바로잡는 데 집중한다.

그러면 다산에게 '정'은 무엇이고, '사'는 무엇인가? 다산은 "정사란 바르게 하는 것"이라는 자신의 정의로 다시 돌아간다. 정사는 남을 바르게 하는 것이기 때문에 이 장에서의 '정' 역시 남을 바르게 하려는 논의, 곧 공정한 정치적 논의를 가리킨다. 그에 비해 '사'는 그 외의 번다하고 잡다한 논의를 가리킨다. 곧 '사'는 '잡사'다. 물론 이 해석에서도 공자는 한탄을 한다. 공변되고 떳떳한 논의라면 자신이 알 텐데, 그렇지 않은 논의였으므로 자신이 몰랐다. 그래서 공자는 공정치 못한 논의만을 일삼는 노나라 정치를 한탄했을 수도 있고, 중요한 일을 공론화하지 않는 관행을 한탄했을 수도 있다. 노나라의 정치 현실이 이렇게 된 데 계씨와 염구의 잘못이 없지는 않겠지만 다산의 해석에서는 그들의 잘못이 크게 부각되지 않는다. '원의총괄'은 이 장의 논의를 "가신도 공조의 정사에 참여했다"라고 요약했는데, 핵심을 짚었다고 하겠다.

이 장을 놓고는 모기령도 재미있는 주장을 늘어놓았다. 그에 따르면 공자는 염구가 늦게 집으로 돌아왔다는 사실 자체를 기롱했다. 조회는 언제나 아침에 열며, 그래서 '조'라는 글자를 사용하고, 또 그 '조'는 '조旱'와 통하므로 모든 조회는 일찍 파하는 것이 예다. 그럼에도 불구하고 염구가 늦게 돌아왔으므로 공자가 그것을 기롱하기 위해 "어찌 늦었느냐?"라고 물었다는 것이다. 이 경우 늦은 시간에 조회를 하면 '조'가 아니라 '석夕'이라는 글자를 써야 한다.

그런데 문제는 그가 전거로 든 『주례』의 한 구절이다. 모기령은 이 구절을 "조회가 빨리 파할 것을 원하기 때문이다(欲其朝之早)"라고 인용했는데, 막상 『주례』를 보면 "봄이 빨리 오기를 원하기 때문이다(欲其來之早)"(『주례주소』, 18:18a)라고 되어 있다. 모기령의 인용에서는 '래來'가 '조朝'로 바뀌었는데, 이렇게 바뀌지 않았으면 『주례』의 문장은 그의 재미있는 주장과 아무런 관련이 없다. 곧 모기령은 주장의 전거를 위해, 자신이 정말 『주례』를 확인했다면 고의적으로 가장 핵심이 되는 글자를 왜곡하여 인용했다. 모기령의 해설을 읽다보면 그의 엄청난 지식에 놀라는 경우가 적지 않은데, 이렇게 굉장한 학자도 때때로 글자를 바꾸어 인용하는 것이 옛날 학문의 풍토였다. 다산은 모기령의 주장을 검토, 반박했지만 그가 『주례』의 원문을 왜곡했다는 점은 언급하지 않았다.

13.15

정공이 묻기를 "한 마디 말로 나라를 흥하게 할 것, 그런 것이 있습니까?"라고 하니 공자가 대답했다. "말이 이와 같기를 바랄 수는 없으나 사람들이 말하기를 '임금이 되는 것은 어렵고 신하가 되는 것은 쉽지 않다'라고 하니 임금 되는 것이 어렵다는 것을 알면 거의 한 마디 말로 나라를 흥하게 하는 것이 아니겠습니까?" "한 마디 말로 나라를 잃게 할 것, 그런 것이 있습니까?" 공자가 대답했다. "말이 이와 같기를 바랄 수는 없으나 사람들이 말하기를 '나는 임금노릇이 즐겁지 않으나 오직 말을 함에 나를 어기지 않을 때 그럴 뿐이다'라고 하니 만약 그 말이 선한데 사람들이 어기지 않는다면 또한 좋지 않겠습니까? 만약 그 말이 불선한데 사람들이 어기지 않는다면 거의 한 마디 말로 나라를 잃는 것이 아니겠습니까?"

定公問; 一言而可以興邦, 有諸? 孔子對曰; 言不可以若是其幾也. 人之言曰; 爲君難, 爲臣不易. 如知爲君之難也, 不幾乎一言而興邦乎? 曰; 一言而喪邦, 有諸? 孔子對曰; 言不可以若是其幾也. 人之言曰; 予無樂乎爲君, 唯其言而莫予違也. 如其善而莫之違也, 不亦善乎? 如不善而莫之違也, 不幾乎一言而喪邦乎?

이 장에서 정공은 나라를 흥하게도 하고 나라를 망하게도 할 한 마디의 말이 있냐고 묻는다. 아마도 공자에게서 오래 듣고 싶지 않았던 모양이다. 공자는 그런 말은 없어도 나라의 흥망에 영향을 줄 수 있는 말이 있다고 대답한다.

본문의 '기기야其幾也'는 약간의 논쟁이 있는 표현이다. 고주는 앞뒤와 분리시켜 따로 읽으면서 '그것에 가깝다'라는 뜻으로 풀었고, 금주는 다산처럼 붙여 읽으면서도 '기幾'를 '기필하다(期)'라는 의미로 보았다. 그래서 고주에 따르면 관련 구절은 "말이 그와 같을 수는 없습니다만 그에 가까운 것은 있습니다"라는 정도가 되고, 금주에 따르면 "말이 그렇게 되기를 기필할 수는 없습니다만"이라는 정도가 된다. 다산에게 '기'는 기본적으로 '바라다(希)'라는 뜻이다. 의미로는 모두 통한다. 나라를 완전히 흥하게 하거나 망하게 하는 한 마디로 말은 있을 수 없지만 거의 흥망으로 이끌 수 있는 말은 있다는 뜻이다.

그런 말로 공자는 두 속언을 소개했다. 첫 번째 속언은 이해하기 어렵지 않다. 두 번째 속언은 글자 그대로 풀면 "나는 임금 되는 것에 즐거움이 없으나 오직 내가(其) 말을 함에 나를 어기지 않는 것뿐이다"라는 정도가 된다. 임금 노릇 하는 데 낙이 없지만 낙이 있다면 오직 내가 말을 할 때 신하들이 감히 어기지 못하는 것뿐이라는 의미다. 글자 그대로 풀면 문장이 너무 모호해서 위에서는 약간 비틀었다. '기기야'의 '기'는 '바라다'라는 뜻이지만 '불기호不幾乎'의 '기'는 '거의 그렇다'라는 뜻이다.

13.16

섭공이 정사를 물으니 선생님께서 말씀하셨다. "가까이 있는 사람은 기뻐하게 하고, 멀리 있는 사람은 오게 하는 것입니다."

葉公問政. 子曰; 近者說, 遠者來.

섭공은 초나라의 한 현을 다스리는 현윤으로 실제로는 공이 아니었지만 초나라 군주가 왕을 자칭했으므로 신하들도 칭호를 높였고, 이 사람도 섭공으로 불렸다. 이와 관련해서는 이미 설명했다(7.19).

다산은 초나라의 특수성 때문에 공자가 이렇게 말했다고 했다. 초나라는 지역이 광활해서 백성에게 언제든 이반하려는 마음이 있었다. 그렇기 때문에 먼저 가까운 사람에게 시혜를 베풀어서 기쁘게 하고 이후에 소문을 듣고 멀리 있는 사람이 찾아오게 하는 일종의 적극적 사회통합 정책이 필요했다는 것이다. 초의 특수성을 설명하기 위해 다산은 『가어』를 인용하는데(『공자가어』, 3:15b), 다산은 『가어』를 위서로 보았지만 필요에 따라서는 이런 식으로 곧잘 이용했다.

13.17

자하가 거보의 읍재가 되어 정사를 물으니 선생님께서 말씀하셨다. "빨리 하려고 하지 말고 작은 이익을 보지 말 것이다. 빨리 하려고 하면 완수하지 못하고, 작은 이익을 보면 큰일이 이루어지지 않는다."

子夏爲莒父宰, 問政. 子曰; 無欲速, 無見小利. 欲速則不達, 見小利則大事不成.

'거보莒父'는 노나라의 작은 읍이라고 한다. 공자에게 정사를 물은 사람이 많은데, 공자는 늘 묻는 사람의 부족한 면에 주목하여 조언했다고 한다. 자하는 작은 일에도 신경 쓰는 꼼꼼한 사람이고, 그 때문에 공자가 특히 "작은 이익을 보지 말라"라고 조언을 주었다. 이것은 금주의 설명인데 다산도 받아들였다. 하지만 다산도 인용하듯이 이런 조언은 『일주서』의 "너는 작은 일을 도모하여 큰일을 그르치지 말라(『일주서』, 8:3a)"라는 말이나 『예기』의 "작은 일을 도모하여 큰일을 그르치지 말라"(『예기』, 55:13a)라는 말에서도 볼 수 있다. 반드시 자하가 아니더라도 줄 수 있는 조언이다.

13.18

섭공이 공자에게 말했다. "우리 고을에 '올곧은 궁'이라는 자가 있는데, 그의 아버지가 양을 훔치자 아들이 그것을 증언했습니다." 공자가 말했다. "우리 고을의 올곧은 사람은 이것과 다릅니다. 아버지는 아들을 위해 숨기고, 아들은 아버지를 위해 숨기니 올곧음은 그 가운데 있습니다."

葉公語孔子曰; 吾黨有直躬者, 其父攘羊, 而子證之. 孔子曰; 吾黨之直者, 異於是. 父爲子隱, 子爲父隱, 直在其中矣.

다시 섭공과 공자의 대화다. 주제는 올곧음(直)이다. 섭공은 공자가 가르칠 때 항상 숨기고 꺼려하는 바가 있으므로 그것을 풍자하기 위해 이 주제를 꺼냈다(고주). 이에 대해 다산은 공자가 숨긴 것은 노나라의 악정이고, 꺼려한 것은 그것을 초나라 사람인 섭공에게 고발하는 일이었다고 본다. 그럴 듯하다. 다산은 이미 공자가 세상을 주유할 때 고국의 추한 모습을 감추려고 했고, 그렇게 한 것이 예에 맞다고 설명했다(7.32).

본문에 '직궁直躬'이라는 말이 나온다. 고주와 금주에 따르면 "몸(躬)을 올곧게 하는(直)"이라는 뜻이다. 이렇게 보면 섭공의 말은 "우리 고을에 몸을 올곧게 하는 자가 있는데"라고 시작한다. 다산도 고주를 소개하면서 이 견해를 받아들이는 듯했는데, 나중에는 다른 입장을 취했다. 『여씨춘추』는 이 사람을 소개하면서 '직궁'을 사람 이름처럼 기록했는데, 다산은 이 기록을 검토하면서 결론적으로 '직궁'을 위에 옮긴 것처럼 "올곧은 궁"이라는 뜻으로 푼다. '궁躬'은 이 사람의 이름이고, '직直'은 그가 올곧음으로 이름이 높았기 때문에 붙여진 별명 같은 것이었다. 마치 초나라의 광인 접여를 '미친 접여(狂接輿)'라고 불렀던 경우와 같다. 다산은 이 해석을 위해 『논어음의』가 소개하는 정현의 주, 곧 "올곧은 사람의 이름이 '궁'이었다(直人名弓)"(『경전석문』, 24:19a)라는 주를 참고했다. 본문의 '궁'과는 다른 글자이지만 '직'을 이 사람을 형용하는 말로 본 것은 정현이 처음이다. 나중에 다자이도 이 견해를 지지했고, 다산도 같았다. 다산은 고주를 소개했지만 이미 본문 뒤에 정현의 주를 적어놓았으므로 '직궁'은 정현처럼 읽어야 할 것이다. '직궁'을 단순히 '직궁'으로 옮기면 그것은 『여씨춘추』의 견해다.

이 장에서 유교의 올곧음이 어떻게 일반적인 올곧음과 다른지 알 수 있다. 보통의 올곧음은 숨김이나 거짓의 부재이지만 유교의 올곧음은 숨김이나 거짓 없이 공변된 이치를 따르는 것이다. 부모 자식 관계를 잘 보존하는 것이 공변된 이치이고, 이 이치를 다른 요소의 고려 없이 따르는 것이 올곧음이다. 따라서 부모 자식 관계를 보존하기 위해 부모가 자식을 위해 숨기고, 자식이 부모를 위해 숨기는 일에 거짓이 없다면 그것이 올곧음이다. 그렇기 때문에 공자는 "올곧음은 그 가운데 있다"라고 했다. 다산은 아버지의 반역을 고발하여 아버지가 처형되도록 한 뒤 자신도 자살한 이최(8세기)의 고사를 소개하면서 "울면서 간할 뿐이지 군주에게 고하여 반란을 대비하도록 한 행동에서는 옳음을 보지 못하겠다"라고 논평하여 과연 자신이 공자의 제자임을 보여주었다.

13.19

번지가 인을 물으니 선생님께서 말씀하셨다. "거처할 때는 공손하고, 일을 처리할 때는 공경하며, 남과 사귈 때는 충실히 할 것이니 비록 이적의 땅에 가더라도 이것들을 버릴 수 없다."

樊遲問仁. 子曰; 居處恭, 執事敬, 與人忠. 雖之夷狄, 不可棄也.

번지는 공자에게 세 번 인을 물었다. 공자는 한 번은 "어려운 일은 남보다 먼저 하고, 얻는 일은 남보다 뒤에 하는 것"(6.21)이라고 했고, 또 한 번은 "남을 사랑하는 것"(12.22)이라고 했으며, 여기에서는 위와 같이 대답했다. 본문의 '공손함(恭)'과 '공경함(敬)'은 의미가 유사한데, 주희는 '공손'은 몸가짐과 관련되고, '공경'은 일을 처리하는 태도와 관련된다고 했다. 다산도 이 설명을 받아들였다.

이 장에서 다산은 아래와 같은 인상적인 발언을 남겼다.

> 생각하건대 비록 이적이라도 단정히 앉고 용모를 똑바로 하는 것을 사랑하고, 비록 이적이라도 일을 수행할 때 제사를 드리는 것처럼 하는 것을 좋아하며, 비록 이적이라도 남을 위해 도모하면서 충실한 것에는 믿음을 준다. 서해나 동해나 마음이 같고 이치도 같다. 이제 사람들은 어떤 나라에 갈 때마다 곧바로 풍속이 박악薄惡하다고 하면서 스스로를 반성할 줄 모르니 어찌 그것이 사람의 정이겠는가?

이 발언은 이 장이 묘사한 군자의 성실함과 범인의 나태를 비교한 형병에 대한 반박이다. 이적이라고 해도 군자와 다른 마음을 가지지는 않으므로 군자와 이적, 군자와 범인을 무조건 대립하는 것으로 봐서는 안 된다는 뜻이다. 이미 다산은 중화에 빠져 이적을 극단적으로 사갈시하는 세계관을 비판했다(3.5). 이 발언 역시 그러한 관점에서 나왔다.

그런데 위의 인용문에서 "서해나 동해나 마음이 같고 이치도 같다"라고 한 것이 눈을 끈다. 동해, 서해는 중국에 해당되지 않는 말이므로 조선을 염두에 둔 것인데, 조선의 서해 밖에는 중국이 있고 동해 밖에는 일본이 있다. 곧 다산은 일본 사람도 조선 사람과 같은 마음, 같은 이치를 가지고 살아간다고 말한 것이다. 이어 다산은 "이제 사람들은 어떤 나라에 갈 때마다 곧바로 풍속이 박악하다고 한다"라고 했다. 이 언급은 높은 확률로 일본을 경험한 조선의 양반을 겨냥한 것으로 보인다. 남녀의 무분별한 교제와 혼욕 등을 목도한 조선의 사신이 일본의 '박악한' 풍속을 기록한 경우가 적지 않기 때문이다. 그러므로 여기의 "어떤 나라"가 일본을 가리킨다면 다산의 짧은 논평은 타락해 가는 조선의 문화는 모르쇠로 하고 일본을 천대하는 조선의 고질을 꼬집었다고 할 수 있다. 그는 첫 번째 「일본론」에서 일본 고학파의 학문적 역량을 높이 평가하면서 "일본은 이제 근심거리가 아니다"(『정본 여유당전서』 2, 333)라고 했고, 두 번째 「일본론」에서도 이 논의를 더욱 발전시켜 일본을 근심하지 않아도 되는 이유를 다섯 가지 들었다(333~334). 아쉽게도 단견이었다.

13.20

자공이 "어떻게 해야 사라고 할 만합니까?"라고 물으니 선생님께서 말씀하셨다. "스스로를 행함에 부끄러움이 있고, 사방으로 사신을 나가서 임금의 명을 욕되게 하지 않는다면 사라고 할 수 있다." "감히 그다음을 묻습니다." "집안에서는 효도한다고 칭찬하고 마을에서는 공손하다고 칭찬하는 것이다." "감히 그다음을 묻습니다." "말을 할 때 반드시 믿도록 하고, 행동을 할 때 반드시 결과를 보는 것이니 깔끔을 떠는 작은 사람이다. 하지만 또한 그다음으로 볼 수 있다.""지금 정사에 종사하는 사람들은 어떻습니까?" 선생님께서 말씀하셨다. "아! 됫박처럼 작은 사람들을 어찌 족히 따지겠는가?"

子貢問曰; 何如斯可謂之士矣? 子曰; 行己有恥, 使於四方, 不辱君命, 可謂士矣. 曰; 敢問其次. 曰; 宗族稱孝焉, 鄕黨稱弟焉. 曰; 敢問其次. 曰; 言必信, 行必果, 硜硜然小人哉. 抑亦可以爲次矣. 曰; 今之從政者何如? 子曰; 噫! 斗筲之人, 何足算也?

이 장에서는 우선 '사士'에 대한 다산의 해석이 눈길을 끈다. "벼슬하는 사람을 '사'라고 한다." '사'를 '덕 있는 사람'으로 이해하는 고금주와 전혀 다르다. 보통 '사'를 고금주에 따라 '선비'로 옮기는데, 다산에 따르면 이 해석은 옳지 않다. '사'는 원래 '벼슬하는 것(仕)' 그리고 더 나아가 '벼슬하는 사람'을 가리키기 때문이다. 옛날에는 벼슬하기 위해서 공부를 해야 했기 때문에 '사'가 '공부하는 사람(學士)'을 가리키기도 하지만 원래 뜻은 언제나 '조정의 신하(朝士)'다.

다산은 일관되게 '사'를 이렇게 정의하는데, 이 장에서는 이 정의가 더욱 중요하다. 다산처럼 봐야만 왜 공자가 사행을 나가서 군주의 명을 욕되게 하지 않는 사람을 가족 친척들은 효성스럽다고 칭찬하고 마을 사람들은 공손하다고 칭찬하는 사람보다 우위에 놓았는지 이해할 수 있다. "효도하고 공손한 것은 인의 근본인가?"(1.2)라는 말 등에서 확인하듯이 효제는 최고의 덕이다. 그렇지만 다산이 말한 대로 "여기에서 자공이 물은 것은 본래 정사에 종사하는 '사'에 관한 것"이므로 공자는 정치적 능력에 더 주목하여 순위를 매겼다. 한유는 이 점을 이해하지 못했기 때문에 본문의 첫 번째, 두 번째 순위는 서로 바뀌어야 마땅하며 착간 때문에 본문이 지금처럼 되어 있다고 주장했다. 다산은 "잘못이다"라고 하면서 한유의 주장을 간단히 물리친다. 과연 다산처럼 봐야 이 장의 말미에서 왜 자공이 다시 "지금 정사에 종사하는 사람들"을 물었는지 이해할 수 있다. 처음부터 끝까지 주제는 벼슬하는 사람이었던 것이다. 위에서는 '두소斗筲'를 "됫박같이 작은"으로 풀었지만 그 원래 의미는 '한 말(斗)이 조금 넘게 들어가는 대그릇(筲)'이다.

'소인小人'에 대한 다산의 다른 해석도 눈길을 끈다. 고금주를 비롯하여 거의 모두는 여기의 '소인'을 사리사욕을 좇는 사람으로 이해했다. 하지만 그렇게 보면 공자가 왜 그런 사람을 어찌 됐든 '사'라고 할 만하다고 했는지 납득할 수 없다. 군자에 대비되는 소인은 잠재적 악인이다. 그런 사람이 효제를 실천한 사람을 이어 공자의 추천을 받는다면 아연실색할 수밖에 없다. 이 모순을 다산은 "'소인'이란 작은 덕을 가진 사람이다"라고 정의한 뒤 "지위로 말하는 것도 아니고, 간사한 소인을 가리키는 것도 아니다"라고 부연하여 해결한다. 곧 다산에 따르면 여기의 '소인'은 덕은 있으되 작은 덕을 가진 사람이다. 첫 번째, 두 번째로 추천 받을 만하지는 않지만 그런대로 괜찮기 때문에 공자가 마지막으로 거론했다. 내친 김에 정리하자면 다산의 '소인'은 세 가지다. 첫째는 군자에 대비되는 소인이고, 둘째는 양반에 대비되는 소인 곧 평민이며, 셋째는 대인에 대비되는 소인 곧 작은 덕을 가진 사람이다. 여기에서는 마지막 소인의 뜻을 취해야 한다. 맹자는 "대인은 말을 할 때 반드시 믿도록 하지(信) 않고, 행동을 할 때 반드시 결과를 보지(果) 않는다"(『맹자집주』, 4B:10)라고 했다. 이 장의 '소인'과 같은 태도를 취하지 않는 것이 대인이라는 말이다. 이렇게 소인은 대인과도 대비된다.

'소인'을 다산처럼 이해하면 그 태도를 형용하는 '경경연硜硜然'의 뜻도 달라져야 한다. '소인'을 군자에 대한 소인으로 이해한 금주는 '경경연'이 작은 돌이 잘그락거리는 것 같은 상태를 형용한다고 했다. 한글로 어떻게 풀어야 할지 모르겠지만 대강 그런 의미다. 하지만 다산에 입각한다면 '경경연'에 부정적인 의미만 부여해서는 안 된다. 이 표현을 길게 논의하면서 다산은 결론적으로 "깔끔하고 분명한 돌 소리를 통해서 벼슬하는 사람의 행동에 지키는 바가 있음을 비유했다"라고 설명했다. 이 견해를 고려하여 위에서는 '경경연'을 "깔끔을 떠는"으로 옮겼다. 단연 이 장에 대한 다산 독법의 묘미는 '사' '소인' '경경연' 같은 말에 대한 그의 다른 해석에 있다. 당연히 다산을 통해 『논어』를 읽을 때는 그런 해석을 반영하여 이 말들을 모두 한글로 옮겨야 한다. 다산의 해석이 독특한데 「원의총괄」에는 아무런 기록이 없는 사례 중의 하나다.

13.21

선생님께서 말씀하셨다. "중도를 행하는 사람과 함께 하지 못한다면 반드시 광자나 견자와 함께 할 것이다! 광자는 진취하고, 견자는 하지 않는 것이 있다."

子曰; 不得中行而與之, 必也狂狷乎! 狂者進取, 狷者有所不爲也.

이 장에는 세 가지 유형의 사람이 등장한다. 첫 번째는 '중행中行'이다. 고주의 포함은 '중행'이 "행동함에 능히 중을 얻은 사람"을 가리킨다고 했다. 알기쉽게 말해서 행동이 항상 절도에 맞아서 중용을 잃지 않는 사람이 고주의 '중행'이다. 금주는 '중행'을 '중도中道'와 같은 말로 보았는데, '중도'는 중용의 도라는 말이므로 의미를 보면 고주와 금주가 같다. 이에 비해 '광자狂者'는 앞으로 나아가려는 진취적인 사람이고, '견자狷者'는 원칙을 잘 지키는 보수적인 사람이다. '광자'는 물러설 때도 나아가고, '견자'는 나아갈 때도 지키므로 두 유형 다 중용에서는 거리가 멀다. 하지만 그들에게는 나름의 미덕이 있으므로 공자는 만약 '중행'을 얻지 못하면 이들과 함께 하겠다고 했다. 이렇게 세 가지 유형을 중용이라는 관점에서 파악하여 중용을 지키는 '중행', 지나친 '광자', 모자란 '견자'를 비교하는 것이 고금주를 비롯하여 대부분이 이 장을 이해하는 방법이었다.

다산도 '중행'을 '중도'와 같은 말로 보았다. 무엇보다도 맹자가 이 장을 인용할 때 '중행'을 '중도'로 바꿨기 때문이다(『맹자집주』, 7B:37). 아쉽게도 다산은 그의 '중도'가 무엇인지 자세히 설명하지 않았다. 하지만 좀 더 들여다보면 그의 '중행'은 단순히 중용을 행하는 사람이 아니다. 그의 '광자'와 '견자'도 단순히 지나치거나 모자란 사람이 아니다. 다산의 '중행'은 일관되게 중용을 행하는 사람이고, '광자'와 '견자'는 약간의 부족함이 있지만 역시 일관된 사람이다. 향원에 대비했을 때 그렇다. 곧 다산이 보기에 이 장이 언급한 세 유형의 사람은 향원에 대비된다. 비록 본문에 향원에 대한 언급이 없지만 말이다.

> 이제 공자의 말을 보면 비록 향원을 언급하지는 않았으나 향원이 은연 중 그 가운데에 있다. '중행'의 사를 얻지 못했다면 그와 가까운 자를 얻는 것이 마땅한데도 공자는 그것을 버리고 돌아보지 않았으며, 곧바로 광자와 견자를 구하여 취했으니 그 사이 은연 중 향원이라는 유형이 하나 더 있는 것이다.

다산이 이 장에서 향원을 언급한 것은 다시 맹자 때문이다. 맹자는 이 장을 인용하고 그 뜻을 논한 뒤 향원이라는 또 하나의 인간 유형을 소개하고 격렬하게 비판했다(7B:37). 맹자가 '중도(중행)' '광자' '견자'와 함께 향원을 거론했으므로 비록 여기에서 공자가 향원을 직접 언급하지 않았더라도 궁극적으로는 향원을 비판하려는 뜻이 있었다는 게 다산의 생각이었다. 그러면 향원은 어떤 사람인가?

> **맹자:** 비난하려고 해도 거론할 것이 없고, 비판하려고 해도 비판할 구석이 없다. 흐르는 세속과 함께 하면서 더러운 세상에 영합한다. 거할 때는 충실함과 믿음으로 하는 것 같고, 행할 때는 청렴과 결백으로 하는 것 같아서 무리들이 그를 좋아하고 스스로 옳다고 여긴다. 하지만 요순의 도에 함께 들어갈 수 없다(7B:37).
>
> **다산:** 거처할 때는 공손한 듯하고, 일을 처리할 때는 공경하는 듯하며, 부모를 섬길 때는 효도하는 듯하고, 어른을 섬길 때는 잘 받드는 듯하다. 말을 하면 세상에 아부하고 시속에 영합하며, 의를 논할 때는 옛날을 비난하고 현재를 옳다고 한다. 희다는 것을 알면서도 무리가 검다 하면 검다고 하고, 곧다는 것을 알면서도 무리가 굽었다고 하면 굽었다고 한다.

향원에 대한 맹자와 다산의 정의는 정확히 일치한다. 향원은 지조 없이 세상에 아부하여 실질 없는 명예를 누리는 자다. 위선자이고, 기회주의자이며, 세상과 타협하는 사람이다. 이들 향원에 비하면 '광자'와 '견자'는 어떤가? 그들은 완벽하지는 않더라도 적어도 시속에 따라 원칙을 수시로 바꾸는 기회주의자는 아니다. '광자'는 나아가려는 데 일관하고, '견자'는 지키는 데 일관한다. 이렇게 보면 이 장은 일관성과 지조를 가진 세 인간 유형을 기회주의자인 향원과 비교한다. 세 인간 유형 사이에 우열이 있더라도 그들은 적어도 기회주의자가 아니며, 그런 면에서 같다. 이때 '중행'은 언제나 원칙을 알맞게 지키는 사람이므로 중용과 떼어내어 생각할 수 없지만 '광자'나 '견자'를 중용의 맥락에서 이해해서는 안 된다. 그렇기 때문에 다산은 '광자'와 '견자'를 앞으로 나아가고 뒤로 물러서는 경향성을 통해 이해한 고주를 비판했다. 그보다는 이들의 일관성이 강조되어야 한다.

이렇게 이 장에서 숨은 향원을 발견한 것은 다산의 독특한 『논어』 읽기이다. 향원에 대한 그의 비판은 맹자의 비판과 같다. 맹자가 향원을 경험하고 목청을 높였다면 다산도 그의 향원, "헛된 명예가 어리석은 시속에 가득하고, 그들의 숨겨진 해로움이 선한 사람들에게 이르는" 그런 향원을 경험했을 것이다. 향원은 어디에나 있고, 누구나 경험한다. 하지만 맹자나 다산처럼 격렬히 그들을 비판하기는 쉽지 않다. 오직 옳고 그름을 분명히 구분하고 옳은 것을 지켜야 한다는 강한 사명감을 가진 사람만이 이런 목소리를 낸다. 그런 면에서 맹자와 다산의 거리는 상당히 가깝다.

13.22

선생님께서 말씀하셨다. "남쪽 사람들 말에 '사람이면서도 한결같음이 없으면 무당이나 의원도 고치지 못한다'라는 것이 있으니 좋구나." "그 덕을 한결같이 하지 않는다면 혹시 수치스러움을 입을 수 있다." 선생님께서 말씀하셨다. "점을 치지 못할 따름이다."

子曰; 南人有言曰; 人而無恒, 不可以作巫醫. 善夫! 不恒其德, 或承之羞. 子曰; 不占而已矣.

"사람이면서도 한결같음이 없으면 무당이나 의원도 고치지(作) 못한다"라는 말은 보통 "무당이나 의원도 될(作) 수 없다"라고 옮긴다. 금주의 독법이다.

하지만 다산은 고주를 따랐다. 고금주와 다산은 모두 '작作'을 '위爲'로 풀었지만 고주나 다산에게 '위'는 '되다'가 아니라 '대상이 되다'라는 뜻이다. 곧 한결같지 않은 사람은 무당이나 의원의 대상이 될 수 없다. 치료의 대상이 될 수 없다는 의미다. 이런 의미를 감안하여 위에서는 '작'을 '고치다'로 옮겼다. 과연 변덕스러운 사람의 병을 치료하기는 쉽지 않을 것이다.

금주처럼 읽어도 이 장에서 누구든 한결같아야 한다는 교훈을 얻는 데는 문제가 없다. 하지만 다산이 금주를 마다하고 고주를 따른 데는 훈고를 넘어선 이유가 있다.

> 살펴보건대 옛날 신성한 사람은 곧잘 무당이나 의원이 되었다. 그러므로 신농이나 황사, 기백, 무함 같은 무리가 모두 이 술수를 연마한 것이다. 후세에 그 술법이 참된 이치를 잃었으므로 그들이 마침내 천해졌다.

금주처럼 읽으면 무당과 의원의 천시를 당연시하지만 그 천시가 당연하지는 않다는 주장이다. 이런 생각이 있었기 때문에 다산은 금주를 버리고 고주를 택했다. '원의총괄'은 이 주장을 "'작무의作巫醫'는 한결같지 않은 사람을 위하여 기도하고 약을 쓰는 것을 말한다"라고 요약했다. 그렇지만 이 '원의'는 고주가 이미 밝혔고, 다산은 단순히 고주를 따랐을 뿐이다.

여하튼 이 '원의'를 이해했다면 말미에 나오는 공자의 말도 잘 이해할 수 있다. 고주와 다산에게 "점을 치지 못할 따름이다"라는 말은 한결같지 않은 사람은 점의 대상이 되지도 않는다는 뜻이다. 다산이 설명한 대로 점이란 "시초를 세어 괘를 얻으면 세 사람이 그 괘상을 본 뒤 길흉을 판단하여 점친 바를 따를 것인가를 정하는 것"인데, "항심이 없는 사람은 점으로 결정할 수가 없다." 그러므로 본문에 인용된 『역』「항괘」의 말에서도 이런 사람을 놓고

"혹시(或) 수치스러움을 입을 수 있다"(『주역주소』, 6:9b)라고 하여 결정적으로 판단하지 않았다. 점을 쳐도 점을 치지 않은 것과 같아서 확정적으로 길흉을 말할 수 없기 때문이다. 이런 해석에서는 '혹或'이라는 글자를 제대로 이해하는 것이 중요하다. 황간처럼 '혹'을 '상常'과 같은 글자로 보고 해당 구절을 "항상(或) 수치스러움을 입을 것이다"라는 식으로 옮기는 경우도 있는데, 다산이 보기에는 잘못이다. 또한 금주처럼 해당 구절을 "점을 치지 않았을 따름이다"라고 읽어서 점에 익숙하다면 항심이 얼마나 중요한지 알 텐데도 점을 치지 않았기 때문에 그것을 모른다는 식으로 보는 것도 그의 눈에는 잘못이다.

이 장에는 '자왈子曰'이라는 말이 두 번 나온다. 이런 경우가 앞에서도 한 번 있었는데, 그 경우 다산은 하나의 장을 두 개로 나누었다(7.26, 7.27). 이 장에서는 논평하지 않았다.

13.23

선생님께서 말씀하셨다. "군자는 조화로우면서도 뇌동하지 않고, 소인은 뇌동하면서도 조화롭지 않다."

子曰: 君子和而不同, 小人同而不和.

이 장에 대한 다산의 해석은 금주와 같다. 이때는 특히 '동同'을 옮기는 데 유념해야 한다. 이 문장을 "군자는 조화로우면서도 같지 않다(不同)"라는 식으로 옮기는 경우가 많기 때문이다. 다산은 그렇게 옮기면 안 된다고 보았다. 금주가 해설한 대로 '동'은 다른 사람, 특히 권력자에게 부화뇌동하는 것을 의미한다.

고주는 '동'을 '같다'라는 의미로 보았다. "군자는 마음이 화락하지만 소견은 각각 다르므로 '같지 않다'라고 했고, 소인은 좋아하는 것이 같지만 각자이익을 다투므로 '조화롭지 않다'라고 했다." 고주는 '동'을 식견이나 기호의같음으로 이해했다. 다산은 고주를 소개하면서 "그 말하는 것이 황당하다"라고 강하게 배척했으므로 다산을 통해 『논어』를 읽을 때는 자칫 습관적으로고주처럼 읽지 않도록 해야 한다.

13.24

자공이 묻기를 "마을 사람들이 모두 좋아하면 어떻습니까?"라고 하니 선생님께서 말씀하셨다. "아직 괜찮지 않다.""마을 사람들이 모두 싫어하면 어떻습니까?" 선생님께서 말씀하셨다. "아직 괜찮지않다. 마을 사람 중 선한 사람이 좋아하고, 불선한 사람이 싫어하는것보다 못하다."

子貢問曰; 鄕人皆好之, 何如? 子曰; 未可也. 鄕人皆惡之, 何如? 子曰; 未可也.不如鄕人之善者好之, 其不善者惡之.

이 장은 대체로 이렇게 읽는다. 하지만 왜 공자가 앞의 두 경우를 두고 "괜찮지 않다"라고 했는지 이해하는 방식은 조금씩 다르다. 고주는 악인의 마을이 어떤 사람을 좋아하는 경우 그 사람은 악인이므로 "괜찮지 않고," 선인의마을이 어떤 사람을 싫어하는 경우 그 사람은 역시 악인이므로 "괜찮지 않다"라고 보았다. 가정이 극단적이며 비현실적이다. 금주의 시각은 좀 다르다.

한 마을에는 선인과 악인이 섞여 있을 텐데 모두 한 사람을 좋아한다면 그는 마을의 일부 악인에게도 호평을 받는 것이다. 그러므로 "괜찮지 않다." 모두 한 사람을 싫어한다면 그는 선한 사람에게도 미움을 받는 사람이다. 당연히 "괜찮지 않다."

다산의 시각은 또 다르다. 마을 사람을 선인과 악인으로 나누지 않더라도 한 사람이 모든 사람에게 호평을 받는다면 그것은 그가 세상에 아부했다는 증거다. 반대로 한 사람이 모든 사람에게 미움을 받는다면 그것은 그가 독불장군으로 살았다는 증거다. 마을의 선악이나 마을 사람들의 선악을 나눌 필요가 없다. 그에 대한 평가를 누가 내리는지 자세히 살필 필요도 없다. 오직 한 사람에 대한 세평에 호감과 미움이 공존할 때만 그것이 누구로부터 왔는지 알아봐야 한다. 호감이 선한 사람에게서 왔을 때는 좋은 사람이고, 악한 사람에게서 왔을 때는 악한 사람이다. 미움이 선한 사람에게서 왔을 때는 악한 사람이고, 악한 사람에게서 왔을 대는 선한 사람이다. 이것이 고금주와 다른 다산의 시각인데, 보다 설득력이 있다고 하겠다.

13.25

선생님께서 말씀하셨다. "군자는 섬기기는 쉽고 기쁘게 하기는 어렵다. 도로써 기쁘게 하지 않으면 기뻐하지 않으나 사람을 부릴 때는 그릇에 맞게 한다. 소인은 섬기기는 어렵고 기쁘게 하기는 쉽다. 도가 아닌 것으로써 기쁘게 하더라도 기뻐하지만 사람을 부릴 때는 모두 갖출 것을 요구한다."

子曰; 君子易事而難說也. 說之不以道, 不說也. 及其使人也, 器之. 小人難事而易說也. 說之雖不以道, 說也. 及其使人也, 求備焉.

"그릇에 맞게 한다(器之)"라는 말은 부리는 사람의 능력에 따라 책임질 수 있는 만큼만 요구한다는 뜻이다. "모두 갖출 것을 요구한다(求備)"라는 말은 무엇을 시키든 부리는 사람이 다 해주기를 기대한다는 뜻이다. 이 장에 나오는 '열說'은 '기쁘게 하다'라는 뜻이다.

다산은 '지之' 앞에 나오는 두 개의 '열'을 '유세하다'라는 의미의 '세說'로 읽는 독법도 있다고 보았다. 근거는 『예기』 「곡례」에 나오는 한 문장에 달린 공영달의 소다. "예에 따라 움직일 때는 헛되이 유세해서는(說) 안 된다. 무릇 남의 덕을 유세했다면 벼슬을 내려야 할 것이고, 남의 추위를 유세했다면 옷을 입혀야 할 것이다. 만약 벼슬도 주지 않고 옷을 입히지도 않는다면 이것은 망령되게 유세한 것이니 아첨에 가깝다"(『예기주소』, 1:8b). 정현은 공영달의 소가 달린 「곡례」의 문장을 해설하면서 『논어』의 이 장을 인용했다. 이 독법을 따르면 관련 부분은 "도로써 유세하지(說) 않으면 기뻐하지 않으나" "도가 아닌 것으로써 유세하더라도(說) 기뻐하지만" 정도로 옮길 수 있다.

13.26

선생님께서 말씀하셨다. "군자는 태연하면서도 교만하지 않고, 소인은 교만하면서도 태연하지 않다."

子曰: 君子泰而不驕, 小人驕而不泰.

다산에 따르면 태연함과 교만함의 차이는 자부할 무엇이 있는지 없는지에 달려 있다. 내게 자부할 무엇이 있다면 구태여 자신을 내세우거나 자랑할 필요가 없으므로 교만하지 않다. 하지만 마음은 평화롭다. 반대로 내게 자부할 것이 없다면 그것을 감추기 위해 겉으로 자신을 내세우고 교만하게 된다. 정확한 해설이라고 하겠다. 다산은 '태연함泰'을 『역』 태괘의 괘상과 연결해 설명하기도 한다. 태괘는 내괘가 세 개의 양효로 차 있다. 따라서 양의 기운이 내면을 튼튼히 해주므로 밖에서 명예를 구할 필요가 없다. 다산은 곧잘 『역』을 통해 『논어』를 설명한다.

13.27

선생님께서 말씀하셨다. "강직하고, 굳세고, 질박하고, 둔한 것이 인에 가깝다."

子曰; 剛毅木訥, 近仁.

다산에 따르면 '강剛'은 떳떳한 것이고, '의毅'는 굳세게 지키는 것이며, '목木'은 수식 없이 소박한 것이고, '인訥'은 지둔한 것이다. 고주는 '강'을 욕심이 없는 상태로 보았지만 다산은 그런 소극적인 태도가 아니라 어떤 가치를 고집하는 적극적 태도라고 했다.

또 다른 문제는 '눌訥'이다. 보통 이것을 '말이 어눌하다'라고 옮기는데, 그 것은 형병의 해설에 의거한 것이고, 고주의 왕숙이나 금주 그리고 다산은 모두 '지둔함(遲鈍)'을 가리킨다고 했다. 다산에 따르면 "질박하고 둔하면(木訥) 그 말이 어눌하다." 그러므로 '눌'과 말이 어눌한 것 사이에 관련이 없지는 않지만 '눌' 자체가 '말이 어눌한 것'을 의미하지는 않는다. 공자의 제자 중 지둔한 사람으로 증자가 있는데, 증자의 지둔함은 말이 어눌한 것이 아니라 신중한 것이다.

13.28

자로가 묻기를 "어떻게 해야 사라고 할 수 있습니까?"라고 하니 선생님께서 말씀하셨다. "간절하게 하면서 엄숙하게 하고, 화목한 듯이 할 것이니 가히 사라고 할 만하다. 붕우에게는 간절하게 하면서 엄숙하게 하고, 형제에게는 화목하게 할 것이다."

子路問曰; 何如斯可謂之士矣? 子曰; 切切偲偲, 怡怡如也, 可謂士矣. 朋友切切偲偲, 兄弟怡怡.

이 장에서 다산은 다시 한 번 '사土'를 '사仕' 곧 '벼슬하는 것'과 동일한 말이라고 해설한다.

'절절시시切切偲偲'는 저마다 약간씩 다르게 해석한다. 고주는 '절절시시'를 묶어서 '서로 절실하게 책선하는 모습'이라고 했고, 금주는 '절절'과 '시시'를 나누어 '절절'은 간절한 모습, '시시'는 자세히 권면하는 모습이라고 보았다. 다산에게는 '절절'이 간절히 이끄는 것, '시시'가 얼굴에 장엄함을 띠는 것, 곧 심각하고 엄숙한 모습을 취하는 것이다.

'이이怡怡'가 화목한 모습이라는 데는 이견이 없다. 붕우를 대할 때와 형제를 대할 때는 다른 태도를 취해야 한다는 것이 본문에서 말하려는 바이므로 '절절시시'와 '이이'를 대비시키면 어떤 해석이라도 뜻을 이해하는 데 무방하다. 붕우는 의로 맺어진 사이여서 벗이 불의를 행할 때는 사이가 끊어질 것을 각오하고 간절히 또 엄숙하게 책선해야 하지만 형제는 끊을 수 없는 사이이므로 언제나 화목한 관계를 유지하도록 노력해야 한다.

13.29

선생님께서 말씀하셨다. "잘 가르치는 사람이 백성을 7년 가르치면 또한 군대의 일에 나아갈 수 있다."

子曰; 善人教民七年, 亦可以卽戎矣.

다산에게 '선인善人'은 종종 도덕적으로 선한 사람이 아니라 어떤 일에 능한 사람을 의미하며, 이 장의 '선인'이 그렇다는 점은 이미 서술했다(13.11). 이 장은 백성을 가르치는 일을 논하므로 여기의 '선인'은 백성을 잘 가르치는 사람이다. 단순히 '선인'으로 옮기면 이런 뜻이 드러나지 않는다.

본문에서 공자는 7년을 가르친다고 했다. 그런데 왜 하필 7년이며, 7년 동안 무엇을 가르치는지는 설명이 없다. 우선 7년과 관련해서는 황간의 설명이 재미있다. 옛날에는 백성을 가르칠 때 먼저 3년을 기한으로 해서 가르치고 그 결과를 검토한 뒤 다시 3년을 가르치는 식으로 도합 9년을 가르쳤는데, 7년째는 마지막 3년을 시작하는 해이므로 아쉬운 대로 백성을 군대의 일에 참여시킬 수 있었다는 것이다. 이와 유사하게 금주의 풍의는 옛날 가르칠 때는 7년을 가르쳐야 작은 성과를 본다고 생각했다고 주장했다. 형병은 공자가 임의로 대충 말했다고 해서 큰 의미를 부여하지 않았다. 다산은 대체로 풍의에 동의한다. 그에 따르면 "옛날 사람들은 원래 7이라는 수를 가지고 어떤 연한을 설정하고는 했다."

7년 동안 무엇을 가르치는가 하는 것도 문제다. 7년 동안 어떤 식이든 군사 훈련이 포함되는가가 핵심적 질문이다. 고주는 7년 동안 왜 싸워야 하는지를 설득시켜야 한다고 보고 교육 과정에 군사 훈련을 포함시키지 않았다. 말하자면 고주는 이 기간에 정신 교육을 시키고, 7년이 지난 뒤에 군대와 관련된 일에 나아가도록 해야 한다고 보았다. 이에 비해 금주는 정신 교육이 중요하지만 군사 훈련도 포함된다고 보았다. "백성을 가르친다는 것은 효제충신의 행동과 농사에 힘쓰고 무예를 강습하는 법을 가르친다는 것을 말한다." 다산의 입장은 금주와 같다. 금주와 다산 같은 관점에서 "군대의 일(戎)에 나아갈(卽) 수 있다"라는 말은 백성이 본격적인 전쟁 준비나 출병에 참여할 수 있다는 의미다.

　이와 관련하여 오규는 "백성을 가르친다는 것은 싸우는 법을 가르친다는 말이다"라고 하여 7년을 모두 군사 훈련에 사용해야만 백성을 전쟁터로 내보낼 수 있다고 주장했다. 오규의 견해는 『논어고훈외전』에 나온다. 『논어고훈외전』은 이 장에서 포함의 주가 황간본에 잘못 인용된 것처럼 말하는데, 현행 황간본은 그렇지 않다. 따라서 『논어고훈외전』은 현행본과 다른 황간본을 참고했음을 알 수 있다. 다산은 오규의 주장을 알았지만 전쟁의 승리를 위해 문교文敎가 얼마나 중요한지를 보여주는 『좌전』을 기록을 길게 인용함으로써(『춘추좌전주소』, 15:18b~19b) 간접적으로 배척했다.

　마지막에 나오는 '즉융卽戎'의 해석도 위의 논의와 연결된다. 여기에서 '즉卽'은 '나아가다'라는 뜻이고, '융戎'은 '군대의 일' 혹은 '병장기와 관련된 일'을 의미하는데, 위의 논의에서의 입장에 따라 그것이 과연 구체적으로 무엇을 가리키는가를 달리 볼 수 있다. 고주처럼 7년을 문교에 사용한다고 하면 이 말은 이제 본격적인 군사 훈련을 시작한다는 의미다. 오규처럼 7년을 군사 훈련만 한다고 보면 이 말은 이제 전쟁터에 나아간다는 의미다. 금주나 다산처럼 절충적인 입장이라면 이 말이 양쪽의 의미를 다 지닐 수 있다. 위에서는 "군대의 일에 나아갈 수 있다"라고 옮겨서 절충적 의미를 포함할 수 있도록 했다.

13.30

선생님께서 말씀하셨다. "가르치지 않은 백성을 써서 전쟁을 하는 것, 이것을 그들을 버린다고 한다."

子曰; 以不教民戰, 是謂棄之.

이 장은 당연히 앞 장과 연결해서 읽어야 한다. 이때 '이以'는 '용用'과 같은 글자로 '쓰다'라는 뜻이다. 다산은 "의를 알지도 못하고 병장기를 알지도 못하는 사람들이 전쟁을 하면 반드시 궤멸한다"라고 하여 앞에서 해설한 것처럼 7년 동안 가르쳐야 하는 것이 의로움과 병장기에 대한 지식, 곧 왜 싸워야 하는지, 어떻게 싸우는지 하는 것임을 다시 한 번 확인했다.

제14편

헌문

憲問

14.1

헌이 부끄러움을 물으니 선생님께서 말씀하셨다. "나라에 도가 있을 때도 녹을 먹고, 나라에 도가 없을 때도 녹을 먹는 것이 부끄러운 일이다."

憲問恥. 子曰; 邦有道穀, 邦無道穀, 恥也.

「헌문」은 주로 정치의 대요를 논하는데, 이 장이 제일 먼저 나온다. '헌憲'은 공자의 제자 원헌의 이름이다. 자가 '사思'이므로 존칭인 '자子'를 붙여 자사子思라고도 불렸는데, 공자의 손자 자사와는 다른 사람이다. '곡穀'은 여기에서 '녹祿'과 같다. 문장 구조가 간단해서 독법에 큰 차이가 없을 것 같지만 그렇지 않다. 고금주의 독법이 서로 다르고, 또 다산의 독법도 다르다. 고금주에 따라 공자의 말만 옮겨보면 다음과 같다.

고주: 나라에 도가 있을 때는 녹을 먹을 것이나 나라에 도가 없을 때 녹을 먹는 것은 부끄러운 일이다.

금주: 나라에 도가 있을 때도 녹만 먹고, 나라에 도가 없을 때도 녹만 먹는 것이 부끄러운 일이다.

다산과 고주의 차이는 분명하고, 금주와는 옮긴 것만 놓고 보면 별 차이가 없는데 내용적으로는 차이가 크다.

우선 고주는 나라에 도가 있을 때는 녹을 먹는 것이 부끄럽지 않다고 한다. 어떻게 보면 이것은 『논어』에 기반한 해석이다. 앞의 한 장에서 공자는 "나라에 도가 있을 때는 가난하고 천한 것이 부끄러움이며, 나라에 도가 없을 때는 부유하고 귀한 것이 부끄러움이다"(8.13)라고 했다. "나라에 도가 있을 때는 가난하고 천한 것이 부끄러움"이므로 당연히 그럴 때는 부귀하도록 노력해야 하며, 그를 위해 녹을 먹는 것은 문제가 없을 뿐만 아니라 오히려 추천할 만하다. 그래서 다산도 고주에 일리가 있다고 생각했다. 뜻으로는 고주를 받아들일 수 있다는 것이다. 하지만 문장으로 보면 좀 다르게 읽어야 한다. "의리는 본래 이와 같지만 어세가 그렇지 않다."

사실 나라가 반듯할 때 벼슬하고 녹을 먹는 것은 유교에서 당연하다. 하지만 본래의 유교보다 더 엄숙한 도덕주의를 표방하는 성리학의 금주는 이 당연한 일에서도 문제를 발견한다.

나라에 도가 있을 때는 사업을 하지 못하고, 나라에 도가 없을 때는 홀로 선함을 지키지 못한 채 단지 녹 먹을 줄만 아는 것은 부끄러워할 만한 일이다.

고주와 금주는 나라에 도가 없을 때 녹을 먹는 것이 부끄럽다는 시각을 공유한다. 하지만 나라에 도가 있을 때 녹을 먹는 것에 대한 생각은 다르다.

금주는 좋은 세상에서도 의미 있는 일을 하지 않고 빈둥거리는 관료를 떠올리며 공자가 녹에만 관심을 두는 이런 사람들을 경계했다고 보았다. 그러나 다산이 보기에 금주는 지나치다.

> 단지 '곡' 한 자에는 이렇게 시동처럼 자리만 차지하고 앉아 공짜 밥을 먹는다는 의미가 들어 있지 않으니 아마도 본래 뜻은 그렇지 않을까 한다.

그러면 다산이 생각하는 '원의'는 무엇일까? 금주는 이 장에 두 가지 부끄러운 행동이 있다고 했다. 도가 있을 때 아무 일도 하지 않는 것도 부끄러움이고, 도가 없을 때 도덕을 고집하지 못하는 것도 부끄러움이다. 고주는 한 가지 부끄러운 행동이 있다고 보았다. 도가 없을 때 녹을 먹는 것이다. 다산도 이 장에 한 가지 부끄러운 행동이 있다고 본다. 그렇지만 그 한 가지 부끄러움은 문장 전체를 연결해봐야 비로소 이해가 된다. 곧 도가 있을 때도 없을 때도, 있을 때나 없을 때나 녹을 먹는 것, 곧 언제나 녹 먹을 생각만 하는 것이 부끄러움이라는 것이다. 이런 해석에서는 어떤 시대인지가 중요하지 않다. 시대에 상관없이 의리보다 녹봉에 관심을 두면 부끄러운 일이다.

> 각각 별도의 한 가지 일만 들어서는 부끄러움이 된다고 하기 어렵다. 반드시 두 구절을 같이 다루어야 치란에 상관없이 녹만 바란다는 뜻이 드러나니 이런 연후에 바야흐로 본래의 가르침을 얻을 수 있다.

> 군자의 도는 모가 나 있고 둥글지 않으니 다스려지는 세상과는 조화되고, 어지러운 세상과는 어긋난다. 만약 치세나 난세나 어떤 경우든 녹을 먹지 않음이 없다면 그 사람이 어떤지 알 수 있다. 이것이 부끄러움이다.

다산에게는 난세에 녹을 먹는 것 자체가 부끄러운가? 그렇지 않다. 난세에 벼슬할 수도 있고, 벼슬을 했다면 녹을 먹는 것도 당연하다. 난세를 바로잡기 위해 조정에서 노력한 많은 사람이 있지 않은가? 가령 앞의 한 장에 나오는 영무자 같은 사람이 그렇다. 그는 "나라에 도가 있을 때는 지혜로웠고, 나라에 도가 없을 때는 어리석었다"(5.20). 난세에도 몸을 사리지 않고 조정의 신하로서 나라와 주군을 위해 동분서주했기 때문에 어리석었다는 평을 들었다. 어리석지 않았다면 세상을 피해 숨었을 것을 영무자는 어리석다는 비평을 들으면서도 끝까지 분골쇄신했다. 이 어리석음이야말로 공자의 찬사를 부른 것이었다. 조정의 신하였으므로 그도 난세에 녹을 먹었다. 난세에 녹을 먹는 것 자체는 부끄러움이 아니다.

치세에 녹을 먹는 것도 물론 부끄러움이 아니다. 다산은 처사가 아니라 조신을 지향하고, 좋은 임금 밑에서는 얼마든지 부귀영화를 누리고 명예를 높일 것을 권한다. 당연히 도가 있는 세상에서 녹을 먹는 것은 부끄러움이 아니다.

그러므로 두 경우를 따로 떼어서 생각하면 어느 것도 부끄러움이 아니다. 오직 두 경우를 연결해서 난세든 치세든 녹만 생각한다면 그것이 부끄러운 일이다. '원의총괄'은 이 논의를 "'나라에 도가 있을 때도 녹을 먹고, 나라에 도가 없을 때도 녹을 먹는다'라는 것은 치세나 난세를 막론하고 항상 녹을 먹는 것을 말한다"라고 요약했다. 이렇게 여기에서 또 다시 다산의 참신한 『논어』 읽기를 만난다. 옮긴 것만 보면 다산이나 금주나 비슷한 것 같지만 내용적으로는 다르다. 가치관이 다르기 때문이다.

비판적으로 보면 다산의 독법에는 두 가지 문제가 있다. 그는 그의 '원의'를 정당화하기 위해 영무자를 여러 차례 언급하는데, 사실 영무자의 지혜로움과 어리석음에 대한 그의 이해는 다른 사람과 쉽게 공유되지 않을 정도로 독특하다. 이 장에 대한 그의 독특한 독법이 받아들여지려면 우선 영무자에 대한 그의 독특한 이해가 설득력을 가져야 한다. 적어도 그것을 사실로 전제해서는 안 될 것이다. 또한 다산을 따르려면 왜 본문에 '곡'이라는 글자가 두 번 나왔는가도 해명해야 한다. 다산의 해석에서 앞의 '곡'은 불필요하다. 적어도 없어야 글의 흐름이 더 부드러워 진다. 『논어』라는 오래 된 고전을 새롭게 읽으려는 다산의 사업에는 도처에 이런 비판이 도사리고 있다. 어쩌면 그런 비판을 무릅썼다는 사실이 그의 새로운 『논어』 읽기를 더 빛나게 할지 모른다.

이 장을 놓고 줄곧 토론되었던 주제의 하나는 『논어』를 누가 기록했는가 하는 문제다. 이 장은 "헌이 묻기를"이라는 말로 시작하는데, 이렇게 제자의 이름만으로 질문을 기록하는 경우는 『논어』에 극히 드물다. 이 장이 그렇고, 논쟁이 있지만 또 다른 한 장(9.7)이 그럴 수 있다. 부모나 스승이 아니면서 어른이 된 사람을 이름만으로 호명하는 것은 용납되지 않으므로 이 장은 원헌 자신이 기록했을 확률이 높다. 이 설은 원래 금주에서 호인이 제기했는데, 나중에 조순손(1215~1276)이 이를 보충하여 세 가지 점에서 「헌문」 전체가 원헌의 기록이라는 주장을 폈다. 첫째, 이 장은 원헌을 성 없이 이름만으로 기록했다. 둘째, 공자가 직접 호명할 경우를 제외하면 이런 경우는 없고, 다른 편은 원헌의 성을 소개한다(6.4). 셋째, 바로 이어지는 장(14.2)에 나오는 원헌의 질문은 심지어 누가 질문했는지를 생략했다. 호인과 조순손의 주장은 모두 금주에 소개되었으므로 금주를 공격하기 위해 온몸을 바친 모기령은 이들의 설을 배격하면서 원헌은 다른 고전에도 자가 아니라 이름으로 기록되었고, 또 공자가 직접 호명하지 않을 때도 『논어』는 종종 제자의 이름을 사용했다고 주장했다(『논어계구편』, 6:5a).

이 논쟁에서 다산은 금주의 편에 선다. 원헌이 다른 고전에서 자가 아닌 이름으로 기록되었더라도 성 없이 이름만 쓴 경우는 없으며, 제자의 이름을 사용한 『논어』의 사례도 마찬가지로 항상 성을 기록했다는 것이 그 이유였다. 성 없이 제자의 이름만 소개한 경우는 이 장 외에 딱 하나가 더 있다. "뇌가 말했다"로 시작되는 앞의 한 장이다(9.7). 다산에 따르면 '뇌'는 공자의 제자 금뢰를 가리킨다. 그러므로 일관성을 가지려면 다산은 그 장도 제자 금뢰의 기록이라고 주장해야 한다. 과연 그는 그렇게 했다. 단지 그 장을 근거로 『논어』의 전반 10편이 금뢰의 기록이라고 한 다자이의 주장은 받아들이지 않았다.

14.2

"원망과 욕심을 이겨 물리치고 행하지 않으면 인이라고 할 만합니까?" 선생님께서 말씀하셨다. "어렵다고 할 수는 있으나 인인지는 내가 모르겠다."

克伐怨欲, 不行焉, 可以爲仁矣? 子曰; 可以爲難矣, 仁則吾不知也.

이 장에서 질문을 던진 사람이 누구인지 『논어』는 분명히 기록하지 않았다. 그러나 고주의 형병은 앞 장에 이어 이 질문 역시 원헌이 했다고 보았고, 두 장을 합하여 한 장으로 만들었다. 금주는 이 장에서 원헌이 질문한다는 점은 받아들였으나 내용상 구별된다고 보아 별개의 장으로 취급했다. 다산은 금주를 따르면서 『논어집해』에서는 앞 장과 이 장을 구별하여 "따로 두 개의 장으로 했으나" 형병이 한 장으로 합했다고 했다. 그러므로 주요 주석가는 모두 이 장이 원헌의 질문을 기록했다고 본 셈이다. 이와는 달리 오규는 이 장의 첫머리에 빠진 글자가 있고, 이 장의 첫 문장은 원헌이 아닌 어떤 사람이 "자신의 본 바를 진술한 것"이라고 주장했다. 다산은 오규의 주장을 받아들이지 않았다.

다산은 『논어집해』가 앞 장과 이 장을 별도의 장으로 취급했다고 했으나 정확한 진술은 아니다. 사실 고전은 나중에 주석가에 의해서, 어떤 필요에 따라 분장된 것이지 원래부터 분장되어 있지는 않았다. 가령 『노자』의 현행본은 이렇게 저렇게 분장되어 있지만 가장 오랜 판본인 마왕퇴 백서본 『노자』 갑본에는 분장의 흔적이 없고, 그보다 연대가 늦은 을본에 오면 분장 부호가 나타난다. 물론 『노자』는 여러 금언을 수집해서 모아놓은 것이기 때문에 언제든지 분장될 수 있었다. 그렇지만 어쨌든 분장은 나중에 이루어진 것이어서 고전 중의 어떤 글을 다른 글과 같은 장으로 봐야 하는지 아니면 떼어서 봐야 하는지는 항상 문제가 된다.

『논어』도 마찬가지다. 이 고전도 여러 대화를 모아놓은 것이기 때문에 언제든지 분장될 수 있었다. 하지만 누가 먼저 분장했는지는 알 수 없다. 다산은 『논어집해』가 앞 장과 이 장을 분장했다고 하지만 사실 『논어집해』가 『논어』를 분장했는지 자체가 의문이다. 『논어집해』는 장 단위로 주석을 달지 않고 설명해야 할 구절이나 문장을 단위로 해서 주석을 달았기 때문에 『논어집해』만 보고는 어떻게 분장해야 하는지 분명하지 않다. 만약 『논어집해』가 『논어주소』나 『논어집주』 등 나중의 주석서처럼 각 편이 몇 장으로 이루어졌다는 정보라도 주었다면 그래도 뭔가 따져볼 텐데, 『논어집해』가 그런 정보를 주었는지도 확실하지 않다. 현존하는 『논어집해』의 가장 오래 된 판본은 남송 때 만들어진 송 세채당본인데, 이 판본에는 각 편이 몇 장으로 구성되었다는 정보가 없다. 일본의 가장 오래된 『논어집해』 판본은 정평 연간 (1347~1370)에 만들어진 정평본 『논어집해』인데, 이 판본도 마찬가지다. 단지 역시 남송 때 출간된 감본(국자감본)『논어집해』에 기반하여 최근 영인한 판본에는 각 편이 몇 장으로 구성되었다는 정보가 있다. 하지만 원본이 그런지는 확인하지 못했다. 요컨대『논어집해』의 장절 구분은 분명하지 않고, 따라서 다산이 말한 것도 정확하지는 않다. 다자이도 "고주는 이 장을 앞 장과 연결시켰다. 주씨(주희)가 '극벌克伐' 이하의 문장을 나누어 따로 한 장으로 만들었다"라고 하여 고주가 분장하지 않았다고 했다. 다산도 분명 다자이의 해설을 읽었을 것이다. 그럼에도 불구하고『논어집해』가 분장했다고 했으므로 모를 일이다.

여하튼『논어집해』만 봐서는 이 장을 앞 장에 붙여야 하는지 떼어야 하는지 알 수 없고, 형병이 두 글을 한 장으로 읽었다는 주장은 가능하다. 형병의 『논어주소』는 형병이 생각하는 장 단위로『논어집해』의 주를 먼저 소개하고 나중에 자신의 소를 붙였으므로 구성 자체가『논어』를 어떻게 분장했는지 알 수 있게 한다. 형병은 지금 문제가 되는 두 장을 묶어 그에 대한『논어집해』의 주를 모두 소개한 뒤 자신의 소를 붙였다. 황간의『논어의소』도 구성에서 형병의『논어주소』와 같다. 황간도 자신이 생각하는 한 개의 장에 대한 『논어집해』의 주석을 모두 소개한 뒤 그에 대한 의소를 기록했다. 그리고 형병과 마찬가지로 황간도 지금 문제가 되는 두 장에 대한『논어집해』의 주를 모두 소개한 뒤 자신의 의소를 붙였다. 그러므로『논어의소』에 따를 때도 이 장은 앞 장과 합해져야 한다.

그래서『논어의소』와『논어주소』는 모두 이 편「헌문」이 44장으로 이루어졌다고 했다. 반면 주희의『논어집주』는 이 편이 모두 47장이라고 했다.『논어집주』는 지금 논의하고 있는 곳 이외의 다른 두 곳,『논어의소』나『논어정의』에 의거할 때「헌문」의 26장과 37장도 분장했기 때문이다. 한편『논어고금주』는「헌문」의 앞머리에서 이 편이 모두 47장으로 이루어져 있다고 했으나 실제로는 46장이다.『논어집주』와 달리『논어고금주』는『논어주소』에 의거할 때 이 편의 26장,『논어고금주』에서는 27장을 분장하지 않았기 때문이다.

그런데 문제는 더 복잡하다. 앞에서『논어주소』는 지금 논의하는 두 장을 한 개의 장으로 붙여 읽었다고 했는데, 반증도 있기 때문이다. 한마디로『논어주소』에도 여러 판본이 있다. 예를 들어 사고전서를 만들 때 참고한『논어주소』에는 복건성 지역(閩)에서 통용된 민본이 있고, 국자감에서 이용하던 북감본, 명나라 모진(1599~1659)이 교열 편찬한 모본 등이 있다. 완원(1764~1849)은 이런 판본들을 검토한 뒤 "민본과 북감본은「헌문」의 첫 장과 그다음 장, '극벌원욕克伐怨欲'으로 시작하는 장을 합하여 한 장으로 만들었으니 사고전서의『논어주소』와 같다. 그러나 모본과 주자의『논어집주』는 그 둘을 나누어 따로 장을 두었다"(「논어주소교감기」,『십삼경주소』8, 132)라고 하여 모본『논어주소』는 문제가 되는 두 장을 합장하지 않았다고 알려주었다. 물론 이런 문제는『논어』를 옳게 읽으려는 다산의 사업과는 직접 관련이 없다. 하지만 다산의 설명이 흥미롭기도 하고 아리송하기도 해서 길게 이야기해보았다.

판본과 관련된 논의는 어찌 됐든 이 장에서 다산은 다시 한 번 들어보지 못한 독법을 선보인다. 보통 이 장의 '극벌원욕克伐怨慾'은 각각 '남을 이기려는 것(克)' '공을 자랑하는 것(伐)' '남을 원망하는 것(怨)' '욕심을 내는 것(欲)'을 의미한다. 고주도 그렇게 보았고, 금주도 그랬다. 하지만 다산은 잘못이라고 보았다.

살펴보건대 선유는 모두 '극벌원욕'을 네 가지 일로 보았다……이에 근거해서 보건대 '극' '벌'이 행해지지 않는 것은 남에게 달려 있고, '원' '욕'이 행해지지 않는 것은 나에게 달려 있으니 네 가지는 같은 종류가 아니다. '극벌원욕'이란 그 원욕(怨慾)의 싹을 이기고 물리쳐서(克伐) 행해지지 않도록 하는 것이다.

　본문은 '극벌원욕'을 행하지 않는다고 했는데, 지배적인 독법에 따를 때 '극'과 '벌', 곧 '남을 이기려는 것'이나 '공을 자랑하는 것'을 행하지 않는 것은 내가 아니라 남에게 달려 있다. 남이 나보다 우월해서 나를 이기면 '남을 이기려는 것'이 행해지지 않으며, 내 자랑에도 불구하고 남이 내 자랑을 받아주지 않으면 '공을 자랑하는 것'이 행해지지 않는다. 그래서 이런 일들이 행해지고 행해지지 않는 것은 남에게 달려 있다. 반면 '원'과 '욕', 곧 '원망하는 것'이나 '욕심을 내는 것'을 행하지 않는 것은 나에게 달려 있다. 이렇게 '극' '벌'과 '원' '욕'은 다른 종류이기 때문에 이 넷을 병렬해서 네 가지 행동을 가리킨다고 이해해서는 안 된다.

　그래서 다산은 '극벌'을 복합동사로, '원욕'을 복합명사로 보자고 제안한다. 이때 '극'은 남을 이기는 것이 아니라 '원욕'을 이기는 것이며, '벌'은 자기 공을 자랑하는 것이 아니라 '원욕'을 징벌하는 것이다. 결국 '극벌원욕'은 위에 옮긴 것처럼 "원망과 욕심을 이겨 물리친다"라는 의미를 지니게 된다. '원의총괄'은 다산의 이 주장을 "'극벌원욕'을 네 가지 일로 병렬해서는 안 된다"라고 요약했다. 항상 그렇듯이 다산의 새로운 독법이 다른 독법을 무력화시키지는 않지만 다산의 도전과 창신은 여전히 눈길을 끈다.

　이 장에서 다산이 논의한 또 한 가지 흥미로운 주제는 본문의 '극'과 "자기를 이기고(克) 예로 돌아간다"(12.1)라는 말에서의 '극'이 어떻게 다른가 하는 문제다. 여기에서 '극'도 욕심을 이기는 것이고, '극기복례'의 '극'도 욕망을 이기는 것인데, 앞에서는 그를 통해 "천하가 인에 돌아갈 것이다"(12.1)라고 했고 여기에서는 "인인지는 내가 모르겠다"라고 했기 때문이다. 이에 대해 금주는 여기의 '극'은 억지로 욕망을 이기는 것이고, 「안연」의 '극'은 이미 마음에 사사로움이 없어 자연스럽게 욕망을 이기는 것이므로 전자는 인이 못 되고 후자는 인이 된다고 해설했다. 욕망이 모두 사라진 마음이 가능하다는, 말하자면 부처님 마음이 가능하다는 자못 거창한 설명이다. 다산은 이런 설명, 신비나 형이상의 요소가 있는 설명을 좋아하지 않는다. 현실과 상식, 실천을 강조하는 이 유학자는 공자의 가르침으로부터 이런 껍질을 벗기려고 노력했다. 그래서 다산은 두 '극'의 차이를 보다 쉽게 설명한다.

（「안연」에서는） 또한 '극기' 아래 계속해서 '복례'를 말하여 그런 뒤에야 인이 된다고 했다. 여기에서는 단지 '극기'뿐이니 어떻게 인이 되겠는가?

'극기복례'가 인이 되는 것은 '복례'까지 되었을 때의 이야기이지 '극기'만 가지고는 인이 안 된다는 설명이다. 참으로 간단하고 명쾌한 해설이다. 다산은 또 '극기'는 악을 제거하는 데 초점이 맞춰져 있고, '복례'는 선을 행하는 데까지 나아간다고 하면서 인이 되려면 악을 제거하고 또 선을 행해야 한다고 했다. 이 장에서는 악을 제거하는 것만 이야기했으므로 인으로 인정받지 못했다는 말이다. 이것도 금세 알아들을 수 있는 좋은 설명이다. 공자는 어떤 행동이 인에 해당하는지를 물었을 때 거의 모든 경우에 지금 이 장에서처럼 "나는 모르겠다," 따라서 "아니다"라고 말하는데, 다산에 따르면 왜 공자가 그렇게 대답하곤 했는지 쉽게 알 수 있다. 제자들이 거론한 행동은 언제나 악을 제거하는 데만 머물렀고 선을 행하는 데까지 나아가지 않았기 때문이다. 역시 좋은 설명이다.

14.3

선생님께서 말씀하셨다. "사이면서도 편안히 기거함을 마음에 품는다면 벼슬할 사람이라고 할 만하지 않다."

子曰; 士而懷居, 不足以爲士矣.

다산에 따르면 '거居'는 집안에서 머물 때의 즐거움을 가리킨다. 집에 있으면 몸도 마음도 편하므로 '기거한다(居)'라는 말 자체에 안락이 들어 있다. 다산이 말했듯이 공자는 수레에 몸을 싣고 천하를 떠돌았고, 맹자는 제후를 찾아 유세하느라 고달프도록 돌아다녔다. 떠도는 사람이 모두 훌륭한 것은 아니지만 구실을 하려면 몸이 힘들어도 집을 떠날 때가 있다. 이 장에서 다산은 '사士'를 특별히 정의하지 않았다. 하지만 그의 '사'는 언제나 '벼슬하는 사람'을 가리킨다.

14.4

선생님께서 말씀하셨다. "나라에 도가 있을 때는 준엄하게 행동하고 준엄하게 말하며, 나라에 도가 없을 때는 준엄하게 행동하나 말은 겸손히 한다."

子曰; 邦有道, 危言危行. 邦無道, 危行言孫.

'위危'는 '엄격하게 하다(厲)' 혹은 '준엄하게 하다(高峻)'는 뜻이다. 각각 고주와 금주의 견해인데, 다산은 같다고 보았다. 원칙을 지키면서 경거망동하지 않는 모습을 가리킨다. 이 '준엄함'이 유학자의 기본 태도지만 나라에 도가 없을 때는 쓸데없이 말로 화를 초래하지 않기 위해서 말을 유순하게 한다. 『중용』에서 공자는 "나라에 도가 없을 때는 죽음에 이르기까지 뜻을 바꾸지 않는다"(『중용장구』, 6a)라고 했는데, 얼핏 이 장의 가르침과 다른 것 같지만 무도한 나라에서도 행동은 여전히 준엄하므로 어떤 경우든 원칙에서 벗어나지 않는다. 다산은 공자가 양화와 회동하지 않은 것은 준엄히 행동한 것이고, 우연히 길에서 만났을 때 조곤조곤 말을 한 것은 난세에 말을 겸손히 한 것이라고 보았다.

14.5
선생님께서 말씀하셨다. "덕이 있는 사람은 반드시 말을 남기지만 말을 남긴 사람이 반드시 덕이 있는 것은 아니다. 인한 사람은 반드시 용감하게 행동하지만 용감한 사람이 반드시 인한 것은 아니다."

子曰; 有德者必有言, 有言者不必有德. 仁者必有勇, 勇者不必有仁.

고금주에서 '유언有言'은 말을 하는 것을 의미한다. 그러면 이 장의 앞부분은 "덕이 있는 사람은 말을 하지만 말하는 사람이 반드시 덕이 있는 것은 아니다"라는 정도가 된다. 덕이 있는 사람은 어쩔 수 없이 덕이 흘러넘쳐 말이 되지만 말을 잘 한다고 해서 덕이 있는 것은 아니라는 뜻이다. 이 해석이 다산과 완연히 다르지는 않다. 하지만 다산은 이 장이 어떤 사례를 염두에 두었는지 구체적으로 지적한다. 곧 신불해, 한비자, 등석, 여불위 등은 많은 말을 남겼지만 그들에게는 덕이 없었다. 따라서 기억될 말을 남겼다고 해서 그 사람이 덕이 있는 것이 아니라는 것, 그것이 이 장에서 공자가 말하려고 한 바였다.

"인한 사람은 반드시 용감하게 행동하지만"이라는 말은 다산의 다른 독법을 반영해 원문을 옮긴 것이다. 보통은 "인한 사람은 반드시 용감하지만"이라고 옮긴다. 다산은 특히 고주의 미묘한 잘못을 지적한다. 고주는 인한 사람에게는 용감함이 있다고 보았는데, 옳은 견해가 아니다. 용감함이란 "화란이 닥쳐도 두려움이 없는 것"인데, 인한 사람은 때에 따라 두려워한다. 당장 공자도 "광에서 두려워하셨다"(9.5)라고 하지 않았는가? 그러므로 인한 사람은 용감한 것이 아니라 필요하다면 용감하게 행동할 뿐이다. 호랑이를 때려잡는 용감함이 있는 것이 아니라 필요할 때 의리를 지켜 죽음을 불사하는 용감한 행동을 선택하는 것이다. 그래서 다산은 "임금과 부모에게 돈독하면 용감함에 기대지 않고도 어려움에 임했을 때 두려움을 느끼지 않게 된다"라고 말한다. 임금에게 충성하고 부모에게 효도하면 용감함이 없더라도 용감하게 행동할 수 있다는 뜻이다. 당연히 다산에 통해 『논어』를 읽을 때는 이런 미묘한 차이도 반영해야 한다.

14.6

남궁괄이 공자에게 묻기를 "예는 활을 잘 쐈고 오는 배를 끌었는데도 모두 제때 죽지 못했습니다. 하지만 우와 직은 몸소 농사를 지었는데도 천하를 가졌습니다"라고 하니 우리 선생님께서 답하지 않으셨다. 남궁괄이 나가니 선생님께서 말씀하셨다. "군자로구나, 이 사람이여! 덕을 높이는구나, 이 사람이여!"

南宮适問於孔子曰; 羿善射, 奡盪舟, 俱不得其死. 然禹稷躬稼而有天下. 夫子不答. 南宮适出, 子曰; 君子哉若人! 尙德哉若人!

이 장에는 여러 가지 질문하고 알아볼 것이 있다. 남궁괄은 누구를 가리키며 예羿와 오奡는 누구인지, 남궁괄의 말은 무슨 뜻인지, 왜 공자는 남궁괄의 질문에 답을 하지 않았는지, 그리고 왜 그를 칭찬했는지 등의 문제다. 다산은 이 모든 문제를 놓고 자신의 견해를 피력했다.

우선 고주의 공안국은 남궁괄이 남궁경숙을 가리킨다고 했다. 형병은 이를 더 보충하면서 그의 이름은 남궁도이고, 자는 자용이며, 맹희자의 아들이고, 중손열이라는 이름도 있다고 했다. 그러니까 고주에 따르면 맹희자의 아들 중손열, 남궁도, 자용 그리고 이 장의 남궁괄이 모두 같은 사람이다. 금주는 간단히 그가 남용이라고 했는데, 『논어』는 두 장에서 남용이 공자의 조카사위였다고 말한다(5.1, 11.6). 그중 한 장에서 금주는 그가 남쪽 궁에서 살았으므로 남궁이라는 성을 가지게 되었고, 자는 경숙이었으며, 맹의자의 형이었다고 했다. 남궁경숙은 맹의자의 동생이었으므로 형이라는 것은 잘못된 정보이지만 어쨌든 금주도 남궁괄을 남궁경숙과 같은 인물로 본 셈이고, 고주에 더해 그가 곧 남용이라는 점도 추가했다. 그러므로 고금주에 따르면 여기의 남궁괄은 실로 많은 정체를 가진다. 그렇지만 정말 한 사람이 이렇게 많은 정체를 가진다는 게 가능한 일이기는 할까? 그래서 다산은 질문한다.

살펴보건대 한나라 유학자의 학설에 따르면 이 사람은 이름이 넷이고, 자가 두 개다. 열說이라는 이름도 있고, 열閱이라는 이름도 있으며, 도縚라는 이름도 있고, 괄适이라는 이름도 있다. 자용이라는 자도 있고, 경숙이라는 자도 있다. 천하에 이런 것이 있는가?

다산이 보기에는 말이 안 된다. 그래서 고심 끝에 그는 남궁열, 남궁도, 남궁괄은 모두 다른 사람이라는 주장을 폈다. 남궁열은 맹희자의 아들이자 맹의자의 동생인 남궁경숙이고, 남궁도는 공자의 조카사위 남용이며, 여기에 등장하는 남궁괄은 그들과 다른 사람이라는 것이다. 이렇게 주장하면서 다산은 더 상세한 논의는 「공야장」에 있다고 했는데, 「공야장」을 보면 또 상세한 논의는 「헌문」에서 기술할 것이라고 했다. 복잡한 문제에 다산도 복잡했던 모양이다.

여하튼 앞뒤를 오가면서 보면 결론적으로 다산은 남궁의 성을 가진 세 사람이 있었다고 보았다. 그럴 경우 이 장의 남궁괄은 송나라의 대부 남궁장만의 후예일 수 있다. 남궁장만도 그렇고 그 아들도 그렇고 그 집안에 힘으로 망신한 사람이 있었기 때문에 그 집안과 본문에 나오는 남궁괄의 질문을 연결해 볼 수 있다. 또 본문을 보면 남궁괄이 질문하는 것을 놓고 기록자가 "공자에게 묻기를"이라고 했는데, 이렇게 공자를 '공자'로 기록하는 것은 질문하는 사람이 공자와 같은 대부이거나 대부 이상의 신분을 가지고 있을 때만 가능하다. 그러므로 남궁괄은 대부 이상이어야 하고, 남궁장만이라는 대부 집안의 일원은 이 요구를 만족시킨다. 반면 남궁괄이 공자의 조카사위 남용이었다면 기록자가 "공자에게 묻기를"이라고 적었을 리 없다. 이 점 때문에라도 남궁괄이 남용이라는 금주의 주장은 받아들이기 어렵다.

하지만 아쉽게도 다산에게는 결정적 증거가 없었다. 다산이 "확정적 증거가 없으므로 잠시 공안국의 주를 따른다"라고 한 것도 그 때문이다. 그럼에도 불구하고 이 장의 남궁괄을 남궁경숙이나 남용과는 다른 인물로 보는 것은 다산의 흔들리지 않는 입장이었다. 이 점은 「공야장」의 해당 장에서 해설했으므로 그를 참고하기를 바란다.

다음으로 예와 오가 누군지도 궁금하다. 이들에 대한 기본적 정보 역시 공안국이 제공한다. 그에 따르면 예는 유궁국의 군주 곧 제후였는데, 활을 잘 쏘았으므로 나중에 하나라 왕인 상(夏后相), 곧 사상을 쫓아내고 자리를 빼앗았다. 그렇지만 그도 신하인 한착에게 죽었고, 한착이 예의 부인을 취하여 아들을 낳았다. 이 아들이 본문의 오다. 오는 육지에서 배를 끌 정도의 괴력으로 예가 몰아냈던 사상을 죽이고 대업을 마무리 지으려고 했으나 결국 복수를 위해 절치부심하던 하나라의 왕 소강에게 죽고 만다. 곧 본문의 예와 오는 모두 강한 힘을 가졌음에도 자신의 몸 하나 온전히 지키지 못한 채 비극적인 최후를 맞은 사람이다.

그런데 공안국의 설명은 예와 오에 대한 다른 기록의 도전을 받았다. 사실 예는 요임금의 명을 받아 하늘에 뜬 열 개의 해를 활로 쏴 떨어뜨렸다(『회남홍렬해』, 8:7b~8a)는 등 여러 고사에 등장한다. 이때 예는 사람 이름이 아니라 활을 잘 쏘는 사람에게 준 별호였을 수 있다. 또 오와 관련해서는 예를 죽인 한착이 예의 부인을 취하여 요澆와 희豷라는 두 아들을 낳았다는 『좌전』의 기록(『춘추좌전주소』, 29:34b)이 있다. 이를 근거로 이 장의 오는 바로 『좌전』의 요를 가리킨다는 주장도 있다.

다산은 이런 주장을 모두 받아들이지 않았다. 그렇다고 그가 공안국의 해설을 전부 받아들인 것도 아니다. 그는 예에 대해서만 공안국을 받아들였고, 오에 대해서는 신설을 이야기했다. 다산이 예에 대한 공안국의 해설을 받아들인 이유는 『좌전』이 그 해설을 뒷받침하기 때문이다. "예의 사실에 대해서는 『좌전』보다 더 자세한 것이 없다. 어찌 가규나 유안의 황당한 설에 기반하여 그가 제곡, 곧 요임금 때의 사람이라고 주장하거나 예가 활을 잘 쏘는 사람의 통칭이었다고 의심할 수 있겠는가?" 다산은 대립하는 여러 기록이 있을 때 항상 경전의 기록을 중시한다. 경전에는 오류가 없다는 게 그의 기본적 시각이기 때문이다.

그러면 왜 다산은 같은 『좌전』의 기록에 근거하여 제시된 주장, 본문의 오와 『좌전』의 요는 같은 인물이라는 주장을 받아들이지 않았을까? 얼핏 보면 간단하다. 둘은 글자가 다르기 때문이다. "또 살펴보건대 오가 요라는 설에는 절대로 증거가 없다. 두 글자의 음도 뜻도 이미 다르니 서로 호용할 수 없다." 사실 한국어에서는 오와 요의 발음이 다르지만 현대 중국어에서는 발음이 같다. 또 『좌전』에 소개된 요의 이야기는 공안국이 소개하는 오의 이야기와 너무나 흡사하다. 그러므로 다산은 어쩌면 오의 정체를 알리는 더 매력적인 설을 알았기 때문에 오와 요가 같은 인물이라는 설을 받아들이지 않았는지도 모른다. 왕응린의 설이었다. 왕응린은 첫째 "단주의 무리가 물이 없는 곳에서 배를 끌고 다녔다"(『상서주소』, 4:14a)라는 기록, 그리고 둘째 보통 "오만한 단주처럼 되지 말라"라는 뜻으로 읽는 '무약단주오(無若丹朱傲)'(4:15a)라는 『서』의 구절을 인용하면서 『설문해자』가 '오(傲)' 대신 '오(㒹)'를 사용한 사실 등에 근거하여 이 장에서 오가 단주라고 주장했다(『곤학기문』, 2:11b). 왕응린의 설에서 '단주오(丹朱㒹)'는 '단주인 오'라는 뜻이다.

다산은 이 설이 마음에 들었다. 하지만 동시에 과연 '오만하다'라는 뜻을 가지는 글자(㒹)를 사람의 이름 뒤에 붙여 그 사람을 가리킬 수 있을까 하는 의구심도 들었다. 결국 다산은 '단주오'라는 말은 '단주와 오'라는 뜻일 가능성이 높고, 본문의 오 역시 단주와 어울렸던 무리 중의 한 명인 오를 가리킨다고 생각했다.

> 단지 오가 '거만하다'라는 뜻이라면 그것이 사람 이름의 일부가 될 수는 없다. 단주와 오가 서로 사귀어 당을 지어 몰려다녔으므로 그 둘을 병칭하여 '무약단주오'라는 말을 하게 된 것이다.

이렇게 보면 '무약단주오'는 "단주나 오처럼 되지 말라"라는 뜻이 된다. 이처럼 본문의 오를 참신하게 이해할 길이 있었으므로 다산은 본문의 오와 『좌전』의 요를 동일 인물로 보자는 제안을 물리치고, '원의총괄'에 기록된 대로 "'오탕주奡盪舟'의 '오奡'는 한착의 아들 요가 아니다"라고 주장했다. 사실 『좌전』은 공안국이 설명하는 오와 비슷한 이야기를 가진 요를 소개하면서도 그가 배를 끌었다는 기록은 남기지 않았다. 이것도 다산이 본문의 오와 『좌전』의 요를 다른 사람으로 본 이유다.

다음으로 남궁괄의 말이 무슨 뜻인지 다산의 생각을 알아보자. 고금주는 모두 이 장에서 남궁괄이 공자를 우와 직에게 비유하여 공자의 덕을 높이려고 했다고 이해했다. 예나 오와 다르게 이들 둘은 덕을 통해 천하를 가지게 되었으므로 공자와 유사했다는 것이다. 직은 주나라 왕실의 조상으로 살아서는 천하를 가지지 못했지만 후손인 문왕과 무왕이 왕이 되었으므로 나중에 천하를 가졌다. 그러나 고금주의 설명은 누가 보아도 어색하다. 본문에서 우와 직은 "몸소(躬) 농사를 지었다(稼)"라고 했는데 공자는 농사를 지은 바도 없고, 그들이 "천하를 가졌다"라고 했는데 공자는 천하를 가진 바도 없었기 때문이다. 비교를 하려면 접점이 있어야 하는데, 공자와 이들 사이의 접점은 많지 않다. 공통점이 있다면 그들 모두 덕이 있었다는 정도다. 그렇다면 본문은 그 점을 강조해야 하는데도 뜬금없이 농사를 짓고 천하를 가졌다는 점을 강조한다. 다산도 이 문제점을 정확히 지적했다. "공자는 몸소 농사를 지은 적도 없고 또 천하에 왕 노릇을 할 조짐을 보이지도 않았다. 남궁괄이 왜 하필 우와 직을 공자에게 비유했겠는가?"

다산은 남궁괄의 말에 그런 뜻이 없다고 판단했다. 오히려 그가 보기에 남궁괄은 천리天理를 말했다.

활 잘 쏘고 힘이 센 것으로 환란을 막을 수 있었으면서도 병사에 휘말려 죽는 것을 면치 못했고, 도랑을 파고 씨를 뿌리며 마치 비천하고 가난한 듯했으나 마침내 대명을 받았으니 남궁괄이 물은 것은 천리다.

여기에서 천리는 무엇인가? 다산은 그것이 '복선화음의 이치(福善禍淫之理)', 곧 선한 자에게 복을 주고 음탕한 자에게 화를 내리는 그런 이치라고 설명한다. 이때 복을 주고 화를 내리는 것은 하늘이다. 다산의 하늘은 단순히 이치로서의 하늘이 아니라 인간을 상벌하여 그 삶에 영향을 미치는 하늘이다. 다산의 하늘은 이렇게 곳곳에서 주재하는 하늘로 등장한다. 성리학도 주재하는 하늘이라는 관념을 아예 부정하지는 않았지만 다산은 성리학보다 하늘의 주재성에 훨씬 더 많이 주목했다. 천주교의 영향을 생각해볼 수 있다.

다산이 보기에는 남궁괄의 말을 들은 공자가 아무런 반응을 하지 않은 이유도 그 말의 성격과 관련이 있다. 남궁괄이 공자에 대한 존경을 표했다고 생각한 고금주는 공자가 남궁괄의 의도를 알았기 때문에 겸손을 보이며 대응을 하지 않았다고 해설했다. 하지만 다산의 생각은 달랐다. 남궁괄은 천리를 이야기했고, 공자는 인간 본성과 천도를 이야기하지 않았으므로(5,12) 아무런 대답도 하지 않았다는 것이다. 『논어』를 통해서 『논어』를 이해한다는 다산 『논어』 읽기의 원칙에도 맞고 앞의 설명과도 조화되는, 옳고 그름을 떠나서 일관성 있는 해설이다.

남궁괄이 나간 뒤 공자가 그를 칭찬한 이유에 대한 다산의 설명도 일관성을 가진다. 곧 다산은 남궁괄이 천리를 옳게 이야기했으므로 공자가 그를 칭찬했다고 보았다. 단순히 좋은 말을 했으므로 칭찬했다는 것이다. 이에 비해 고금주는 남궁괄이 예나 오 같은 부도덕한 무리를 우임금과 직 그리고 또 공자 같은 성현과 분명히 구분했으므로 그것을 칭찬했다고 했다. 고금주의 해설대로라면 공자는 자신을 높이 평가한 남궁괄을 칭찬한 셈이다. 그렇게 보지 못할 이유는 없지만 그보다는 다산의 일관성 있고 참신한 해석이 돋보인다고 하겠다.

14.7

선생님께서 말씀하셨다. "군자이면서도 인하지 않은 사람은 있지만 소인이면서 인한 사람은 없다."

子曰: 君子而不仁者有矣夫, 未有小人而仁者也.

"군자이면서도 인하지 않은 사람은 있다"라는 말은 얼른 이해하기 곤란하다. 유교에서 군자는 종종 이상적 인격을 가리키기 때문이다. 이 곤란을 해결하는 방법은 두 가지인데, 그 하나는 한유처럼 이 장에 잘못된 글자가 있다고 주장하는 것이고, 다른 하나는 고주나 금주처럼 군자와 인한 사람을 구분하여 군자보다 인한 사람을 더 위에 올려놓는 것이다. 한유는 "어찌 군자이면서 인하지 않은 사람이 있으며, 이미 소인이라고 했으면 어찌 인을 구하겠는가?"라고 하면서 이 장의 '인仁'이 '비備'의 오자라고 주장했다. 한유의 『논어필해』는 어떻게 보면 과감하고 어떻게 보면 뜬금없는 주장을 많이 하는데, 다산은 거의 받아들이지 않는다. 이 장에서도 마찬가지다. 다산이 보기에 한유의 주장은 이 장의 군자가 무엇인지 소인이 무엇인지 이해하지 못했기 때문에 나왔다.

금주나 고주도 마찬가지다. 고금주는 군자와 소인을 덕이라는 측면에서 파악하여 군자의 덕에는 미비한 점이 있고 인한 사람의 덕은 완벽하다고 했다.

그러나 다산에 따르면 여기에서 군자, 소인은 사회적 지위와 관련된 말이다. 군자란 "학식이 두루 통하여 충분히 백성의 윗자리에 앉을 수 있는 사람"이며, 소인은 "이익을 탐내는 욕심에 굴복하여 남의 밑에 있는 것도 감내하는 사람"이다. 윗자리에 있는 사람은 모두 군자고, 남의 밑에 있는 사람은 모두 소인이라는 말이 아니라 높은 자리에 앉을 자격이 있는 사람이 군자이고, 낮은 자리도 마다하지 않는 사람이 소인이라는 것이다. 말하자면 이 장의 군자는 좀 독특한 개념이다.

이런 군자는 인을 위한 준비는 되어 있다. 그렇지만 실제로 그런지는 실천을 봐야 한다. 그러므로 "군자이면서도 인하지 않은 사람은 있다." 소인은 이익을 좇으므로 그것과 종종 대립되는 인을 실천할 실심實心, 곧 참된 마음가짐이 없다. 그러므로 "소인이면서 인한 사람은 없다." 앞에서 다산의 소인에는 세 가지 함의가 있다고 했는데(13.20), 여기의 소인도 그중의 하나 사회적 지위와 관련된다. 따라서 "만약 따져보지 않고 곧바로 소인은 악한 사람이라고 하면 이 경전의 뜻을 이해하기 어렵게 되는 경우가 있다." 공자의 소인이 모두 악인은 아니라는 것이다.

군자와 소인을 잘못 이해하는 것도 적지 않은 문제지만 다산의 눈에는 인을 군자도 잘 실천하지 못할 어떤 엄청난 가치로 생각하는 사유가 더 큰 문제다. 특히 금주는 인을 심덕心德이라느니 천리라느니 해서 형이상의 차원으로 보내버렸는데, 이렇게 되면 인을 어떻게 실천해야 하는지 막연해진다. 사양좌는 금주에서 "군자는 인에 뜻을 두지만 잠깐 사이에 마음이 존재하지 않으면 불인하게 되는 것을 면할 수 없다"라고 했는데, 다산은 전형적으로 문제가 있는 해설이라고 본다. 도대체 사양좌가 말하는 '마음'이란 어떤 마음을 가리키는가? 아마도 사양좌 같은 성리학자는 이런 질문을 놓고 이러쿵저러쿵 이야기할 것이다. 하지만 이야기하면 할수록 모호해지고 문제는 더 복잡해진다. 모호해지고 복잡해지면 벌써 인의 실천은 뒷전에 놓이게 된다.

> 인은 심덕이 아니고, 천리도 아니니 사씨의 설은 무슨 말인지 모르겠다.
> 오늘날 배우는 자가 인에 종사하려고 해도 곧 흐릿하게 녹아서 그 모습이
> 없어지니 어떻게 할 것인가?

다산에게 인은 인륜의 성덕이며, 모든 덕의 종합이다. 쉬운 것은 아니지만
자기 주변의 관계를 평화롭게 유지하려고 노력한다면 어려운 것도 아니다.
"부모에게 효도하고, 군주에 충성하고, 무리를 사랑하는 것을 인이라고 한
다." 이 말은 『논어고금주』 첫머리부터 다산이 웅변한 그의 인설을 짤막하게
요약한다. 인은 이런 가치를 실천할 때 주어지는 이름이다. 형이상의 개념이
아니라 실천이며, 세상 밖에 있는 것이 아니라 생활 속에 있다.

14.8

선생님께서 말씀하셨다. "사랑한다면 능히 수고롭게 하지 않을 수
있겠는가? 충실히 대한다면 능히 가르치지 않을 수 있겠는가?"

子曰; 愛之, 能勿勞乎? 忠焉, 能勿誨乎?

고주는 '노(勞)'를 '위로하다'라는 뜻으로 이해하고, 이 장의 앞부분을 "사랑
한다면 능히 위로하지 않을 수 있겠는가?"라고 읽었다. 다산은 "위로함으로
써 사람들을 오게 하는 것(勞)과 가르치고 책선하는 것(誨)은 같은 종류가 아
니다"라고 하면서 고주를 물리치고, 금주에 따라 이 장을 읽었다. 누군가를

아낀다면 그 사람에게 수고로움과 배움의 시련을 주어야 한다는 교훈을 담는다고 보았기 때문이다. 문장으로는 고주도 잘못된 것은 없지만 과연 이 장이 그런 교훈을 담는다면 금주와 다산처럼 보는 것이 낫다.

본문의 '충忠'은 군주에 대한 충성만 의미하는 것이 아니라 남을 충실하게 대하는 것이다. 다산은 "'충'은 신하가 군주에게 충성하는 것만 아니라 자식이 부모에게 충실히 대하고, 사가 벗에게 충실히 대하는 것 등도 의미하니 무릇 남을 위해 도모할 때는 충실함을 다하는 곳이 있다"라고 하여 이 점을 분명히 했다.

14.9

선생님께서 말씀하셨다. "사명을 지을 때는 비침이 대략 만들고, 세숙이 살펴 논했으며, 항인 자우가 빼거나 더했고, 동리 자산이 빛나고 아름답게 만들었다."

子曰; 爲命, 裨諶草創之, 世叔討論之, 行人子羽修飾之, 東里子産潤色之.

여기에 소개된 사람은 모두 정나라의 대부다. '비침裨諶'은 그대로 이 사람의 이름이고, '세숙世叔'은 유길의 별호이며, '항인行人'은 '자우子羽'라는 자를 쓰던 공손휘가 맡고 있던 직책으로 외교 사절을 접대하는 책임을 졌고, '동리東里'는 원래 자산 공손교가 은퇴한 뒤 살던 고을 이름인데 나중에 자산을 가리키는 별호가 되었다. 이들은 모두 공자보다 연배가 높고, 공자가 직접 만나지 못했으므로 이 장은 공자가 들은 말이다. 다산은 기원전 492년 공자가 정나라에 들렀을 때 들었을 것이라고 보았다. 다산과 달리 공자가 기원전

493년에 정나라에 갔다고 보는 견해도 있지만 어찌 됐든 공자가 정나라 사람으로부터 이 말을 들었을 개연성은 충분하다.

본문의 '명命'을 위에서 '사명使命'으로 옮겼는데, 여기에서는 '맡겨진 임무'라는 뜻보다는 더 구체적으로 '사신에게 주어진 명'이라는 뜻이다. 그런 명은 문서로 기록되었다. 곧 본문의 '명'은 문서다. '명命'이 문서를 의미할 때는 다른 나라를 방문할 때 사신이 임금에게 받아 지니고 갔던 공식 외교문서를 가리킨다. 다산의 일관된 견해다. 그는 이 '사명'을 그와 비슷한 '사명辭命'과 구분해야 한다고 여러 번 주장했다. 외교와 관련된 '사辭'는 문서가 아니라 사신이 방문한 나라의 사람들과 주고받는 말을 의미하기 때문이다. 이 주장은 금주에 대한 비판이다. 금주는 이 장이 "정나라에서 사명辭命을 지을 때"의 상황을 묘사한다고 했다. 이에 대해 다산은 "선유들은 '사辭'와 '명命'을 섞어 썼으니 역시 소원하다고 하겠다"라는 평을 남겼다. 한편 고주는 '명'을 제후가 회맹할 때의 말(辭)로 보았는데, 당연히 다산은 받아들이지 않는다.

'초창지草創之'라는 말의 뜻도 논의할 만하다. 다산은 금주를 따랐고, 위에 옮긴 것처럼 읽었다. 하지만 고주는 흥미롭게도 이 구절을 "들에서(草) 만들었다(創之)"라고 읽는다. '초'를 원의 그대로 읽었는데, 그렇게 한 데는 이유가 있다. 『좌전』에 나오는 유사한 기록 때문이다. 이 기록은 위에 거론된 네 대부의 협력을 본문과 비슷하게 묘사하면서 "비침은 들에서(草) 일을 도모하면 목적을 달성했고, 고을에서 도모하면 궁색했다"(『춘추좌전주소』, 40:28b)라고 했다. 그러나 다산은 공안국이 『좌전』에 나오는 신기한 이야기를 좋아하여 『논어』를 해설할 때 종종 사용했다는 점을 지적하면서 '초'에 대한 해석도 그런 예 중의 하나라고 가볍게 여겼다. 나아가 그는 『좌전』은 네 대부의 협력을 개괄하여 말했고, 이 장은 사명을 짓는 일에 한정되었으므로 혼동해서는 안 된다고도 경계했다. 어쨌든 고주의 독법도 흥미롭다.

이 장은 대신이 서로의 장점을 살려 도움으로써 국정을 원만한 수행하는 아름다움을 묘사했다. 다산에 따르면 '토討'는 글에 문제가 없는지를 살피는 것이고, '수修'는 초고에서 문장을 빼는 것, '식飾'은 더하는 것이다. '토론'이나 '수식' '윤색'은 모두 붙여 쓸 수 있는 표현이지만 여기에서는 각 글자가 독립적인 의미를 지닌다.

14.10

어떤 사람이 자산을 물으니 선생님께서 말씀하셨다. "은혜를 베푼 사람이다." 자서에 대해서 물었다. "그 사람이라, 그 사람이라!" 관중에 대해서 물었다. "(이러저러한) 사람이다. 백씨의 병읍 300호를 빼앗아 거친 밥을 먹게 했는데도 죽을 때까지 원망하는 말이 없었다."

或問子産. 子曰; 惠人也. 問子西. 曰; 彼哉彼哉! 問管仲. 曰; 人也. 奪伯氏騈邑三百, 飯疏食, 沒齒無怨言.

자산은 백성을 잘 보살펴 '뭇사람들의 어머니'로 불렸다. 그러므로 공자는 "은혜를 베푼 사람"이라고 했다. 자서는 정나라의 대부 공손하를 가리킨다는 설이 있고, 초나라의 영윤 벼슬을 했던 공자 신(申)을 가리킨다는 설이 있다. 공손하는 자산과 동시대의 인물로 자산과 함께 정나라의 국정을 이끌던 두 실세 중의 하나였고, 공자 신은 초나라의 재상으로 공자가 초나라로 가려고 했을 때 초왕에게 불가함을 유세하여 결국 공자의 발길을 돌리게 했다. 고주는 두 설을 다 소개했고, 금주는 초나라의 공자 신이라고 했는데, 다산은 정나라의 공손하를 가리킨다고 본다. 이에 대해서는 모기령의 논의가 자세한데, 논의를 마친 뒤 그는 자서가 공손하를 가리킨다는 결론을 내렸다(『논어계구편』, 6:5b~6b). "그 사람이라, 그 사람이라!"라는 표현은 칭찬할 내용이 없다든가(고주), 치지도외하여(금주) 결국 배척하는 뜻을 지니므로(다산) 이 표현대로라면 이 사람의 사적에 뭔가 문제가 있어야 한다. 초나라의 자서는 공자를 물리친 죄를 지었으므로 이 조건에 맞는 듯하다. 금주는 그 점에 주목했다. 하지만 다산은 "사람의 뛰어나고 불초함은 반드시 죽은 이후에 정해진다"라고 하면서 공자가 이 장의 말을 말할 때 초나라의 자서는 살아 있었으므로 본문의 자서는 "정나라의 자서임에 의심이 없다"라고 했다. 그렇다면 정나라 자서의 사적에도 문제가 있어야 하는데, 그 점은 모기령이 밝혔다. 그의 아버지와 자산의 아버지는 반적에게 같은 날 죽었는데, 이 참극이 벌어졌을 때 자산은 신중했고 그는 경솔했다. 경솔하게 행동함으로써 그는 가솔들을 죽게 만들었다(6:5b~6b).

관중을 평가하는 말 첫머리의 '인야人也'를 놓고는 여러 설이 있다. 고주와 금주는 "이 사람은"이라고 풀면서 뒤 문장에 연결해 읽었고, 심교문(1537~1615)은 "한 사람이다," 곧 하나의 가치 있는 사람이라는 의미로 이해했다. 이들과 달리 다산은 글의 구조로 볼 때 앞에 한 글자가 빠져 있다고 판단했다. 자산을 '혜인야惠人也'라고 했으므로 그에 어울리는 평가가 있어야 한다는 주장이었다. 하지만 어떤 글자가 빠졌는지 알 길이 없으므로 다산은 더 이상 어떤 제안도 하지 않았다. 위에서 본문을 옮길 때도 다산의 입장을 반영했다.

마지막으로 '백씨伯氏'는 제나라의 대부로 원래 '병읍駢邑'이라는 식읍을 가지고 있었다. 관중이 이 식읍의 300호를 취함으로써 그는 거친 밥을 먹을 정도로 곤란을 겪었지만 글자 그대로 읽으면 "이가 빠질 때까지(沒齒)," 곧 죽을 때까지 불만을 이야기하지 않았다고 한다. 관중이 그럴 만한 공을 세웠다고 생각했기 때문이었다. 본문만 보면 관중이 300호를 빼앗은 것처럼 보이므로 고주는 "관중이 그것을 빼앗았다"라고 했는데, 금주와 다산에 따르면 잘못이다. 『순자』는 관중이 어떻게 제 환공을 도와 나라를 반듯하게 만들었는지를 묘사하면서 "(제 환공이) 그에게 나라의 토지 대장에 기록된 300호를 주었는데도 부유한 사람이 감히 거부하지 못했다"(『순자』, 3:19b~20a)라고 했다. 다산은 이 기록에 의거해서 마땅히 금주를 따라야 한다고 보았다.

14.11

선생님께서 말씀하셨다. "가난하면서도 원망이 없기는 어렵고, 부유하면서도 교만하지 않기는 쉽다."

子曰; 貧而無怨難, 富而無驕易.

해석과 훈고에 이견이 없는 장이다. 공자의 제자 중에 "가난하면서도 원망이 없는" 사람으로는 안회를 꼽을 수 있고, "부유하면서도 교만하지 않은" 사람으로는 자공을 꼽을 수 있다. 공자는 원망을 가지지 않기가 더 어렵다고 했으므로 이 장은 안회를 더 높이 보았다고 할 수도 있다. 다른 제자보다 안회를 높이려는 사람은 이렇게 읽을 것이다. 하지만 다산에 따르면 공자는 이 장에서 "부유한 사람을 가르치기 위해 이 말을 했다." 쉬움에도 불구하고 교만하다면 "그 죄는 더욱 엄중해질 것"이기 때문이다.

14.12

선생님께서 말씀하셨다. "맹공작은 조씨나 위씨의 우두머리 가신이 될 수는 있어도 등나라나 설나라의 대부가 될 수는 없다."

子曰; 孟公綽爲趙魏老則優, 不可以爲滕薛大夫.

맹공작은 노나라의 대부로 노나라 삼대 세력가의 하나인 맹손씨의 일원이다. '조趙'와 '위魏'는 나중에는 나라의 이름이 되지만 여기에서는 진晉의 세경, 곧 진나라라는 제후국에서 대대로 경의 지위를 누리던 가문을 가리킨다. 그 가문의 씨가 각각 '조' '위'였다. 이들이 다른 세력가인 한씨와 함께 진나라를 임의로 삼분함으로써 춘추시대가 막을 내리고 전국시대가 시작된다고 일반적으로 본다. 반면 '등滕'과 '설薛'은 사방이 오십 리밖에 안 되지만 그래도 주나라 왕에게 작위를 받은 제후의 나라였다. 본문에서 공자는 맹공작이 조씨나 위씨 같은 큰 집안의 '노老', 곧 가신의 우두머리는 될 수 있지만 등나라나 설나라 같은 작은 나라의 대부는 될 수 없다고 말한다.

맹공작의 사적은 자세하지 않다. 그렇지만 바로 아래 장에서 공자는 이 사람을 두고 "욕심이 없다"라고 평가했다. "욕심이 없다"라는 것은 그의 장점인데, 이 장에서 공자는 그가 등나라나 설나라의 대부가 될 자격이 있는지에 대해 유보적인 태도를 보인다. 뭔가 결점이 있기 때문이다.

고주와 금주는 무능함이 그의 결점이라고 보았다. 욕심은 없지만 재주가 없는 사람, 이것이 고금주가 생각하는 맹공작이었다. 그에 따르면 당시 조씨와 위씨는 인재를 초빙하는 데 많은 공을 들였다. 그 결과 많은 인재가 모여들었으므로 정작 집안의 가신은 할 일이 없었다. 무능해도 청렴하기만 하면 가신의 우두머리가 되는 것에 문제가 없었다. 그래서 공자는 "조씨나 위씨의 우두머리 가신이 될 수 있다"라고 했다. 반면 등나라나 설나라는 아무리 작아도 제후의 나라이며, 따라서 전례도 복잡하고, 제후국 간의 외교라든가 주나라에 대한 조빙이라든가 처리해야 할 일이 많았다. 그런 나라의 대부는 유능해야 한다. 맹공작처럼 청렴하지만 무능한 사람은 그런 나라의 대부가 될 수 없었다. 그래서 공자는 "등나라나 설나라의 대부가 될 수는 없다"라고 했다. 이것이 고금주의 해석이다.

하지만 다산은 또 다시 이 권위 있는 해석을 받아들이지 않는다. 그에 따르면 맹공작의 결점은 재주가 없는 것이 아니라 위엄이 없는 것이었다. 재주는 오히려 뛰어났을 것이다. "조씨나 위씨는 세력이 성하고 땅이 넓어서 우두머리 가신이 맡은 직무의 번다함은 등나라나 설나라 대부의 그것보다 배가 되었을 것이다." 그런데도 공자가 "조씨나 위씨의 우두머리 가신이 될 수 있다"라고 했다면 그것은 재주가 있었다는 반증이다. 그런데 욕심 없고 청렴한 사람은 행동도 소략하지 않은가? "청렴 검약한 것은 청렴 검약한 것이고, 그 사람의 위의나 행동에 따로 낮게 볼 만한 것이 있었을 것이다." 곧 그는 대부 같은 고위 관료가 되기에는 위엄이 없었다. 그래서 공자는 "등나라나 설나라의 대부가 될 수는 없다"라고 했다.

이러한 다산의 판단은 다음 장에 대한 이해와도 맞물려 있다. 다음 장에서 공자는 맹공작의 '무욕'과 함께 여러 선인의 미덕을 열거한 뒤 그러한 미덕에 더해서 "예악으로 문채를 내야만 또한 된 사람"이라고 했다. 이 말을 되새겨 보면 맹공작에게 문채가 없었음을 알 수 있다. 한 사람에게 문채가 없다면 위엄이 있을 수 없다. 위엄이 없다면 아무리 작은 나라라도 어떻게 대부가 되겠는가? 이것이 다산이 이 장에서 보여준, 한글로 본문을 옮길 때는 드러나지 않는 다른 해석이었다. '원의총괄'은 이 해석을 "조씨와 위씨의 우두머리 가신이 맡은 직무의 번다함은 등나라나 설나라 대부의 열 배였다"라고 요약했다. 원래 다산은 "배는 더 많았을 것"이라고 했는데, '원의총괄'에서는

"열 배는 더 많았을 것"라고 했다. 그 이유는 알 수 없다.

14.13

자로가 된 사람을 물으니 선생님께서 말씀하셨다. "장무중의 지혜와 공작의 욕심 없음과 변장자의 용맹함과 염구의 재주 같은 것이라도 예악으로 문채를 내면 된 사람이 되겠지." 자로가 말했다. "오늘날의 된 사람이 어찌 반드시 그렇겠습니까? 이익을 보고 의를 생각하고, 위험을 보고 목숨을 내주며, 오래 된 약속에 평소의 말을 잊지 않는다면 역시 된 사람이 될 수 있을 것입니다."

子路問成人. 子曰; 若臧武仲之知, 公綽之不欲, 卞莊子之勇, 冉求之藝, 文之以禮樂, 亦可以爲成人矣. 曰; 今之成人者何必然? 見利思義, 見危授命, 久要不忘平生之言, 亦可以爲成人矣.

장무중은 노나라의 대부로 '장臧'은 씨, '무武'는 시호이고, '중仲'은 그가 둘째여서 붙인 글자다. 앞에서도 소개되었고(5.17) 바로 뒤에서도 나오는 장문중의 손자인데, 이름이 장손흘臧孫紇이다. 이때는 '장손臧孫'이 씨이고, '흘紇'이 이름이다. '장손'이라는 씨는 집안의 시조가 자장子臧이라는 자를 썼고, 그의 후손이 가문을 이루었기 때문에 택한 것이다. 하지만 '손'은 불필요한 글자이므로 그냥 '장臧'씨라고 해도 무방하다. 『춘추』는 그를 장흘臧紇로 소개한다. 맹공작도 원래 성은 맹손盟孫이지만 같은 이유에서 맹씨라고 해도 무방하다. 이 장에서는 그저 '공작公綽'으로만 기록되었다. 변장자는 노나라에 속한 변읍卞邑의 대부로 알려졌는데, 성씨와 이름은 확실히 알 수 없다. '장자

莊子'는 그가 용맹했기 때문에 붙여진 별호일 것인데, 그렇다면 변장자는 '변읍의 용감한 남자' 정도의 의미가 된다. 염구는 알다시피 공자의 제자로 염은 성이고 구는 이름이다. 한마디로 이때까지는 중국의 성씨제도가 자리를 잡지 못했고, 또 사람을 기억하는 방법도 가지가지여서 원칙이 없었다. 원칙이 없었으므로 고전의 기록만 가지고 한 사람을 낱낱이 알기는 쉽지 않다.

장무중이 지혜(知)와 연결되는 것은 『좌전』에 나오는 공자의 말 때문이다. 이 기사에서 장무중은 제나라의 군주가 그에게 땅을 주려 했을 때 오히려 그를 쥐에 비유하며 비판했고, 그 때문에 결국 제나라에 닥친 재앙으로부터 몸을 보존할 수 있었다. 이때 공자는 그를 두고 "지혜롭기가 어렵구나. 장무중의 지혜를 가지고도 노나라에 용납되지 않았다"(『춘추좌전주소』, 35:30a)라는 감회를 남겼다. 맹공작이 욕심 없음(不欲)과 연결되는 것은 앞 장에서 공자가 그를 두고 "조씨나 위씨의 우두머리 가신이 될 수 있다"라고 했기 때문이다. 그런데 사실 앞 장에서도 설명한 것처럼 주해가들은 그가 "조씨나 위씨의 우두머리 가신이 될 수 있었던" 이유를 이 장에서 찾았다. 공자가 이 장에서 그를 두고 "욕심이 없다"라고 했기 때문이다. 곧 이 장이 앞 장의 이유가 되고, 앞 장이 이 장의 이유가 된다. 전제 속에 증명되어야 할 결론이 포함되어 있는 전형적인 선결 문제 요구의 오류다. 하지만 그렇게 해설했던 것도 사실이다. 변장자가 '용맹함(勇)'과 연결되는 것은 『신서』 등에 기록된 이야기 속의 주인공, 호랑이를 맨손으로 때려잡은 어느 한 사나이가 바로 변장자이고, 그 이야기는 이미 공자 시대부터 노나라에 널리 알려졌기 때문이다. 염구가 '재주(藝)'와 연결되는 것 역시 공자 때문이다. 앞의 한 장에서 공자는 "구는 재주가 있으니 정사에 종사하는 데 무슨 어려움이 있겠습니까"(6.7)라고 말했다.

고주와 금주는 네 사람의 특성이 그들의 장점이라고 생각했고, 따라서 공자가 지금 그들을 긍정적으로 평가한다고 보았다. 가령 금주는 "지혜는 족히 이치를 궁구할 만하고, 청렴함은 족히 마음을 기를 만하며, 용맹함은 족히 힘써 행할 만하고, 재주는 족히 널리 응대할 만하다"라고 하면서 이들 네 사람이 가진 장점에다가 예악으로 문채를 낸다면(文) 완성된 사람, "된 사람(成人)"이 된다고 보았다. 그러므로 고금주에 따라 이 장의 앞부분을 옮기면 "장무중의 지혜와 공작의 욕심 없음과 변장자의 용맹함과 염구의 재주 같은 것에다 예악으로 문채를 내야 된 사람이 될 것이다"라는 정도가 된다. 네 사람의 장점에 더하여 예악으로 문채를 내야 된다는 가르침이었다는 것이다. 그러나 다산은 이 해석이 잘못이라고 보았다.

고금주와 달리 다산은 네 사람의 '장점'이 장점이 아니라고 보았다. 순서를 거꾸로 짚어 올라가면 염구가 공문의 고제인 것은 맞지만 그에게 흠이 있다는 사실은 『논어』의 여러 곳에 나온다. 두려움 없이 맨손으로 호랑이를 때려잡는 변장자의 용맹함이 군자의 용맹함이 아니라는 것은 다산이 이미 논한 바 있다(14.5). 맹공작의 욕심 없음이 결함을 가졌다는 점은 앞 장에서 논했다. 마지막으로 공자가 『좌전』에서 장무중을 놓고 지혜롭다고 한 것은 사실이지만 관련 기사를 계속 읽어보면 공자는 결론적으로 그가 "일을 처리함에 이치를 따르지 않았고, 일을 베풂에 남의 마음을 헤아리지 않았다"(『춘추좌전주소』, 35:30a)라고 했다. 또 아래의 한 장을 보면 장무중은 임금에게 강요를 한 사람이다(14.15). 곧 장무중의 지혜 역시 다른 경우와 마찬가지로 결함을 가졌다. 결국 다산에게 이들은 모두 문제가 있는 사람이었다.

다른 지혜로운 자도 많은데 왜 하필 임금에게 강요한(14.15) 사람이겠는가? 다른 용맹한 자도 많은데 왜 하필 호랑이를 때려잡은 사람이겠는가? 다른 청렴한 사람도 많은데, 왜 하필 조씨나 위씨의 우두머리 가신이 되는 사람이겠는가? 다른 재주 있는 사람도 많은데, 왜 하필 명고鳴鼓의 법률로 다스리는(11.17) 문도이겠는가? 여기에 거론된 네 사람은 모두 우리 선생님께서 평소에 비판한 자들이다.

그러면 공자는 왜 이들을 거론했을까? 다산에 따르면 "공자가 언급한 네 사람의 '장점'은 모두 자로가 자부하는 것이었다. 그렇지만 자로는 예악에 갖추지 못한 바가 있었다." 그래서 공자는 자로를 기롱하면서 자로가 자랑하는 "지혜, 청렴함, 용맹함, 재주 등은 이 네 사람의 장점과 비슷하지만 진실로 예악으로 문채를 낸다면 오히려 된 사람이 될 수 있다"라고 했다. 곧 공자는 완전하지 못한 네 사람과 그들의 부족한 '장점'을 거론하면서 설령 그들과 같은 문제가 있더라도 예악으로 문채를 낼 수만 있다면 된 사람이 될 수 있다고 했다. 자로에게 예악에 좀 더 힘쓸 것을 권면하기 위해서였다. 이러한 뜻을 보여주려면 본문은 "……재주 같은 것이라도 예악으로 문채를 내면"이라고 옮겨야 한다. 다산을 통해 『논어』를 읽을 때는 이 점에 유의해야 한다.

고금주 독법에는 또 다른 문제가 있다. 공자의 말이 기롱하는 말임을 몰랐기 때문이다. 기롱한다는 것은 남을 비판하면서 놀리는 것, 혹은 놀리는 조로 비판하는 것을 말한다. 비판이기는 하되 심각한 비판은 아니며, 놀린다는 데 방점이 찍히는 비판이다. 이 점을 몰랐기 때문에 고금주는 이 장에서 공자가 정말 된 사람이 되는 방법을 알려준다고 생각했다. 안으로 지혜와 욕심 없음과 용맹과 재주를 갖추고 또 예악으로 바깥을 마감해야 된 사람이 된다는 것이 그들이 읽은 공자의 교훈이었다. 맥락 없이 이렇게만 써놓으면 정말 좋은 교훈인 것도 같다.

하지만 다시 이 장에서 거론된 '장점'이 누구의 '장점'인가가 문제가 된다. 아무리 예악으로 문채를 낸다고 한들 "이치도 따르지 않고" "남의 마음도 헤아리지 않았던" 장무중의 지혜가 된 사람이 되는 데 기여할 수 있겠는가? 아무리 예악으로 문채를 낸다고 한들 기껏 조씨나 위씨의 우두머리 가신이나 될 만한 맹공작의 욕심 없음이 된 사람이 되는 데 기여할 수 있겠는가? 변장자의 용맹함도, 염구의 재주도 다 마찬가지다. 다산은 말한다.

> 또 된 사람이란 반드시 효, 제, 충, 신을 본질로 한 이후에 예악으로 문채를 낸 사람이다. 이제 거론된 네 사람의 '장점'에는 도무지 덕행과 관련된 것이 없으니 어떻게 그것들을 통해 된 사람이 되겠는가?

그래서 다산은 공자가 결코 진정으로 된 사람이 되는 길을 말하지 않았다고 본다. 사실 그가 보기에는 앞에 묘사된 네 사람의 장점보다는 자로가 거론한 행동들이 더 훌륭했다. "나로 하여금 둘 중에 택하라고 한다면 장무중의 지혜나 맹공작의 청렴함이나 변장자의 용맹함은 내가 원하는 바가 아니다. 아래에서 (자로가) 말하는 청렴과 용기, 믿음직함, 이 세 가지 덕이 진실로 군자가 성실하게 실천할 바다." 그러므로 공자의 말은 기롱하는 말에 불과하다. 자로가 자부하는 바를 가볍게 취급하면서 그에게 예악에 좀 더 힘쓰라고 권하려는 것이 공자의 의도였다. 그런데 점잖은 스승과 제자 사이에 이렇게 기롱하는 전통이 있었던가? 다산에 따르면 그렇다. "성인도 역시 때에 따라 좋은 해학을 나눈다. 선유들은 이 말을 진실한 말로 받들었으나 아마도 그렇지 않을 것이다." 위에서 본문을 옮길 때 "된 사람이 되겠지"라고 말끝을 가볍게 한 것은 이런 기롱하는 느낌을 반영하기 위해서다.

또한 고금주는 이 장에서 공자가 옛사람의 기준에서 어떻게 된 사람이 될 수 있는가를 먼저 설명한 뒤 스스로 그 기준이 너무 높다고 생각했으므로 다시 말을 이어 뒤의 부분을 추가했다고 해설했다. 곧 위의 자로의 말도 고금주에서는 공자의 말이다. 다산에게는 이런 해설도 터무니없었다. 다산이 지적하듯이 네 사람은 공자와 동시대의 사람이거나 심지어 제자다. 유교의 상고주의를 감안하면 이들이 옛사람의 높은 기준을 대변할 수 없다. 그래서 다산은 공자가 아니라 자로가 이 장 후반부에 기록된 말을 했다고 보았다. 공자의 기롱을 들은 자로는 스승의 권면을 외면하면서 다시 자신이 능한 바를 이야기했고, 그 정도면 된 사람이라는 소리를 들을 만하지 않느냐고 큰소리쳤다는 것이다.

"이익을 보고 의를 생각하고, 위험을 보고 목숨을 내주며, 오래 된 약속(久要)에 평소의 말을 잊지 않는" 것이 자로의 인간됨이었다는 다산의 관찰은 충분히 공감할 만하다. 자로는 "질투하지도 않고 구하지도 않았다"(9.27)라고 했으므로 "이익을 보고 의를 생각했다." 그는 위나라의 분쟁에도 아랑곳하지 않고 자신을 등용한 공회를 위해서 죽었으므로 "위험을 보고 목숨을 내주었다." 그는 "미리 승낙하는 일이 없었다"(12.12)라고 했으므로 "오래 된 약속(久要)에 평소(平生)의 말을 잊지 않았다." 그러므로 공자가 지금 논의하는 말을 했다면 그는 자로가 잘 하고 있는 것을 들면서 그렇게 하면 '된 사람'이라고 한 셈이다. 이것은 공자의 교육법과 어울리지 않는다. 제자와 대화할 때 그는 늘 그들의 모자란 점을 들면서 발분을 촉구했기 때문이다. 그러므로 이것은 공자의 말이 아니다. 더욱이 "어찌 반드시 그렇겠습니까(何必然)?"라는 표현은 자로의 말투다. 그는 공자에게 "어찌 반드시(何必) 책을 읽은 이후에야 배운다고 하겠습니까?"(11.24)라고 했고, "어찌 반드시(何必) 공산씨에게 가시려고 하십니까?"(17.4)라고도 했다. 그러므로 후반부의 말은 당연히 자로의 것으로 봐야 한다.

다산의 해석에서는 이 장의 구조가 약간 부자연스러울 수도 있다. 공자는 자로를 기롱하고, 스승의 기롱을 들은 자로는 정색하고 자신의 생각을 이야기한 뒤 대화가 끝난다. 대부분의 경우라면 설령 자로의 말이 있었다고 하더라도 반드시 공자의 가르침으로 대화가 끝날 것이다. 그렇지만 다산은 『논어』에서 이런 경우를 발견할 수 있다고 주장한다. 가령 "군자도 미워하는 것이 있습니까?"라는 자공의 질문으로부터 시작되는 뒤의 한 장이 그렇다 (17.23).

이 장의 후반부가 자로의 말이라는 주장은 이미 호인이나 조순손, 풍의 등 금주에 등장하는 일부 경학가가 내놓았다. 주희도 호인의 설을 언급하면서 그 설이 맞는지 틀린지 알 수 없다고 했다. 그러므로 이 문제에서만큼은 다산의 주장이 새롭지 않다. 하지만 문제가 되는 말을 공자가 했다는 것이 고금주의 기본적인 시각이었고, 다산이 지배적 이해에 도전하여 기존의 설을 보완했다는 데는 의문의 여지가 없다. 나아가 이 장 전체를 여태껏 듣지도 보지도 못한 방식으로 완전히 다르게 읽는 다산을 보면 그의 '지혜'와 '용맹함'에 감탄하게 된다. 학문도 대단하지만 그 정신이 더 대단하다. 이 장에 대한 논의는 '원의총괄'에 "'장무중의 지혜'와 '공작의 욕심 없음'과 '변장자의 용맹함'은 자로를 기롱하기 위한 말이었다"라고 정리되어 있다.

14.14

선생님께서 공명가에게 공숙문자를 물었다. "정말인가? 우리 선생님께서는 말하지도 웃지도 취하지도 않는다는 것이?" 공명가가 대답했다. "고한 사람이 지나쳤습니다. 우리 선생님께서는 때에 맞은 후에 말을 하시니 사람들이 그 말을 싫어하지 않습니다. 즐거운 후에 웃으시니 사람들이 그 웃음을 싫어하지 않습니다. 의로운 후에

취하시니 사람들이 그 취함을 싫어하지 않습니다." 선생님께서 말씀
하셨다. "그렇구먼! 어찌 그랬겠는가?"

子問公叔文子於公明賈曰; 信乎, 夫子不言不笑不取乎? 公明賈對曰; 以告者
過也. 夫子時然後言, 人不厭其言. 樂然後笑, 人不厭其笑. 義然後取, 人不厭其
取. 子曰; 其然! 豈其然乎?

공숙문자는 위나라의 대부로 고금주에는 이름이 공손지公孫枝로 되어 있
는데, 다산에 따르면 잘못이며, 실제 이름은 공손발公孫拔이다. 황간본과 『논
어음의』가 그렇게 소개했다. 이 주장은 모기령이 먼저 제기했는데(『논어계구
편』, 6:18b~19a), 모기령의 전거는 『예기주소』에 있는 공영달의 소였다. 공영
달은 "위 헌공이 성자成子 당當을 낳았고, 성자 당이 문자文子 발拔을 낳았다"
(『예기주소』, 10:2a)라는 『세본』의 기록을 인용했다. 여기의 문자가 공숙문
자다.

다산에 따르면 공숙문자, 곧 공손발은 『좌전』에 소개된 위나라 여섯 현자
중의 하나인 공손발公孫發과 같은 인물이다(『춘추좌전주소』, 39:28b~29a).
그렇다면 이 사람이 이 장에 기록된 훌륭한 점을 가졌다는 게 수긍이 간다.
이 사람을 공자도 '부자夫子', 곧 '우리 선생님'이라고 부르고, 공명가도 그렇게
부른다. 공명가는 아마도 공숙문자의 가신이었거나 제자였을 것이므로 그렇
게 부르는 것이 이해된다. 그렇지만 공자가 '부자'라는 존칭을 쓰는 것은 이례
적이다. 공숙문자를 상당히 존중했음을 알 수 있다.

이 장에서 공자는 위나라를 방문하여 공숙문자에 대해서 들은 뒤 그와
가까운 공명가에게 들은 이야기의 진위를 묻는다. 이렇게 공자가 호기심을
가지고 적극적으로 누군가를 묻는 것도 이례적이다. 그가 들은 내용, 곧 공
숙문자는 "말하지도 웃지도 취하지도 않는다"라는 것이 이채롭기 때문이었

을 것이다. 이에 대해 공명가가 대답한 내용을 보면 공숙문자는 때를 알고, 즐거움을 알고, 또 의로움을 아는 사람이다. 대단한 인격이다. 그런데 공명가의 설명을 들은 공자의 반응이 아리송하다. 고주와 금주, 다산은 이 표현을 모두 다르게 읽는다.

먼저 고주는 앞의 '기연其然'이 공숙문자의 도를 아름답게 여겨서 한 말이라고 본다. 그렇지만 뒤의 '기기연호豈其然乎'는 과연 공숙문자가 묘사된 것과 같은 덕을 가졌을까를 의심하는 말이다. 따라서 고주를 따라 해당 구절을 읽으면 "그렇구면. 어떻게 그러겠는가?"라는 정도가 된다. 반면 금주는 두 표현이 모두 의심을 담는다고 했다. "이 말에 나타난 것은 예와 의가 마음속에 충일하여 때에 알맞게 행동하는 마땅함을 얻은 사람이 아니면 불가능하니 문자가 비록 뛰어나지만 여기에 미치지 못했음을 의심한 것이다." 공명가가 묘사하는 공숙문자는 너무나 뛰어났으므로 공자가 믿지 못했다는 말이다. 그러므로 금주에 따라 읽으면 "그런가? 어떻게 그러겠는가?"라는 정도가 된다. 금주는 물론 공자를 최고의 인격으로 생각하는 시각을 보여준다. 공자보다 높은 인격, 혹은 대등한 인격이 공자 동시대에 존재했다는 것을 인정하기 어려웠을 것이다.

다산은 이러한 금주의 옹졸한 태도를 문제 삼는다.

(공명가가) 그의 주군이나 스승의 행동을 진술했으니 그 내용이 괴력난신 같이 사리에 어긋난 것이 아니라면 성인은 마땅히 그 내용을 허여하고 아름답게 여길 따름이다. 아무런 이유 없이 의심을 만들어 "그런가? 어떻게 그러겠는가?"라고 말한다면 그것은 미혹이고, 곧바로 그 사람을 앞에 두고 "그런가? 어떻게 그러겠는가?"라고 했다면 그것은 예가 아니다.

금주의 속 좁은 까다로움이 오히려 공자를 욕되게 한다는 지적이다. 그래서 다산은 '기연'은 공명가의 이야기를 듣고 공숙문자의 실상을 알게 된 것을 기뻐하는 표현이며, '기기연야'는 자신이 먼저 들은 이야기가 사리에 맞지 않음을 깨닫고 한 말이라고 보았다. 공명가의 이야기를 듣고서야 공자는 "말하지도 웃지도 취하지도 않는다"라는 말의 허황됨을 알게 되었고, "어떻게 그런 일이 가능했겠는가?"라는 의미에서 "어찌 그랬겠는가?"라고 했다는 것이다. 참신하면서도 여유 있는 독법이다. '원의총괄'은 이 논의를 "'기연'과 '기기연'은 실상을 얻게 되어 기뻐하면서도 이전에 들은 바가 이치에 맞지 않음을 깨닫고 한 말이다"라고 정리했다.

다산은 자신만 이 주장을 하지 않았다고 고백했다. 어려서 공부할 때 이 독법을 마음에 두었는데, 나중에 『논어고금주』를 쓰면서 제 학설을 검토해 보니 이미 누군가가 같은 주장을 폈음을 알게 되었다는 것이다.

> 살펴보건대 건륭 무술년 겨울 내가 화순 동림사에서 책을 읽을 때(17세였다) 이 뜻을 얻었다. 이제 37년이 지나 지금 서씨徐氏의 경설을 보니 고인古人이 이미 먼저 그 뜻을 얻었다.

『논어고금주』를 통틀어 다산이 남긴 촌평 중 가장 인상 깊은 글 중의 하나이다. 연구하는 사람이 이런 일을 당하는 것은 흔해서 열심히 공부한 끝에 새로운 것을 발견했다고 생각했는데 알고 보면 이미 같은 설이 있는 경우가 적지 않다. 시간에 대한 회한이랄까 유감이 느껴진다. 여기에 나오는 '고인'은 윤임경을 말하는 듯하다. 다산이 윤임경을 인용하면서 그의 주장과 같은 견해를 소개했기 때문이다. 그렇지만 윤임경의 말을 듣고 17세에 "이 뜻을 얻었을" 수도 있다. 그렇다면 '고인'은 서씨다. 하지만 윤임경이 누구인지 알 수 없다. '서씨'가 누군지도 알 수 없다.

　이 촌평을 언제 남겼는지도 흥미롭다. 위에서 건륭 무술년이라고 했으므로 1778년이고, 다산이 1762년생이므로 당시 그의 나이 17세가 맞다. 이어 그는 위에서 "이제 37년이 지났다"라고 했다. 37년이 지났다면 1815년이고, 다산의 나이는 54세다. 그런데『논어고금주』는 다산의 나이 52세가 되던 1813년에 완성되었다. 따라서 이 촌평을 보면 다산은『논어고금주』가 완성된 뒤에도 수정 작업을 계속했음을 알 수 있다.

14.15

선생님께서 말씀하셨다. "장무중이 방읍을 가지고 후사 세울 것을 노나라에 구했으니 비록 임금에게 강요하지 않았다고 말하지만 나는 믿지 않는다."

子曰; 臧武仲以防求爲後於魯, 雖曰不要君, 吾不信也.

　이 장에서 다시 장무중이 나온다. 다산은 이 장을 앞의 한 장(14.13)에 대한 그의 주장, 곧 '장무중의 지혜'는 결함이 있었고 공자는 자로를 기롱했다는 주장을 뒷받침하는 증거로 사용한다. 이 장에서 공자는 명백히 장무중을 비판하기 때문이다.

　원래 장무중(장손흘)은 노나라의 가장 큰 세력가인 계손씨의 총애를 받았다. 계씨 가문의 후계자를 정하는 일에 꾀를 내어 그들을 도와주었기 때문이다. 하지만 계손씨와 함께 노나라를 삼분했던 맹손씨는 오히려 그 때문에 장무중을 꺼리게 되었다. 나중에 맹손씨가 계손씨에게 그를 무고했고, 그로 인해 장무중은 자신의 본거지였던 방읍을 버리고 주(邾)나라로 달아났다. 하지만 선조에 대한 제사가 끊길 것을 염려한 장무중은 형제 둘을 노나라에 보내 후계자를 세워달라고 청하면서 "저 흘이 남을 해하려고 한 것이 아니라 지혜가 부족했습니다. 감히 사사로이 청하는 것이 아니니 진실로 선조에 대한 제사를 지켜 공훈이 있는 두 사람을 폐하지 않도록 하신다면 감히 제가 방읍에서 떠나지 않겠습니까?"(『춘추좌전주소』, 35:26b~27a)라고 했다. "공훈이 있는 두 사람"은 그의 할아버지 장문중과 아버지 장선숙을 가리킨다. 이로 인해 장무중은 "임금에게 강요했다(要君)"라는 혐의를 받게 되었다.

장무중이 제사 잇기를 청했을 때 그 말이 겸손했으므로 사람들은 그가 임금에게 강요하지 않았다고 했다. 하지만 공자는 그렇게 보지 않았다. 한마디로 신하가 임금에게 무엇인가를 요구하는 것 자체가 문제라는 말이다. 금주는 한 발 더 나아가 장무중이 임금에게 "어떤 것을 끼고서 요구를 했다"라고 보았다. 방읍이라는 요충지를 끼고서 협박성 요구를 했다는 것이다.

이 문제에서 다산은 금주보다 더 강경하다. 장무중의 요구는 임금을 '겁박하는(劫)' 행위였다는 것이다. "그 의도는 은연중에 노나라 군신이 반란을 염려하여 자신이 청한 바를 따르도록 하려는 것이었다." 그러므로 '요(要)'를 단순히 '무엇인가를 끼고서 요구하는 것' 정도로만 봐서는 안 되고, '상대를 얽매고 굴레에 가두는(約勒)' 행위로 봐야 한다. 요구가 아니라 강요였다는 것이다. 다산은 『효경』의 공안국 주를 참고하여 '요'를 '강요하다'라는 의미로 이해했다. 『효경』 공안국 주란 『고본효경공씨전』의 주를 말한다. "『효경』 금주에는 이 글이 없는데, 다자이 준이 그것을 인용했다. 의심컨대 일본에는 일찍이 고본 『효경』이 있었던 것 같다." 다산 말처럼 『고본효경공씨전』은 일실되었다가 일본에서 중국으로 역수입되었다. 과연 현재 통용되는 『고본효경공씨전』에서 '요'에 대한 공안국의 주를 발견할 수 있다(『고본효경공씨전』, 15a).

『고본효경공씨전』에 공안국과 함께 대표 주석가로 이름을 올린 사람이 다자이 준이다.

잠깐 언급한 것처럼 다산은 이 장이 '장무중의 지혜'를 좋게 볼 수 없는 결정적 증거라고 생각했다.

> 노나라에서는 임금에게 강요를 했고, 제나라에서는 임금을 욕보였으니 그 간사하고 비틀어져 바르지 않음이 이와 같다. 그런데도 (공자는) 오히려 자로를 위하여 그의 지혜를 원했으니 그것이 기롱이 아니면 무엇이겠는가?

그러므로 앞 장(14.13)에 대한 다산의 전대미문의 해석은 사실 『논어』를 통해 『논어』를 읽는다는 그의 원칙을 잘 따른 것이다.

14.16

선생님께서 말씀하셨다. "진 문공은 속이면서 바르게 하지 않았으며, 제 환공은 바르게 하면서 속이지 않았다."

子曰: 晉文公譎而不正, 齊桓公正而不譎.

진 문공과 제 환공은 춘추시대를 호령했던 다섯 명의 패자, 이른바 춘추오패에 속하는 인물이다. 이때 '패覇'란 힘으로 세상을 다스리는 것을 의미한다. 당연히 이들은 모두 강한 군사력으로 다른 제후국을 압도했다. 힘이 강하면 상하를 불문하고 모든 사람을 억누르려는 것이 보통인데, 이들은 주 왕실을 높이고 오랑캐를 물리침으로써 주나라를 보존하는 데 공헌했다. 그러므로 다른 강자와 구별하여 이들을 모두 '패'로 기억한다. 그렇지만 공자는 진 문공을 비판하고 제 환공을 좋게 평가하여 두 사람을 구별했다.

진 문공이 속였다고(譎) 비판받는 이유는 여러 가지다. 고주는 진 문공이 패자가 되었을 때 천자를 속여 제후가 모인 곳으로 오게 한 뒤 조회를 받게 했다는 점을 문제 삼는다. 원래는 제후가 주나라의 조정에 들어가 조회를 해야 하는데, 오히려 천자를 속여 밖으로 불러내고 조회를 받도록 했다는 것이다. 형병은 제후들의 군사가 천자를 놀라게 할까 염려하여 취한 조치였다고 진 문공을 변명했지만 어쨌든 천자를 속인 것은 사실이다. 금주는 이보다 진 문공이 패자가 되는 과정에서 곧잘 속임수와 계략을 사용했다는 점을 문제 삼았다. 가령 위나라를 정벌할 때는 위나라의 내분을 일으켰고, 초나라와 맞설 때는 제나라 등 다른 제후국과 초나라의 갈등을 유발시키기도 하고 초나라의 동맹국을 속여 동맹을 약화시키기도 하면서 목적을 달성했던 것이다.

반면 다산은 주로 그의 심사를 문제 삼았다. 제 환공에게 관중이 있었다면 진 문공에게는 외삼촌 호언이 있었는데, 환공은 언제나 관중을 믿어 의심치 않은 반면 문공은 호언을 의심하여 기피했다. 또 환공은 천자가 내린 제사 음식을 공손히 받은 반면 문공은 천자만 쓸 수 있는 예를 사용할 수 있게 해달라고 청하기도 했다. 물론 다산은 고금주의 설명도 받아들인다. 하지만 고금주가 "속이면서 바르게 하지 않은" 직접적 사례를 거론한 데 비해 다산은 속임수를 낳은 문공의 마음가짐을 문제 삼았다.

공자가 제 환공을 긍정적으로 평가한 이유를 놓고는 고금주와 다산이 모두 같은 사례를 거론한다. 한마디로 그의 초나라 정벌에는 올바른 명분이 있었고, 명분을 내세우면서 정당한 정벌을 했다는 것이다. 이때 초나라는 특산품을 공물로 바치지 않아 주나라의 왕실 제사에 곤란을 주었고, 또 주 소왕은 초나라로 원정을 갔다 돌아오지 못했다. 이것이 초나라가 벌을 받아도 마땅한 이유이자 정벌의 명분이었다. 사실 환공의 초나라 공격은 그의 부인 채희와의 갈등 때문에 시작된 것이지만 어쨌든 제 환공이 정공법을 택한 것은 맞다.

여기에서 볼 수 있듯이 제 환공과 진 문공은 모두 초나라를 징벌함으로써 패자의 명예를 얻었다. 흔히 이들이 이민족을 물리치는 양이攘夷의 공을 세웠다고 하는데, 이 이민족도 실질적으로는 초나라를 가리킨다. 이민족의 나라로 취급받던 초나라는 가장 넓은 영토와 강력한 군사력으로 항상 중원을 위협했고, 주나라의 제도로는 자작의 나라에 불과하지만 춘추시대 초기인 기원전 704년부터 왕을 칭하여 주 제도의 위엄에 큰 손상을 입혔다. 따라서 진 문공과 제 환공이 초나라를 어떻게 정벌했는가가 그들을 구별하는 계기가 되는데, 진 문공은 속임수로 했고 제 환공은 정당한 방법으로 했다.

그래서 공자는 명백하게 제 환공을 우위에 놓았다. 하지만 패도에 대한 거부감이 강한 성리학의 금주는 두 사람이 다를 것이 없다는 견해를 피력했다. 곧 이들은 "힘으로 인을 가장했으므로 모두 마음이 올바르지 않았다." 또 제 환공은 자신의 형인 공자 규를 죽였으므로 결코 긍정할 수 없는 인물이었다. 이러한 성리학의 편견에 맞서 다산은 언제나 제 환공과 관중을 옹호한다. 이 장에서도 그는 "두 공의 옳고 그름, 비뚤어짐과 올바름을 놓고는 우리 선생님께서 확정된 평결을 내린 바 있다"라고 말하면서 양비론적인 금주가 결국 공자를 업신여길 수 있음을 경계했다. 그가 지적한 대로 "『논어』를 살펴보면 중니는 스스로 관중의 공을 찬미하면서 힘을 남기지 않았다." 더 나아가 다산은 환공이 형을 죽인 것도 진 문공에 비하면 이해할 수 있는 일이라고 생각했는데, 이 점은 다음 장에서 논할 것이다.

14.17

자로가 말했다. "환공이 공자 규를 죽이니 소홀은 따라 죽었고, 관중은 죽지 않았습니다. 인하지 않다고 하겠습니까?" 선생님께서 말씀하셨다. "환공이 아홉 번 제후를 회합할 때 병거로 하지 않았으니 관중의 힘이다. 그의 인과 같으리. 그의 인과 같으리!"

子路曰; 桓公殺公子糾, 召忽死之, 管仲不死, 曰未仁乎? 子曰; 桓公九合諸侯, 不以兵車, 管仲之力也. 如其仁. 如其仁!

제 환공과 공자 규는 형제 사이다. 그들의 배다른 형이 제 양공이 되어 폭정을 펼치자 포숙아는 난리가 날 것을 예견하여 일찌감치 동생 소백을 데리고 먼저 거_莒나라로 피신했고, 형 공자 규를 모시던 소홀과 관중은 공손무지가 제 양공을 죽여 정말로 난리가 나자 공자 규와 함께 노나라로 피신했다. 얼마 안 있어 제나라의 대신들이 군주 자리에 오른 공손무지를 죽이자 제나라에는 임금이 없게 되었다. 피신했던 공자 규는 노나라의 후원을 이고 귀국하여 제공의 지위에 오르려 했으나 이미 소백이 먼저 들어와 자리를 차지했으므로 형제간에 싸움이 벌어지게 되었다. 이 싸움에서 소백이 지휘한 제나라 군사가 공자 규를 지원한 노나라를 이겼다. 소백이 제 환공이다. 이때 포숙아가 전승국의 대신으로 노나라를 찾아 공자 규를 처형할 것을 요구하면서 소홀과 관중을 포로로 잡았다. 공자 규가 어떻게 죽었는지를 놓고는 두가지 설이 있는데, 하나는 노나라가 제나라의 청을 받아들여 한 때 후원했던 그를 죽였다는 설이고, 다른 하나는 이들을 모두 끌고 가는 도중에 제나라 사람이 죽였다는 설이다. 다산은 확정적 결론 없이 두 설을 다 소개하면서 "환공은 본래부터 규를 죽인 일이 없다"라고 제 환공을 변호한다. 다산은 환공이 형을 죽였다는 비판을 매도로 보았는데, 그 배경에는 환공이 직접 죽이지 않았다는 인식이 깔려 있다. 어쨌든 공자 규가 죽자 소홀은 따라 죽었다. 하지만 관중은 포로가 되었고, 포숙아와의 친분으로 풀려나 결국 환공을 섬기게 되었다. 환공은 나중에 관중을 중부仲父, 곧 '큰 숙부'로 부를 정도로 존중했고, 결국 본문에서 이야기하는 대로 패제후하는 대업을 이루었다.

이 사건에서 소홀은 모시던 주인을 배반하지 않고 순사함으로써 의리를 지켰다. 다산은 이것을 살신성인한 것으로 이해한다. 하지만 관중은 주인을 죽인 환공을 섬김으로써 불사이군의 의리를 배반했다. 강직한 자로가 그를 "인하지 않은" 사람으로 보는 것도 이해할 수 있다. 그런데 공자의 대답이 의외다. 그는 관중이 얼마나 큰 공을 세웠는지를 환기시키면서 '여기인如其仁'이라는 아리송한 말을 두 번 하고 대화를 끝냈다. 당연히 이 말을 어떻게 해석할지가 이 장을 이해하는 관건이다.

다산은 다시 한 번 전대미문의 독법을 선보인다. 그에 따르면 이 아리송한 말은 "관중의 공이 소홀의 인을 족히 당한다(如)"라는 뜻이다. 이때 '여如'는 '당當'과 같다. 이 말에서 "'인仁'은 소홀의 인을 가리킨다." 곧 관중의 공은 살신성인한 소홀의 인만큼 대단하다는 의미다. 공자는 이 말을 한 뒤 다시 관중의 공과 소홀의 인을 비교해보아도 "마침내 그것들이 서로 당할 수 있음을 깨달았다." 그래서 같은 말을 반복했다. 다시 말해 두 번째 '여기인'은 앞의 '여기인'을 받아 못을 박는 말이다. 그런 느낌을 반영하기 위해 위에서는 두 번째 '여기인'을 감탄문으로 옮겼다.

이에 비해 고금주는 '여기인'을 "누가 그 인과 같겠는가!"라고 읽는다. 여기에서 '인'은 관중의 인을 가리킨다. 이런 공을 세웠는데, 누가 관중의 인과 같은 덕을 가지겠냐고 하면서 관중을 크게 높였다는 해석이다. 그렇지만 다산은 고금주가 임의로 "누가(誰)"라는 말을 첨가했다면서 받아들이지 않았다. 더욱이 고금주의 독법에서는 '여기인'에 소홀이 없다. 다산처럼 읽어야 공자가 관중과 소홀을 비교하게 된다. 다산의 독법에 설득력이 있다. 이 독법은 '원의총괄'에 "'그의 인과 같으리. 그의 인과 같으리!'라는 말은 관중의 공이 소홀의 인을 당할 만함을 뜻한다"라고 기록되었다.

'원의총괄'은 다산이 발견한 이 장의 또 다른 '원의'도 소개한다. "환공은 형이 아니고, 규는 아우가 아니다." 이것은 환공이 형이고 규가 아우라는 금주에 대한 반박인데, 엄밀히 말하면 다산의 새로운 주장이 아니다. 외려 금주의 주장이 엉뚱하기 때문이다. 많은 사료가 환공이 동생임을 증언함에도 불구하고 금주는 환공을 섬긴 관중의 비도덕을 조금이라도 약화시키기 위해 이런 주장을 폈다. 왕위를 둘러싼 형과 동생의 싸움에서는 형에게 정당성이 있다고 생각했기 때문이다. 그래서 정이는 "환공이 형이고, 자규는 동생이니 제 양공이 죽은 뒤에는 마땅히 환공을 옹립해야 했다"라고 했고, 주희는 "관중이 죽지 않은 것은 소백이 형이고 자규가 동생이었기 때문일 뿐이다"라고 했다. 이들은 『회남자』가 소백을 형으로 기록했다는 점을 근거로 들었다. 하지만 모기령은 진요문(약 1524~약 1605)을 인용하여 금주의 주장을 일축했다. 『회남자』의 기록은 박소(?~기원전 170)가 한 문제의 동생인 회남려왕 유장에게 보낸 편지에 들어 있는데, 이때 박소는 차마 동생이 형을 죽였다는 말을 할 수 없어서 일부러 형과 동생을 바꾸었다는 것이다. 다산은 환공이 동생임을 보여주는 많은 고전을 주로 진요문의 『경전계의』를 인용한 모기령을 재인용하면서 소개한 뒤 결론적으로 진요문과 모기령을 지지한다.

다산은 또한 본문의 '구九'를 '규糾'와 같은 글자로 본 금주를 받아들이지 않았다. 금주는 두 글자가 통용된다고 하면서 관중이 "아홉 번(九) 제후를 회합한" 것이 아니라 "제후를 규합한(糾)" 것이라고 주장했다. 모기령은 이 견해도 비판했다. 고전의 여러 용례를 볼 때 '규'를 '구'로 읽는 경우는 있지만 '구'를 '규'로 읽는 경우는 없다는 것이 반론의 핵심이었다(『논어계구편』, 6:8a).

다산은 다시 모기령을 지지하면서 모기령이 인용한 고전을 검토했고, 결론적으로 제 환공은 열한 차례에 걸쳐 제후를 회합했는데, 그중 두 번은 병거兵車로 했고, 나머지 아홉 번은 병거로 하지 않았기 때문에 본문이 정확하다고 판단했다. 병거로 하지 않았다는 것은 제후들과 회합할 때 그가 전쟁용 수레(兵車)를 타지 않았다는 말이다. 무장을 하고 병거에 타서 회합을 주재하는 것은 무력을 시위하기 위해서다. 그렇지 않고 모이는 것을 '의상지회衣裳之會', 곧 갑옷이 아니라 '전례용 예복을 입고 만나는 모임' 혹은 '승거지회乘車之會', 곧 전쟁용 수레가 아닌 '일반 수레를 타고서 만나는 모임'이라고 한다. 이때도 물론 병장기를 챙겨 가지만 활집에는 활을, 화살집에는 화살을 집어넣지 않는다고 한다.

다산에게 '여기인'의 '인'이 소홀의 인을 가리킨다면 다산은 관중을 인한 사람으로 보았는지도 궁금하다. 자로는 관중이 인한지를 물었기 때문이다. 이 문제를 논하면서 다산은 흥미로운 발언을 한다.

> 인이란 본심의 온전한 덕이 아니니 역시 사공事功으로 이루어지는 것일 뿐이다. 그러면 이미 인의 공로가 있는데 인한 사람이 안 된다는 것은 아마도 이치(理)에 맞지 않는 듯하다.

인이 "사공으로 이루어진다"라는 말은 어떻게 보면 유학자의 말이 아니다. 옛날 같으면 묵자의 말이라고 할 것이다. 묵자는 공자처럼 인의를 이야기하면서도 공자와 달리 평민에게 실제적 이익을 주는 행동을 인의로 파악했다. 다산의 논평은 '사공'이라는 글자만 보아도 소스라치는 성리학자가 경기를 일으킬 만한 말이다. 하지만 그가 보기에는 인의 공로와 인의 덕을 분리시키는 것이야말로 불합리한 일, 곧 이치에 맞지 않는 일이었다. 이런 것이 또 다산

실리학의 한 단면이다.

마지막으로 다산은 이 장에서 자신의 주장을 뒷받침하기 위해 『장자』를 두 번 인용하고, 유교의 이단아 이지까지 인용한다. 물론 이들의 '이단적' 사상을 담은 글을 인용한 것이 아니지만 그래도 이들을 전거로 사용했다는 것은 파격적이다. 특히 흔히 양명좌파로 규정되는 이지를 인용한 것이 그런데, 아마도 다산은 이지가 어떤 사람인지 잘 몰랐을 것이다. 이 점은 앞에서 잠깐 언급했다(5.19).

14.18

자공이 말했다. "관중은 인한 사람이 아닌 것 같습니다. 환공이 공자 규를 죽였는데도 죽지 못하고, 또 그를 도왔습니다." 선생님께서 말씀하셨다. "관중은 환공을 도와 제후의 우두머리가 되게 하고 한 번 천하를 바로잡았다. 백성이 지금까지도 그 베풂을 받고 있으니 관중이 아니었다면 우리는 머리를 땋고 왼쪽으로 옷섶을 여미었을 것이다. 어찌 서민이 작은 믿음을 위하여 구덩이나 도랑에서 목매어 죽어도 사람들이 알지 못하는 것과 같겠는가?"

子貢曰; 管仲非仁者與. 桓公殺公子糾, 不能死, 又相之. 子曰; 管仲相桓公, 霸諸侯, 一匡天下, 民到于今受其賜. 微管仲, 吾其被髮左衽矣. 豈若匹夫匹婦之爲諒也, 自經於溝瀆而莫之知也?

이 장에서 다시 한 번 관중에 대한 공자의 생각을 엿볼 수 있다. 전체적인 가르침은 같다. 불사이군의 의리를 지키지 못한 흠을 두고 이번에는 자공이 관중을 비판하고, 공자는 옹호한다. 역시 세상에 큰 공을 남겼기 때문이다. 공자의 생각은 분명히 드러났으므로 주해가들은 왜 공자가 그렇게 생각했는지를 설명하는 임무를 떠안게 되었다.

고주의 핵심적 주장은 관중과 공자 규 사이에 군신의 의리가 정해지지 않았다는 것이다. 제 양공이 죽은 뒤 공자 규가 형으로서 제공의 자리를 물려받았어야 했으나 실제로는 군주가 되지 못했다. 군주가 되지 못했으므로 그를 따르던 사람들과 아직 군신관계를 맺지 않은 것이다. 따라서 순사한 소홀을 크게 칭찬할 것도 없고, 죽지 않은 관중을 변절자로 욕할 것도 없다.

금주의 핵심적 주장은 환공이 형이었다는 것이다. 환공이 형으로서 당연히 임금 자리에 올라야 했으므로 애당초 관중이 공자 규를 도와 환공과 다투었던 것 자체가 잘못이다. 결국 관중은 잘못을 깨닫고 환공을 섬기기로 결정했고, 나중에 공을 세워 처음의 잘못을 속죄했다. 그런데 만약 환공이 동생이라면 어떤가? 이 경우에는 절대로 관중을 포용할 수 없다. 정이는 만약 환공이 동생인데도 공자가 관중을 허여했다면 "성인의 말이 의를 심하게 해쳐서 만세토록 반복되는 불충의 어지러움을 연 것이 아니겠는가?"라고 하면서 그 경우에는 공자도 비판하겠다는 결의를 보였다.

다산은 이 두 견해 모두에 동의하지 않는다. 그는 우선 금주와 달리 환공을 동생으로 본다. 이 점은 앞 장에서 이미 설명했다. 고주의 문제점은 고염무가 잘 분석했는데, 다산은 고염무에 동의한다. 군신관계는 모시는 사람이 결국 군주가 되었는가에 따라 만들어지는 것이 아니라 충성한다는 맹세를 하는 순간부터 정해진다는 주장이었다(『일지록』, 7:15~16a). 이에 더해서 다산은 관중이 공자 규의 사부였다는 점에도 주목한다. 다른 신하와 달리 왕자의 사부는 애당초 그와 함께 운명을 같이해야 할 의무가 있다. 그러므로 관중에게 공자 규를 임금으로 섬기어야 할 의무가 있기는 하다. 그렇지만 그렇다고 해서 임금이 죽게 되면 모든 신하는 순사해야만 하는 것인가? 그렇지 않다. 이것이 다산의 핵심 주장이다. 주군이 살아 있을 때는 충성을 다한다고 하더라도 그가 이미 죽었다면 이야기가 다르다. 꼭 따라 죽어야 의리가 보존되는 것은 아니다.

> 공실에 어려움이 있을 때 대부가 반드시 모두 죽어야 하는 것은 아니다. 『춘추』를 살펴보더라도 아들이 아비를 시해하고 동생이 형을 죽이는 경우가 앞뒤로 한정이 없다. 이 경우 오직 그 일에 연루된 신하만 혹은 도망가고 혹은 죽었으나 죽은 사람을 반드시 표장하지도 않았고, 도망간 사람을 반드시 잡아 죽이지도 않았다.

오나라의 계찰이나 위나라의 거원은 모두 나라에 난리가 났을 때 모른 척했다. 그렇지만 『춘추』는, 다산이 생각하기에 공자는 그들을 군자라고 기록했다. 무왕이 은의 주왕을 죽이고 주나라를 건국했을 때 기자도 죽지 않았고 미자도 죽지 않았다. 죽기는커녕 주나라의 벼슬을 받았다. 이들을 모두 임금을 배신한 패륜이라고 욕할 것인가? 그럴 수 없다. 이미 그럴 수 없다고 생각했으므로 선인들이 이들을 현자로 기록한 것이 아닌가? 그래서 다산은 관중을 변호했다. 소극적으로 변호한 것도 아니다. 그는 거꾸로 관중을 비판하는 사람을 비판했다. 그가 보기에 순사를 강제하는 도덕은 참된 도덕이 아니었기 때문이다.

> 소홀이 죽은 것은 진실로 인한 일이지만 관중의 일이 꼭 불인한 것이 되지는 않는다. 왕규(571~639)와 위징(580~643)이 마음에 품은 것도 이와 같았으니 반드시 순사하는 것을 인으로 여기는 견해는 경전에 어긋난다.

왕규와 위징은 수나라를 섬기다가 나중에 수가 멸망하자 주인을 바꾸어 당을 섬긴 인물이다. 그들 역시 당 태종을 도와 큰 공을 세웠다. 역사상 수많은 인물이 이런 식으로 공을 세웠다. 섬기던 주인이 죽고 나라가 망했을 때 순사하지 않은 것이 죄가 아니므로 그들이 나중에 공을 세우면 역사는 공을 기억했지 죄를 묻지 않았다. 다산에 따르면 이것이 공자의 생각이었고, 이 장에서 공자가 그 생각을 보여준다. 그런데도 성리학은 순사의 충절을 금과옥조처럼 떠받들며 정작 공자의 가르침을 무시하므로 그것이야말로 큰 문제다.

> 규가 죽자 (관중은) 환공에게 들어와 그를 도왔고, 제나라의 패업을 이룸과 동시에 주나라를 높였다. 무엇 때문에 의를 해쳤다고 말하는 것인가? 이 성스러운 경전에서 귀하게 여길 것은 의리의 마땅함 여부를 성인의 말을 통해 질정하는 것이다. 이미 성인의 말을 들었는데도 오히려 자신의 견해를 고집하니 또 무슨 이유인가?

조선의 사림이 다산의 이 비평을 읽었다면 십중팔구 가만히 있기 어려웠을 것이다. 수나라에 왕규, 위징이 있었다면 고려에도 왕을 바꿔 충성한 권근, 정도전이 있었다. 사림파는 길재와 정몽주를 조상처럼 떠받들면서 권근, 정도전을 불사이군의 의리를 저버린 하류의 인물로 취급했다. 하지만 다산의 논리대로라면 권근, 정도전을 비판하는 것은 어불성설이다. 길재와 정몽주를 "구덩이나 도랑(溝瀆)에 목매어 죽은(經)"사람으로까지 보지는 않더라도 말이다. 이것은 전형적인 관학파 유학자의 안목이다. 결국 다산의 논설은 조선 사림에 대한 비판이며, 그들의 경직된 윤리관에 대한 비판이고, 불사이군의 명분론에 대한 비판이다. 사림파 윤리 의식의 근간에 도전하는 발언이라 하지 않을 수 없다. 어쩌면 다산은 자신의 주변을 돌아보고 이런 발언을 했을지도 모른다. 사도세자가 죽었을 때 따라 죽지 않은 이산은 그의 왕이었고, 형 정약종이 순교하는 난리 통에 배교의 의심을 받으면서도 죽지 않은 것은 다산 자신이었기 때문이다. 그렇다면 다산의 이 말이 그의 심정을 대변해줄지 모른다. "옛날부터 지금까지 성현은 자살하지 않았다."

본문의 '여與'는 자기 견해에 확신이 없을 때 붙이는 말이므로 해당 부분을 "아닌 것 같습니다"라고 옮겼다. '패霸'는 여기에서 '백伯'과 같은 글자로 '우두머리가 되다'라는 의미다. '미微'는 여기에서 '무無'와 같은 의미다. '피발被髮'을 '머리를 풀어헤치다'라는 뜻으로 옮기는 경우도 있지만 다산에 따르면 잘못이다. 그 경우에는 '피발披髮'이라고 해야 하고, 여기의 '피발'은 우리에게 익숙한 대로 머리를 땋아서 등으로 늘어뜨리는 것이다. 다산은 이것이 "동방의 풍속"이라고 했다. 한편 '좌임左衽'은 옷섶을 왼쪽으로 여미는 것인데, 다산에 따르면 조선이 아니라 다른 이민족의 풍속이다. '필부필부匹夫匹婦'는 서민을 의미한다. 서민에게는 다른 짝이 없고 한(匹) 남자 혹은 한(匹) 여자만 있기 때문에 이렇게 말한다. '양諒'은 '작은 믿음'을 의미하고, '경經'은 목을 매달아 죽는 것이다. '피발'에 대한 설명을 제외하고는 모두 이왕에 있던 해설이다.

14.19

공숙문자의 가신 대부 선이 문자와 더불어 공의 조정에 함께 올랐다. 선생님께서 들으시고 말씀하셨다. "가히 '문'이라고 할 만하다."

公叔文子之臣大夫僎, 與文子同升諸公. 子聞之曰; 可以爲文矣.

공숙문자는 앞에서도 나왔던 공손발이다(14.14). 선僎은 원래 공숙문자의 가신이었는데, 공숙문자의 추천을 받아 대부의 지위를 얻게 되었다고 한다. 대부가 되었으므로 자신을 추천한 공숙문자와 더불어 위나라의 공조(公)에 함께 오르는 아름다운 광경을 만들어냈다. 금주는 "남을 알아보고" "자신을 잊고" "임금을 섬기는" 세 가지가 있어야 부리던 사람을 자신과 같은 지위에 추천하는 일이 생긴다고 했는데, 그런 면에서 공숙문자는 대단한 인물이었다. 공자도 앞에서 그에게 이례적인 호기심을 보였다(14.14).

본문의 '저諸'는 여기에서 '어於'와 같다. '문文'은 공숙문자의 시호이고 시호는 죽은 뒤에 내리므로 공자는 나중에 이야기를 듣고 위와 같은 평을 남긴 것이다. 고금주는 모두 '문'이라는 시호가 "백성에게 작위를 준 것" 때문에 주어졌다고 했는데, 다산은 "위나라의 사직을 더럽히지 않은 것" 곧 그의 정치적 업적 때문에 이런 시호를 받게 되었다고 보았다.

14.20

선생님께서 위 영공의 무도함을 말하니 강자가 물었다. "이와 같다면 어찌 지위를 잃지 않았습니까?" 공자가 말했다. "중숙어가 빈객의 일을 다스렸고, 축타가 종묘의 일을 다스렸고, 왕손가가 군사의 일을 다스렸습니다. 이와 같으니 어찌 지위를 잃었겠습니까?"

子言衛靈公之無道也, 康子曰; 夫如是, 奚而不喪? 孔子曰; 仲叔圉治賓客, 祝鮀治宗廟, 王孫賈治軍旅. 夫如是, 奚其喪?

'강자康子'는 당시 노나라의 실권자였던 계강자를 가리킨다. 그는 기원전

484년 염구의 청을 받아들여 공자가 노나라로 돌아올 수 있도록 했으며, 그 뒤 종종 공자와 대화를 나누어 『논어』의 여러 장에 이름을 올렸다. 중숙어는 앞의 한 장에서 논한 공문자, 곧 공어를 가리킨다(5.14). 중숙어는 그의 별칭인데, '둘째 숙부'라는 뜻의 '중숙仲叔'과 이름인 '어圉'를 합한 것이다. 위나라 공실의 혈족이자 세력가였던 '큰 숙부' 태숙질과 대립했으므로 '둘째 숙부'라는 별칭을 얻었다. "빈객의 일을 다스렸다"면 그는 다산이 말한 대로 대항인大行人의 직책을 맡고 있었을 것이다. 축타 역시 앞의 한 장에서 소개했다(6.15). 이때 '축祝'은 우선 그가 대축大祝이라는 직책을 맡았기 때문에 붙여진 것일 텐데, 나중에 그대로 성이 되었을 수도 있다. 왕손가도 앞의 한 장에서 언급되었다(3.13). 당시 위나라의 세력가였고, "군사의 일을 다스렸다"면 그의 직책은 아마도 사마司馬였을 것이다.

다산에 따르면 이들 모두에게는 결함이 있었다. 축타는 말재주가 좋았다던데 그런 사람이 덕이 있을 리 없고, 아랫목 귀신과 부엌 귀신의 비유를 들며 공자를 떠본 공손가 역시 권력에 관심이 많았다. 중숙어는 보통 악인으로 보지 않지만 다산에게는 악인이다(5.14). 결함이 있었지만 또 각각의 장점이 있었으므로 그들을 적재적소에 임명함으로써 위 영공은 자리를 보존했다. 용인의 중요성을 가르치는 장이라고 하겠다. 이런 해석에서 '상喪'은 임금이 자리를 잃는 것을 의미한다. 금주와 다산이 그렇게 보았다. 고주는 이 글자가 나라를 잃는 것을 의미한다고 보았다.

'상'을 금주나 다산처럼 이해하면 본문 전체를 과거형으로 옮겨야 한다. 공자는 기원전 484년 계강자의 환대 속에 노나라로 환국했고, 그 이전에는 계강자와 대화할 수 없었다. 그런데 다산에 따르면 위 영공은 기원전 493년에 죽었다. 그러므로 이 장의 대화가 있었을 때 위 영공은 죽은 지 한참이 지났다. 본문을 현재형으로 옮기면 위 영공이 살아 있는 것이 되므로 뒤죽박죽이 된다. 만약 '상'을 나라를 잃는 것으로 이해하면 현재형으로 옮길 수도 있다. 이 대화의 시점에서 위나라는 아직 망하지 않았기 때문이다. 하지만 그것은 고주의 독법이다. 그러므로 다산을 따라 『논어』를 읽을 때는 이런 점도 세심히 반영해야 한다.

14.21

선생님께서 말씀하셨다. "말에 부끄러움이 없도록 하는 것, 이렇게 하기가 어렵다."

子曰; 其言之不怍, 則爲之也難.

'작怍'은 '부끄럽다'라는 뜻이다. 고주와 금주는 이 장을 사뭇 다르게 읽는다. 다산은 두 독법이 모두 일리가 있다고 하면서도 결국 "마땅히 구설을 따라야 한다"라고 고주의 편을 들었다. 고주에 따르면 말에 부끄러움이 없도록 하기 위해서는 말하는 것에 실질적인 내용이 있어야 한다. 가령 『다산 논어』를 다 읽었다고 말하려고 할 때 말하면서 부끄러움을 느끼지 않으려면 실제로 이 책을 다 읽어야 한다. 하지만 이 책을 통독하기는 쉽지 않다. 이렇게 실질을 갖추기가 어렵기 때문에 말에 부끄러움이 없도록 하는 것도 어렵다. 이 해석에서 본문의 두 번째 '지之'는 앞 구절 전체를 가리키는 대명사다.

반면 금주는 이 장을 "말을 할 때 부끄러워하지 않는다면 행하기가 어렵다"라고 읽는다. "옛날에 말을 함부로 내지 않은 것은 몸이 따르지 못함을 부끄러워했기 때문이다"(4.22)라는 말이 이미 있었는데 이 장도 유사하다는 것이다. 부끄러움 없이 말을 함부로 내뱉는 사람은 신중하거나 부지런하지 않다는 뜻이다. 가령 『다산 논어』를 다 읽을 것이라는 말을 쉽게 한다면 그 사람은 결국 이 책을 통독하지 못할 것이다. 이 해석에서 두 번째 '지'는 막연한 대상을 가리킨다.

결국 고주에 따르면 이 장은 실질을 갖추기가 어렵다고 가르치고, 금주에 따르면 말을 함부로 해서는 안 된다고 가르친다. 고주와 금주의 독법이 완연히 다르므로 다산을 따라 『논어』를 읽을 때는 다산이 고주를 받아들였다는 점을 분명히 해야 한다.

14.22

진성자가 간공을 시해했더니 공자가 목욕하고 조정에 들어가 애공에게 고하며 말했다. "진항이 그의 임금을 시해했으니 토벌하시길 청합니다." 공이 "세 분에게 고하시오"라고 했다. 공자가 말했다. "내가 대부의 뒤를 따르는 사람으로 감히 고하지 않을 수 없었는데, 임금께서 '세 분에게 고하시오'라고 하시는구나." 세 분에게 가서 고하니 불가하다고 했다. 공자가 말했다. "내가 대부의 뒤를 따르는 사람으로 감히 고하지 않을 수 없었다."

陳成子弑簡公. 孔子沐浴而朝, 告於哀公曰; 陳恒弑其君, 請討之. 公曰; 告夫三子. 孔子曰; 以吾從大夫之後, 不敢不告也, 君曰告夫三子者. 之三子告, 不可. 孔子曰; 以吾從大夫之後. 不敢不告也.

진성자는 제나라의 대부 진항으로 '성成'은 그의 시호다. 그의 집안은 원래 진陳나라에서 제나라로 건너 왔으므로 '진'이라는 씨를 갖게 되었는데, '진'

과 '전田'의 발음이 비슷하여 전씨로도 통했다. 그러므로 진성자, 전성자, 진항, 전항은 모두 같은 사람이다. 그는 백성의 환심을 산 뒤 결국 나라를 전횡하고 임금을 시해했으며, 급기야 나중에는 그의 후손이 제나라의 임금이 된다. 그에게 살해당한 제나라 군주가 간공이었다. 이 일은 공자가 죽기 2년 전인 노 애공 14년, 기원전 481년에 일어났다. 본문의 대화는 이 일이 일어난 직후에 있었고, 당시 진항은 아직 죽기 전이었다. 그럼에도 불구하고 이 장은 진항의 시호를 썼으므로 그 첫머리는 기록자가 나중에 써넣은 것이다.

이 일은 춘추시대에 일어난 대표적인 군주 시해 사건 중의 하나다. 제나라에 큰 변고가 일어났다는 소식을 들은 공자는 "목욕하고" 임금을 만났다고 하는데, 이것은 재계를 했다는 말을 다르게 표현한 것이다. 재계는 심신을 정결히 보존하는 것으로 그렇게 하기 위해서는 우선 목욕을 해야 한다. 그래서 『좌전』은 같은 사건을 기록하면서 "목욕했다"라고 하지 않고 "재계했다(齊)"라고 했다(『춘추좌전』, 59:28a).

공자는 애공을 만났지만 애공에게는 실권이 없었다. 그래서 애공은 '세 분(三子)'에게 고하라고 했다. 이때 '세 분'이란 노나라를 삼분하고 있던 삼환씨, 곧 계손씨, 맹손씨(중손씨), 숙손씨의 가장을 말한다. 대부인 공자가 나라의 중요한 사업을 건의할 때는 마땅히 임금에게 해야 되는데, 임금이 오히려 삼환에게 이야기해보라고 하니 공자로서는 답답한 노릇이었다. 하지만 임금의 명을 거역할 수는 없었으므로 알현을 마치고 나와서 자신이 왜 삼환에게 가는지를 밝힌 뒤에 이들을 찾아갔고, 불가하다는 답을 들은 뒤에는 다시 왜 자신이 삼환에게 갔어야 했었는지를 토로했다. 『논어』에서는 애공이 '세 분'에게 고하라고 했지만 『좌전』에서는 계손씨에게 고하라고 했다. 또한 『좌전』은 공자가 정말 계손씨를 만났는지, 만나서 어떻게 되었는지는 기록하지 않았다. 이렇게 『논어』와 『좌전』의 기록에 약간의 차이가 있지만 이야기의 흐름이 비슷해서 상황을 이해하는 데 혼란을 주지는 않는다.

그런데 당시 이미 일흔이 된 공자가 이렇게 제나라라는 강국의 토벌을 위해 출병을 요청한 이유는 무엇일까? 이 문제를 두고 『좌전』은 공자가 전략적 고려 끝에 이런 요청을 했다고 기록했다. 공자도 노나라가 홀로 제나라를 이길 수 없음을 알았지만, 그는 동시에 당시 제나라 사람 반이 진항에 불만을 품었다는 사실에 주목했다. 진항이 평소 백성의 호감을 사기는 했어도 간공을 죽인 뒤에는 제나라의 큰 가문을 중심으로 그를 미워하는 사람들도 반은 되었다. 노나라의 국력은 제나라 국력의 반밖에 안 되지만 제나라 사람 반의 호응을 이끌어낼 수 있다면 전황은 어떻게 바뀔지 모른다. 이런 전략적 고려 끝에 공자는 정말로 전쟁을 일으키기 위해 애공에게 정벌을 건의했다. 이것이 『좌전』에 기록된 공자의 동기다(59:28a).

반면 금주에 따르면 공자의 동기를 이렇게 이해할 수 없다. 전쟁에서 어떻게 이길지를 고려한 뒤 출병을 건의하는 것은 병법가의 일이지 공자의 일이 아니기 때문이다. "이것은 힘으로 하는 것이지 의로 하는 것이 아니다." 따라서 공자의 참된 의도는 진항의 시해가 법도에 어긋나는 패악임을 천하에 알리는 데 있었다. 더 나아가 임금을 능멸하면 반드시 징벌을 받는다는 점을 삼환에게 환기시키고, 애공에게는 조심할 것을 당부하려는 의도도 있었다. 곧 토벌을 건의하는 공자의 행동은 제나라를 이길 수 있다는 현실적 예측에 기반하기보다는 어떤 상황이든지 해야 할 일은 한다는 마음가짐에서 나왔다. 과연 명분론에 충실한 성리학의 해석이다.

다산은 금주를 비판한다. 공자가 만약 이기지도 못할 전쟁을 임금에게 권유했다면 그것은 허장성세에 불과하다. "만약 이 설(『좌전』의 설)을 고려하지 않는다면 공자의 고함이 헛된 의로움을 늘어놓아 큰 소리를 치는 것과 크게 다르겠는가?" 다산이 말하는 "헛된 의로움"이란 현실을 고려하지 않는 의로움이다. 현실적으로 질 것이 분명한 전쟁을 단지 도덕적 명분에 맞다는 이유로 일으키는 것이 "헛된 의로움을 늘어놓는" 일이다. 물론 공자도 노나라가 제나라를 이길 수 없음을 알았다. 그는 애공이 혼자 판단할 수 없다는 것도 알았고, 삼환이 그의 건의를 받아들이지 않으리라는 것도 알았다. 이런 상황에서 묘안이 없이, 즉 승리에 대한 아무런 대책도 없이 명분을 위해 토벌을 건의하는 것은 다산의 눈에 성실하지도 지혜롭지도 않았다. 하지만 공자에게는 실제의 계획이 있었다. 『좌전』이 증언하는 제나라 사람들의 가능한 호응이 그것이었다. 고심하던 공자는 전쟁의 중요 변수를 발견했고, 실제로 이길 수 있다는 판단 아래 애공을 찾았다. 다산의 해설에서 공자는 현실을 무시하는 고집스러운 도덕군자가 아니라 뛰어난 전략가다.

> 공자는 힘을 헤아렸을 뿐만 아니라 또 도모하기를 좋아했다. 어찌 동중서의 "(군자는) 의로움을 바르게 한다"(『전한서』, 56:26b)라는 한 마디 말로 마침내 공자가 성공과 실패를 계산하지 않았다고 하겠는가?

공자의 동기를 이렇게 이해하면 공자는 도덕적 현실주의자가 된다. 금주에서 호인은 "『춘추』의 법에 따르면 임금을 시해한 간적은 모든 사람이 죽일 수 있다. 그러므로 공자가 먼저 거사한 뒤에 나중에 알렸어도 가했을 것이다"라고 했는데, 이런 말이 다산에게 얼마나 허무하게 들렸을지 짐작할 수 있다. 과연 다산은 호인을 놓고 "호씨의 『춘추』설은 헛된 의리를 늘어놓아 감히 큰 말을 만들어냈으니 이런 종류가 많다"라고 하여 성리학의 '헛된 의리'를 다시 한 번 비판했다.

이런 비평을 읽으면 갈등을 대하는 다산의 입장이 어떠했는지를 유추할 수 있다. 가령 병자호란을 둘러싼 주전파와 주화파의 갈등이 주어졌다면 다산은 분명 주화파와 입장을 취했을 것이다. 어떤 것이 옳다는 것이 아니라 다산의 입장이 그랬다는 것이다. 물론 다산은 유학자이고, 그에게도 의리가 궁극이었다. 하지만 현실에 뿌리 내리지 않은 의리란 그에게 공허한 외침에 불과했다.

14.23

자로가 임금 섬기는 것을 물으니 선생님께서 말씀하셨다. "속이지 말 것이며, 임금의 안색을 범할 것이다."

子路問事君. 子曰; 勿欺也, 而犯之.

다산에 따르면 '범犯'은 위험을 무릅쓰고 간하는 것을 의미한다. 한글에 '범안하다'라는 말이 있는데, 직간을 했을 때 안 좋아지는 임금의 안색을 무시하면서, 곧 범하면서(犯) 계속 충언을 올리는 것을 의미한다. 여기의 '범'이 그런 뜻이다.

언제나 자로를 낮추어 보는 금주는 이 장에서도 다시 자로의 흠을 들추어 낸다. "임금의 안색을 범하는 것은 자로에게 어려운 일이 아니고, 속이지 않는 것이 어렵다. 그래서 우리 선생님께서 속이지 말 것을 먼저 말하고 나중에 범하는 것을 말했다." 이런 식의 비판은 정말 매도에 가깝다. 다산이 지적하는 대로 자로는 남을 속이지 않는 것으로 세상에 이름이 났기 때문이다. 심지어 역射이라는 사람이 노나라로 망명을 했을 때 그는 노나라 임금이 하는 약속은 믿지 못해도 자로가 하는 약속은 믿겠다고 하면서 자로를 불러달라고 했을 정도였다. 자로의 명예를 회복시키려는 다산의 사업을 충분히 지지할 수 있는 이유다.

14.24

선생님께서 말씀하셨다. "군자는 위에 도달하고, 소인은 아래에 도달한다."

子曰; 君子上達, 小人下達.

간단한 문장이지만 고주와 금주의 독법이 다르다. 고주에서 '상上'은 상급의 가치, 도덕이나 의리를 말하고, '하下'는 하급의 가치, 재물이나 이익을 말한다. 군자와 소인은 관심사가 다르기 때문에 군자는 높은 가치를 향해서 전진하여 결국 상급의 가치를 실현하는 데 비해 소인은 하급의 가치에 관심을 두어 그런 가치를 실현한다. 이 해석에서 '달達'은 '통달하다' 혹은 '깨닫다'라는 의미다. 그러므로 고주에 따를 때 본문은 "군자는 위의 것에 통달하고, 소인은 아래의 것에 통달한다"라는 정도, 혹은 "군자는 위로 통달하고, 소인은 아래로 통달한다"라는 정도가 된다. 소인이 군자보다 못한 것은 분명하지만 이 해석에서는 소인도 통달하는 바가 있다. 반면 금주에서 '상'은 글자 그대로 '위'를 의미하고, '하'는 '아래'를 의미한다. '위'는 인생의 높은 경계를 상징하고, '아래'는 인생의 밑바닥을 상징한다. 군자의 길을 걷다보면 점점 더 높은 경계에 도달하게 되고, 소인의 길을 걷게 되면 점점 더 인생의 밑바닥으로 향하게 된다는 뜻이다. 이 해석에서 '달'은 '통달하다'라는 뜻이 아니라 '도달하다'라는 뜻이다.

다산은 금주가 옳다고 보았다. "주자는 '군자는 천리를 따르므로 날마다고명한 데로 나아가고, 소인은 인욕을 좇으므로 날마다 더러운 밑바닥에 이른다'고 했다. 생각하건대 주자의 뜻은 바꿀 수 없다." 이렇게 금주를 선택하면서 다산은 금주와 고주가 어떻게 다른지를 분명히 보여주었고, 고주를 비판했다. 그러므로 다산을 따라 『논어』를 읽을 때는 그가 이 장에서 금주를 따랐다는 점을 보여줘야 한다.

14.25

선생님께서 말씀하셨다. "옛날에 공부하는 사람은 나를 위했고, 지금 공부하는 사람은 남을 위한다."

子曰; 古之學者爲己, 今之學者爲人.

여기에 '위기爲己' '위인爲人'이라는 표현이 있는데, 글자 그대로 하면 "나를 위한다" "남을 위한다"라는 뜻이다. 지금 사람들에게 나를 위해서 하는 공부(爲己之學)가 좋은지, 남을 위해서 하는 공부(爲人之學)가 좋은지 물어보면 십중팔구 남을 위해서 하는 공부가 좋다고 대답할 것이다. 그런데 공자는 전자를 옛날에, 후자를 지금에 갖다 붙였다. 공자가 옛날과 지금을 비교할 때는 언제나 지금에 비해 우월했던 옛날을 기억하면서 지금 사람들의 분발을 촉구하려는 의도를 지닌다.

그래서 고주와 금주는 옛날이 낫다는 것을 보여주기 위해 '위기'와 '위인'의 의미를 비틀었다. 고주에 따르면 '위기'는 나를 위해 스스로 실천하는 것이고, '위인'은 남을 위해 말만 번지르르하게 하는 것이다. 금주도 비슷해서 '위기'는 나를 완성시키기 위한 것이고, '위인'은 남에게 보여주기 위한 것이다.

이렇게 보면 '위기'가 '위인'보다 낫다. 하지만 이것은 자의적인 해석이다. 그렇게도 읽을 수 있다면 할 말 없지만 꼭 그렇게 읽어야 한다고 주장하면 받아들일 수 없다.

다산도 마찬가지였다. 특히 그는 '위인'을 남에게 보여주기 위한 공부로 이해하고 폄하하는 금주의 시각을 문제 삼았다. 남에게 보여주기 위한 공부는 결국 인정을 받고 이름을 날리기 위한 공부다. 성리학은 이것을 세간의 명예를 좇는 저급한 행동이라고 판단했지만 다산은 그렇지 않았다.

그렇지만 "군자는 세상을 다할 때까지 이름이 일컬어지지 않는 것을 싫어한다"(15.20)라고 했다. 군자가 어찌 아름답게 알려지는 것과 아름다운 명예를 미워하겠는가?

남에게 보여주기 위해서, 명예를 얻기 위해서 하는 공부에 무슨 문제가 있느냐는 반문이다. 그래서 그는 본문의 '위爲'를 '조助', 곧 '도와주다'라는 말과 같다고 본다. 이렇게 되면 '위인'은 부정적 함의를 가질 수 없다. 일리가 있다. 여전히 공자의 상고주의를 이 해석과 어떻게 조화시킬 것인가 하는 문제는 남아 있더라도 말이다. 이렇듯 보통 사람들이 납득이 안 되면서도 남을 따라 읽을 때 다산은 언제나 합리적 의심을 해소하기 위해 새로운 해석을 궁리했다.

그런데 흥미롭게도 다산은 이 논쟁을 마무리하면서 "공안국의 주는 바꿀 수 없다"라고 했다. 물론 "공안국의 주"는 고주를 말한다. '원의총괄'도 이 장의 논의를 요약하여 "'위기' '위인'의 학문과 관련해서는 마땅히 구설을 따라야 한다"라고 했다. 그렇지만 사실 이 문제에서 고주는 금주와 크게 다르지 않다. 참고로 고주의 중요 부분을 옮기면 이렇다.

공안국: '위기'는 실천하여 행동한다는 것이며, '위인'은 한갓 말만 하는 것이다.

형병: 옛날 사람의 학문은 실천하여 행동하는 것이었으니 이것을 '위기'라고 한다. 지금 사람은 부질없이 남을 위해 이야기만 하고 자기는 능히 행동하지 못하니 이것을 '위인'이라고 한다.

표현만 다르지 고주도 금주처럼 '위기'의 학문을 바람직한 것으로 본다. 이들 고금주와 달리 '위'를 '도와주다'라는 뜻으로 이해하는 다산의 독법에서는 '위기'와 '위인'의 우열이 보이지 않는다. '위기'는 그것대로 좋고, '위인'은 또 그것대로 좋다. 그러므로 이 장을 둘러싸고 "공안국의 주는 바꿀 수 없다"라고 한 다산의 결론은 잘 이해되지 않는다.

다산이 명예를 좇는 행위에 대한 성리학의 비판을 문제 삼은 것은 처음이 아니다. 그는 도덕의 원리를 배반하지 않는다는 것을 전제로 언제나 명예를 추구하는 행위를 옹호했다. 이 장에서도 그는 아마 같은 이야기를 하고 싶었을 것이다. 곧 이 장에서 그는 금주를 비판하고 싶었을 것이다. 그리고 고주와 금주는 많은 경우 대립하므로 금주를 비판한다는 것이 "공안국의 주는 바꿀 수 없다"라고 표현되었는지 모른다. 그것이 아니라면 다산은 공안국의 주에서 "(남을 위해) 말을 한다"라는 측면에 집중했는지도 모른다. 그 스스로 "입으로 좋은 말을 하면 남들이 도를 듣게 된다"라는 것이 '위인'의 구체적 내용이라고 설명했기 때문이다.

14.26

거백옥이 사람을 공자에게 사자로 보냈다. 공자가 그와 함께 앉아 물었다. "우리 선생님께서는 무엇을 하고 계신가?" 사자가 대답하여 말했다. "우리 선생님께서는 허물을 적게 하시려고 하시나 아직 그렇지 못하십니다." 사자가 나가니 선생님께서 말씀하셨다. "사자로구나! 사자로구나!"

蘧伯玉使人於孔子. 孔子與之坐而問焉曰; 夫子何爲? 對曰; 夫子欲寡其過而未能也. 使者出, 子曰; 使乎! 使乎!

『좌전』에 따르면 오나라의 현자 계찰은 위나라를 방문한 뒤 나라에 여섯 명의 현인이 있다고 했다(『춘추좌전주소』, 39:28b~29a). 그중의 하나가 거원, 곧 거백옥이었다. '백옥伯玉'은 그의 자다. 『사기』는 남자를 만나던 해에 공자가 그의 집에 머물렀다고 했다(『사기』, 47:14b). 보통은 공자가 기원전 496년에 남자를 만났다고 보지만 다산은 기원전 493년에 만났다고 했다(6.27). 어쨌거나 공자가 거백옥을 만나기 전, 기원전 496년이나 493년 이전에 이 장의 대화가 있었다면 거백옥은 공자의 명망을 듣고 특별히 사자를 보낸 셈이다. 본문의 '사인使人'은 '사람(人)을 사자로 보내다(使)'라는 뜻이다. 공자도 거백옥의 명망을 익히 들어 알고 있었으므로 그가 어떤 사람인지 궁금했다. 그래서 "선생님께서는 무엇을 하고 계신가?"라고 사자에게 물었다. 이것이 고주와 다산의 해설이다.

이에 비해 금주는 이 장의 대화가 공자가 노나라로 돌아온 기원전 484년 이후에 있었다고 보았다. 이미 공자와 교유를 나눈 거백옥이 노나라로 돌아간 공자에게 사자를 보냈다는 것이다. 그렇다면 본문의 '부자하위夫子何爲'는 "우리 선생님께서는 요즘 어떻게 지내고 계신가?"라고 옮길 수 있다. 이미 거백옥을 알고 있기 때문에 공자는 최근의 안부를 물었다.

모기령은 금주가 연대 고증에 무지했다고 비판했다(『논어계구편』, 6:14b~15a). 그에 따르면 거백옥은 기원전 559년에 이미 대부였고, 위나라 정치의 주요 인물이었다. 기원전 559년이면 공자가 태어나기 8년 전이다. 이로부터 60여 년이 지나서 공자는 노나라를 떠났고, 다시 그로부터 13년이 지나 노나라로 돌아왔다. 『좌전』이 거백옥을 위나라의 영향력 있는 대부로 처음 묘사했을 때 그의 나이가 대략 30세 전후였다고 한다면 공자가 노나라로 돌아왔을 때 거백옥은 100세가 넘은 노인이었다. 아무리 거백옥이 장수했더라도 그런 노인이 공자에게 사자를 보내고, 또 공자는 "우리 선생님께서는 요즘 어떻게 지내고 계신가?"라고 태연히 묻는 광경은 쉽게 벌어질 수 없다. 적어도 그것이 모기령의 판단, 그리고 모기령에게 완전히 동의하는 다산의 판단이었다. 사실 금주는 이런 세부적인 사실과 고증에서 허점이 많다. 다산이 송명이학을 의리와 도덕에는 강하지만 고증과 역사에는 약하다고 보는 데도 충분한 이유가 있다.

공자는 거백옥을 존중하는 마음을 가졌으므로 자신보다 신분이 낮은 사자와 "함께 앉아" 거백옥의 근황을 물었다. 거백옥의 근황을 전해들은 공자는 "사자로구나! 사자로구나!"라는 감탄을 내뱉었다. 고금주와 다산을 비롯한 거의 모두는 이것을 칭찬으로 이해했다. 사자의 말이 겸손했고 또 주인의 부족한 점을 숨기지 않았으므로 현인을 방문한 사자의 본분을 다했다는 것이다. 그런 사자를 보낸 사람이 거백옥이었으므로 훌륭한 사자로 인해 거백옥의 현명함도 더욱 드러나게 되었다.

14.27

선생님께서 말씀하셨다. "그 지위에 있지 않으면 그 정사를 도모하지 않는다." 증자가 말했다. "군자는 생각이 그 지위를 벗어나지 않는다."

子曰; 不在其位, 不謀其政. 曾子曰; 君子思不出其位.

앞의 공자의 말은 이미 「태백」에 나왔다(8.14). 그래서 금주는 공자와 증자의 말을 분리하여 이 장을 두 장으로 만들면서 기록자가 두 말이 유사하다고 판단했기 때문에 같이 놓았다고 주장했다. 그렇지만 증자가 한 말은 사실 『역』「간괘」의 상사다(『주역주소』, 9:8b). 금주처럼 그것을 따로 떼어내어 독립된 장을 만들면 앞뒤 맥락 없이 증자가 돌연 『역』의 한 구절을 읊는 것이 된다. 이런 경우는 『논어』에 없다. 그래서 다산은 증자가 공자의 말을 부연하기 위해 『역』을 인용했다고 보고, 고주처럼 두 사람의 말을 한 장으로 묶었다.

사마천은 상사를 비롯한 『역』의 십익 모두를 공자가 지었다고 했다. 따지고 보면 사마천의 부정확한 기록으로 인해 빚어진 학문적 논쟁이 적지 않은데, 십익의 저자 논쟁도 그중의 하나다. 십익의 저자와 관련된 사마천의 기록이 처음으로 의심 받은 것은 북송 때다. 다산이 인용한 모기령에 따르면 이때 범악창(?~1022)이 공자가 단사, 상사, 문언전을 짓지 않았다는 주장을 했다. 모기령은 범악창의 주장이 잘못되었다는 증거로 이 장을 거론했다(『논어계구편』, 6:15b). 자세히 설명하지는 않았지만 이 장에서 증자가 단사를 인용했으므로 단사는 증자 이전에 존재했고, 증자가 읊조린 만큼 십중팔구 공자가 단사를 지었다는 생각이었을 것이다. 다산은 모기령의 설을 반론 없이 수록했고, 그를 통해 그가 십익, 적어도 그 일부는 공자의 소작이라고 생각했음을 보여주었다. 물론 지금의 문헌학적 관점에서는 십익을 모두 공자의 글로 볼 수 없다. 십익 일부에서 전국시대의 사상으로 볼 수밖에 없는 내용이 발견되고, 또 공자를 인용하는 일이 빈번히 일어나기 때문이다. 하지만 최근에 고고 문헌이 출토되면서 또 분위기가 바뀌어 공자와 『역』의 밀접한 연관성을 주장하는 연구들이 출판되고 있다. 다산이 기뻐했을 일이다.

14.28

선생님께서 말씀하셨다. "군자는 말이 행동을 지나치는 것을 부끄러워한다."

子曰; 君子恥其言而過其行.

이 장은 고주와 금주가 다르게 읽는다. 다산은 고주를 따랐다. 고주와 달리 금주는 이 장을 "군자는 말을 부끄러워하고(恥), 행동을 지나치게 한다(過)"라고 읽는다. 말을 할 때는 말이 넘치지 않도록 조심하기 때문에 부끄러워하는 듯이 하고, 행동을 할 때는 적극적으로 하여 마치 지나친 것처럼 해야 한다는 뜻이다. 다산은 본문의 첫 번째 '기其'가 쓸데없이 들어가 있기 때문에 금주의 독법이 나온 것이라고 파악하면서도 고전에서 고주를 뒷받침할 여러 증거를 찾아냈다. 또 "옛날에 말을 함부로 내지 않은 것은 몸이 따르지 못함을 부끄러워했기 때문이다"(4.22)라는 말을 보면 고주는 『논어』로도 증명된다고 보았다. 아울러 다산은 황간본에 본문의 '이而'가 '지之'로 되어 있다는 점도 지적했다. 황간본처럼 되어 있으면 아무도 고주에 이의를 제기하지 못할 것이다. "진실로 이렇다면 도무지 아무런 일도 없었을 것이다." 주희는 황간본을 보지 못했고, 다산은『논어고훈외전』을 통해 황간본을 일부 확인했다. 그러므로 다산을 따라『논어』를 읽을 때는 그가 금주가 아니라 고주를 따랐다는 점을 보여줘야 한다.

14.29

선생님께서 말씀하셨다. "군자의 도가 세 가지 있는데, 나는 능한 것이 없다. 인한 사람은 근심하지 않고, 아는 사람은 미혹되지 않고, 용감한 사람은 두려워하지 않는다." 자공이 말했다. "우리 선생님께서 스스로를 말씀하신 것이다."

子曰; 君子道者三, 我無能焉. 仁者不憂, 知者不惑, 勇者不懼. 子貢曰; 夫子自道也.

이 장의 두 번째 '도道'는 '말하다'라는 뜻이다. 이때 자공이 공자에게 직접 말했는지 아니면 다른 사람에게 공자를 설명했는지는 알 수 없다. 다산의 견해도 알 수 없다. 하지만 적어도 언해본은 자공이 나중에 공자의 말을 해설했다고 보았으므로 다산도 그렇게 보았을 것이다.

이 장에서는 공자의 겸손을 볼 수 있다. 군자는 자족하여 그만두는 법이 없으므로 죽을 때까지 부족함을 이야기한다. 이런 것은 갈등을 피하기 위한 겸손이 아니라 진짜 겸손이다. 다산의 설명이다. 교만과 겸손은 반대인데, 이룬 것만 이야기하면 교만이고, 이루지 못한 것을 이야기하면 겸손이 된다. '인한 사람' '아는 사람' '용감한 사람'을 병렬하고 그들을 본문처럼 묘사하는 것은 이미 앞에서 나왔다(9.29). 단지 순서는 조금 바뀌었다. 앞에서는 '아는 사람' '인한 사람' '용감한 사람'의 순으로 나온다. 금주의 윤돈은 앞에서는 학문을 중심으로 세 가지 덕을 이야기했고, 여기에서는 덕을 중심으로 이야기했기 때문에 순서가 다르다고 했다. 학문을 이야기할 때는 '지_知'가 먼저이고, 덕을 이야기할 때는 '인_仁'이 먼저라는 것이다. 꼭 그렇다고 할 수는 없겠지만 왜 그런가를 이야기해야 한다면 참고할 만하다.

14.30

자공이 남을 비교하니 선생님께서 말씀하셨다. "사는 나보다 낫구나. 나는 그럴 겨를이 없다."

子貢方人. 子曰; 賜也賢乎哉! 夫我則不暇.

'방_方'은 '비교하다'라는 뜻이다. 다산에 따르면 사람을 비교하는 것 자체가 나쁜 일은 아니다. 공자도 『논어』에서 여러 사람을 비교했다. 하지만 자기 공부가 완성된 후에 비교해야지 비교하느라 공부할 시간을 빼앗겨서는 안 된다. 그런데도 자공이 남을 비교하므로 공자는 "심히 그르다고 보았다. 그래서 칭찬하는 말을 함으로써 그를 기롱했다."

황간본에는 '재_哉'가 '아_我'로 되어 있다. 다산은 "아자를 쓰는 것이 맞는 것 같다"라고 했다. 그러므로 다산에 따를 때는 본문을 단순히 "사는 뛰어나구나!" 혹은 "사는 현명하구나!"라고 옮겨서는 안 된다.

14.31

선생님께서 말씀하셨다. "남이 자기를 알아주지 않음을 걱정하지 말고 자신이 능치 못함을 걱정하라."

子曰; 不患人之不己知, 患其不能也.

『논어』에 이와 유사한 말이 세 곳에 더 나온다. "남이 자기를 알아주지 않는 것을 근심하지 말고 남을 알지 못하는 것을 근심하라"(1.16). "자기를 알아주지 않음을 근심하지 않고 알려질 수 있게 되기를 구한다"(4.14) "군자는 능하지 못함을 병으로 여기고, 남이 자기를 알아주지 않는 것을 병으로 여기지 않는다"(15.19). 주희에 따르면 이렇게 같은 교훈이 말을 조금씩 달리하며 여러 번 나오면 중요한 교훈이다. 공자가 제자에게 같은 교훈을 여러 번 이야기했다는 반증이기 때문이다. 다산도 공감했다.

14.32

선생님께서 말씀하셨다. "속일까 거꾸로 짐작하지 않고, 믿지 않을까 억측하지 않으면서도 먼저 깨닫는 사람이 현명한 것이다."

子曰; 不逆詐, 不億不信, 抑亦先覺者, 是賢乎!

'역逆'은 아직 도착하지 않았는데도 미리 나가서 맞이하는 것이다. 사태가 벌어지지 않았는데도 먼저 그럴 것이라 짐작하는 것을 말한다. '억億'도 비슷해서 아직 보지 않았는데도 미리 생각하는 것이다. 억측을 말한다. '속이거나(詐)' '믿지 않는 것(不信)'은 모두 남의 행동이다. '억抑'은 반어사로, 문장의 흐름을 바꾸는 역할을 한다. 모두 다산이 받아들인 금주의 해설이다. 금주를 통해 읽으면 이 장은 미리 판단하지 않으면서도 실정에 맞게 일찍 상황을 깨닫는 사람이 현명하다는 의미를 담는다. 선입견을 가지고 억탁하는 것이 아니라 무심하게 그러나 동시에 민감하게 변화의 기미를 알아차리는 것이다.

고주는 '억'을 반어사가 아닌 단순한 어조사로 본다. 금주에서는 '억'이 역접으로 다음 문장을 이끌어내지만 고주에서는 그런 역할을 하지 않는다. 그래서 고주에 따라 이 문장을 읽으면 "속일까 거꾸로 짐작하지 않고, 믿지 않을까 억측하지 않을 것이니 또한 미리 깨닫는 사람이 현명하겠는가?"라는 정도가 된다. 미리 사태를 파악하는 것은 짐작과 억측이기 때문에 그런 데 능한 사람을 현명하다고 볼 수 없다는 뜻이다. 이렇게 읽으면 이 장은 어떤 경우에도 짐작하거나 억측하지 말라는 교훈을 준다. 다산은 '억'이 반어사로 쓰일 경우가 많다는 데 주목하여 금주를 택했다.

14.33

미생묘가 공자를 말했다. "구는 어찌 그렇게 황망히 둥지를 옮겨 다니는가? 말재주로 남을 기쁘게 하려는 것이 아닌가?" 공자가 말했다. "감히 말재주로 남을 기쁘게 하려는 것이 아니라 고집스러움을 싫어하는 것이다."

微生畝謂孔子曰; 丘何爲是栖栖者與? 無乃爲佞乎? 孔子曰; 非敢爲佞也, 疾固也.

미생묘는 성이 '미생微生'이고, 이름이 '묘畝'인 은자로만 알려져 있다. 앞의 한 장에 미생고라는 사람이 나오는데(5.23), 그 사람의 행적도 확실하지 않다. 단지 이 장의 미생묘는 공자보다 명망이 높았든지, 지위가 월등했든지, 나이가 많았든지 했을 것이다. 이 장은 공자를 그냥 공자라고 기록하여 높이지 않았고, 미생묘는 공자를 '구丘'라고 불러 마치 스승이 제자를 대하는 듯이 했다. 이런 오만에도 불구하고 공자는 "감히"라고 하여 자신이 낮은 지위에 있음을 인정했다. 공자가 미생묘와 대화를 나누었다면 공자의 대답은 당연히 존댓말이어야 한다.

그런데 두 사람이 서로 말을 주고받았는지, 아니면 미생묘의 말을 듣고 나중에 공자가 반응했는지는 확실하지 않다. 고주는 '구'를 끊어 읽어서 미생묘가 "구야!"라고 했다고 하는데, 꼭 그렇지는 않은 것 같다. 만약 직접 말을 주고받았다면 '공자왈孔子曰'이 아니라 '대왈對曰'이라고 기록했을 가능성이 높다. 세상을 분주히 돌아다니는 공자를 보고 미생묘가 한 마디 한 것을 나중에 공자가 들은 것 같다.

'서서栖栖'는 새가 깃들이면서 오락가락하는 것을 묘사한 말인데, 고주는 불안하게 동서남북을 왔다갔다하는 모양으로 보았고, 금주는 둥지를 떠나지 못하고 주저하는 모양으로 보았다. 다산은 고주를 택했다. 위에서는 글자의 원래 뜻을 감안하여 "황망히 둥지를 옮겨 다니는 것"으로 옮겼다. '영佞'은 말재주로 남을 기쁘게 하는 것을 말한다. 공자가 유세하고 다녔기 때문에 그것을 비아냥거린 말이다. '질疾'은 '미워하다'라는 뜻이다.

'고固'에 대한 해석은 약간씩 다르다. 고주에서는 '고집스럽다'보다는 '고루하다'라는 뜻으로 세상이 고루하다는 의미다. 금주에서는 '고루하다'보다는 '고집스럽다'라는 뜻으로 마치 미생묘처럼 자기 원칙에만 집착하여 고집스럽게 변화하지 못하는 것을 가리킨다. 그러므로 고주에서는 공자가 고루한 세상 때문에 동분서주하고, 금주에서는 한곳에만 머물러 고집스러워지는 것을 경계하여 분주히 돌아다닌다. 다산은 금주를 따랐는데, 그 이유가 흥미롭다. "공자는 일찍이 지위를 얻지 못했다. 세상을 좋게 하고 풍속을 바꾸는 책임을 어떻게 자임하겠는가?" 공자에게 지위가 없었으므로 세상을 바로잡는 것도 그의 일이 아니었다는 말이다.

다산의 발언은 공자가 세상을 광정하기 위해 천하를 돌아다녔다고 믿는 많은 유학자를 놀라게 할 것이다. 공자에게 그런 목적이 없었다면 그를 성인으로 볼 수 있을까? 의심스럽다. 그러면 다산은 왜 공자가 세상을 주유했다고 보았을까? 다산은 이렇게 말한다.

> 군자의 도는 비록 펴고 접는 것이 때에 따르지만 벼슬하지 않으면 의로움이 없고, 사물을 끊는 것은 인이 아니다. 그러므로 사방의 나라를 주유하여 한번 임금을 만나기를 바랐던 것이니 그가 미워했던 것은 고집하고 막혀서 통하지 않는 것이었다.

공자가 세상을 주유한 이유는 "벼슬하지 않으면 의로움이 없고, 사물을 끊는 것은 인이 아니기" 때문이었다는 말이다. 이 발언도 많은 유학자를 놀라게 할 것이다. "벼슬하지 않으면 의도 없다"라는 말은 공자의 말이 아니라 자로의 말이다(18.7). 곧 다산은 자로를 통해 공자를 해설했다. 이 책 『다산 논어』는 여러 번 다산이 사림파와는 구별되는 관학파의 가치관을 가졌다고 주장했는데, 여기에서도 그렇게 하지 않을 수 없다.

이것이 다산의 생각이었다면 은자 미생묘는 비판해야 할 사람이었던가? 아니다. 다산은 미생묘를 비판하는 요로 같은 성리학자에 동의하지 않는다. 요로는 금주에서 "미생묘는 물러나고 숨는 것을 높은 가치로 생각하여 마침내 성인께서 벼슬하는 것이 가하면 벼슬하고, 멈추는 것이 가하면 멈추었다는 것을 알지 못했다"라고 비판했는데, 이에 대한 다산의 반응은 이렇다.

　살펴보건대 공자는 자신의 본의를 말한 것일 따름이니 반드시 미생을 절
　실하게 기롱하여 마치 반박하는 것처럼 한 것은 아닐 것이다.

　벼슬하지 않으면 의로움도 없다고 생각한 다산이지만 은둔했다고 해서 공
자가 미생묘를 비판하지는 않았으리라고 보았다. 다산은 공자의 제자이고,
그렇다면 그에게도 미생묘를 비판할 생각이 없었을 것이다. 은자에 대한 다
산의 생각은 나중에 더 들어볼 수 있다.

14.34
**선생님께서 말씀하셨다. "기는 그 힘을 칭찬한 것이 아니라 그 덕을
칭찬한 것이다."**

子曰; 驥, 不稱其力, 稱其德也.

　'기驥'는 옛날에 이름이 났던 좋은 말이다. 나중에 그 의미가 확대되어 좋
은 말을 가리키는 일반 명사가 되었지만 원래는 어떤 특정한 말의 이름이었
다. 때로는 이 글자를 '천리마'로 옮기기도 한다. 그렇지만 이 장의 맥락에서
는 어색하다. 천리마는 지치지 않는 말의 힘을 강조하고, 이 장은 그렇게 힘
에 주목하는 세간을 문제 삼기 때문이다. 그래서 본문은 '기'가 힘 때문에 칭
찬을 받아서 '기'라는 이름을 갖게 된 것이 아니라 '덕德' 때문에 그렇게 되었
다고 말한다. 이때 '덕'은 훈련이 잘 된 것, 훈련이 잘 되어서 부리기 쉽고 무

슨 일에도 난폭해지지 않는 것을 가리킨다. 물론 '기'는 천리를 달릴 수 있는 힘도 있었다. 하지만 '기'는 힘 때문이 아니라 '덕' 때문에 유명해졌다. 그러므로 사람을 볼 때도 '덕'에 주목해야 한다.

금주는 여기의 '덕'이 재주와 대립되는 개념이라고 보았다. "사람에게 재주가 있더라도 덕이 없으면 또한 어찌 족히 높일 것인가?" 하지만 다산은 이 장에서 '덕'이 대립하는 것은 힘이지 재주가 아님을 꼼꼼히 지적했다. "옛날 사람은 덕을 재주라고 생각했다. 어찌 재주를 경계하겠는가?" 그에 따르면 훈련을 잘 받아 유순해진 것도 '기'의 재주다.

14.35

어떤 사람이 "덕으로 원한을 갚으면 어떻습니까?"라고 물으니 선생님께서 말씀하셨다. "그러면 무엇으로 덕을 갚겠는가? 곧바름으로 원한을 갚고, 덕으로 덕을 갚을 것이다."

或曰; 以德報怨, 何如? 子曰; 何以報德? 以直報怨, 以德報德.

'덕德'은 모두가 동의하듯이 은혜를 주는 덕, 은덕을 말한다. 여기에서 어떤 사람이 말한 내용은 『노자』에도 나온다. "큰 것은 작게 여기고 많은 것은 적게 여기며, 원한은 덕으로 갚는다(報怨以德)"(『노자도덕경』, 63장). 『논어』에서 어떤 사람이 공자에게 물은 말이 『노자』에 나오므로 많은 사람은 이 장이 『논어』보다 『노자』가 먼저인 결정적 증거라고 주장했다. 하지만 『노자』의 이 구절은 곽점에서 출토된 초간문에는 보이지 않고, 나중에 『노자』가 만들어질 때 추가되었다. 그러므로 이 장에 근거하여 『노자』가 『논어』보다 앞서 나왔다고 주장하기 어렵다. 이 점은 졸저『노자: 삶의 기술, 늙은이의 노래』에서 서술했다(345~348). 같은 곳에서 나는 또『예기』에서는 왜 똑같은 말이 공자의 말로 둔갑했는지도 논했다. 다산은 최근 발굴된 고고 문헌에 기초한 연구를 몰랐기 때문에『예기』에 공자의 말로 기록된 글들의 의미를 해명하느라 분주했다. 지금 같으면 그런 수고가 필요하지 않았다.

'이덕보원以德報怨'이『노자』에 나온다는 것은 주희도 언급했고, 다산도 잘 알고 있었다. 이에 대한 두 사람의 평가가 흥미롭다.

> **주희**: 성인의 말을 통해 본다면 그것('이덕보원')이 어떤 사사로운 뜻에서 나와 원망과 은덕을 보답함에서 모두 공평함을 얻지 못했음을 알 수 있다.
>
> **다산**: 살펴보건대 노자의 도는 자애로움을 위주로 하므로 "덕으로 원망을 갚는다."

보다시피 주희가『노자』의 관대함에 문제를 제기한 반면 다산은『노자』가 원래 "자애로움을 위주로 한다"라고 하면서 크게 문제 삼지 않는다. 물론 다산은 자애롭기만 한 것은 군자가 아니고, 무조건 어질고 너그러운 것은 인이 아니라고 했으므로『노자』의 '자애로움'을 좋게만 보지 않았을 것이다. 하지만 그가『노자』를 그저 이단으로만 보지 않았다는 정도는 이야기할 수 있다. 다산은『논어』를 해설하면서 종종『노자』나『장자』를 인용하는데, 이유가 있다.

어쨌든 이 장에서 공자는 "덕으로 원한을 갚는 것" 대신 "곧바름으로 원한을 갚는 것"을 권유했다. 다산에 따르면 이때 '곧바름(直)'이란 '속이지 않는 것'이다. 곧 어떤 사람에게 원한을 가지고 있다면 그를 숨기지 않고 원한으로 원한을 갚으면 된다. 이에 비해 고주는 '직'을 '곧바른 도'로 이해했고, 금주는

'공평무사한 것'이 '직'이라고 했다. 약간의 차이가 있지만 그 차이 때문에 교훈이 달라지지는 않는다.

14.36

선생님께서 말씀하셨다. "나를 모르는구나." 자공이 "왜 선생님을 모른다고 하십니까?"라고 물으니 선생님께서 말씀하셨다. "하늘을 원망하지 않고, 남을 탓하지도 않으며, 아래에서 배워서 위에 이르렀으니 나를 아는 것은 하늘일 것이다."

子曰; 莫我知也夫. 子貢曰; 何爲其莫知子也? 子曰; 不怨天, 不尤人, 下學而上達. 知我者, 其天乎.

다산은 두 가지 점에서 이 장을 다르게 해석한다. 그 하나는 앞머리 공자의 말을 탄식으로 보지 않는 것이다. 금주는 "우리 선생님께서 스스로 탄식하셨다"라고 하여 공자가 세상을 한탄했다고 보았지만 다산에 따르면 잘못이다. 만약 공자가 자신을 알아주지 않는다고 한탄했다면 "남이 자기를 알아주지 않는 것을 근심하지 말라"(1.16, 14:31)라는 스스로의 가르침을 부정한 것이다. 곧 『논어』로 『논어』를 읽었을 때 이 장은 결코 공자의 한탄일 수 없다. 그렇다면 앞머리의 공자 말은 무슨 뜻인가? 다산에 따르면 공자는 사람들이 자신을 칭찬하는 것을 듣고 그렇게 말했다. 칭찬은 하지만 그들은 자신을 잘 모른다는 것이다. 그렇기 때문에 공자는 "나를 모르는구나"라고 운을 떼고는 뒤에서 왜 그런지를 설명했다.

이것은 다산의 추측이고, 특별한 근거도 없다. 그럼에도 불구하고 이렇게 추측해야 하는 이유는 공자가 다른 사람이 몰라준다고 한탄하는 공자가 되어서는 안 되기 때문이다. 따라서 다산을 따라 이 장을 읽는다면 공자 말에 느낌표를 붙여 한탄하는 말로 만들어서는 안 된다. 이 장의 마지막도 마찬가지다. 다산의 해석을 존중한다면 이 장에서 모든 느낌표를 제거해야 한다. 같은 문장 구조에 느낌표가 붙는 수많은 경우와 이 장이 어떻게 다른지에 대한 설명은 다산에게 따로 요구한다고 하더라도 말이다.

공자의 말을 들은 자공은 당연히 그 뜻을 물었다. 공자는 "하늘을 원망하지 않고, 남을 탓하지도 않는다"라고 답했는데, 이것이 바로 사람들이 몰랐던 내용의 하나였다. 그것은 "마음속의 내밀한 공부여서 남들이 알지 못하는 것"이기 때문이다. 이때 "하늘을 원망하지 않는다"라는 것은 때를 만나지 못했어도 때를 결정하는 하늘을 원망하지 않았다는 것이고, "남을 탓하지 않는다"라는 것은 남들이 알아주지 않았어도 그들을 탓하지 않았다는 것이다. 사람들은 공자가 때를 만나지도 남들로부터 인정받지도 못했다는 것은 알았지만 그 내면의 이 공부를 알지는 못했다. 그래서 공자는 "나를 모르는구나"라고 말했다.

다산에 따르면 사람들이 모르는 것이 또 있었다. 공자가 "아래에서 배웠다(下學)"라는 것은 누구나 알았다. 그가 효도하고 공경하는 걸음마 도덕으로부터 공부를 시작했다는 누구나 알았다. 그렇지만 그가 "위에 이르렀다(上達)"라는 것은 알지 못했다. "위에 이르렀다"라는 것은 그의 공부가 하늘의 사랑하는 마음(天德)을 체현하기까지 이르렀음을 의미한다. 그런 경계는 잘 관찰되지 않는다. 이렇게 "위에 이르렀다"라는 말을 하늘을 섬기는 일(事天)과 연결하여 이해하는 것이 다산의 두 번째 독특한 해석이다.

고주는 '상달上達'이 '위로 천명을 아는 것'이라고 했다. 이렇게 되면 '달達'은 '통달하다'라는 뜻이 되는데, '천명'이라는 목적어는 고주가 임의로 삽입

했다. 금주 역시 '상달'을 '위로 천리에 통달하는 것'이라고 했다. 마찬가지로 '달'은 '통달하다'라는 뜻이고, '천리'라는 목적어는 임의로 삽입되었다. 다산은 이런 해석에 문제가 있다고 보았다. '통달하다'라는 뜻을 취할 때는 '하학下學'의 주제와는 다른 형이상의 경계가 설정되어야 하기 때문이다. 고주의 천명이 그렇고, 금주의 천리도 그렇다. 특히 천리는 인간사를 초월하는 형이상의 궁극 원리다. '상달'이 '위로 천리에 통달하는 것'을 의미한다고 하는 순간, 공자는 형이상의 세계로 던져진다. 다산은 이러한 형이상학적 지향을 극도로 경계했다. 형이상학에 눈을 돌리면 돌릴수록 현실의 도덕적 실천이 약화된다는 염려를 가졌기 때문이다. 그래서 그에게 "위에 이르렀다"라는 말은 이런 차원의 이동, 형이하에서 형이상으로 혹은 생활에서 신비로의 이동이 아니다. 효도하고 공경하는 일상의 실천을 반복하여 한 사람의 인격이 성숙하고, 급기야 그에게서 만물을 사랑하는 하늘의 마음을 볼 수 있는 상태, 다산이 보기에는 그것이 "위에 이르는" 것이었다. 물론 하늘을 말하고 하늘의 사랑하는 마음을 거론하는 다산에게도 이미 형이상이 있다. 논리적으로는 그렇다. 그러나 논리적 비판에 앞서 왜 다산이 '상달'을 "위에 이르렀다"라고 해석하려고 했는지를 이해하는 것도 필요하다. 그의 철학도 결국 형이상에서 자유롭지 못했지만 사상의 기본적 운용 방향에서 그는 형이상의 권력에서 벗어나 현실과 실천에 주목하려고 했다.

14.37

공백료가 자로를 계손에게 참소했다. 자복경백이 이 일을 고하며 말했다. "우리 선생님께서는 진실로 의혹하는 마음을 가지고 있으니 공백료는 내 힘으로도 오히려 저자나 조정에 그 시체를 내걸 수 있습니다." 선생님께서 말씀하셨다. "도가 장차 행해지는 것도 명이고, 도가 장차 없어지는 것도 명이니 공백료가 그 명을 어떻게 하겠습니까?"

公伯寮愬子路於季孫. 子服景伯以告曰; 夫子固有惑志, 於公伯寮, 吾力猶能肆諸市朝. 子曰; 道之將行也與, 命也, 道之將廢也與, 命也, 公伯寮其如命何?

고주는 공백료가 공자의 제자라고 했다. 사마천이 그를 「중니제자열전」에서 소개했기 때문이다(『사기』, 67:22a). 그렇다면 지금 제자가 다른 제자를 참소하는 끔찍한 일이 벌어지는데도 공자는 태연한 소리를 하고 있는 셈이다. 이해되지 않는 광경이다. 그래서 금주도 그를 공자의 제자로 소개하지 않았고, 다자이도 그가 『공자가어』의 「칠십이제자해」에 등장하지 않는다고 하면서 고주를 의심했으며, 다산도 그랬다. "공자가 그를 책망하지 않고 명을 거론했으니 제자의 종류가 아니다." 사마천의 부정확한 기록이 혼란을 낳은 사례 중의 하나다. 이때 공백료가 자로와 함께 계손씨를 섬겼는데, 어떤 알 수 없는 일로 자로와 충돌하고 결국 참소한 것으로 보인다.

자복경백은 노나라의 대부다. 모두가 동의하는 설명이다. '자복子服'은 씨이고, 시호가 '경景'인데, 시호가 주어졌다면 대부였을 것이다. 대부였다면 공자가 하대할 수 없으므로 그들의 대화는 서로 존대하는 말로 옮겨야 한다. '백伯'은 금주와 다산에 따르면 그의 자다. 고주의 공안국은 그의 이름이 '하기何忌'라고 했다. 하지만 형병부터 원래 이름이 '하何'임을 지적했고, 금주나 다산도 형병에 동의했다. 다자이는 그가 맹의자의 현손이라고 했고, 다산도 자복씨가 맹손씨에서 갈라져 나왔다고 했는데, 근거는 분명하지 않다.

본문의 '어공백료於公伯寮'를 앞에 붙여 읽기도 한다. 금주가 그렇게 했다. 이 경우 관련 부분은 "우리 선생님께서 진실로 공백료로 인해 의혹하는 마음을 가지고 있으니 내 힘으로도 오히려 그 시체를 저자나 조정에 걸 수 있습니다"라는 정도가 된다. 여기에서 '우리 선생님(夫子)'은 계손씨를 가리킨다. 금주처럼 읽으면 계손씨는 확실히 공백료의 참소 때문에 의혹하는 마음을 가지게 되었다. 그렇지만 고주처럼 떼어 읽으면 계손씨가 공백료의 참소 때문에 의혹하는 마음을 가지게 되었는지 불확실하다. "우리 선생께서는 진실로(固) 의혹하는 마음을 가지고 있으니"라는 말은 계손씨가 원래부터 의심이 많았다는 뜻일 수도 있기 때문이다. 다자이는 이런 고주의 독법을 금주와 차별화하기 위해 '고固'가 '진실로'라는 뜻이 아니라 '항상'이라는 뜻이라고 주장했다. 다자이처럼 읽으면 계손씨가 항상 의심이 많은 사람이라는 점이 확실히 드러난다. 이 문제에서 다산은 고주를 받아들였다. 무엇보다도 고주처럼 읽어야 "공백료를 누르고, 그에 분노하며, 그를 배척하려는 뜻이 더욱 준엄하고 더욱 명쾌해지기 때문"이었다.

같은 주인을 모시는 가신이 다른 가신을 참소하는 일은 흔히 벌어진다. 그런데도 자복경백이 "저자나 조정(市朝)에 그 시체를 내걸겠다(肆)"라는 극단적인 반응을 보이고, 공자는 또 공자대로 거창하게 하늘의 명을 거론한 것은 무엇 때문인가? 금주는 공자에게 "경백을 깨우치고, 자로를 안심시키며, 백료에게 경고하려는" 의도가 있었다고 했다. 동시에 이런 상황에서도 태연자약한 성인으로부터 배워야 한다는 조언도 잊지 않았다.

하지만 다산은 자복경백이나 공자가 자로에 대한 참소를 심각한 일로 볼 수밖에 없는 맥락이 존재했다고 본다. 한마디로 자로는 공자의 가장 믿음직한 제자였고, 따라서 자로를 해치려는 것은 궁극적으로 공자의 도를 가로막으려는 큰 계획의 일환이었다는 것이다. 공백료의 참소가 이런 못된 일의 전조였으므로 자복경백은 그를 제거하려고 했고, 공자는 또 일개 가신의 참소가 받아들여질지 아닐지를 놓고 명을 거론했다. 이것은 원래 금주에 소개된 제이겸(14세기)의 설인데, 다산도 동의했다. 단지 제이겸은 "자로는 왕을 도울 재목이 아니다"라고 단정했는데, 그것에는 다산이 동의할 수 없었다. "단지 자로를 두고 왕을 도울 재목이 아니라고 한 것은 오류다." 다산의 자로 구하기와 연결되는 대목이다.

14.38

선생님께서 말씀하셨다. "뛰어난 사람은 세상으로 피하고, 그다음은 땅으로 피하며, 그다음은 안색으로 피하고, 그다음은 말로 피한다."

子曰; 賢者辟世, 其次辟地, 其次辟色, 其次辟言.

'피辟'는 '피하다'라는 뜻이다. "세상으로 피한다(辟世)"라는 말은 세상의 상황에 따라 피할 때가 되면 피한다는 뜻이다. '피세辟世'를 "세상을 피한다"라고 옮기는 경우도 있는데, 이럴 때는 모든 세상을 피한다는 인상을 주지 않도록 해야 한다. '피세'는 어지러운 세상을 만났을 때 은둔하는 것, 곧 어지러운 세상 때문에 몸을 피하는 것이지 모든 세상을 피하는 것이 아니기 때문이다. 나머지도 마찬가지다. "땅으로 피한다(辟地)"라는 것은 어떤 나라의 상황에 따라 피하는 것이고, "안색으로 피한다(辟色)"라는 것은 군주의 안색에 따라 피하는 것이며, "말로 피한다(辟言)"라는 것은 들리는 말의 내용에 따라 피하는 것을 말한다. 다산의 설명이다.

'피세'와 '피지辟地'에 대한 이해를 두고는 이견이 없지만 '피색辟色'과 '피언辟言'은 조금 다르다. 금주는 '피색'이 예모를 보고 피하는 것이라고 했는데, 다산은 받아들이지 않고 고주를 따랐다. 고금주는 '피언'이 자신에 대한 나쁜 이야기가 도는 것을 보고 피하는 것이라고 했는데, 다산은 이 경우 이미 정쟁에 휘말린 것이므로 현자의 피함이 아니라고 보았다. 따라서 들리는 말에서 앞으로 일어날 일의 전조를 읽고 피하는 것이 '피언'이다.

여기에 네 가지 피하는 유형이 나오는데, 금주는 우열이 존재하지 않는다고 보았다. "네 가지는 비록 크고 작은 순서대로 말을 했으나 우열이 있지는 않다. 한 사람이 만난 상황이 같지 않을 따름이다." 하지만 다산은 이 네 가지에 우열이 존재한다고 보았다. 공자가 본문에서 "그다음은 어떻다"라고 하여 분명히 우열을 부여했기 때문이다. 이 경우 가장 뛰어난 사람(賢者)은 "세상으로 피한다."

다산은 이런 사람을 '큰 은자(人隱)'라고 부른다. '큰 은자'는 '작은 은자'와 다르다. '작은 은자'는 시장과 마을을 떠나 산림 속으로 숨지만 '큰 은자'는 시장과 마을에 숨는다. 세상에서 다른 사람들과 함께 호흡하고 같은 밥을 먹고 살아가지만 세상에 등용되지는 않는 것이 다산의 '큰 은자'다. 고주는 다르게 보았다. 그에 따르면 '피세'하는 현인은 "풍진 세상 바깥에서 높이 노닐고, 흐르는 물로 베개하고 돌멩이로 이를 닦는(枕流漱石)" 사람이다. 고주에서는 아예 세상을 등지고 사는 사람이 "세상으로 피한" 가장 뛰어난 현자인 것이다. 하지만 다산에게 은자는 자연과 함께 살아가는 사람이 아니라 세상에 등용되기를 거부하는 사람일 뿐이다. 나중에 나오는 장저나 걸익이 그런 사람이다(18,6). 그들은 농사를 지으며 다른 사람과 함께 살았지만 세상에 등용되지 않았다. 다산도 스스로를 '큰 은자'라고 생각했는지 모른다.

14.39

선생님께서 말씀하셨다. "일어난 사람이 일곱이었다."

子曰; 作者七人矣.

고주는 이 구절을 앞 장에 붙여 읽었다. 그럴 때 '작作'은 '위爲'와 같은 뜻으로 앞 장에 묘사된 대로 실천한(爲) 사람, 곧 은둔한 사람이 일곱이었다는 뜻이다. 이에 비해 금주는 '작'이 '기起', 곧 '일어나다'라는 뜻이라고 했다. 뜻으로는 큰 차이가 없어서 금주에서도 일어나 은거한 사람이 일곱이라는 뜻이다. 다산은 금주를 따랐는데, 무엇보다도 이 장이 "군자는 기미를 보고 일어난다(作)"(『주역주소』, 12:19a)라는 『역』의 한 문장과 관련된다고 판단했기 때문이다.

그렇지만 이 장을 꼭 고금주처럼 해석해야 할 필요는 없다. 특히 금주나 다산처럼 이 장을 앞 장과 분리하여 읽는다면 '작'을 어떻게 푸는가에 따라 다양한 해석이 가능하다. 그럴듯한 의견 중의 하나는 '작'을 '창작하다'라는 뜻으로 보는 것이다. 그렇다면 이 장은 창작한 사람이 일곱이었다고 말한다. 다산은 이렇게 해석한 사람으로 성리학자 장재와 진식(13세기), 그리고 다자이 등을 소개한다. 이들에 앞서 한유 역시 '작'에는 적극적으로 행동한다는 함의가 있으므로 은둔을 묘사하기 위해 이 글자를 쓸 수는 없다고 했다. 다산은 이들의 견해를 소개한 뒤에 "이것도 하나의 뜻이 된다"라고 했다.

다산은 이 장에서 말하는 일곱이 누구인지 확정할 수 없다고 보았다. 누구를 말하더라도 증거가 없고, 증거 없이 임의로 일곱 명을 거론한다면 "백성이 믿지 않을 것"이기 때문이었다. 그러면서도 다산은 포함이 거론한 일곱 명이 가장 그럴 듯하다고 생각했다. 그들이 자신이 생각한 두 개의 기준, 곧 은둔한 사람이어야 하며 공자와 동시대 인물이어야 한다는 기준을 충족하기 때문이었다. 포함이 거론한 일곱은 장저(18.6), 걸익(18.6), 대그릇을 짊어진 어떤 노인(18.7), 새벽에 문을 여는 문지기(14.40), 삼태기를 짊어진 사람(14.41), 의에서 사직을 지키는 사람(3.24), 초나라의 미치광이 접여(18.5)다. 모두 『논어』에 나온다.

14.40

자로가 석문에서 묵었다. 새벽에 문을 여는 문지기가 "어디에서 오시오?"라고 물으니 자로가 "공씨에게서 오는 길이오"라고 했다. 그가 말했다. "그 불가한 줄 알면서도 하려는 사람 말이오?"

子路宿於石門. 晨門曰; 奚自? 子路曰; 自孔氏. 曰; 是知其不可而爲之者與?

'석문石門'은 제나라의 한 지역이라는 설도 있고(다산), 노나라에 속한다는 설도 있는데(황간), 확실히는 알 수 없다. '신문晨門'은 어둑어둑할 때, 곧 새벽이나 저녁에 성문을 관리하는 문지기인데, 앞에서 포함이 열거한 『논어』의 일곱 은자 중의 하나가 이 사람이었다. 이 사람이 보기에 공자는 안 되는 줄 알면서도 억지로 하려는 사람이었다. 어지러운 세상에 공자의 조언을 들을 군주도 없고, 달라진 세상에 옛날 좋았던 시절을 되살리자는 데 동참할 사람도 없었다. 공자도 그것을 알았다. 차라리 몰랐다면 여기 문지기 같은 은자는 아예 공자에 관심을 가지지 않았을 것이다. 모르는 사람을 일일이 꾸짖기는 힘들다. 하지만 공자는 안 될 것을 알면서도 하려는 사람이었다. 해야 할 일이라고 생각했기 때문이다. 죽을 줄 알면서도 죽을 때까지 산 사람이 되어 보려는 인간의 모습을 닮았다. 어떻게 보면 안타깝고, 어떻게 보면 어리석다.

그래서 문지기의 말이 공자를 놀리는 것인지 아닌지 논란이 있었다. 은자가 세속을 떠나지 못하는 사람을 놀리는 것은 흔한 일이므로 고금주는 모두 그것이 "비난하거나(고주)" "기롱하는(금주)" 말이라고 보았다. 하지만 오히려 칭찬으로 보는 사람도 있었다. 가령 오규는 "불가함을 알면서도 하려는 것은 백성을 버리지 않는 것이니 은나라의 세 인한 사람(미자, 기자, 비간)과 같다. 문지기는 공자가 백성을 편안하게 하고 구제하는 데 뜻을 두었음을 알았기 때문에 이 말로 그를 칭찬한 것이다"라고 논평했고, 그에 앞서 명나라의 유학자 요순목(1543~1627)도 비슷한 견해를 서술했다. 다산은 상반되는 두 견해의 절충을 모색한다.

> 그 말은 기롱했지만 마음으로는 서로 지극히 아꼈으니 정이 말에 드러나서 천 년이 지난 뒤에도 직접 보는 듯하다. 오규는 공자가 기롱을 받았다는 것이 싫어 그를 옹호하려고 설을 만들었으나 또한 구차하다.

누구보다 공자를 존경한 다산이었지만 그는 존경이 사실을 왜곡하지 않도록 조심했다. 그러면서도 구태여 옹호하는 것이 구차하다는 말로 변하지 않는 존경을 표현했다.

14.41

선생님께서 위나라에서 경쇠를 치셨다. 삼태기를 지고 공씨의 문을 지나던 사람이 말했다. "마음이 있구나, 경쇠를 치는구나!" 조금 있다 다시 말했다. "비루하구나, 댕댕 경쇠 소리라! 나를 알아주지 않

으면 이에 그만둘 뿐이다. '물이 깊으면 잠방이를 입고 건너고, 물이
얕으면 옷을 걷고 건넌다.'" 선생님께서 말씀하셨다. "과연 그렇다.
힐난할 수가 없다."

子擊磬於衛. 有荷蕢而過孔氏之門者曰; 有心哉, 擊磬乎! 旣而曰; 鄙哉, 硜硜
乎! 莫己知也, 斯已而已矣. 深則厲, 淺則揭. 子曰; 果哉, 末之難矣.

본문의 '경磬'은 경쇠 혹은 편경이라는 악기다. 옥돌로 만들며, 마치 돌로
만든 종을 치는 것 같은 단단하면서도 맑은 소리를 낸다. 그 소리를 위에서
는 "댕댕"이라고 표현했다. 아악 연주를 위한 필수 악기로 지금도 제례악에
서 사용한다. 공자가 위나라에서 그것을 연주했는데, 다산은 이때가 노 정공
13년인 기원전 497년이라고 보았다. 이해에 공자는 노나라를 떠나 여행을 시
작했고, 위나라에 도착했다. 다산의 해석에서는 이 연대가 중요하다. 이때 공
자는 노나라에 실망하여 세상에 나섰으나 아직 고난과 좌절을 맛보지는 않
은 상태였다. 오히려 그는 이제 큰 세상에 들어서 좋은 군주를 한 번 만나보
겠다는 희망에 부풀어 있었다. 그런데 삼태기(蕢)를 지고(荷) 그의 문 앞을 지
나던 이름 모를 사람이 알쏭달쏭한 말을 몇 마디 하고는 사라졌다. 그래서
주해가들은 그 뜻이 무엇인지 해설하려고 했다.

고주는 전체적으로 그가 공자를 비난한다고 보았다. 고주에서 '유심有心'은
무엇인가에 마음을 쓰는 것, 곧 불안하고 걱정하는 심리 상태를 가리킨다.
삼태기를 짊어진 이 사람은 공자가 두드리는 경쇠 소리만 듣고도 그의 심리
를 꿰뚫어 보았고, 소리를 조금 더 들어보고는 "비루하구나, 쫀쫀한 모습이
로다(硜硜乎)!"라고 더 비판적인 소감을 늘어놓았다. '경경硜硜'은 고주에서 '비
천한 모양'을 의미한다. 이 사람이 보기에 공자는 자기를 알아주지 않는데도
자기만 고집할 뿐인(斯己而已矣) 사람이었다. 그래서 그는 『시』 「위풍」의 '포유

고엽鮑有苦葉'이라는 시를 인용하여 공자에게 훈계를 남긴다. "물이 깊으면 잠방이(다산에게는 잠방이)를 입고 건너고(厲), 물이 얕으면 옷을 걷고 건넌다(揭)." 주어진 상황에 따라 임기응변할 줄 알아야 한다는 말이다. 이렇게 그는 무도한 세상에서 애써 무엇인가를 해보려는 공자의 고집스러움 혹은 아둔함을 조롱하고는 사라졌다. 이 말을 들은 공자는 "과감하구나(果哉). 어려울 게 없겠구나(未之難矣)"라고 했다. 공자를 몰랐기 때문에 과감하게 비난했고, 임기응변하는 그런 태도로 살면 어려움을 겪지는 않겠다는 뜻이었다. 이 사람을 좋게 평가한 것은 아니었다. 이상이 고주다.

이렇게 보면 고주에서는 웬 사람이 공자를 조롱하고, 공자는 그를 탐탁지 않게 본다. 공자는 일이 잘 안 풀려 노심초사했고, 이 사람은 성인의 뜻을 헤아리지 못했다. 이런 해석은 다산의 해석과 사뭇 다르다. '유심'이나 '경경'도 다르게 이해하고, 공자의 반응도 다르게 이해하지만 다산에게는 '그치다'라는 뜻의 '이已'가 고주에는 '자기'라는 뜻의 '기己'여서 아예 글자를 달리 읽기도 한다.

다산이 볼 때 고주에는 두 가지 문제점이 있다. 첫째는 이 일이 언제 있었는지 몰랐다는 게 문제다. 앞에서 말한 것처럼 다산은 이 일이 공자가 노나라를 떠난 해의 일이었다고 했다. 그렇다면 공자는 아직 좌절을 경험하지 않았으며, 따라서 노심초사하는 우울함이 경쇠 소리에 묻어날 턱이 없다. 다산이 '유심'을 "(교화하려는) 마음이 있구나"라고 읽는 것도 이 때문이다. 공자는 당시 세상을 한 번 크게 교화하려는 포부를 가지고 있었던 것이다.

두 번째는 『논어』의 은자가 공자를 어떻게 생각했고, 공자는 또 그들을 어떻게 대했는지 고려하지 않았다는 게 문제다. 앞 장에서처럼 『논어』의 은자는 세상을 떠나지 못하고 머뭇대는 공자를 기롱하기는 한다. 하지만 그것은 비아냥거림이 아니라 안타까움과 아쉬움의 표현이다. 이 점을 생각하면 "삼태기를 짊어진 사람의 한 마디는 본래 서로 아낀다는 말이었다." 공자는 공자대로 항상 은자를 존중했지 고주에서처럼 냉랭하게 은자를 낮추지 않았다. 따라서 고주는 큰 틀에서부터 문제가 있다. 아울러 '유심'이나 '경경' 등 문제가 되는 표현도 설득력 있게 설명하지 못했다.

그래서 다산은 대체로 금주를 따랐다. 금주에서 '유심'은 '천하를 생각하는 마음이 있는 것'인데, 다산은 '교화하려는 마음이 있는 것'으로 이해했고, '경경'도 금주처럼 경쇠의 소리를 묘사한 것으로 보았다. 또 "이에 그만둘 뿐이다(斯已而已矣)"라는 해석도 금주와 다산이 공유한다. 단지 다산과 달리 금주는 이 장의 말미 공자의 말을 고주와 유사하게 "과감하구나. 어려움이 없겠구나"라고 읽었다. 은거하는 데 과감했고, 그렇기 때문에 물을 건너듯이 임기응변으로 한 세상 살아가면 큰 어려움을 만나지는 않으리라는 뜻이었다.

다산은 이 부분을 놓고는 금주도 비판했다. 고주와 마찬가지로 금주 역시 은자를 옹색하게 이해했고, 공자가 이 무명씨의 촌평을 듣기만 하는 것으로 이 장을 맺어서는 안 된다고 생각했다. 그래서 고주와 금주는 모두 은자가 공자를 판단했던 것처럼 공자 역시 은자를 판단했다고 보고 그 판단을 공자의 말에 집어넣었다. 하지만 다산에 따르면 '과(果)'라는 한 글자에서 세상을 떠나 은거하는 데 과감했다는 뜻을 발견하는 것은 억지이고, '난(難)'이라는 한 글자에서 세상을 살아갈 때 만날 어려움이라는 뜻을 발견했다는 것도 억지였다. 그래서 다산은 공자가 은자의 말에 십분 동의했다고 보았다. '과'에 '과연 그렇다'라는 뜻이 있고, 공자가 은자에게 동의하지 않을 이유가 없기 때문이기도 했다. 다시 확인하지만 공자는 언제나 은자를 존중했다. 이렇게 이 사람의 평가를 받아들인 공자는 다시 한 번 그를 "힐난할(難) 수가 없다(末)"라고 밝힌다. '난'에 '힐난하다'라는 뜻이 있고, 또 이렇게 이해하는 것이 은자를 대하는 공자의 일반적 태도에 부합하기 때문이다. '원의총괄'은 이 다른 해석을

"'말지난末之難'은 대답할 말이 없었다는 뜻이다"라고 기록했다.

　물론 공자는 은자의 충고를 받아들이지는 않았다. 공자는 언제나 공자다. 그는 세상에서 자신의 원칙을 지키며 살아가는 사람이지 임기응변하는 사람이 아니다. 하지만 그는 은자가 선택한 다른 길도 충분히 이해했다. 다산에 따르면 이 장을 이렇게 이해해야만 "말의 기운이 온화하고 포용하여 그 의미가 깊고도 넓어지며," 삼태기를 짊어진 어느 한 사람과 공자의 훈훈한 조우를 "천 년이 지난 후에도 마치 보는 듯하게" 된다.

　또한 다산은 은자가 경쇠 두드리는 소리만 듣고도 공자의 심경을 헤아렸다는 고금주의 신비를 거부한다. 구체적 독법은 달랐지만 고주와 금주는 모두 이 사람이 공자를 보지도 않고 공자의 마음을 헤아렸다고 본다. 하지만 이건 허무맹랑한 생각이다. 앞의 한 장에서도 다산은 자로가 거문고 타는 소리를 듣고 살심을 느꼈다는 금주의 해설을 비판했다(11.15). 여기에서도 마찬가지다. 이성적인 다산에게 이런 맹랑한 일은 일어나지 않는다.

　그렇다면 삼태기를 맨 사람은 어떻게 경쇠 두드리는 소리를 듣고 공자에게 교화의 마음이 있는 줄 알았을까? 너무 쉽다. "경쇠 두드리는 소리를 들었으면 음악을 익히고 있는 줄 알았을 것이며, 음악을 익히고 있는 줄 알았다면 그에게 도를 행하려는 마음이 있음을 알았을 것이다." 곧 공자가 전례의 악기를 연주했다면 그가 전례에 관심이 있었다는 것이고, 전례에 관심이 있었다면 국가의 운영에도 관심이 있었다는 것이다. 따라서 "댕댕(硜硜)"하는 경쇠 소리에 특별한 의미를 부여할 필요가 없다. 금주는 공자의 경쇠 소리에서 굳고 결연한 의지를 읽을 수 있다고 했지만 다산에게는 이것도 과장이다. 경쇠 소리는 그저 경쇠 소리일 뿐이지, 어떤 경쇠 소리는 굳고 결연한 의지를 보여주고 어떤 경쇠 소리는 그렇지 않은가? 단지 은자가 볼 때 한 사람의 경쇠 연주는 그가 세상에 미련을 두었음을 알려준다. 그렇기 때문에 "비루하게" 보인다. 이런 상식적인 추론을 제쳐두고 경쇠 소리를 듣고 공자의 마음을 알았다고 너스레를 떠는 것은 "본래 흐릿하여 잘 보이지 않는" 애매한 말에 불과하다. '원의총괄'은 이 주장을 "'마음이 있구나, 경쇠를 치는구나!'라는 말은 후세에서 말하는 소위 (소리만 듣고도 알았다는) 지혜로운 자와 관련이 없다'라고 요약했다.

14.42

자장이 말했다. "『서』에 고종이 믿어 침묵할 때 '삼년 동안 말을 내지 않았다'라고 하니 무엇을 말하는 것입니까?" 선생님께서 말씀하셨다. "하필 고종뿐이겠는가? 옛날 사람이 모두 그렇게 했다. 임금이 돌아가시면 백관이 자기 일을 책임지면서 총재에게 듣기를 삼년 동안 했다."

子張曰; 書云, 高宗諒陰, 三年不言. 何謂也? 子曰; 何必高宗? 古之人皆然. 君薨, 百官總己, 以聽於冢宰三年.

『서』에서 인용된 글은 「무일」에 나온다. 앞뒤로 좀 더 옮겨보면 다음과 같다. "그가 처음 즉위할 때 혹 믿어(亮) 침묵하여(陰) 삼년 동안 말을 내지 않았으니(三年不言) 오직 말을 내지 않았으나 말을 했을 때는 곧 화합했다"(『상서주소』, 15:15a). 원문이 이렇기 때문에 이 장은 "삼년 동안 말을 내지 않았다"라는 구절만 인용한 것으로 보는 것이 좋다. "믿어 침묵할 때(諒陰)"도 인용이라고 볼 수 있지만 자연스럽지는 않다.

'양음諒陰'은 '양음亮陰(『서』「무일」, 「열명」), '양암諒闇'(『예기』「상복사제」),

'양암亮闇'(『사기』「노세가」), '양암梁闇'(『상서대전』「상서대전보유」), '양음涼陰'
(『한서』「오행지」) 등으로도 나오는데, 뜻이 확실하지는 않다. 이 장에서 공안
국은 '믿어 침묵하는 것'을 의미한다고 했고, 「상복사제」에서 정현은 여막을
가리킨다고 했으며, 고주가 소개하는 두예는 상복을 입지 않고 마음으로 고
인을 애도하는 심상心喪을 가리킨다고 했다. 이 세 가지가 '양음'에 대한 대표
적 해석인데, 다산은 "'양음'에 대한 논쟁 또한 번다하지만 '믿어 침묵하는 것'
이라는 뜻이 조금 낫다"라고 했다. '믿어 침묵하는 것'이란 상을 당한 임금이
자신의 신하, 특히 총재를 믿어 정사를 맡기고 자신은 침묵한다는 뜻이다. 평
소가 아니라 상을 당해서 취하는 행동이므로 '양음'은 임금이 거상하는 일
과 관련이 된다. 이 장의 '양음'을 '양암'으로 읽기도 하는데, '양음'이 여막을
가리킬 때 그렇게 읽는다. 다산처럼 공안국의 설을 따르면『논어』의 '양음'과
『예기』의 '양암'은 다른 뜻이므로 '양암'이 아니라 '양음'이다. 사소하지만 다
산을 따라『논어』를 읽을 때는 이런 점에도 주의해야 한다.

다산에 따르면 "삼년 동안 말을 내지 않았다"라는 것은 "조령詔令하는 바가
없었던 것"을 의미한다. 고금주와는 다른 해석이다. 고금주를 비롯하여 거의
모두에게 이 말은 글자 그대로 "삼년 동안 말을 하지 않았다"라는 의미다. 하
지만 아무리 거상 중이라도 임금이 삼년 동안 일언반구도 하지 않는 게 가능
한가? 면벽하는 고승도 힘든 일인데, 동굴에 들어앉아 있는 것도 아니고 신
하에 둘러싸인 임금이 삼년 동안 말 한마디 안 한다는 것은 불가능한 일이
다. 그래서 다산은 "조령하는 바가 없었던 것"으로 이해했다. 일상적인 대화
는 했으되 정치적 명령을 내리지는 않았다는 것이다. 사실 위에 인용한 「무
일」은 "말을 하면 곧 화합했다"라고 기록했다. 말을 하기는 했다는 것이다. 물
론 보통은 상이 끝난 뒤에 말을 했다고 이해하지만 꼭 그렇지는 않다. 이런
점을 반영하여 위에서는 '삼년불언'을 "말을 내지 않았다"라고 옮겼다.

본문의 고종은 기원전 12세기 인물인 은나라의 임금 무정을 가리킨다. 은
나라가 쇠락해 갈 때 훌륭한 정치로 나라를 중흥시켰던 좋은 군주로 평가받
는다. 아버지 소을이 죽었을 때 본문에 기록된 것처럼 정치에 관여하지 않고
삼년 동안 선왕을 추모했다고 한다. 『서』에서 이 기사를 읽은 자장은 그러면
나라의 정사는 누가 돌봤느냐는 궁금증으로 공자에게 질문했다. 공자는 백
관이 스스로의 직무(己)를 책임지면서(總), 궁극적으로 총재의 지도를 받아
국정을 돌봤다고 대답했다. 이런 전통을 아름답게 본 것이 분명하다. 그러므
로 공자의 말을 통해 유교의 재상 중심주의를 읽을 수 있다. 사실 유교적 국
가에서 왕은 국가의 상징일 뿐이며, 실제의 정치는 재상이 담당한다. 조선도
그랬다. 조선 초기처럼 왕실이 왕권을 강화하려고 할 때 혹은 왕권이 강화되
었을 때 재상 중심주의는 왕실과의 갈등을 낳기도 했지만 조선 전체를 통틀
어 보면 재상 중심주의라는 원칙이 관철되었다.

그런데 공자에 따르면 이렇게 임금이 신하를 "믿어 침묵하는" 전통은 오직
옛날에만 존재했다. "옛날 사람이 모두 그렇게 했다"라는 말은 지금은 그렇게
하지 않는다는 의미다. 더 구체적으로 다산은 이 전통이 오직 하나라와 은나
라에만 존재했다고 주장했다. 주나라에 와서는 제도가 바뀌었기 때문이다.
"성왕이 붕어하고 구일 만에 강왕이 급히 즉위하고 면복을 입은 뒤 명령을
내고 제후에게 고했으니 '삼년 동안 말을 내지 않는다'라는 것과는 절대 같
지 않았다"(『맹자요의』, 『정본 여유당전서』7, 98). 곧 주나라 초기부터 이 아
름다운 전통은 사라졌다. 그렇다면 공자가 살던 춘추시대에는 더 말할 것도
없다.

'믿어 침묵하는' 동안 말을 내지 않는 예는 아마도 하나라, 은나라의 법일
것이다. 주나라에 와서는 조금 변했으므로 (강왕이) 면복을 벗고 다시 상

복을 입었다는 말이 있었고, 춘추시대에 와서는 또 크게 변했다.

다산에 따르면 이것이 이 장에서 공자가 말하자고 했던 바였다. 옛날의 아름다운 전통이 지금은 사라졌다. 이때 아름다운 전통은 두 가지다. 임금이 죽으면(薨) 그 후계자가 선친을 기려 삼년 동안 말을 내지 않는 추모의 기간을 가졌다는 것이 그 하나이고, 총재를 믿어 그 기간 모든 국정을 그에게 맡기는 신뢰의 군신 관계가 있었다는 것이 다른 하나다. '총冢'은 '대人'와 같은 글자로 총재란 재상 중에서도 큰 재상이다.

14.43

선생님께서 말씀하셨다. "윗사람이 예를 좋아하면 백성을 부리기 쉽다."

子曰; 上好禮則民易使也.

"백성을 부리기 쉽다"라는 말 때문에 이 장은 요즘 세상에 교훈이 되지 못하는 것처럼 보인다. 하지만 당시는 힘과 형벌로 위협해서 백성을 부리는 시절이었다. 그런 상황에서 공자는 백성을 부리기 쉽게 만들려면 윗사람이 예를 좋아해야 한다고 말하여 백성을 부리는 것을 마치 자연법적 사실처럼 생각했던 역사적 교착에서 아랫사람의 숨통을 조금이나마 텄다.

다산에 따르면 '부린다(使)'라는 말은 백성을 나랏일에 동원하여 부린다는 뜻이 아니라 마치 "몸이 팔뚝을 부리고, 팔뚝이 손가락을 부리는 것처럼" 부린다는 의미다. 윗사람이 예를 좋아하면 위아래의 관계가 좋아져서 마치 "혈맥이 잘 통하는 것"처럼 되기 때문에 백성을 부리기 쉽다는 것이다.

14.44

자로가 군자를 물으니 선생님께서 말씀하셨다. "자기를 닦아 공경하는 것이다." "이와 같을 뿐입니까?" "자기를 닦아 남을 편안하게 하는 것이다." "이와 같을 뿐입니까?" "자기를 닦아 백성을 편안하게 하는 것이다. 자기를 닦아 백성을 편안하게 하는 것은 요순도 어렵게 여겼다."

子路問君子. 子曰; 修己以敬. 曰; 如斯而已乎? 曰; 修己以安人. 曰; 如斯而已乎? 曰; 修己以安百姓. 修己以安百姓, 堯舜其猶病諸.

다산은 여기의 '군자君子'가 훌륭한 품성을 가진 사람이 아니라 윗자리에 있는 사람을 가리킨다고 보았다. 공자가 결국 사회에 대해 군자가 책임져야 할 것이 무엇인지를 밝혔기 때문이다. 본문의 '인人'과 '백성百姓'은 지시하는 대상이 비슷한 것 같지만 다산에 따르면 '인'은 친족을 가리킨다.

이 장에 따르면 책임이 무엇이든 그 책임을 다하기 위해 군자는 항상 자기를 닦아야(修己) 한다. 다산에게 정치란 높은 지위의 사람이 모범을 보여 잘못을 바로잡는 것인데, 그것 역시 자기를 닦는 일에서 시작한다. 그런 의미에서 "자기를 닦아 백성을 편안하게 하는 것은 요순도 어렵게 여겼다"라는 말은 요순이 백성을 편안하게 만들지 못했다는 것이 아니라 언제나 자기를 닦는 일에 노심초사했다는 뜻이다. 『대학』도 먼저 자기를 수양하고, 그에 기초하여 천하를 평화로 이끌라고 했다. 곧 "자기를 닦아 공경하는 것"은 『대학』

의 성의와 정심이고, "자기를 닦아 남을 편안하게 하는 것"은 수신과 제가이며, "자기를 닦아 백성을 편안하게 하는 것"은 치국과 평천하다. 다산의 해설이다.

위에서도 그렇게 옮겼듯이 다산은 '수기이경修己以敬'이라는 잘 알려진 말을 "자기를 닦아 공경한다"라고 읽는다. 고금주는 모두 "경으로 자기를 닦는다"라고 읽었다. 그러나 "'경'은 향할 대상이 있는 것이므로 향하는 바가 없으면 공경할 것도 없다." '경'에는 구체적 대상이 필요한 것이다. 그러므로 가령 자기 자신을 공경한다면 말이 되지만 "경으로 자기를 닦는다"라고 하여 '경'이 어떤 특별한 심리 상태를 가리키는 것처럼 만들어서는 안 된다.

이 주장은 성리학의 이른바 경 공부를 비판한다. 성리학의 경 공부는 불교의 명상처럼 자신의 본질을 들여다보면서 정신적 긴장을 놓지 않는 것인데, 보통 '하나에 집중하여 다른 곳으로 나아감이 없다(主一無適)'라는 말을 통해 정의된다. 다산에게 이런 경 공부는 공허한 시간 보내기며, 이단의 공부 방법이다. 다산은 이러한 성리학의 내면 공부를 언제나 비판한다. 그러므로 '수기이경'을 고금주처럼 읽으면 마치 공자가 지금 성리학의 경 공부를 암시하는 것처럼 보일 수 있다. 받아들일 수 없는 해석이다. 그래서 다산은 '수기이경'을 위에 옮긴 것처럼 읽자고 제안하면서 이때 공경의 대상은 하늘이라고 주장했다. 공경은 궁극적으로 경천하는 것이라는 말이다. 그의 하늘이 다시 등장하는 순간이다.

14.45

원양이 다리를 펴고 앉아 기다리니 선생님께서 "어려서는 공손하지 않고, 커서는 이야기할 것이 없고, 늙어서는 죽지 않은 것, 이게 도둑이지"라고 말씀하시고는 지팡이로 그 정강이를 툭 치셨다.

原壤夷俟. 子曰; 幼而不孫弟, 長而無述焉, 老而不死, 是爲賊. 以杖叩其脛.

원양은 노나라 사람으로 원래 공자와 알고 지내던 사이였는데, 이때 공자를 기다리고 있었다. 『예기』 「단궁」에 이 사람이 나온다. 그의 어머니가 죽자 공자가 장례를 도왔는데, 그가 관을 짤 목재 위에 올라 노래를 불렀다. "살쾡이 머리 같은 무늬로다! 여인네 손을 잡는 듯 부드럽구나!"(『예기주소』, 10:38b) 이런 미친 짓을 보고도 공자는 못들은 척했다고 한다. 이 이야기가 사실이라면 그는 공자와 어지간히 가까운 사이였다. 이 점이 이 장에 대한 다산의 해석에도 영향을 준다. 이 장 말미에 공자는 사람을 기다릴 때 다리를 쭉 펴고 앉아서(夷) 기다리는(俟) 것이 실례라는 점을 환기시키기 위해 그의 정강이를 치는데, 그때 어느 정도 세게 쳤느냐는 그들의 평소 친분 관계에 달려 있기 때문이다. 다산은 '고(叩)'가 '가볍게 친 것'을 의미한다고 보았다. 가까운 친구 사이이기 때문이다. 그렇기 때문에 공자가 한 말도 살벌한 비판이 아니라 농담이 섞인 가벼운 질책이었다. 하릴 없이 허송세월하는 친구에게 건넨 뼈가 있는 농담이었다. '도둑(賊)'이라는 말에도 반쯤은 농이 섞였다.

이렇게 읽으면 공자라는 도덕군자와 원양이라는 분방한 사람은 서로 가까운 사이가 된다. 원양이 어머니 상에 노래를 불렀다는 이야기에서 금세 알아차릴 수 있는 것처럼 이 사람은 장자 같은 사람이었다. 장자도 부인이 죽었을 때 노래를 불렀다. 그래서 금주가 지적하듯이 그는 "노씨(노자)의 종류"일 수 있다. 그렇다면 유교의 스승과 도가의 자유인이 서로 어울린 셈이다. 그래서 이단의식이 강한 유학자는 이런 사람을 공자의 친구로 만들고 싶지 않았다. 그들이 보기에는 공자의 말도 거센 비난이며, 정강이도 소리 나게 쳤다. 하지만 앞에서도 몇 번 서술한 것처럼 다산은 도가에 관대하다. 관대했기 때문에 이 장을 지금 설명한 것처럼 이해했는지도 모른다. 과연 다산은 노자의 추종 자를 무뢰한으로 규정한 금주를 비판한다.

(금주에서) 노씨의 종류가 스스로 예법의 바깥에서 방종했다고 한 것은 무슨 근거가 있는지 모르겠다. 노자의 도가 반드시 미치거나 방탕한 것은 아니다.

본문의 '이夷'를 걸터앉는 것 혹은 쪼그리고 앉는 것을 의미한다고 보는 견 해도 있다. 하지만 다산은 다리를 쭉 펴고 앉는 것으로 보았다.

14.46

궐당의 동자가 명을 받들어 전했다. 어떤 사람이 "더하려는 사람입 니까?"라고 물으니 선생님께서 말씀하셨다. "나는 그가 자리를 차지 한 것을 보았고, 먼저 태어난 사람과 함께 걷는 것을 보았다. 더하기 를 구하는 자가 아니라 빨리 이루려는 자다."

闕黨童子將命. 或問之曰; 益者與? 子曰; 吾見其居於位也, 見其與先生竝行 也. 非求益者也, 欲速成者也.

'궐당闕黨'은 노나라 한 지역인 궐리闕里에 속한 작은 동네(黨)의 이름으로 『순자』에 따르면 공자가 기거한 곳이라고 하는데(『순자』, 4:3a~b), 다산은 꼭 그렇게 보지 않는 듯하다. '동자童子'는 어린 남자아이를 의미하지만 『논어』

에서는 아직 관례를 치르지 않은 남자를 다 가리킨다. 따라서 어른이 다 된 십대 후반도 관례를 치르지 않았으면 동자다. "명을 받들어 전했다(將命)"라는 것은 손님이 찾아오면 찾아온 손님의 말을 주인에게 전하고 또 주인의 말을 손님에게 전하는 등 주인과 손님 사이를 오가며 명을 전하는 것을 의미한다. 이때 어느 동자가 이런 일을 했는데, 무슨 이유로든 어떤 사람의 눈에 띄었다.

금주는 동자가 아직 어림에도 불구하고 이런 책임을 맡았기 때문에 어떤 사람의 눈에 띄었다고 했다. 보통 명을 전달하는 일을 맡은 사람보다 훨씬 어렸다는 것이다. 어떤 사람은 동자를 신기해하면서 이렇게 어린 사람에게 그런 역할을 맡겼을 때는 반드시 공자가 그를 총애했으리라고 짐작했다. 그래서 그는 "더한 사람입니까?"라고 물었다. 금주에서는 '익자여益者與'를 이렇게 풀어야 한다. 어떤 사람은 동자의 과거를 묻고 있기 때문이다. 이때 "더한 사람"이란 자기가 지금 가진 것에 학식이든 덕이든 더한 사람, 곧 진보를 이룬 사람이라는 뜻이다.

하지만 본문에서 보듯이 공자는 동자의 잘못을 지적한다. 사람들이 모여 앉을 때는 나이가 어린 사람을 위해 따로 정해놓은 자리가 없으므로 구석에 앉아야 하는데 동자는 다른 사람의 자리에 앉았고, 먼저 태어난 사람(先生)과 함께 걸을 때는 부모의 연배일 경우 뒤에 따라 걷고 형의 연배일 경우 기러기가 열을 지어 날아갈 때처럼 약간 처져서 걸어야 하는데 동자는 바로 옆에서 같이 걸었다. 그러므로 공자가 이 동자를 총애했을 것이라는 어떤 사람의 짐작은 틀렸다. 그러면 왜 공자는 동자에게 그런 임무를 주었나? 금주에 따르면 공자는 경험을 통해 배우라고 그랬다.

이것은 궁색한 해설이다. 공자처럼 예를 중시하는 사람이 동자를 가르치기 위해 주객 사이의 명을 전달하는 중요한 일을 맡겼을 리 없다. 그래서 다산은 금주의 해설 전체를 받아들이지 않았고, 자기 논리를 만들었다. 다산에 따르면 이 동자가 어떤 사람의 눈에 띈 것은 맡은 일을 제법 잘했기 때문이다. 그래서 어떤 사람은 공자에게 "더하려는 사람입니까?"라고 물었다. 앞으로 진보를 이루는 데 관심을 가진 사람이냐는 질문이었다. 공자는 앞에서 설명한 문제점을 거론하면서 그는 성실히 앞으로 나아가려는 사람이 아니라 빨리 성취를 이루려는 자라고 대답했다. 다산은 이것이 공자의 관인법, 사람을 알아보는 법이라고 했다. 공자는 동자의 행동을 세밀히 관찰하여 그가 빨리 성취를 이루려고 했기 때문에 결국 "완수하지 못할 것(13.17)"을 예견했다. 동자가 명을 전달한 것도 공자가 그렇게 하라고 한 것이 아니다. 단순히 "공자가 궐당에 갔을 때," 곧 궐당의 어떤 집을 방문하게 되었을 때 동자가 명을 받들어 전하는 것을 목격했을 뿐이다.

이렇게 다산은 금주와 전혀 다르게 이 장을 이해했다. 금주의 설명이 궁색하기도 했지만 다른 이유도 있었다. 우선 이 동자가 공자의 문하에서 배우고 있었다면 본문에 기록된 예의 없는 행동을 하지 않았을 것이다. "공자의 문하에 있었다면 며칠 지나지 않아서 마땅히 예법을 알았을 것이다." 또한 '의봉인儀封人'이나 '호향동자互鄕童子'처럼 '궐당동자闕黨童子'라고 해서 사람 앞에 지명을 먼저 놓는 것은 그 사람이 공문에 있지 않기 때문이다. 본문에서 공자가 이 동자의 행동을 처음 관찰한 것처럼 보이는 점도 참고할 수 있다. 마지막으로 금주는 동자가 어렸기 때문에 어떤 사람의 눈에 뜨이게 되었다고 했지만 동자 가운데서 제법 나이가 된 동자는 으레 명을 전달하는 역할을 했다는 것이 『예기』의 기록으로 확인된다(『예기주소』, 5:21b). 이런 이유의 대부분은 『논어고훈외전』도 말한 것이다. 곧 다산은 이 장에서 고주나 금주 대신 다자이의 견해를 많이 참고했다. 그러므로 다산을 따라 이 장을 읽을 때는 그가 금주를 받아들이지 않았다는 점을 명확히 해야 한다.

제15편

위영공

衛靈公

15.1

위 영공이 병사를 진열하는 것을 물었다. 공자가 대답하기를 "제기의 일은 일찍이 들었으나 군려의 일은 배우지 못했습니다"라고 하고는 그 다음날 마침내 떠났다.

衛靈公問陳於孔子. 孔子對曰; 俎豆之事, 則嘗聞之矣, 軍旅之事, 未之學也. 明日遂行.

'진陳'은 육덕명의 『논어음의』에 '진陣'으로 되어 있다(『경전석문』, 24:21b). 『논어음의』처럼 되어 있으면 '진법'을 의미하지만 위처럼 되어 있으면 반드시 그렇게 볼 필요는 없다. 다산은 이 글자가 '진열하다(列)'라는 뜻이라고 했다. 물론 "병사를 진열하는 것"이라고 해도 진법이라는 의미를 담을 수 있다. '조俎'와 '두豆'는 모두 제기로 '조'는 희생을 올리는 다리 두 개 달린 나무 접시이며, '두'는 절인 음식을 올리는 원통형 다리의 나무 주발이다. 모든 제사에 쓰이므로 '조두'는 제기를 대표하는 말이다. 다산은 공자가 병사 진열하는 것을 하필 "제기의 일"과 비교한 것은 양자가 모두 진열하는 것이기 때문이라고 했는데, 재미있는 해석이다.

보통 이 장을 읽을 때 공자는 덕치를 높였기 때문에 군사나 전쟁에는 관심이 없었고, 따라서 "병사를 진열하는 일"을 묻는 위 영공을 보고 더 이상 위나라에 머물 필요가 없어 떠났다고 이해한다. 고주에서 정현은 "'군려의 일'은 말단의 일이다. 근본이 서지 않았는데 말단의 일을 가르칠 수는 없다"라고 했고, 금주에서 윤돈도 "위 영공은 무도한 임금인데 다시 전쟁과 정벌의 일에 뜻을 가지므로 공자가 떠난 것이다"라고 했다. '군軍'은 1만2500명의 병사로 이루어지며, '여旅'는 500명이다.

하지만 다산에 따르면 이 해석은 잘못이다. 공자는 노나라를 떠나기 전인 기원전 500년 제나라와의 협곡 모임에서 군비의 필요성을 역설했고, 진항이 임금을 시해했을 때 출병을 권유했다(14.22). 뿐만 아니라 다산이 종종 인용했듯이 『예기』 「예기」에서 공자는 "내가 전쟁을 하면 이긴다"(『예기주소』, 23:26a)라고 자신했고, 『논어』에서도 "잘 가르치는 사람이 백성을 7년 가르치면 또한 군대의 일에 나아갈 수 있다"(13.29)라고도 했다. 결론적으로 "공자는 일찍이 병사兵事를 좋아하지 않은 적이 없다."

살펴보건대 군려의 일은 평온한 세상에서도 오히려 감히 준비를 느슨히 할 수 없는데 하물며 춘추시대처럼 아침에 포위당하고 저녁에 침공을 당하는 때이겠는가?

산림에서 지조만 지키는 것이 아니라 세상을 경륜하려는 포부가 있었던 다산은 공자를 군사의 일에 전혀 관심이 없는 사람으로 만들 수 없었다. 그러면 왜 공자는 위 영공의 질문에 대답하지 않았고, 왜 마침내 위나라를 떠났나? 다산은 모두 대답한다. 위 영공의 질문에 대답을 하지 않은 것은 용병

하려는 이유가 온당하지 않았기 때문이다. 당시 영공은 진晉나라와의 갈등으로 인해 매해 전쟁을 벌였고, 서로 악행을 주고받았다. 이런 전쟁은 아무런 명분이 없는, 나라의 재용을 고갈시키고 백성을 사지로 모는 전쟁에 불과하다. 공자는 '군려의 일'에 대한 자신의 조언이 무도한 전쟁에 이용될 것을 알았으므로 영공의 질문에 답하지 않았다. 반대로 만약 어떤 전쟁이 "진실로 이치에 합당한 것이라면(合理) 공자는 목욕을 하고 토벌하기를 청했을 것"이다.

위나라를 떠난 이유에 대한 다산의 설명은 더 흥미롭다. 공자는 위나라와 진나라가 갈등하는 험악한 상황에서 '군려의 일'을 조언할 경우 결국 자신에게 화가 들이닥칠까를 염려했다. 한마디로 몸조심했다는 말이다. 이런 유추는 이 장을 매우 유사한 다른 사례와 함께 검토하면 가능해진다. 나중에 공자는 위나라 대부 공어가 군사와 관련된 일을 물어오자 "호궤胡簋의 일은 일찍이 배웠으나 갑병甲兵의 일은 듣지 못했습니다"(『춘추좌전주소』, 58:40a)라고 대답하고는 다시 위나라를 떠났다. '호胡'와 '궤簋'도 제기다. 한 나라를 방문했다가 임금이 마땅치 않아서 짐을 챙길 수는 있어도 일개 대부 때문에 떠날 필요는 없는데도 공자는 위나라를 떠났다. 명분 없는 싸움에 휘말려 몸을 망칠까 염려했다는 것 말고는 다른 특별한 이유가 있을 수 없다. 전쟁이나 군사의 논의가 싫어서가 아니라 위험한 상황을 피했다. 사실 공자는 위험을 불사하는 극적인 인물이 아니다. 유교의 성인은 대담하다기보다는 조심스러워하는 사람이며, 이유가 있을 때 살신성인하지 그럴 필요가 없을 때는 "위태로운 나라에는 들어가지 않고, 어지러운 나라에는 거하지 않는다"(8.13). '원의총괄'은 다산의 이 독특한 해석을 "'그 다음날 마침내 떠났다'라는 것은 '군려의 일'을 천하게 여겼기 때문이 아니다"라고 정리했다.

마지막으로 다산은 본문의 대화가 기원전 492년에 있었다는 금주의 해설을 비판했다. 『논어고금주』에서 다산은 줄기차게 위 영공이 기원전 493년에 죽었다고 주장한다. 공자가 죽은 사람과 대화할 수는 없으므로 당연히 기원전 492년에 이런 대화를 할 수 없다. 그래서 다산은 이 대화가 공자가 처음 방문한 위나라를 떠나기 직전인 노 정공 15년 기원전 495년에 있었다고 했다. 이와 관련하여 다산이 공자의 연대 비정에서 『사기』「공자세가」의 기록을 따르지 않았다는 점도 다시 확인할 필요가 있다. 그는 이 문제에서 『좌전』이나 『자치통감강목전편』 같은 다른 역사서를 더 신뢰했다. 또한 공자는 본문의 대화를 가진 뒤 곧바로 위나라를 떠났고, 다산에 따르면 그로부터 7년 뒤 진과 채 사이에서 곤액을 당했기 때문에 "그 다음날 마침내 떠났다"라는 말은 당연히 이 장에 붙여 읽어야 한다. 다산의 해설이다.

15.2

진나라에 있었을 때 양식이 떨어지고, 따르는 자들은 병이 들어 일어나지 못했다. 자로가 화난 얼굴로 선생님을 뵙고 말했다. "군자에게도 궁함이 있습니까?" 선생님께서 말씀하셨다. "군자는 참으로 궁하니 소인이 궁하면 분수를 넘게 된다."

在陳絕糧, 從者病, 莫能興. 子路慍見曰; 君子亦有窮乎? 子曰; 君子固窮, 小人窮斯濫矣.

이 장의 독법을 둘러싸고는 큰 이견이 없다. 단지 다산은 '온현慍見'을 보통처럼 "화난 것(慍)을 얼굴에 드러내며(見)"라고 읽지 않고, 위에서처럼 "화난 얼굴(慍)로 선생님을 뵙고(見)"라고 읽었다. 나머지 부분에서는 대체로 고금주와 같다. "따르는 자(從者)"는 공자를 수행하던 모두를 가리키고, '흥(興)'은 '일어나다'라는 뜻이며, '고(固)'는 '참으로' 혹은 '진실로'라는 뜻이다. 금주의 정이는 주희와 달리 '고'를 '고집하다'라는 뜻으로 보아 군자는 가난을 고집해야 한다는 교훈을 읽어내려고 했으나 도덕에 어긋나지 않으면 부를 추구해도 문제가 없다고 보는 다산이 받아들일 주장은 아니었다. '남(濫)'은 '넘치는 것' 곧 분수에 넘는 행동을 하는 것을 말한다.

이 장의 논란거리는 언제, 어디에서, 또 왜 공자가 이런 곤경을 당했는가 하는 문제다. 결론적으로 다산은 이 일이 노 애공 6년인 기원전 489년에 있었고, 진나라와 채나라 사이에서, 이 두 나라의 대부들이 공자를 억류했기 때문에 일어났다고 보았다. 당시 오나라가 진나라를 공격하자 초나라는 진나라를 구원하기 위해 출병했다가 공자가 진나라와 채나라 사이에 있다는 말을 듣고 그를 초빙했다. 진나라와 채나라의 대부들은 만약 공자가 초나라로 갈 경우 그들의 비리가 들통날까 염려하여 공자를 억류했다. 이 설명은 대체로 『사기』 「공자세가」를 참고한 것이다. 「공자세가」의 기록은 『공자가어』 「재액」의 기록과도 거의 일치한다. 단지 두 기록에서는 이 일이 노 애공 6년에 일어났는지 확인할 수 없다. 그래서 다산은 『좌전』과 『자치통감강목전편』을 참고하여 사건이 노 애공 6년에 일어났다고 주장했다.

문제는 「공자세가」의 기록이 공안국의 해설과 일치하지는 않는다는 점이다. 공안국은 "공자가 위나라를 떠나 조(曹)나라로 갔는데, 조나라에서 용납하지 않아 다시 송나라로 갔다. 송나라에서 광인(匡人)으로 인해 어려움을 경험한 후 진나라로 갔다. 이때 오나라가 진나라를 공격했으므로 진나라가 어지러워졌다. 그 때문에 먹을 것이 궁핍해졌다"라고 했다. 그렇다면 이 일은 공자가 위나라를 떠나 처음으로 진나라를 방문하던 해, 곧 노 정공 15년인 기원전 495년에, 진나라에서, 오나라의 공격 때문에 일어난 것이다. 주희는 「공자세가」기록을 의심하면서 논란을 키웠다. 당시 진나라와 채나라는 초나라에 복속되어 있었는데, 어떻게 그 대부들이 초왕의 초빙을 방해하면서 임의로 공자를 억류할 수 있었겠느냐는 의문이었다. 이렇게 고주와 금주는 모두 이 일이 앞 장에서 공자가 위나라를 떠난 뒤 곧바로 일어났다고 보았기 때문에 이 장을 앞 장에 붙여 한 장으로 만들었다.

그렇지만 다산은 몇 가지 이유를 들면서 고금주에 동의하지 않았다. 우선 이 일이 공자가 위나라를 떠나 처음 진나라를 방문했을 때 일어났다는 주장의 근거는 이 장과 앞 장을 합장해서 읽었을 때의 『논어』이외에는 없다. 두 장을 합장했을 때는 공자가 "그 다음날 마침내 떠나고" 곧바로 "진나라에 있었을 때 양식이 떨어지는" 일이 벌어진다. 하지만 합장하지 않고 다산처럼 따로 떼어서 읽으면 『논어』도 고금주를 뒷받침해주지 않는다. 둘째, 만약 공자가 진나라에서 이레나 식량이 떨어져서 급기야 제자에게 핀잔을 듣는 곤경을 겪었다면 그는 결코 그 나라에 다시 가려고 하지 않았을 것이다. 하지만 『좌전』에는 노 애공 3년 공자가 진나라에 있었고, 그때 노나라 종묘에서 큰 불이 났다는 기사가 있다(『춘추좌전주소』, 57:26a). 그러므로 본문의 곤경은 애공 3년 이후에 있었을 것이다. 셋째, 「공자세가」는 이 일이 공자가 위나라를 떠나 '다시' 진나라에 갔을 때 일어났다고 했다. 공자는 모두 세 차례 진나라를 방문했는데, 첫 번째가 노 정공 15년이었다. 「공자세가」가 '다시' 방문했을 때라고 했으므로 첫 방문이 끝나고 다시 방문했던 어느 해의 일이다. 넷째, 이 일이 있기 전 초나라 군사가 진나라를 구원하기 위해 성보에 진을 쳤는데, 『좌전』에 따르면 초나라가 성보에 군사를 주둔한 것은 애공 6년이다 (58:2a~b). 다섯째, 『자치통감강목전편』도 이 일이 애공 6년에 있었다고 증언한다. 그래서 다산은 "『좌전』과 『사기』를 어떻게 모두 배척하여 망령되다고 하겠는가?"라고 질문했다. 「공자세가」가 맞다는 것이다. 이 질문은 직접적으로는 금주를 겨냥한 것이지만 내용적으로는 고주에 대한 비판이다. 실제로 다산은 고주가 "광인으로 인해 어려움을 겪은" 일을 양식이 떨어진 일과 연결하여 해설한 것은 잘못이라고 지적했다. 전자는 노 정공 15년에 일어났기 때문이다.

> 양식이 떨어지는 곤액은 애공 6년 봄에 있었으니 기록하는 사람이 7년이나 서로 떨어진 일을 합해서 한 장으로 만들지는 않았을 것이다. "진나라에 있었을 때 양식이 떨어지고"로 시작하는 글은 마땅히 별도의 장이 됨에 의심의 여지가 없다.

이것이 위의 논의를 통해 다산이 주장하려는 바였다. '원의총괄'도 "'진나라에 있었을 때 양식이 떨어지고'로 시작하는 글은 마땅히 따로 한 장이 된다"라고 다산의 주장을 요약했다.

물론 다산의 주장이 반론으로부터 자유롭지는 않다. 지금 문제가 되는 기록은 「공자세가」의 기록이므로 그것은 마땅히 논쟁에서 배제되어야 한다. 원나라의 김이상이 편찬한 『자치통감강목전편』도 옛사람 공자와 관련된 논란에서 결정적 근거가 된다고 하기 어렵다. 노 애공 3년에 있었던 노나라의 화재와 관련된 근거는 다산의 추측이고, 초나라 군사가 성보에 주둔한 것이 노 애공 6년의 일만은 아니다. 또 다산은 노 애공의 집권 초반기에 공자에게 무슨 일이 있었는지를 나열하면서 "애공 6년, 공자가 위나라에서 진나라로 갔다. 진나라와 채나라 사이에서 곤액을 당했다"라고 했는데, 이 기록의 근거가 무엇인지 확실하지 않다. 다산은 「연표」를 인용했는데, 그것이 『사기』「십이제후연표」를 말한다면 현행본 『사기』에는 그런 기록이 없다. 이런 반론이 가능하지만 다산의 주장은 주장으로서 훌륭히 성립한다.

다산이 어떤 때는 「공자세가」의 기록을 부정하고 어떤 때는 받아들였다는 점도 적어둔다. 지금의 논란에서는 「공자세가」를 받아들였지만 그가 「공자세가」에 절대적 신뢰를 보인 것은 아니다. 곧 다산은 취사선택했다. 그러면 그 취사선택의 기준은 무엇인가? 이치다. 그는 항상 어떤 기록이 이치에 맞는가를 판단하여 이치에 맞으면 취하고 이치에 맞지 않으면 버렸다. 그 배경에는 자신이 보편적 이치를 이해하고 있으며 또 이해할 수 있다는 신념이 있다.

15.3

선생님께서 말씀하셨다. "사야, 너는 내가 많이 배워서 기억하는 사람이라고 생각하느냐?" 자공이 대답했다. "그렇습니다. 그렇지 않습니까?" "아니다. 나는 하나로써 꿰뚫고 있다."

子曰; 賜也, 女以予爲多學而識之者與? 對曰; 然. 非與? 曰; 非也. 予一以貫之.

앞의 한 장에 이어(4.15) 이 장에서 다시 '일이관지一以貫之'라는 말이 나온다. 공자가 "하나로써 꿰뚫고 있다"라고 했으므로 마치 그의 가르침의 최종 요약본을 보는 듯하다. 당연히 많은 사람이 '하나'가 무엇인지를 논했다. 사실 다산은 앞에서 이미 '일이관지'의 참뜻을 웅변적으로 설명했다. 다산도 충분히 설명했고, 『다산 논어』도 충분히 설명했다. 그런데도 다산은 이 장에서 다시 웅변을 토한다. 이것이 공자 사상의 핵심인데, 이해하기가 어렵지 않은 핵심인데, 사람들이 스스로 덫을 놓고 스스로 벽을 쌓아 이 간단하고 명쾌한 가르침에서 얼른 배우지 못하는 것이 안타까웠기 때문이다. 다시 다산의 웅변에 귀 기울여보자.

'하나'란 '서恕'다. '서'는 내 마음을 다른 사람의 마음과 같게 만드는 것(如心)이고, 그에 기반해서 내가 원하지 않는 것을 남에게 하지 않고, 내가 원하는 것을 남에게 베푸는 행동이다. 관념이 아니라 실천이다. 내가 이렇게 행동한다면 나와 남의 관계가 불편할 수 없다. 우리는 좋은 관계를 가질 것이다. 그리고 우리가 좋은 관계를 유지할 수 있다면 그것으로 공자의 가르침은 다 되었다. "우리의 도는 무엇을 하려는 것인가? 사람 사이의 관계를 잘 하려는 것에 불과할 따름이다." 남과 내가 곧 우리가 평화로운 관계를 유지하는 것이 유교의 궁극적 목적이다. 왜 그런가? "원래 사람이 이 세상에 태어나 땅으로 툭 떨어지는 처음 순간부터 관을 덮는 그날까지 내가 더불어 살아가는 것은 사람일 뿐"이기 때문이다. 사람으로 사람 사는 세상에 태어나 사람들과 함께 살아가므로 나는 사람들과 좋은 관계를 유지해야 할 의무가 있다. 그것이 공자의 도이고, 유교의 가르침이다. 그런 좋은 관계를 유지하기 위해 내가 무언가를 한다면 내가 원하지 않는 것을 남에게 하지 않고 내가 원하는 것을 남에게 해주는 것보다 더 중요한 것이 있는가? 없다. 그래서 '서'는 공자 그리고 모든 유교 성인이 전한 가르침의 처음이자 마지막이 된다.

오전五典과 십륜十倫의 가르침, 기둥이 되는 예법 300개와 자세한 예절 3000개에서 그 모든 것을 실천하게 해주는 것이 '서'다. 이것을 일러 '일이관지'라고 하는 것이다.

옛날 성인의 하늘을 섬기는 학문은 인륜에서 벗어나지 않았으니 이 '서'자 하나로 사람을 섬길 수도 있고, 하늘을 섬길 수도 있다.

그러므로 다산은 '하나'를 '서' 이외의 다른 개념으로 이해하려는 어떠한 시도에도 저항한다. 하안처럼 '근원(元)'으로 생각하는 것도 문제이고, 형병처럼 '일리一理'로 생각하는 것도 문제다. 이런 개념을 들이대면 '하나'의 생명은 사라진다. 공자의 '하나'는 사람들의 삶, 사람과 사람 사이의 구체적 관계 속의 '하나'이어야 하는데, 이런 개념은 추상일 뿐이기 때문이다. 물론 성리학의 온갖 형이상적 개념도 마찬가지다.

그러면 왜 앞에서 증자는 공자의 '하나'를 '서'라고 하지 않고 '충서忠恕'라고 했나? 다산에 따르면 '충'이 곧 '서'이기 때문이다. '충'은 자기 마음에 충실한 것이고, '서'를 실천하는 태도다. 사람 관계를 좋게 만들기 위해 행동하는 것이 '서'라고 할 때 그렇게 노력하려는 태도가 '충'이다. 그러므로 "'서'가 근본이 되고, 그것을 행하게 하는 방법이 '충'이다." 이 둘은 결코 다르지 않다. 이 둘이 다르다면 공자가 '일이관지'라고 하지 않았다. 같기 때문에 "하나로써 꿰뚫고 있다"라고 말한 것이다. 성리학처럼 '충'은 내면의 덕이고, '서'는 그 내면의 덕이 인간관계를 통해 발현된 것이라고 설명한다면 더욱 안 될 노릇이다. 이런 설명은 공자의 '하나'를 안팎으로 찢어놓고, 잘 보이지도 않는 안만 들여다보려는 계획이다. 그렇게 "하나로써 꿰뚫고 있다"라는 가르침을 모호한 것으로 만들어서는 안 된다. '서'는 너무 쉽다. 나를 사랑하듯이 남도 사랑하는 것이 '서'다. 부모 자식 관계에서는 효도가 되고 자애가 되며, 형제 사이에서는 우애가 되고, 친구 사이에서는 우정이 된다. 이렇게 알기 쉬운 '서'가 공자의 도를 꿰뚫고 있으므로 공자의 가르침도 실천하기가 쉽다. 그래야 한다. 그래야 공자의 말이 다시 생명력을 얻는다. 이것이 다산의 생각이었다.

'서'가 원래 이렇기 때문에 다산은 그것을 둘러싼 온갖 신비와 편견을 걷어낸다. 앞에서의 '일이관지'는 실천과 관계되었고 이 장의 '일이관지'는 앎과 관련된 것이라는 분간도 신비이자 편견이고, 앞에서의 '하나'는 '충서'이고 여기에서의 '하나'는 '서'라는 주장도 신비이자 편견이며, 앞에서 증자는 "네"라고 곧바로 대답했고 여기에서 자공은 "그렇지 않습니까?"라고 반문했다고 해서 증자가 자공보다 뛰어났다고 보는 것도 신비이자 편견이다. "네"라고 대답했다고 해서 증자는 도통을 받은 제자고 자공은 그렇지 않다는 것도 신비이자 편견이고, 이 '하나'를 이해했다고 해서 모든 공부가 끝나는 것처럼 선전하는 것도 신비이자 편견이다. 공문의 제자조차 서열화하려는 성리학은 '일이관지'의 가르침을 덥석 받은 증자가 가장 낫고, 덥석 이해하지는 못했더라도 공자가 '일이관지'를 가르칠 대상으로 선택한 자공은 그다음이며, 나머지 이 중요한 가르침을 받지 못한 제자는 또 자공보다 나을 수 없다고 했지만 그것도 신비이자 편견이다. 다산이 보기에는 공문 제자 누구도 '일이관지'를 쉽게 이해할 수 있다. 그들과 공자의 대화가 누구의 이름으로 기록되었는지는 중요하지 않다. 아니 공문의 제자가 아니더라도 다 알아들을 것이다. 금주는 자공이 "그렇습니다. 그렇지 않습니까?"라고 했다고 해서 증자보다 덜 준비된 제자라고 했지만 다산이 보기에는 사실 자공처럼 대응하는 것이 맞다. 스승이 이러저러하게 생각하느냐 하고 질문했으면 우선 "그렇습니다"라고 대답하는 것이 예에 더 합당한 것이다. 이렇게 쉬운 '서'를 외면하고 실천을 게을리 하는 학자들을 보면서 다산은 답답함을 느꼈다.

오늘날의 유자들은 막연히 더듬어 없는 것을 찾아내면서 동쪽으로는 색을 칠하고 서쪽으로는 지워버린다. 매번 말하기를 만 가지 다른 것이 하나의 근본으로 돌아가며, 그것은 또 일리에 부합한다고 한다. 천지의 만사와 만물을 모두 일리에 귀착시키면서 "이것이 우리 선생님의 도다"라고 하니 우리 선생님의 도 역시 공허하고 모호한 것이 되지 않겠는가? 일리로 만물을 꿰뚫는다는 말이 자신의 선악에는 조금의 관계가 없는데도 하루 종일 엄숙히 앉아 만수일리萬殊一理를 연구하며 부모와 처자가 옆에서 자신을 나무라고, 향당의 손님과 친구들이 집으로 돌아가 자신에 대해 쑥덕거리는 것을 생각하지 못하니 '뜰 앞의 잣나무'라는 화두를 붙잡는 것과 거리가 멀지 않다. 이것이 도를 배우는 자가 마땅히 경계할 일이다.

다산의 웅변이 인상적이다. 이 논설로 그가 말하려고 하는 것이 모두 전달된다. '원의총괄'은 이 장의 다산의 논설을 "자공의 '일관'과 증자의 '일관'은 크다거나 작다거나 하는 차이도 없고, 알았다거나 실천했다거나 하는 차이도 없다"라고 요약했다.

15.4

선생님께서 말씀하셨다. "유야, 덕을 아는 사람이 드물구나!"

子曰; 由, 知德者鮮矣!

고주와 금주는 「위영공」 첫 장부터 이 장까지가 모두 이어진다고 보았다. 이어질 경우 이 장은 자로가 "화난 얼굴로 선생님을 뵙고" 불평한 것에 대한 공자의 대응이다. 제자가 선생을 믿지 못했으므로 선생도 제자가 덕을 알지 못한다고 질책했다. 이런 해석에서는 제자도 선생을 박하게 대하고, 선생도 제자를 박하게 대한다. 과연 성인의 문하에서 벌어질 일인지 의문을 갖게 한다.

이런 해석은 오직 자로를 말썽 많은 제자로 보기 때문에 가능하다. 그들에게 자로는 욕받이다. 하지만 다산에게 자로는 "어서 바삐 도를 행하려는 그의 의지와 결단코 스승을 따르리라는 그의 충실함은 제자 중에서 가장 뜨겁고 가장 맹렬한" 사람이었다. 애당초 다산은 무조건 자로를 폄하하는 잘못된 전통을 바로잡으려고 했으므로 그에게 고금주의 해석은 온당치 않았다. 더욱이 「위영공」 첫 두 장부터 분리되어야 하는 마당에 첫 장부터 여기까지가 다 이어진다고 보는 것도 옳지 않다. 또한 다산에 따르면 『논어』에서 "드물구나!"라는 표현은 항상 공자가 세상을 한탄하는 말이다. 과연 자로에 대한 편견을 걷으면 어떻게 이 장을 놓고 자로를 비판할 수 있는지 납득하기 어렵다.

> 스승과 제자 두 사람이 사방의 나라를 떠돌아다니면서도 마침내 좋은 임금을 만나지 못했다. 이제 나이가 들어 슬프게 느끼는 바가 있어 "덕을 아는 사람이 드물구나!"라고 말한 것이니 어찌 그것이 절실히 질책하는 말이겠는가?

다산의 해석을 따르면 지금 이 스승과 제자는 오랜 동안 같이 세상을 헤매다가 어느 저물녘에 같은 방향을 보고 서서 뉘엿뉘엿 지는 저녁 해를 바라보고 있다.

15.5

선생님께서 말씀하셨다. "아무 것도 하지 않으면서도 다스린 사람은 순임금이시다! 대저 무엇을 했겠는가? 자기를 공손히 하고 바르게 남쪽으로 면해 있었을 뿐이다."

子曰; 無爲而治者, 其舜也與! 夫何爲哉? 恭己正南面而已矣.

이미 다산은 성왕의 정치를 이른바 무위정치로 이해하는 것이 얼마나 잘 못되었는지 역설했다(2.1). 다산에 따르면 그것은 도가의 이론이며, 한나라 초기 나라가 안정되지 않았을 때 고식적으로 잠깐 고려되었으나 그를 제외하고는 역대 어느 모범적인 왕도 택하지 않은 정치였다. 오히려 한나라 초의 무위정치는 결국 칠국의 난이라는 반란을 낳았고, 그를 통해 그 해악을 역사적으로 입증했다. 그럼에도 불구하고 이 장에서 고주는 "제왕의 도는 무위청정을 통해 백성을 교화시키는 것을 귀하게 여긴다"라고 했고, 금주는 이 장이 "성인의 덕이 성하고 백성이 교화되어 무엇을 하는 것을 기다리지 않는" 성세를 이야기한다고 했다. 크게 잘못된 해석이다.

그래서 다산은 본문의 '무위無爲'가 도가적 무위정치가 아니라 "사람을 얻어 편안했음을 극적으로 말한 것"일 따름이라고 해설한다. 왕이 된 후 순임금은 22명의 훌륭한 인재를 얻어 적재적소에 배치했으므로 세상에 아무 일이 없었고, 그에게도 아무런 일이 일어나지 않았다. 그래서 공자는 "아무 것도 하지 않으면서도 다스렸다"라고 문학적으로 표현했다. 그럼에도 불구하고 이 말에서 청정무위를 끌어낸다면 왕이 되기 이전이나 이후나 태평한 세상을 위해 밤낮으로 수고했던 순임금의 노력을 인정하지 않는 일이다.

한 발 더 나아가 다산은 왜 공자가 순임금을 두고 "아무 것도 하지 않으면서도 다스렸다"라는 감회를 남겼는지를 생각해본다. 그가 보기에 가장 큰 문제는 『서』「순전」에 있었다. 「순전」은 사실 「요전」 하편이지 정말 「순전」이 아니다. 「순전」에 나오는 순임금의 치적은 모두 요임금 때 이루어진 것이기 때문이다. 순임금은 요임금의 부름을 받아 28년 동안 섭정으로 동분서주하며, 곧 '유위有爲'하며, "아무 것도 하지 않으면서도" 다스릴 수 있는 기틀을 만들었다. 이 기간의 순임금을 그린 것이 「순전」이다. 그런데 「순전」은 정작 그가 왕이 되어 22명의 현신을 임명한 이후로 어떤 일을 했는지는 기록하지 않았다. 그렇기 때문에 나중 사람은 그가 "아무 것도 하지 않았다"라고 생각하게 되었다.

그러나 어떻게 한 나라의 왕이 아무 일도 하지 않고 나라를 잘 다스릴 수 있는가? 신하의 공과를 살펴 상벌해야 하고, 사방으로 순수하여 여러 곳에서 들어오는 간언에도 귀 기울여야 한다.

업적을 살피는 것도 친히 해야 하고, 순수도 친히 해야 하며, 형벌이나 옥사와 관련된 일도 직접 들어야 하고, 교훈도 먼저 솔선해야 한다. 순임금이 어떻게 아무 일도 하지 않을 수 있었겠는가?

모름지기 한 나라를 잘 운영하려면 '무위'일 수 없다. 그러므로 지금의 「순전」과 다른 원래의 「순전」이 발견된다면 그 안에 무슨 내용이 있을지 아무도 모른다. 그런 발견이 있기를 실제로 기대하기는 어렵지만 "아무 것도 하지 않으면서도 다스렸다"라는 말이 태평성대의 다른 표현인 것만은 분명하다. 따라서 다산을 따라 『논어』를 읽을 때는 본문의 '무위'를 그냥 '무위'로 옮겨서는 안 된다. '무위'는 도가의 개념이다. '원의총괄'은 이 논의를 "'아무 것도 하지 않으면서도 다스린 것'은 22명의 인재를 얻었기 때문이다"라고 정리했다. "바르게 남쪽으로 면해 있었다(正南面)"라는 말은 명당明堂이라는 임금의 정전에서 임금이 취해야 할 자세를 묘사한다. 하필 남쪽을 면하는 것은 그쪽이 밝기 때문이다. 밝은 곳을 향해 통치한다는 의미다.

15.6

자장이 명령이 행해지는 것을 물으니 선생님께서 말씀하셨다. "말은 충실히 믿음직스럽게 하고, 행동은 돈독히 공경스럽게 한다면 비록 만맥의 나라에 가더라도 행해질 것이다. 말을 충실히 믿음직스럽게 하지 않고, 행동을 돈독히 공경스럽게 하지 않는다면 비록 가까운 곳이라도 행해지겠는가? 일어서면 멍에가 앞에 매어져 있는 것을 보고, 수레에 앉아 있으면 끌채가 가로대에 기대고 있는 것을 보니 그런 뒤에야 수레가 간다." 자장이 이 말을 허리띠 자락에 썼다.

子張問行. 子曰; 言忠信, 行篤敬, 雖蠻貊之邦, 行矣. 言不忠信, 行不篤敬, 雖州里, 行乎哉? 立則見其參於前也, 在輿則見其倚於衡也, 夫然後行. 子張書諸紳.

자장은 '행行'을 물었으므로 이 글자의 풀이에 따라 질문의 내용이 달라진다. 다산에게 '행'은 교령敎令, 곧 위의 명령이 행해지는 것이다. 그와는 달리 고주는 '도가 행해지는 것'이라고 보았고, 금주는 또 달라서 자장이 '자신이 행해질 수 있는 것' 곧 자신이 크게 등용될 방법을 물었다고 보았다. 하지만 금주처럼 보면 공자는 자장의 질문과는 전혀 동떨어진 대답을 했으므로 설득력이 약하다. 금주는 자장의 잘못된 질문을 바로잡기 위해 공자가 그렇게 대답했다고 했지만 역시 자공을 가볍게 여겼다는 혐의가 있다. 이 장은 결국 말을 믿음직스럽게 하고(信) 행동을 공경스럽게 하라(敬)고 가르치기 때문에 다산처럼 보는 것에 일리가 있다.

또 다산에 따르면 본문의 '충忠'과 '독篤'은 모두 '신信'과 '경敬'을 수식하는 부사다. 고금주는 이것들을 별도의 덕으로 보았기 때문에 관련 부분을 "말은 충실히 하고 또 믿음직스럽게 하며, 행동은 돈독하게 하고 또 공경하게 한다면"이라는 식으로 풀었지만 다산은 잘못이라고 보았다. "믿음직하게 하는 것이 마음에서 나오면" 그것이 "충실히 믿음직스럽게 하는 것(忠信)"이고, "공경함을 반드시 실천하면" 그것이 "돈독히 공경하는 것(篤敬)"이기 때문이다. '만蠻'은 중국 남쪽의 이민족, '맥貊'은 동쪽의 이민족을 가리키므로 '만맥蠻貊'은 연고가 없는 먼 지방을 상징한다. 반면 '주州'는 2500가구, '이里'는 25가구의 행정 단위를 가리키므로 '주리州里'는 중국 내의 어느 곳, 가까운 곳을 상징한다. 믿음직스럽게 말하고 공경스럽게 행동하면 거리나 환경에 상관없이 명령이 잘 수행될 것이라는 뜻이다. '신紳'은 허리를 두르고 난 뒤에 앞으로 늘어뜨리는 '허리띠 자락'을 가리킨다.

여기까지는 작은 견해 차이는 있어도 대체로 이렇게 읽는다. 하지만 이 장의 후반부에 나오는 말은 무슨 뜻인지 알쏭달쏭하다. 이에 대한 다산의 해석은 고금주와 다르면서도 충분히 참고할 만큼 설득력이 있다.

고주와 금주의 해석은 비슷하다. 대명사 '기其'는 앞에서 말한 네 가지 덕을 말한다. 이미 언급한 것처럼 고금주는 앞에서 네 가지 덕을 말했다고 본다. 그러므로 고주를 따른다면 해당 부분은 "일어서면 그것이 앞에 삼연히 펼쳐져 있음(參)을 보고, 수레에 있으면 그것이 멍에(衡)에 기대고 있음을 본다"라는 정도가 된다. 일어설 때나 앉았을 때나 마치 직접 눈으로 보듯 네 가지 덕을 항상 생각해야 한다는 뜻이다. 금주는 고주의 '삼參'을 '참參'으로 읽어 '나와 함께 서로 참예한다', 곧 항상 나와 연결되어 있다는 뜻으로 보는데, 그것을 제외하고는 고주와 같다. 금주를 따른다면 해당 부분은 "일어서면 그것이 앞에서 나와 함께 서로 참예하고 있음(參)을 보고, 수레에 있으면 그것이 멍에에 기대고 있음을 본다"라는 정도가 된다.

다산은 고금주의 해석을 비판했다. 무엇보다도 믿음직스러움이나 공경함 같은 추상적 개념을 눈으로 본다는 게 말이 안 된다. "충신忠信'은 형체를 가진 물건이 아니며 또 무슨 영혼이 있는 물건도 아니다. 어떻게 항상 눈으로 본다는 말인가?" 사실 고금주의 해석이 이상하기는 하다. 믿음직스러움이나 공경함이 "삼연히 앞에 펼쳐져 있음을 본다"라는 말은 그래도 받아들인다고 하더라도 갑자기 수레가 나오고 멍에가 나오고 왠지 뜬금없다.

그래서 다산은 지금 논하고 있는 구절을 수레의 구조와 관련하여 설명한다. 옛날 수레에는 소나 말을 마차와 연결시켜 주는 끌채(輈)가 앞뒤로 길게 뻗어 있고, 그 끌채를 가로질러 가로대(衡)가 있는데, 이 가로대에 멍에(軏)를 놓아 소나 말을 매어 주면 수레를 움직일 수 있다. 가로대는 소나 말의 목 위로 지나가기 때문에 수레 안에서도 끌채와 연결된 것을 볼 수 있지만 멍에는 소나 말의 목을 휘감기 때문에 일어서지 않으면 잘 보이지 않는다. 곧 다산은 문제가 되는 구절에서 첫 번째 '기(輢)'는 멍에를 가리키고, 두 번째 '기'는 끌채를 가리킨다고 판단했다. 또 고금주는 모두 본문의 '형(衡)'이 '멍에(軛)'를 의미한다고 보았는데, 다산에 따르면 잘못이다. '멍에'는 '액(軛)'인데, 수레의 구조를 잘 들여다보면 '형'과 '액'이 전혀 다른 것임을 알 수 있다. 결론적으로 지금 문제가 되는 말은 수레에 올라타는 한 사람의 자연스러운 동작과 관련된다. 곧 한 사람이 수레에 올라서 멍에가 있는 것을 보고, 그다음에 수레에 앉아서 끌채가 가로대에 기댄 것을 보면 수레를 움직일 준비가 된 것이고, 그다음에 "수레가 간다."

원래 한 몸이 아니었던 수레와 수레를 끄는 동물이 끌채니 가로대니 멍에니 하는 연결 고리를 통해 한 몸이 되어 같이 움직이는 것처럼 믿음직스러움이나 공경함이라는 도덕적 고리를 통해 나와 백성이 연결되어 명령이 행해진다. 그러므로 이 장은 "큰 수레에 가로대가 없고, 작은 수레에 끌채 고리가 없으면 어떻게 그것들을 움직이겠는가?"(2.22)라는 앞의 한 장과 연결해서 이해해야 한다. 그곳에서도 공자는 다른 몸이었던 수레와 짐승이 한 몸이 되어 움직이듯이 믿음직스러움이 있어야 나와 남이 연결될 수 있다고 말했다. '원의총괄'은 이 논의를 "멍에가 앞에 매어져 있고(軶), 끌채가 가로대에 기대어 있다(倚)는 말은 '큰 수레에 가로대가 없고, 작은 수레에 끌채 고리가 없으면'이라는 말과 같은 맥락에서 해석해야 한다"라고 정리했다. 그러므로 다산을 따라 『논어』를 읽을 때는 다산이 특별히 연구한 수레의 구조가 어떻게 이 장과 연결되는지를 반영해야 한다.

다산의 해설은 설득력이 있다. 알쏭달쏭한 구절을 수레를 타는 일과 연관시켜 구체적으로 해설했고, 그를 위해 수레가 어떻게 움직이는가를 충분히 고려했으며, 이 장의 궁극적 교훈도 앞의 한 장과 연결하여 매끄럽게 설명했다. 물론 다산이 각각 멍에와 끌채로 해석한 두 개의 '기'자를 반드시 그렇게 볼 근거는 없다. 하지만 그렇게 보더라도 큰 문제가 생기지는 않는다. 확실한 것은 다산이 이 장에서도 『논어』의 '원의'를 발견한다는 그의 야심찬 계획을 실행하기 위해 노력했으며, 새롭게 검토해야 할 전대미문의 해석을 제시했다는 점이다.

15.7

선생님께서 말씀하셨다. "올곧구나 사어여! 나라에 도가 있을 때도 화살 같고, 나라에 도가 없을 때도 화살 같았다. 군자로구나 거백옥이여! 나라에 도가 있을 때 벼슬하여 나라에 도가 없을 때 몸을 거두어들여 품을 수 있도록 했다."

子曰直哉, 史魚! 邦有道如矢, 邦無道如矢. 君子哉, 蘧伯玉! 邦有道則仕, 邦無道則可卷而懷之.

'사어史魚'는 위나라의 사관으로 자가 백어伯魚였으므로 사어라고 불렸다고 한다. 이어 나오는 거백옥과 함께 계찰이 말한 위나라 여섯 현자 중의 하나였다. '사'는 원래 그의 관직을 가리키는 것이었으나 흔히 그렇듯 나중에 그 집안의 씨가 된 것으로 보인다. 다산이 인용하는 『공자가어』「곤서」의 기록에 따르면 그는 위 영공을 가까이서 모시면서도 끝내 현자인 거백옥을 등용하지 못한 채 죽게 되었다. 그것에 책임을 느낀 사어는 죽으면서 유언을 남겨 자신의 시체를 빈청 자리로 옮기지 말고 그대로 남쪽 창문 밑에 두도록 했다. 위 영공이 조문을 와서 까닭을 묻자 아들이 사어의 간곡한 뜻을 전했고, 그 제야 위 영공은 과오를 깨닫고 거백옥을 등용했다(『공자가어』, 5:20b~21a). 죽으면서도 임금에게 직언을 한 셈이다. 본문의 '시矢'는 화살처럼 말과 행동을 올곧게 하는 것을 말한다.

공자는 이 장에서 거백옥도 칭찬했다. 그를 '군자君子'라고 했으므로 사어보다 더 높인 셈이다. 거백옥의 어떤 행동이 이런 상찬을 가능하게 했을까? 다산은 또 다시 참신하게 답한다.

먼저 고금주의 해설은 거의 비슷하다. 고주는 거백옥이 "나라에 도가 있으면 벼슬하고, 나라에 도가 없으면 몸을 (혹은 재주를) 거두어들여(卷) 남을 품을 수 있었다(懷)"라고 보았다. 도가 있을 때는 나아가 벼슬하고 없을 때는 은거하되 은거할 때는 갈등이 빚어지지 않도록 남을 포용했다는 뜻이다. 금주는 '회懷'를 '장藏'과 같은 글자로, 곧 '간직하다'라는 의미로 해석했지만 크게 보면 고주와 다르지 않다.

그렇지만 다산은 고금주가 잘못되었다고 주장한다. 이 주장을 이해하기 위해서는 우선 앞의 한 장(5.20)에 대한 다산의 독특한 해석을 기억해야 한다. 그곳에서 다산은 영무자를 참신하게 이해하면서 도가 있을 때는 나아가고 도가 없을 때는 물러난다는 전형적인 출처관을 비판했다. 그는 이 장에서도 일관된 입장을 보여야 했고, 그렇기 때문에 거백옥의 행동을 고금주처럼 이해할 수 없었다. 결국 다산은 거백옥을 묘사하는 글을 살짝 비틀어 읽는다. 이때 중요한 역할을 하는 것은 '가可'라는 글자 하나다. "'가'라는 한 글자에 가장 큰 핵심이 들어 있다." 이 글자 때문에 나라에 도가 없을 때 "몸을 거두어들여 품는" 일을 가능하게(可) 한 것은 나라에 도가 있을 때 취했던 거백옥의 행동이었다는 해석이 가능해진다.

"몸을 거두어들여 품을 수 있도록 했다(可卷而懷之)"라는 말은 나라에 도가 있을 때 거백옥이 취한 행동을 말하는 것이다. 백옥에 대한 공자의 찬탄은 그가 벼슬할 때와 관련된 것이니, 무도한 때가 되었을 때 그는 전에 세워놓은 공으로 인해 형적을 드러내지 않을 수 있었다.

곧 거백옥은 벼슬할 때 겸손했기 때문에 도가 사라진 세상에서도 성공적으로 "몸을 거두어들여 품을 수 있었다." 영무자가 도가 있을 때 겸손하여 남들과 갈등하지 않는 지혜를 보여준 것처럼 거백옥도 그랬다. 그랬기 때문에 나중에 어지러운 세상에서 온전할 수 있었다.

만약 벼슬할 때 그가 총명을 마구 사용하고, 권력을 전횡하고, 마음대로 했다면 갑자기 무도한 세상을 만났을 때 비록 곧바로 몸을 거두어들여 간직하려고 했어도 가능했겠는가?

이 독법이 과연 얼마나 설득력이 있는지는 모르겠다. 그렇지만 다산은 적어도 해석의 일관성을 위해 노력했고, 그 노력을 통해 또 하나의 창신을 이루었다.

다산이 전통적인 출처관에 도전한 근본적인 이유는 나라에 도가 없을 때 은거하는 것이 공자 제자의 할 일이어서는 안 되기 때문이었다. 양심적인 유학자라면 도가 없을수록 앞에 나서서 목소리를 높이고 위험을 감내해야 하므로 그는 수상한 세월로부터 숨는 지식인을 높이 볼 수 없었다. 그래서 공자의 칭찬이 그런 은거의 칭찬이어서는 안 되었고, 결국 은거가 아니라 벼슬할 때에 초점을 맞춘 기발한 해석을 선보였다. '원의총괄'은 이 논의를 "'몸을 거두어들여 품을 수 있도록 한' 공은 나라에 도가 있을 때 있었다"라고 정리했다. 그러므로 다산을 따라 『논어』를 읽을 때는 이 참신한 해석을 반영해야 한다.

15.8

선생님께서 말씀하셨다. "더불어 말할 만한데도 더불어 말하지 않으면 사람을 잃고, 더불어 말할 만하지 않은데도 더불어 말하면 말을 잃는다. 아는 사람은 사람을 잃지 않고, 또한 말도 잃지 않는다."

子曰: 可與言而不與之言, 失人, 不可與言而與之言, 失言. 知者不失人, 亦不失言.

다산에 따르면 더불어 말할 만하거나 더불어 말할 만하지 않은 주제는 결국 진리, 곧 도다. 이전에는 식자가 모두 진리에 관심을 가졌고, 모두가 도를 말했다. 그러므로 더불어 말할 수 있는지 아닌지는 오직 상대방의 자질에 달려 있었다. 다산이 이 장을 "중간의 자질을 가진 사람 이상에게는 높은 이치를 말해줄 수 있으나 중간의 자질을 가진 사람 이하에게는 높은 이치를 말해

줄 수 없다"(6.20)라는 말과 연결하여 설명하는 것도 그 때문이다. 높은 이치를 함께 이야기할 수 없는데도 이야기하면 말이 소용이 없게 되고, 높은 이치를 이야기할 수 있는데도 이야기하지 않으면 사람의 기대를 저버리게 된다. 지금은 진리에 관심을 가지는 시대가 아니므로 관심이나 취향에 따라 더불어 말할 수 있는지 아닌지가 결정될 것이다. 그렇지만 더불어 논할 수 있는데도 논하지 않으면 사람을 잃고, 논할 수 없는데도 논하면 말을 잃는 것은 마찬가지다.

15.9

선생님께서 말씀하셨다. "뜻있는 사와 인한 사람은 삶을 구하여 인을 해침이 없고, 몸을 죽여서 인을 이룸이 있다."

子曰; 志士仁人, 無求生以害仁, 有殺身以成仁.

다산에 따르면 '뜻있는 사(志士)'는 도에 뜻을 둔 사람이다. 잘 알려진 말이지만 다산의 해설은 지극히 짧다. 앞 장도 마찬가지지만 다산은 무엇이든 새로운 견해를 제시할 수 없으면 길게 설명하지 않았다.

한편으로 다산에게 이 장의 교훈은 지나치게 극적이었는지도 모른다. 이 장은 마치 생명이냐 도덕이냐를 놓고 양자택일을 하라는 듯한 느낌을 준다. 어떤 사람에게는 이런 극적인 교훈이 피를 끓게 하겠지만 다산은 그런 사람이 아니다. 이미 그는 앞의 한 장에서 "이제 반드시 죽게 되는, 함정과 다름이 없는 곳이 있는데 그곳으로 가서 살신성인할 수 있다면 인한 사람은 그 명예를 탐하여 그곳으로 가겠습니까?"라는 질문을 설정하고는 스스로 "그렇지 않다"라고 답한 바 있다(6.25). 물론 그렇게 자문자답한 맥락이 있지만 어떤 맥락에서든 '살신성인'이라는 당위성을 부정할 수 있는 사람이 다산이었다.

15.10

자공이 인을 하는 것을 물으니 선생님께서 말씀하셨다. "장인이 그 일을 잘 하려고 하면 반드시 먼저 도구를 예리하게 하니 이 나라에 거할 때는 대부 중의 뛰어난 사람을 섬기고, 사 중의 인한 사람을 벗하라."

子貢問爲仁. 子曰; 工欲善其事, 必先利其器. 居是邦也, 事其大夫之賢者, 友 其士之仁者.

자공은 대부가 아니었으므로 "대부 중의 뛰어난(賢) 사람"과 그의 관계를 말할 때는 '섬긴다(事)'라고 했고, 사와는 동급이었으므로 "사 중의 인한 사람"과의 관계를 말할 때는 '벗한다(友)'라고 했다. 또 '뛰어난 것'보다는 '인한 것'이 훨씬 낫지만 대부는 수가 적기 때문에 뛰어나기만 하면 인하지 않아도 섬길 수 있고, 사는 수가 많기 때문에 인한 사람이라야 벗으로 삼는다. 다산의 설명이다.

이 장에서 자공은 "인을 하는 것"을 물었는데, 공자는 좋은 관계를 먼저 만들라고 조언했다. 만약 "인을 하는 것"이 내면 공부라면 이런 조언이 불가능하다. 그래서 다산은 "인을 하는 것"이란 "백성을 편안하게 하여 혜택을 입게 하는 것"이라고 설명했다. 그렇다면 과연 인을 실천하기 위해서는 자신보다 지위가 높은 대부도 필요하고 같이 협력할 수 있는 벗도 필요하다. 인을 하늘

꼭대기에 걸린 지고의 덕으로 보는 금주는 공자의 조언이 너무 현실적이었으므로 "자공이 인을 하는 것을 물었지 인을 물은 것이 아니므로 공자가 인을 할 때 도움이 되는 것으로 말했다"라고 한정했다. 그렇지만 다산에게는 궁색한 말이었다.

15.11

안연이 나라를 다스리는 것을 물으니 선생님께서 말씀하셨다. "하나라 시간을 쓰고, 은나라 수레를 타며, 주나라 면복을 입고, 음악은 소무로 할 것이다. 정나라 소리를 막고, 말로 남을 기쁘게 하는 사람을 멀리 할 것이니 정나라 소리는 음탕하고, 말로 남을 기쁘게 하는 사람은 위태롭다."

顔淵問爲邦. 子曰; 行夏之時, 乘殷之輅, 服周之冕, 樂則韶舞. 放鄭聲, 遠佞人. 鄭聲淫, 佞人殆.

어떤 책력을 사용할 것인지, 임금의 수레와 복식은 어떤 형식의 것을 할 것인지, 전례에 쓰이는 음악은 어떻게 선택할 것인지는 모두 천자가 결정할 일이다. 지금 안연이 나라를 다스리는 요체를 물었는데, 공자가 천자의 일로 대답했으므로 공자는 안연이 왕을 도울 만한 재목이라는 것을 인정한 셈이다. 금주와 다산의 견해다. 안연은 궁핍에도 도의 즐거움을 잃지 않는 안빈낙도의 상징인데, 이 장을 보면 그도 정치에 뜻이 없지는 않았다.

이 장의 독법을 둘러싸고는 큰 이견이 없다. 단지 다산은 "정나라 소리(鄭聲)"를 『시』에 실린 정나라의 노래와는 다른 정나라의 속악으로 보았기 때문에 본문의 '방(放)'을 보통처럼 '내쫓다' 혹은 '추방하다'라는 의미가 아니라 '막다(屛)'라는 의미로 이해했다. 그런데도 이 장은 『논어고금주』에서 가장 긴 장 가운데 하나이며, 특이하게도 이 장에서 다산이 발견한 세 가지 '원의'가 '원의총괄'에 기록되었다. 이 장이 옛날의 제도를 소개했고, 다산은 그런 옛 제도의 연구에 큰 흥미를 가졌기 때문이다. 사실 양으로만 보면 다산 저작의 절반 이상이 옛 제도를 다룬다.

우선 "하나라 시간"은 과거의 정의로 볼 때 해가 지고 하늘이 어둑해져 별을 관찰할 수 있는 가장 이른 시간에 북두칠성의 자루가 인(寅)의 방향, 곧 2시 방향을 가리킬 때를 정월로 보는 역법을 말한다. 그래서 이 역법을 건인(建寅)이라고 한다. 모든 별처럼 북두칠성은 지구의 자전에 따라 하루에 한 바퀴씩 지구의 자전축을 중심으로 회전하면서도 동시에 지구의 공전에 따라 초저녁에 나타나는 위치가 계속 바뀐다. 또 지구의 북반부에서는 일 년 내내 보이는 별자리이고, 무엇보다도 그 독특한 모양 때문에 일 년의 시간 변화를 설명하기에 적합했다. 이렇게 "하나라 시간"을 기준으로 한 해의 시작을 설정하면 1월에는 봄기운을 느낄 수 있다. 봄이 시작된다는 입춘이 대개 1월에 들어 있고, 입춘이 12월에 드는 경우라도 1월에는 항상 우수가 들어 있다. 그래서 고주의 하안은 "만물의 소생을 관찰할 수 있는 때를 사시의 시작으로 삼았다"라고 했다. 곧 만물의 소생이 "하나라 시간"의 함의다. 공자는 이런 함의에 주목하여 "하나라 시간"을 쓰라고 했다. "주나라의 역법도 좋지만 만물의 소생은 열리고 닫히는 것(啟閉)에 따라 구분된다. 이것이 하나라의 역법을 취하는 이유다."

"하나라 시간"과 다른 것으로 '주나라 시간'과 '은나라 시간'이 있다. 주나라는 북두칠성의 자루가 자(子)의 방향, 곧 12시 방향을 가리킬 때를 정월로 삼았고, 은나라는 축(丑)의 방향, 곧 1시 방향을 가리킬 때를 정월로 삼았다.

그래서 주나라와 은나라의 역법을 각각 건자建子, 건축建丑이라고 한다. 주나라의 정월은 지금의 음력으로 동짓달이고, 은나라의 정월은 섣달이다. 동짓달에는 동지가 항상 들어 있고, 동지는 일 년 중 밤이 가장 긴 날로 시간의 변화를 추적하는 시작점이 된다. 그렇기 때문에 주나라의 역법은 중요하다. 위의 인용문에서 다산도 "주나라의 역법도 좋다"라고 했다. 사실 지금의 음력, 곧 중국의 태음태양력은 주나라가 가장 먼저 만들었고, 이른바 하나라 역법과 은나라 역법은 주나라가 쇠퇴했을 때 이들 나라의 이름을 빌어 다른 제후국이 이용했던 역법이었다. 이렇게 주나라의 역법은 역사적으로도 중요하다. 하지만 상대적으로 '은나라 시간'은 비중이 작다. 이러한 삼대 역법의 차이를 다산은 이렇게 요약한다.

> 주나라 역법은 분지分至(춘분, 추분, 동지, 하지)를 기준으로 사시의 시작을 정했고, 하나라의 역법은 열고 닫는 것을 기준으로 사시의 시작으로 정했으니 분지가 그 가운데 있어서 모두 근거하는 바가 있었다. 그러나 은나라 역법만은 어느 쪽에도 해당하지 않았다.

그래서 다산이 인용하는 위료옹(1178~1237)은 『정삭고』에서 은나라 역법의 존재를 부정하고 진 시황이 새로운 역법을 사용하기 이전에는 하나라 역법과 주나라 역법 두 개만 있었다고 주장했다. 다산은 위료옹이 왜 그렇게 주장하는지는 이해했으나 '은나라 시간'이 『좌전』 같은 고전에 언급된다는 점에 주목하여 주장에 동의하지는 않았다.

이미 설명했듯이 다산은 "만물의 소생은 열리고 닫히는 것에 따라 구분되므로" 공자가 하나라의 역법을 추천했다고 보았다. 그런데 금주의 설명은 좀 다르다. 금주는 한 가지 설을 전제하는데, 이른바 천지인天地人 삼정三正설이다. 이 설은 먼저 "하늘은 자에서 열리고, 땅은 축에서 열리며, 사람은 인에서 열린다"라는 생성론을 전제하고, 그것을 삼대의 역법과 연결시켜 북두칠성의 자루가 인의 방향을 가리킬 때를 기준한 하나라의 역법은 인정人正, 축의 방향을 가리킬 때를 기준한 은나라의 역법은 지정地正, 자의 방향을 가리킬 때를 기준한 주나라의 역법은 천정天正이라고 규정한다. 그러므로 공자는 인정을 추천한 것인데, 금주에 따르면 그 이유는 "세월은 마땅히 사람을 기준으로 해야 하기 때문"이다. 곧 역법은 사람이 사용하기 때문에 하나라의 역법인 인정을 추천했다는 설명이다.

금주의 설명은 그럴 듯해 보이지만 사실 많은 의문을 자아낸다. 우선 이론의 전제가 되는 생성론을 어떻게 정당화할 것인가가 문제다. "하늘은 자에서 열린다"라는 서술을 선험적으로 타당한 명제로 받아들이지 않고 왜 그런가를 따지면 그로부터 연역되는 모든 명제는 부정된다. 애당초 중국의 역법은 태양과 달의 운동을 기초로 해서 만들어진 것이므로 북두칠성과 같은 별자리의 움직임이 기준이 될 수 없으며, 삼대의 역법이 1월을 달리 설정하는 것도 태양력인 24절기 중 어떤 절기를 기준으로 하는지에 따른 것이지 천지인 삼정과는 아무런 관련이 없다.

물론 다산은 고대의 천체관 전체를 따지지는 않는다. 하지만 적어도 그는 천지인 삼정설에 비판적이었다. 그에 따르면 천지인 삼정설은 선진시대에 존재하지 않았다. 따라서 "하나라 시간"을 인정으로 규정으로 하는 것은 선진시대에는 "꿈속의 생각으로도 만들어내지 못할 일"이었다. 그러다가 유향과 유흠 부자에 와서 이른바 삼통설三統說이 고안되었고, 그에 따라 12지로 12달을 표시하는 관례가 생겼다. 이 '후한시대 참위사설讖緯邪說'을 반고가 받아들여 『한서』 「율력지」에서 종합함으로써 지금 이야기하는 천지인 삼정설이 완성되었다. 나중에 송의 소옹은 이 이론을 수용하여 더 체계화했고,

그것을 또 주희가 받아들여 급기야 금주에서 앞에서와 같은 설명을 하게 되었다. 이것이 다산이 소개하는 천지인 삼정설의 역사인데, 이론의 기원을 유향, 유흠 부자에게서 찾고, 그 완성자로 「율력지」의 반고를 지목하며, 이론의 전파자로 소옹을 거론하는 것이 모두 사상사적으로 정확하다.

다산이 보기에 이런 이론들, 나아가 공자가 "하나라 시간"을 추천한 이유에 대한 금주의 설명은 모두 근거가 없다. 그것들은 선진시대 고전을 통해서 간단히 부정된다.

> 이런 사물의 이치는 조금만 연구해보아도 허탄함을 깨달을 수 있는데 주자는 단지 염락濂洛 선배의 이론이라는 것 때문에 그 설을 버리지 못했다. 그렇지만 모호하여 불확실한 것이 겁劫이 더해지고 겁이 줄어든다는 불교의 설과 서로 멀지 않으니 후학들이 마땅히 이야기할 내용이 아니다.

다산은 고전의 연구를 토대로 참위술수의 허망함을 깨달았고 비판했다. 과학기술의 도움 없이도 이런 이론의 허무맹랑함을 이성적으로 파악했다. 금주에 대한 이 비판, 곧 "하·은·주의 삼정은 천지인 삼통을 가리키지 않는다"라는 주장이 '원의총괄'에 기록된 다산의 첫 번째 '원의'다.

다음으로 "은나라 수레(殷之輅)"는 무엇이며, 왜 공자는 이것을 추천했을까? 고주에서 마융이 설명하는 것처럼 여기의 '수레(輅)'는 일반 수레가 아니라 왕이나 제후 등이 타는 큰 수레, 보통 대로人輅라고 하는 임금용 가마를 의미한다. 그리고 고주와 금주는 모두 "은나라 수레"는 나무로 만들어 검소했기 때문에 공자가 추천했다고 보았다. 주나라는 이미 옥으로 장식한 옥로玉輅, 청동으로 장식한 금로金輅, 상아로 장식한 상로象輅, 가죽으로 장식한 혁로革輅, 나무로만 만든 목로木輅를 경우에 따라 사용하고 있었는데, 공자는 이중 목로를 "은나라 수레"로 지목하면서 그 질박함을 높이 샀다는 해설이었다.

하지만 다산은 그렇게 보지 않는다. 무엇보다도 지금 공자가 왕의 의례를 논한다는 점을 염두에 두어야 한다. 왕이 허름한 나무 수레 한 종류만 타고서 위로 하늘에 제사하는 일에서부터 아래로 동성 제후를 봉하는 일까지 모든 의례에 참여하는 것이 가능한 일인가? 또 "원래 수레나 복식은 공 있는 사람에게 상을 주고 위계를 진작하여 귀천을 표시하는 것"인데 오직 목로만을 사용한다고 하면서 "공작, 후작, 자작, 남작, 대부, 경, 사 계급의 사람들이 모두 함께 이 수레를 타 서로 섞이고 구별이 없어지면" 어떻게 되겠는가? "또한 나라를 다스리기가 어려울 것이다." 그러므로 그가 보기에 "은나라 수레"는 나무로 만든 목로일 수 없다.

혼동이 초래된 것은 어떻게 보면 복건과 정현 때문이다. 마융은 "은나라 수레"가 대로를 가리킨다고 했는데, 복건과 정현은 각각 『좌전』과 『예기』를 해설하면서 그곳에 기록된 대로가 목로라고 단정했다. 그래서 형병은 정현을 인용하면서 "대로는 목로를 가리킨다"라고 못을 박았고, 주희는 고주를 비판 없이 받아들였다. 하지만 대로가 무엇인지에 대한 논쟁은 복잡하기 그지없다. 가령 두예와 매색은 대로가 옥로를 가리킨다고 했다.

다산이 보기에 "기실 이 네 학자의 해설은 모두 옳지 않다." 그의 조사에 따르면 대로라는 말은 고전에서 두 가지 의미를 지닌다. 하나는 제천 의식에 쓰이는 임금의 수레를 가리키고, 다른 하나는 주나라에서 사용했던 다섯 종류의 수레(五輅) 전체를 통합적으로 가리킨다. 그런데 다산이 보기에 은나라도 주나라에서 사용했던 다섯 종류 수레를 사용했다. 은나라에서도 역시 나무로 만든 목로 하나 가지고는 천자가 왕 노릇을 할 수 없었기 때문이다. "은나라 사람이 비록 검소했더라도 목로 하나만 만들어서 상제를 제사하고, 종묘를 제사하고, 동성을 봉하고, 번국을 봉하는 이런 이치는 결단코 없었을 것이다." 그러므로 왕의 수레에 관해서 "주는 은나라의 예를 이어받았다"(2.23). 주나라 역시 은나라의 제도를 채용했음에도 공자가 그것을 "은나라 수레"라고 한 것은 임금의 수레를 따로 만드는 일이 은나라부터 시작되었기 때문이다.

나아가 다산은 왜 역대로 본문의 "은나라 수레"를 목로로 지목하고 그로부터 공자의 가르침을 이끌어내려는 시도가 있었는지 분석한다. 한마디로 예가 번다해서 주나라가 망했다는 잘못된 인식이 있었던 것이다. 이러한 잘못된 생각 때문에 사람들은 어떻게든 공자가 주 문화의 형식주의와 사치함을 비판했고, 동시에 은나라의 검박함을 칭송했다고 주장해야 했다. 그 결과 중의 하나가 "은나라 수레"에 대한 고금주의 해석이다.

앞에서도 몇 번 논의한 것처럼 다산은 주나라가 멸망한 이유를 예의 과잉이 아니라 예의 부족에서 찾았다. 예는 문화의 꽃이므로 만약 주나라가 예에 공을 들였다면 그것은 비판이 아니라 경탄의 대상이라는 것이 그의 생각이었다. 그는 주공이 세운 주나라의 예의 제도를 이상적인 것으로 이해했고, 따라서 문질빈빈을 이야기하면서도 이면에서는 주나라를 예와 문화의 과잉으로 비판하는 태도, 특히 성리학의 태도를 주공에 대한 공격으로 받아들였다. 역대의 성인 누구보다도 주공을 흠숭하는 다산으로서는 받아들일 수 없는 공격이었다.

주공은 사치를 좋아하고 검소함을 싫어하는 사람이 아닌데도 선유들은 주나라를 병통으로 여기고 은나라를 흠모하여 마치 은나라의 혼용하고 순박한 기운을 주공이 깎아내고 망가뜨린 것으로 생각하는 듯이 했으니 아마도 옳지 않을 것이다.

다산은 결국 이 말을 하고 싶었다. 그가 많은 고전을 뒤적여 가며, 그리고 또 앞에서 거론한 그야말로 쟁쟁한 경학자를 모조리 부정하며 본문의 "은나라 수레"가 왕의 전례에 소용되었던 다섯 가지 수레 모두를 가리킨다는 전대미문의 이론을 제시한 것은 이 말을 하고 싶었기 때문이다. 도교와 불교의 영향을 받아 마치 유교가 원래부터 자연과 소박을 사랑했던 것처럼 논설하는 성리학의 왜곡에서 벗어나 본래의 의례주의로서의 유교, 왕의 조정에서 국정을 돕는 조신의 유교를 회복하려고 했던 사람이 다산이었다. '원의총괄'은 이 논의를 "'은나라 수레를 탄다'라는 것은 『주례』에 나오는 다섯 종류의 수레를 타는 것을 의미한다'라고 정리했다.

　다산은 또 "주나라 면복(周之冕)"이 무엇인지도 고찰한다. 우선 중요한 것은 여기에서 '면(冕)'이 면류관만 가리키지 않는다는 점이다. "옛날에는 관의 이름에 기초해서 각 복색을 명명했기 때문에 '주나라의 면을 입는다'라고 하면 의복도 그 가운데에 있다." 예를 들어 피변(皮弁)을 입는다고 했으면 그것은 사슴 가죽으로 만든 피변이라는 관과 피변에 알맞은 예복을 입는 것을 의미한다. 그러므로 다산을 따라 『논어』를 읽을 때는 '면'을 '면류관'으로 옮겨서는 안 된다. '면복'이다. 그것이 '면복'일 수밖에 없는 이유는 또 있다. 공자는 먼저 책력을 추천했고, 다음에 임금이 타는 수레를 추천했다. 그렇다면 다음으로 논하는 것은 복색 전체여야지 단지 관에 대한 것일 수만은 없다.

　물론 '면복'은 면류관으로 특징되기 때문에 공자가 "주나라 면복"을 추천한 이유 역시 면류관의 특징과 밀접한 관련이 있다. 면류관은 첫째 나무로 만든 관의 상판이 앞쪽으로 기울어져 마치 관을 쓰는 사람이 누군가에게 허리를 구부리는 듯한 모양을 하고 있고, 둘째 앞뒤로 면류라는 열두 줄의 구슬장식을 늘어뜨려 관을 쓰는 사람의 시야를 가리고, 셋째 귀 쪽으로 솜뭉치를 매단 줄을 달아 관을 쓰는 사람의 귀를 막는다는 특징을 가진다. 첫째 특징은 왕이 겸손해야 한다는 것을 상징하고, 둘째와 셋째 특징은 왕이 마음 내키는 대로 보거나 들어서는 안 된다는 것을 상징한다. 다산에 따르면 면류관은 전 례에 쓰이는 다섯 가지 왕의 복식 모두에 사용될 수 있는데, 이렇게 관에 면 류를 다는 방식을 주나라가 가장 먼저 채택했으므로 공자는 그것을 "주나라 면복"이라고 했다. 고주는 겸손과 근신을 강조함으로써 "왕이 무위하고 청정 하여 백성을 교화하도록 했기 때문"에 공자가 추천했다고 해설했지만 예상 할 수 있듯이 다산은 받아들이지 않는다. 무위니 청정이니 하는 개념을 성 인과 연결시키면 다산은 언제나 펄쩍 뛴다. 단지 면류관의 상징을 두고는 다 산도 고금주와 이해를 같이 했고, 그 때문에 공자가 "주나라 면복"을 추천했 다고 보았다. 이 제도에 대한 그의 연구도 고금주와 다른 결론으로 이어지지 않았다.

다음은 '소무韶舞'다. 다산은 다른 주해가와 마찬가지로 이것이 순임금의 음악이고, 진선진미했기 때문에(3.25) 공자가 추천했다고 보았다. '소韶'라고 만 해도 순임금의 음악을 가리키지만 옛날 전례에 쓰인 음악은 항상 춤을 동 반하기 때문에 여기에서는 '소무'라고 했다. 이에 대한 다산의 연구도 고금주 의 해설을 벗어나지 않는다. 단지 그는 공자가 '소무'만 쓰라고 하지는 않았다 는 주장을 한다. 보통은 당시 음악이 어지러워져 공자가 그것을 버리고 순임 금의 '소무'를 추천했다고 설명하지만 이것은 다시 주 문화를 비판하는 해설 이다. 주나라 음악에 문제가 있었다는 게 되기 때문이다. 그래서 다산은 공자 가 "반드시 소무만을 높인 것은 아닐 테지만 지금 이렇게 말한 것은 소를 제 일로 쳤기 때문이다"라고 주장한다. 순임금의 음악을 가장 높이 평가했지만 그렇다고 해서 주나라 음악을 모두 팽개쳐도 좋다고 하지는 않았다는 주장 이었다. 이 주장을 통해 다시 한 번 다산이 주 문화를 사랑했음을 확인한다.

'정성鄭聲'에 대한 다산의 다른 해석도 어떻게 보면 주공에 대한 흠숭과 연관이 있다. 금주에 따르면 여기의 '정성'은 『시』에 있는 41편의 정나라 노래, 곧 「정풍鄭風」을 가리킨다. 주희는 그 대부분이 "여자가 남자를 유혹하는" 남녀상열지사보다도 더 위험한 노래라고 보았다. 한마디로 "정나라 노래의 음탕함이 위나라 노래보다 심했으므로" 공자가 '정성'만을 콕 집어 배제했다는 것이다. 하지만 만약 그렇다면 다시 주공을 욕보이게 된다. 다산은 『시』의 305편을 모두 주공이 수집했다고 보았고, 주공이 모은 시를 공자가 버리라고 했다면 주공을 욕하는 것이다. 그래서 다산은 금주를 배척하면서 '정성'은 『시』에 수록된 정나라 노래가 아니라 당시 정나라에서 유행하던 속악, 일종의 유행가를 가리킨다고 주장했다. 이미 『예기』는 공자의 제자 자하와 위문후와의 대화를 기록하여 당시 정나라에 음탕한 속악이 존재했음을 밝혔는데도(『예기주소』, 39:1a) 주희는 '정성'을 잘못 이해했다는 것이다.

> 대저 이른바 정나라나 위나라의 소리가 무엇인지는 문후와 자하의 일문일답을 통해 명백히 밝혀졌고, 예경禮經에도 기록되었다. 그런데도 『시』의 정풍을 '정성'이라고 하니 이런 이치가 있는가?

이렇게 다산이 『시』에 수록된 시들을 옹호한 것은 유교 경전에 오류가 없다는 그의 신념 그리고 주공에 대한 그의 존경을 반영한다. "『시』 300편은 모두 성현이 만든 것이니 음탕한 시가 없다." 이 주장이 '원의총괄'에 기록된 이 장의 세 가지 '원의' 중 마지막 것이다. "'정나라 노래를 막는다'라는 말은 「정풍」을 막는다는 뜻이 아니다."

15.12

선생님께서 말씀하셨다. "사람이 멀리 생각하지 않으면 반드시 가까운 때에 근심이 있다."

子曰; 人無遠慮, 必有近憂.

금주의 소식은 "천리의 바깥을 생각하지 않으면 우환이 자리 아래에 생길 것이다"라고 하여 이 장의 '원遠' '근近'을 거리 개념으로 이해했다. 다산은 잘못이라고 보았다. '원' '근'을 거리로 이해한다면 관심을 가져야 할 것은 먼 곳이 아니라 가까운 곳이기 때문이다. 아래에서도 "나는 계손의 근심이 전유에 있지 않고 그 담장 안에 있을까 두렵다"(16.1)라고 했다. 그러므로 '원' '근'은 거리의 원근이 아니라 시간의 원근이다. 곧 이 장에서 공자는 먼 미래에 대한 계획이 없으면 조만간 근심할 일이 생길 것이라는 교훈을 준다.

이 주장은 '원의총괄'에도 기록되었다. "'원려근우遠慮近憂'는 때로 말한 것이지 장소로 말한 것이 아니다." 하지만 이 주장은 새롭지 않다. 다산이 언급한 것처럼 "송원 이래 단 한 사람도 소식의 해석을 따른 사람이 없었다." 이 주장을 위해 많은 연구를 한 것도 아니었다. 먼 곳에 대한 염려를 하다가 가까운 곳에서 우환을 경험한 사람으로 진 시황과 한 무제를 거론했을 뿐이다. 그런데도 이 주장이 여러 의미 있는 해석을 제치고 '원의총괄'에 들어가 있는 것은 얼른 납득이 되지 않는다.

15.13

선생님께서 말씀하셨다. "그만이로다! 나는 덕을 좋아하기를 색을 좋아하는 것만큼 하는 사람을 보지 못했다."

子曰; 已矣乎! 吾未見好德, 如好色者也.

"그만이로다(已矣乎)!"라는 말만 제외하면 이와 똑같은 문장이 이미 「자한」
에 나왔다(9.18). "그만이로다!"라는 말을 통해 공자는 여태껏 노력했음에도
성공하지 못했으므로 더 이상 할 것이 없음을 한탄했다. 「자한」에서나 여기
에서나 다산은 "덕을 좋아하는" 마음을 도심, "색을 좋아하는" 마음을 인심
으로 이해하는데, 「자한」에서는 인심이 "진정으로 절실하다"라고 했고, 여기
에서는 인심이 "항상 치열하다"라고 했다. 「자한」에서는 도심이 "오히려 냉담
하다"라고 했고, 여기에서는 도심이 "항상 약하다"라고 했다. 도심보다 인심
을 따르는 현실을 인정하고 안타까워한 것이라고 하겠다.

15.14

선생님께서 말씀하셨다. "장문중은 자리를 도둑질한 자다! 유하혜
의 뛰어남을 알면서도 같이 조정에 서지 않았다."

子曰; 臧文仲, 其竊位者與! 知柳下惠之賢而不與立也.

장문중은 앞의 한 장에서 나왔다(5.17). 노나라의 대부로 실권자였으므
로 뛰어난 사람을 조정에 천거할 수 있었다. 다산이 인용하듯 『국어』「노어」
를 보면 그가 유하혜의 뛰어남을 알았음을 확인할 수 있다. 제나라가 노나라
에 쳐들어왔을 때 싸우려고 했던 장문중과 다르게 유하혜가 제나라를 잘 구
슬려 군사를 물리게 했고(『국어』, 4:5b~6b), 노나라에 괴조가 나타났을 때

장문중이 제사를 하려고 했으나 유하혜는 아무런 이유 없이 제사를 지낼 수 없다면서 장문중을 만류했다. 그때 장문중은 "계자季子의 말은 법으로 만들지 않을 수 없다"라고 찬탄했다(4:8b~11b). 또 하보불기가 노 희공의 위패를 먼저 임금을 한 노 민공의 위패 앞에 두려고 했을 때 유하혜가 사리에 맞게 불길함을 예언한 것도 장문중은 알았다(4:14a~b). 이런 탁월한 능력에도 불구하고 유하혜는 끝내 장문중과 함께 조정에 서지 못했으므로 공자는 장문중에게 특히 책임을 물어야 한다고 말했다. 뛰어난 사람을 천거하는 것이 대부의 할 일임에도 소임을 다하지 않았으므로 그는 자리를 도둑질한 자였다.

유하혜의 원래 이름은 전획展獲으로 알려져 있다. 씨가 '전'이고, 이름이 '획'이다. 자는 '금禽'이다. 사실인지 아닌지 모르지만 유명한 도둑 도척의 형이라고 한다. 맹자는 그를 '성인 중의 화기로운 사람(聖之和者)', 곧 자기를 내세우지 않고 주변과 잘 어울리면서도 성인됨을 잃지 않은 인물로 소개했다. '유하柳下'라는 곳이 그의 식읍이었고, 나중에 죽은 뒤 '혜惠'라는 시호를 받았기 때문에 유하혜로 알려졌다. 그런데 위에서 인용한 『국어』는 그를 계자라고 칭했다. 그는 유하계柳下季라고도 불렸기 때문이다. 계자라고 칭했다면 씨가 '계季'였을 수 있다. 보통은 '계'를 그의 자로 이해하는데, 계자라고 칭했다면 '계'가 자이기는 쉽지 않다. 또한 '유하'는 원래 그의 식읍이었으나 언제부터는 그의 가문의 씨가 되었을 것이다. 실제로 중국의 유씨柳氏는 이 사람의 후손이라고 한다.

본문에서 공자가 장문중을 질타하는 이유는 "같이 조정에 서지 않았다"라는 것이다. 사실 유하혜는 종종 관직을 맡았다. 뒤의 한 장에서 유하혜는 사사士師, 곧 옥을 담당하는 관리의 우두머리로 나오고(18.2), 또 맹자는 그가 "더러운 군주를 부끄러워하지 않았고, 작은 관직을 낮다고 보지 않았다"(『맹자집주』, 2A:7)라고 했다. 그러므로 그는 등용된 바 있다. 하지만 아마도 대부의 지위를 얻지는 못한 듯하다. 앞의 한 장에서 공자는 공숙문자를 칭찬하면서 그가 가신과 함께 "공의 조정에 함께 올랐다"(14.19)라고 했는데, 이때도 역시 그가 가신을 대부의 지위에 천거한 것을 의미했다. 그러므로 대부가 되어야 다른 대부와 함께 조정에 설 수 있었고, 유하혜는 그런 지위까지 가지 못했던 것으로 보인다. 그럼에도 불구하고 '유하'라는 식읍을 가지게 된 것은 그가 희성姬姓으로 노나라 공족의 후예였기 때문이었을 것이다.

15.15

선생님께서 말씀하셨다. "몸소 스스로에게는 두텁게 하고 남을 책망하는 것은 엷게 하면 원망에서 멀어질 것이다."

子曰; 躬自厚而薄責於人, 則遠怨矣.

"몸소(躬) 스스로에게는(自) 두텁게 한다"라는 말은 뜻이 애매하지만 고금주와 다산은 모두 자기를 책망하는 것을 두텁게 한다는 의미라고 했다.

고금주는 마지막 부분을 "원망을 멀리할 것이다"라고 읽는다. 이렇게 읽으면 내가 마음속에 원망을 가지지 않는 것 같으므로 꼼꼼한 다산은 위에 옮긴 것처럼 읽어야 한다고 알려주었다. 그렇지만 다산도 "나를 책망하는 것이 두터우면 내가 남을 원망하지 않고, 남을 책망하는 것이 엷으면 남이 나를 원망하지 않는다"라고 했으므로 뜻에서는 큰 차이가 없다.

15.16

선생님께서 말씀하셨다. "'어떻게 할까? 어떻게 할까?'라고 말하지 않는 사람은 나도 어떻게 할지 모르겠다."

子曰; 不曰如之何如之何者, 吾末如之何也已矣.

고주는 이 장을 완전히 달리 읽는다. "'어떻게 할까?'라고 말하지 말라(不曰如之何). '어떻게 할까?'라고 말하는 사람은 나도 어떻게 할지 모르겠다." 무슨 일이 벌어져서 "어떻게 할까?"라고 고민하는 것은 준비가 덜 되었다는 의미이고, 그렇게 준비가 안 된 사람에게는 공자도 조언을 줄 수 없다는 뜻이다. 이 해석을 통해서는 늘 준비가 되어 있어야 한다는 교훈을 얻는다.

반면 금주는 위에 옮긴 것처럼 읽는다. 곧 다산의 독법은 금주와 표면적으로 차이가 없다. 하지만 금주와 다산을 통해 얻는 교훈은 다르다. 금주는 경거망동하지 말라는 교훈을 얻는다고 했다. 어떤 일을 놓고 "어떻게 할까?"라고 고민하지 않고 급히 결정하고 행동하는 사람은 도와줄 수 없다는 뜻이다. 하지만 다산은 금주가 초점을 놓쳤다고 보았다. 그에게 "어떻게 할까?"는 덕을 향해 나아가는 사업에 진전이 없음을 고민하는 말이다. 공자는 이런 고민이 없는 제자에게는 도움이 되는 말을 해주지 않았다. 곧 다산의 해석에 따르면 이 장은 "분통해 하지 않으면 열어주지 않고, 슬퍼하지 않으면 계발해주지 않는다"(7.8)라는 말과 같은 교훈을 전한다. 해석상 큰 차이가 있는 것은 아니고, 또 특별한 연구가 있었던 것도 아니지만 '원의총괄'은 이 주장을 '원의'로 기록했다. "어떻게 할까? 어떻게 할까?'는 배우는 사람이 스스로를 슬퍼하는 말이다."

15.17

선생님께서 말씀하셨다. "무리와 함께 거하기를 종일토록 하면서도 말은 의에 미치지 않고 작은 지혜를 행하기를 좋아한다면 어려울 것이다."

子曰; 羣居終日, 言不及義, 好行小慧, 難矣哉.

'소혜小慧'는 소소한 지혜나 재주를 의미한다. 여러 사람에게 자신을 보여줄 충분한 시간이 있었음에도 불구하고 의로움에는 관심이 없고 하잘것없는 지식이나 재주를 뽐내기를 좋아한다면 크게 되기가 어려울 것이라는 말이다. 금주는 고주와 달리 '난의재難矣哉'를 "어려움을 겪을 것이다"라고 읽지만 뜻으로는 큰 차이가 없다. 다산은 고주를 따랐다.

그런데 다산이 밝힌 것처럼 '소혜'는 황간본에 '소혜小惠'로 되어 있다. 육덕명의 『논어음의』도 "노나라의 『논어』에서는 '혜慧'를 '혜惠'로 읽는다"(『경전석문』, 24:22a)라고 했다. 황간본의 '소혜'라면 '작은 은혜'를 의미하며, 해당 구절은 "작은 은혜를 베풀기를 좋아한다면"이라는 정도가 된다. 다자이는 황간본을 적극 지지하면서 작은 은혜를 베푸는 것은 남에게 아부하려는 목적을 가지므로 크게 될 사람의 행동이 아니고, 또 "작은 지혜"에는 '행하다(行)'라는 글자를 쓸 수 없다는 주장을 폈다. 다산은 어느 글자를 써도 교훈을 얻을 수 있다고 하면서도 작은 은혜를 베푸는 것이 경계할 만한 일은 아니라고 보고 황간본을 채택하지 않았다.

> 사람이 어떻게 갑자기 큰 은혜를 베풀겠는가? 옛사람이 작은 은혜를 작다고 한 것은 그것을 더 크게 만들기를 원했기 때문이니 작은 은혜를 불의로 여긴 바 없다.

마음속에만 거창한 은혜를 품고 소소한 은혜를 하찮게 여기는 이상주의
자를 꾸짖는 현실적 논평이라고 하겠다.

15.18

선생님께서 말씀하셨다. "군자는 의로 바탕을 삼으며, 예로 그것을
행하고, 겸손으로 그것을 말하고, 믿음직함으로 그것을 이루니, 군
자로구나!"

子曰; 君子義以爲質, 禮以行之, 孫以出之, 信以成之, 君子哉!

고주는 군자의 행동을 묘사하는 언급 중에서 앞의 두 구절을 하나로 묶
고, 뒤의 두 구절을 하나로 묶었다. 그렇다면 본문은 "군자는 의로 바탕을 삼
고 예로 그것을 행하며, 겸손으로 말을 내고 믿음직함으로 말한 바를 이루
니, 군자로구나!"라는 정도가 된다. 이렇게 보면 공자는 어떻게 행동할 것인
지 그리고 어떻게 말할 것인지 두 가지에 대한 교훈을 준 셈이다. 행동은 의
를 바탕으로, 그리고 예의를 통해서 해야 하고, 말은 겸손하게 하되 말에 대
한 책임을 져야 한다는 뜻이다. 이에 비해 금주는 본문에 나오는 세 '지之'가
모두 '의義'를 가리킨다고 보았다. 이런 해석에서는 예나 겸손함, 믿음직함이
모두 의를 구현하는 방법이다. 따라서 이 장은 군자의 모든 행동에는 의라는
뿌리가 있어야 한다는 공자의 생각을 전한다.

다산은 독법에서 금주를 따랐다. 하지만 그의 해설은 금주와 약간 다르
다. 그가 보기에는 "의와 믿음직함이 머리와 꼬리가 되고, 말과 행동은 그 날
개가 된다." 다시 말해서 의와 믿음직함이 각각 군자다움의 처음과 마지막이

고, 가운데의 두 가지, 곧 예와 겸손함이 각각 군자다운 행동과 군자다운 말의 기준이 된다. 뭔가 더 입체적인 느낌이 든다.

15.19

선생님께서 말씀하셨다. "군자는 능하지 못함을 병으로 여기고, 남이 자기를 알아주지 않는 것을 병으로 여기지 않는다."

子曰; 君子病無能焉, 不病人之不己知也.

다산에 따르면 여기에서 "능하지 못하다(無能)"라는 것은 재주나 능력이 없는 것을 말한다. 그러므로 "남이 자기를 알아주지 않는 것을 병으로 여기지 않는 것"도 덕성이나 인격이 아니라 재주나 능력에 대한 것이다. 곧 "나에게 재주가 있다면 사람들은 반드시 알아준다." 이 해석을 포함의 것과 비교해 보면 확연한 차이를 알 수 있다. 포함은 "군자인 사람은 나에게 성인의 도가 없음을 병으로 여긴다"라고 했다. 포함은 이 장을 '성인의 도'라는 거창한 주제와 연결시켰고, 다산은 간단히 개인의 재주와 능력이라는 관점에서 해설했다. 물론 다산도 포함의 해석을 알았지만 동의하지 않았다. 오히려 그는 포함에 대한 다자이의 비판, 곧 "포함의 설은 지나치게 심각하니 따를 수 없다"라는 비판에 동의했다. 『논어』를 구체적 현실의 맥락에서 해석하려는 다산 논어학의 경향이 잘 드러나는 논평이라고 하겠다.

『논어』에는 이 장과 유사한 가르침을 담은 장이 세 개 더 있다(1.16, 4:14, 14:31). 각 장에 대한 해설도 참조할 수 있다.

15.20

선생님께서 말씀하셨다. "군자는 세상을 다할 때까지 이름이 일컬어지지 않는 것을 싫어한다."

子曰; 君子疾沒世而名不稱焉.

이 장의 독법에서 고금주와 다산 사이에는 이견이 없다. 이름을 날리기 위해서 사는 것은 아니지만 죽을 때가 되었는데도 이름이 일컬어지지 않으면 긍지를 가질 만한 것 없이 살았다는 반증이므로 군자는 그렇게 되는 것을 싫어한다. 앞에 나온 "마흔이나 쉰이 되어서도 이름이 들리지 않으면 이것은 또한 두려워할 만하지 않다"(9.23)라는 말과 표리가 된다.

'몰세沒世'는 달리 읽을 수 있다. 가령 금주의 요로는 '몰세'가 이미 죽은 상태를 가리킨다고 주장했다. 한 사람이 살아 있을 때는 거짓된 명성을 얻을 수도 있지만 죽은 뒤에는 허명을 얻을 수 없기 때문에 이름이 일컬어지는지 아닌지는 죽은 뒤에 판단해야 하고, 그렇기 때문에 '몰세'를 "세상을 마친 뒤에도"라고 풀어야 한다는 것이다. 다자이도 '몰세'를 이렇게 이해했다. 하지만 다산은 거짓으로 큰 이름을 얻어 긴 시간 실질 없는 명예를 누리는 사람도 많다면서 이 견해를 받아들이지 않았다. 한편 왕수인은 『전습록』에서 '몰세'를 요로나 다자이처럼 이해하면서 본문의 '칭稱'도 '부합하다'라는 의미로 읽었다(『왕문성전서』, 1:53a). 그렇다면 '명불칭名不稱'은 '이름이 실질에 부합하지 않는 것'을 의미하고, 본문은 군자는 죽어서 자신의 이름이 실질에 부합하지 않는 것을 부끄럽게 여긴다는 뜻을 담는다. 다산은 왕수인이 찾아낸 교훈은 좋지만 원의는 아니라고 하면서 받아들이지 않았다.

'원의총괄'은 '몰沒'을 '진盡'과 같은 글자, 곧 '다하다'라는 의미로 봐야 한다는 것을 '원의'로 기록했다. "'몰세'의 '몰'은 '계단을 다 내려온다(沒階)'는 표현에서의 '몰'과 같은 것으로 이해해야 한다." 그렇지만 앞에서 말했듯이 고금주도 이렇게 보았다. 따라서 이 '원의' 역시 다산이 새롭게 발굴하지 않았다. 이 '원의'를 위해 다산이 큰 공을 들여 연구한 것도 아니다. '원의총괄'은 「위영공」에서 모두 19개조의 '원의'를 기록했는데, 양으로만 보면 가장 많다. 하지만 「위영공」의 '원의'에는 이렇게 소소한 '원의'가 많다.

15.21

선생님께서 말씀하셨다. "군자는 자기에게서 구하고, 소인은 남에게서 구한다."

子曰; 君子求諸己, 小人求諸人.

금주에서 양시는 앞의 두 장과 이 장이 서로 연결된다고 주장했다. 군자는 "남이 자기를 알아주지 않는 것을 병으로 여기지 않지만"(15.19) 동시에 "세상을 다할 때까지 이름이 일컬어지지 않는 것을 싫어한다"(15.20). 그러므로 군자는 이름이 일컬어질 수 있도록 노력해야 하는데, 그 길을 "자기에게서 구한다." 곧 금주에서 이 장은 명예를 드날릴 수 있는 올바른 방법을 가르친다. 스스로 실질을 가지도록 노력해야지 바깥의 평판에 힘을 써서는 안 된다는 것이다.

다산은 금주의 해석이 잘못이라고 판단했다. 여기에서 "구한다(求)"라는 것은 인을 구하는 것이지 이름을 날릴 수 있는 길을 구하는 것이 아니기 때문이다. 바꿔 말해서 이 장에 따르면 내가 도덕적인가 아닌가는 나에게 달려 있지 남에게 달려 있지 않다. 그래서 심술스러운 아버지 밑에서도 순임금이 나오고, 혼군 아래서도 충신이 나온다. 그런 의미에서 이 장은 "인을 하는 것은 자기로부터 말미암는 것이니 남으로부터 말미암겠는가?"(12,1)라는 말과 같은 교훈을 전한다. 물론 금주를 통해서도 이 장에서 같은 교훈을 얻을 수 있다. 이름을 날리기 위해서는 덕을 길러야 하고, 그것은 결국 자기로부터 말미암아 "인을 하는 것"에 달려 있기 때문이다. 하지만 금주에서 소인은 남에게 잘 보이려는 사람이고, 다산의 해석에서 소인은 남 핑계를 대는 사람이다.

15.22

선생님께서 말씀하셨다. "군자는 자긍하지만 다투지는 않고, 무리와 함께 하지만 편당하지는 않는다."

子曰: 君子矜而不爭, 羣而不黨.

"자긍하다(矜)"라는 것은 자신의 가치를 인정하고 자신을 가벼이 여기지 않는 것이다. 말하자면 자존심이 높은 것인데, 이런 사람은 곧잘 남과 갈등하고 "다툰다(爭)." 다툰다는 것은 결국 누가 잘났는지를 겨루는 것이기 때문이다. 하지만 군자는 다르다. "무리와 함께 한다(羣)"라는 것은 남들과 조화롭게 어울리는 것이다. 말하자면 남에게 친절하여 화목한 것이다. 이런 사람은 곧잘 남의 요청을 거절하지 못하고 "편당한다(黨)." 편당한다는 것은 부정하게 남을 돕는 것을 말하기 때문이다. 다산의 해설이다. "군자는 친밀하지만 무리를 짓지는 않는다"(2,14)라는 말과 서로 참고할 만하다.

15.23

선생님께서 말씀하셨다. "군자는 말 때문에 사람을 천거하지 않고,
사람 때문에 말을 버리지 않는다."

子曰; 君子不以言舉人, 不以人廢言.

"말을 남긴 사람이 반드시 덕이 있는 것은 아니므로"(14.5) 군자는 그 내
용이 아무리 훌륭하더라도 말만 듣고 사람을 품지 않는다. 이렇게 말이 아니
라 덕에 주목하는 사유는 『논어』의 여러 곳에서 발견된다. 그런데 다산에 따
르면 이 장의 초점은 뒤 구절에 있다. 사람이 아무리 부실하더라도 들을 말
을 하는 경우가 있기 때문에 사람을 보고 아예 귀를 막아서는 안 된다는 것
이다. 다산이 인용하듯이 "풀을 베고 나무를 하는 사람에게 묻는다"(『모시주
소』, 24:107b)라는 시도 있지 않은가?

금주는 말만 듣고 천거할 수 없는 사람으로 재여를 들었다. 그가 낮에 누
웠을 때(晝寢) 공자가 그를 두고 "처음에 내가 남을 대할 때는 말을 듣고 그 행
동을 믿었는데, 이제 내가 남을 대할 때는 말을 듣고 그 행동을 보니 재여로
인해 이것을 바꾸었다"(5.9)라고 했기 때문이다. 하지만 다산은 공자의 제자
를 이렇게 비하할 수는 없다고 보았다. "재아는 공문십철 중의 하나인데, 어
떻게 버릴 사람이겠는가?" 그래서 그는 다른 인물을 예로 드는데, 조괄(?~전
260)과 마속(190~228)이다. 다산이 보기에 이 두 사람의 공통점은 말을 쉽
게 내뱉는다는 것이었다. 자신감이 넘쳤던 그들이었지만 결국 그들 때문에
조나라와 촉나라는 멸망의 길에 들어섰다. 이런 사람을 등용하지 말라는 것
이 다산이 이해하는 이 장의 가르침이었다.

흥미롭게도 다산은 여기에서 마속을 언급한다. 십중팔구 그는 마속을 『삼
국지연의』를 통해 알았을 것이다. 그는 『맹자요의』에서 마속이 주살을 당했

다고 했지만(『정본 여유당전서』7, 133) 정사인 『삼국지』「마속전」에서는 그 점이 분명히 서술되어 있지 않다. 마속이 주살당한 일을 극적으로 묘사하는 것은 『삼국지연의』다. 그러므로 다산은 적어도 한 번은 『삼국지연의』를 읽었을 것이다. 그런데 그의 군주 정조는 『삼국지연의』를 잡서로 취급해 한 번도 읽지 않았다.

15.24

자공이 묻기를 "한 글자로 종신토록 행할 수 있는 것이 있습니까?" 라고 하니 선생님께서 말씀하셨다. "'서'일 것이다! 내가 원하지 않는 것을 남에게 베풀지 말라."

子貢問曰; 有一言而可以終身行之者乎? 子曰; 其恕乎! 己所不欲, 勿施於人.

다산에 따르면 '일언一言'은 '한 글자'다. "생각해보건대 옛날 사람은 혹은 한 글자를 '일언'이라고 했고, 혹은 한 구절을 '일언'이라고 했다." 하지만 여기에서는 한 구절 혹은 한 마디 말이 아니라 '한 글자'다. 그렇게 봐야만 이 장에서 공자가 '서恕'를 콕 집어 이야기한 것을 이해할 수 있다. 종신토록 행할 수 있는 한 마디 말이라면 수없이 많다. 공자의 수많은 말이 모두 종신토록 행할 수 있는 것이다. 하지만 한 글자로 종신토록 행할 수 있는 것은 '서'다. 다산이 구태여 "'일언'은 글자 하나를 말한다"라고 밝힌 데는 이런 의도가 있으므로 다산을 따라 『논어』를 읽을 때는 그의 꼼꼼한 해석을 반영해야 한다.

'서'가 다산 사상에서 얼마나 중요한가는 이미 충분히 설명했다. 다산이 공자의 '일관지도一貫之道'에서의 '하나'를 '서'로 이해했다고 하면서도 설명했고 (4.15, 15.3), '서'가 구체적으로 무엇인지 말하는 장에 대한 해설에서도 설명 했다(5.11, 6.29, 12.2). 이 장에서도 다산은 다시 한 번 '서'의 중요성을 설파 한다.

> 사람의 도는 인을 구하는 데에서 벗어나지 않고, 인을 구하는 것은 인륜 에서 벗어나지 않는다. (…) '서'는 인륜에 처하게 하는 방법이니 하나로써 꿰뚫는다. 그러므로 한 글자로 종신토록 행할 수 있다.

'서'에 대한 다산의 생각을 더 알고 싶다면 위에 열거한 장에 대한 해설을 보면 된다. "내가 원하지 않는 것을 남에게 베풀지 말라"라는 말은 「안연」의 한 장에 그대로 나온다(12.2).

15.25

선생님께서 말씀하셨다. "내가 남에 대해서 누구를 헐뜯고 누구를 칭찬하겠는가? 만약 칭찬한 사람이 있다면 시험해본 바가 있는 것 이다. 이 백성은 삼대에서 곧은 도로써 행했던 바였다."

子曰; 吾之於人也, 誰毀誰譽? 如有所譽者, 其有所試矣. 斯民也, 三代之所以 直道而行也.

다산은 공자가 이 말을 하게 된 계기가 있을 것이라 추측했다. 곧 공자가 누군가를 칭찬하자 주위에서 아부가 아닌가 의심했고, 공자는 의심을 풀기 위해 이렇게 말했다. 자신은 근거 없이 남을 헐뜯거나 칭찬하지 않지만 만약 칭찬한 바가 있다면 이미 그런 말을 들을 만한가를 시험해보고 한 것이라는 뜻이었다. 이 추측은 적어도 발화의 맥락을 이해하는 데 도움을 준다. 독법으로 보면 이것은 금주의 독법이고, 다산은 금주를 따랐다.

고주의 독법은 다르다. 금주와의 결정적 차이는 누가 헐뜯거나 칭찬했고, 또 언제 시험을 했는가에 있다. 위에서 보는 것처럼 금주는 공자 자신이 칭찬을 할 때는 이미 시험을 했다고 했다. 반면 고주에서는 누군가가 칭찬을 받는 경우 공자는 그가 그럴 만한 자격이 있는지 확인하기 위해서 시험한다. 이때는 칭찬을 하는 사람이 공자가 아니다. 공자는 마치 인재를 추천 받는 군주나 재상 같은 입장에 있다. 곧 이 장은 사적인 관계나 편견에 영향 받지 않고 인재를 등용하는 문제와 관련된다. 그러므로 고주를 따르면 해당 부분은 "만약 칭찬받는 사람이 있다면 반드시 시험하는 바가 있을 것이다"라고 옮기게 된다. 다산은 특별한 근거를 제시하지 않고 "마땅히 『논어집주』를 따라야 한다"라고 했는데, 아마도 고주처럼 읽으면 공자는 칭찬받는 사람이 그럴 만한지 검증하는, 보기에 따라서 옹졸한 사람이 될 수도 있기 때문이 아닐까 싶다.

이 장의 마지막 두 구절이 의미하는 바를 놓고는 견해가 다 다르다. 고주처럼 이 장을 백성을 등용하는 문제와 연결해 읽으면 그것은 백성이 삼대의 성공, 곧 "곧은 도로써 행했던" 것을 가능하게 한 사람들이라는 뜻이다. 누군가가 천거될 때 공정하게 검토하여 등용하면 옛날에도 그랬듯이 그렇게 등용된 백성에 힘입어 삼대의 성과를 이룰 수 있다는 말이다. 그러므로 고주에서는 해당 부분을 "이 백성은 삼대에서 곧은 도로써 행할 수 있었던 까닭이었다(所以)"라는 정도로 옮길 수 있다. 이런 해석에서는 삼대와 같은 성공을 거둘 수 있는가가 결국 공정한 등용에 달려 있기 때문에 "만약 칭찬받는 사람이 있다면 반드시 시험하는 바가 있는 것"이 중요하며, 그 결과를 처리하는 것도 투명해야 한다. 결국 고주에서 이 장은 용인의 중요성과 투명성을 강조한다.

반면 금주에서 두 구절은 지금의 백성이 바로 삼대에서 "곧은 도로써 행했던" 그 사람들이라는 뜻을 담는다. 이 경우에는 백성이 주체다. 백성은 달라지지 않았는데, 통치자가 다르기 때문에 시대가 달라진다. 옛날의 성왕은 공자가 그런 것처럼 사사롭게 남을 헐뜯거나 칭찬하지 않았고, 오직 실상이 뒷받침될 때만 명예를 주었다. 그러므로 백성도 윗사람을 신뢰할 수 있었고, 삼대의 성공이 가능했다. 그러므로 금주에서는 해당 부분을 "이 백성은 삼대에서 곧은 도로써 행했던 적이 있었다(所以)"라는 정도로 옮길 수 있다. 그렇다면 공자는 지금 옛날의 일을 환기시키면서 남을 비판하거나 인정할 때 정직해야만 되며, 지도자가 그럴 수 있다면 삼대의 성공이 가능하다고 말한다.

다산은 또 다르다. 그는 "삼대의 성왕은 이 백성에게 언제나 곧은 도로써 행했다"라고 말한다. 곧 삼대에는 백성을 속이는 일이 없이 언제나 그들을 정직하게 곧은 도로써 대했다. 이때 "곧은 도(直道)"란 사람들의 선악을 실질에 맞게 평가하는 것을 말한다. 칭찬할 사람은 칭찬하고, 칭찬하지 않을 사람은 칭찬하지 않는 것이 "곧은 도"다. 이렇게 보면 백성은 좋은 정치의 대상이다. 삼대의 성왕이 백성을 이렇게 대했으므로 지금 공자도 "내가 남에 대해서 누구를 헐뜯고 누구를 칭찬하겠는가? 만약 칭찬한 사람이 있다면 시험해본 바가 있는 것이다"라고 말한다. 자신도 삼대의 성왕과 같이 사심 없이 공정하게 훼예하고자 노력한다는 뜻이다. 따라서 문제가 되는 구절은 위에서처럼 "이 백성은 삼대에서 곧은 도로써 행했던 바였다(所以)"라고 옮길 수 있다. 다산의 해석은 "곧은 도로써 행했다"라는 말의 구체적 의미를 적시하게 해준다는 데 장점이 있다. 그러므로 다산을 통해 『논어』를 읽을 때는 어떻게든 다산 독법의 특징을 반영해야 한다.

15.26

선생님께서 말씀하셨다. "나는 오히려 사관이 글을 빼놓는 것과 말을 가진 사람이 남에게 빌려주어 타게 하는 것을 겪었는데, 지금은 없구나!"

子曰; 吾猶及史之闕文也, 有馬者借人乘之, 今亡矣夫!

'급及'은 '미치다'라는 뜻인데, 의미로는 이러저러한 것을 경험했다는 뜻이다. '무亡'는 없다는 뜻이다.

"사관이 글을 빼놓는 것(闕文)"은 자신이 잘 모르기 때문이다. '글(文)'이라고는 했지만 실제로는 글자를 의미한다. 옛날 사관은 어떤 글자를 써야 할지 막히면 마음대로 쓰지 않았고, 나중에 아는 사람이 보충해넣기를 기대하면서 글자 쓸 곳을 비워놓았다는 말이다. 옛날에는 그런 겸손과 근실함이 있었다. 고주도 이렇게 보고, 다산도 이렇게 보았다. 옛날 사관은 어질어서 차마 세세히 기록하지 못했다고 보는 도망령(1562~1609)의 견해도 있었지만 다산은 받아들이지 않았다. "사관은 솔직하게 쓰는 것을 귀하게 여긴다."

한편 "말을 가진 사람이 남에게 빌려주어 타게 하는 것"이 무엇을 의미하는지를 놓고는 고주와 다산의 견해가 다르다. 고주는 말 주인과 사관을 연결하여 이해했다. 곧 자신이 말을 부리는 데 능숙하지 않으면 능한 사람에게 주어서 훈련을 시키게 했다는 것이다. 옛날의 말 주인은 사관과 마찬가지로 부족함을 인정하고 겸손했다. 고주에 따르면 당시 알지 못하면서도 마음대로 이야기하는 사람이 많았기 때문에 공자가 이렇게 사관과 말 주인을 거론했다. "아는 것을 안다고 하고, 모르는 것을 모른다고 하는 것, 이것이 아는 것"(2.17)인데, 당시는 그렇지 않았다.

고주도 일리가 있지만 다산은 받아들이지 않았다. 구체적인 이유는 밝히지 않았다. 아마도 사관과 말 주인을 그렇게 비교할 수 있는지 의문이었을 것이다. 그래서 다산은 말 주인이 후덕한 사람이어서 말을 빌려주었다고 이해했다. 말은 큰 재산인데도 옛날에는 선뜻 빌려주는 후한 인심이 있었다. 그러면 사관과 말 주인은 옛날 좋은 때의 두 가지 관습을 보여준다. 말을 하는 의도도 달라져서 공자는 옛날 사람이 얼마나 근후했는지를 이야기한다. 물론하나의 해석이 된다. 그렇지만 역시 왜 하필 사관과 말 주인인지는 알 수 없다. 금주가 "이 장의 의미는 억지로 해석할 수 없다"라고 하면서 해석을 포기한 것도 이해가 된다. 구체적인 해석이 어찌 됐든 이 장에서 공자가 옛날의좋은 모습이 사라진 지금을 아쉬워한다는 데는 아무도 이견을 제시하지 않는다.

15.27

선생님께서 말씀하셨다. "교묘한 말은 덕 있는 사람을 어지럽히고, 작은 것을 참지 못하면 큰 계획을 그르친다."

子曰; 巧言亂德, 小不忍則亂大謀.

다산에 따르면 '덕德'은 그냥 '덕'이 아니라 "덕 있는 사람"이다. 교묘한 말은 덕을 어지럽힐 수 없고, 교묘한 말로 어지럽혀지는 덕이라면 원래부터 덕이 아니기 때문이다. "만약 어떤 사람이 평생 덕을 닦다가 한번 교묘한 말을 듣고서 갑자기 그 지키는 바를 잃었다면 그 덕은 본래부터 참칭한 것이다. 어떻게 덕을 어지럽혔다고 말할 수 있는가?" 참신한 해석이다. 그러므로 다산을 따라 『논어』를 읽을 때는 이 해석을 반영해야 한다.

명나라 유학자 설응기는 "교묘한 말"의 구체적 예시로 불교의 장광설을 들었다. 그에 대해 다산은 "설방산(설응기)은 그의 논설에서 불교의 말을 '교묘한 말'로 보았는데, 크게 본지를 잃었다"라고 시큰둥하게 반응한다. 다산도 불교를 이단으로 보았지만 아무런 맥락 없이 불교를 비판하는 데는 동의하지 않았다.

'원의총괄'은 이 장에서 하나의 '원의'를 기록했다. "'작은 것을 참지 못한다(小不忍)'라는 것은 부인의 인仁을 말하지 않는다." 이것은 "'작은 것을 참지 못한다'라는 것은, 부인의 인이나 필부의 용기와 같은 것이 모두 이것이다'라고 말한 주희에 대한 비판이다. 여기에서 '부인의 인'이란 유약함에서 나오는 너그러움을 말한다. 이 개념은 여성성을 여리고 과단성 없는 태도와 연결시키는 옛날의 잘못된 관념을 반영하지만 다산이 말하고자 하는 바는 과단성 없는 태도를 본문의 "작은 것을 참지 못한다"라는 말과 연관시켜 이해해서는 안 된다는 것이다.

'부인의 인'은 반드시 여성에게만 적용되지 않는다. 가령 범증(기원전 277~기원전 205)의 계책으로 유방을 죽일 수 있었던 항우가 끝내 그를 죽이지 않았던 것이 이른바 '부인의 인'이다. 어떤 일을 차마 하지 못해서(不忍) 못하는 것이 '부인의 인'이다. 다산은 "작은 것을 참지 못한다"라는 것은 노여움을 참지 못하고, 고통을 참지 못하고, 슬픔을 참지 못하고, 치욕을 참지 못하는 것 등 일시적 감정을 참지 못하는 것을 의미한다고 하면서 금주를 비판했다.

그런데 사실 금주에 의거해서 본문을 읽어도 이 장은 다산이 이해한 것과 같은 교훈을 준다. 금주는 "작을 것을 참지 못하는" 사례로 '부인의 인'과 함께 '필부의 용기'를 들었는데, 필부의 용기로 섣불리 행동하는 것이 곧 다산이 말하는 "작은 것을 참지 못하는" 행동이다. 그러므로 금주가 크게 잘못이라고 하기는 어렵고, 단지 사례를 잘못 들었다거나 혹은 "작은 것을 참지 못하는" 행동을 너무 광범위하게 이해했다는 비판 정도는 가능하다. 이런 작은 흠을 따지고 드는 다산을 보면 그가 얼마나 세심하게 본문을 검토했는지, 또 얼마나 엄밀하게 『논어』를 해설하려고 했는지 알 수 있다. 그것이 다산 논어학의 정신이므로 다산을 따라 『논어』를 읽을 때는 읽는 사람도 세심해야 하고 엄밀해야 한다.

'원의총괄'에 등재된 다산의 '원의'는 기본적으로 금주에 대한 비판이지만 동시에 다자이에 대한 비판이기도 하다. 다자이는 "작은 것을 참지 못한다"라는 말을 놓고 이례적으로 주희를 지지했는데, 사실 '부인의 인'의 사례로 항우를 말한 사람이 다자이다. 유방을 죽이지 않은 항우를 '부인의 인'을 가진 어리석은 사람으로 보는 것에 대한 다산의 반박도 흥미롭다. "항우가 패공을 죽이지 않은 것이나 부견(338~385)이 모용수(326~396)를 죽이지 않은 것은 그들의 일생 중 잘한 일이다." 정치적 이득을 위해 무고한 사람을 죽이는 것은 잘못이고, 그들이 망한 이유는 다른 데 있었기 때문이다. 전진의 황제 부견은 전연을 멸망시킬 때 전연의 황족인 모용수를 받아들였으나 나중에 모용수는 후연을 세워 전진을 망하게 했다.

15.28
선생님께서 말씀하셨다. "무리가 싫어하더라도 반드시 살필 것이며,

무리가 좋아하더라도 반드시 살필 것이다.”

子曰; 衆惡之, 必察焉. 衆好之, 必察焉.

‘무리(衆)’의 여론이 잘못일 수도 있는 이유는 무엇인가? ‘무리’는 당을 만들어 서로 아부할 수 있기 때문이다(고주). 아부하는 사람들의 당이 지배 세력이 되면 여론을 왜곡한다. 혹은 “오직 인한 사람만이 남을 좋아할 수 있고 남을 미워할 수 있기”(4.3) 때문이다(금주). 곧 도덕적으로 훈련되지 않은 ‘무리’는 잘못된 여론을 형성하기 쉽다. 다산은 “무리가 싫어하더라도 혹시 외로운 충신일 수 있고, 무리가 좋아하더라도 혹시 향원일 수 있다”라고 논평했다. 외로운 충신이 미움을 받게 되는 것은 아부하는 사람들이 당을 만들어 함께 비난하기 때문이고, 향원이 사랑을 받게 되는 것은 ‘무리’가 도덕적으로 훈련이 되지 않았기 때문이다. 그렇지만 ‘무리’의 여론이 항상 왜곡이라는 뜻은 아니다. 단지 공자는 여론이 어떻든 살펴야 한다고 가르친다. 살핀 뒤에 여론이 맞다면 여론을 따르고, 살핀 뒤에 여론이 맞지 않다면 여론에 맞서야 한다.

15. 29

선생님께서 말씀하셨다. “사람이 도를 넓힐 수 있지 도가 사람을 넓히지는 않는다.”

子曰; 人能弘道, 非道弘人.

고금주에서 ‘홍弘’은 ‘크게 만들다(大)’라는 뜻이다. 그렇지만 다산이 보기에 이런 풀이는 옳지 않다. "도의 큰 근본(大本)은 하늘에서 나와서 그것보다 더 큰 것이 없는 것이 도"이기 때문이다. 그보다 더 큰 것이 없을 정도로 큰 것이 도인데, 그것을 다시 크게 만든다는 것은 성립되지 않는 말이다. 그래서 그는 '홍'을 '넓히다'라는 뜻으로 봐야 한다고 강조했다.

그런데 도는 그보다 더 큰 것이 없을 정도로 크기도 하지만 그보다 더 넓은 것이 없을 정도로 넓기도 하다. 그러므로 "사람이 도를 넓힐 수 있다"라는 말은 사실 도 자체가 넓어지는 것이 아니라 도가 적용되는 세상의 범위가 넓어짐을 의미한다. 도는 언제나 존재하지만 사람의 노력에 따라 도가 있을 수도 있고, 도가 없을 수도 있다. "성인이 일어나면 천하에 도를 넓히고, 성인이 일어나지 않으면 도도 따라서 없어진다." 다산은 비판했지만 고금주도 역시 사람이 도 자체를 크게 만들 수 있다고 보지는 않았을 것이다.

이 장에서 금주는 또 "심心은 성性을 다할 수 있으므로 사람이 도를 크게 만들 수(弘) 있고, 성은 심을 검속할 수 없으므로 도가 사람을 크게 만들지는 않는다"라는 장재의 해설을 소개한다. 이때 '심'은 인간의 주관능동성을 가리키는 것으로 본문의 '사람(人)'을 대변한다. '성'은 인간의 본성을 가리키는 것으로 본문의 '도道'를 대변한다. '성'은 움직이지 않으므로 변화의 주체가 될 수 없고, 오직 능동성을 가진 '심'만이 변화의 주체가 된다. 따라서 "사람이 도를 넓힐 수 있지 도가 사람을 넓히지는 않는다." 이것이 장재의 논리다. 성리학자에게는 훌륭한 해설이었지만 다산에게는 뜬금없는 소리였다. "심이 인간에 속하고, 성이 도에 속한다는 해설은 옛날 경전을 통해 징험되지 않는다."

15.30

선생님께서 말씀하셨다. "지나치고서도 고치지 않는 것, 이것을 허물이라고 한다."

子曰; 過而不改, 是謂過矣.

고금주는 이 장을 "잘못을 저지르고서도 고치지 않는 것, 이것을 잘못이라고 한다"라고 읽는다. 이런 독법에서는 두 개의 '과過'가 같은 의미를 가진다. 하지만 위에서 볼 수 있듯이 다산의 독법은 좀 다르다. 그는 앞의 '과'는 평성으로, 뒤의 '과'는 거성으로 읽어야 한다고 주장하는데, 평성으로 '과'는 '지나치다'라는 뜻이고 거성으로 '과'는 '잘못' 혹은 '잘못을 저지르다'라는 뜻이다.

이 주장은 "두 개의 '과'에는 대략 부실浮實의 구별이 있다"(『사서몽인』, 8:28a)라는 채청의 견해에 영감을 받은 것이다. "부실의 구별이 있다"라는 것은 완전히 결정되지 않은 상태(浮)와 결정된 상태(實)의 구별이 있다는 말이다. 곧 앞의 '과'는 아직 완전히 잘못이라고 할 수 없는 상태이고, 뒤의 '과'는 잘못으로 확정된 상태다. 어떤 행동이 절도에 맞지 않고 지나친 것을 알았다면 얼른 고쳐야 할 것이며, 그렇게 했다면 잘못이 없다. 오직 고치지 않았을 때 비로소 잘못이 생긴다. "살펴 보건대 중용이란 선을 택한 것의 이름이니 이것은 저울대에 추를 놓는 것과 같다. 만약 추가 균형점(中)을 얻지 못하면 저울대가 앞으로 기울어지고 물건이 뒤로 쏟아지는데, 이때 저울추를 옮겨서 균형점을 얻으면 지나친 것을 고쳐서 중을 얻는 것과 같다."

15.31

선생님께서 말씀하셨다. "내가 일찍이 종일토록 먹지 않고 밤새도록 자지 않고 생각을 했는데 유익함이 없었다. 배우는 것보다 못하다."

子曰; 吾嘗終日不食, 終夜不寢, 以思, 無益. 不如學也.

앞의 한 장에서 공자는 "배우고 생각하지 않으면 속게 되고, 생각하고 배우지 않으면 위태롭다"(2.15)라고 했다. 배움과 생각 어느 하나에만 몰두하는 것이 모두 잘못인데, 이 장에서는 "생각하고 배우지 않는" 문제점만 이야기했다. 그렇기 때문에 다산은 이 말이 어떤 구체적인 맥락에서 나왔을 것이라고 추측했다. 맥락을 고려하지 않으면 왜 앞에서는 학문과 사유의 병진을 이야기하고 여기에서는 학문을 중시했는지 의문을 가지게 된다.

하기는 공자는 생각하라고 가르치기보다는 공부하라고 가르쳤다. 학문을 권하는 그의 목소리는 여기저기에서 들리는데, 사유하기를 권하는 목소리는 잘 들을 수 없다. 『대대례기』「권학」에도 "내가 종일토록 생각을 했는데 잠깐이라도 배우는 것보다 못하다"(『대대례기』, 7:8b)라는 공자의 말이 있다.

15.32

선생님께서 말씀하셨다. "군자는 도를 도모하지 먹을 것을 도모하지 않는다. 밭을 가는 것은 굶주림이 그 가운데 있다는 것이며, 배우는 것은 녹이 그 가운데 있다는 것이다. 군자는 도를 근심하지 가난을 근심하지 않는다."

子曰; 君子謀道不謀食. 耕也, 餒在其中矣, 學也, 祿在其中矣. 君子憂道不憂貧.

고금주는 이 장의 중간 부분을 "밭을 갈면 굶주림이 그 가운데 있고, 배우면 녹이 그 가운데 있다"라고 읽는다. 보다시피 다산의 독법과는 다르다. 고금주에서는 굶주림(餒)과 봉록(祿)이 밭을 갈거나 배우는 것의 결과다. 공부를 하지 않고 "먹을 것을 도모하여" 밭을 갈면 결국 굶주리고, "도를 도모하여" 공부에 매진하면 결국 녹을 받는다. 금주는 그렇다고 해서 가난을 면하기 위해서 공부하라는 것은 아니라고 첨언했지만 본문을 달리 읽지는 않는다. 그에 비해 다산의 독법에서는 가난과 봉록이 각각 밭을 갈고 배우는 조건이다. 누군가 밭을 간다는 것은 그가 굶주린다는 반증이고, 누군가 공부를 한다는 것은 그가 먹고 살만하다는 반증이다. 배고프기 때문에 밭을 갈고, 녹이 있기 때문에 공부를 한다. 대단히 현실적인 해설이다.

아무리 금주가 첨언했더라도 고금주처럼 이 장을 읽으면 먹을 것을 위해서 공부하는 사람이 생긴다. 먹을 것이 공부의 결과로 주어지기 때문이다. 그렇다면 군자는 "먹을 것을 도모하지 않는다"라는 바로 이 장의 말과 조화되지 않는다. "만약 녹이 그 가운데 있다고 해서 마음을 수고롭게 하면서 공부를 한다면 이것은 먹을 것을 도모하는 것이지 도를 도모하는 것이 아니다." 물론 고금주는 "먹을 것을 도모하지 않고" 공부에만 매진해도 먹을 것을 얻을 수 있으므로 다른 데 눈 돌리지 말고 배우라는 가르침을 전달하고 싶었을 것이다. 하지만 다산이 보기에 고금주는 오독을 부른다. 그래서 '원의총괄'은 "굶주림이 그 가운데 있다는 것'이나 '녹이 그 가운데 있다는 것'은 다가올 효과에 의거해서 말한 것이 아니다"라는 다산의 주장을 '원의'로 기록했다.

그런데 다산을 통해 이 장을 읽으면 누구에게나 공부를 권유할 수 없다. 여유 있는 사람이 공부를 한다면 배고픈 사람에게 배우라는 것은 사치처럼 보인다. 이것이 현실이기는 하다. 그렇지만 다산은 "먹을 것을 도모하는 사람이 지혜로운 듯이 보이지만 굶주림이 먼저 드러나고, 도를 도모하는 사람이 우원한 듯이 보이지만 녹이 먼저 이른다"라고도 말했다. 곧 그는 배고프다고 밭을 가는 것을 궁극적으로 어리석은 행동이라고 생각했다. 그렇다면 다산은 배고픈 사람이 밭을 가는 것은 당연하지만 멀리 본다면 배고프더라도 공부를 해야 한다는 말을 하고 싶었는지도 모른다. 일리가 있지만 약점도 있다. 다산도 결국 공부를 해야 배고픔을 면한다고 한 것이므로 큰 틀에서 고금주와 차이가 없다. 또 "밭을 가는 것은 굶주림이 그 가운데 있다는 것이다"라는 말은 현실을 보여주기는 해도 교훈을 담지는 않는다. 굶주림 때문에 밭을 갈지만 결국은 그래서는 안 된다는 것이 그가 파악한 '원의'이기 때문이다.

15.33

선생님께서 말씀하셨다. "지혜가 그것에 미치더라도 인으로 지키지 못하면 비록 얻었더라도 반드시 잃는다. 지혜가 그것에 미치고, 인으로 능히 지켰더라도 장엄함으로 임하지 않으면 백성이 공경하지 않는다. 지혜가 그것에 미치고, 인으로 능히 지키며, 장엄함으로 임했더라도 백성을 움직일 때 예로 하지 않으면 아직 선하지 않다."

子曰; 知及之, 仁不能守之, 雖得之, 必失之. 知及之, 仁能守之, 不以莊而涖之, 則民不敬. 知及之, 仁能守之, 莊以涖之, 動之不以禮, 未善也.

이 장에는 '그것'을 뜻하는 대명사 '지之'가 많이 나온다. 고주와 금주, 다산의 차이는 모두 이 글자와 관련이 된다.

먼저 '지급지知及之'의 '지'는 고주에서는 관직, 금주에서는 이치(理)를 의미하고, 다산에게는 보통의 관직이 아니라 '대위大位', 곧 임금의 자리를 의미한다. 금주는 이학으로서의 성리학의 성격을 보여주며, 고주와 다산은 그것이 일정한 지위를 의미한다는 점에서는 같지만 지위의 높낮이에서 다르다. 다산은 "얻는다느니 잃는다느니 하는 것은 명확히 천자와 제후의 지위를 놓고 이야기한 것이므로 포함의 해설은 범위가 작다"라고 하여 자신이 고주와 어떻게 다른지를 분명히 했다. 아마도 다산은 지혜나 인, 장엄함이나 예 등이 보통의 지위를 유지하는 문제에 적용되지 않는다고 본 것 같다.

'지급지'의 '지'가 지위를 의미한다면 인으로 지키거나 지키지 못하거나 혹은 얻거나 잃거나 하는 것도 모두 어떤 지위다. 다산에게는 구체적으로 임금의 지위다. 다산은 『역』에서 이렇게 봐야만 하는 근거를 찾았다. 『역』에는 "성인의 큰 보배를 지위라고 하고, 어떻게 지위를 지킬 것인가를 인이라고 한다"(『주역주소』, 12:2b)라는 말이 있다. 성인이 덕에 합당한 지위를 얻으면, 곧 왕의 자리를 얻은 뒤에는 인이 그 자리를 유지하게 해준다는 뜻이다. 이때 인이란 다산에 따르면 "백성을 기르는 일에서의 사랑(牧民之愛)"을 의미한다. 인은 "남을 사랑하는 것"(12.22)인데, 특히 임금의 자리에 있을 때는 백성을 사랑하는 것이 인이다. 이렇게 백성을 사랑할 때만 임금은 자리를 보존할 수 있다. 그래서 본문에서는 "지혜가 그것에 미치더라도 인으로 지키지 못하면 비록 얻었더라도 반드시 잃는다"라고 했다. "지혜가 그것에 미친다"라는 말은 임금으로서 해야 할 모든 일을 처리할 수 있는 지적인 자질을 가진다는 뜻이다. '원의총괄'은 여기까지의 논의를 "'인으로 능히 지킨다'라는 말은 지위를 지키는 것을 의미한다"라고 요약했다.

반면 금주에서는 인으로 지키는 것도, 인으로 지키지 못해 잃는 것도 모두 이치다. 지혜로 이치를 이해했더라도 극기하여 인을 실천하지 않으면 그 이치를 곧 잃게 된다는 주장이었다. 하지만 다산은 금주를 받아들이지 않았고, 자신이 생각하는 인이 어떻게 성리학의 인과 다른지를 설명했다.

> 인은 사람이다. 어버이를 사랑하고, 윗사람을 공경하고, 임금에 충성하고, 무리를 자애롭게 대하는 것이 이른바 인이다. 인을 구하는 사람은 반드시 힘써 '서恕'를 행해야 하고, 힘써 '서'를 행하는 사람은 반드시 극기를 해야 한다. 주자가 사욕을 끊는 것을 인으로 여긴 것도 바로 이 때문이다. 하지만 극기는 인을 구하는 방법이지 인을 행하는 것이 아니니 배우는 자는 마땅히 살펴야 한다.

인간관계를 전제하지 않은 공부인 극기는 설령 그것이 '서'를 실천하기 위한 도덕적 훈련이라고 하더라도 인을 직접 구현하지는 않는다는 말이다. 다산의 인과 성리학의 인을 잘 대비시킨 논평이다.

다시 본문으로 돌아가서 인을 통해 임금의 자리를 지켰더라도 궁극적으로 좋은 정치를 완성하려면 두 가지가 더 필요하다. "장엄함으로 (백성에) 임하는 것"과 "백성을 움직일 때 예로 하는 것"이다. 곧 '이지涖之'의 '지'와 '동지動之'의 '지'는 모두 백성을 가리킨다. 고주는 '동지'의 '지'가 자신의 몸을 가리킨다고 보았지만 다산은 달리 보았다. 이 점에서는 다산과 금주의 견해가 같다.

이 장의 해석에서 다산은 모기령이 소개하는 노예(1389~1462)의 견해에 영향을 받았다. 노예는 "이 장은 천하와 국가를 소유한 사람을 위해 한 말"(『논어계구편』, 6:20a)이라고 하면서 앞에서 인용한 『역』의 문장과 함께 "천자가 인하지 않으면 사해를 보존하지 못하고, 제후가 인하지 않으면 사직을 보존하지 못한다"(『맹자집주』, 4A:3)라는 맹자의 말을 인용했다.

15.34

선생님께서 말씀하셨다. "군자는 작게 말을 수는 없지만 크게 받을 수 있고, 소인은 크게 받을 수 없지만 작게 말을 수는 있다."

子曰; 君子不可小知, 而可大受也, 小人不可大受, 而可小知也.

이 장을 두고는 다른 해석이 가능하다. 고주와 금주가 다르고, 다산의 해석도 다르다.

우선 고주와 금주는 모두 이 장을 "군자는 작은 것으로 알 수는 없으나 크게 받을 수 있고, 소인은 크게 받을 수 없으나 작은 것으로 알 수는 있다"라고 읽는다. 하지만 해석은 완전히 다르다. 고주에서 "작은 것으로 안다(小知)"라는 말은 작은 지혜로 이해한다는 뜻이고, "크게 받는다(大受)"라는 말은 큰 은혜를 받는다는 뜻이다. 군자의 도는 심원해서 작은 지혜로 이해할 수는 없지만 백성은 그로부터 큰 은혜를 받는다. 당연히 소인은 반대다. 그렇지만 이런 해석에서는 문장의 주어가 애매하다. 전체 문장의 주어는 '군자'인데, '알고' '받는' 것의 주어는 군자가 아닌 백성이다. 이 때문에 다산은 고주를 놓고 "무슨 설인지 모르겠다"라고 싸늘하게 반응했다.

반면 금주에서 "작은 것으로 안다"라는 말은 작은 일을 통해서 상대방을 이해한다는 뜻이고, "크게 받는다"라는 말은 큰 임무를 받는다는 뜻이다. 군자의 도량은 깊고도 넓어서 작은 일로는 측량할 수 없지만 그에게 큰 임무를 맡길 수 있다는 것이다. 이 해석에서도 임무를 '받는' 사람은 군자고, '아는' 사람은 군자를 관찰하는 사람이다. 문장 안에서 관점이 이동한다. 주희도 "안다(知)'라는 것은 내가 아는 것이고, '받는다(受)'라는 것은 저 사람이 받는 것이다"라고 하여 스스로 혼란을 인정했다. 다산은 "'안다'와 '받는다'라는 것을 두 관점에 나누어 배속해서는 안 될 것이다. '받는다'라는 것이 이미 저 사람이 받는 것을 의미했다면 '안다'라는 것도 저 사람이 아는 것이어야 하니 저 사람이 '받고' 내가 '안다'라는 것이 어찌 모순되지 않겠는가?"라면서 정확하게 이 문제를 지적했다.

이런 혼란을 해소하려는 것이 다산의 독법이었다. 그의 독법에서 "작게 맡는다(小知)"라는 것은 군자가 작은 임무를 맡는다는 뜻이고, "크게 받는다(大受)"라는 것은 군자가 큰 임무를 받는다는 뜻이다. 군자는 큰 재주를 가졌기 때문에 작은 일을 맡으면 오히려 직무를 제대로 수행하지 못하지만 천하를 경영하는 큰 임무를 받으면 훌륭하게 임무를 완수한다. 다산의 해석에서는 관점의 이동이 없고, 책임의 범위를 기준으로 하여 군자와 소인을 구분하는 일관성이 있다. 충분히 참고할 만하다.

다산 독법의 핵심은 '지知'를 '맡다'라는 뜻으로 이해한 것이다. 다산에 앞서 위료옹은 "자산이 장차 정사를 맡을(知) 것이다"(『춘추좌전주소』, 37:9a)라는 『좌전』의 기사를 설명하면서 "후세에 관제를 놓고 '지'자를 쓴 것은 여기에서 시작되었다"(『어정강희자전』, 20:127a)라는 논평을 남겼는데, 이것이 다산에게 영감을 주었다. 다산은 이 영감에 기초하여 『좌전』을 뒤져 '지'가 '맡다'라는 뜻으로 사용된 몇 가지 용례를 발견했다. 여기에서 멈추지 않고 그는 또 『주례』를 뒤져 특정 관리의 책임을 명기할 때 '지'가 사용되었음을 확인했다. "『주례』에서 무릇 직책과 임무의 맡은 바를 서술할 때 본래 '지'자를 사용했던 것이다." 그렇기 때문에 과거 관제를 보면 관청 앞에 '지'를 붙여 그 관청의 주요 직책을 표기한 사례가 많다. 가령 경연의 주요 직책인 지경연知經筵, 춘추관의 주요 직책인 지춘추知春秋 같은 것이 그렇다. 중국도 마찬가지였다. 지금도 우리는 도지사道知事라는 말을 사용하는데, 지방의 행정(事)을 맡는(知) 관료 중에서 특히 도정을 책임지는 사람이라는 뜻이다. 이런 용례에 주목하여 본문의 '지'를 '맡다'라는 의미로 파악함으로써 다산의 독창적 독법이 탄생했다. '원의총괄'은 다산의 이 주장을 "'불가소지不可小知'의 '지知'는 지주知州나 지현知縣에서의 '지'와 같은 의미로 읽어야 한다"라고 요약했다.

15.35

선생님께서 말씀하셨다. "백성이 인을 대함이 물과 불을 대하는 것보다 심하다. 물과 불은 내가 그것을 밟고 죽으려는 사람을 보았으나 인을 밟고서 죽으려는 사람은 보지 못했다."

子曰; 民之於仁也, 甚於水火. 水火吾見蹈而死者矣, 未見蹈仁而死者也.

앞 장에 이어 이 장을 읽는 다산의 방법도 새로우면서 설득력이 있다. 고주와 금주는 독법도 같고, 해석에서도 같다. 고금주를 따라 이 장을 읽으면 대체로 "백성에게 인은 물과 불보다도 심하다. 물과 불은 내가 그것을 밟고 죽는 사람을 보았으나 인을 밟고서 죽는 사람은 보지 못했다"라는 정도가 된다. "백성에게 인은 물과 불보다도 심하다"라는 말은 백성에게 인의 절실함은 물과 불의 절실함보다 심하다는 뜻이다. 물과 불이 없으면 살 수 없기 때문에 백성에게 물과 불은 절실히 필요하지만 인은 그보다 더 절실히 필요하다. 더욱이 물과 불은 이로우면서도 해롭다. 그것 때문에 죽는 사람이 있기 때문이다. 하지만 인을 실천하다가 죽는 사람은 없다. 이렇게 인은 물과 불보다 더 필요하고 또 해도 없기 때문에 모쪼록 인을 실천해야 한다. 이것이 고금주가 읽는 이 장의 교훈이다.

다산은 고금주의 지배적인 해석에 네 가지 문제가 있다고 보았다. 첫째, 이런 해석이 가능하려면 이 장의 첫 구절은 '민지어인야民之於仁也'가 아니라 '인지어민야仁之於民也'로 되어 있어야 한다. 과연 그렇다. 위에서 고금주에 기반하여 읽으면 이 장은 "백성에게 인은 물과 불보다도 심하다"라고 시작한다고 했지만 글자의 순서를 정확히 반영한다면 "인에 대해 백성은 물과 불보다도 심하다"라고 시작한다. 처음부터 고금주는 설득력을 잃는다.

둘째, 물과 불은 몸을 돌보기 위해서 필요한 재료이지만 인은 마음을 기르는 도구가 아니다. 인은 실천을 통해서 이미 완성된 덕(成德)이지 도덕을 위한 도구가 아니다. 이것이 다산의 인관이다. 다산은 인을 인간 본성으로 보고 본성을 기름으로써(養性) 도덕적으로 성장할 수 있다는 성리학의 사유를 비판하고, 인의 형이상학화와 내면화를 거부한다. 그에게 인은 언제나 실천을 통해서 완성된 덕이며, 실천을 통해서만 완성되는 덕이다. 따라서 인과 물, 불은 서로 비교할 수 없다. 물과 불은 수단으로서 필요하지만 인은 수단이 아니기 때문이다. "그 실정이 비슷하지 않으면 어떻게 이것을 인용하여 비유를 할 수 있겠는가?"

셋째, 고금주의 해석을 받아들이면 물과 불은 처음에는 이로운 것이었다가 금세 사람을 죽이는 해로운 것이 된다. 물과 불의 함의가 달라지는 것이다. "장차 해악을 논하려고 먼저 덕을 이야기하여 말의 맥락을 두 개의 별개 단락으로 분질러놓는다면 그것이 어찌 사람을 깨우치는 방법이겠는가?"

넷째, 고금주에 따르면 공자는 "인을 밟고서 죽는 사람을 보지 못했다"라고 말했다. 그러나 이 말에는 어폐가 있다. '살신성인'이라는 금과옥조를 정당화할 길이 없기 때문이다. 한 곳에서는 "몸을 죽여서 인을 이룬다"(15.9)라고 하면서 다른 곳에서는 인을 위해 죽는 것을 물과 불로 죽는 것과 동일시하면 공자의 교훈은 성립하지 않는다. 나아가 "인을 밟고서 죽는 사람을 보지 못했다"라는 것은 역사적 사실에도 부합하지 않는다. 공자 이전에도 이미 인을 위해 죽은 사람이 있었다. 있었음에도 보지 못했다고 하면 공자는 무지한 사람이 되고 만다. "용봉이나 비간 같은 사람이 공자의 설을 반박하면 공자는 장차 무슨 말로 답할 것인가?"

이 모든 문제는 고금주의 문제다. 잘못 읽었기 때문에 말의 앞뒤가 안 맞고, 급기야 공자를 자기의 말을 부정하고 역사에 무지한 사람으로 만든다. 그래서 다산은 이 장을 위에서 옮긴 것처럼 읽어야 한다고 주장한다. 이때 "백성이 인을 대함이 물과 불을 대하는 것보다 심하다"라는 말은 사람들이 인을 멀리하는 것이 물과 불을 무서워하여 멀리하는 것보다 더 심하다는 뜻이다. 공자는 늘 사람들이 인을 실천하지 않는다고 한탄했으므로 이렇게 읽으면 이 장은 공자의 다른 교훈과 잘 조화된다. 또한 이렇게 읽으면 첫 구절의 글자 순서를 바꿀 필요도 없고, 성리학처럼 인을 잘못 이해하여 내면화할 필요도 없다.

다산을 따라 이 장을 읽을 때 더 세심하게 주의를 기울여야 하는 부분은 글의 마지막이다. 다산에 따르면 이 부분을 "인을 밟고서 죽는 사람은 보지 못했다"라고 옮기면 안 된다. 그 이유는 이미 설명했다. 그렇게 옮기면 '살신성인'을 부정하게 되고, 역사적 사실도 부정하게 된다.

> '살신성인'은 항상 존재하는 이치(常理)다. 항상 존재하는 이치가 반드시 낳을 수밖에 없는 결과를 "나는 아직 보지 못했다"라고 곧바로 말한다면 누가 그것을 믿겠는가?

그러므로 이 장의 마지막 부분은 위에 옮긴 것처럼 "인을 밟고서 죽으려는 사람은 보지 못했다"라고 읽어야 한다. 그 앞 구절도 마찬가지다. "물과 불은 내가 그것을 밟고 죽으려는 사람을 보았다"라고 읽어야 한다. 그러면 정말 물과 불을 밟고 죽으려는 사람이 있는가? 있다. 지금도 돈이라면 물불 가리지 않고 뛰어드는 사람이 많지 않은가?

> 장사치는 바람 치는 파도를 무릅쓰고 바다를 건너며, 전사는 기름 불구덩이 속으로도 뛰어든다. 그렇지만 끝내 인을 밟기 위해서 스스로 즐겨 사지로 뛰어드는 경우는 없다. 이것이 공자가 차탄嗟歎한 바다.

이렇게 읽으면 공자는 이 장의 처음부터 끝까지 인을 실천하려는 사람이 없음을 슬퍼한다. 일관성도 있고, 이치에도 맞는다. 이 해석은 형병이 일설로 소개한 왕필의 견해와 갈인량의 논평에 힘입었다. 그렇다고 하더라도 고금주를 반박하는 논리는 모두 다산의 것이다. 따라서 다산을 따라 『논어』를 읽을 때는 이 참신한 독법을 잘 반영해야 한다. '원의총괄'은 이 논의를 "백성이 인을 대함에 그것을 피하는 것이 물불을 피하는 것보다 더 심하다"라고 요약했다.

15.36

선생님께서 말씀하셨다. "인을 대하는 일에서는 스승에게도 양보하지 않는다."

子曰; 當仁, 不讓於師.

다산에 따르면 스승은 먼저 태어난 사람, 어른 중에서 가장 존귀한 사람이므로 모든 일에서 양보를 해야 하지만 "인을 대하는 일(當仁)"에서는 양보하지 않는다. 인을 실천하는 것이 그만큼 급하기 때문이다. 다시 말하지만 이때 인은 다산에게 실천을 통해 이미 이루어진 덕이며, 실천 없이는 인도 없다. 성리학의 금주는 이 장에서 "대개 인은 사람이 스스로 가진 것이다"라고 하여 인이 내재되어 있다고 했으나 다산은 "인이 분명히 이해되지 않은 것이 오래되었다"라고 비판한다. 물론 다산도 인을 실천할 수 있는 바탕은 우리 내면에 존재한다고 한다. "인을 가능하게 하는 이치는 본심에 있고" "인을 행하는 뿌리는 본심에 있다." 하지만 본심에 인이 있는 것은 아니다.

> 무릇 사람과 사람 사이에서 그 본분을 다한 뒤에야 인이라고 할 수 있다. 허령하면서도 어둡지 않은 마음이라든가 텅 비고 막막해서 조짐이 없는 이치라든가 하는 것을 두고 인이라고 하는 설은 옛날 경전에 나오지 않는다.

그러므로 본문의 "인을 대하는 일"도 언제나 구체적인 인간관계와 현실 속에서 "인을 대하는 일"을 말한다. 가령 본성을 기른다고 혼자 방안에 우두커니 앉아 마음을 들여다보는 것은 "인을 대하는 일"이 아니다. 백성을 구휼하고, 임금에게 간언하고, 나라의 환란을 막고, 효도하고, 우애하는 이런 일들이 다산에게는 "인을 대하는 일"이다. 이런 일은 언제나 급무이므로 스승에게라도 양보할 수 없다.

성리학자 중에서도 엄격했던 정이는 "스승에게도 양보하지 않는다"라는 말이 종내 불편했는지 "좋은 이름은 바깥에 달려 있으니 양보하지 않을 수 없다"라는 사족을 붙였다. 인을 행하는 것은 나에게 달려 있지만 그를 통해서 명예를 얻을 일이 있다면 그 명예는 스승에게 양보해야 한다는 것이다. 다산은 이것 역시 어불성설이라고 보았다. 스승이 아니라 내가 인을 실천했는데 그 명예를 스승에게 양보한다면 "허명을 받들어 선생에게 바치는 것"이기 때문이다. 다산은 언제나 꼼꼼히 따져보고 따질 것이 있으면 따진다.

15.37

선생님께서 말씀하셨다. "군자는 굳세면서도 고지식하지 않다."

子曰; 君子貞而不諒.

간단한 문장이지만 다산은 고금주와 달리 읽는다. 고금주에서 '양諒'은 신의(信)와 관련된 개념이다. 한 말을 반드시 지키되 지킬 필요가 없는 것까지 지키는 것이 고금주의 '양'이다. 그래서 고금주의 독법에 따라 이 장을 옮기면 "군자는 올곧지만 작은 신의를 지키지는 않는다"라는 정도가 된다. 이에 대해 다산은 "'정貞'을 올곧음(正), '양'을 '신의'로 푸는 것은 좋지 않다"라고 분명히 이야기했다.

다산에 따르면 '정'과 '양'은 거의 같은 개념이다. 모두 무엇인가를 굳건히 지키는 것을 의미한다. 그런 면에서 '정'도 '올곧다'라기보다 '굳세다'라는 뜻이다. 물론 '올곧다'라는 말에 '굳세다'라는 함의가 들어 있기는 하지만 '정'은 '바르다'라는 측면보다도 지키는 것이 굳건한 측면에 주목한다. '양'도 마찬가지다. 무엇을 굳건히 지키는 것이다. "이 두 개념은 대단히 비슷해서 분별하기가 극히 어렵다. 그래서 공자가 그것들을 분별한 것이다."

두 개념을 구별하는 단 한 가지 기준이 있다면 그것은 의리다. '정'은 굳건히 지킨 것이 의리에 맞는 것이고, '양'은 굳건히 지킨 것이 의리에 맞지 않는 것이다. "오직 '정'은 의에 비추어 합당한 것이고, '양'은 의에 비추어 어긋난 것이다." 가령 기자가 포악한 주왕 밑에서 도를 보존한 것이나 미자가 은나라

에 대한 충성을 저버리지 않은 것은 굳게 지킨 것이 의리에 합당하므로 '정'
이고, 작은 약속을 지키기 위해 물이 들이치는데도 자리를 떠나지 못해 다리
를 껴안고 죽은 미생이나 부인의 도리를 다하기 위해 하릴없이 불에 타 죽은
백희는 굳게 지킨 것이 의리에 합당하지 않으므로 '양'이다. 이렇게 주장하면
서 다산은 공안국, 풍의, 오규 나베마쓰, 『좌전』의 두예 주, 그리고 언급은 안
했지만 금주까지 모두 받아들이지 않았다. 그러므로 다산을 따라 『논어』를
읽을 때는 그의 독창적인 독법을 잘 반영해야 한다.

15.38

선생님께서 말씀하셨다. "임금을 섬길 때는 일을 공경히 하고 먹는
것은 뒤로 돌린다."

子曰; 事君, 敬其事而後其食.

"일을 공경히 한다"라는 것은 맡은 일을 충실히 수행한다는 의미다. '후기
식後其食'은 달리 읽을 수도 있는데, 가령 공안국은 "먼저 힘을 다한 후에 녹
을 먹는다"라고 하여 일을 충실히 수행하는 것과 먹는 것이 앞뒤로 일어나는
것처럼 해설했다. 하지만 다산이 보기에는 이렇게 되면 결국 먹기 위해서 "일
을 공경히 하는" 것이 될 수 있다. 따라서 '후後'는 '뒤로 돌리다'라는 뜻으로
봐야 한다. 먹는 것에 대한 생각은 나중에 한다는 의미다. "인한 사람은 어려
운 일은 남보다 먼저 하고, 얻는 일은 남보다 뒤에 한다"(6.21)라는 말과 서로
참고할 만하다.

15.39

선생님께서 말씀하셨다. "가르치면 다른 부류가 없다."

子曰: 有敎, 無類.

이 장을 위에 옮긴 것처럼 읽는 것은 금주다. 고주는 약간 달라서 "가르침이 있을 때는 종류가 없다"라는 식으로 읽는다. 공자 스스로가 그랬든지 그래야 된다고 생각했든지 가르칠 때는 사람을 가리지 않았다는 말이다. 한편 금주에서 "다른 부류(類)"는 선하고 악한 사람의 부류를 말한다. 선한 사람도 있고 악한 사람도 있어서 사람의 종류가 다르지만 가르치면 모두 자기의 본성을 회복하여 선한 사람이 될 수 있으므로 "가르치면 다른 부류가 없다."

다산은 이 장을 금주처럼 읽었지만 금주의 해석에는 문제가 있다고 본다. 우선 선한 사람과 악한 사람을 '다른 부류'로 볼 수 있는가가 문제다. 부류는 어떤 집단의 근본적 특성에 의거한 분류인데, 선악은 한 개인에게 혼재할 수 있는 성질이어서 어떤 부류를 결정하는 기준이 될 수 없다. 또 주희는 가르치면 누구나 본성을 회복하여 선한 사람이 되고, 따라서 부류가 없어진다고 했지만 다산이 보기에 본성은 모든 사람이 공통적으로 가지고 있는 성질이므로 본성만 놓고 본다면 가르침의 유무에 상관없이 사람에게는 다른 부류가 없다. 그러므로 금주를 따르면 공자의 말에 어폐가 있다.

다산은 여기에서 '다른 부류'는 먼저 사회적 신분에 따른 부류, 곧 양반이나 평민 등 친족에 따른 구분(族類)을 가리키고, 다음으로 생물학적 특성에 따른 부류, 공자의 입장에서 볼 때는 중국인과 이민족 등 인종에 따른 구분(種類)을 가리킨다고 주장한다. 이런 다른 부류들이 있지만 "가르치면 다른 부류가 없다." 곧 다산이 볼 때 공자는 지금 교육의 기회가 주어진다면 양반이나 평민이 다르지 않고, 가르치면 중국인이나 이민족이 다르지 않다고 말하는 셈이다.

> 하늘이 마음을 내릴 때는 귀천의 구분이 없고, 원근의 구분이 없으므로 가르침이 있으면 모두가 같아진다. 이것이 "다른 부류가 없다"라는 말의 뜻이다.

공자가 정말 이런 의미로 말을 했다면 그가 진취적인 것이고, 공자가 어떤 뜻으로 말했든 다산이 그렇게 해석하려고 했다면 다산이 진취적이다. 물론 다산은 반상이나 양천의 신분제도를 철폐해야 한다고 생각하지 않았고, 그런 발언을 한 적도 없다. 오히려 그는 사회의 안정과 질서를 위해 신분제를 굳건히 유지하려고 했다. 하지만 적어도 이 장에 대한 해석에서는 계급성보다는 평등과 보편에 더 눈을 주었다. 공자가 볼 때는 한민족도 오랑캐인데, 다산은 이미 이민족을 오랑캐로 놓고 중국인과 구별하려는 시각을 비판한 바 있다(3.5). 이 장에서도 그런 비판의식을 발견할 수 있다. '원의총괄'은 이 논의를 "'유교무류有敎無類'는 친족의 부류나 종족의 부류가 없다는 뜻이다"라고 요약했다.

한편 다자이는 이 장을 "가르침은 있고, 다른 종류는 없다"라고 읽는다. 이때 "다른 종류는 없다"라는 말은 사람이 원래부터 다르지 않다는 말이다. 정확히 말하면 상지上智와 하우下愚를 제외한 보통사람은 다르지 않다는 뜻이다. 그런데 이들 보통사람은 가르침, 곧 교육의 영향을 받아 이런 사람도 되고 저런 사람도 된다. 따라서 인격의 형성에 영향을 주는 "가르침은 있고," 원래부터 "다른 종류는 없다."

이 장을 이렇게 읽으면서 다자이는 이것이 순자의 사상임을 분명히 했다. "순자는 '오와 월, 동이와 맥족의 아이들도 태어날 때는 같은 소리를 내는

데 자라면서 다른 풍속을 가지게 된다. 가르침이 그렇게 한 것이다'(『순자』, 1:1b)라고 말했다. 이것이 바로 이 장에서 말하는 바다." 이렇게 교육에 따라 선한 사람도 되고, 불선한 사람도 된다고 생각했기 때문에 다자이는 성선을 말하는 주희를 비판하는데, 비판이 놀랄 정도로 과격하다.

> 주희(다산의 인용에서는 주자)는 인성이 모두 선하다고 보았고 (⋯) 이것
> 은 맹가(맹자)를 조술하고 중니를 배반하는 것이니 정말로 이른바 사악한
> 논설이다. 금하는 것이 가할 것이다.

주희가 이 장에서 성선을 이야기했다고 그런 사상의 유포를 금지해야 한다고까지 목소리를 높인다. 그가 얼마나 성선설을 경계했는지 알 수 있다.

사실 성선의 논설이 사회에 해롭다는 생각은 비단 그만의 사유가 아니다. 그의 스승 오규 나베마쓰도 마찬가지였고, 넓게는 일본 고학파의 사유이기도 하다. 에도 후기의 '타락한' 세상에서 사람들에게 너는 본래 착한 사람이라고 말하면 그들을 통제할 길이 없고, 사회는 걷잡을 수 없는 혼란에 빠진다는 게 이들의 생각이었다. 이들이 일본의 학계를 지배했으므로 일본의 유학은 개인의 도덕적 잠재성을 어떻게 발양할 것인가 하는 문제보다도 개인이 맡은 바 직분을 충실히 수행함으로써 사회의 질서를 유지하는 데 관심을 기울였다는 평가도 가능하다. 한국의 유교를 맹자의 전통, 일본의 유교를 순자의 전통이라고 말하는 것도 이 때문이다. 이 장에서 다자이는 맹자를 이름으로 호칭하고, 주자 역시 주희라고 부른다. 이들 '사악한' 사상가를 존중할 생각이 그에게는 조금도 없다.

다산은 일본 고학파의 연구를 존중하기도 했지만 이미 설명한 것처럼 곳곳에서 그들의 사상적 편협을 질타하기도 했다. 한마디로 그들은 의리를 몰

랐다. 의리를 이해하지 못했기 때문에 입만 열면 맹자와 주희를 폄하하는 고약한 심사를 가지고 있었다. 다산도 조선의 정통 성리학자와는 다르게 생각했지만 그래도 그는 조선의 전통 위에 서 있었다. 예를 들어 그는 위와 같은 다자이의 논설을 소개하면서 다자이가 '주희'라고 소개한 것을 '주자'로 바꾼다.

생각해보건대 맹자를 불신하는 것은 이단이 아니겠는가? 공자가 "가장 어리석은 사람(下愚)은 옮기지 않는다"(17.2)라고 했지만 그것은 그들이 어리석어서 의로움으로 옮겨갈 줄 모른다는 점을 말한 것이다. 어찌 본성에 선이 있고, 악이 있겠는가? 다자이의 학문은 심성이 어떤 것인지도 모르면서 송의 유학자를 배격하고 아울러 맹자까지 배척했으니 잘못되고 망령됨이 심하다.

맹자와 주희를 사악하다고 한 다자이는 다산의 눈에 망령이 난 게 틀림없었다. 작게 보면 이것이 다산학과 일본 고학의 차이이고, 크게 보면 조선 유학과 일본 유학의 차이다. 성리학의 공허한 이치 대신 현실에 뿌리 내린 실제의 이치를 추구했고, 의리뿐만 아니라 사리와 물리도 포용하려고 한 다산이었지만 그에게도 도덕과 의리는 학자가 평생 추구해야 할 궁극의 가치였다. 한국의 사상가에게서 공통적으로 보이는 보편성에 대한 열정적인 혹은 종교적인 사랑이 다산에게도 있었다.

15.40

선생님께서 말씀하셨다. "길이 다르면 함께 도모하지 않는다."

子曰; 道不同, 不相爲謀.

다산에 따르면 여기에서 '도道'는 바라보면서 행동의 근거로 삼는 것을 말한다. 이런 맥락에서는 우리가 항상 걷는 길도 그것이 가야 할 목적지로 향하는 것이면 '도'이고, 내가 되고 싶은 것이 있다면 나보다 먼저 같은 꿈을 이룬 사람이 걸었던 길도 '도'다. 요컨대 이 장의 '도'는 철학적 진리로서의 도가 아니라 광범위한 의미에서의 길이다. 이 장은 그런 지향점이 다른 사람과는 함께 일을 도모하기 어렵다고 말한다.

따라서 여기의 '도'를 어떤 특정한 가치와 연결시켜 설명하는 것은 잘못이다. 가령 금주는 '도부동道不同'을 설명하면서 선과 악이 다른 것이 "도가 다른 것"이고, 사악함과 올바름이 다른 것이 "도가 다른 것"이라고 했다. 선한 사람과 악한 사람, 사악한 사람과 올바른 사람은 가치관도 다르고 지향점도 다르므로 이런 설명이 완전히 잘못되지는 않았다. 그렇지만 오해의 가능성이 있다. 예컨대 선하지 않은 사람이 둘 있을 때 그들이 지향하는 바도 다를 수 있다. 한 사람은 남을 업신여기면서 즐거워하고, 다른 한 사람은 남에게 굽실거리면서 좋아할 수 있다. 모두 불선하지만 그들의 길은 다르다. 그래서 그들 역시 함께 도모할 수 없다. 노나라의 계씨나 제나라의 진씨는 같은 권신이었지만 구체적으로 지향하는 바가 달랐기 때문에 함께 도모할 수 없었고, 초나라의 미치광이 접여도 장저나 걸익과 함께 도모할 수 없었다. 접여나 장저, 걸익은 공자도 존중한 현자이지만 다산은 그들과 함께 도모할 수 없었다. 그들은 은자의 길을 걸었고, 다산은 유학자의 길을 걸었기 때문이다.

15.41

선생님께서 말씀하셨다. "사신의 말은 뜻을 전달할 뿐이다."

子曰; 辭達而已矣.

유교의 전례에 해박한 다산은 『논어고금주』에서 종종 사신이 어떤 절차를 거쳐 주군으로부터 사명을 받고, 다른 나라에 도착해서는 또 어떤 절차를 거쳐 주군의 뜻을 전달하는지 자세히 논한다(9.13, 10.3). 그러한 연구에 기반하여 다산은 가능할 경우 『논어』의 '명命'은 사신이 들고나가는 공식적인 외교문서, '사辭'는 사신이 상대국의 군주 및 대신과 응대하면서 주고받는 말을 의미한다고 주장했다(6.8, 14.9). 그에 따르면 여기에서도 '사'는 "사신이 상대방과 대화할 때의 말"을 의미한다. 이와는 달리 고금주는 '사'가 일반적인 언사 모두를 가리키며, 공자가 여기에서 언사의 주안점이 뜻의 전달에 있다고 했을 때는 말을 번잡하게 하거나 화려하게 꾸미지 말라는 교훈을 준 것이라고 주장했다. 하지만 다산은 "근래의 유자들은 모두 이 장을 논하면서 사장을 중시하는 사람의 말투와 말재주를 놓고 말한 것이라고 하니 크게 잘못되었다"라고 하면서 위에 옮긴 것 같은 독창적 독법을 제시했다.

이를 위해 다산은 '사'라는 글자가 고전에 어떻게 사용되는지를 광범위하게 조사했다. 그에 따르면 '사'는 축문의 글을 의미할 수도 있고, 맹세하는 말을 의미할 수도 있으며, 점칠 때의 말, 혼례를 진행할 때의 말, 옥송과 관련된 말을 가리킬 수도 있다. 하지만 여기에서는 사신이 상대방과 대화하는 말을 가리킨다. 가장 중요한 근거는 맹자에 기록된 "나는 사명辭命에는 능하지 못하다"(『맹자집주』, 2A:2)라는 공자의 고백이다. 다산이 보기에 이 고백은 명백히 외교적 대화(辭)와 공식문서(命)를 염두에 두었으며, 공자가 이런 문제에 "능하지 못하다"라고 한 것은 "사신의 말은 뜻을 전달할 뿐"이기 때문이기도 하다. 뜻을 전달할 뿐이기 때문에 능할 필요가 없었던 것이다. 또한 앞의 한 장에서 공자는 정나라의 외교문서가 어떻게 작성되었는지를 소개하면서 칭찬한 바 있다(14.9). 공자가 외교적 사명에 관심이 많았다는 증거다. 그렇기 때문에 이 장의 '사'도 사신이 나누는 외교적 대화로 이해해야 한다. 이런 해석을 통해 그는 국가 경영에 필수적인 사장을 하류 학문으로 취급하는 성리학의 문학관을 반대한다는 것을 보여주었다. 이 논의는 '원의총괄'에 "'사달辭達'의 '사'는 사신이 상대방과 대화할 때의 말이다"라고 기록되었다.

15.42

악사 면이 공자를 뵈었다. 계단에 이르니 선생님께서 "계단입니다"라고 하시고, 자리에 이르니 선생님께서 "자리입니다"라고 하셨다. 모두 앉으니 선생님께서 고하시기를 "누구는 여기에 있고, 누구는 여기에 있습니다"라고 하셨다. 악사 면이 나가니 자장이 물었다. "악사와 함께 말하는 도입니까?" 선생님께서 말씀하셨다. "그렇다. 진실로 악사를 인도하는 도다."

師冕見. 及階, 子曰; 階也. 及席, 子曰; 席也. 皆坐, 子告之曰; 某在斯, 某在斯. 師冕出, 子張問曰; 與師言之道與? 子曰; 然, 固相師之道也.

여기의 '악사師'는 이름이 '면冕'이고, 앞을 못 봤다고 한다. 이 장은 그를 친절히 인도하는 공자를 묘사한다. 처음에는 공자가 그를 맞이하여 사람들이 모인 당까지 안내하는 모습이 그려져 있고, 그들이 도착한 뒤 "모두 앉았다(皆坐)"라는 표현이 나온다. 앞의 한 장에 따르면 공자는 "눈이 먼 사람을 보면 그들을 대할 때 어린 사람이라도 반드시 일어났다"(9.10). 그러므로 사람이 모인 곳에 앞을 못 보는 사람이 들어오면 모두 일어나는 것이 공문의 예였을 것이다. 공자와 악사 면이 들어오자 모두 일어섰고, 악사 면이 먼저 앉고 이어 공자가 앉은 뒤에 모두 앉았다.

악사 면을 배려하는 공문의 세심함은 여기에서 그치지 않는다. 악사 면이 나간 뒤 자장은 "악사와 함께 말하는 도입니까?"라고 물었다. 당연히 모든 악사를 이렇게 대하는 것은 아니므로 그의 질문은 "눈 먼 사람과 함께 말하는 도입니까?"라는 뜻이다. 그렇지만 남의 아픈 구석을 입에 담는 것은 인정에 맞지 않으므로 자장은 일부러 '악사'라는 말을 사용했다. 다산의 해석이다. 이 질문에 대한 공자의 대답에서 '상相'은 고주에 따르면 '이끌다', 금주에 따르면 '돕다'라는 뜻이다. 다산은 고주를 따르는데, 둘은 서로 통한다. 다산의 고증에 따르면 '상'은 원래 앞을 못 보는 사람이 가지고 다니는 지팡이를 의미했고, 그 의미가 발전하여 앞을 못 보는 사람을 돕는 사람을 의미했고, 나아가 '돕다'라는 의미를 지니게 되었다고 한다. 임금을 돕는 신하를 '상'이라고 한 것도 구중궁궐 속에 들어앉은 왕은 마치 눈이 먼 사람과 같기 때문이었다고 한다.

제16편

계씨

季氏

16.1

계씨가 장차 전유를 정벌하려고 했다. 염유와 계로가 공자를 뵙고 말하기를 "계씨가 장차 전유에 일을 벌이려고 합니다"라고 하니 공자가 말했다. "구야! 네가 잘못한 것이 아니겠느냐? 무릇 전유는 옛날 선왕께서 동쪽의 몽산을 주관하도록 했고, 또 나라의 강역 가운데 있으니 사직의 신하다. 어찌 정벌로써 하겠는가?" 염유가 말했다. "우리 선생님께서 원하는 것이지 우리 두 신하는 모두 원하지 않습니다." 공자가 말했다. "주임이 남긴 말에 '병사의 힘을 배분하여 군열에 나아가니 능치 못한 사람은 그만둔다'라고 했다. 넘어지는데도 붙잡지 못하고, 쓰러졌는데도 붙들어 일으키지 않으면 장차 어찌 저 돕는 사람을 쓰겠느냐? 또 네가 말한 것이 잘못이다. 호랑이와 코뿔소가 우리에서 나오고, 거북이나 옥이 함 속에서 망가지면 이것이 누구의 잘못이냐?" 염유가 말했다. "이제 전유는 견고하면서도 비 땅에 가까우니 이제 취하지 않으면 후세에 반드시 자손의 근심이 될 것입니다." 공자가 말했다. "구야! 군자는 싫어하느니라! 단지 '원합니다'라고 말할 것인데 기어코 말을 만드는구나. 나 구가 듣기로 나라와 가문을 가진 사람은 적은 것을 걱정하지 않고 고르지 않은 것을 걱정하며, 가난한 것을 걱정하지 않고 편안하지 않은 것을 걱정한다. 대개 고르면 가난하지 않고, 조화로우면 적지 않으며, 편안하면 기울어지지 않는다. 무릇 이와 같으니 먼 곳의 사람들이 복종하지 않으면 문채와 덕을 닦아서 그들을 오게 하고, 이미 왔다면 그들을 편안하게 하는 것이다. 이제 유와 구, 너희가 우리 선생님을 돕는데, 먼 곳의 사람들이 복종하지 않는데도 오도록 하지 못하고, 나라가 무너지고 쪼개지는데도 지키지 못한다. 그러면서도 나라 안에서 방패와 창을 움직일 것을 도모하니 나는 계손의 근심이 전유에 있지 않고 담장 안에 있을까 두렵다."

季氏將伐顓臾. 冉有季路見於孔子曰; 季氏將有事於顓臾. 孔子曰; 求! 無乃爾是過與? 夫顓臾, 昔者先王以爲東蒙主, 且在邦域之中矣, 是社稷之臣也. 何以伐爲? 冉有曰; 夫子欲之, 吾二臣者皆不欲也. 孔子曰; 求! 周任有言曰; 陳力就列, 不能者止. 危而不持, 顚而不扶, 則將焉用彼相矣? 且爾言過矣. 虎兕出於柙, 龜玉毁於櫝中, 是誰之過與? 冉有曰; 今夫顓臾, 固而近於費, 今不取, 後世必爲子孫憂. 孔子曰; 求! 君子疾夫! 舍曰欲之, 而必爲之辭. 丘也聞有國有家者, 不患寡而患不均, 不患貧而患不安. 蓋均無貧, 和無寡, 安無傾. 夫如是, 故遠人不服則脩文德以來之, 旣來之則安之. 今由與求也, 相夫子, 遠人不服, 而不能來也, 邦分崩離析, 而不能守也, 而謀動干戈於邦內. 吾恐季孫之憂, 不在顓臾, 而在蕭牆之內也.

이 편 「계씨」는 『논어주소』와 『논어고금주』에서는 13장, 『논어집주』에서는 14장이어서 장수로만 보면 「요왈」 다음으로 작다. 하지만 「계씨」에는 이 장처럼 긴 글들이 여럿 있어서 각 장의 글자 수 평균에서는 다른 편을 압도한다. 이렇게 다른 편들과 구성이 조금 다르므로 금주에서 홍흥조(1090~1155)는 이 편이 제나라의 『논어』, 곧 제론에서 왔을지도 모른다는 설을 제기했다. 나중에 김이상은 이 설을 강화했다. 곧 『한서』「예문지」는 "제론의 장구章句는 노론의 장구보다 상당히 많다"(『전한서』, 30:14a)라고 했고, 지금 이 장 그리고 이어지는 몇 개의 장도 상당히 많은 글자를 담고 있으므로 이 편 「계씨」가 제론에서 왔다고 추측할 수 있다는 것이다(『논어집주고증』, 8:4a).

다산은 이들의 주장을 받아들이지 않는다. 그는 『논어』의 세 가지 기본 판본(三論), 곧 제론, 노론, 고론이 대체로 같다고 보았다. 노론은 노나라에서 전해진 『논어』이고, 고론은 공자의 고택을 허물 때 벽에서 나온 『논어』를 가리킨다. 현행본 『논어』는 노론으로 본다. 다산도 고론은 「자장」을 둘로 나누어 두 개의 편으로 만들었으므로 현행본과 달리 모두 21편이고, 제론은 「문왕」과 「지도」 두 편을 더 두어서 모두 22편이라는 학설에 동의한다. 하지만 그에 따르면 그것이 삼론의 유일한 차이점이다. 경문은 모두 같다. 그럼에도 불구하고 제론이니 노론이니 고론이니 하는 말이 생겨난 것은 각 판본을 전한 사람이 달랐기 때문이다. 제론은 제나라 사람이 전했으므로 제론이고, 노론은 노나라 사람이 전했으므로 노론이며, 고론은 한나라의 시점에서 옛날 글자로 기록되었으므로 고론이 된 것뿐이다. 포함은 이렇게 전해진 『논어』를 편장으로 나누었고, 정현은 처음으로 『논어』에 주를 달았다. 그런데 정현부터 이미 삼론을 모두 참고했다.

한 말의 정현은 노론을 위주로 하면서도 고론과 제론 두 계열을 모두 참고하여 주를 달았다. 진군, 왕숙, 주생렬은 모두 정현의 방법을 따랐으며, 이어 하안이 『논어집해』를 만들었다. 이러한 삼론의 시작점과 도착점은 양한과 위진의 「유림전」과 「예문지」를 고찰해보면 뚜렷하고 명백하게 드러난다.

그러므로 「계씨」가 제론에서 왔다는 홍홍조와 김이상의 설은 대개 그들의 "고고의 학문이 엉성했다"라는 것을 보여준다. 김이상은 『한서』 「예문지」에서 제론의 장구가 노론보다 많다고 한 것을 각 장의 글자 수가 많다는 것으로 이해했으나 그것 또한 장구라는 개념을 똑바로 알지 못한 것이다. 다산에 따르면 장구의 수가 많다는 것은 각 편에 속한 장의 개수가 많다는 것이다. 곧 노론보다는 제론의 장의 개수가 많다. "제론에서는 간혹 노론의 한 장을 둘로 나누어서 두 장으로 만들었기" 때문이다. 이 설명은 "장章을 쌓으면 편篇이 되고, 구句를 쌓으면 장이 된다"라는 형병의 설명과 다르다. 형병에 따르면 각 장의 구절을 쌓아서 한 장이 되므로 제론의 장구가 노론의 장구보다 많다는 「예문지」의 기록은 제론 각 장의 글자 수가 많다는 뜻이기도 했다. 하지만 다산에 따르면 형병의 설명은 "원래부터 잘못된 이해였다."

결론적으로 삼론은 기본적으로 같다. 이 사실은 역대의 「유림전」이나 「예문지」를 통해 알 수 있다. 다산의 이 주장은 '원의총괄'에도 기록되었다. "「계씨」만 가리켜 제론이라고 할 수 없다." 아쉽게도 다산은 역대의 「유림전」이나 「예문지」의 어떤 부분에 근거하여 이런 결론을 내렸는지 확실하게 알려주지 않았다. 이 문제를 둘러싼 논쟁이 계속되었으므로 역대의 「유림전」이나 「예문지」에 부정할 수 없는 결론이 있지는 않을 것이다. 단지 이런 주장을 통해서 다산은 자신이 옳다고 믿는 것에 대한 확신이 강한 사람이었음을 알 수 있다. 최근 중국에서 실전된 제론의 한 편인 「지도」의 내용 일부가 발굴되었다는 소식이 있다. 하지만 그것을 또 그대로 믿을 수 있는지는 다산처럼 확신을 가질 때까지 직접 연구해보지 않고서는 말할 수 없다.

이제 본문을 살펴보면 염유(求)와 계로(由)가 공자를 찾아와 그들이 섬기는 "우리 선생님(夫子)" 곧 계손씨의 우두머리가 '전유顓臾'라는 곳을 공격하려고 한다는 소식을 전한다. 이 장에 나오는 두 개의 '부자夫子'는 모두 당시 노나라의 실권자였던 계손씨의 가장을 가리키며, 그중 한 개는 그를 높이는 의미에서 공자가 사용한 것이다. 염유와 계로는 공자의 제자지만 흥미롭게도 이 장을 기록한 사람은 "선생님께서 말씀하셨다(子曰)"라는 표현 대신 "공자가 말했다(孔子曰)"라는 표현을 사용한다. 사실 이것은 「계씨」를 관통하는 특징이다. 「계씨」의 모든 장은 특이하게도 "공자가 말했다"라는 표현을 쓴다. 과연 제론에서 왔다고 주장할 만큼 이 편이 특이하기는 하다.

이 전유는 원래 노나라의 부용附庸, 곧 나라가 작아서 제후국으로 인정받지 못하고 오히려 인근의 제후국에 속하게 된 노나라의 부속국가였다고 한다. 노나라는 곡부를 중심으로 사방 700리의 땅을 하사받았는데, 전유는 그 강역 안에 위치했기 때문에 노나라에 부속되었다. 비록 제후국은 아니었지만 엄연히 노나라와는 구별되는 풍성風姓의 나라였다. 쉽게 말하면 노나라의 군주가 전유의 통치자를 임명하지 않았다. 그렇게 독자성이 있었기 때문에 전유는 '동몽주東蒙主', 곧 동쪽(東)의 몽산(蒙)에 제사를 지낼 때 제주로서 전례를 주관(主)할 자격을 부여받았다. 산천에 제사지내는 것은 제후의 권리였으므로 제후국은 아니었지만 제후국 행세를 하기도 한 것이다. 그러나 춘추시대에 주나라의 제도가 붕괴되었고, 전유는 독자성을 잃고 노나라의 신하로 변하고 있었다. 이렇게 애매한 상황에서 계손씨는 전유를 공격하여 자신의 영지로 삼으려고 했다.

공자는 두 가지 이유를 들어 계손씨의 계획을 반대했다. 하나는 주나라 왕이 전유를 '동몽주'로 삼아 그 존재 가치를 인정했다는 것이고, 다른 하나는 노나라의 강역 안에 위치한 전유는 이미 노나라의 일부, 곧 "사직의 신하(社稷之臣)"라는 것이었다. 주나라 왕이 존재 가치를 인정했으므로 정벌해서 나라를 없앨 수 없고, 이미 노나라의 일부이므로 마치 다른 나라를 정벌하듯이 공격할 수 없다. 주나라의 권위를 존중해야 하고, 나라 안에서 전쟁을 일으켜서는 안 된다. 그런데 대화가 계속되면서 전유를 공격하려는 계손씨의 또 다른 동기가 알려진다. 전유가 계손씨의 식읍이자 군사적 요충지인 '비費'에 가까워 지금 약할 때 공격하지 않으면 나중에 "반드시 자손의 근심이 될 것"이라는 게 그것이었다. 여기에서 '자손子孫'은 계손씨 집안의 자손을 가리킨다. 이 말을 들은 공자는 "나라와 가문을 가진 사람은 적은 것을 걱정하지 않고 고르지 않은 것을 걱정하며, 가난한 것을 걱정하지 않고 편안하지 않은 것을 걱정한다"라고 하면서 어떻게 해야 진정으로 자손에게 근심을 물려주지 않을 수 있는지를 알려주었다. 근심거리가 있다면 힘으로 제압할 것이 아니라 도덕으로 교화하여 통합된 사회를 만들 수 있도록 노력해야 한다는 것이다. 덕치의 교훈이었다.

이 교훈을 주면서 공자는 주로 염유를 꾸중한다. "네가 잘못한 것이 아니겠느냐(無乃爾是過與)"라는 말에서 '이爾'는 '너'라는 뜻으로 염유를 가리킨다. 염유와 계로가 같이 공자를 뵈었는데 왜 염유만 꾸중했는지를 놓고는 고금주와 다산의 설명이 같다. 앞의 한 장에서 공자는 "구가 그(계씨)를 위해 세금을 거두어 부를 늘려주었다"(11.17)라고 했는데, 그 늘어난 부로 정벌을 계획했으므로 공자는 염유에게 책임이 크다고 판단했다. 본문의 "호랑이와 코뿔소(虎兕)" 그리고 "거북이나 옥(龜玉)"이 누구를 은유하는가에 대한 몇 가지 다른 견해도 있지만 다산은 모두 계씨를 은유한다고 보았다. 단지 "호랑이와 코뿔소"는 계씨의 포악함을 은유한 것이고, "거북이나 옥"은 계씨의 존귀한 지위를 은유한다. 여기의 "거북"은 보통 거북이 아니라 점치는 데 사용했던 특별한 거북을 가리킨다.

염유를 질책하면서 공자는 또 옛날의 훌륭한 사관인 '주임周任'의 말을 인용한다. 그런데 주임의 말을 읽는 다산의 방법은 고금주와 다르다. 고금주는 모두 "그 힘을 베풀어서(陳) 열에 나아가되 능하지 못하면 그만둔다"라고 읽는다. 이때 "열에 나아간다(就列)"라는 것은 조정의 반열에 나아간다는 뜻이다. 곧 주임은 자신의 능력을 다하여 나라를 섬기되 맡은 바 직책이 자신의 능력에 넘치면 그만두고 물러나라는 교훈을 주었다. 그런데도 염유와 계로는 계손씨를 섬기면서 그의 잘못된 계획을 막지 못했고, 계손씨에게 벼슬하는 일이 자신의 능력에 부치는 일인지 알면서도 물러나지 않았다. 이것이 고금주의 설명이다.

하지만 다산은 '진陳'이라는 글자를 고금주처럼 읽을 수 없다고 보았다. 이 글자는 원래 어떤 것을 일정한 대형으로 늘어놓는다는 의미를 지니는데, 한 사람의 재주와 능력을 일정한 대형으로 늘어놓을 수는 없기 때문이다. 그래서 다산은 이것이 "무리를 선발하여 대오를 편성할 때 각자 힘을 비교하는 법"과 관련이 된다고 보았다. 곧 '진력陳力'은 비슷한 힘을 가진 병졸끼리 대오를 이루도록 각 병졸의 힘을 고려하는 것 혹은 배분하는 것을 의미한다. 그래서 다산은 주임의 말을 위에 옮긴 것처럼 "병사의 힘을 배분하여 군열軍列에 나아가니 능치 못한 사람은 그만둔다"라고 읽는다. 이 독법에서 '열列'은 조정의 반열이 아니라 군대의 대열을 의미한다. 물론 다산처럼 읽어도 공자가 염유와 계로에게 주려는 교훈은 같다. 힘이 부치면 그만두어야 한다는 것이다. 하지만 이것은 이 장에서 다산이 제시한 두 개의 다른 독법 중의 하나다. 그러므로 다산을 따라 『논어』를 읽을 때는 이 독법을 반영해야 한다. 또한 다산에 따르면 '위危'와 '전顚'도 비슷한 말이고, '지持'와 '부扶'도 비슷한 말이지만 미세하게는 다르다. '위'는 넘어지려고 하지만 아직 완전히 자빠지지 않은 것이고, '전'은 넘어진 것이다. '지'는 가볍게 붙잡는 것이고, '부'는 넘어진 사람을 일으키기 위해 붙드는 것이다. 다산은 꼼꼼하게 읽었으므로 다산을 읽는 사람도 이런 소소한 것까지 염두에 두면 다산을 더 잘 느낄 수 있다.

금주에 익숙한 사람은 "구야! 군자는 싫어하느니라!(求! 君子疾夫!)"라는 독법도 독특하다고 생각할 것이다. 고주가 이렇게 끊어 읽었다. 곧 이 문제에서 다산은 고주를 따랐다. 그렇지만 '사왈욕지舍曰欲之'에 대한 다산의 독법은 금주는 물론 고주와도 다르다. 고금주가 모두 '사舍'를 '버리다'라는 뜻으로 보는 반면 다산은 "단지(舍) 모든 것을 그 집안에서 취하여 사용한다"(『맹자집주』, 3A:4)라는 문장에 나오는 '사'의 용례를 근거로 그것을 '단지'라는 의미로 이해한다. 이것이 이 장에서 만나는 다산의 두 번째 다른 독법이다. 이 경우에도 다산을 따라 읽든 고금주를 따라 읽든 문장의 함의는 크게 달라지지 않는다. 번거롭게 핑계를 대지 말고 정벌해서 영지를 늘리고 싶다고 솔직하게 이야기하라는 것이다. 독법이 다르기는 하지만 다른 뜻을 찾아내지는 않았다. 그래서인지 이 두 가지 독법은 '원의총괄'에 기록되지 않았다.

이제 전유를 정벌하려는 계씨의 숨은 의도를 알게 된 공자는 염유에게 "적은 것을 걱정하지 않고 고르지 않은 것을 걱정한다"라는 가르침을 준다. 뒤이어 나오는 말, "가난한 것을 걱정하지 않고 편안하지 않은 것을 걱정한다"라는 말의 의미가 비교적 명확한 반면 여기에서는 '적은 것(寡)'이 무엇이고, '고른 것(均)'이 무엇인지 확실하지 않다. 가령 '적은 것'과 '고른 것'이 모두 경제와 관련되었다면 이 구절을 놓고 공자가 경제적 평등을 강조하는 사회주의적 이념을 가졌다고 주장할 수도 있다. 물론 유학자가 해석하는 방법은 아니다. 다산도 유학자다. 그래서 다산은 이 말의 해석에서 금주와 의견을 같이한다. 금주에서 주희는 "'적은 것'은 백성이 적은 것을 말하고, '고른 것'은 각각 명분을 얻는 것을 말한다"라고 했다. 이 해설에서 "명분을 얻는 것"이 무엇인지는 다산이 좀 더 설명한다.

> 임금과 대부 그리고 사는 각각 전답과 녹봉에서 차이가 있고, 그에 따라 의례에 쓰는 물건에서도 차별이 있다. 그러므로 각각 명분을 얻으면 사람마다 받는 것이 '고르게 되어(均)' 재용에 부족함이 없으므로 가난이 없다.

다시 말해 '고르다'라는 것은 사회적 신분에 따라 주어질 재화를 모자라지도 넘치지도 않게 주어진 만큼 획득하는 상태를 가리킨다. 명분으로 규정된 양에 모자라거나 넘치지 않도록 가지는 것이다. 여기에는 두 가지 함의가 있다. 하나는 분수에 넘도록 지나치게 원해서는 안 된다는 것이고, 다른 하나는 규정된 것에 못 미치도록 받게 해서는 안 된다는 것이다. 가령 계씨가 대부의 신분으로 전유를 공격하려는 것은 분수에 넘도록 지나치게 원하는 것이다. 다산도 주로 이런 함의에 주목하여 "당시 계씨가 나라를 전횡하여 노나라 군주에게 딸린 백성이 없었으니 이것이 바로 고르지 않은 것이다"라고 설명했다. 당시 노나라의 백성은 군주가 아니라 계손씨, 맹손씨, 숙손씨 등 삼환에게 세금을 바쳤기 때문에 군주에게는 백성이 없었고, 그렇게 '고르지' 않았기 때문에 나라가 불안해졌다는 것이다. 이런 함의를 강조하면 계서적 질서를 유지하려는 명분론자로 비추어진다. 지금 다산이 그렇게 비칠 것이다. 하지만 다른 함의에 주목하면 명분에 규정된 것도 받지 못하는 백성을 구휼하려는 다른 면을 발견할 수 있다.

염유, 계로와 공자의 대화는 "나는 계손의 근심이 전유에 있지 않고 담장 안에 있을까 두렵다"라는 말로 끝난다. 계씨는 전유를 근심해서 정벌하려고 했지만 정작 근심은 옳은 길을 찾지 못하는 계씨의 집 안에 있다는 것이다. 이와 관련하여 금주는 "먼 곳의 사람들(遠人)"이 전유를 가리킨다고 보았다. 하지만 다산은 "먼 곳의 사람들"이라는 표현은 나라 안의 사람들과 비교되고, 전유는 노나라의 강역 안에 있기 때문에 "먼 곳의 사람들"이라고 할 수 없다고 했다. 그에게 "먼 곳의 사람들"은 노나라 강역 밖에서 사는 사람들을 말한다. 당시 경쟁하던 모든 제후국은 더 많은 백성을 가지기 원했기 때문에 어떻게 "먼 곳의 사람들"을 유인할 것인가가 관심거리였고, 그런 차원에서 공자도 이야기했다는 주장이었다. 또한 본문에 계씨 집안의 담장을 가리키는 '소장蕭牆'이라는 말이 나오는데, 다산에 따르면 이때 '소蕭'는 '쑥'을 가리킨다. 옛날에는 쑥과 기장을 섞어 태워서 집안에 향기가 나도록 했기 때문에 '쑥의 향기가 나는 담장'이라는 뜻에서 '소장'이라는 말을 썼다는 것이다. 이와는 달리 정현은 '소'를 '숙肅'과 같은 글자로 보고 '장牆'을 전례를 위해 설치한 병풍으로 보아 '소장'이 군신 사이의 '엄숙한 전례가 행해지는 곳'을 가리킨다고 해설했다. 다산의 해설은 정현을 반박한 것이다.

이때 계씨의 '담장 안(蕭牆之內)'이 구체적으로 무엇을 가리키는지도 논란이 된다. 고주는 계씨가 다스리고 있는 지역과 부리고 있는 사람들 모두를 가리킨다고 보았다. 고주는 특히 공자의 경고를 계씨의 가신이었던 양호가 계씨를 배반하여 계환자를 구금한 일과 관련시킨다. 계씨의 적은 전유가 아니라 그들의 가신이었고, 그러므로 계씨의 근심은 담장 안에 있었다. 이와는 달리 금주는 이 경고를 노 애공이 월나라의 힘을 빌려 계씨를 제거하려고 했던 사건과 관련시킨다. 노 애공은 집권 24년인 기원전 471년에 월나라에 갔으므로 공자가 죽은 뒤의 일과 관련시킨 것이다. 그렇지만 얼른 생각해도 주군인 애공이 신하인 계씨를 제거하려고 한 것을 공자가 계씨의 담장 안에 있는 근심으로 보았을까 하는 의문이 든다. 다산도 마찬가지였다. 애공이 월나라의 힘을 빌리려 했다면 근본적으로 계씨의 근심은 담장 안이 아닌 월나라에 있었던 것이고, 언제나 노나라 공실을 존중했던 공자가 애공의 시도를 근심으로 말할 리도 없으며, 애공은 이 일 때문에 실각해서 기원전 468년에 죽지만 계씨 집안에는 아무 일도 없었으므로 실제 근심도 아니었다는 것이다.

그렇다면 양호를 담장 안의 근심과 연결시킨 고주의 해설은 어떤가? 다산은 그것 역시 받아들일 수 없다고 말한다. 이에 대해서는 다산보다 먼저 고주를 비판한 사람이 있다. 소식이다. 비판의 이유는 간단했다. 양호가 반란을 일으킨 기원전 505년에 공자는 47세였고, 공자보다 29세가 어린 염유는 겨우 열여덟 살이었다. 열여덟 소년이 계씨 집안의 가신이 될 수는 없으므로 이 대화는 적어도 양호가 난을 일으킨 뒤에 있었다(『사서혹문』, 21:1b). 다산은 소식의 설을 적극 옹호하면서도 보완했다. 양호는 반란을 일으킨 지 3년 만인 기원전 502년 노나라에서 도망을 친다. 그 다음 해인 기원전 501년 공자는 섭정이 되어 소정묘를 처치했고, 기원전 500년에는 사구의 자격으로 협곡의 회의에 참석했으며, 곧이어 기원전 499년 대사구의 직책에 올랐다. 노 정공 12년인 기원전 498년 자로는 계씨의 가재였고, 계씨를 위하여 비와 성郕, 후郈 세 개 지역의 성을 점령했다. 이것이 다산이 소개하는 관련 사실들이다.

그런데 지금 본문을 보면 계로, 곧 자로가 계씨를 섬기고 있고, 계씨는 비 땅이 견고함을 걱정한다. 만약 자로가 이미 비의 읍성을 떨어뜨려 비를 계씨에게 복속시킨 뒤라면 계씨가 그런 걱정을 할 리가 없다. 그러므로 본문의 대화는 기원전 498년 이전에 있었다. 또한 자로는 공자가 섭정을 시작한 501년 이후에 계씨에게 벼슬을 했다. 그러므로 본문의 대화는 기원전 501년 이후에 있었다. 결론적으로 기원전 501년에서 498년 사이의 어느 시점에 이 장의 대화가 있었던 것이다. 나중에 다산은 이 범위를 좀 더 좁혀 이 대화가 기원전 501년이나 500년에 있었을 것이라고 했는데, 어쨌거나 그렇다면 본문에 등장하는 "우리 선생님," 곧 계씨 집안의 우두머리는 계환자다.

이것도 독특한 주장이다. 보통 이 대화는 공자가 노나라로 돌아온 기원전 484년 이후의 어느 시점에 있었고, 당시 계씨 집안의 우두머리는 계강자였다고 보기 때문이다. 이것은 염유가 처음으로 계씨 집안에 벼슬한 것이 언제인지 하는 문제와 관련이 있는데, 보통은 그것이 기원전 484년이라고 본다. 본문에서 염유는 계씨의 가신이므로 그렇다면 본문의 대화는 그 이후에 있었다. 이것이 지배적인 견해이기는 하나 문제가 없지는 않다. 본문에는 계로도 계씨의 가신으로 등장하기 때문이다. 계로는 공자가 노나라로 돌아오기 전 위나라에 머물 때부터 공회를 섬기며 벼슬을 했다. 위나라에서 벼슬하고 있는 사람이 노나라로 와서 계씨에게 다시 벼슬하고 본문에 묘사된 일을 경험하기는 어려웠을 것이다. 그렇기 때문에 금주는 자로가 귀국하는 공자를 따라 노나라에 와서 계씨에게 벼슬했다가 곧 위나라로 다시 돌아갔다는 궁색한 설명을 하기도 했다.

지배적인 견해도 문제가 있지만 그렇다고 해서 다산의 주장에 문제가 없는 것도 아니다. 고주에 대한 소식의 비판을 다산의 주장에도 적용할 수 있기 때문이다. 자로가 비의 읍성을 떨어뜨린 기원전 498년이면 염유는 고작 25세였다. 다산에 따르면 본문의 대화는 그 이전에 있었으므로 스물다섯 살도 안 된 청년이 계씨의 가신이 되어 전유를 정벌하는 큰 일을 준비하는 데 깊숙이 개입한다. 더욱이 다산도 인정하듯이 염유는 이 대화가 있기 전 이미 계씨를 위해 세금을 거둬들여 계씨의 창고를 튼튼하게 한 일이 있었다. 쉽지 않은 일이다. 요컨대 이 문제는 뭐가 어떻다고 확정적으로 결론을 내리기가 어렵다. 공자 제자의 나이를 알려준 『사기』가 잘못되었든지, 계로가 계씨를 위해 세 읍을 떨어뜨린 일을 기록한 『좌전』이 잘못되었든지, 이 장의 시점에서 염유와 계로가 모두 계씨의 가신이었다고 한 『논어』가 잘못되었든지, 그 하나든 모두든 뭔가는 잘못된 것이고, 정확한 기록이 무엇인지 확정할 수 없는 한 확정적인 결론도 내릴 수 없다. 그러나 이렇게 경전과 고전의 권위를 의심하는 것은 지금에나 가능하다. 다산은 『논어』의 잘못을 생각할 수도 없었고, 『좌전』의 일부가 나중에 만들어졌다는 점을 지적하기는 하지만 그 대부분의 기록을 신뢰했으며, 『사기』도 비판할 확증이 없는 한 받아들였다. 그런 조건 아래서 애써 결론을 낸 것이 다산의 주장이었다.

이 결론을 내리도록 다산을 도와준 것은 앞의 한 장에 나오는 계자연의 말이다. "중유와 염구는 대신이라고 할 만합니까?"(11.23) 이 말에 대한 해설에서 다산은 계자연이 계환자의 동생이며, 당시 집안에서 이 두 사람을 등용하자 공자에게 위와 같은 질문을 했다고 주장했다. 만약 다산이 맞다면 계환자는 중유(계로)와 염구(염유)를 등용한 것이고, 이들은 본문에 나오는 것처럼 공자를 찾아 계환자의 계획을 전할 수 있게 된다.

> 양호가 제나라로 도망간 후 그리고 공자가 섭정을 하던 처음에 두 사람은 동시에 계씨의 가재가 되었고, (본문에 나오는) 이 질문이 있었다. (…) 계자연은 계환자의 동생이고, '대신'에 대한 질문은 새로 이 두 사람을 얻어 중한 보물을 얻은 것과 같다는 말이 분명하니 어찌 섭정을 하던 처음임이 명확하지 않겠는가?

그렇지만 계자연이 계씨 집안의 인물이라고 하더라도 그가 계환자의 동생이라는 것은 다산의 주장이고, 계로가 정공 12년인 기원전 498년에 계씨에 벼슬했다는 것은 다른 기록으로도 증명되지만 당시 염유가 같이 벼슬했다는 것은 다산의 주장이다. 곧 다산은 자신의 주장을 다른 주장을 위한 근거로 사용했다. 사실 이런 문제를 둘러싼 복잡한 논란은 천 년 넘게 계속된 것이어서, 백서 『노자』와 초간문이 『노자』를 둘러싼 많은 궁금증을 해소해준 것처럼 획기적인 계기가 만들어지지 않으면 계속 논의하기 어렵다. 다산이 공을 많이 들였음에도 불구하고 '원의총괄'은 이 논의를 기록하지 않았는데, 적어도 상징적으로는 다산의 결론에 내재한 문제를 보여준다고 하겠다.

이 논의 대신 '원의총괄'이 기록한 이 장의 두 번째 '원의'는 "'담장 안의 근심(蕭牆之憂)'은 두 제자를 가리켜 말한 것이다"라는 주장이다. 이 '원의'는 앞의 주장과 관련이 있다. 앞에서 다산은 '담장 안의 근심'이 양호의 반란이나 노 애공의 계씨 제거 시도와 연관되지 않았다고 주장했으므로 그것이 구체적으로 무엇인지 이야기해야 했다. 사실 계씨의 가신으로서 반란을 일으킨 것은 양호만이 아니다. 그 이전에 이미 남괴가 비 땅을 근거로 반란을 일으켰고, 양호가 제나라로 도망친 이후에는 공산불뉴가 그랬다. 그렇지만 다산이 보기에 공자가 말하는 '담장 안의 근심'은 이런 것들이 아니라 당시 계씨에게 벼슬하면서 당연히 계씨를 바로잡아야 할 책임을 가진, 그러면서도 그 책임을 다하지 못한 염유와 계로 두 사람을 가리키는 것이었다. 계씨가 올바로 서지 않으면 가신의 반란은 언제든 일어날 수 있고, 그런 일이 일어나는 근본 원인은 그럴 만한 자리에 있으면서도 계씨를 제대로 돕지 못한 두 제자에게 있기 때문이었다. "난을 일으키고 병사를 움직이는 죄로 인해 두 사람은 비단 노나라 공실의 죄인일 뿐만 아니라 장차 계씨의 죄인이 될 것이다." 본문에서 공자는 계손씨의 전유 정벌을 적극 만류했는데, 과연 그랬다면 그의 시도는 성공했던 것으로 보인다. 역사서 어디에도 계손씨가 전유를 정벌하려고 실제 군사를 동원했다는 기록이 없기 때문이다.

16.2

공자가 말했다. "천하에 도가 있으면 예악과 정벌이 천자에게서 나오고, 천하에 도가 없으면 예악과 정벌이 제후에게서 나온다. 제후에게서 나오면 대개 10대 안에 잃지 않는 것이 드물고, 대부에게서 나오면 5대 안에 잃지 않는 것이 드물며, 가신이 나라의 명을 잡으면 3대 안에 잃지 않는 것이 드물다. 천하에 도가 있으면 정사가 대부에게 있지 않고, 천하에 도가 있으면 뭇사람들이 의논하지 않는다."

孔子曰; 天下有道, 則禮樂征伐自天子出, 天下無道, 則禮樂征伐自諸侯出. 自諸侯出, 蓋十世希不失矣, 自大夫出, 五世希不失矣, 陪臣執國命, 三世希不失矣. 天下有道, 則政不在大夫, 天下有道, 則庶人不議.

이 장은 제법 길지만 독법에서는 고금주와 다산 사이에 큰 차이가 없다. 단지 고주는 제일 마지막 글자 '의議'를 '비의非議하다' 곧 '비방하다'라는 뜻으로 보아 해당 부분을 "뭇사람들이 비방하지 않는다"라고 읽었다. 그 정도가 독법과 관련하여 특기할 만한 점이다. 하지만 모호한 부분을 둘러싼 해설에서는 고금주와 다산 사이에 차이가 있다. 본문에 '잃지 않는 것이 드물다(希不失矣)'라는 표현이 세 번 나오는데 누가 무엇을 잃는다고 보았는지가 논란거리다.

고금주는 천하가 무도하여 "예악과 정벌이 제후에게서 나오면" 그렇게 정권을 전횡한 제후의 집안이 10대 안에 힘을 잃고, 천하가 무도하여 예악과 정벌이 "대부에게서 나오면" 그렇게 정권을 전횡한 대부의 집안이 5대 안에 힘을 잃으며, "가신이 나라의 명을 잡으면" 그렇게 참월한 가신의 집안이 3대 안에 힘을 잃는다고 설명한다. 가령 춘추시대가 시작되는 노 은공 때부터 제후들이 전횡을 하기 시작했는데, 노나라의 경우 그로부터 정확히 10대가 지난 후 소공이 객지에서 비명횡사를 한다. 또 계씨의 전횡이 계문자로부터 시작되었다고 한다면 그로부터 5대가 지나서 계환자는 그의 가신인 양호에게 구금을 당하는 수모를 겪는다. 본문에서는 가신을 '배신陪臣'이라고 표현했는데, '신하'가 두 번 겹치는 '신하의 신하'라는 뜻이다. 그들의 주인인 대부가 이미 누군가의 신하이기 때문이다. 주인을 배신한 양호는 결국 제나라로 도망가는 신세가 되었다. 그의 집안이 계씨를 섬긴 지 3대만이었다. 이런 해석에서는 이 장을 통해 당장 권력을 쥐고 흔드는 것이 좋아 보일지 모르지만 결국은 망할 것이라는 경고를 읽을 수 있다. 명분을 지켜야 한다는 도덕적 의무를 강조하는 해석이다.

그러나 다산은 고금주에 동의하지 않았다. 권력을 찬탈하고 정치를 전횡한 제후나 대부가 망하면 그것은 "천하 국가의 큰 경사인데 무엇 때문에 공자가 근심을 하겠는가?" 엄밀히 따지면 제후가 전횡하는 것은 천자의 근심이고, 대부가 전횡하는 것은 제후의 근심이며, 가신이 패악한 것은 대부의 근심이다. 강상을 무너뜨리는 이러한 일이 계속되면 결국 피해를 보는 것은 권력을 뺏긴 천자이고, 제후이고, 대부이지 권력을 빼앗은 자들이 아니다. 곧 "예악과 정벌이 제후에게서 나오면" 10대 안에 천자가 힘을 잃게 된다. 제후도 마찬가지고, 대부도 마찬가지다. 이 주장은 '원의총괄'에 "'십세十世'는 천자의 10대를 가리키고, '오세五世'는 대부의 5대를 가리킨다"라고 기록되었다.

현실의 안목으로 보면 다산의 해설에 수긍이 간다. 천자가 권력을 빼앗겨 오랫동안 되찾아오지 못하면 천자가 망할 일이지 제후가 망할 일은 아니다. 상대적으로 고금주의 해석은 현실에 맞지 않는다. 역사적 사례를 갖다 붙이는 것도 마찬가지다. 노 소공이 화를 당한 것은 맞지만 그것이 어떻게 선대 아홉 군주가 천자를 무시한 결과일 것인가? 계환자도 양호에게 구금을 당했지만 선조 탓은 아니다. 양호의 경우는 더욱 말이 안 된다. 그 집안이 3대 동안 계씨의 가신이었더라도 "가신이 나라의 명을 잡는" 일은 양호 한 사람에게만 해당되기 때문이다. 이렇게 이치로 따져보면 고금주를 받아들일 수가 없기 때문에 다산은 위에 소개한 것과 같은 '원의'를 발견했다. 다산의 시각으로 본문을 읽으면 이 장에서 공자는 명분을 어긴 제후나 대부, 가신이 아니라 권력을 빼앗긴 천자나 제후, 대부에게 경고를 준다. 제후가 전횡하도록 방치하면 10대 안에 영원히 힘을 잃게 되므로 경계하라는 것이 핵심 교훈이다.

이 장의 마지막 부분, "뭇사람들이 논의하지 않는다(庶人不議)"라는 말에 대한 다산의 해설도 다르다. "논의하지 않는다"라는 것은 정치를 논의하지 않는다는 것인데, 그렇다면 이 말은 유교에서 중시하는 언로의 개방과 상치된다. 고주가 여기의 '의'를 '비방하다'라는 뜻으로 이해한 것도 그 때문일 것이다. 금주는 사사로운 논의를 하지 않는 것으로 보았는데, 같은 맥락이다. 그렇지만 다산은 이 말을 지위가 없는 세객이 정치를 논하지 않는다는 의미로 이해했다. 천하의 질서가 안정되면 전국시대처럼 세객이 유랑하면서 유세할 일이 없다는 것이다. 다산에게 여기의 '서인庶人'은 백성이나 서민이 아니라 특정할 수 없는 '뭇사람'을 가리킨다.

16.3

공자가 말했다. "녹이 공실에서 떠난 지 5대가 되었고, 정사가 대부에게 이른 지 4대가 되었다. 그래서 삼환의 자손이 미약해졌다."

孔子曰; 祿之去公室五世矣, 政逮於大夫四世矣, 故夫三桓之子孫, 微矣.

앞 장과 마찬가지로 이 장에서도 독법을 둘러싸고 고금주와 다산 사이에 큰 차이가 없다. 이 장이 노나라를 논한다는 점에서도 의견의 일치를 보인다. 단지 모호한 부분에서는 다시 다산의 해석이 다르다. 이번에는 본문에 나오는 '5대(五世)'와 '4대(四世)'가 구체적으로 누구를 가리키는가 문제다. 결론적으로 말하면 다산은 '5대'가 선공, 성공, 양공, 소공, 정공을 가리키고, '4대'는 계손씨, 맹손씨, 숙손씨 세 가문의 4대를 종합적으로 가리킨다고 보았다.

'5대'는 보통 다산처럼 본다. 다산이 인용한 진요문처럼 선공 앞에 문공을 넣고 마지막 정공을 빼는 사람도 있지만 노나라에서 "녹이 공실에서 떠난 것," 곧 계손씨가 실권을 잡아 관리에게 봉록을 주는 권한을 군주로부터 빼앗은 것이 선공 때부터라는 악기와 사묵의 결정적 증언이 『좌전』에 있기 때문에 대부분은 다산과 같이 생각했다. 다산은 진요문을 『논어계구편』을 통해 인용했는데, 진요문의 『경전계의』에 나오는 원문은 『논어계구편』에 인용된 것과 다르다(『논어계구편』, 7:2a;『경전계의』, A:39b~40a). 건가학파의 거두 모기령도 자기 입맛대로 인용했고, 다산도 그것을 그대로 재인용했다. 어쨌거나 '5대'에 대한 다산의 설명은 많은 사람이 공유하지만 '4대'를 다산처럼 보는 것은 전례가 없다. 대부분은 '4대'가 삼환 중에서도 가장 강력했던 계손씨의 '4대'를 가리킨다고 이해하기 때문이다.

계손씨의 '4대'를 주장하는 경우에도 그것이 구체적으로 누구를 포함하는가를 두고는 다른 견해가 있었다. 고주는 계문자, 계무자, 계도자, 계평자를 가리킨다고 보았고, 금주는 계무자, 계도자, 계평자, 계환자를 가리킨다고 보았으며, 모기령은 계문자, 계무자, 계평자, 계환자를 가리킨다고 보았다. 모기령은 특히 고금주가 계도자를 포함시킨 것은 잘못이라고 보았다. 계도자는 아버지 계무자가 죽기 전에 먼저 죽어서 경의 자리에 오르지 못했기 때문이다(『논어계구편』, 7:2b~3a). 고주에서 형병도 이런 설을 소개했다. 다산의 제자 이강회는 "계씨의 4대에 관해서는 당연히 모기령의 설을 따라야 한다"라고 했는데, 다산은 그대로 소개했다. 사실 모기령처럼 봐야 계손씨의 전횡이 계문자부터 시작되었다는 『좌전』의 기록, 공자가 "이 말을 할 때는 노 정공 초년이었다"라는 정현의 해설, 그리고 계환자가 가신에게 구금당하는 수모를 겪었다는 사실이 모두 반영된다. 고주는 계환자를 포함시키지 않아 문제이고, 금주는 계씨의 전횡이 계문자부터 시작되었다는 『좌전』의 기록을 고려하지 않아 문제다.

그런데 다산이 "이 말을 할 때는 노 정공 초년이었다"라는 정현의 해설을 비판 없이 인용한 것도 문제였다. 노 정공은 기원전 509년에 집권했고, 집권 당시 계손씨의 가장은 계평자였기 때문이다. 정현은 공자가 이 말을 정공 초년에 했다고 보았기 때문에 계씨 '4대'의 마지막으로 계평자를 놓았다. 계평자가 죽은 것은 정공 5년인 기원전 505년이었다. 이해에 양호가 계평자의 아들인 계손사를 구금하여 계손씨의 일을 3년 동안 전횡했다. 3년 뒤 양호가 제나라로 도망친 뒤에야 계손사는 계손씨의 실질적인 가장이 되었다. 그가 계환자였다. 그러므로 "이 말을 할 때는 노 정공 초년이었다"라고 한다면 계손씨의 '4대'에는 계환자가 포함될 수 없다. 이강회는 이런 점을 지적하면서 "공자의 이 말은 마땅히 계환자 때에 있었을 것이다"라고 주장했다. 곧 그는 공자가 정공 초년에 이 말을 했다는 것을 받아들이지 않았다. 다산의 태도는 모호했다. "계씨의 '4대'는 계도자를 포함하거나 계환자를 포함하거나 모두 가하지 않음이 없다." 계씨의 가계로 보면 계도자가 포함되고, 계씨의 권력 전횡이라는 관점으로 보면 계환자가 포함된다는 것이었다.

그럼에도 엄밀히 따져보면 다산은 계환자를 포함시킨다. 그는 삼환의 가문이 계환자 때 몰락하기 시작했다고 보기 때문이다. 양호가 계환자를 구금하고 삼환의 가문을 모두 지휘한 일 그리고 자로가 삼환을 지휘하여 세 읍성을 떨어뜨린 일이 모두 계환자 때의 일이다. 그러므로 공자가 이 말을 한 시점이 정공 초년일 수는 없다. 공자는 적어도 정공 5년 이후 혹은 계환자가 양호에게서 풀려난 정공 8년(기원전 502) 이후에 이 말을 했을 것이다.

계손씨 '4대'와 관련해서는 모기령의 설이 맞다고 하더라도 다산이 발견한 '원의'의 핵심은 '4대'에 맹손씨의 '4대'와 숙손씨의 '4대'를 함께 고려하는 것이다. 이 주장을 위해 다산은 두 집안의 계보를 따진 뒤 결국 맹손씨의 경우 맹헌자, 맹장자, 맹희자, 맹의자가 본문에서 말하는 '4대'이며, 숙손씨의 경우 숙손장숙, 숙손목자, 숙손소자, 숙손성자가 본문에서 말하는 '4대'라고 결론지었다. 각 가문에서 처음 거론된 이는 모두 노 선공 때의 인물이며, 마지막으로 거론된 이는 모두 노 정공 때의 인물이다. 이렇게 이 두 집안의 '4대'를 설정하면 맹손씨 집안에서는 맹효백, 숙손씨 집안에서는 숙손선백이 빠진다. 그런데 "맹효백은 맹장자를 계승하기는 했으나 맹희자와 소목昭穆이 실제로는 같으므로 결국 4대일 따름이고, 숙손선백은 숙손장숙을 계승하기는 했으나 숙손목자와 형제이므로 결국 4대일 따름이다." 그러므로 본문의 '4대'는 계손씨의 '4대'만 아니라 계손씨, 맹손씨, 숙손씨의 '4대'를 모두 가리킨다. 이렇게 봐야만 하는 이유가 있나? 있다. 본문에서 "정사가 대부에게 이른 지 4대가 되었다"라고 했기 때문이다. 만약 계손씨의 '4대'만을 가리킨다면 본문은 응당 "정사가 계손씨에게 이른 지 4대가 되었다"라고 해야 할 텐데 그렇지 않았다. 또한 뒤에서도 "삼환의 자손이 미약해졌다"라고 했지 "계손의 자손이 미약해졌다"라고 하지 않았다. '4대'가 삼환, 곧 세 가문의 '4대'를 가리키기 때문이다. 이 주장은 '원의총괄'에 "'대부사세大夫四世'는 삼환의 가문을 통틀어 가리키는 것이다"라고 기록되었다.

이런 복잡한 논쟁은 이 장의 교훈을 이해하는 일과 큰 관련이 없다. '4대'가 계손씨의 '4대'이든 삼환의 '4대'이든 공자가 이 장에서 말하려는 바는 같다. 도리를 잃고 권력을 전횡하면 몰락한다는 것이다. 그런데 이 경고는 자연스럽게 앞 장의 말, "대부에게서 나오면 5대 안에 잃지 않는 것이 드물다"라는 말을 떠올리게 한다. 공자는 이 장에서 노나라의 예악과 정벌이 대부에게서 나왔고, "그래서 삼환의 자손이 미약해졌다"라고 말하기 때문이다. 앞 장에서 설명했듯이 지배적인 해석에서 "대부에게서 나오면 5대 안에 잃지 않는 것이 드물다"라는 말은 5대 안에 대부의 집안이 힘을 잃는다는 뜻이다. 그래서 한유나 금주를 비롯한 많은 주석가는 이 장이 앞 장을 부연했다고 보았다.

물론 다산은 이렇게 두 장을 연결시키는 것에 강력히 반대했고, 반대할 수밖에 없었다. 그는 이미 앞 장에서 대부에게 권력이 넘어갔을 때 힘을 잃는 것은 제후라고 주장했기 때문이다. 그의 주장대로라면 이 장에서는 노나라 군주가 힘을 잃어야 하는데, 공자는 "삼환의 자손이 미약해졌다"라고 말했다. 그러므로 어찌 보면 다산은 난관에 봉착했다. 그러나 이 장에서 "삼환의 자손이 미약해졌다"라고 했다고 해서 노나라의 임금은 괜찮았다는 말은 아니다. 곧 앞 장과 이 장은 별개의 것으로 이해해야 한다. "앞의 장은 스스로 하나의 뜻이고, 아래 장도 스스로 하나의 뜻이다."

이 장에서 다시 한 번 역사나 전례에 대한 다산의 깊은 관심을 확인하게 된다. 그런 주제를 다룰 때 다산은 공부의 재미를 느낀 듯하다. 그래서 그의 학문은 한대의 박학樸學 혹은 청대 고증학과 닿아 있다. 또한 이 장에서 다산은 자신이 경문에 적혀 있는 그대로 경문을 해석하려고 했음을 보여준다. 경문은 '대부'라고 했지 '계씨'라고 하지 않았고, '삼환'이라고 했지 '계씨'라고 하지 않았다. 경문을 은유로 이해할 소지가 보이더라도 그는 공자가 남긴 글자 그대로 해석하기 위해 노력했다. 그것이 그가 공자에 대한 존경을 표현하는 방식이었는지도 모른다. 그의 많은 창의적 해석은 이렇게 세밀하게 또 엄격하게 들여다보고 따지는 과정에서 탄생했다.

16.4

공자가 말했다. "도움이 되는 것에 세 벗이 있고, 손해가 되는 것에 세 벗이 있다. 정직한 사람을 벗하고, 굳건한 사람을 벗하고, 많이 들은 사람을 벗하면 도움이 된다. 편벽한 일에 편안한 사람을 벗하고, 부드럽게 대하는 것을 잘 하는 사람을 벗하고, 따지기를 좋아하고 말이 많은 사람을 벗하면 손해가 된다."

孔子曰; 益者三友, 損者三友. 友直, 友諒, 友多聞, 益矣. 友便辟, 友善柔, 友便佞, 損矣.

다산에게 '양諒'은 '정貞'과 같은 뜻으로 무엇인가를 굳건히 지키는 모습을 가리킨다. 앞에 "군자는 굳세면서도(貞) 고지식하지(諒) 않다"(15.37)라는 말이 나오는데, 그곳에서 두 글자는 같으면서도 달랐다. 이 장에서는 완전히 같다. 고금주는 '양'이 '신실하다(誠信)'라는 의미를 가진다고 보았는데, 다산은 고금주를 포함하여 여태까지의 "여러 해설이 모두 마땅하지 않다"라고 분명히 말했다.

손해가 되는 벗에 대한 해석에서는 고주와 금주, 다산 사이에 약간의 차이가 있다. 고주는 다산이 '벽辟'으로 읽는 글자를 '피'로 읽고 '편피便辟'를 '사람이 싫어하는 것을 교묘히(便) 피하는 것(辟)'으로 해석했다. 그러나 임의로 글자를 첨가한 해석이므로 다산은 받아들이지 않았다. 금주는 '편벽'으로 읽고 이것이 '편안히 지내면서(便) 편벽되게 행동하는 것(辟)'을 가리킨다고 했

다. 다산은 '편'을 동사로 보고 '벽'을 사특한 행동으로 보아 위에서처럼 해석
했다. '선유善柔'는 고금주나 다산이 비슷하게 해석했다. 위에서는 '선'을 동사
로 해석했는데 그런지 아닌지는 확실하지 않지만 고주에게나 금주에게나 다
산에게나 남한테 아첨하는 사람을 표현하는 말이다. '편녕便佞'의 해석 역시
구태여 따지자면 고금주와 다산이 약간 다르나 뜻으로 볼 때 큰 차이가 없
다. 따지기를 좋아하고(便) 말이 많은(佞) 사람을 묘사하는 말이다.

16.5

공자가 말했다. "도움이 되는 것에 세 즐거움이 있고, 손해가 되는
것에 세 즐거움이 있다. 예악을 절도 있게 하기를 즐거워하고, 남의
선함을 말하기를 즐거워하며, 뛰어난 벗을 많이 두기를 즐거워하면
도움이 된다. 교만하게 즐거워하기를 즐거워하고, 마음대로 놀기를
즐거워하며, 잔치를 벌여 즐기기를 즐거워하면 손해가 된다."

孔子曰; 益者三樂, 損者三樂. 樂節禮樂, 樂道人之善, 樂多賢友, 益矣. 樂驕樂,
樂佚游, 樂宴樂, 損矣.

주지하듯이 '낙樂'은 '즐거워하다'라는 뜻으로는 '낙'으로 읽고, '음악'이라
는 뜻으로는 '악'으로 읽고, '좋아하다'라는 뜻으로는 '요'로 읽는다. 이 장에
대한 지배적 독법에서는 이 세 가지 뜻을 모두 만난다. '삼요三樂'라는 말과
각 구절의 앞에 나오는 이 글자는 모두 '요'로 읽고, '예악禮樂'이라는 말에서
는 '악'으로 읽으며, '교락驕樂'과 '연락宴樂'에서는 '낙'으로 읽는다. 육덕명이
『논어음의』에서 '삼요'에서의 이 글자를 '요'로 읽어야 한다고 한 이후(『경전석

문』, 24:23a) 이렇게 읽는 것이 보통이 되었다.

하지만 다산은 지배적 독법에서 '요'로 읽는 모든 글자를 '낙'으로 읽어야 한다고 주장했다. 오규와 다자이의 견해도 같았다. 오규는 옛날에는 이 글자를 '좋아하다'라는 뜻에서 '요'로 읽지 않았다고 하면서 '낙'으로 읽어야 이 장의 "의미가 더 심장해 진다"라고 주장했고, 다산도 그의 견해를 그대로 인용했다. 그렇다면 "지혜로운 사람은 물을 좋아하고(樂), 인한 사람은 산을 좋아한다(樂)"(6.22)라는 말에서는 왜 이 글자를 '요'로 읽는가 하는 질문이 생기는데, 특별한 설명은 없다.

이 설은 '원의총괄'에도 기록되었다. "'익자삼락益者三樂'과 '손자삼락損者三樂'의 '낙'은 마땅히 '낙'으로 읽어야 한다." 하지만 이 '원의'는 오규가 발견했으며, 다산은 단지 오규의 설을 인용했다. 기존 학설의 단순 인용이 '원의총괄'에 들어가는 경우도 있고, 그것이 일본 유학자의 학설이라도 문제될 것은 없지만 이 '원의'에는 경학적, 사상적 의미가 없다. 당연히 이것이 왜 '원의총괄'에 들어갔는지 의심해보게 된다. 다산이 "다자이의 설이 극히 맞다"라거나 "오규의 해설이 정치하고 세밀하다"라는 평을 남긴 것을 보면 이들의 설이 대단히 인상적이었던 것 같기는 하다.

다산에 따르면 본문의 '절節'은 예악의 절도를 분별하여 예악을 그 절도에 맞게 사용하는 것을 의미하고, '도道'는 '말하다'라는 뜻이다. '교락'과 '연락'에서 '낙'은 감각과 욕망의 즐거움을 의미하고, 나머지 '낙'은 마음을 울리는 깊은 즐거움을 가리킨다.

16.6

공자가 말했다. "군자를 모실 때 세 가지 허물이 있다. 말이 미치지 않았는데도 말하는 것을 조급하다고 하고, 말이 미쳤는데도 말하지 않는 것을 숨긴다고 하고, 안색을 살피지 않고 말하는 것을 눈이 멀었다고 한다."

孔子曰; 侍於君子有三愆. 言未及之而言, 謂之躁. 言及之而不言, 謂之隱. 未見 顏色而言, 謂之瞽.

고주의 형병에 따르면 "말이 미치지 않았다"든지 "말이 미쳤다"라는 말의 목적어는 '군자君子'를 모시는 사람이다. 여기의 '군자'는 덕과 지위가 높아서 모셔야 하는 사람을 가리키므로 모시는 입장에서 볼 때 '군자'가 나에게 묻지 않았는데 미리 말하는 것이 조급함이고, 나에게 물었는데 말하지 않는 것이 실정을 숨기는 것이다. 한편 고주의 주생렬은 "안색을 살피지 않고 말하는 것"이 무엇을 원하는지 끝까지 확인하지 않고 미리 짐작해서 말하는 것을 가리킨다고 했는데, 다산은 이 해설만큼은 매끄럽지 않다고 보고 대신 금주의 해설을 택했다. 금주에 따르면 "눈이 먼 것(瞽)"은 '군자'의 안색을 전혀 살피지 않고 제멋대로 말하는 것이다. 큰 차이는 아니다.

앞의 두 장을 포함해서 계속 여러 조합의 '세 가지'가 언급된다. 뒤의 두 장까지 합하면 모두 다섯 장이 이런 식이다. 그 앞에서도 10세니 5세니 4세니 하는 숫자들을 거론하면서 그 숫자들에 무슨 수비학적 함의라도 있는 듯한 인상을 준다. 이런 형식의 글이 이어지는 것도 「계씨」가 다른 편과는 좀 다르다는 생각을 키운다.

16.7

공자가 말했다. "군자에게는 세 가지 경계할 것이 있으니 젊을 때는 혈기가 아직 정해지지 않아 경계할 것이 색에 있고, 장성하여서는 혈기가 바야흐로 강해지니 경계할 것이 싸움에 있고, 늙어서는 혈기가 이미 쇠약해지니 경계할 것이 얻으려 함에 있다."

孔子曰; 君子有三戒. 少之時, 血氣未定, 戒之在色. 及其壯也, 血氣方剛, 戒之在鬪. 及其老也, 血氣旣衰, 戒之在得.

주희는 '혈기血氣'를 설명하면서 "혈기는 형체가 생겨나기 위해 기다리는 것이니 혈은 음이고, 기는 양이다"라고 했다. 이 육신의 요소인 혈기가 음양의 운동을 가능하게 하는 원리(理)에 의해 결합하면 사람이 태어나는데, 이때 원리는 본성으로 사람에게 깃들게 된다. 이 원리는 완전한 도덕이므로 그것을 잘 이해하여 육신적 요소인 혈기에 의해 마음이 흔들리지 않도록 잘 다스리면 도덕적 인간이 된다. 이것이 주희의 사유였다. 비슷한 생각을 가지고 있던 범조우는 금주에서 지기志氣를 혈기와 대비하고 지기가 혈기를 다스리면 도덕적 인간이 된다고도 주장했다. 곧 금주에서는 원리나 지기 같은 추상적 개념이 혈기와 대립한다.

반주자학의 기치를 든 다자이는 이러한 사유에 반대했다. 원리니 지기니 하는 것은 실체도 없고 힘도 없는 개념에 불과한데 그것이 어떻게 혈기를 통제할 수 있느냐는 비판이었다. "무릇 '이理'는 허하고 형체가 없다. 그에 비해 혈기는 실하다. 허한 것으로 실한 것을 다스리는 것은 선왕의 도가 아니다." 이렇게 대립한 성리학과 일본 고학파를 놓고 다산은 어떤 입장을 지지했을까?

무릇 천하의 사물은 허한 것이 귀하고 실한 것이 천하며, 형체가 없는 것이 귀하고 형체가 있는 것이 천하다. 도덕, 인의, 예법, 정교는 모두 허한 것으로 실한 것을 다스리는 일이며, 형체가 없는 것으로 형체가 있는 것을 통제하는 일이다. 다자이는 도리가 어떤 물건인지 전혀 알지 못하고서 오직 한결같이 송유의 학설을 반대했으니 어찌 망령되지 않은가?

이 발언은 다산학의 성격을 잘 보여준다. 다산학을 실학이라고 주장하려면 "허한 것이 귀하고 실한 것이 천하다"라거나 "허한 것으로 실한 것을 다스린다"라는 다산의 발언을 먼저 해명해야 한다. 그에게 '허한 것'은 도리이고, '실한 것'은 도리가 적용되는 현실의 제반 영역이다. 그는 도리로써, 곧 '이'로써 세상을 경영하여야 한다는 입장을 분명히 했고, 그렇게 함으로써 '이'를 그의 철학 안으로 깊숙이 끌어들였다. 그는 도리의 의미를 깨달았으므로 형이상학을 통째로 부정하면서 오직 현실과 구체에만 주목한 다자이를 통박했다.

그렇지만 그는 형이상학에만 골몰하지 않았다. 그는 '이' 혹은 지기를 통해 혈기를 통제할 수 있다는 성리학적 사유에 동의하면서도 시간이 지나면서 관찰되는 혈기의 변화, 곧 천지만물의 자연적 운동이라는 관점에서 이 장을 해설했다.

무릇 천지만물의 실정은 가득 차면 항상 배설하고 싶어 분출하고 텅 비면 항상 더하기를 구하여 흡입한다. 이것이 사물의 자연스러움이니 사물 역시 그렇게 되는 이유를 알지 못한다.

곧 처음에는 혈기를 가득 가지고 태어나므로 기운을 발산하고 싶어 하지만 시간이 지나면서 혈기가 빠져나가면 기운을 다시 채우고 싶어 하는 것이 인간의 자연스러운 변화다. 색을 밝히는 것이나 싸움을 좋아하는 것은 혈기를 발산하려는 행동이고, 탐욕에 가득 차서 무엇인가를 얻으려고 하는 것(得)은 혈기를 채우려는 몸짓이다. 따라서 색을 탐하거나 싸움을 벌이려고 하거나 무엇인가를 탐하는 것은 다산에게 자연적 현상이다. 이런 사유를 통해 다산은 혈기를 추상적 개념과 대척점에 두는 도덕적 형이상학과 일정한 거리를 유지했다. 그런 면에서 그는 이 장에서 추상적 '이'를 우위에 놓는 성리학과 구체적 혈기를 우위에 놓는 다자이의 생각을 종합하려고 했다. 언제나 그가 하려고 했던 것은 도리의 세계와 현실의 세계를 유기적으로 접목하여 균형을 잡는 일이었다. 그의 사상이 실학이 아니라 실리학이 되어야 하는 이유다.

16.8

공자가 말했다. "군자에게는 세 가지 두려움이 있다. 천명을 두려워하고, 대인을 두려워하고, 성인의 말을 두려워한다. 소인은 천명을 알지 못하므로 두려워하지 않으며, 대인을 함부로 대하고, 성인의 말을 업신여긴다."

孔子曰; 君子有三畏. 畏天命, 畏大人, 畏聖人之言. 小人不知天命而不畏也, 狎大人, 侮聖人之言.

주희는 금주에서 '천명天命'을 '이'로 이해했다. "천명이라는 것은 하늘이 부여한 올바른 이치(正理)다." 이런 생각을 했기 때문에 그는 이학자다. '이'를 자기 철학의 주요 요소로 받아들이면서도 과거의 이학자와 달랐던 다산은 천명에 대한 주희의 정의를 그대로 받아들이지 않았다. 천명이 도덕의 원리로 인간 심성 속에 존재한다는 견해는 받아들일 수 있었지만 그것이 천명의 전부는 아니었다. 그의 하늘은 단순한 이법이 아니라 선한 사람에게 복을 내리고 악한 사람에게 벌을 주는, 세상을 주재하는 능동적 존재이므로 하늘의 명령도 단순한 '이'가 아니라 복선화음의 명령이기도 했다. 그에게 천명은 인간사에 작용하는 힘이고, 예언이었다.

> 주자는 인간 본성을 '이'로 보았으므로 마침내 천명을 '이'로 이해했다. 비록 심성에 부여되어 사람들이 선을 향하고 악을 피하도록 하는 것도 천명이지만 날마다 사람들을 굽어보면서 선한 사람에게 복을 주고 음탕한 사람에게 화를 내리는 것 역시 천명이다.

다산은 이 견해를 뒷받침하기 위해서 천명과 관련된 『시』나 『서』의 문장을 인용한다. 이들 경전에는 "천명은 일정하지 않다"(『모시주소』, 23:16a)라는 말도 있고, 곧잘 천명이 두려움의 대상으로 등장한다. 그렇지만 '이'가 일정하지 않다거나 '이'를 두려워해야 한다고 말할 수는 없다. 천명을 '이'로만 이해할 수 없는 이유다. 곧 다산은 오경에 기초하여 천명을 이해함으로써 성리학의 세계관을 일부 흡수하면서도 원래의 천 관념에 주목하려고 했다.

이렇게 복선화음이라는 시각에서 '천명'을 파악한 다산은 왜 군자가 대인을 두려워하고 성인의 말을 두려워하는지도 같은 시각에서 분석한다. 그에 따르면 여기에서 '대인大人'은 뛰어난 덕을 가진 대인배가 아니라 상벌의 권한을 가지고 있는 군주를 의미한다. 그러므로 군자가 '대인'을 두려워하는 이유는 간단하다. 그가 군자에게 상을 줄 수도 벌을 내릴 수도 있기 때문이다. 다산은 "군자는 형벌을 생각한다"(4.11)라는 말을 설명하면서도 이런 생각을 보여주었다.

성인의 말을 두려워하는 이유도 마찬가지다. 군자가 두려워할 대상은 성인 자체가 아니라 성인의 말이다. "성인은 혹은 지위를 가지기도 하고 혹은 지위가 없기도 해서 지위가 있는 성인은 두려워할 만하지만 지위가 없는 성인은 반드시 두려워할 필요가 없기" 때문이다. 그러나 "성인이 남겨놓은 상서와 재앙에 관한 경계만은 반드시 징험된다." 그래서 그들의 말은 두려워해야 한다. 본문에서 '성인'이라고 하지 않고 '성인의 말'이라고 꼭 집어 말한 것은 이 때문이었다. 이렇게 다산은 이 장의 세 가지 두려움을 모두 실제의 축복이나 징벌과 연관시켜 설명했다. 대단히 현실적인 해석이라고 하겠다. 이 해석은 '원의총괄'에 "군자의 '세 가지 두려움(三畏)'은 모두 길흉화복을 통해서 말한 것이다"라고 기록되었다.

16.9

공자가 말했다. "태어나면서 아는 사람이 가장 낫고, 배워서 아는 사람이 다음이고, 곤란을 겪은 뒤에 배우는 사람이 또 그다음이다. 곤란을 겪은 뒤에도 배우지 않는 것, 이 때문에 백성이 가장 아래가 된다."

孔子曰; 生而知之者, 上也. 學而知之者, 次也. 困而學之, 又其次也. 困而不學, 民斯爲下矣.

다산에 따르면 여기에서 아는 것 혹은 배우는 것의 목적어는 도다. 도를

"태어나면서 아는 사람"은 "하늘이 이 백성을 위해서 만물을 일으키고 사업을 완성하려고 할 때 특별히 낸 신성한 사람"을 가리킨다. 이를 놓고 다산이 태어나면서부터 아는 사람이 있음을 인정했다고 생각할 필요는 없다. 태어나면서부터 아는 사람은 없다는 것이 다산의 입장이다(2.4, 7.20, 7.29). 단지 도를 아는 것으로 좁혀 말하면 태어나면서부터 아는 사람이 있다고 할 수밖에 없다. 이 장에서 공자가 그렇게 이야기했기 때문이다. 그런데 공자의 말은 일종의 은유일 수 있다. 특별히 배우지도 않고서도 옳고 그름을 잘 이해하는 사람이 있기는 하기 때문이다. 다산은 "태어나면서 아는 사람이 가장 낫다"라는 말과 자신의 입장 사이에 존재하는 미묘한 모순 때문인지 더 이상 길게 논하지 않았다.

다산에 따르면 "태어나면서 아는 사람"이나 "배워서 아는 사람" 그리고 "곤란을 겪은 뒤에 배우는 사람" 사이에는 큰 차이가 없다. 경로야 어떻든 그들은 모두 도를 알게 되기 때문이다. 다시 말해서 "태어나면서 아는 사람"이 특출하기는 하지만 그가 아는 것이 곤란을 경험한 후에 배워서 아는 것과 다르지는 않다. 다산이 인용하는 것처럼 『중용』에도 "혹은 태어나면서 알고, 혹은 배워서 알고, 혹은 곤란을 겪은 뒤에 알지만 그 아는 것에서는 하나다"(『중용장구』, 15a)라는 말이 있다. "배워서 아는 사람"과 "곤란을 겪은 뒤에 배우는 사람" 사이의 차이는 단지 환경의 차이다. "배워서 아는 사람은 어려서부터 돌봄을 잘 받아서 바르게 된 사람이고, 곤란을 겪은 뒤에 배우는 사람은 어려서 배우지 못하다가 중년이 되어서 발분한 사람을 가리키기" 때문이다. 이에 비해 어떤 식으로든 진리를 알게 된 사람과 끝내 배움을 거부한 사람 사이에는 큰 차이가 있다. 이렇게 끝내 배움을 거부한 사람을 공자는 "백성(民)"으로 특정했다. 지금의 안목으로 보면 문제가 많은 발언이지만 역사적으로 또 사회구조적으로 배울 수 없었던 백성의 현실을 보여준다.

이렇게 다산은 궁극적으로 어떻게든 알게 되는 사람들과 그렇지 않은 사람들 두 유형이 존재한다고 생각했기 때문에 이 장의 네 가지 인간 유형은 단지 학습의 효과에 주목하여 고식적으로는 분류된 것이라고 하면서 심각하게 받아들이지 않았다. 더욱이 한 사람이 현재 어떤 한 유형에 속한다고 하더라도 그것이 평생 계속되는 것도 아니다. 가령 "배운 후에 알게 된 사람이 더 이상 배우지 않는다면 장차 곤란을 겪을 것이고, 곤란을 겪은 뒤에 배울 수 있는 사람이 만약 어려서 돌봄을 잘 받았다고 한다면 그는 지금 곤란을 겪지 않을 것이다. 곤란을 겪은 뒤에도 배우지 않는 사람이 만약 발분한다면 그 또한 알게 된다." 그래서 다산에게는 뒤에 나오는 "가장 지혜로운 사람과 가장 어리석은 사람은 옮기지 않는다"(17.2)라는 말도 운명이 아니라 배우려는 의지와 관련된 것이었다. 가장 어리석은 사람은 언제나 배우려고 하지 않기 때문에 어리석은 채로 남아 있게 될 뿐이다.

　따라서 다산은 이 장의 네 가지 유형을 '기질氣質'과 연관시켜 설명한 금주를 받아들일 수 없었다. 각 개인의 '기질'은 자연적 조건인데, 끝내 배움을 거부하여 알지 못하는 사태가 어떤 개인의 '기질' 때문에 일어난다면 누구도 그를 알지 못한다고 비판할 수 없을 것이다. "만약 기질이 본래 하등이라고 한다면 어찌 그것에 죄를 물을 것인가?" 금주에 대한 다산의 이 비판은 '원의총괄'에 "태어나면서 아는 사람, 배워서 아는 사람, 곤란을 겪은 뒤에 배우는 사람, 배우지 않는 사람의 차이는 기질에서 연유하지 않는다"라고 기록되었다. 공자는 배움의 필요성을 강조하고 배움을 통해 각 개인이 어떻게 성장할 수 있는지를 가르쳤지 배움과 관련된 운명적 조건을 언급한 바 없으므로 다산의 금주 비판은 '기질'과 같은 개념으로 인간을 추상화하려는 성리학에 대한 날카로운 비판이라고 하겠다.

16.10

공자가 말했다. "군자는 아홉 가지 생각하는 것이 있다. 볼 때는 밝게 볼 것을 생각하고, 들을 때는 밝게 들을 것을 생각하며, 안색에서는 온화할 것을 생각하고, 용모에서는 공손할 것을 생각하고, 말에서는 충실할 것을 생각하고, 일에서는 공경할 것을 생각하고, 의문이 있으면 물을 것을 생각하고, 화가 나면 나중의 어려움을 생각하고, 이득을 볼 때는 의로움을 생각한다."

孔子曰; 君子有九思. 視思明, 聽思聰, 色思溫, 貌思恭, 言思忠, 事思敬, 疑思問, 忿思難, 見得思義.

'명明'은 '밝게 보는 것'이고, '총聰'은 '밝게 듣는 것'이다. 형병은 이 글자들이 다른 사람이 못 보는 것을 보고 다른 사람이 잘 듣지 못하는 것을 듣는 것을 의미한다고 하면서 이루나 사광 같은 사람이 그런 예라고 했지만 합리주의자인 다산은 신비가 개입된 이런 식의 논설을 좋아하지 않는다. 다자이는 "'명'은 잘못 보지 않는 것이고, '총'은 잘못 듣지 않는 것이다"라고 간단히 해설했는데, 다산도 이를 받아들였다. "화가 나면 나중의 어려움(難)을 생각한다"라는 말은 화를 주체하지 못하여 일을 벌였을 때 성급한 행동이 가져올 결과를 미리 생각해야 한다는 뜻이다. 앞의 한 장에서 공자는 "하루아침의 분노로 그 몸을 잊어서 화가 부모에게까지 미치는 것이 미혹이 아니겠는가?"(12.21)라고 했다. 이렇게 되지 않도록 자중하도록 해야 된다는 뜻이다.

여기에 소개된 아홉 가지 생각할 것을 '구사九思'라고 하는데, 가장 먼저 등장하는 항목이 '보는 일'과 관련된 것이다. 앞의 한 장에서 공자가 안연을 위해서 이른바 '사물四勿', 곧 '네 가지 하지 말아야 할 것'을 가르칠 때도 "예가 아니면 보지 말라"(12.1)라는 것이 가장 먼저 나왔다. 이뿐만 아니라 『노자』도 "욕심낼 만한 것을 보이지 않아서 백성이 문란함에 빠지지 않도록 한다"(『노자도덕경』, A:3b)라고 했고, 불교의 육근이나 육식의 개념에서도 '보는 것'이 가장 먼저 등장한다. 이를 두고 왕응린은 여러 감각 기관 중에서도 "마음을 어지럽히는 것이 눈"(『곤학기문』, 7:23b)이기 때문이라고 했는데, 참고할 만하다.

16.11

공자가 말했다. "선을 보면 마치 그곳에 미치지 못하는 것처럼 하고, 불선을 보면 마치 끓는 물에 손을 대는 것처럼 한다. 나는 그런 사람을 보았고, 그런 말을 들었다. 은거하여 그 뜻을 구하고, 의를 행하여 도에 달한다. 나는 그런 말을 들었으나 그런 사람은 보지 못했다. 제 경공에게는 4000필의 말이 있었으나 죽는 날에 백성이 그를 칭송할 길이 없었다. 백이와 숙제는 수양산 아래에서 굶었으나 백성이 지금까지도 그들을 칭송하니 그것이 이것을 말함인가!"

孔子曰; 見善如不及, 見不善如探湯. 吾見其人矣, 吾聞其語矣. 隱居以求其志, 行義以達其道. 吾聞其語矣, 未見其人也. 齊景公有馬千駟, 死之日, 民無德而稱焉. 伯夷叔齊, 餓于首陽之下, 民到于今稱之. 其斯之謂與!

"그곳에 미치지 못하는 것처럼 한다"라는 말은 "도망가는 짐승을 급하게 쫓아가는 것처럼," 그래도 쫓아갈 수 없는 것처럼 속히 다가가기 위해 노력한다는 뜻이다. '탐탕探湯'은 위에서 "끓는 물에 손을 대는 것"으로 옮겼는데, 금주와 다산의 해석이다. 이때 '탕湯'은 '끓는 물'이라는 뜻이다. 그러므로 '탐탕'

은 살짝이라도 닿은 손을 끓는 물에서 얼른 빼내듯이 불선을 멀리한다는 의미다. 고주에서 공안국은 이 말을 두고 '유거악질喩去惡疾'이라는 짧은 주를 달았는데, "악을 떠나는 것(去)이 빠름(疾)을 비유한 것이다"라고 읽을 수도 있고, "나쁜 질병(惡疾)에서 떠나는 것(去)을 비유한 것이다"라고 읽을 수도 있다. 금주나 다산은 전자처럼 읽었다. 하지만 금주를 반대하는 데 열심이었던 모기령은 후자처럼 읽으면서 여기에서 '탕'은 '탕액' 곧 나쁜 질병을 치료하는 약을 의미한다고 주장했다(『사서승언』, 1:13b). 그렇다면 해당 구절은 "불선을 보면 탕약(湯)을 찾는(探) 것처럼 한다"라고 읽어야 한다. 다산은 '탐탕'이 『열자』에서 한낮에 뜬 해의 뜨거움을 표현하기 위해 사용되었다는 데(『열자』, 5:12b) 주목하여 모기령에 반대했는데, 『열자』에서 공자의 질문에 대한 어떤 동자의 대답을 공자에게 던진 동자의 질문으로 잘못 소개했다.

다산에 따르면 공자가 "나는 그런 사람을 보았다"라고 했을 때는 그의 시대에 그런 사람이 존재했다는 말이고, "그런 말을 들었다"라고 했을 때는 그런 사람을 직접 보지는 못했지만 과거에 그런 사람이 존재했다는 것을 문헌을 통해 알게 되었다는 뜻이다. 다산과 달리 금주는 이 표현과 관련된 두 문장을 고어라고 보았는데, 다산은 동의하지 않았다. 다산처럼 이해하면 공자는 "은거하여 그 뜻을 구하고, 의를 행하여 도에 달한다"라는 삶을 실천하는 사람을 보지 못했다는 말인데, 당장 안연도 그렇지 못했는가 하는 질문이 나올 수 있다. 그래서 안연을 공자만큼이나 떠받드는 금주는 그가 "은거하고 나타나지 않았기 때문"에 공자가 그렇게 이야기했다고 설명했다. 다산에게는 궁색한 설명이었을 것이다.

다산에게 마뜩지 않은 것은 또 있었다. 고금주, 곧 『논어집해』와 『논어집주』가 모두 "제 경공에게는 4000필(千駟)의 말이 있었으나"라는 구절 이하를 별도의 장으로 취급한다는 점이었다. 그들이 보기에 이 장의 전반부와 후반부 사이에는 연관성이 없었다. 하지만 이 장을 두 개의 장으로 만들어놓으면 왜 "제 경공에게는 4000필의 말이 있었으나"라는 말 앞에 '공자가 말했다(孔子曰)'라는 말이 안 나오는지 설명해야 한다. 주희도 금주에서 이 점을 언급했고, 나중에 옹자선翁子先이라는 사람도 고금주의 두 장을 합장해야 한다고 주장했다.

그런데 다산이 합장한 데에는 더 큰 이유가 있었다. 이 장의 말미에 나오는 "그것이 이것을 말함인가(其斯之謂與)!"라는 구절 때문이었다. 만약 고금주처럼 이 장을 둘로 나누면 이 구절이 무슨 뜻인지는 정말 아리송하다. 고주의 왕숙은 이 말을 두고 "이것은 이른바 덕으로 칭송을 한 것이다"라는 주해를 남겼고, 모기령은 이를 보완하여 '사斯'는 '덕'을 의미하고, '위謂'는 '칭송하다'라는 뜻의 '칭稱'과 같은 뜻이라고 주장했다(『논어계구편』, 7:4a). 이렇게 이해하면 "그것이 이것을 말함인가!"는 수양산 아래에서 굶어죽은 백이와 숙제를 백성이 칭송하는 것은 "덕으로 칭송을 한 것"이라는 뜻이 되는데, 억지스럽다.

같은 문제를 해결하기 위해 금주의 정이는 앞의 「안연」에 나오는 한 문장, "진실로 부유하게 되지도 않으며, 또한 단지 이상하게 여길 뿐이다"(12.10)라는 문장을 지금 문제가 되는 구절 앞으로 옮겨야 한다고 주장했다. 원래 여기에 있어야 하는 문장이 착간으로 인해 「안연」으로 갔다는 주장이었다. 위 「안연」의 문장은 『시』「소아·아행기야」의 일부인데, 『논어』의 인용이 잘못되어서 그 뜻이 모호하기는 하나 대체적으로 불의로 부를 쌓으려고 하면 소기하는 바를 이루지도 못하고 오히려 비난을 받게 된다는 뜻이다. 그러므로 정이처럼 착간을 이유로 들면서 문장을 옮기면 "그것이 이것을 말함인가!"는 「안연」에 나오는 문장('그것')이 제 경공과 백이, 숙제의 대비되는 삶('이것')을 놓고 말한 것인가 하는 뜻이 된다. 정이는 「안연」의 문장을 자연스럽게 이해하기가 어려웠기 때문에라도 이렇게 주장했다.

그렇지만 다산은 이미 「안연」에 인용된 시가 무슨 뜻인가를 설명했다. 또 착간을 이유로 들어 경전의 문장을 뜯어고치는 것은 다산이 항상 경계하는 일이기도 했다. 그래서 다산은 기발하게도 고금주의 두 장을 하나로 붙여서 이 문제를 해결하려고 했다. 이렇게 두 장을 붙여 읽으면 "그것이 이것을 말함인가!"라는 구절에서 '그것(其)'은 앞에 나오는 두 문장, 곧 "선을 보면 마치 그에 미치지 못하는 것처럼 하고, 불선을 보면 마치 끓는 물에 손을 대는 것처럼 한다"라는 문장과 "은거하여 그 뜻을 구하고, 의를 행하여 도에 달한다"라는 문장에 담긴 가르침을 가리키게 된다. 그리고 '이것(斯)'은 백이와 숙제의 삶을 가리킨다. 곧 공자는 백이와 숙제를 거론하면서 그들이 바로 앞의 두 문장에서 말하는 삶을 산 사람이라고 결론지은 것이다.

이렇게 두 장을 붙이면 왜 "제 경공에게는 4000필의 말이 있었으나"라는 말 앞에 "공자가 말했다"라는 구절이 없는지도 알 수 있다. 원래가 한 장이었다. 여러 까다로운 문제를 한꺼번에 해결하기 위해서는 고금주의 두 장을 같은 장으로 읽어야 한다는 다산의 착상이 과감하면서도 신선하다. 이 주장은 '원의총괄'에 "'은거하면서' '의를 행한 것'이 곧 백이와 숙제다. 두 개의 장으로 나눌 수 없다"라고 기록되었다.

다산은 또 왜 제 경공이 백이, 숙제와 함께 거론되었는지를 『춘추』에 대한 해박한 지식으로 설명했다. 제 경공은 제 장공의 동생이었지만 장공을 죽인 최저(?~기원전 546)가 그를 왕위에 오르게 하자 못이기는 척하고 왕위에 올라 인륜을 저버린 인물이었다. 그에 비해 백이와 숙제는 형제의 의를 보존하기 위해 서로 왕위를 사양하다가 둘째에게 왕위를 넘기고 은거했다. 제 경공은 백이, 숙제의 대척점에 서 있었고, 결국 공자는 백이와 숙제의 의로움을 강조하기 위해 제 경공을 언급했다. 참고할 만한 설명이다.

마지막으로 본문의 '덕德'이라는 글자도 역대로 논란을 불러일으켰다. 이 글자는 어떤 판본에서는 '덕'이고, 어떤 판본에서는 '득得'이기 때문이다. '덕'이면 해당 구절을 "백성이 덕으로 칭할 것이 없었다(民無德而稱)"라고 읽게 되는데, 뜻을 얻기 위해서 비틀어 읽어야만 한다. 다산의 말을 빌리면 "만약 '덕'으로 읽으면 글의 이치(文理)가 통하지 않는다." 그래서 모기령은 조사 끝에 '득'이라는 결론을 내렸다(『논어계구편』, 7:4a). 그는 송본 『논어집주』를 보고 이런 결론을 얻었다. 거기에 '득'으로 되어 있었기 때문이다. 앞에서도 잠깐 이야기했지만 송본 『논어』는 현존하는 가장 오래된 『논어』다. 『논어』뿐만 아니라 중국 고전 대부분은 송본이 가장 오래된 판본이다. 송대부터 인쇄술이 발전하면서 경전이 활발하게 유포되었으므로 송본의 지위가 특출하다. 고고학적 발굴로 무덤 속에서 정말로 고본이 나오기 전까지 『노자』의 표준 판본이었던 왕필본의 가장 오래 된 판본도 송본이었다. 모기령은 기씨祁氏 집안의 동서당 장서에서 어렵게 찾은 송본 『논어집주』를 볼 수 있어서 기뻐했지만 다산은 『논어집주』보다 더 오래된 황간의 『논어의소』를 보고 같은 결론을 내렸다. 황간본에는 '덕'이 '득'으로 되어 있기 때문이다. 물론 다산의 황간본 열람은 『논어고훈외전』 때문에 가능했다. 위에서도 다산의 결론을 존중하여 해당 부분을 옮겼다.

16.12

진항이 백어에게 묻기를 "선생도 달리 들은 것이 있습니까?"라고 하니 백어가 대답했다. "없습니다. 일찍이 홀로 서 계실 때 저 이가 빠르게 마당을 지나는데 물으시기를 '시를 배웠느냐?'라고 하시어 '아직 배우지 못했습니다'라고 답하니 '시를 배우지 않으면 말할 수가 없다'라고 하셨습니다. 이는 물러나 시를 배웠습니다. 다른 날 또 홀로 서 계실 때 저 이가 빠르게 마당을 지나는데 물으시기를 '예를 배웠느냐?'라고 하시어 '아직 배우지 못했습니다'라고 답하니 '예를 배우지 않으면 설 수가 없다'라고 하셨습니다. 이는 물러나 예를 배웠습니다. 이 두 가지를 들었습니다." 진항이 물러나 기뻐하며 말했다. "하나를 묻고 세 가지를 얻었으니 시에 대해 들었고, 예에 대해 들었고, 또 군자가 자식을 멀리하는 것을 들었다."

陳亢問於伯魚曰; 子亦有異聞乎? 對曰; 未也. 嘗獨立, 鯉趨而過庭. 曰; 學詩乎? 對曰; 未也. 不學詩, 無以言. 鯉退而學詩. 他日又獨立, 鯉趨而過庭. 曰; 學禮乎? 對曰; 未也. 不學禮, 無以立. 鯉退而學禮. 聞斯二者. 陳亢退而喜曰; 問一得三, 聞詩, 聞禮, 又聞君子之遠其子也.

모두가 동의하듯이 진항이 이렇게 물은 것은 공자가 아들인 공리孔鯉에게 특별한 가르침을 주었을 것이라고 지레짐작했기 때문이다. 공리의 대답에 공자라는 말이 나오지 않지만 "홀로 서 계셨다"든지 "물으셨다"든지 하는 말의 주어는 모두 공자다. 아들이 아버지를 구체적으로 지칭하기가 어려웠으므로 주어를 생략하고 말한 것이 아닌가 싶다. 당시 공자가 당 위에 혼자 서 있었으므로 아들 공리는 아버지의 주의를 어지럽히지 않으려고 빠르게 당 앞의 마당을 지났다. 이때 공자가 지나가는 아들을 잠시 불러 '시詩'를 배웠는지 '예禮'를 배웠는지 묻는데, 이때 '시'와 '예'가 각각 『시』와 『예』를 의미하는지 아니면 시와 예를 의미하는지는 확실하지 않다. 다산의 주를 보면 후자일 가능성이 높지만 전자일 수도 있다.

"말할 수 없다"든지 "설 수 없다"라는 말은 당연히 상징적 언급이다. 다산에 따르면 시는 한 사람의 뜻을 전달해주는 것이므로 그것을 배우면 내 뜻을 잘 말할 수 있다. 예는 극기하고 몸가짐을 단속해주는 것이므로 그것을 배우면 몸가짐을 올바르게 하여 설 수 있다. 이 두 가지가 자신이 공자에게 개인적으로 들은 가르침의 전부라고 공리가 말했을 때 진항이 기뻐했던 것은 공자가 자식에 대한 편애 없이 모든 사람을 동등하게 대함을 알았기 때문이다. 이것을 그는 "군자가 자식을 멀리하는 것 알았다"라고 표현했다. 다산은 이 말이 군자가 자식을 소원하게 대한다는 뜻이 아님을 분명히 했다. 단지 "부자 사이에서는 서로 선을 요구하지 않으므로 옛날에는 자식을 바꾸어서 가르쳤고, 공자가 자식을 멀리했다는 것은 이 뜻에 지나지 않는다."

이 정도가 이 장에 대한 다산 해설의 전부이지만 다산은 다른 장의 해설을 통해 이 장에서 가능한 질문에 이미 대답했다. 가령 공자의 제자로 알려진 진항이 왜 공자의 아들을 '선생(子)'이라고 불렀을까 하는 문제와 관련해서 다산은 진항이 공자의 제자가 아니라 자공의 제자일 것이라는 금주의 주장에 동의했다(1.10). 하기는 그렇다면 왜 공리는 자신보다 한 세대 아래인 진항에게 대답을 하면서 자기 이름(鯉)을 사용했는가 하는 질문이 생긴다. 어디에서나 많은 질문을 할 수 있는 것이 『논어』고, 그것이 또 오래된 책들의 공통점이다.

16.13

나라 임금의 처를 임금은 부인이라고 칭하고, 부인이 스스로를 칭할 때는 소동이라고 하며, 나라 사람들이 칭할 때는 군부인이라고 하고, 다른 나라에서 칭할 때는 과소군이라고 하고, 다른 나라 사람들이 칭할 때는 역시 군부인이라고 한다.

邦君之妻, 君稱之曰夫人, 夫人自稱曰小童, 邦人稱之曰君夫人, 稱諸異邦曰
寡小君, 異邦人稱之亦曰君夫人.

여기에서 "나라 임금(邦君)"은 제후국의 임금을 가리킨다. 그 처를 왜 '부인
夫人'이라고 하는지는 형병이 설명한 바 있다. '부夫'는 '부扶'와 같은 글자이므
로 '남편을 돕는 사람'이라는 의미에서 '부인'이라고 한다. 하지만 다산은 이
설을 받아들이지 않는다. 아마도 불분명한 것을 억지로 해설하려면 오류가
생기기 때문일 것이다. '소동小童'은 '작은 아이'라는 뜻인데, 이런 호칭을 사용
한 이유는 『예기』나 『백호통』 같은 고전이 설명했으므로 다산도 따랐다. 한
마디로 작은 아이처럼 아는 것이 없다는 것을 표현하기 위해서, 그렇게 해서
겸손을 보이기 위해서 이런 호칭을 썼다는 것이다. 역사적 한계를 보여주는
지금은 불쾌할 호칭이다. 다산도 이런 문제에 대한 비판 의식이 없었다.

한편으로 여성에 대한 과거의 호칭에서는 여성 일반이 아닌 가족 구성원
의 하나로서 여성을 존중하려는 태도도 발견할 수 있다. 가령 '처妻'라는 말
이 그것이다. '처'는 '가지런하다'라는 의미의 '제齊'와 같은 글자로 남편과 같
은 위치에 있는 여성이라는 뜻이다. 당연히 이런 말이 실제적 평등을 담보하
지는 않는다. 하지만 유교적 가족 속에 편입된 여성은 가족 질서 내에서 존
중을 받은 면도 있다. 역사적 한계를 감안하면 그렇게나마 여성에 대한 보호
기제를 마련한 것은 유교가 한 일이다. '군부인君夫人'은 '임금의 부인'이라는
뜻이고, '과소군寡小君'은 '덕이 적은(寡) 작은 임금'이라는 뜻으로 임금이 스
스로를 '과군寡君'이라고 하듯이 겸양을 보이는 호칭이다.

제17편

양화

陽貨

17.1

양화가 공자를 보려 했는데 공자가 보지 않았다. 양화가 공자에게 작은 돼지를 보냈으므로 공자가 그가 없는 때를 보아서 가서 사례 했다가 길에서 만나게 되었다. 양화가 공자에게 말했다. "이리로 오라! 내가 너와 말을 해보겠다. 보물을 품에 안고서도 나라를 혼미하게 한다면 인하다고 하겠는가? 불가하다고 할 것이다. 일에 종사하기를 좋아하면서도 자주 때를 잃는다면 지혜롭다 하겠는가? 불가하다고 할 것이다. 해와 달은 흘러가고 세월은 나를 돕지 않는다." 공자가 말했다. "알았습니다. 내가 장차 벼슬을 하겠습니다."

陽貨欲見孔子, 孔子不見, 歸孔子豚. 孔子時其亡也, 而往拜之, 遇諸塗. 謂孔子曰; 來! 予與爾言. 曰懷其寶而迷其邦, 可謂仁乎? 曰不可. 好從事而亟失時, 可謂知乎? 曰不可. 日月逝矣, 歲不我與. 孔子曰; 諾. 吾將仕矣.

'양화陽貨'의 '화貨'는 여기 등장하는 사람의 자이고, 실제 이름은 '호虎'이다. 위에 나오는 것처럼 그는 어떤 이유에서든지 공자를 보고 싶어 했으나 공자가 응하지 않았다. 그가 왜 공자를 보고 싶어 했는지, 또 왜 공자가 그를 피했는지에 대한 해석은 가지각색인데 다산의 해석은 아래에서 소개할 것이다.

공자가 구태여 양화를 피하자 양화는 곤란을 느꼈다. 그렇지만 양화는 다른 고사에서도 볼 수 있듯이 꾀가 많은 사람이었다. 좋게 말하면 명민했다. 그래서 그는 공자를 보기 위해 꾀를 내었다. 공자가 집에 없는 틈을 타서 공자에게 새끼 돼지(豚)을 보낸 것이다. 선물이 집에 도착했는데 직접 받고 감사의 말을 전할 수 없었다면 응당 그 사람을 찾아가서 사례를 해야 했다. 자신보다 지위가 높은 사람이 보낸 선물이라면 더 말할 것도 없다. 당시 양화가 공자보다 더 높은 신분이었는지는 명확하지 않다. 가령 황간은 같은 계급이었다고 판단했다. 그렇지만 이 일이 있었던 당시 양화는 대부였고 공자는 아직 사 계급이었다는 언질이 『맹자』에 있으므로(『맹자집주』, 3B:7) 대부분은 양화의 신분이 높았다고 본다. 다산도 마찬가지였다. 그는 공자가 노 정공 7년인 기원전 503년 사구라는 벼슬을 받았을 때 대부로 승진했다고 파악한다. 이를 근거로 그는 이 일이 기원전 504년이나 505년에 있었다고 추측했다.

그런데 양화의 선물을 받은 공자는 자신도 역시 양화가 없는 틈을 타서 그의 집을 방문하고, 사례의 말을 전했다. "공자가 그가 없는 때를 보아서(時其亡) 가서 사례했다." 이 문장의 '시時'는 '때를 엿보다'라는 뜻의 동사다. 이런 행동은 어찌 보면 대인답지 않으므로 이지나 섭주 같은 사람은 '시'를 '이러저러한 때를 당하다'라는 뜻으로 봐야 한다고 주장하기도 했다. 그렇게 보면 '시기무時其亡'는 "양화가 집에 없을 때를 당하여"라는 정도가 된다. 의도적으로 양화가 없는 때를 엿보고 방문한 것이 아니라 사례를 하러 찾아갔는데 마침 양화가 집에 없었다는 것이다. 그렇지만 다산은 고금주와 마찬가지로 '시'를 '때를 엿보다'라는 뜻으로 이해하면서 "공자의 법은 '곧바름으로 원한을 갚는 것'(14.35)이다. 어찌 그렇게 하는 것이 불가하다고 하겠는가?"라고 했다. 여기에서 다시 한 번 다산이 이해하는 공자, 나아가 유교의 성인은 그저 관인장자寬仁長者가 아니라 징벌할 때 징벌하고 분노할 때 분노하는 성인임을 확인한다. 이렇게 같은 꾀를 돌려준 뒤 공자는 양화를 길에서 우연히 만났다. 양화의 집으로 가는 길에 만났다고 보는 사람도 있지만 고금주도 그렇게 보지 않았고, 다산도 그렇게 보지 않았다.

다산에 따르면 이렇게 만난 뒤 두 사람이 나눈 대화 중 "공자가 말했다(孔子曰)"라는 구절이 나오기 전까지는 모두 양화의 말이다. 이지가 먼저 그렇게 보았고, 나중에 모기령이 이지를 보완했으며(『논어계구편』, 7:4b~5a), 다산이 따랐다. 이지가 그렇게 본 이유는 간단했다. 만약 공자가 "불가하다고 할 것이다(曰不可)"라고 말했다면 '공자왈孔子曰'라는 말이 적어도 한 번은 있어야 했다는 것이다. 하지만 그렇지 않다. 게다가 이 장을 기록한 사람은 나중에 '공자왈'이라는 말을 집어넣는다. 그 이하만 공자의 말임을 분명히 한 것이다. 모기령은 『사기』를 뒤져 장량이 유방에게 설파하는 말 중에 본문과 유사한 경우가 있음을 발견했다(『사기』, 55:8a 참조). 다산은 이지와 모기령을 거론하면서 "내가 생각하기에 이 뜻이 정확하다"라는 평을 남겼다.

앞에서도 한 번 이야기했지만 다산은 이지가 어떤 사람인지 잘 몰랐던 것이 확실하다. 만약 이지의 삶과 사상을 알았다면 아무리 그의 해석이 좋다고 한들 명분론자인 다산이 그를 인용할 리 없다. 이지의 견해는 '원의총괄'에도 '원의'로 수록되어 있다. "'불가하다고 할 것이다(曰不可)'라는 말 두 개는 양화가 자문자답한 것이다." 이 독법이 독특하기는 하다. 모기령도 "칠흑 같은 방에 한 줄기 등불" 운운하면서 이 독법을 극찬했다. 그러나 이 '등불'을 켜는 데 다산은 특별히 기여한 바가 없다. 그럼에도 그것은 '원의총괄'에 등재되었다. 다시 한 번 '원의총괄'의 기준이 무엇인지 생각하게 만든다. 만약 이 장에서 다산의 새로운 해석을 발견할 수 없다면 그래도 이해할 수 있을지 모른다. 하지만 다산은 이 장에서 대단히 도전적인 견해를 제시했다. 양화라는 인물에 대한 평가가 그것이다.

일반적으로 가지는 부정적인 인상에도 불구하고 양화는 흥미로운 인물이다. 그는 계평자에게 등용되어 계손씨의 가신이 되었고, 노 정공 5년인 기원전 505년 계평자가 죽자 가신이면서도 계손씨 집안을 장악했고, 같은 해 그 집안의 다음 가장인 계환자를 구금했고, 더 나아가 계손, 숙손, 맹손이라는 세 유력 가문을 누르기 위해 노력했고, 그 성과로 이후 3년 동안 이들을 모두 제치고 노나라의 국정을 결정했으며, 급기야 기원전 502년 계환자를 죽이려고 했고, 그 일이 실패로 돌아가자 반란을 일으켰고, 반란이 실패하자 우여곡절 끝에 제나라를 거쳐 진晉나라로 들어갔고, 진나라에서도 조앙(?~전476)에게 등용되어 많은 계책을 헌의했다가 그 최후를 알 수 없는 어느 해에 역사의 뒤안길로 사라졌다. 일별해도 극적인 인생을 살았던 것이 그였다.

그에게 부정적인 인상을 가지게 되는 이유도 충분하다. 자신이 섬겨야 할 주군 계환자를 구금하고 그것도 모자라 살해하려고 했고, 일개 가신으로서 국정을 농단하여 명분에 어긋나는 일을 저질렀고, 반란을 일으켜 역적이 되었으며, 반란 이전이나 이후에나 노 정공을 겁박하여 임금에게 불충했다. 그러므로 유학자라면 누구도 양화를 쉽게 옹호할 수 없다.

그런데 양화를 부정적으로 보게 된 데에는 『논어』의 이 장도 어느 정도 역할을 했다. 위에서 보다시피 양화는 공자를 만나고 싶어 했지만 공자는 양화를 만나려고 하지 않았기 때문이다. 혹자는 마지막에 나오는 공자의 말, "알았습니다. 내가 장차 벼슬을 하겠습니다"라는 말에 근거해 공자가 양화와 타협했다고 생각할 수도 있겠지만 모두가 동의하듯이 이것은 거절하지 않는 말로 거절한 것이다. 기세가 등등한 양화에 맞서지는 않았지만 공자는 '장차

(將)'라는 한 단어 속에 지금 당장 그렇게 하지 않겠다는 뜻을 담았고, 그런 함의를 담음으로써 실제적으로 양화의 제의를 거부했다. 우스갯소리로 하면 마치 만나기 싫은 사람에게 "다음에 한번 보자"라고 하는 것과 같다. 물론 공자의 말에 정말로 이러한 함의가 있었는지는 질문할 수 있다. 나중에 양화가 반란을 일으켰을 때 공산불뉴라는 사람도 같이 작당을 했는데,『논어』는 이때 공자가 그에게 가고 싶어 했다고 기록했기 때문이다(17,4). 하지만 이런 것을 따지면 공자 자체를 의심하게 된다.

다산도 양화를 부정적으로 보게 하는 역사적 사실을 그대로 인정하고,『춘추좌씨전』의 여러 기록을 길게 인용하면서 그것을 확인했다. 그 긴 인용들 때문에 이 장은『논어고금주』에서 가장 긴 장 중의 하나가 되었다. 그렇지만 다산은 양화를 부정적으로만 파악하지 않았다. 정확히 말하면 다산은 이장이 양화를 부정적으로 보는 하나의 근거가 되는 데 동의하지 않았다. 그에게 양화는 악인이기는 했지만 악인이기만 한 것은 아니었다. 이것이 이 장에서 읽는 다산의 가장 참신한 주장이다. 그는 이렇게 말한다.

> 공자가 양화를 보지 않은 것은 예모가 충실하지 않았기 때문이지 그가 악인이어서가 아니다. 맹자도 "양화가 먼저 다가갔다면 (공자가 그를) 어찌 보지 않았겠는가?"(『맹자집주』, 3B:7)라고 했다. 이것이 올바른 뜻이다.『역』에서도 "악인을 보아도 허물이 없을 것이다"(『주역주소』, 7:2b)라고 했다.

양화는 악인이었지만 다산에 따르면 공자는 양화를 만날 수도 있었다. 악인을 벌레 보듯이 멀리하고 결단코 함께 말하는 것조차 싫어하는 것은 주나라 곡식을 먹지 않고 수양산에서 굶어 죽었다는 백이와 숙제의 이야기이지 공자의 태도가 아니었다는 게 현실주의자 다산의 생각이었다. 조정이 더럽 더라도 필요하다면 조정에 서야 하고, 악인을 만나는 것이 유쾌하지는 않더 라도 악인을 만나서 나라를 도울 수 있다면 그렇게 해야 한다는 것이 사림이 아니라 조신을 지향하는 다산의 가치관이었다. 단지 유학자라면 예의에 어 긋나는 초대를 받아들일 수는 없다. 출세할 것인가 은거할 것인가는 선택의 문제이지만 조정에서든 산림에서든 자신을 예우하지 않는 사람과는 함께 하 지 않는 것이 예학주의자 다산이 이해하는 유학자의 태도였고, 또 공자의 태 도였다. 그래서 위에 인용한 것처럼 다산은 공자가 양화를 만나지 않은 이유 는 악인이어서가 아니라 자신을 예우하지 않았기 때문이라고 판단했다. 양 화를 악인의 전형으로 이해하고, 그렇기 때문에 공자가 그를 멀리했다고 보 는 일반적 인식과는 다른 판단이었다.

양화가 왜 공자를 만나려고 했는가에 대한 다산의 생각도 일반적인 생각 과 다르다. 금주는 "양화가 공자를 보려고 한 것은 비록 선의이기는 하나 자 신을 도와 난을 일으키게끔 하려고 한 것에 불과하다"라고 하여 양화가 반란 의 저의를 가지고 공자에게 접근했다고 설명했다. 하지만 이런 설명은 다산 의 성에 차지 않았다. 반란을 일으키기 전 양화가 어떤 사람이었는지 몰라서 하는 말이었기 때문이다.

사실 양화는 계손씨, 나아가 삼환씨에게는 역적이었지만 노나라에는 충 신일 수도 있다. 적어도 노 정공 8년 그가 노나라에 반란을 일으키기 전까지 는 그랬다. 노나라의 가장 큰 문제는 군주를 억압하고 국정을 농단하는 삼환 씨였고, 양화는 이들을 억누르기 위해 노력했기 때문이다. 그가 계환자를 구 금한 것도 직접적으로는 계손씨의 전횡을 막으려는 동기에서였다. 물론 삼환 씨를 억누른 뒤 그가 노나라의 권력을 정공에게 돌려주려고 했는지 아니면 자신이 대신 권력자가 되려고 했는지는 알 수 없다. 그렇지만 반란 이전 그의 주적이 계손씨를 비롯한 삼환씨였다는 점은 분명하다. 그가 계환자를 구금한 뒤 삼환씨와 정공을 모두 한 자리에 모아놓고 맹세를 한 것도, 나중에 궁궐 앞 대로에서 나라 사람들을 모아놓고 맹세를 한 것도 자신이 공의를 추구한다는 것을 보여주기 위한 행동이었다. 당시 정세로 볼 때 그가 삼환씨와 대립한 데는 충분히 긍정적인 의미가 있는 것이다.

양화는 계환자를 구금하는 대담을 보인 뒤에 공자를 만나려고 했다. 적어도 그것이 다산이 이해하는 이 장의 시점이다. 명의 유학자 진계유(1558~1639)는 이때 양화가 자신의 행동에 자긍심을 느꼈다고 보았다. 사람들이 싫어하는 계손씨를 억압하는 데 성공했기 때문이다. 더욱이 공자는 언제나 노나라 공실의 권위를 회복하려고 한 인물이었고, 양화도 그 점을 잘 알았다. 그래서 그는 공자도 자신의 거사를 좋게 평가하리라 짐작했다. 그리고 그는 공자를 만나 앞으로의 국정을 논의하려고 했다. 이것이 진계유가 파악하는 양화의 진의, 공자를 만나려는 이유였고, 다산의 입을 빌어 말하면 "이 뜻도 역시 정확하다"라고 평가할 수 있는 해석이었다. 결국 다산은 양화가 난을 일으키기 위해 공자를 만나려고 한 것이 아니라 계손씨를 구금한 뒤 같은 입장을 가진 공자와 국정을 논의하기 위해 만나려고 했으며, 공자는 양화가 악인이어서가 아니라 진정한 예우 대신 얄팍한 꾀를 내서 자신을 만나려고 한 것 때문에 보지 않았다고 판단했다. 다산이 양화를 상대적으로 옹호했음을 알 수 있다. 자로를 옹호하고, 관중을 옹호하고, 무왕을 옹호한 것과 같은 맥락이다.

그런데 다산은 공자가 양화를 만나지 않은 이유를 분석하면서 한 가지 점을 더 짚는다.

노나라 사람들이 양호를 근심거리로 여긴 것은 이웃나라도 모두 아는 사실이었다. 그렇다면 공자만 그것을 몰랐겠는가? 수많은 사람이 손가락질 하는 것이 화란의 시작이 된다는 것을 알면서 공자가 기꺼이 그를 따라 벼 슬을 하려고 했겠는가?

곧 공자가 양화를 만나지 않으려고 한 데에는 그를 만나는 것이 위험하다 는 생각도 작용했다는 것이다. 다산은 위험을 불사하고 사지로 뛰어드는 것 은 성인의 행동이 아니라고 일관되게 생각했다. 그가 보는 공자는 결코 극적 인 삶을 산 사람이 아니다. 두려워할 만한 상황에서는 두려워하고, 그렇게 하 는 것이 도덕의 원칙에 위배되지 않는다면 되도록 안전한 삶을 추구하려고 했던 것이 공자였고, 다산이 이해하는 유학자의 당연한 삶이었다.

양화는 이 장에서 제법 들을 만한 말을 남겼다. "해와 달은 흘러가고 세월 은 나를 돕지(與) 않는다"라는 말은 타협을 통해서라도 현실에 참여하려는 사람이 새겨들을 말이다. 그 앞에 나오는 양화의 자문자답, 가령 "일에 종사 하기를 좋아하면서도 자주(亟) 때를 잃는다면 지혜롭다 하겠는가?"라는 말 도 무게가 있다. 한마디로 양화는 얄팍하게 자신의 잇속이나 챙기는 소인의 부류는 아니었다. 제나라와 전쟁을 할 때 그가 한 일을 보면 용기도 있었고, 삼환씨를 궁지에 몰아넣기 위해 그들의 군대를 위나라 도성에 난입하게 한 일을 보면 지략도 있었고, 삼환씨의 가장을 모두 몰아내고 자신과 가까운 각 가문의 인물을 대신 자리에 앉히려고 계획한 것을 보면 치밀함도 있었고, 반 란에 실패해 여러 번 구금을 당하면서도 결국 탈출에 성공해 진나라로 도망 친 것을 보면 대담함도 있었다. 이미 언급한 것처럼 다산은 이런 일들과 관 련된 『춘추좌씨전』의 기록을 장황할 정도로 길게 인용하는데, 대놓고 이야 기하지는 않았지만 그렇게 함으로써 양화라는 인물이 호락호락하지 않음을 말하고 싶었던 것 같다. 그 긴 여러 인용문의 말미에 다산은 양화가 진나라로 가서 조앙에게 몸을 맡긴 뒤 어떻게 꾀를 내어 조앙을 도왔는지를 소개하고는 "그가 노나라에 있을 때 반란을 조장한 것도 이와 같았다"라는 평을 남겼다. 그에게 양화는 책략이 풍부한 사람이었다.

마지막으로 다산은 양화가 원래 맹손씨의 일원이었다는 주장도 편다. 양화는 삼환씨의 세력을 억압한 뒤 삼환씨 집안을 다스릴 인물을 미리 물색했는데, 가령 계손씨의 새로운 가장으로는 계오를 생각했고, 숙손씨의 새로운 가장으로는 숙손첩을 생각했다. 하지만 맹손씨 집안은 자신이 직접 다스릴 계획이었다. 이 기록을 읽고 다산은 양화가 맹손씨 출신이라고 추측했다. 그렇지 않다면 그가 맹손씨의 가장이 될 생각을 하지는 않았을 것이기 때문이었다. 이 주장을 위해서는 원래 맹손씨였던 사람이 어떻게 '양陽'씨가 되었는지를 설명해야 하지만 근거가 빈약하더라도 가능한 추론이었고, 또 참신한 주장이었다. '원의총괄'은 이 주장도 언급하지 않는다.

17.2

선생님께서 말씀하셨다. "본성으로는 서로 가깝지만 습관으로 서로 멀어진다." 선생님께서 말씀하셨다. "오직 가장 지혜로운 사람과 가장 어리석은 사람은 옮기지 않는다."

子曰; 性相近也, 習相遠也. 子曰; 惟上知與下愚不移.

이 장에는 『논어고금주』에서 가장 긴 해설이 붙었다. 『논어고금주』는 필사본으로 모두 40권인데, 다산은 이 장 하나만으로 한 권을 채웠다. 규장각 필사본으로 33권은 이 장에서 시작해서 이 장으로 끝난다. 『논어고금주』에서 유일한 경우다. 이 장에서 '원의총괄'에 등재된 '원의'만 세 가지다. "'본성으로는 서로 가깝다'라는 말은 '가장 지혜로운 사람'과 '가장 어리석은 사람'을 통틀어서 말한 것이다. 상, 중, 하 세 가지 다른 본성은 결코 존재하지 않는다." "'가장 지혜로운 사람'과 '가장 어리석은 사람'은 몸을 보존하는 일에서의 우열을 두고 말한 것이다. 본성에 높고 낮음이 있다는 것이 아니다." "'옮기지 않는다'라는 말은 다른 사람 때문에 자리를 옮기지 않는다는 뜻이다. 한곳에 앉아 그곳에서 움직이지 않는다는 뜻이 아니다."

이 장은『논어주소』에서는 한 장이고,『논어집주』에서는 두 장이다.『논어집주』는 무엇보다도 "선생님께서 말씀하셨다"라는 말이 두 번 나오기 때문에 두 장으로 보았다. 그렇지만『논어집주』, 곧 금주에서도 두 장의 주제는 연관된다. 앞에서는 '기질지성'과 그것을 변화시키는 습관을 논의했고, 뒤에서는 변하지 않는 인간 유형을 논의했기 때문이다. 그래서 주희는 두 장을 합해야 한다는 의견도 있다고 적어놓았고, 그럴 경우 두 번째 '자왈子曰'은 빠져야 한다고 했다. 보다시피 다산은 금주의 두 장을 하나로 합해 보았다. 두 부분은 뗄 수 없는 관계를 가지기 때문이다. 그는 합장할 경우 두 번째 '자왈'을 빼야 한다는 주희의 견해에도 반대하면서 "다시 '선생님께서 말씀하셨다'라고 한 것은 말이 끝나고 다시 말을 했기 때문"이라고 했다. 공자가 한 자리에서 한 말인데, 중간에 뜸을 들였기 때문에 기록한 사람이 '자왈'을 다시 넣었다는 설명이었다.

이 장에 대한 다산의 독법도 금주와 다르다. 우선 금주는 '성상근性相近'을 "본성은 서로 가깝다"라고 읽었다. 다산은 이렇게 읽는 것이 잘못이라고 여러 번 이야기했고, 왜 그것이 잘못인가를 밝히는 데 많은 지면을 할애했다. 한마디로 본성은 서로 가까운 것이 아니라 완전히 같으므로 '성性'을 주어로 보면 안 된다는 주장이었다. 금주는 '성'을 주어로 보면서 그것이 이른바 '기질지성'을 가리킨다고 했지만 다산이 보기에는 어불성설이다. 그는 인간의 본성을 '본연지성'과 '기질지성'으로 나누어 설명하는 성리학의 사유를 적극 비판했고, 그런 개념을 이용하여 공자를 해석하려는 시도에 노골적인 불쾌함을 나타냈다. 그러면 '성상근'은 어떻게 읽어야 하는가? 그에 따르면 이 구절에는 숨겨진 주어가 있다. 사람이다. 그러므로 다산을 따라『논어』를 읽으면서 '성상근'을 "본성은 서로 가깝다"라고 옮기는 것은 큰 잘못이다.

'습상원習相遠'은 금주에 따를 때도 다산처럼 "습관으로 서로 멀어진다"라고 읽을 수 있다. 그렇지만 그때도 뜻은 다르다. 금주에서 서로 멀어지는 것은 각각의 '기질지성'이고, 다산의 해석에서 서로 멀어지는 것은 사람이다. 사실 고주가 다산처럼 읽었다. 본성이라는 측면에서 사람은 원래 서로 비슷한데 습관 때문에 달라진다는 것이 고주의 해석이고, 또 다산의 해석이다. 반면 금주는 습관으로 인해 각각의 '기질지성'이 점차 달라진다고 이해한다. "본성은 서로 가깝다"라고 했을 때는 '기질지성'의 '처음'을 말한 것이고, "습관으로 서로 멀어진다"라고 했을 때는 '기질지성'의 변화를 말한 것이다. '기질지성'도 본성인데 처음은 무엇이고 습관에 의해서 변화해 나간다는 것은 또 무엇인가 하는 의문을 가질 수도 있는데, 당연한 의문이다. 다산도 같은 의문을 가졌다. 그리고 성리학은 이 의문을 시원히 해소해주지 못한다. 그런 문제를 느꼈기 때문에 다산은 이 장에서 금주를 통렬히 비판했다. 따지고보면 금주는 '성상근'을 "본성은 서로 가깝다"라고 읽었기 때문에 문법적 일관성을 위해서는 '습상원'도 "습관은 서로 멀다"라고 읽어야 한다. 하지만 금주는 그렇게 하지 못했다. 해석이 궁색하면 읽는 방법도 어색해진다.

다산이 '성상근, 습상원'을 고주처럼 읽었다고 했지만 그의 해석이 고주와 같다고 할 수는 없다. 고주는 이 장을 간단히 해설했고, 다산은 이 장에서 너무나 많은 이야기를 하기 때문이다. 다산의 해석을 이야기하기 전에 고주의 해설을 잠시 살펴보자.

　고주에서 이 장의 '성'은 인간 본성이라기보다는 '성향' 혹은 '성격'이라는 의미다. 막 태어났을 때는 인간의 성향이 서로 비슷해서 사람들도 "서로 가깝지만" 습관의 영향을 받아 성향도 성격도 달라지고 결국 사람들이 "서로 멀어진다." 이것이 고주가 이해하는 이 장의 가르침이다. 어쩌면 이것이 정말 공자가 말하려고 한 것이었는지도 모른다. 누구나 쉽게 이해할 수 있듯이 아이들은 서로 비슷한데, 커가면서 어떤 습관을 갖느냐에 따라 저마다 달라진다. 이렇게 해석하면 공자는 지금 그렇기 때문에 좋은 습관을 가져야 한다고 가르친다. 거창한 인간 본성에 대한 논의가 아니라 좋은 습관을 가지라는 생활의 권유를 담는다. 유교에 존재론적, 형이상학적 논의가 없었기 때문에 그렇게 해석할 수밖에 없었겠지만 그런 논의를 다 아는 지금도 고주는 공자의 본의를 읽는 데 크게 참고가 된다. 물론 이 장에서 자신의 인간론 전체를 서술한 다산은 고주에 만족하지 못했다.

　이 장의 후반부, "오직 가장 지혜로운 사람과 가장 어리석은 사람은 옮기지 않는다(不移)"라는 말은 누구나 이런 정도로 읽는다. 그런데 다산이 볼 때 "옮기지 않는다"라는 표현 역시 오해하기 쉬운 말이다. 자칫 잘못하면 이 말이 "가장 지혜로운 사람"과 "가장 어리석은 사람"은 처음부터 그렇게 태어나서 "가장 지혜로운 사람"은 언제나 지혜로운 자리에 머물러 변하지 않고, "가장 어리석은 사람"은 언제나 어리석은 자리에 머물러 변하지 않는다는 의미로 이해될 수 있기 때문이다. 실상 많은 사람이 이 말을 그런 뜻으로 이해했다. 그래서 그는 이 말의 참뜻도 길게 논의했다.

　일단 앞에 소개한 세 가지 '원의' 중의 하나를 보자. "'옮기지 않는다'라는 말은 다른 사람 때문에 자리를 옮기지 않는다는 말이다. 한곳에 앉아 그곳에서 움직이지 않는다는 말이 아니다." 곧 다산에 따르면 "옮기지 않는다"라는 말은 내가 다른 사람의 영향을 받아 내 자리에서 다른 자리로 옮겨가지 않는다는 뜻이다. 내가 훈련을 잘 받아서 선한 길에 서 있다면 설령 길을 가는 도중에 악인을 만났더라도 그 악인 때문에 선한 길에서 악한 길로 옮겨가지 않는 것이 "옮기지 않는 것"이고, 어쩌다 내가 악한 길에 서 있을 때 운이 좋아 감화를 주는 좋은 스승을 만났더라도 감화를 받아들여 선한 길로 옮겨가지 않는 것이 "옮기지 않는 것"이다. 사람은 주변의 영향을 받게 마련이고, 따라서 옮기게 마련인데, 오직 "가장 지혜로운 사람"과 "가장 어리석은 사람"만이 "옮기지 않는다." 정확히 말하면 그런 사람들이 옮기지 않는 것이 아니라 옮기지 않기 때문에 그들이 "가장 지혜로운 사람"이 되고 "가장 어리석은 사람"이 된다. 누구나 길을 가는 도중에 선인과 악인을 만나지만 어떤 이는 악에 끝내 저항하여 "가장 지혜로운 사람"이 되고, 어떤 이는 선을 끝내 거부하여 "가장 어리석은 사람"이 된다.

그러므로 "옮기지 않는다"라는 말을 한곳에 머물러 움직이지 않는다는 뜻으로 이해해서는 안 된다. 삶은 부단히 걸어가는 과정이고, 모든 사람이 움직인다. 단지 어떤 사람은 밝은 길을 향해 움직이고, 어떤 사람은 어두운 길을 향해 움직일 뿐이다.

공자도 가장 지혜로운 사람이었지만 그는 "서른에 우뚝 섰고, 마흔에는 미혹됨이 없었고, 쉰에는 천명을 알았고, 예순에는 귀에 거슬리는 말이 없었고, 일흔에는 마음이 하고자 하는 바를 좇아도 법도를 넘지 않았다"(2.4). 그는 한 걸음 한 걸음 움직여서 "아래에서 배워서 위에 이르렀다"(14.26). 이제 가장 지혜로운 사람은 태어나면서부터 윗자리에 앉아서 죽을 때까지 한 발도 움직이지 않는다고 하니 이런 이치가 있는가?

공자만이 아니다. 요순을 비롯한 모든 성인, 모든 "가장 지혜로운 사람"은 부단히 움직인 사람이다. 선을 향해 움직였다. 그들은 단지 그 길을 걷는 동안 자신의 길에서 "옮기지 않았을" 뿐이다. 역사적 악인도 마찬가지다. 걸주도 그렇고, 도척도 그렇고 부단히 움직였다. 성인의 길과는 반대로, 악의 길로 움직였다. 부단히 움직인 끝에 악의 종착역에 도달했고, "가장 어리석은 사람"이라는 이름으로 역사에 기록되었다. 그 과정에서 그들도 "옮기지 않았다." 그렇게 저마다의 길로 부단히 움직여서 어떤 종착역에 도달하기 전에 그들은 어땠는가? 서로 비슷했다. "본성으로는 서로 비슷하기" 때문이다. 단지 "습관으로 멀어진" 것뿐이다. 다산에 따르면 이때 '습관'이란 혼자서 좋은 행동 혹은 나쁜 행동을 하는 습관을 의미하는 것이 아니라 사람들과 관계를 맺는 일에서의 습관이다. 선한 사람과 관계 맺는 습관이 좋은 습관이고 반대가 나쁜 습관이다. 크게 보면 반복되는 행동 모두가 '습관'이지만 다산은 "옮기지 않는다"라는 말을 다른 사람의 영향의 받아서 자신의 길에서 옮겨가는 것으로 이해하기 때문에 '습관'을 관계를 맺는 일에서의 습관이라고 강조했다.

"옮기지 않는다"라는 말을 이렇게 이해해야만 하는 가장 큰 이유는 보통의 해석이 마치 성인은 태어날 때부터 성인이고, 흉악한 사람은 태어날 때부터 악인이라는 잘못된 생각을 심어줄 수 있기 때문이다. 다산은 이런 해석을 극히 경계한다. 성인이 성인으로 태어나서 성인이 되었다면 그것은 존경할 만한 일이 아니고, 악인이 악인으로 태어나서 악인이 되었다면 비난할 일도 아니다. 그렇게 태어난 것을 어떻게 비난하겠는가?

맑은 기운을 받아서 가장 지혜로운 사람이 되었다면 이것은 선하지 않을 수 없어서 선하게 된 것이다. 어떻게 그것을 선하다고 하겠는가? 탁한 기운을 받아서 가장 어리석은 사람이 되었다면 이것은 악하지 않을 수 없어서 악하게 된 것이다. 어떻게 그것을 악하다고 하겠는가?

중간의 사람들이 덕에 나아가는 동안에 가장 지혜로운 사람은 자족하여 움직이지 않고, 중간의 사람들이 악에 나아가는 동안에 가장 어리석은 사람은 멈출 줄을 알아서 움직이지 않는다고 한다면 통하겠는가?

그러므로 성인이 성인으로 태어나서 성인이 되었다면 그들은 사람의 종류가 아니라 "사람 종류 위에 존재하는 별다른 종류다. 그렇다면 우리가 흠모해야만 하는 대상도 아니다." "'가장 지혜로운 사람'과 '가장 어리석은 사람'은 몸을 보존하는 일에서의 우열을 두고 말한 것이다. 본성에 높고 낮음이 있다는 것이 아니다"라는 '원의'는 이 주장을 요약한 것이다. 다산이 초지일관 강조하는 것은 인간의 본성은 같고, 본성이 같기 때문에 원래 사람은 다르지 않으며, 사람들이 달라지는 것은 오직 그들의 삶과 실천에 따른 결과일 뿐이라는 점이다. 이 주장을 통해 다산은 실천 없는 덕은 존재하지 않으며, 모든 덕은 행위의 결과라는 자신의 윤리관을 다시 확인한다.

이제 다산의 인성론을 검토해보자. 그의 인성론은 기본적으로 성리학적 인성론에 대한 비판인데, 어떤 면에서는 그것에 영향을 받기도 했다. 찬찬히 들여다보면 발견할 수 있는 성리학적 인성론의 문제점을 잘 지적했으면서도 자신의 인성론에서 모든 논리적 결함을 제거하지는 못했다. 이 문제를 두고 할 말이 많았으므로 이 장의 해설이 길어졌는데, 길어졌기 때문에 문제가 되는 발언을 남기기도 했다. 성리학적 인성론을 극복하기 위해 전체적으로 고전에 주목했지만 고전만큼 그에게 큰 영향을 준 것은 천주교였던 것으로 보인다.

우선 다산은 인성론에서 역대 어떤 주장이 있었는지를 소개한다. 그의 소개에 따르면 맹자는 본성의 선함을 주장했고, 순자는 본성의 악함을 주장했으며, 공손자는 본성에 선악이 없다고 주장했고, 양웅은 본성에 선악이 혼재한다고 주장했고, 유향은 본성의 선악을 따지려면 감정을 같이 고려해야 하므로 당장 본성의 선악을 결정할 수 없다고 주장했다. 이것은 순열(148~209)의 『신감』에 소개된 설을 다산이 요약한 것인데, 순열은 이 설들을 모두 소개한 뒤 자신은 유향의 설을 지지한다고 밝혔다(『신감』, 5:4b~5a). 여기에 다산이 따로 소개하는 설이 하나 더 있는데, 바로 인간 본성에는 상품, 중품, 하품의 세 가지 다른 본성이 있다는 한유의 주장이다 (『당송팔대가문초』, 9:6a~7b 참조). 한유의 주장은 또한 형병의 입장이기도 하다.

이 설들을 검토한 다산은 결론적으로 "오직 맹자의 성선설이 대체의 본래 면목을 얻었을 뿐"이라고 단정한다. 다른 설에도 얻어들을 내용이 없는 것은 아니나 맹자의 학설이 가장 근본에 접근했다는 것이다. 단지 그는 유향과 한유의 학설은 참고할 필요가 없다고 저평가했다. 가령 유향을 놓고 다산은 "이제 유씨의 설은 '가장 지혜로운 사람'에게는 인심이 없고, '가장 어리석은 사람'에게는 도심이 없다는 것이니 어찌 본성을 아는 사람이라고 하겠는가? 유씨의 설이 가장 아래에 있다"라고 말한다. 유향은 한 사람의 본성의 선악을 논하려면 그가 감정에 얼마나 많은 영향을 받는가를 봐야 한다고 주장했는데, 그렇다면 성인에게는 감정이 없다는 말이 되기 때문에 받아들일 수 없다는 것이었다. 여기에서 다산은 "유씨의 설이 가장 아래에 있다"라고 했지만 그것은 한유 이전의 설을 검토했을 때의 평가이고, 한유의 설까지 포함한다면 단연코 한유가 최악이다. 앞에서 설명한 것처럼 다산은 인간의 본성이 모두 같다고 보았고, 또 저마다의 다른 본성이 사람의 선악을 결정한다는 사유를 극력 비판했으므로 한유의 설은 도저히 받아들일 수 없었다. "상중하 삼품의 설은 겉으로는 균형을 잡은 것처럼 보이지만 선으로 향하는 문을 막고 자포자기하는 길을 열어준 것이다. 천리를 손상시키고 인도를 해치는 이 설은 지극히 독하고 지극히 끔찍해서 그 화가 홍수나 맹수보다도 더하다." 당말에 고문부흥 운동을 이끌면서 성리학의 물꼬를 연 이 유학자에 대한 비평치고는 상당히 과격하다. 실상 다산은 여러 군데에서 한유의 학식과 자질을 문제 삼는다.

한유의 성삼품설이 다산의 입맛에 전혀 맞지 않는 것은 이해할 수 있다. 그는 이미 "가장 지혜로운 사람"과 "가장 어리석은 사람"이 본성에 따라 결정되지 않는다고 했고, 내 삶의 도덕적 품질은 온전히 나의 실천에 의해서만 판단되어야 한다는 경험주의적이면서도 합리적인 생각을 서술했다. 그렇지만 그가 왜 유향을 비판했는지, 나아가 왜 순자 등 "나름대로 근거가 있는" 학설들을 비판했는지는 얼른 이해하기 쉽지 않다. 그의 인성론 전체를 파악해야 하기 때문이다. 그리고 그의 인성론을 알기 위해서는 그것이 대면하고 있는 성리학의 인성론을 먼저 서술해야 한다.

성리학의 인성론에서 다산이 가장 크게 문제를 삼는 부분은 본연지성·기질지성론이다. 이 학설은 다산이 보기에 "실리實理에서 어긋나는 것"이다. 이 책 『다산 논어』는 다산학을 실리학으로 규정하는데, 여기에서 다산은 성리학이 현실에 맞지 않는 공리空理를 논한다고 보고 '실리'를 자신의 생각을 떠받치는 궁극적 가치로 소개한다. 그러면 성리학의 본연지성·기질지성론은 무엇이 문제인가?

성리학의 인성론에서 기질氣質이란 성리학적 존재론의 한 축인 기氣가 인간 존재에 적용된 것으로 인간의 육체적 요소를 가리킨다. 기질지성은 이 육체적 요소와 결합되어 있는 인간의 본성이고, 본연지성은 육체적 요소가 개입되지 않은 온전한 인간의 본성이다. 그렇지만 인간은 태어나는 순간부터 육체를 가지기 때문에 본연지성은 개념적으로만 존재하지 현실적으로는 존재하지 않는다. 현실적으로 존재하는 것은 기질지성뿐이다. 이 기질지성은 기질, 곧 육체적 요소의 영향을 받는다. 그런데 기가 그런 것처럼 인간의 기질도 다양하다. 성리학에서는 보통 청탁, 곧 맑고 흐린 정도에 따라 기질이 달라진다고 설명하는데, 기질이 다양하다는 것을 그렇게 표현한 것이다. 인간의 모든 다양성, 외형의 다양성이나 지적 능력의 다양성 등 모든 다양성은 기질의 다양성을 반영한다. 경험할 수 있는 인간의 본성도 마찬가지다. 그것이 기질의 영향을 받기 때문에 우리는 다양한 본성을 가진 사람을 만나게 된다. 본문을 성리학의 관점에 연결시켜 말하면 "가장 지혜로운 사람"과 "가장 어리석은 사람"이 다른 것은 그들의 기질이 다르고, 따라서 그들의 '기질지성'도 다르기 때문이다. 성리학은 크게 보면 다 같은 사람인데 자세히 보면 왜 다른 사람이 존재하는가 하는 질문에 답하기 위해 기질 혹은 기질지성이라는 개념을 사용하였다.

다산도 성리학적 세계관의 대강을 받아들이기 때문에 세계의 다양성을 설명하는 개념으로서의 기, 인간의 다양성을 설명하는 개념으로서의 기질을 그대로 수용한다. 그렇지만 기질은 육체적 요소이고, 육체적 요소에 불과하다. 인간의 본성이 육체 없이 관찰될 수는 없더라도 가만히 생각해보면 본성은 본성이고, 육체는 육체다. 이것이 혼동되어서는 안 된다. 그런데 성리학은 기질지성을 이야기하면서 본성이 기질에 의해 변화되는 것처럼 이야기했다. 기질과 결합된 본성이 원래의 본성, 곧 본연지성과 다르다고 이야기하는 순간 성리학은 본성이 기질의 영향을 받아 변화한다고 서술한 셈이다. 그렇다면 이렇게 자기 아닌 것에 영향을 받아 변화하는 어떤 성질을 본성이라고 할 수 있는가? 인간의 본성은 우주의 원리와 마찬가지로 본체이자 실체다. 본체는 외물에 의존하지 않고도 존재하는, 그 자체에 의해서 정의되는 궁극적 실체다. 그런데도 성리학은 기질지성을 본연지성과 구별함으로써 본성이 어떤 요소에 의해 변화하는 것처럼 주장했다. 그렇다면 그 본성은 이미 본체가 아니다. 이것이 다산이 지적하는 성리학적 인성론의 문제점이다. 마치 성삼품설이 어불성설인 것처럼 본연지성·기질지성론도 본성의 정체를 부정하는 본성론이 된다. 다산에게 본성은 오직 하나일 뿐이다.

따지고 보면 '본연'이라는 말도 유교의 언어가 아니다. 다산이 정확히 지적하듯이 그것은 불교의 용어이고, 불교적 사유에서나 가능한 개념이다. 불교에서는 인간의 청정한 자성自性이 시작도 없고 끝도 없는 시공 속에 스스로 존재하여 영속하므로 그것을 두고 처음 이전의 어떤 상태를 가리키는 '본연'이라는 말을 사용하여 성본연性本然이니 본연성本然性이니 하는 말을 할 수 있을지도 모른다. 하지만 유교에서 나는 부모로부터 나온 존재이고, 모든 인간은 하늘로부터 형체를 부여받아 태어난다. 부모 없이 내가 없고, 하늘 없이 사람이 없다. 다시 말해서 유교에는 특정할 수 있는 시작점이 있다. 불교처럼 인식의 연장을 통해 개념적으로 장황한 세계를 만드는 것이 아니라 내가 태어난 것은 부모님 때문이라는 간명한 상식을 통해 인간을 이해하는 것이 유교다. 그런 유교가 '본연'을 이야기하는 것은 다산이 보기에 유교를 추상화함으로써 그 생명을 부정하는 일이었다.

> 본연지성이라는 말은 명확히 불교의 용어다. 어찌 그것으로 공맹의 말을 해석할 수 있단 말인가?

이러한 비판을 가하면서 다산은 주로 『능엄경』을 통해 '본연'이라는 말의 유래를 밝히고 그것이 유교적 사유를 담을 수 없는 이유를 서술하는데, 그

과정에서 자신이 불경도 연구했음을 보여준다. 또한 다산은 불교의 자성(무형)이 스스로 존재한다면 어째서 개별적 존재(유형)마다 깨달음을 향한 자성의 능력이 천차만별인가 하는 질문도 한다. 어쨌든 성리학적 인성론에 대한 다산의 비판은 사상사적으로나 이론적으로나 충분한 근거를 가진다. 성리학은 본성이라는 개념을 통해 보편과 특수, 하나인 실체와 많은 현상을 모두 설명하려고 하면서 기질지성이라는 고육책을 만들어냈으나 모든 고육책이 그렇듯이 허점이 있었고, 다산은 이 허점을 정확히 지적했다.

그런데 다산의 인성론도 독특하다. 무엇보다도 그에게 '성'은 스스로 분명히 말하듯이 본체가 아니다.

> "하늘이 명한 것을 성이라고 한다(天命之謂性)"(『중용장구』, 1b)라는 말은 하늘이 사람을 낳을 때 덕을 좋아하고 악을 부끄러워하는 본성을 허령한 본체 가운데 부여했다는 것이지 성을 본체라고 명명할 수 있다고 한 것은 아니다.

다산에게 '성'은 실체가 아니라 "덕을 좋아하고 악을 부끄러워하는," 그가 더 자주 사용하는 표현을 빌리면 "선을 좋아하고 악을 싫어하는(好善惡惡)" 어떤 경향성이다. 이것을 보통 다산의 성기호설性嗜好說이라고 말하는데, '기호'라는 것은 '좋아하다'라는 뜻이므로 다산의 성설과 연관시킨다면 내용적으로 선을 좋아한다는 뜻이다. '기호'만 이야기하더라도 "선을 좋아하고 악을 싫어한다"라는 내용을 포함할 수 있고, 또 다산도 "'기호'를 내버려두고 성을 이야기하는 것은 공자와 맹자의 옛 학설이 아니다"(『중용자잠』, 『정본 여유당전서』 6, 229)라고 하여 '성'을 '기호'라는 측면에서 설명하려고도 했다.

그렇지만 그가 '기호'를 통해 '성'을 이야기한 것은 '기호'가 '성'의 원래 의미임을 강조하기 위해서다. 다산의 성설을 '성기호설'이라고 소개할 때는 이 점에 유의해야 한다. 옛날 사람들이 '성'을 이야기할 때는 언제나 '기호'라는 측면에 주목했다는 게 그의 주장이었고, 그런 맥락에서 '성'을 이야기할 때에 한해서만 그는 '기호'라는 개념을 동원한다. 따라서 위에 인용한『중용자잠』의 글에서 "내 본성(性)이 날고기나 구운 고기를 좋아한다(嗜好)"라고 할 때도 '기호'라는 말이 사용된다. 옛날에는 이런 맥락에서 '성'이라는 개념을 사용했다는 것이다. 공자나 맹자도 예외는 아니었다. 이 장의 '성'도 선을 좋아하는 본성을 의미한다는 점에서 결국 '기호'와 관련되어 있고, 맹자가 "마음을 움직여서 본성을 참는다(動心忍性)(『맹자집주』, 6B:15)"라는 말을 할 때의 '성'도 '기호'와 관련되어 있다.

그런데 옛날 맥락에서의 '성'이 다산이 말하는 '성'과 같지는 않다. 쉽게 말해서 "내 본성이 날고기나 구운 고기를 좋아한다"라고 말 할 때의 '성'은 도덕적 본성을 가리키지 않으며, "본성을 참는다"라는 말에서의 '성'도 도덕적 본성이 아니라 인간이 좋아하는, '기호'하는 식색과 관련된 어떤 성향을 가리킨다. 다산이 여기저기에서 인용하듯이『시』나『서』같은 오래 된 고전에는 이런 의미에서 '성'이라는 개념을 사용하는 경우가 많다. 그래서 다산은 예로부터 '성'은 '기호'라는 뜻으로 많이 사용했다고 하면서 '기호'라는 측면과 분리하여 '성'을 이야기할 수 없다고 주장한 것이다.

그러나 다시 한 번 말하지만 이때의 '성'이 다산이 궁극적으로 말하려는 '성'과 같지는 않다. '기호'로서의 '성'은 "선을 좋아하고 악을 싫어하는" '성'과 관련이 있지만 동시에 고기를 좋아하는 인간의 본성과도 관련을 가지기 때문이다. 따라서 다산의 성설은 '성기호설'이라기보다는 '성호선오악설性好善惡惡說'이라고 정의되어야 맞다. '기호'로서의 '성'이라는 고대적 관점을 계승하면서도 그 '성'이 궁극적으로 선을 좋아하고 악을 싫어한다는 판단을 통해 인간의 본성을 설명하려는 것이 다산 인성론의 핵심이기 때문이다.

어쨌든 다산에게 '성'은 실체가 아니다. 그의 '성'은 실체로서의 본성이라기보다 '성향'이라는 의미이며, 따라서 이 장에서 고주가 설명하는 '성'과 가깝다. 그렇다면 다산에게는 인간의 본체, 실체에 대한 사유가 없었던가? 있었다. 이를 논의하기 위해 다산은 다시 고전으로 돌아가는데, 바로『맹자』다.

> 옛날의 경전에 입각해서 볼 때 허령虛靈한 본체로 말한다면 그것을 '대체人體'라고 했다. '대체'가 발發한 것으로 말하면 도심이고, '대체'가 좋아하고 싫어하는 것으로 말하면 '성'이라고 한다.

'대체'는『맹자』의 개념이다. "그 대체를 따르면 대인이 되고, 그 소체小體를 따르면 소인이 된다"(『맹자집주』, 6A:15). 이때 '대체'는 거칠게 말하면 인간의 마음이고, 좀 더 정확하게 말하면 사단지심 같은 순전히 도덕적인 인간의 본심이다. 말하자면 양심 같은 것이다. 맹자는 사람들이 '대체' 곧 본심을 따르면 대인이 되고, '소체' 곧 육체를 따르면 소인이 된다고 말했다. 다산은 이 '대체'가 인간의 본체라고 주장한 것이다. 위의 인용문에서 말하는 것처럼 이 '대체'는 '허령', 곧 형체가 없으면서도(虛) 영묘한 작용을 가지는(靈) 그야말로 오묘한 존재다.

다산은 '대체'가 발한 것이 도심이라고 했다. 보완해서 설명하면 '대체' 곧 인간의 본심이 육체적 요소에 간섭받지 않고 그대로 드러난 것이 도심이다. 그러므로 도심은 도덕으로 가득하다. 반면 인간의 마음이 육체적 요소에 간섭을 받으면 그것은 인심이 된다. 따라서 인심에는 욕망이 가득하다. 당연히 모든 도덕은 도심의 작용이자 결과이며, 모든 악은 인심의 작용이자 결과다. 다산에 따르면 순자는 인심에 주목했기 때문에 성악을 이야기했고, 공손자는 아직 도심과 인심이 드러나지 않았을 때에 주목했기 때문에 본성에는 선도 없고 악도 없다고 이야기했으며, 양웅은 도심과 인심이 항상 대립하는 것에 주목했기 때문에 본성에 선악이 같이 있다고 주장했다. 그렇지만 그들은 인간의 본성을 논하면서 도심이라는, 본심에 더 가까운 개념에 주목하지 않는 오류를 저질렀고, 그렇기 때문에 다산은 도심의 측면을 강조한 맹자의 성선설이 가장 진실에 근접한다는 평가를 내렸다.

그렇다면 인심은 어떤 마음에 육체적 요소가 결합한 것인가? 인간의 본심에 육체적 요소가 결합한 것이 인심인가? 아니면 인심으로 활성화되는 또다른 실체적 마음, 악의 근원으로서의 또 다른 마음이 존재하는가?

다산은 명확히 답하지 않는다. 성리학이 특정한 질문에 명확히 답하지 않는 것과 같다. 이쯤에서 눈치 챌 수 있듯이 그의 인심도심설은 성리학의 본연지성·기질지성론 혹은 성정론과 닮았다. 본체인 본연지성 혹은 '성'이 육체적 요소의 영향을 받아 기질지성 혹은 '정情'이 되듯이 그의 이론에서는 본체인 '본심'의 현실태로서의 도심이 육체적 요소의 영향을 받아 인심이 된다. 만약 그가 '본심' 이외에 인심을 낳는 다른 실체적 마음이 존재한다고 생각했다면 그 점을 언명했을 것이고, 그 실체적 마음의 기원은 무엇인가를 설명했어야 했겠지만 그렇게 하지 않았다. 그의 사상에서는 '본심', 맹자가 이야기한 '대체' 이외에 본체로서의 다른 마음이 존재하지 않기 때문이다. 결국 다산이 성리학의 기질지성을 두고 기질의 영향을 받아 본성이 변화할 수 있는가를 질문한 것처럼 다산의 인심도심설을 두고 본심 혹은 본심의 현실태로서의 도심이 기질의 영향을 받아 변화할 수 있는가를 질문할 수 있다. 변화할수 있다고 한다면 그것은 실체가 아니다. 변화하지 않는다면 인심은 뭔가 질문할 수 있다. 한마디로 성리학이 해결하지 못한 문제를 다산의 인성론도 그대로 가지고 있는 것이다.

이런 논평은 다산의 인간론을 논리적으로 이해한 결과다. 그런데 이러한 논리적 접근은 오류일 수 있다. 다산학은 물론 성리학에도 종교적 지평이 존재하기 때문이다. 성리학과 다산의 서술은 논리 위에 있다기보다 믿음 위에서 있다. 가령 본연지성이 순선하고, 본심이나 도심에는 도덕이 가득하다는 언명은 논리적 서술도 아니고 과학적 관찰 결과도 아니다. 다산은 '성'을 "선을 좋아하고 악을 미워하는" 심리적 경향성으로 설명했지만 정말로 사람에게 이러한 경향성이 존재하는지, 그것이 선험적으로 하늘의 명령, 곧 천명을 통해 사람에게 부여되었는지는 알 수 없다. 그것은 종교적 믿음이기 때문이다.

그런 면에서 다산 인간관의 핵심에는 하늘, '천'에 대한 믿음이 있다. 그에게 '천'은 고대적 우주관에서의 '천'이기도 하지만 천주교의 '천주'와 같은 존재이기도 하다. 성리학의 '천'은 이법으로서의 '천'이라는 측면이 강하지만 다산의 '천'은 이법의 근원이고, 만물을 창조한 것이며, 사람들의 일거수일투족을 굽어보는 권능이며, 선한 자에게 복을 주고 악한 자를 징벌하는 심판자이기도 하다. 사람이 다양한 기질을 가지게 된 것도, 순선한 본심을 가지게 된 것도, "선을 좋아하고 악을 미워하는" 본질적 성향을 가지게 된 것도 모두 하늘이 작용한 결과다. 이 하늘은 인간에게 육체(形)와 정신(神)을 부여하고, 그때 사람들에게 '선하라'라는 명령을 준다. 그것이 천명이다. 『중용』에 따르면 그 하늘의 명령이 인간의 본성이므로 인간의 본성은 "선을 좋아하고 악을 미워한다." 이때 "선을 좋아하는 것"의 주체는 '성'이 아니다. 그 주체는 '본심'이고 '대체'다. '성'은 본체가 아니라 그러한 성향을 가리킨다. 그러면 '본심'의 정체는 무엇인가? '허령'하다. 다른 말로 하면 알 수 없다.

이러한 다산의 천관을 놓고 고대의 천관으로 돌아가려는 시도였다고 평가할 수 있을지도 모른다. 하지만 그의 사유에는 고대의 천관에 없는 내용도 있다. 앞에서는 다산 철학에서 인심을 존재하게 하는, 육체의 영향을 받아 본심이나 도심이 변화하는 기제는 무엇인가를 질문할 수 있다고 했는데, 잘 들여다보면 다산의 천관에서 이 질문에 대한 답을 대체로 얻을 수 있다.

> 이에 (하늘이) 사람에게 선할 수도 있고 악할 수 있는 권능을 주어 그들이 스스로 주장하는 바를 따를 수 있도록 했으니 선을 향하려고 해도 따를 수 있고, 악으로 나아가려고 해도 따를 수 있다. 이것이 공과 죄가 일어나는 계기다. 하늘이 이미 덕을 좋아하고 악을 부끄러워하는 본성을 주고서도 선을 행하고 악을 행하는 문제에서는 마음대로 자리를 잡을 수 있도록 하여 사람이 하는 바에 맡겼으니 이것이 신기한 권능의 오묘한 가르침이 엄연히 존재함을 두려워해야 하는 이유다.

기독교에 약간이라도 익숙한 사람이라면 이것이 죄의 근원을 설명하는 기독교의 논리라는 것을 금세 알아차릴 수 있다. 이뿐만이 아니다. 다산은 인간과 사물의 본성이 같은가 다른가도 논의하는데, 그 논의에서도 천주교의 영향이 보인다.

> 그러므로 기질지성은 사람과 사물이 같이 얻은 바다. 하지만 도의의 본성으로 말하면 오직 인간만 가지고 있는 것으로 금수 이하는 얻을 수 없다.

이 서술이 다산의 인물성동이론의 핵심이다. 간단히 말하면 다산은 단연코 인간의 본성이 사물의 본성과 같지 않다는 입장을 취한다. 이 문제, 인성과 물성이 같은가 다른가 하는 문제는 이미 다산 이전 많은 유학자가 토론했던 주제다. 이때 양자가 같다고 하는 주장은 '본연지성'의 보편성을 통해 논리적으로 뒷받침되었고, 양자가 다르다고 하는 주장은 '기질지성'의 개별성을 통해 뒷받침되었다. 그런데 지금 다산은 거꾸로 "기질지성은 사람과 사물이 같이 얻은 바다"라고 말하여 '기질지성'에 주목하면 인간과 사물은 같다는 주장을 편다. 그에 비해서 '본연지성', 다산의 용어를 쓰면 '도의의 본성'에 주목하면 인간과 사물의 본성이 결코 같을 수 없다. 다산의 인물성동이론이 조선의 인물성동이론과 맥락을 달리함을 알 수 있다.

"기질지성은 사람과 사물이 같이 얻은 바다"라는 것은 사람이나 사물이 공히 기질에 영향 받는 본성을 가진다는 의미다. 물론 이것은 다산 스스로가 자신이 한 말을 부정한 것이다. 그는 '기질지성'이 어불성설이라고 했고, 심지어 "본연이니 기질이니 하는 것은 성인들이 알 수 없었던 것"이라고 하면서 "기질의 학설은 비록 없애버린다고 해도 가하다"라고까지 했다. 그렇지만 그는 이제 여기에서 인성과 물성의 동이를 논하면서 '기질지성'이라는 개념을 사용한다.

더 흥미로운 것은 그가 인성과 물성이 다르다는 주장을 하게 되는 근거다. 그는 '도의의 본성'은 인간에게만 존재한다고 했다. 이 주장의 고전적 근거가 없지는 않다. 『순자』는 만물을 물불, 초목, 금수, 인간 네 종류로 나누면서 물불은 기만, 초목은 기와 생명만, 금수는 기와 생명과 지능만 가지고 있고, 오직 인간만 기, 생명, 기능과 함께 '의義'를 가진다고 하여 인간이 만물의 영장임을 이야기했다(『순자』, 5:10b). 순자의 이 말은 어찌 보면 다산의 주장과 흡사하다. 하지만 순자에게 '의'는 본성의 소산이 아니다. 순자 사상에서 모든 도덕은 인간이 후천적으로, 지적 능력을 통해 도덕이 필요함을 깨달아 만들어낸 것이고, 이기적 욕망으로 가득 차서 악을 낳을 가능성이 농후한 본성을 이겨낸 결과다. 그러므로 다산이 아무리 자신의 인물성동이론에 고전적 근거가 있다고 주장했더라도 『순자』를 놓고 '도의의 본성'을 이야기할 수는 없다.

그렇다면 다산처럼 인간과 동물의 본성을 구별하는 이론으로 기독교의 인간관을 떠올릴 수 있다. 인간에게만 신을 자각할 수 있는 영성이 있어서 그 영성으로 인해 다른 존재 위에 우뚝 설 수 있는 자격을 가지게 되었다는 기독교의 교리에 '신' 대신에 '천'을 넣고 '영성' 대신에 '도의의 본능'을 넣으면 두 서술 사이에 큰 차이가 없다. 다시 다산에 대한 천주교의 영향을 확인할 수 있는 대목이다. 다산이 여러 차례, 심지어 스스로 쓴 묘지명에서도 천주교 신자임을 부정한 이상 유배지의 그를 천주교 신자로 볼 수는 없어도 그의 사상에 미친 천주교의 영향은 이렇게 심대했다. 그 영향에 주목하다보면 그가 '성'을 실체로 보지 않고 '본심'을 실체로 본 것 역시 '성'이라는 성리학적 개념보다는 '양심'이라는 기독교적 개념을 중시했기 때문이라고 볼 수도 있다. 또 '천'이 인간에게 형체와 정신을 부여했다면서 시작되는 그의 인간론의 기초도 역시 기독교적 세계관의 반영일 수 있다.

마지막으로 다산의 논설 중 한 가지 흥미로운 대목을 소개한다. 다산은 한유의 성삼품설을 비판하면서 한유가 근거로 삼은 『춘추좌씨전』의 기록들을 검토하여 그것들이 한결같이 과장되고 허황된 것임을 그 특유의 합리주의적 관점에서 지적한다. 이때 다산은 허균(1569~1618)과 허견(?~1680)과 같은 대역죄로 처형당한 조선의 인물을 거론하면서 그들을 타고난 악인으로 암시하는 유언들이 얼마나 근거가 없는가를 고발한다. 가령 허균이 처형당하자 그가 태어나기 직전 온몸이 붉은 귀신이 허균의 집안으로 들어갔다는 유언이 있었는데, 모두 믿을 수 없다는 식이다. 그가 보기에는 『춘추좌씨전』에도 이런 허무맹랑한 기록이 많았다. 그래서 그는 이 장에서 "좌씨는 근거 없이 과장했으니 그 폐단은 속이는 것이었다"라는 『춘추좌씨전』에 대한 일반적 감상을 기록했다. 만약 그가 이러한 감상을 좀 더 발전시켰다면 그에게서 고전에 기록된 바가 역사적 사실에 부합하는가를 따지는 '의고疑古'의 정신이 나왔을 수도 있다. 하지만 다산은 『춘추좌씨전』을 의심하면서도 그야말로 수많은 곳에서 『춘추좌씨전』을 인용하고 『춘추좌씨전』을 근거로 자신의 해석을 뒷받침한다. 다산은 '의고'와 '호고好古'의 경계에 서 있었던 것이다.

17.3

선생님께서 무성에서 가셨다가 현가의 소리를 들으셨다. 우리 선생님께서 미소를 머금고 웃으시며 "닭을 잡는 데 어찌 소 잡는 칼을 쓰는가?"라고 하시니 자유가 대답했다. "이전에 저 언은 우리 선생님께 '군자가 도를 배우면 남을 사랑하고, 소인이 도를 배우면 쉽게 부린다'라는 말을 들었습니다." 선생님께서 말씀하셨다. "여러 사람들아! 언의 말이 맞다. 조금 전에 한 말은 농으로 한 것일 뿐이다."

子之武城, 聞弦歌之聲. 夫子莞爾而笑曰; 割雞, 焉用牛刀? 子游對曰; 昔者, 偃也聞諸夫子曰; 君子學道則愛人, 小人學道則易使也. 子曰; 二三子! 偃之言是也. 前言戲之耳.

'무성武城'은 노나라 남쪽 변경에 위치했던 작은 고을로 당시 공자의 제자 자유가 다스리고 있었다고 한다. 어떤 일로 공자가 그 고을을 방문했다가 '현가弦歌의 소리'를 들었다. 여기에서 '현弦'은 '현絃'과 같은 글자로 울림통에 줄(絃)을 매서 소리를 내기 악기, 그중에서도 비파와 거문고를 의미한다. 이 설명은 누구나 그렇게 하는 것이지만 '가歌'에 대한 다산의 해석은 다른 사람과 다르다. 그가 『논어고금주』에서 일관되게 주장하듯이 이 글자는 "『시』를 읊는 것"을 의미한다. 그냥 노래를 부르는 것이 아니라 백성의 교화를 위해 주공이 수집했다고 하는 『시』의 노래들, 특히 「주남」 「소남」의 노래와 '아雅' '송頌' 같은 궁중 음악의 노래를 거문고와 비파에 맞추어 읊는 것이다. 다들 '현가의 소리'를 예악을 통해 백성을 교화하려고 한 증거로 보지만 다른 사람은 다산처럼 구체적으로 해석하지는 않았다.

공자가 뜬금없이 "닭을 잡는 데 어찌 소 잡는 칼을 쓰는가?"라고 말한 까닭에 대한 해석은 약간씩 다르다. 고주는 공자가 진심으로 자유를 비판하려고 했다고 본 듯하고, 금주는 배운 대로 고을을 다스리는 자유를 보고 기분이 좋아진 공자가 가벼운 농담을 했다고 하고, 다산은 공자가 "천하에 도를 행하지 못하고 이 작은 읍을 다스리는 데 쓰는 것"을 슬퍼했다고 한다. 그렇다면 슬픈 공자는 왜 웃으면서 이 말을 했는가, 그리고 슬픈 공자는 왜 나중에 "조금 전에 한 말은 농으로 한 것일 뿐이다"이라고 말했는가가 문제가 될 수 있는데, 다산은 길게 설명하지는 않았다. 공자 개인적으로는 슬퍼서 한 말이었는데, 나중에는 아무리 작은 고을이라도 예악으로 다스리는 것이 옳다는 것을 알려주려고 "조금 전에 한 말"이 농이었다고 한 것 같다.

군자도 배우고 소인도 배우는 '도道'는 예악을 가리킨다. 모두가 동의한 해석이다. 예악을 배운 소인을 쉽게 부릴 수 있는(易使) 이유는 예악을 통해 인간관계가 화목해지기 때문에 그렇다고 한다. 그만큼 유교의 예악은 사람을 순치시키는 데 효과가 있다는 것이다.

17.4
공산불요가 비읍을 근거로 배반하고 공자를 불렀다. 선생님께서 가

려고 하시니 자로가 기뻐하지 않으며 말하기를 "갈 수 없으면 그만
둘 일인데, 어찌 반드시 공산씨에게 가시려고 합니까?"라고 했다.
선생님께서 말씀하셨다. "무릇 나를 부른 것이 어찌 하릴없이 했겠
는가? 나를 쓰는 자가 있다면 나는 동주처럼 하겠다!"

公山弗擾以費畔, 召, 子欲往. 子路不悅曰; 末之也已, 何必公山氏之之也? 子
曰; 夫召我者, 而豈徒哉? 如有用我者, 吾其爲東周乎!

이미 소개한 대로 공산불요는 공산불뉴라고도 하며, 『좌전』에서는 자설이
라는 자로 종종 등장한다. 앞에 나온 양화와 마찬가지로 계씨의 가신이었다.
본문은 그가 "비읍(費)을 근거로(以) 배반했다(畔)"라고 했는데, 비읍은 계씨
의 식읍으로 군사적 요충지였다. 계씨는 노나라 수도인 곡부에 있었으므로
이곳을 다스리기 위해 믿을 만한 가신을 보냈지만 간혹 세력을 갖게 된 가신
이 배반하는 일을 경험했다. 남괴가 그랬고, 양화도 그랬고, 공산불요도 그
랬다.

'반(畔)'은 여기에서 '배반하다'라는 뜻이다. 이 글자를 '반란을 일으키다'라
고 옮기는 경우도 있는데, 그렇게 하면 이때 공산불요가 무슨 군사적 행동을
한 것 같은 오해를 불러올 수 있다. 적어도 다산의 관점에서는 오해다. 다산
은 이 장의 일이 공산불요가 정말 반란을 일으킨 정공 12년(기원전 498)이
아니라 양화가 계환자를 구금한 정공 5년(기원전 505)에 있었다고 보았기
때문이다. 나중에 보면 알겠지만 이 연대 비정은 중요하고, 따라서 '반'을 '반
란을 일으키다'라고 읽지 않는 것도 중요하다.

『좌전』에 따르면 기원전 505년 양호(양화)는 계환자를 구금했다. "양호가
계환자와 공보문백을 가두고 중량회를 내쫓았다"(『춘추좌씨전』, 55:4 b). 이
때 공산불요가 양호를 부추겼다. "자설이 화가 나서 양호에게 말하기를 '당

신 그 계획을 실행할 수 있겠소?'라고 했다"(55:3a). 공산불요가 화가 난 이유는 당시 계환자가 비읍을 방문했을 때 계씨의 총신인 중량회가 자신을 공경하지 않았기 때문이었다. 사실 이에 앞서 공산불요는 계씨 세력을 제압하려는 양호의 계획을 듣고 그 실행을 만류한 바 있었다. 그런데 중량회 때문에 화가 난 공산불요는 마음을 바꾸어 양화에게 계획을 실행에 옮기라고 부추긴 것이다. 결국 양호는 계환자를 가두었다. 다산은 정황으로 볼 때 공산불요도 이 일에 적극 개입했고, 그것을 본문에서는 "비읍을 근거로 배반했다"라고 기록한 것으로 이해했다.

> 공산불뉴는 단지 양호에게 중량회를 내쫓고 계환자를 가두라고 했을 뿐이고, 그가 비읍을 점거해 배반했다는 글은 (『좌전』에) 없다. 그러나 양호와 공산불뉴는 같은 계씨의 가신이었으니 비읍을 점거하지 않았다면 계환자를 가둘 필요가 없었다. 따라서 이해에 비읍을 점거하여 배반한 것에는 의심의 여지가 없다.

다산이 이렇게 못을 박은 것은 공자가 공산불요의 초청을 받은 해가 정공 5년이었음을 확실히 해야 했기 때문이었다. 다산과 달리 일부에서는 본문의 일이 정공 12년 공산불요가 정말 반란을 일으켜 노나라의 수도로 쳐들어올 때 있었다고 본다. 가령 금주에서 풍의는 "양호와 공산불요는 같이 계환자를 가두었다. 양호가 패하여 도망간 뒤 공산불요가 읍을 점거하여 반란을 일으켰다(畔)"라고 했고, 모기령도 같은 견해를 취했다(『사서승언』, 4b~5a 참조). 다자이도 마찬가지였다. 공산불요가 반란을 일으키기 전 양호는 앞에서 설명한 대로 계환자를 구금했고(정공 5년), 얼마 뒤 비읍을 거점으로 반란을 일으켜 정공을 해치려다가 실패하자 제나라를 거쳐 진나라로 도망갔다(정공

8년). 금주 등에서 말하는 본문의 '반'은 양호가 도망간 뒤에 있었으므로 정공 12년에 있었던 공산불요의 반란을 가리키게 된다.

그런데 공자가 정공 12년에 공산불요의 초청을 받고 "가려고 하셨다(欲往)"라고 한다면 사정은 복잡해진다. 이해에 공자는 노나라에서 지금으로 따지면 법무부 장관에 해당하는 벼슬을 받아 봉직했기 때문이다. 형옥을 관장하는 관리가 난을 일으킨 사람의 부름에 응하려고 했다는 것은 그 의도가 어떻든 용인하기 어렵다. 더욱이 이해 자로는 계씨의 신하가 되어 가신의 손에 떨어진 비읍을 탈환하기 위해 준비하고 있었다. 공산불요가 난을 일으킨 것도 계씨가 자신이 장악한 비읍을 공격하려고 한다는 것을 미리 알았기 때문이었다. 자로의 계획은 십중팔구 공자의 승인하에 만들어졌을 것이다. 비읍을 공격하려는 제자가 있고, 또 스스로 노나라에 벼슬을 하고 있는 공자가 공산불요의 부름에 응하려고 했다는 것은 어불성설이다. 그래서 다산은 본문의 '배반'과 공산불요의 초청이 정공 5년에 있었다는 것을 분명히 해야 했다.

다산에 따르면 정공 5년 공자가 초청에 응하려고 했던 데는 그럴 만한 이유가 있다. 이 이유를 알기 위해서는 공산불요가 어떤 사람인지 살펴봐야 한다.

사실 공산불요는 같은 주인을 섬겼다는 것 이외에도 여러 면에서 양호와 유사하다. 그는 양호처럼 주인을 배반했고, 급기야 노나라에 대한 반란을 일으켰으며, 반란이 실패한 뒤 다른 나라로 도망가 그 나라에서 좋은 대접을 받으며 계속 역사에 등장하는 사람이 되었다. 양호가 공자에게 벼슬을 권유하기 위해 만나려고 했던 것처럼 그도 같이 대업을 도모할 목적으로 공자를 초청했다. 양화를 만났을 때 공자는 "내가 장차 벼슬을 하겠습니다"라고 하여 그의 권유를 받아들일 것처럼 하다가 결국 벼슬하지 않았는데, 공산불요의 초청에도 그는 "가려고 하셨다"가 결국 가지 않았다. 옛날에는 어떤 잘 알려진 이야기가 있으면 그 이야기의 주인공이 바뀌면서 같은 이야기가 계속 재생산되고 유포되는 경우가 많았다.『논어』같은 이른 기록에 등장하는 이 두 사람이 같은 사람일 수 있다는 의혹을 제기하기는 어렵지만 그들은 나중에 빈번히 일어나는 고사의 재생산과 유포에 일정한 역할을 했을지도 모른다. 그만큼 그들의 사적, 특히 공자와 관련된 사적이 유사하다.

그래서 공산불요에 대한 역대의 평가도 양화에 대한 것과 유사하다. 한마디로 대부분의 유학자에게 그들은 불충의 상징이다. 어떤 경우에서도 주인을 배반하는 것은 불의였다. 하지만 이런 사람들을 보는 다산의 시각은 조금 다르다. 주희 같은 전형적 명분론자에 비하면 그는 훨씬 더 현실주의적, 공리주의적이어서 그의 가치관에서는 현실적 필요에 따라 도덕적 의무의 강제성이 다르게 인식된다. 물론 지금의 현실주의자나 공리주의자와 비교하면 명분론자이지만, 따라서 유학자임에는 틀림없지만, 그래도 다산은 유교적 명분론을 탄력적으로 운영하려고 했다. 그래서 그는 성리학이 싫어하는 무왕이나 관중 같은 사람을 적극 옹호했고, 앞에서도 양화를 두고 크게 보면 악인이지만 그의 행동에는 그럴 만한 이유가 있었다고 해명했으며, 공자의 애매한 태도에도 그럴 만한 배경이 있다고 해설했다.

공산불요에 대한 다산의 평가는 양화에 대한 것과 같다. 크게 보면 그는 주인을 배반하고 임금에 도전한 악인이다. 하지만 다산이 강조하듯이 그가 배반한 것은 계씨지 노나라 임금이 아니었다. 계씨는 대대로 임금을 업신여기면서 노나라의 정사를 전횡하여 춘추시대를 규정짓는 무질서와 강상의 붕괴를 상징하게 된 당사자다. 곧 양화나 공산불요는 원래 노나라 임금을 배반한 계씨를 배반했지 노나라를 배반한 역적이 아니다. 그들이 공자와 연대하려고 했던 것도 공자가 계씨의 전횡을 못마땅해 했기 때문이다.

(계평자가 죽고) 계환자가 처음 들어섰을 때 공산불뉴는 그를 틈타 비읍을 점거하여 배반함으로써 삼환씨를 제거하려고 했으니 이름을 바르게 하고 말을 순하게 했다고 할 수 있다. 그가 공자를 불러 같이 공모하려고 했던 것도 그의 배반이 계씨에 대한 배반이지 노나라에 대한 배반이 아니었기 때문이다.

따라서 다산에 따르면 공자가 망설인 것, 벼슬하겠다고 한 것이나 가려고 했던 것은 이해할 수 있다. 역신의 가문이 어수선한 틈을 타서 가신이 난을 일으켰다. 이로써 누대에 걸친 계씨, 나아가 삼환씨의 악행을 일거에 징벌할 수 있는 기회를 잡았으므로 망설이지 않을 수 없었다. 하지만 이들과 함께 한다면 공자는 결국 주인에 충성한다는 명분을 저버리게 된다. 공자는 고민했다. 그리고 그렇게 고민하는 동안 이들의 문제점이 더 발견되었다. 곧 "양호와 공산불뉴 등의 죄악은 쌓여가기만 했다." 그런 사태의 추이를 지켜보던 공자는 결국 그들과 함께하지 않기로 결정했다. 함께하지 않기로 결정한 것만이 아니라 공산불요의 경우 자로를 시켜 그를 진압하도록 했고, 성공했다.

이렇게 공자의 태도가 바뀐 것은 "국세가 급변한 까닭이었다." 그렇지만 양화도 공산불요도 순전한 악인은 아니었다. 과정과 방법이 잘못되었고 결국 임금을 해하려는 험한 모습을 보였지만 권신을 제거하겠다는 충절을 가졌고, 어떤 면에서는 현인이기도 했다. 다산은 이 장에서도 제법 길게 해설했는데, 그 해설의 마지막은 이렇다.

삼월에 오나라가 노나라를 정벌했다. 자설이 오나라의 군대를 안내했는데, 고의로 험한 길을 택하여 무성을 지나도록 했다. 공산불뉴는 고국을 잊지 않았으니 불의한 사람이 아니었다.

공산불요를 이렇게 이해하고 그런 맥락에서 공자가 그에게 가려고 했던 이유를 설명한 사람이 없지는 않았다. 다산은 요순목, 오무장, 이광진(1549~1623), 갈인량 등 명나라의 유학자들이 이미 이런 견해를 제시했다고 하면서 지금 확인할 수 없는 전거를 통해 이들을 인용한다. 크게 보면 공산불요에 대한 다산의 평가는 이들과 다르지 않고, 공자가 그에게 가려고 한 이유를 설명하는 문제에서도 다산은 이들과 크게 달라지지 않는다.

하지만 다산은 공자가 결국 가지 않은 이유를 분석하면서 이들에게서는 찾아볼 수 없는 한 가지 이유를 더 찾아냈다. "당시의 심산으로 보면 공자와 공산불뉴, 양호 등은 서로 화합했다. 단지 공자는 그들의 일은 반드시 실패하리라 생각했기 때문에 부름에 응해 달려가지 않은 것일 뿐이다." 다시 말하면 공자는 이들의 명분에는 동의했지만 결국 이들이 실패할 것을 알았다. 그들의 명분은 대의에서 나온 것이 아니라 개인적 욕망이나 사적 감정에 기인한 것이기 때문이었다. 그리고 실패할 거사라면 그것이 좋은 명분을 가졌더라도 참여하지 않는 것이 다산이 보는 공자의 인생관이다. 정확히 말하면 다산의 인생관이 반영된 공자의 인생관이다.

어쨌든 다산에 따르면 공산불요는 양호가 계환자를 구금하던 정공 5년 공자를 초청했다. 계환자의 구금은 오래 지속되지 않았다. 양호는 계환자를 구금에서 풀어주고 그와 맹세를 했으며 나아가 궁궐 앞 저자거리에서 노나라 사람들과 맹세하는 의식도 가졌다. 무슨 맹세를 했는지는 불분명하지만 같이 국정을 잘 이끌어보자는 혹은 자신이 국정을 이끌 테니 잘 협력해달라는 맹세였을 것이다. 그럼에도 불구하고 계환자와 양호의 사이는 결국 틀어졌고, 정공 8년에 양호는 난을 일으켰다. 난은 실패했고, 양호는 도망갔다. 이렇게 양호는 비읍에서 도망갔지만 다산에 따르면 그 뒤에도 공산불요는 여전히 비에 웅거하여 세력을 유지하고 있었다.

양호는 이해(정공 5년)에 비읍을 점거하여 배반했다가 정공 8년 난을 일으켜 진으로 도망갔으나 공산불뉴는 편안히 아무 일도 겪지 않았다.

그래서 공산불요는 여전히 계씨에게 큰 우환이었다. 정공 12년 공자는 대사구로 임명되었고, 자로는 계씨를 섬기게 되었다. 이에 공자는 공산불요 등 가신이 장악한 세 개의 성을 되찾을 계획을 세웠고, 삼환씨는 이에 호응했다. 이 소식을 들은 공산불요는 먼저 노나라를 쳤다. 이때 공자는 공산불요를 물리치기 위해 전면에 나서 군사를 지휘했고, 그의 제자 자로는 비읍을 떨어뜨리는 데 결정적인 공을 세웠다. 이것이 다산이 제시한 주요 사건의 연대였다. 그의 연대기에 따르면 공자는 정공 5년 공산불요로부터 초청을 받았으나 망설였고, 그 사이에 공산불요는 다산이 밝히지 않은 여러 악행을 쌓아갔으며, 정공 12년 난을 일으킬 즈음에는 도저히 같이 일을 도모할 수 없는 사람이 되었다. 결국 공자는 자로와 함께 그를 진압하게 된다.

이런 설명에도 불구하고 공자가 불충한 가신의 초청을 받아들이려고 한 것은 어찌 보면 모든 유학자의 체면을 깎는 일이다. 자로가 "갈 수 없으면(末之也) 그만둘 일인데(己), 어찌 반드시 공산씨에게 가시려고 합니까?"라고 스승에게 비난하듯이 물은 것도 이 때문이다. 본문의 '말지야이末之也己'를 위에서처럼 옮기는 것은 고주를 참고한 것이다. 고주에 따르면 '말末'은 '무가無可' 곧 '가한 것이 없다'라는 뜻이며, '지之'는 '가다'라는 뜻이다. 곧 '말지末之'는 "갈 수 없다면" 혹은 "갈 곳이 없다면"이라는 뜻이다. 또 '이己'는 동사로 '그만두다'라는 뜻이다. 따라서 '말지야이'는 "갈 수 없으면 그만둘 일이지"라고 풀 수 있다. "공산씨에게 가시려고(之) 하십니까?"라고 할 때의 '지'도 앞의 '지'와 마찬가지로 '가다'라는 뜻이다.

어쨌든 공산불요에게 가려고 한 공자를 위해서는 많은 변명이 필요하다.

그래서 다산은 공자를 위한 또 다른 변명을 준비했다. 그가 가려고 한 것은 농으로 한 말이라는 것이다.

> 선생님께서 가시려고 했다는 것은 "나는 차라리 공산씨의 부름에 달려가고 싶다"라는 것을 농으로 말한(戲言) 것이다. 바로 앞 장 그리고 아래의 필힐 장과 함께 이 장도 농으로 한 말을 함께 기록했다.

앞 장에서 공자는 의도야 어떻든 "닭을 잡는 데 어찌 소 잡는 칼을 쓰는가?"라는 말이 농이었다고 했다. 아래의 한 장을 보면 필힐이 부를 때도 공자는 가려고 했다(17.6). 이 장에서는 공산불요가 부를 때 가려고 했다. 이 모든 것이 농으로 한 말을 기록한 것이라는 주장이었다.

물론 이 주장은 공자를 향한 비판을 철저히 차단하려는 의도에서 나왔다. 그렇지만 다산은 이미 왜 공자가 공산불요에게 가려고 했는지 설명했다. 얼마나 설득력 있는지는 상관없이 그 이유를 충분히 설명했다. 그러므로 꼭 이것을 농으로 한 말이라고 해야 했는지는 잘 모르겠다. 그렇게 변명하지 않아도 『논어고금주』는 공자의 의도를 충분히 해설했기 때문이다.

공산불요에게 가고 싶다는 것은 농이었다고 하더라도 다산이 보기에 "나는 동주처럼 하겠다(爲東周)!"라는 말은 전혀 농담이 아니었다. 농담은커녕 이 말은 공자가 어떻게 노나라를 구제하려고 했는지 그 웅대한 계획을 보여준다.

지배적인 독법은 같은 말을 "나는 동쪽의 주나라를 만들겠다(爲東周)"라고 푼다. 노나라는 주나라의 동쪽에 있었으므로 누구든 자신을 등용하는 사람이 있다면 과거의 찬란한 주나라를 동쪽에, 곧 노나라에 재현해보겠다는 것이 공자의 야심이었다는 것이다. 이런 해석에서 '동주東周'는 주나라를 두 시기로 나눌 때의 '동주'를 가리키는 것이 아니라 '동쪽의 주나라' 혹은 '동쪽에 있는 주나라'라는 뜻이다.

하지만 생각해보면 공자가 살았던 춘추시대가 곧 동주시대다. 주지하듯이 동주시대를 둘로 나누어 전반을 춘추시대, 후반을 전국시대라고 부르고, 공자는 춘추시대를 살았다. 그렇다면 지배적인 해석에 따를 때 지금 공자는 아무리 힘이 없더라도 엄연히 주나라가 존재하는데 주나라 동쪽에 또 다른 주나라를 세우겠다고 공언하는 셈이다. 이것이야말로 반란이 아닌가?

> 주나라의 도를 동쪽에 일으키겠다는 것은 장차 주나라 왕실을 다시 일으키겠다는 것인가 아니면 탕왕이나 무왕이 그랬듯이 주를 정벌하여 흥기하겠다는 것인가? 한갓 노나라 대부의 일개 가신이 작은 읍에 근거하여 반란을 일으켰는데 공자가 그를 흠모하여 그 기회에 천하에 왕도를 행하려고 했다니 그의 우원함과 구차함이 어찌 여기까지에 이르렀겠는가? 주나라가 다시 흥기하지 못한다는 것은 삼척동자도 다 아는데 공자는 그렇게 하려고 했고, 주나라에 죄가 없다는 것은 어리석은 부인도 다 아는데 공자가 천명을 바꾸려고 했다는 것은 두 가지가 다 통하지 않는다. 성인이 비록 도를 행하는 데 급하더라도 공산에게 달려가 천하를 도모하려고 했다는 것에는 반드시 이런 이치가 없을 것이다.

이 비판은 날카롭다. 사실 공자 같은 명분론자, 모든 문제를 주 왕실의 권위를 회복시킴으로써 해결하려고 했던 사람이 동쪽에 주를 세우겠다고 공언하는 것은 상상하기 어렵다. 물론 대부분은 정말로 새로운 주를 세우겠다고 말한 것이 아니라 주나라의 제도 문물을 동쪽에서 일으키겠다고 다짐한 것이라고 해설했다. 그렇지만 위에서 볼 수 있는 것처럼 다산은 그게 구체적으로 무슨 뜻이냐고 다그친다. 다산은 깐깐한 사람이었다. 그렇다면 다산은 문제가 되는 이 구절을 어떻게 이해했을까?

다산의 해석에서 '동주'는 역사적으로 존재하는 '동주'를 의미한다. 그러므로 '위동주爲東周'는 위에서 옮긴 대로 "동주처럼 하겠다"라는 뜻이다. '동주'는 망해가는 나라인데 "동주처럼 하겠다"라는 것은 무슨 의미인가? 다산에 따르면 이것은 동주가 그랬듯이 수도를 동쪽으로 옮기겠다는 의미다.

> "나는 동주처럼 하겠다!"라는 말은 임금이 비읍으로 수도를 옮기게끔 하여 동노東魯를 세우겠노라는 말이다. 마치 서주를 진秦나라에게 준 것처럼 노나라를 세 가문에게 주는 것이 지금보다 오히려 낫다는 것이다.

다산에 따르면 노나라는 삼환씨에게 장악되어 도저히 개혁할 방법이 없었다. 그렇게 답답한 상황이었으므로 공자는 공산불요에게 달려갈까 하고 농담 반 진담 반으로 말하기도 했다. 그러므로 무너져가는 노나라는 권세가에게 주어버리고 자신은 정공을 모시고 노나라의 동쪽에 있는 비 땅에 새로 도읍하여 새로운 노나라, 곧 동노를 세운다. 비읍은 천혜의 요충지이자 물자가 풍부한 지역이다. 이곳이 없다면 노나라는 빈 강정에 불과하다. 곧 삼환씨에게 수도인 곡부를 주더라도 동노가 비읍을 차지한다면 곡부는 쇠락할 것이고, 삼환씨는 자중지란에 빠져 스스로 몰락할 것이다.

> 곡부에 앉아서 삼환씨의 참월과 반란을 혁신하고 전답과 녹봉에 대한 권한을 돌려놓는 것은 비록 성인이라고 할 수 없는 일이었으니 반드시 도읍을 험난한 성으로 옮기고 별도로 조정을 만들어 한 세상의 이목을 쇄신한 이후에야 국면을 결정할 수 있었다. 이것이 동주처럼 하는 것이 상책인 이

유이니 '동주'란 동천한다는 것을 은밀히 표현한 말이다.

　정말 기발한 해석이 아니라 할 수 없다. 어쩌면 이것이 다산의 야심이었는지도 모른다. 조선이라는 오래된 나라의 병을 일거에 고칠 수 없음을 여실히 목도한 다산은 가능하다면 좋은 왕을 모시고 새로운 곳에서 새로운 나라를 건설하고 싶었는지도 모른다. 이것이 다산이 해석한 공자의 꿈, 공자의 포부, 웅대한 계획이었다. 그러므로 다산에 의거하여 『논어』를 읽을 때는 이와 관련된 다산의 해석을 정확히 반영해야 한다. 이 해석은 '원의총괄'에 "'나는 동주처럼 하겠다!'라는 말은 노나라를 비읍으로 옮기겠다는 포부의 은밀한 표현이다"라고 기록되었다.

　물론 항상 그렇듯이 다산의 기발한 해석은 언제든지 도전을 받을 수 있다. 그 계획의 현실성은 막론하더라도 무엇보다 공자는 자신이 사는 '동주시대'의 주나라가 '동주'임을 알 수 없었다. 자신이 편집한 책의 이름에 기초하여 생긴 '춘추시대'라는 말을 몰랐던 것처럼 말이다. 이 시기를 '동주'로 부른 것은 한참 나중의 일로 사마천조차도 이 시기를 아직 '동주'로 인식하지 않았다.

17.5

자장이 공자에게 인을 물으니 공자가 말했다. "다섯 가지를 능히 천하에 행하면 인이 된다." 그것이 무엇인지 청해 물으니 공자가 말했다. "공손함, 관대함, 믿음직스러움, 민첩함, 은혜로움이다. 공손하면 모욕당하지 않고, 관대하면 무리를 얻으며, 믿음직스러우면 남들이 신임하고, 민첩하면 공이 있고, 은혜로우면 남을 부릴 수 있다."

子張問仁於孔子. 孔子曰; 能行五者於天下, 爲仁矣. 請問之, 曰; 恭寬信敏惠.

恭則不侮, 寬則得衆, 信則人任焉, 敏則有功, 惠則足以使人.

보통 여기의 자장이 공자의 제자 자장이라고 본다. 다산도 마찬가지다. 단지 왜 제자와 공자의 대화를 기록하면서 공자를 '공자'라고 했는가는 의문이다. 앞에서 거론된 숙손첩도 자가 자장인데(17.1), 자장이라는 자를 가진 사람이 공자의 제자 말고 또 있었는지도 모르겠다.

내면 공부를 중시하는 성리학은 이 장의 다섯 가지 덕목을 마음 공부와 연결시켰다. 가령 금주에서 주희는 "이 다섯 가지를 행하면 마음이 보존되고 '이'를 얻는다"라고 했고, 황간은 "마음을 이 다섯 가지에 집중하면 잘못되고 편벽함의 잡스러움이 없어져 마음의 덕이 항상 보존된다"라고 했다. 과연 이 학자의 논평이다.

그러나 다산은 이런 논평이야말로 공자 사상의 생명력을 갉아먹는 것이라고 본다. 그는 주희에게 질문을 던지고, "선유들은 이 장을 마음의 학문으로 풀었는데, 아마도 본지는 그렇지 않을 듯하다"라고 하여 인간관계에서의 실천 없이는 덕을 이룰 수 없다는 그의 사상을 다시 확인했다. 또한 주희는 자장이 지나치게 거창한 것을 추구하는 문제가 있었으므로 공자가 구체적이고 실용적인 가르침을 주었다고 했지만 다산은 그런 해석 역시 받아들이지 않는다. 자장이 그런 문제점을 가졌다는 것도 편견이고, 다산이 보는 공자의 가르침은 언제나 구체적이었기 때문이다.

17.6

필힐이 부르니 선생님께서 가려고 하셨다. 자로가 말했다. "옛날에 저 유가 우리 선생님께 들으니 '스스로 그 몸에 불선한 일을 하는 사람에게 군자는 들어가지 않는다'라고 하셨습니다. 필힐은 중모를 근거로 배반했는데, 선생님께서 가려고 하시니 어찌 하시렵니까?" 선생님께서 말씀하셨다. "그렇다. 그런 말이 있었다. 견고하다고 하지 않겠느냐? 갈아도 얇아지지 않는다. 희다고 하지 않겠느냐? 검게 물들여도 검어지지 않는다. 내가 어찌 조롱박이겠는가? 어찌 매달려 있기만 하여 먹지 못하도록 하겠는가?"

佛肸召, 子欲往. 子路曰; 昔者由也聞諸夫子, 曰; 親於其身, 爲不善者, 君子不入也. 佛肸以中牟畔, 子之往也, 如之何? 子曰; 然. 有是言也. 不曰堅乎? 磨而不磷. 不曰白乎? 涅而不緇. 吾豈匏瓜也哉? 焉能繫而不食?

필힐은 진晉나라의 대부 조앙(조간자)의 가신으로 '중모中牟'라는 고을을 다스리는 읍재였다. 당시 진나라는 나중에 나라를 삼분하여 조나라, 한나라, 위魏나라를 세우는 조씨, 한씨, 위씨 세 유력한 가문이 실질적으로 다스렸고, 그런 면에서 계손씨, 맹손씨, 숙손씨 세 가문이 권력을 찬탈한 노나라와 비슷했다. 필힐은 이중에서도 가장 강력했던 조씨의 우두머리 조앙의 가신이었으므로 노나라의 가장 강력한 집안 계손씨의 가신이었던 양호나 공산불뉴와 같은 지위에 있었다. 지위만 같았던 것이 아니라 행동도 같았다. 모두 주인이 맡긴 요충지를 근거로 주인을 배반했다. 다산의 해석에 따르면 그들이 그렇게 한 이유도 같았다. 임금을 무시하고 전횡하는 주인에 대한 항거였다. 또한 그들은 모두 공자와 연대하고 싶어 했고, 버슬을 권유하거나 초청했다. 그러한 초청을 대하는 공자의 태도도 같았다. 공자는 "가려고 하셨다." 하

지만 결국은 가지 않았다. 다산이 보기에는 공자가 그렇게 결정한 이유도 같
았다. 당장은 그들의 항거가 대의를 위한 것처럼 보이지만 결국 그들은 대의
를 지킬 수 없을 것이고, 따라서 실패할 것이며, 실패할 거사에 참여하는 것
은 현명한 결정이 아니었기 때문이다. 이 세 사람에 관한 이야기의 맥락은 너
무나 흡사해서 하나의 역사적 경험을 이름을 바꿔 여러 번 서술했다고 해도
전혀 어색하지 않을 정도다. 이 세 사람을 논하는 『논어』의 세 장에 대한 다
산의 해석도 기본적으로 같다.

　다산은 왜 필힐이 조앙에게 반기를 들었는지 진나라의 정치적 상황을 들
어 자세하게 설명한다. 그에 따르면 진나라에서 먼저 임금을 배반하고 반란
을 일으킨 것은 조앙이었다. 그러자 범씨와 중항씨 두 가문이 연합하여 조앙
에 대항했다. 그 이유 중 하나는 조앙이 그들의 인척인 한단오를 죽였기 때문
이다. 한단오는 한단씨인데, 조씨는 한단이라는 도읍에서 가문을 이루었기
때문에 한단씨라고도 불렸고, 따라서 한단오는 사실 조씨의 일원이었다. 마
찬가지로 범씨는 사씨이기도 하고, 중항씨는 순씨이기도 하다. 그런데 조앙
과 대립하면서 범씨와 중항씨는 그들 스스로도 반란을 일으켰다. 진나라 궁
정을 장악한 한씨와 위씨가 조씨와 가까웠기 때문이다. 범씨와 중항씨가 반
란을 일으키자 진나라의 군주는 한씨와 위씨의 건의를 받아들여 조앙을 사
면하고는 공실로 불러들였고, 조앙이 진의 군사를 지휘하여 범씨와 중항씨
의 반란을 진압했다. 다산에 따르면 이때 필힐은 범씨와 중항씨의 편에 서서
조씨의 식읍이었던 중모에서 조앙을 배반했다고 한다. 조앙에 대한 배반이었
지 진나라에 대한 반란은 아니었다. 다산의 추산으로는 노 정공 13년인 기원
전 497년의 일이었다.

　다산에 따르면 이때 공자는 노나라를 떠나 위衛나라에 머무르고 있었다.
이런 이해는 공자가 유력을 시작한 해를 『사기』에 근거하여 기원전 496년으

로 보지 않고 『좌전』 등의 기록에 의거하여 497년으로 보기 때문에 가능했다. 위나라는 필힐이 근거한 중모와 가까웠다. 필힐은 공자가 줄곧 조앙 같은 권신을 배척했다는 것을 알았고, 함께하기 위해 그를 초청했다. 공자는 "가려고 하셨다." 군주를 핍박하는 권신에 반대하는 거사이기 때문이기도 했지만 좋은 기회이기도 했다.

사실 당시 정나라, 제나라, 위나라 그리고 공자의 고국인 노나라까지 많은 나라가 조앙이 이끄는 진나라와 반목하여 범씨와 중항씨를 멀리서 혹은 가까이서 지원했다. 만약 범씨와 중항씨가 공자의 도움을 얻어 조앙을 꺾는다면 공자는 이들 나라와 함께 큰 일을 도모할 수 있었다. 권신을 제거했다는 명분뿐 아니라 진나라의 국정을 운영할 자리를 얻고, 급기야 세상을 바로잡아 왕도를 크게 펼칠 수 있었다. "진은 대국이었으므로 진실로 공자가 진나라에서 뜻을 얻는다면 일거에 왕업을 달성할 수 있었다." 그래서 공자는 고민했다. 하지만 가지 않기로 결정했다. 반란을 일으켰기 때문이 아니라 그들이 결국 성공하지 못할 것을 알았기 때문이다. 반란으로 말하자면 조앙이 먼저 반란을 일으켰다. 나중에 진나라의 군주가 조앙에게 의지함으로써 범씨, 중항씨 그리고 필힐은 모두 임금에게 반란했다는 오명을 쓰지만 다산이 보기에 이런 비판은 단견일 뿐이다. 당시는 신하가 군주를 업신여기는 불충의 시대였고, 그런 시대였기 때문에 불충에만 주목하여 인물과 사건을 판단하는 것은 잘못이었다. 다산의 입장이 잘 드러나는 아래의 논설을 보자.

당시는 모든 것이 쇠란하여 임금은 임금답지 않고, 신하는 신하답지 않으며, 아비는 아비답지 않고, 자식은 자식답지 않았으니 그런 일을 맑고 평화로운 세상에서처럼 하나하나 다 꾸짖을 수는 없었다. 그러므로 군자가 처신하는 것에는 또 때에 걸맞은 마땅함이 있다. 오늘날 사람들은 성인에게는 가한 것도 없고 불가한 것도 없으므로 마르고 습한 것에 구애받지 않고 오직 도를 행하려고 했을 따름이었다고 한다. 이것이 어찌 때를 아는 말이라고 하겠는가?

좋은 때, 따질 만한 때라면 임금에게 불충한 신하를 벌주어야 하겠지만 공자의 시대는 절의보다 사회의 안정과 통일을 요구했고, 따라서 명분론에 사로잡혀 이 장의 필힐이나 다른 장의 양호, 공산불뉴 등을 불충으로 비난해서는 안 된다는 것이다. 명분론자는 차마 공자까지 비판할 수는 없었으므로 엉뚱한 논리를 개발하여 공자를 옹호했지만 잘 들여다보면 공자가 고민할 수밖에 없는 역사적 맥락이 존재했다. 공자 스스로가 소절에 얽매이지 않았기 때문에 "계평자가 스스로 임금을 내쫓았는데도 공자는 일찍이 그 밑에서 작은 관리가 되었고, 맹의자는 스스로 임금을 정벌했는데도 공자는 그를 문인으로 받아들였다." 이것이 공자의 본래 면목이므로 공자의 제자라면 공자의 안목을 배우고 그의 길을 따라야 한다. "어찌 필힐만 더러운 물건이 된다는 말인가?"

다산은 이렇게 성리학의 극단적 명분론을 비판하고, 자신이 현실과 절충하여 도덕적 원칙을 수정할 준비가 되어 있음을 밝혔다. 그에게는 원칙을 철저히 지키는 것이 아니라 때를 아는 것이 더 중요했다. 물론 다산은 유교적 명분론 자체를 비판하지는 않는다. 쉽게 말해 그가 필힐 등을 옹호하는 것도 결국 그들이 군주를 위해 권신을 제거하려고 했기 때문이다. 그렇지만 다산은 원리주의자에 비하면 단연 현실주의자였고, 공리주의자였으며, 또한 절충주의자였다. 한 발은 성리학에 두면서도 성리학의 폐단을 극복하고 전대의 유산을 모두 흡수, 지양하여 새로운 길로 공자를 따르려고 했던 것이 다산학의 정체였다. 이상의 논의는 '원의총괄'에 "필힐의 초청은 천하를 위해 정사를 돌보는 기회와 관련이 있었다"라고 요약되었다.

그런데 다산은 이렇게 고개를 끄덕일 만한 해석을 하고서도 다시 공산불뉴의 경우와 마찬가지로 "가려고 하셨다"라는 것은 공자의 농이었다는 주장을 펼친다.

단지 공자가 가려고 한다고 한 말은 원래 희롱으로 한 것이니 실제가 아니다. 그러므로 조롱박과 관련된 말도 역시 희롱으로 한 것일 따름이다.

구태여 그렇게 하지 않아도 이미 설명이 되었는데 굳이 농이었다고 주장한 것이다. 아무리 어떤 위험으로부터도 공자를 보호하기 위해서였더라도 얼른 이해가 되지 않는다. 나아가 다산은 "비록 이것은 희롱이었지만 우리 선생님께서는 장엄하게 말씀하신 것이니 자로가 어떻게 장엄하게 듣지 않을 수 있었겠는가?"라고도 말하는데, 이유가 있으므로 가려고 했으나 원래는 희롱이었고, 희롱으로 한 말이지만 진정을 담은 말이었다는 해설이어서 혼란스럽다. 여기에서 다산이 자로를 변호한 것은 다산처럼 공자를 이해한 사람들, 가령 『논어의소』의 강희가 자로를 비판했기 때문이다. 공자가 필힐의 초청에 응하려고 한 의도를 다산처럼 이해한 사람에는 모기령도 있다.

이제 다산이 본문을 어떻게 읽었는지 보자. 우선 다산은 '군자불입君子不入'을 "스스로 그 몸에 불선한 일을 하는 사람"의 당여가 되지 않는다는 뜻, 곧 그런 사람과 함께 하지 않는다는 뜻으로 읽었다. 금주의 해석이다. 반면 고주는 그런 사람이 있는 나라에 들어가지 않는 것으로 본다. 이 장 마지막에 나오는 말에 대해서도 다산은 금주를 받아들였다. 반면 고주를 따라 해당 부분을 옮기면 "'단단하구나! 갈아도(磨) 얇아지지(磷) 않는다'라고 말하지 않더냐(不曰)? '희구나! 검게 물을 들여도(涅) 검어지지(緇) 않는다'라고 말하지 않더냐?"라는 정도가 된다. 고주에서는 이 말을 하는 주체가 사람들이다. 사람들이 그런 말을 하는 것처럼 공자는 필힐에게 달려가더라도 자신이 얇아지거나 검어지지 않는다고 자신했다. 다산이 소개하는 서봉산이 그렇게 했듯이 이 말을 공자의 말로 보는 견해도 있다. 그렇게 되면 해당 부분은 "'단단하구나! 갈아도 얇아지지 않는다'라고도 내가 말하지 않았더냐? '희구나! 검게 물을 들여도 검어지지 않는다'라고도 내가 말하지 않았더냐?"라는 정도가 된다. 다산은 서암천이라는 사람의 더 흥미로운 해석도 소개한다. 그에 따르면 해당 부분은 "단단하다고 말하지 않는다면 갈아도 얇아지지 않을 것이며, 희다고 말하지 않는다면 검게 물들여도 검어지지 않을 것이다"라고 옮길 수 있다.

다산은 이러한 독법들을 길게 논의하지 않았지만 '포과匏瓜'를 '조롱박'이 아니라 별자리의 이름으로 보는 견해, 『논어의소』에 종종 등장하는 일통의 견해는 제법 길게 논의했다. 사실 먹으려고 들면 먹을 수도 있는 것이 조롱박인데 본문에서는 '포과'를 못 먹는 것으로 단정했으므로 당연히 다른 해석이 있었다. 간단히 말하면 『사기』 「천관서」에 '과포瓜匏'라는 별자리 이름이 나오는데(『사기』, 27:17b), 이것이 바로 본문의 '포과'라는 주장이다. 이 주장을 뒷받침하는 문서 자료들이 제법 있고, 비슷한 비유의 예도 있다. 가령 『시』에 "남쪽에는 기성箕星이 있지만 그것으로 키질을 할 수가 없고, 북쪽에는 두성斗星이 있지만 그것으로 술을 풀 수는 없네(『모시주소』, 20:20a)"라는 시가 있다. '기箕'는 키이고, '두斗'는 국자인데 이름만 그렇지 별자리이기 때문에 그런 용도로 사용할 수 없다는 뜻이다. 본문의 '포과'가 별자리일 경우 본문의 용례와 유사하다. 다산은 받아들이지 않았지만 어느 정도 설득력이 있으므로 적어둔다.

17.7

선생님께서 말씀하셨다. "유야, 너는 여섯 가지 말과 여섯 가지 폐단을 들었느냐?" 대답하기를 "아직 못 들었습니다"라고 하니 선생님께서 말씀하셨다. "앉아라. 내가 너에게 말을 하마. 인을 좋아하면서도 배우기를 좋아하지 않으면 그 폐단은 어리석음이다. 지혜를 좋아하면서도 배우기를 좋아하지 않으면 그 폐단은 흔들림이다. 믿음직함을 좋아하면서도 배우기를 좋아하지 않으면 그 폐단은 남을 해치는 것이다. 올곧음을 좋아하면서도 배우기를 좋아하지 않으면 그 폐단은 박절함이고, 강직함을 좋아하면서도 배우기를 좋아하지 않으면 그 폐단은 분별없음이다."

子曰; 由也, 女聞六言六蔽矣乎? 對曰; 未也. 居! 吾語女. 好仁不好學, 其蔽也愚. 好知不好學, 其蔽也蕩. 好信不好學, 其蔽也賊. 好直不好學, 其蔽也絞. 好勇不好學, 其蔽也亂. 好剛不好學, 其蔽也狂.

이 장에서 공자는 "여섯 가지 말(六言)"로 표현된 여섯 가지 덕목과 그에 내재한 "여섯 가지 폐단(六蔽)"을 말한다. 한마디로 배움을 통해서 이들 덕목을 낳는 행동을 절제하지 않으면 부작용이 생긴다는 말이다. 가령 다산에 따르면 '인(仁)'은 "사물을 사랑하는 것이므로 그것을 재단할 줄 모르면 어리석게 된다." 마찬가지로 "지혜로운 사람은 도모하기를 좋아하므로 올바름으로 그 성향을 지키지 않으면 흔들리게 된다(蕩)." 다산은 '탕(蕩)'을 고주를 따라 '적당히 지키는 바가 없는 것'으로 이해했다. 꾀가 많은 사람은 여러 일을 벌이기 때문에 절제하지 않으면 결국 중심을 잃고 혼란을 경험한다. '적(賊)'은 차마 할 수 없는 일을 해서 자신이든 남이든 해치는 것을 의미한다. 다산은 이것을 '잔인(殘忍)'한 것이라고 표현했다. '교(絞)'는 '줄을 잡아당기면서도 느슨하게 할 줄을 모르는 것', 곧 박절하고 깐깐한 것을 의미한다. '난亂'은 글자 그대로 세상을 어지럽히는 것이고, '광狂'은 미치는 것이 아니라 마치 미친 사람처럼 자기 계획대로 앞으로만 나아가려고 하는 것, 곧 분별없는 것을 가리킨다. 그런 면에서 여기의 '광'도 진취하는 '광자狂者'(5.21, 13.21)와 그 성향에서는 같다. 단지 여기에서는 절제하지 않는 진취성을 의미한다. 공자의 모든 판단은 결국 덕의 중용을 말하는 것이고, 중용을 유지하는 것은 배움이다.

17.8

선생님께서 말씀하셨다. "제자들아! 어찌 『시』를 배우지 않는가? 『시』로 뜻을 일으킬 수 있고, 볼 수 있고, 무리 지을 수 있고, 원망할 수 있으니 가까이는 부모를 섬기고 멀리는 임금을 섬기며, 또 초목과 금수의 이름을 많이 알게 된다."

子曰; 小子! 何莫學夫詩? 詩, 可以興, 可以觀, 可以群, 可以怨. 邇之事父, 遠之事君, 多識於草木鳥獸之名.

『시』는 공문 교육의 핵심이다. 공자는 "『시』에서 일어난다"(8.8)라고 말하기도 했고, 여러 번 이 점을 확인했다. 그 좋은 것을 공부하지 않는 제자를 향해 공자는 안타까운 소리를 한 뒤 『시』 공부에 어떤 좋은 점이 있는지 조목조목 이야기했다.

이 장을 해설하면서 다산은 '흥興' '관觀' '군群' '원怨' 네 글자에 대한 고주의 해석이 모두 잘못되었다고 지적한다. 일단 글자 풀이가 잘못되었다. 고주는 '흥'을 시를 짓는 기법의 하나로서의 '흥', 곧 감정을 고취시키기 위해 다른 사물을 빗대 은유하는 것이라고 보았는데, 그것이 잘못이다. '흥'은 내 뜻을 흥기시키는 것을 의미하기 때문이다. 고주는 또 '관'을 풍속의 성쇠를 관찰하는 것으로 이해했는데, 그것도 잘못이다. '관'은 어떤 것을 관찰하여 내가 감상을 갖게 되는 것을 가리키기 때문이다. 마찬가지로 '군'도 고주가 설명하는 것처럼 무리를 지어 서로 절차탁마하는 사태를 가리키지 않고, 내가 남과 무리를 짓는 것을 의미한다. '원' 역시 어떤 것을 원망하는 사태가 아니라 내가 부모나 임금에게 올바른 방식으로 원망을 갖는 것을 의미한다. 곧 고주와 다산의 큰 차이는 문제가 되는 네 글자를 『시』가 묘사한 어떤 사태와 관련된 것으로 보느냐 아니면 『시』를 공부한 뒤 내가 갖게 되는 학습의 효과로 보느냐하는 데 있다. 다시 말해 고주에 기초하여 이 장을 읽으면 『시』에는 감정을 고취시키는 시도 있고, 풍속의 성쇠를 관찰하는 시도 있고, 무리를 지어 절차탁마하는 것을 보여주는 시도 있고, 원망을 담은 시도 있다. 하지만 다산은 이 장이 『시』의 학습을 통해 내가 어떤 좋은 효과를 얻는지를 논의했다고 보았다. 이런 독법의 차이는 뒷부분에도 적용된다. 곧 고주에 따르면 『시』에는 "가까이는 부모를 섬기고 멀리는 임금을 섬기는" 시도 있고, 다산에 따르면 『시』를 읽으면 그렇게 할 수 있다. 고주에 따르면 『시』는 초목과 금수의 이름을 많이 기록했고, 다산에 따르면 "초목과 금수의 이름을 많이 알게 된다(多識)."

이렇게 해설하면서 다산은 '원'에 대한 고주의 해설, 곧 '원'은 "윗사람의 정사를 원망하고 비난하는 것"이라는 해설을 특별히 강하게 비판한다.

더욱이 "윗사람의 정사를 원망하고 비난한다"라는 해설은 무슨 말인가? 군자는 "하늘을 원망하지 않고 남을 탓하지도 않는다"(14.36)라고 했는데, 하물며 임금과 어버이를 원망할 수 있는가?

다산에 따르면 "성인들이 윗사람을 원망하는 것을 허여하기는 했으나 그 원망하는 것이 간혹 비방하고 명예를 훼손하는 데 가까운 경우도 있으니 그것은 대죄다." 여러 논의 끝에 다산은 결국 오직 『시』를 배운 사람만이 제대로 윗사람을 원망할 수 있다고 하면서 다시금 『시』의 중요성을 강조하는 것으로 결말을 맺지만 논쟁 중에 그의 명분 의식을 보여주었다.

17.9

선생님께서 백어에게 말씀하시길 "너는 「주남」과 「소남」을 연주하는가? 사람이면서도 「주남」과 「소남」을 연주하지 않는다면 담장을 마주하고 서 있는 것과 같다."

子謂伯魚曰; 女爲周南召南矣乎? 人而不爲周南召南, 其猶正牆面而立也與.

고금주를 비롯한 대부분이 이 장을 어떻게 읽는지를 안다면 이 장에 대한 다산의 독법이 얼마나 다른가를 금세 알 수 있다. 고금주 등이 본문의 '위爲'를 '공부하다'라는 뜻으로 푸는 데 비해 다산은 '연주하다'라는 뜻으로 풀이한다. '원의총괄'은 이 독창적 독법을 "「주남」과 「소남」은 줄을 타면서 낭송하는 것을 위주로 말한 것이다"라고 요약했다.

이 독특한 독법은 『시』의 학습이 단순히 시의 독해가 아니라 시의 연주를 포함한다는 다산의 일관된 견해를 반영하고, 동시에 「주남」과 「소남」은 『시』의 시들 중에서도 가장 영송하기 어렵다는 또 다른 견해를 반영한다. 다산에 따르면 공자는 앞 장에서 『시』 일반을 공부해야 할 필요성을 말한 뒤, 이 장에서는 아들인 백어를 향해 그중에서도 가장 어려운 「주남」과 「소남」을 습득해야 할 필요, 거문고를 타면서 그것들을 영송할 수 있는 능력을 배양해야 할 필요가 있다고 말한다. 고주가 이 장과 앞 장을 하나의 장으로 이해한 데 비해 다산은 금주를 따라 두 장으로 나눈 것도 이 때문이다.

이러한 독법은 기존의 독법을 비판하면서 정당화된다. 지배적 독법에 따르면 앞 장이나 이 장이나 결국은 『시』나 『시』의 일부분의 학습이 중요하다는 같은 가르침을 담고 있다. 그런데 왜 앞에서는 『시』 전체를 말하고 여기에서는 「주남」과 「소남」만 특정했는가? 자신의 아들에게는 더더욱 『시』 전체를 학습해야 한다고 해야 할 것 아닌가? 다산은 이 질문에 대답하기가 쉽지 않다고 보았다. 그렇지만 그처럼 앞에서는 『시』의 학습을 논했고, 여기에서는 「주남」과 「소남」의 영송을 논했다고 본다면 이런 질문은 필요 없다.

지배적 독법에 대한 다산의 또 다른 비판은 「주남」과 「소남」이 과연 배우기 어려운가 하는 것이다. 다산에 따르면 "「주남」과 「소남」의 시는 하루아침에 배울 수 있다." 이해하기 어렵지 않고, 양도 많지 않다. 그런데도 "백어가 성인의 후사로서 그때까지도 그것을 한 번도 읽지 않았다면 또한 너무 늦은 것이다." 물론 주석가들은 「주남」과 「소남」의 오의를 이해하기 어렵다고들 말한다. 하지만 다산에 따르면 「주남」과 「소남」의 오묘한 가르침도 "무릇 우리 선생님 문하에 있는 사람은 하루아침에 모두 이해할 수 있는 것이다." '관저'를 읽고 군자와 요조숙녀의 관계가 아름답고 그러한 아름다운 부부 관계가 모든 아름다운 인간관계의 기초라는 점을 이해하는 것이 무에 그렇게 어려운가? 아무리 백어가 둔재였다고 하더라도 공자의 아들, 크게 보아 공문에서 학습하는 사람을 그렇게 낮추어 볼 수는 없다. 그에 비해 거문고를 연주하면서 그 시들을 읊는 것은 난제다. "내가 생각하기로 거문고를 타면서 노래하는 일에서는 「주남」과 「소남」의 소리가 가장 어렵다." 그럼에도 불구하고 영송의 능력을 확보해야 하므로 공자는 이 장에 기록된 말을 남겼다.

다산의 독법도 「주남」과 「소남」의 영송이 그렇게 어렵다면 이 장에서처럼 그것을 모든 사람에게 요구할 수 있는가 하는 반문을 받는다. 또 「주남」과 「소남」이 어렵다는 것은 그것을 '방중지악'으로 이해하고 '방중지악'을 연주하기 어려운 음악으로 본 다산 자신의 해석(11.15)에 따른 것이므로 일종의 순환논법이다. 하지만 모두를 다 만족시킬 수 있는 독법은 존재하지 않고, 다산의 해석도 충분히 고려할 수 있다.

17.10

선생님께서 말씀하셨다. "예라 예라 하지만 옥이나 비단을 말하는 것이겠는가? 악이라 악이라 하지만 종이나 북을 말하는 것이겠는가?"

子曰; 禮云禮云, 玉帛云乎哉? 樂云樂云, 鍾鼓云乎哉?

이 장을 읽는 방법에서는 다산과 고금주 사이에 아무런 이견이 없다. 그럼에도 불구하고 이 장에 대한 다산은 해석은 '원의총괄'에 기재되어 있다. "예와 악의 근본은 인에 있다."

당연한 듯한 이 해석을 구태여 '원의총괄'에 기재한 이유는 고금주가 예와 악의 표현으로서의 '옥백玉帛'이나 '종고鍾鼓'에 대비되는 예악의 근본을 잘못 설명했기 때문이었다. 어떤 잘못이었는가? 고주는 "예가 귀하게 여기는 것은 윗사람을 편안하게 하고 백성을 다스리는 것"이고, "악이 귀하게 여기는 것은 풍속을 옮기고 시속을 변화시키는 것"이라고 했다. 금주는 "공경함(敬)을 옥과 비단으로 이끌어나가면 그것이 예이고, 조화로움(和)을 종과 북으로 나타

내면 그것이 악이다"라고 했다.

다산은 고금주의 이런 설명이 오해를 낳는다고 보았다. "윗사람을 편하게 하고 백성을 다스리는 것이나 풍속을 옮기고 시속을 변화시키는 것은 예악의 공효이자 쓰임이니 그것들이 어찌 예악의 근본이겠는가?" "계씨가 태산에서 여제를 지낼 때에도 공경함을 보이지 않은 바가 없고, 세 집안에서 '옹雍'으로 제기를 거둘 때에도 그들 스스로는 조화로움을 이루었다고 생각했으니 조화로움과 공경함은 예악이 되기 부족하다." 그러면 다산에게 예악은 무엇인가? 그에게 예는 인과 의라는 인륜의 기본 가치를 절도를 통해 표현해낸 것이고, 악은 그 기본 가치를 즐거워하는 것이다. "예의 실질은 이 두 가지를 절문節文한 것이고, 악의 실질은 이 두 가지를 즐거워하는 것이다." 그러므로 "예악의 근본은 인륜에서 시작된다." 이 점을 분명히 하기 위해 다산은, 만약 다산이 '원의총괄'을 정리했다면, 그것을 '원의총괄'에 기록했다.

하지만 따지고보면 고주든 금주든 "예악의 근본은 인의"라는 것을 부정할 리 없다. 공자의 제자라면 누구나 그렇게 생각할 것이다. 단지 이 장을 설명하면서 고주는 예악의 '근본'이 아니라 그 '귀하게 여기는 바'를 설명한 것이고, 금주는 예악이 어떤 가치를 중시하는가를 설명한 것일 뿐이다. 다시 말해서 고금주는 이 장에서 예악의 근본이 무엇이라 단언한 바도 논의한 바도 없다. 그럼에도 다산의 이 해설이 '원의총괄'에 있다면 그것은 다산이 기회가 되면 언제라도 인의라는 유학의 근본 가치를 선양하려고 했거나 아니면 이 해석을 '원의총괄'에 기재한 사람은 다산이 아니었다는 말이다.

17.11

선생님께서 말씀하셨다. "보기에는 위엄이 있으면서 안으로 물렁한 것을 소인에 비유하자면 벽을 뚫고 담을 넘는 도둑과 같다!."

子曰; 色厲而內荏, 譬諸小人, 其猶穿窬之盜也與!

다산에 따르면 여기의 '색色'은 '안색'을 넘어 겉모양 전체를 가리킨다. 얼핏 보면 위엄 있게 보이는 것(厲)을 말한다. '임荏'은 '무르다'라는 뜻인데, 유연함보다는 군건함을 높이는 유교에서는 부정적인 의미를 가진다. 물렁해서 원칙을 지키지 못하는 것이 무른 것이다. 그러므로 "보기에는 위엄이 있으면서 안으로 물렁한 것"은 비유할 필요도 없이 문제다. 그럼에도 공자가 구태여 이런 사람을 소인의 어떤 유형에 비유한 것은 얼핏 보면 위엄 있게 보이면서도 원칙을 지키지 않는 권력자를 향해 너희는 실상 소인이라고 말하고 싶었기 때문일 것이다. 어떤 유형의 소인인가? 도둑질하는 소인이다. 고주에 따르면 도둑질하는 사람은 혹시라도 들킬까 염려하여 항상 타협하고 아첨한다. 속이 물렁한 것이다. 금주에 따르면 겉으로만 위엄 있어 보이는 사람은 이미 명예를 도둑질한 사람이다. 그러므로 물건을 훔친 도둑처럼 남을 두려워하여 지조를 지키지 못한다. 다산은 고금주를 모두 소개했다.

본문에서 비판하는 태도를 다른 말로 바꾸면 '내유외강內柔外剛'이다. '내유외강'은 『역』「비괘」에 나오는 말로 『역』에서도 소인의 도로 규정했다. 이와 다른 군자의 태도는 『역』에서는 "안으로 군건하고 밖으로 순한(內健外順)" 것이고, 나중 말로는 잘 알려진 '외유내강'이다.

17.12

선생님께서 말씀하셨다. "한 고을의 선량한 사람은 덕의 큰 도둑이다."

子曰; 鄕原, 德之賊也.

'향원鄕原'은 국어사전에도 나오므로 잘 알려진 말 같지만 뜻을 정확히 말하기는 쉽지 않다. 이 단어는 『논어』의 이 장에서 나왔는데, 그 의미를 두고는 여러 설이 있었다.

> 주생렬: 어떤 고을(鄕)에서든 다른 사람들 생각만 알아보려는(原) 사람이다.
> 하안: 사람들이 향하는 것(鄕: 向)만 알아보려는(原) 사람이다.
> 장풍: 공자의 고을(鄕)에 살았던 원양(原)이라는 사람을 가리킨다.
> 한유: 한 고을(鄕)의 물렁한(原: 柔) 사람이다.
> 주희: 비속한 고을(鄕)의 선량한(原) 사람이다.

다산은 이 모든 설을 검토한 뒤 다른 설명들은 잘못되었고, 주희의 해석이 맞다고 결론 내렸다. 여기의 '향鄕'은 '고을', '원'은 '원愿'과 같은 글자로 '선량하다' '점잖다' '성실하다'라는 뜻을 가진다. 단지 주희는 '향鄕'을 '비속한 곳', 다시 말해 진짜와 사이비를 구별할 현자가 없는 동네를 가리킨다고 했는데 다산은 이 점은 받아들이지 않았다. '향'이라는 글자에는 '비속하다'라는 뜻이 내포되어 있지 않고, 그런 뜻을 구태여 덧붙이지 않아도 좁은 세상에서 선량하다고 칭송 받는 사람은 모두 "덕의 큰 도둑"이 될 수 있기 때문이다. 그러면서 다산은 '향원'의 뜻은 맹자가 마치 "하나의 살아 있는 그림처럼" 잘 설명했다고 했다. 맹자의 이해를 계승한다는 것이다. 앞에서 이미 맹자의 향원이 어떻게 다산의 향원으로 계승되는가를 설명했다(13.21).

그런데 자세히 보면 맹자의 향원과 다산의 향원 사이에는 미묘한 차이가 있다. 맹자의 향원은 쉽게 말해서 그럴 듯해 보이지만 사실은 아닌, 곧 사이비 군자다. 이런 사람은 얼핏 봐서는 비난할 구석이 없다. 행동도 점잖고 남들에게도 친절하다. 하지만 결국 무엇을 해야 하는가 하는 문제, 세상의 대의를 놓고 보면 대의가 아니라 불의를 돕는 사람이다.

> 비판하려고 해도 거론할 바가 없고, 찌르려고 해도 찌를 데가 없다. 흐르는 세속과 함께 하면서 더러운 세상에 영합한다. 거할 때는 충실함과 믿음으로 하는 것 같고, 행할 때는 청렴과 결백으로 하는 것 같아서 무리가 그를 좋아하고 스스로 옳다고 여긴다. 하지만 요순의 도에 함께 들어갈 수 없으니 그 때문에 (공자가) 덕의 큰 도둑이라고 했다.(『맹자집주』, 7B:37)

요즘으로 보면 좋은 집안에서 교육 잘 받고 자라서 점잖아 보이는데 결국은 사회적 부정의를 재생산하는 데 한 몫을 하는 식자층이 이런 부류다. 대의를 논하지 않는 작은 고을, 작은 세상에서는 칭송을 받지만 대의를 추구하는 큰 세상에서는 정체가 드러난다. 이런 사람은 "보기에는 위엄이 있으면서 속으로는 물렁한" 작은 도적이 아니라 세상을 해치는 큰 도적(賊)이다. 그래서 이 장이 작은 도적을 논한 앞 장에 이어 나온다.

이에 비해 다산은 그럴 듯해 보이지만 사실은 아니라는 측면보다는 세상에 아부한다는 측면을 강조한다.

내가 보건대 향원의 공부는 시비와 흑백을 가리는 일에서 언제나 세상이 좇는 바를 위주로 한다. 그것이 옳다는 것을 분명히 알면서도 대중이 그르다면 그르다고 하고, 그것이 검다는 것을 분명히 알면서도 대중이 희다고 하면 희다고 한다.

맹자의 향원도 세상에 영합하고 아부하는 사람이므로 다산의 향원과 완전히 다르지 않다. 하지만 사실 이렇게 세상에 영합하는 사람으로서의 향원을 강조한 것은 위에 소개한 주생렬과 하안, 곧 고주다. 반면 금주는 '향'을 '비속한 곳'으로 이해함으로써 향원을 이미 더러워진 세상에서 존경받는 모든 사람을 가리키는 것으로 보았다. "나라에 도가 없을 때는 부유하고 귀한 것이 부끄러움"(8.13)이라는 말처럼 타락한 세상의 모든 군자는 향원이 되는 것이다. 물론 금주의 향원 역시 맹자의 향원이나 다산의 향원, 심지어는 고주의 향원과도 완전히 다르지는 않다. 그러나 미묘한 차이가 있다.

17.13
선생님께서 말씀하셨다. "이 길에서 듣고 저 길에서 말하면 덕의 버림이 된다."

子曰; 道聽而塗說, 德之棄也.

금주에 기반해서 이 장을 옮기면 "길에서 듣고 길에서 말하면 덕을 버리는 것이다"라는 정도가 된다. 이에 비교할 때 다산의 풀이는 두 가지 다른 점을 가진다. 그 하나는 '도道'와 '도塗'는 다른 길이라는 점이고, 다른 하나는 다산에게 '덕지기德之棄'는 덕 있는 사람에게 버림을 받는 것을 의미한다는 점이다.

첫 번째 다른 점은 다산이 힘주어 해설했다. 그에 따르면 '도道'는 큰 물길을 따라 난 길이고, '도途'는 작은 물길을 따라 난 길이다. '길'이라는 같은 의미를 갖는데도 공자가 구태여 다른 글자를 채택한 것은 여기에서 듣고 저기에서 말한다는 점을 분명히 하기 위해서다. 고주와 금주는 모두 두 개의 '길'을 구분하지 않는데, 그렇기 때문에 고금주에서 이 장은 길에서 듣고 그 길에서 금세 이야기해버리는 경박함, 전해들은 것을 자기 것으로 만드는 시간을 충분히 갖지 않고 함부로 남에게 발설하는 경거망동을 경계한다. 하지만 다산은 공자가 말을 가볍게 하는 사람, 입이 가벼운 사람을 비판했다고 보았다. 고금주에서는 금세 이야기한다는 측면이 강조되지만 다산에게는 여기저기 떠벌리고 다닌다는 측면이 강조된다. 이런 것은 미묘한 차이일 뿐이지만 '원의총괄'은 이 해석을 기록했다. "'이 길에서 듣고 저 길에서는 말한다'라는 것은 입이 가벼운 사람을 가리킨다."

두 번째 다른 점은 다산이 구체적으로 논의하지 않았다. 하지만 '덕지기'를 놓고는 고주와 금주 사이에 분명한 차이가 있다. 고주는 "덕을 가진 사람이 버리는 바가 된다"라고 풀었다. 반면 금주는 "덕을 버린다"라고 푼다. 이 차이는 '덕지기'라는 말과 유사한 앞 장의 '덕지적德之賊'에도 적용된다. 고주는 그것을 "덕의 도적이다"라고 풀었고, 금주는 "덕을 해친다(賊)"라고 풀었다. 요컨대 금주는 '덕'을 뒤에 나오는 말의 목적어로 보았고, 고주는 그렇게 하지 않았다. 그런데 다산은 '덕지적'을 고주를 따라 '덕의 큰 도적'으로 이해했다. 이 장의 '덕지기'를 놓고도 다산은 "말을 신중히 못하는 것이 이런 정도까지 되면 덕에서 볼 때 가장 천박한 것이어서 비루하게 여기고 버리는 바가 된다"라고 하여 고주에 가깝게 설명했다. 따라서 다산이 명확하게 밝히지는 않왔더라도 '덕지기'는 고주를 따라 읽어야 할 것이다. 위에서는 글자 그대로 해석했지만 그 뜻은 고주가 말하는 대로 "덕 있는 사람에게 버림을 받는다"라는 것이다.

17.14

선생님께서 말씀하셨다. "비루한 사람들과 더불어 임금을 섬길 수 있겠는가? 아직 얻지 못했을 때는 얻을까를 염려하고, 이미 얻었을 때는 잃을까를 염려하니 진실로 잃을까를 염려하면 이르지 못할 데가 없다."

子曰; 鄙夫可與事君也與哉? 其未得之也, 患得之, 旣得之, 患失之. 苟患失之, 無所不至矣.

이 장에는 애매한 표현이 둘 있다. "얻는다" 혹은 "잃는다"라는 말이 무엇을 얻고 잃는다는 것인지 명확하지 않고, 또 "얻을까를 염려한다(患得之)"라는 말의 뜻이 분명하지 않다. 앞의 애매한 표현을 두고 다산은 "얻고 잃는다는 것은 녹과 지위를 가리킨다"라고 했다. 고주의 견해다. 이 장은 임금을 섬기는 문제를 논하므로 그렇게 봐야 한다는 것이다. 반면 금주는 녹과 지위만이 아니라 부도 포함하여 잃고 얻는 대상은 부귀라고 보았다.

"얻을까를 염려한다"라는 말을 두고서는 모두의 의견이 일치한다. 말은 이렇게 했지만 실제로는 "어떻게 얻을지를 염려한다" 혹은 "얻을 수 있을까를 염려한다"라는 뜻이다. 지위든 부귀든 가지지 못했을 때 오직 어떻게 영화를 누릴까에만 골몰하는 태도를 가리킨다. 뜻으로는 좋다. 그렇지만 '환득지患得

之'를 글자 그대로 읽으면 얻을까봐 두려워한다는 뜻이다. 그래서 『공자가어』
는 아예 "얻지 못할까를 염려한다(患弗得之)"(『공자가어』, 5:11a)라고 말을 비
틀었고, 다자이도 그렇게 수정되어야 한다고 주장했다. 그러나 다산은 너무
분명히 이야기하는 것이 오히려 글의 생동감을 떨어뜨린다고 하면서 다자이
의 주장을 받아들이지 않았다. 본문의 "이르지 못할 데가 없다"라는 말은 "하
지 못할 것이 없다"라는 말과 같다.

17.15

선생님께서 말씀하셨다. "옛날에는 백성에게 세 가지 고질이 있었는
데 지금은 그마저도 없는 듯하다. 옛날의 미치광이는 제멋대로였으
나 지금의 미치광이는 아무렇게나 하고, 옛날의 고집스러운 사람은
날이 서 있었으나 지금의 고집스러운 사람은 어그러져 있고, 옛날의
어리석은 사람은 우직했으나 지금의 어리석은 사람은 속일 뿐이다."

子曰; 古者民有三疾, 今也或是之亡也. 古之狂也肆, 今之狂也蕩. 古之矜也廉,
今之矜也忿戾. 古之愚也直, 今之愚也詐而已矣.

옛날을 사랑한 공자는 이 장에서 개개인의 성벽에서 비롯된 고질(疾)이 드
러나는 모습도 옛날과 지금이 다르다고 하면서 세상의 쇠퇴를 한탄한다. 세
가지 고질이 거론되는데, '미치광이처럼 행동하는 것(狂)' '고집스러운 것(矜)'
'어리석은 것(愚)'이다. 이런 고질을 가진 사람이 "미치광이" "고집스러운 사람"
"어리석은 사람"이다. 사람마다 기질이 달라서 과감한 사람은 미치광이처럼
행동하는 고질을 갖고, 보수적인 사람은 원칙을 고집하는 고질을 갖고, 어리

석은 사람은 우직하게 행동하는 고질을 갖는다. 그러나 이런 고질에는 좋은 점도 있다. 미치광이는 제멋대로지만(肆) 진취적으로 권위에 도전하고, 고집스러운 사람은 날을 세워(廉) 타협을 거부하지만 자기 원칙을 지키는 데 충실하고, 어리석은 사람은 우직하지만(直) 남을 속이지는 않는다.

공자 당대에도 이런 고질을 가진 사람들이 있었다. 하지만 그들은 신념 없이 아무렇게나 행동하고(蕩), 원칙 없이 방탕하며(忿戾), 어리석으면서도 남을 속인다(詐). 세상이 바뀌어 고질에서 보이던 좋은 점도 사라졌으므로 공자는 "지금은 그마저도 없는(亡) 듯하다"라고 한탄했다.

여기에서 다산은 '긍矜'을 위에 옮긴 것처럼 '고집스러운 사람'을 의미하는 '견狷' 혹은 '견獧'과 같은 글자로 본다. 이 두 개의 '견'은 모두 '광狂'에 대비하는 것으로 답답하지만 원칙을 지키는 인간 유형을 가리킨다. 앞에 이미 이러한 용례가 있었다(13.21). 고금주는 다산과 다르다. 금주는 '긍'을 "잡고 지키는 것이 대단히 엄격한" 태도, 곧 보통처럼 자긍하는 태도로 보았고, 고주는 따로 설명하지 않았지만 설명하지 않음으로써 그것이 글자의 일차적 의미, '자긍하다'라는 의미를 받아들임을 암시했다. 곧 본문의 '긍'을 다산처럼 이해하는 것은 독특한 방법이다. 이것은 '원의총괄'에도 기재되어 있다."옛날의 고집스러운 사람(古之矜)'과 '오늘날의 고집스러운 사람(今之矜)'이라는 표현에서의 '긍'은 마땅히 '견獧'의 잘못된 글자다."

이 주장을 제일 먼저 편 것은 오규 나베마쓰였다. 오규는 "'광견狂狷'이라는 말에서의 '견狷'은 때때로 '견獧'으로도 쓰고, 혹은 '긍矜'으로도 쓴다. 옛날에는 이 글자들이 통용되었다"라고 하여 본문의 '긍'을 '견'으로 해석할 수 있는 발판을 마련해줬다. 스승의 견해를 계승하여 다자이는 본문의 맥락에서 '긍'은 '광狂'이나 '우愚'에 대칭되는 고질, 그러니까 개개인의 성벽에서 나온 고질이어야 하는데, '자긍하는 것'은 성벽에서 나온 것이 아니라 일종의 태도이고, 따라서 '긍'은 오규가 말한 대로 '견'과 같은 글자로 봐야 한다고 주장했다. '원의총괄'의 '원의'는 이 주장을 요약한 것이다.

그런데 오규와 다자이의 주장을 소개하면서 다산은 의문을 남긴다. 다자이는 자신이 오규의 주장을 확인하기 위해 『운서』를 살펴보았다고 하면서 그에 따르면 본문의 '긍'과 통용되는 글자는 '견'이 아니라 '환鰥'이고, 옛날에 간혹 '긍' 대신에 '견'을 쓴 것은 '환'과 '견'의 발음이 유사했기 때문이었을 뿐이라고 밝혔다. 말하자면 '긍'을 쓸 자리에 '견'을 쓴 경우가 있기는 있으나 오류였다는 것이다. 다산도 이런 논의를 모두 읽었다. 그렇지만 무슨 이유인지 그는 오규의 견해와 그 문제점을 지적하는 다자이의 연구를 축약해서 정리하고, 그것들을 모두 오규의 이론으로 소개했다. "오규는 '광견'의 '견狷'은 간혹 '견獧'으로 되어 있고, 또 '긍'과 '환'은 서로 통하는데, 고서에서 '환'을 '견獧'으로 적은 것은 글자를 쓸 때 생긴 오류일 뿐이라고 말했다."

다산의 이런 정리는 혼란을 낳기 충분하다. 오규는 본문의 '긍'과 '견狷' 혹은 '견獧'이 옛날에 서로 통용되었다는 말만 했다. 자서를 검토하여 오규의 설에 문제가 있다는 사실을 밝히고, 그럼에도 왜 '긍'과 '견狷'이 통용되었는지를 설명한 것은 다자이다. 다산이 전후 맥락을 생략하고 급히 모두를 오규의 설로 소개한 데는 아마도 다음과 같은 자신의 결론을 얼른 말하고 싶었기 때문일지도 모른다. "내가 보기에는 '견獧'이 오류로 인해 '환'으로 되었고, 또 다시 오류로 인해 '긍'이 된 것이다." 원래 본문은 '견獧'이라는 글자를 썼는데, 그것이 오류로 '환'으로 바뀌었다가 나중에 다시 현행본에 있는 것처럼 '긍'으로 바뀌었다는 것이다. 이것은 '긍'이 '환'과 통용되었고, 오류로 인해 '환'을 간혹 '견'으로 쓰는 경우가 있었다는 다자이의 견해를 순서를 바꿔 서술한 것이다.

17.16

선생님께서 말씀하셨다. "말을 솜씨 있게 하고 낯빛을 보기 좋게 하는 이들 중 인한 사람이 드물다."

子曰; 巧言令色, 鮮矣仁.

이 장은 앞에 이미 나왔다(1.3). 다산이 이 잘 알려진 말을 얼마나 다르게 이해했는지도 이미 설명했다.

17.17

선생님께서 말씀하셨다. "자색이 주색을 빼앗는 것을 미워하고, 정나라 음악이 아악을 어지럽히는 것을 미워하고, 영리한 입이 나라를 뒤엎는 것을 미워한다."

子曰; 惡紫之奪朱也, 惡鄭聲之亂雅樂也, 惡利口之覆邦家者.

고금주에 따르면 '자색(紫)'은 간색 중에서도 매혹적인 색이고, '주색(朱)'은 정색 중에서도 점잖은 색이다. 그래서 사람들은 주색보다 자색을 더 좋아하고, 그 때문에 자색은 주색의 자리를 위협한다. 공자는 정도를 따르는 사람이므로 간색이 정색을 위협하는 것을 미워한다고 말했다. 이때 간색은 정색들 사이(間)에 있는 색, 곧 정색을 혼합해서 만들 수 있는 색을 말한다. 정색에는 다섯 가지가 있는데, 청색, 백색, 적색, 흑색, 황색이다. 이들을 흔히 오방색, 곧 다섯 방위의 색이라고 한다. 각각 동방, 서방, 남방, 북방, 중앙의 다섯 방위를 상징하기 때문이다. 정색이 다섯이므로 간색도 다섯이다. 청색과 백색의 사이에는 벽색이 있고, 백색과 적색의 사이에는 홍색이 있고, 적색과 흑색의 사이에는 자색이 있고, 흑색과 황색 사이에는 고동색이 있으며, 황색과 청색 사이에는 녹색이 있다. 이 다섯 간색도 다섯 방위에 배정할 수 있다. 벽색은 서방, 홍색은 남방, 자색은 북방, 고동색은 중앙, 녹색은 동방이다.

이것이 정색과 간색에 대한 보통의 설명인데, 다산은 그 대부분을 받아들이면서도 다섯 정색이나 다섯 간색을 다섯 방위에 해당시키는 것, 곧 오방색이라는 개념은 받아들이지 않는다. 이런 개념은 억지에 의해서 만들어진 것이기 때문이다.

> 내가 보기에 견강부회하여 짜맞춘 이런 설은 이제 일일이 따질 겨를이 없다. 그러나 서방에 해당하는 벽색은 주로 청색을 띤다. 그렇다면 동방과 서방이 모두 목(청색)의 기운에 해당하는 것이 된다. 북방에 해당하는 자색은 주로 적색을 띠고 있다. 그렇다면 남방과 북방이 모두 화(적색)의 기운에 해당하는 것이 된다.

증거도 없고 논리적 정합성도 없는 이런 설이 미신까지 만들어내므로 비판적인 다산은 항상 오행설의 기계적 적용을 견강부회한 학설로 치부했다. 이때 다산이 비판을 위해 사용한 개념이 실질적인 이치, 곧 '실리實理'다. "이런 짜맞춘 학설은 금세 말이 막히게 되니 어찌 실리이겠는가?" 이런 학설은 '실리'를 반영하지 않는다는 말이다. 이미 밝힌 것처럼 『다산 논어』는 다산학을 실리학으로 보므로 오행설을 비판하기 위해 다산이 여기에서 '실리'라는 개념을 사용했다는 점을 기록한다.

다시 본문으로 돌아가면 다산이 보기에는 사실 주색도 정색이 아니다.

"하물며 주색은 (다섯 정색에 속하는) 황색과 적색이 혼합된 색이다.『주역』에서는 명확히 주색의 슬갑과 적색의 슬갑을 두 개의 다른 색 슬갑으로 구별했다. 그렇다면 주색과 적색이 모두 정색이 될 수 없음이 분명하다." 이렇게 보면 다산은 심지어 주색이 정색이라고 생각하지도 않은 것 같다. 하지만 그는 보주에서 "주색은 정색이면서도 담담하고, 자색은 간색이면서도 요염해서 사람들은 자색을 취한다"라고 적어 주색이 정색이라고 했다. 다산의 해설에 모순이 있다는 것을 전제로 그가 주색을 정색으로 이해했다고 해야 할 듯하다.

본문에 나오는 "정나라의 음악(鄭聲)"은 정나라 민간에서 유행하던 속악으로 안무를 곁들여 여러 감정, 특히 슬픈 감정을 표현했던 음악이다. 요즘 유행가와 비슷했을 것이다. 아악은 궁중의 전례에 쓰이던 음악으로 지금으로 보면 명상 음악에 가까운 악곡이다. 입이 영리한 사람의 말은 대부분 남을 속이는 말이므로 군주를 속여 간혹 나라를 망치게도 한다. 그들의 말은 바른 말, 곧 정언에 대비되는 것이므로 경문에서 자색이나 정나라의 음악에 비교했다.

17.18

선생님께서 말씀하셨다. "나는 말을 하지 않으련다." 자공이 말하기를 "선생님께서 아니 말하시면 저희들은 어떻게 전술하겠습니까?"라고 하니 선생님께서 말씀하셨다. "하늘이 무슨 말을 하더냐? 사시가 운행하고 백물이 태어나니 하늘이 무슨 말을 하더냐?"

子曰; 予欲無言. 子貢曰; 子如不言, 則小子何述焉? 子曰; 天何言哉? 四時行

焉, 百物生焉, 天何言哉?

이 장은 성리학의 금과옥조다. 말을 하지 않으면서도 모든 일을 가능하게 하는 하늘은 형상이 없으면서도 모든 운동을 가능하게 하는 원리로서의 이치, '이理'로 해석되기 때문이다. 공자는 『논어』에서 형이상을 이야기하지 않았기 때문에 형이상의 도를 추구하는 성리학은 이 장을 형이상학적으로 읽어 공자에게도 성리학적 사유를 있음을 보여줘야 했다. 그래서 금주는 이 장을 놓고 "사시가 운행하고 백물이 태어나는 것은 천리가 발현하고 유행하는 실질이 아닌 것이 없으니 말을 하지 않아도 볼 수 있는 것"이라고 해설했다. "말을 하지 않아도 볼 수 있는" 천리를 보기 위해서는 결국 인간의 본성을 성찰하고 보존하는 공부를 해야 한다. 성리학의 내면 공부는 이렇게 문자와 말을 통해서는 진리를 이해하는 데 한계가 있다는 전제를 둔다. 다산은 성리학에 들어간 이런 불교적 사유를 받아들이지 않았다.

금주와 달리 고주는 공자가 여기에서 말을 통해서 가르치기보다는 행동을 통해 가르치라는 가르침을 주었다고 본다. 앞에서 나오듯이 "말에는 어눌하고 행동에는 민첩하고자 하는 것"(4.24)이 군자이고, "행하면서 너희에게 보여주지 않은 것이 없다"(7.24)라고 자임한 공자다. 그래서 고주는 여기에서 행동을 통해서 가르치려는 공자의 교육 철학을 다시 확인한다.

이 논의에서 다산은 당연히 고주의 편에 선다. 곧 그는 공자가 여기에서 "주어진 일을 실천함으로써 제자를 가르친다"라는 점을 분명히 했다고 본다. 반면 금주의 해석은 문제투성이다. 무엇보다도 금주가 경문의 '하늘'을 '이'와 동일시하는 것이 문제다.

단지 천도로 징험한다면 일월성신이 운행하면서 사시가 순서를 어기지 않는 것이나 바람, 우레, 비와 이슬을 맞으면서 백물이 자라나는 것은 또한 (하늘이) 말없이 스스로 주재하는 것일 뿐이다. 그것이 '이'로 발현되는 것으로 말한다면 '이'는 본래 앎이 없는 것이니 비록 말하려고 한들 그것이 가능하겠는가?

이미 여러 번 이야기했듯이 다산의 하늘은 주재하고 살피고 징벌하는, 영명한 지혜를 가진 하늘이다. 하늘의 주재는 말없이 이루어지기 때문에 본문에서 "하늘이 무슨 말을 하더냐?"라고 물었다. 하늘의 주재를 통해 만물은 규칙성을 가지고 관계 맺고 운동한다. 다산 철학에서는 이 규칙성이 '이'다. 만물의 관계에서 일정한 규칙이 발견되면 그것이 '이'다. 규칙성일 뿐이므로 '이'는 무슨 도덕의 근거도 아니고 형이상적 존재 원리도 아니다. 다산학에서 '이'는 언제나 원리이자 주재로서 '천'에 의존한다. 따라서 '이'에는 '천'과 같은 영명함이 있을 리 없다. 말을 하려고 하더라도 말을 할 수 없다. 위의 인용문만 보아도 다산의 사유에서 '천'과 '이'가 같지 않음을 알 수 있다. 따라서 다산은 위의 경문에서 '이'의 형이상학을 끄집어내려는 성리학의 시도를 용인하지 않았다.

나아가 공자와 형이상학을 연결시키려고 노력하는 과정에서 금주는 자공이라는 공문의 고제를 폄하하는 잘못을 저지른다. 여기에서 자공이 공자 말의 오의를 알아차리지 못하고 엉뚱한 질문을 했다고 설명한 것이다. "만약 안자(안연)였다면 곧바로 묵묵히 알았을 것이나 다른 제자는 의문을 가지는 것을 면치 못했다." 이런 근거 없는 폄하는 다시 다산의 반론을 부른다. "자공이 끝내 깨닫지 못했다는 것은 실증이 없다. 그런데도 혀를 차고 탄식하면서 가장 어리석은 자가 변화를 이해하지 못하는 것처럼 그를 취급했으니 이것 역시 잘못이다." 도통 밖에 있는 공문의 제자를 성리학의 폄하에서 구출해내려는 것은 다산의 큰 계획 중의 하나이고, 여기에서도 다산은 그 계획을 실천에 옮긴다.

17.19

유비가 공자를 보려고 했는데 공자가 병을 이유로 사양했다. 명을 받드는 자가 방문을 나서자 거문고를 가져다 노래를 불러 유비가 듣도록 했다.

孺悲欲見孔子, 孔子辭以疾. 將命者出戶, 取瑟而歌, 使之聞之.

유비는 노나라 사람이다. 행적은 자세히 알려져 있지 않지만 『예기』 「잡기」에 따르면 노 애공의 명령으로 공자에게 가서 사상례를 배웠고, 사상례가 기록으로 남은 것은 그의 공헌이라고 한다. 애공이 중요한 예법을 배우라고 위탁했으므로 애공의 조정에서 벼슬을 했을 것이고, 본문에서 공자를 '공자'로 기록하여 유비를 높인 것을 보면 높은 확률로 대부였을 것이다.

그런데 공자와 이 사람 사이에 무슨 불편한 일이 있었던 모양이다. 공자가 병을 이유로 만나지 않았는데, 실제로 병이 난 것이 아니라 핑계였다. 병이 나면 비파나 거문고를 멀리하는 것이 옛날의 예법인데, 공자는 청을 거절한 뒤에 곧바로 거문고를 연주하고 노래를 불렀다. 그렇게 함으로써 공자는 '그로 하여금(使之)' 연주하는 소리를 듣도록 했다. 이때 '그(之)'가 누군지를 놓고는 두 가지 설이 있는데, 다산은 금주를 따라 "유비가 듣도록" 한 것으로 본다. 이와는 달리 고주는 문 밖에서 기다리는 유비가 공자의 노래 소리를 직접 듣기는 어려웠을 것이라고 보았다. 그러므로 공자의 거문고 소리를 들은 사람은 명을 받드는 자였다. 다산은 노래 소리를 듣지 못할 정도로 대문과 내당 사이의 거리가 멀 수 없다고 생각했다. "명을 받드는(將) 자"를 놓고도 두 가지 설이 있는데, 유비의 사람으로 유비를 대신해 그의 청을 공자에게 전한 사람이라는 설과 공자의 사람으로 유비의 내왕을 알리고 또 공자의 거절을 유비에게 알린 사람이라는 설이 있다. 다산은 후자를 지지했다. 명을 받드는 사람이 누구든 공자는 이렇게 함으로써 자신이 일부러 만나지 않았다는 것을 유비에게 알리고 그로 하여금 왜 그런지를 생각해보라 권유했다.

그러면 공자에게 사상례를 배운 일과 본문에 기록된 일 중에 어느 것이 먼저 일어났을까? 알 수 없다. 어떤 결론이든 그를 뒷받침할 자료가 없다. 그렇지만 다산은 본문의 사건이 먼저 일어났다고 판단한다. "거문고를 가져다 노래한 일은 마땅히 예를 배우기 이전에 있었다." 왜 이런 판단을 했을까? 다산이 더 이상 논의하지 않았으므로 자세히 알 수는 없으나 아마도 공자에게 예를 배웠다면 무례한 일을 저질러 공자를 불편하게 하는 일은 일어나지 않았으리라 생각했기 때문일 것이다. 다산은 예의 중요성과 그 힘을 믿었다.

17.20

재아가 물었다. "삼년상은 일 년으로도 이미 오래다 할 것입니다. 군자가 삼 년 동안 예를 행하지 않으면 예는 반드시 무너질 것이고, 삼년 동안 악을 행하지 않으면 악은 반드시 무너질 것입니다. 묵은 곡식은 이미 없어지고 햇곡식이 이미 나오며, 부싯나무를 뚫어 불을 바꾸게 되니 일 년이면 그칠 수 있습니다." 선생님께서 말씀하셨다. "쌀밥을 먹고 비단옷을 입는 것이 너에게 편안한가?" 대답하기를

"편안합니다"라고 하니 "네가 편안하면 그렇게 하라. 무릇 군자는 상을 치를 때 기름진 음식을 먹어도 달지 않고, 음악을 들어도 즐겁지 않으며, 처소에 거할 때는 편안하지 않으니 그 때문에 하지 않는 것이다. 이제 네가 편안하면 그렇게 하라!"라고 하셨다. 재아가 나가니 선생님께서 말씀하셨다. "여의 불인함이여! 자식은 태어난 뒤 삼년 후에 부모의 품을 벗어나니 삼년상은 천하에 널리 통하는 상례이다. 여는 그의 부모에게 삼 년의 사랑을 받은 일이 있었는가?"

宰我問; 三年之喪, 期已久矣. 君子三年不爲禮, 禮必壞, 三年不爲樂, 樂必崩. 舊穀旣沒, 新穀旣升, 鑽燧改火, 期可已矣. 子曰; 食夫稻, 衣夫錦, 於女安乎? 曰; 安. 女安, 則爲之. 夫君子之居喪, 食旨不甘, 聞樂不樂, 居處不安, 故不爲也. 今女安, 則爲之! 宰我出. 子曰; 予之不仁也! 子生三年然後, 免於父母之懷. 夫三年之喪, 天下之通喪也. 予也有三年之愛於其父母乎?

잘 알려진 삼년상에 대한 공자와 재아의 논쟁이다. 여기에서 재아가 일년상(期)을 주장했으므로 그는 방효유(1357~1402)가 비판한 것처럼 천고의 죄를 지었다. "복상의 기간을 줄이자는 설은 재아가 먼저 주창했고, 제 선왕과 공손추가 화답했으며, 나중에 한 문제에 와서는 마침내 한 달을 하루로 바꾸자는 설까지 있게 되었다. 이에 인정을 어기면서 상을 벗는 자가 분분했으니 천고의 죄를 누가 피할 수 있겠는가?" 본문에서도 공자는 '삼 년의 은혜'를 삼년상의 근거로 제시하면서 이름이 '여予'인 이 제자를 책망했다.

다산의 시대에 부모 삼년상은 너무나 당연했으므로 이 장을 해설하면서 그는 삼년상이어야 하는가 일년상이어야 하는가는 아예 거론하지 않는다. 오히려 그는 『예기』 「삼년상」에 주목하여 삼년상의 당위성을 뒷받침하는 다른 근거를 소개했다. 「삼년상」에 따르면 원래 지극히 친한 사이의 상은 일 년으로 마친다. 본문에서 재아가 주장한 대로 일 년이면 천지와 사시의 질서가 변화하기 때문이다. 단지 부모님을 위해서는 삼년상을 치르는데 그 이유는 '삼 년의 사랑'에 보답한다는 것 이외에도 "융숭함을 더하기 위해서다. 그래서 그 기간을 두 배로 했고, 그 때문에 두 번의 기년(期)을 가진다"(『예기주소』, 58:4a~6a). 삼년상이라고 하지만 실제로는 25개월, 곧 기년을 두 번 보낸 다음 달 탈상을 하는데, 이렇게 하는 것은 부모님에 대한 예를 더욱 융숭하게 하기 위해서라는 것이다. 이를 소개한 뒤 다산은 "내가 보기에 이 글은 마땅히 자세히 음미해야 한다"라고 했다.

「삼년상」은 삼년상의 근거뿐만 아니라 일년상의 근거도 알려준다. 「삼년상」이 알려주는 일년상의 근거는 본문에서 재아가 말하는 것과 완전히 일치한다. 그러므로 재아도 근거 있는 주장을 한 것이다. 사실 다산은 이 장에서 천고의 역적으로 낙인찍힌 재아를 변호하기 위해 많은 노력을 했다.

> 당시 습속이 이와 같은데도 공자가 예를 정하여 다시 삼 년의 뜻을 회복하려고 했으므로 재아는 당시 시속을 따라 기년으로 마치려고 했으니 비록 그 말이 스스로 불인한 데로 돌아가지만 이 논의는 재아가 주창하지 않았다.

다산은 "공자의 시대에는 이미 천자와 제후에게 삼년상이라는 것이 존재하지 않았다"라고 이해하고, 역사를 뒤져 삼년상을 지키지 않은 사례가 얼마나 많은지를 보여주었다. 재아가 먼저 일년상을 제안한 것이 아님을 밝히기 위해서였다. 나아가 재아는 단순히 제자의 입장에서 삼년상을 회복하려는 스승에게 그것이 과연 좋은가를 질문했을 뿐이다. 다시 말해서 이 장은 한 스승과 제자 사이의 있을 법한 논쟁을 기록했을 뿐이다. 재아는 공자의 책망하는 질문에 "편안합니다"라고 대답해서 더 많은 욕을 먹었지만 이것도 다산이 보기에는 정말로 편안하다고 말한 것이 아니었다.

내가 보기에 재아가 "편안합니다"라고 대답한 것은 그가 진실로 편안하다는 것이 아니었다. 그는 단지 자신의 견해를 굽히지 않고 끝끝내 자신의 의견을 견지하려고 급히 "편안합니다"라고 대답한 것이다.

그래서 다산은 이렇게 반문한다. "정말로 재아가 부모의 상을 받들 때 쌀밥을 먹고 비단옷을 입으면서 담담히 슬퍼하지 않았던 것처럼 생각한다면 또한 지나친 것이 아니겠는가?" 동시에 그는 "책을 읽을 때는 말의 문맥을 이해해야 하니 가볍게 논단해서는 안 된다"라는 점을 지적한다. 문맥으로 읽으면 재아가 공자의 제자이지 역적이 아님을 알 수 있다는 말이었다. 이 견해는 '원의총괄'에도 기록되었다. "재아가 '편안합니다'라고 대답한 것은 스승 앞에서 당장 주장을 굽히지 않으려고 한 것이지 그 마음이 진실로 편안했다는 것은 아니다."

물론 다산도 재아에게 잘못이 있었음을 인정한다. "편안합니다"라고 얼른 대답한 것은 스승에 대한 불경이었고, 부모에 대한 일년상 주장 역시 옳지 못했다. 그렇기 때문에 그는 재아를 더 적극적으로 옹호한 고주 목협의 주장 역시 비판한다. 하지만 그는 재아를 금수보다도 못한 사람으로 몰아치는 경직된 원리주의도 받아들이지 않았다. 다시금 다산이 성리학에게 매도당한 공문의 제자를 변호하려는 계획을 가졌음을 확인하게 된다.

'원의총괄'은 이 장에서 두 가지 '원의'를 기록했다. 두 번째 '원의'는 "부싯나무를 뚫어 불을 바꾼다(鑽燧改火)"라는 표현과 관련된다. 불씨를 관리해서 계속 불을 쓸 수 있도록 하는 것이 중요했던 옛날에는 일 년에 한 번씩 막대로 부싯나무(燧)를 비벼 뚫어(鑽) 어미불을 만들어내는 관례가 있었는데,『주례』「사관」에 따르면 이 의식은 늦봄에 거행되었다. "왕은 늦봄에 불을 만들어낸다(出火)"(『주례주소』, 30:13b). 일 년에 한 번 새롭게 불을 취하는 것은 역시 해가 바뀌면 만물의 질서가 변화하기 때문이었다. 그런데 본문에서는 "불을 바꾼다(改火)"라고 했지 "불을 만들어낸다"라고 하지 않았다. 이 때문에 고주에서 마융은 「월령」에 불을 바꾸는 것과 관련된 글이 있는데, 그에 따르면 봄에는 느릅나무와 버드나무의 불을 취하고, 여름에는 대추나무와 살구나무의 불을 취하고, 늦여름에는 뽕나무와 산뽕나무의 불을 취하고, 가을에는 갈참나무와 졸참나무의 불을 취하고, 겨울에는 느티나무와 박달나무의 불을 취한다"라고 해설하면서 "불을 만들어내는" 것과 구별되는 "불을 바꾸는" 의식이 있었고, 지금 문제가 되는 표현이 그와 관련된다고 주장했다. 이때 마융이 인용한 「월령」은 현행본『예기』에 들어 있는 「월령」이 아니라『일주서』에 들어 있었다고 하는 「월령」, 나중에 수집된『일주서』에도 제목만 있는 「월령」을 가리킨다.

이렇게 마융처럼 일 년을 다섯 시기로 나누어 각각에 어떤 특정한 나무를 배정하는 것은 명확히 오행설의 영향이다. 과연 다산은『일주서』「월령」 전체가 추연의 저작이었다고 주장한다. 한대의 경학자였던 정사농(?~83)이 앞에 인용한『주례주소』의 문장을 주해하면서 그렇게 이야기했기 때문이다. 따라서 오행설의 기계론적 적용에 누구보다 비판적이었던 다산은 마융의 해설을 받아들일 수 없었다. 그는 계절의 변화에 따라 풍토병이 생기면 특정한 나무를 태워 연기를 쐼으로써 병을 치료하는 경우가 있기는 했으나 추연의 주장은 그와 상관없는, 이치에 맞지 않는 이론이라고 했다.

추연의 설에 따르면 부싯나무를 뚫을 때 잠시 느릅나무나 버드나무를 취했다가 같은 일을 두 번 세 번 거듭하면서 마음대로 모든 나무를 가져다 쓰게 되니 느릅나무나 버드나무의 기운은 남아 있지 않게 된다. 그런데 어떻게 계절의 변화에 따른 질병을 구할 수 있겠는가? 그것이 잘못되고 이치를 결여한 설이라는 것이 분명하다.

이제 늦봄으로 막 접어들 때 한식이라는 이름이 있으니 이것은 옛날 불을 만들어내던 관습의 유산이다. 추연의 오화五火의 설이 이치에 합당한가?

잘 알다시피 한식이 되면 아궁이에서 불을 빼고 찬밥을 먹는 풍습이 있는데, 다산은 아마도 이때 불을 빼는 것이 불을 바꾸기 위해서 거행하던 옛 의식의 일부를 계승한 것이라고 본 것 같다. 다산의 이 논의는 「원의총괄」에 "부싯나무를 뚫어 불을 바꾼다'라는 것은 일 년에 한 번 바꾸는 것을 말한다'라고 기록되었다.

17.21

선생님께서 말씀하셨다. "종일토록 배불리 먹으면서 마음을 쓰는 것이 없다면 어렵도다! 박혁이 있지 않느냐? 그것을 하는 것이 그만두는 것보다 오히려 낫다."

子曰; 飽食終日, 無所用心, 難矣哉! 不有博弈者乎? 爲之, 猶賢乎已.

"마음을 쓴다(用心)'라는 것은 계획을 세우고 그 계획에 따라 자신을 연마하는 것을 가리킨다. 따라서 대부분에 따르면 이 장은 아무런 계획도 소업도 없이 게으르게 사는 삶에 대한 경고다. 공자는 이런 사람을 두고 "어렵도다!"라고 안타까워했다. 무엇이 어려운지를 놓고서는 덕을 함양하기 어렵다든지 환란을 면하기 어렵다든지 하는 견해가 있었지만 다산은 대상을 무리하게 특정하는 시도는 모두 오류를 낳는다고 하면서 가장 알기 쉽게 "무엇인가를 하기가 어렵다"라는 뜻이라고 해설했다.

본문의 '혁奕'은 바둑을 가리킨다. 두 손을 높이 들어(廾) 돌을 내려놓는 모양을 상징한다고 한다. 그렇지만 '박博'이 무엇인지는 정확히 알기 어렵다. 글자 풀이에 뛰어난 고주는 '박'이 '국희局戲'를 가리킨다고 했는데, '국희'란 바둑이나 장기처럼 판을 벌여놓고 그 위에 돌이나 말을 놓아서 즐기는 놀이의 통칭이다. 장기로 옮기기도 하고 쌍륙이라는 놀이로 옮기기도 하지만 정확하지 않아서 위에서는 '박혁'을 그냥 '박혁'으로 옮긴다. 이 장 제일 마지막의 '이已'는 '그만두다'라는 뜻의 동사로 아무런 마음도 쓰지 않는 것을 말한다.

큰 논란이 없을 듯한 이 장을 두고 '원의총괄'은 "박혁이 오히려 낫다는 것은 인품을 두고 말한 것이다"라는 '원의'를 기록했다. 이 '원의'는 고주에 대한 비판이다. 구체적으로는 "(공자가) 사람들이 이것(박혁)으로라도 즐거움을 삼아 음욕이 생기지 않도록 하기를 원했다"라고 한 형병에 대한 비판이다. 형병의 해설은 자칫 공자가 하책으로나마 박혁을 권유했다는 인상을 준다. 그것이 잘못이라는 것이다. 다산에 따르면 본문에서 공자는 단순히 "마음을 쓰는 것이 없는" 태도가 큰 문제임을 강조하기 위해 그런 사람의 인품보다는 차라리 박혁에라도 열중하는 사람의 인품이 훌륭하다고 말했을 뿐이다. 그런데 사실 이런 경계는 유학자들 사이에서 이미 널리 퍼져 있어서 가령 송시열(1607~1689) 같은 조선의 대표적 성리학자의 글에서도 볼 수 있다. 그런 면에서 과연 이것이 '원의총괄'에 기록되었어야 하는가 하는 의문이 든다. 어쨌든 바둑과 같은 여흥을 보는 시각에서 다산은 송시열만큼 엄격했다.

17.22

자로가 말하기를 "군자도 용맹함을 숭상합니까?"라고 하니 선생님께서 말씀하셨다. "군자는 의로움을 훌륭한 것으로 여긴다. 군자가 용맹하면서도 의로움이 없으면 난을 일으키고, 소인이 용맹하면서도 의로움이 없으면 도둑질을 한다."

子路曰; 君子尙勇乎? 子曰; 君子義以爲上. 君子有勇而無義爲亂, 小人有勇而無義爲盜.

본문은 "용맹하면서도 의로움이 없는" 군자를 상정했기 때문에 고금주는 모두 여기에서 군자와 소인은 덕이 아니라 지위와 관련된 말, 곧 귀족과 평민을 가리킨다고 주장했다. 다산 역시 이 견해를 받아들였다.

17.23

자공이 말하기를 "군자도 미워하는 것이 있습니까?"라고 하니 선생님께서 말씀하셨다. "미워하는 것이 있다. 남의 잘못을 떠벌리는 자를 미워하고, 하류에 머물면서 뛰어난 사람을 비방하는 자를 미워하고, 용감하면서도 예가 없는 자를 미워하고, 과감하면서 꽉 막힌 자를 미워한다." "사야, 너도 미워하는 것이 있느냐?" "말을 가로채 아는 체하는 자를 미워하고, 겸손하지 않은 것을 용감하다고 여기는 자를 미워하고, 남의 은밀한 일을 까발리는 것을 솔직하다고 여기는 자를 미워합니다."

子貢曰; 君子亦有惡乎? 子曰; 有惡. 惡稱人之惡者, 惡居下流而訕上者, 惡勇

而無禮者, 惡果敢而窒者. 曰; 賜也亦有惡乎? 惡徼以爲知者, 惡不孫以爲勇
者, 惡訐以爲直者.

다산에 따르면 '하류下流'는 "덕이나 재주가 없어 비천한 것이 마치 더러운
도랑과 같은 것"을 의미한다. 고주는 이것이 지위가 낮은 것을 의미한다고 했
으나 다산은 『논어』나 『맹자』에서 이 표현은 언제나 지위가 아니라 덕의 고
하와 관련된다고 주장했다. 그러므로 그에게는 '상上'도 지위가 높은 것이 아
니라 덕이 높은 것을 의미하고, '산상訕上'은 윗사람을 능멸하는 능상이 아니
라 뛰어난 사람을 질투하는 것이다. '질窒'에 대해서도 고주는 다른 사람의
앞길을 막는 것을 의미한다고 했는데, 다산은 금주를 따라 위에 옮긴 것처럼
"꽉 막힌 것"을 의미한다고 보았다. 마지막으로 고주는 위에서 "사야, 너도 미
워하는 것이 있느냐"라고 옮긴 구절을 자공의 말로 간주했다. 그렇다면 해당
부분은 "저 사도 미워하는 것이 있습니다"라는 정도가 된다. 이 문제를 두고
도 다산은 금주를 따라 위에서처럼 공자의 질문으로 이해했고, 무엇보다도
질문에 자주 쓰이는 '호乎'라는 종결사가 있기 때문에 그렇게 이해해야 한다
는 다자이의 견해에 동의했다. 그렇다면 공자의 말에 왜 두 개의 '왈曰'이 들
어가는가에 답해야 하는데, 다산은 특별한 답변을 남기지 않았다. '알訐'은
모두에게 "남의 은밀한 일을 까발리는 것"을 의미한다.

이 장과 관련하여 '원의총괄'은 "'요이위지徼以爲知'는 남의 말을 가로채 마
치 이미 평소부터 알고 있는 것처럼 하는 것을 의미한다"라는 견해를 '원의'
로 기록했다. 이 논의에서는 당연히 '요徼'의 의미가 관건이다. 고주는 '(다른
사람의 견해를) 베끼다(抄)'라는 뜻으로, 금주는 '(다른 사람의 생각을) 엿보
다(伺)'라는 뜻으로 보았는데, '요행으로(徼) 맞추다'라는 뜻으로 보는 견해도
있다. 다산은 '맞이하다(邀)', 곧 다른 사람의 말이 끝나기 전에 가로막는 것

을 뜻한다고 보았다. 사상적 의미도 없고, 특별한 고증학적 고찰이 있는 것이 아닌데도 '원의총괄'에 기록한 경우라고 하겠다.

17.24

선생님께서 말씀하셨다. "여자와 소인은 기르기가 어려우니 가까이 하면 불손하고, 멀리하면 원망한다."

子曰; 惟女子與小人爲難養也. 近之則不孫, 遠之則怨.

지금 볼 때 여성에 대한 무지막지한 편견을 드러내는 장이다. 여기에서 소인은 지위가 낮은 사람을 의미하는데, 소인과 여자를 동일시함으로써 공자는 여성에 대한 역사적 차별을 증언했다. 본문에서 공자는 이들을 "멀리하면 원망한다"라고 했는데, 여성을 이렇게 인식함으로써 공자는 여성을 멀리한 셈이고, 그가 말한 대로 원망을 받아야 마땅한 입장이 되었다. 아무리 존재하는 차별을 반영한 것일 따름이라고 해도 공자는 이런 말을 통해서 차별을 정당화하는 데 일조했으므로 유교가 새롭게 나기 위해서는 이 구절에 함축된 고통에 대한 여성의 원망이 그칠 때까지 사죄해야 할 것이다.

사실 옛날 사람이 보기에도 공자는 이 장에서 여성을 지나치게 경시했다. 그래서 고주는 이 말이 모든 여성을 대상으로 한 것이 아니라고 했고, 심지어는 성리학의 금주도 "장엄함으로 그들에게 임하고 자애로움으로 그들을 기른다면," 곧 여성을 잘 대한다면 불손이나 원망을 경험하지 않을 것이라고 했다. 다산도 촌평을 덧붙였다.

공자는 장엄함과 자애로움으로도 두 가지 문제를 없애기가 충분하지 않다는 것을 알았기 때문에 "기르기가 어렵다"라고 경계했다. 그런데도 주자는 오히려 그것들을 병을 고치는 약으로 생각했으니 아마도 본지는 아닐 듯하다.

이렇게 다산은 자신이 이 장에 대한 어떤 비판적 의식도 없었음을 보여준다. 그는 오히려 여성에 대한 호의가 있더라도 문제는 해결되지 않는다고 하면서 마치 그것이 소인과 여자의 고질 때문인 것처럼 판단하여 금주보다도 더 퇴행적인 사고를 보여주었다. 이것이 다산에 대한 오해라면 그는 이 장에서 오해를 부를 만한 말을 남겼다.

17.25

선생님께서 말씀하셨다. "나이 마흔이 되어서도 미움을 받으면 그만일 뿐이다."

子曰; 年四十而見惡焉, 其終也已.

이 장에서는 고주와 금주, 다산 사이에 커다란 이견이 없다. 단지 왜 하필 나이 마흔인가 하는 문제와 관련해서는 다산의 생각이 조금 다르다. 고주와 금주는 모두 마흔이 불혹의 나이이며 또 덕을 완성할 나이인데도 칭송은커녕 미움을 받는다면 인생을 마칠 때까지도 달라질 것이 없다고 해설했다. 그에 비해 다산은 마흔은 "혈기가 이미 쇠약해져서 분발함으로써 잘못을 고칠 희망을 가질 수 없는" 나이라고 보았다. 마흔이 넘으면 잘못을 반성할 힘도 없다고 본 것이다. 그러면서 그는 "나 또한 이런 경우를 경험한 바가 많다"라고 했다. 금주는 공자가 반드시 특정한 사건 때문에 본문에 기록된 말을 했겠지만 그것이 무엇인지 알 수 없다고 했는데, 다산의 이 말도 반드시 특정한 사건이나 인물 때문에 한 것이겠지만 그것이 무엇인지는 알 수 없다.

제18편

미자

微子

18.1

미자는 떠나고, 기자는 수인이 되었으며, 비간은 간하다 죽었다. 공
자가 말했다. "은나라에는 인한 사람이 셋 있었다."

微子去之, 箕子爲之奴, 比干諫而死. 孔子曰; 殷有三仁焉.

이 장에 나오는 세 사람은 워낙 옛날 사람이라 정체에 대한 설이 분분하
다. 다산에 따르면 미자는 미나라(微)의 자작(子)으로 은나라의 마지막 왕인
주왕의 서형庶兄이었고, 기자는 기나라(箕)의 자작이었으며, 비간은 주왕과
같은 은 왕실의 후예로 제후가 된 사람, 곧 주왕의 제부諸父였다. 미자는 이
름이 원래 계啓였는데, 그것이 한 경제의 이름이기도 했으므로 『사기』 「송세
가」 같은 기록에는 개開로 되어 있다. 주왕의 서형이라고 하지만 배다른 형
제는 아니고, 그들의 어머니가 아직 첩이었을 때 미자를 낳고 나중에 정실부
인이 된 후 주왕을 낳아 그를 태자로 삼았으므로 서형이 되었다. 여기까지는
고금주와 다산의 설명이 같다.

　본문에서 "미자는 떠나고"라고 했는데, 어디를 떠났다는 것인지 확실히 말

하지 않았기 때문에 두 설이 있었다. 하나는 은나라를 떠나 무왕이 있는 주나라로 들어갔다는 설이고, 다른 하나는 주왕이 있던 은의 수도를 떠나 방랑했다는 것이다. 후자의 경우 미자가 아예 나라를 떠난 것은 아니다. 앞의 설은 「송세가」에 근거했으므로 많은 주해가 따랐으나 다산은 『단연총록』이 소개한 유창(1019~1068)의 주장을 따라 뒤의 설을 지지했다. 미자는 은 왕실의 종친이므로 아무리 망할 조짐이 보인다고 해서 나라를 버릴 수는 없고, 만약 그랬다면 공자가 그를 "인한 사람"이라고 칭했을 리 없다는 이유에서였다. 따라서 미자는 은의 수도를 떠나 황야에서 떠돌았다. 다른 "인한 사람"들과 달리 힘써 간쟁하지도, 주왕과 맞서다가 큰 벌을 받지도 않았는데, 두려움 때문이 아니라 은 왕실의 제사를 보존하기 위해서였다. 이런 목적을 가지고 떠났기 때문에 공자가 그에게 "인한 사람"이라는 명예를 주었다. 이 부분은 금주도 주장한 바다. 실제로 미자는 나중에 송나라에 봉해져 시조가 되고 은 왕실의 사직을 보존하게 되었다.

　기자는 고금주가 모두 비간처럼 주왕의 제부였다고 소개한다. 이 지배적인 견해와 달리 다산은 「송세가」에 근거하여 그가 단지 주왕의 친척이었을 뿐이라고 주장했다. 제부도 당연히 친척에 포함되지만 다산이 구태여 친척이라고 한 것은 제부가 아니었다는 점을 강조하기 위해서다. "또 내가 보건대 『상서』 「미자」에서 기자가 미자를 부를 때는 매번 왕자라고 하니 만약 기자 역시 왕자였다면 그 호칭이 마땅히 이렇지 않았을 것이다. 기자는 주의 제부가 아니다." 또한 고주는 기자의 이름이 서여胥餘였다는 설을 소개하면서도 확실한 전거는 알 수 없다고 했는데, 다산은 단정적으로 그의 이름이 서여 혹은 집여耳餘였다고 하면서 이 사실이 '시자위략尸子緯略'에 기록되었다고 했다. 그렇지만 이런 책은 존재하지 않는다. 『시자』라는 책이 있고, 『위략』이라는 책이 있다. 아마도 다산은 '고사손(1158~1231)의 『위략』에 소개된 『시자』'

라는 뜻으로 '시자위략'이라고 하지 않았나 싶다. 기자의 이름을 소개한 다음 그는 "형병이 아직『시자』를 보지 못한 것일 따름이다"라고 하면서『시자』만 언급하기 때문이다. 아니면『위략』은 잘못 들어간 글자일 수도 있다. 하기는 그렇다고 하더라도 문제가 다 해결되지 않는다. 현행본『시자』에는 기자의 이름이 나오지 않기 때문이다.

기자는 비간이 죽는 것을 보고 미친 척을 하다가 궁에서 쫓겨났고, 본문에 따르면 '노奴'가 되었다. 고금주는 이 글자를 기본 의미로 읽는다. 곧 '노비'나 '종'이라는 뜻이다. 하지만 다산은 독특하게도 이 글자가 '수인囚人'을 의미한다고 보았다. 무왕이 은을 멸망시킨 뒤 "비간의 묘에 봉분을 올리고 수인이 된 기자를 풀어주었다(혹은 감옥에서 기자를 풀어주었다)"(『예기주소』, 39:16b)라는『예기』「악기」의 기록이 주장의 결정적인 근거였다. 고주의 형병도 기자가 종이 된 뒤 결국 옥에 갇혔다고 했으므로 고주와 「악기」의 기록이 모순되지는 않지만 다산은『주례』의 간접적 증거를 동원하여 '노'를 '수인'으로 이해해야 한다고 주장했다.

이렇게 폭군 주왕의 시대에는 은나라의 사직을 보존하기 위해 방랑하던 미자가 있었고, 충언을 올리다 옥에 갇힌 기자도 있었으며, 강하게 간쟁을 하다가 결국 주왕에게 무참히 살해당한 비간도 있었는데, 이들은 모두 공자로부터 "인한 사람"이라는 평가를 받았다. 그들은 모두 자신의 본분에 맞는 일을 충심으로 다했기 때문이다. 이에 대해 금주의 양시는 "이 세 사람은 각각 그 본심을 체득했으므로 모두 인이라고 했다"라는 해설을 남겼다. 이렇게 인을 인간관계의 실천에서 동떨어진 내면 공부로 설명하는 해설을 만나면 다산은 반론을 생략하지 않는다. "인은 사람과 사람의 관계이니 사람이 사람과 더불면서 본분을 다하면 이것이 인이다. 마음의 덕은 인이 아니다."

마지막으로 흥미로운 것은『사기』「송세가」에 대한 다산의 평가다.「송세가」는 미자가 무왕에게 나아갈 때 "팔뚝을 드러내고 양손은 뒤로 묶었으며, 왼손으로는 양을 끌고 오른손으로는 띠풀을 그러잡았다"라고 했는데, 이 기록이 맞으려면 미자에게는 팔이 네 개 있어야 한다. 이러한 조롱 섞인 비판을 소개하면서 다산은 『사기』는 믿을 만하지 않다"라고 했다. 앞에서도 다산은 기자가 은나라를 아예 떠났는가 하는 문제와 관련하여 「송세가」를 비판했다. 과연 중국 고문헌을 속속들이 뒤지는 오늘날 연구자에게 『사기』는 무조건 신뢰를 보낼 책이 아니다. 그렇지만 다산은 기자가 주왕의 친척이었다는 주장을 하기 위해 "믿을 만하지 않은" 「송세가」를 인용하기도 한다. 이런 것이 그가 일관성을 가진 고문헌 연구자가 아니었다는 점을 보여준다.

이 장에는 이렇게 많은 논의가 있지만 그 어떤 것도 '원의총괄'에 기록되지 않았다.

18.2

유하혜가 옥을 다스리는 관리가 되어 세 번 쫓겨나니 사람이 말하기를 "선생님은 아직 떠날 수 없습니까?"라고 했다. "도를 곧바로 하여 남을 섬긴다면 어딜 가서도 세 번 쫓겨나지 않겠는가? 도를 굽혀서 남을 섬긴다면 하필 부모의 나라를 떠나겠는가?"

柳下惠爲士師三黜, 人曰; 子未可以去乎? 曰; 直道而事人, 焉往而不三黜? 枉道而事人, 何必去父母之邦?

맹자가 성인 중에서도 화기로운 사람이라고 평한 유하혜를 이 장에서 다시 만날 수 있다. '사사士師'는 옥을 다스리는 관리를 말하는데, '사士'는 낮은 직급의 옥리이며, '사師'는 옥리를 총괄하는 관리다. 이런 낮은 직급의 '사'가 주나라가 붕괴되고 새 질서가 탄생하는 즈음에 "어떻게 다스릴 것인가?"라는 문제에 대한 저마다의 답을 가지고 유세하면서 제자백가가 탄생한다. 정현은 '사'가 '사司'와 같은 글자로 '살피다'라는 뜻을 가진다고 했지만 다산은 벼슬하는(仕) 사람이므로 '사'라고 했다고 주장했다. '사'는 벼슬을 준비하는 사람이라는, 선비도 결국 벼슬하려는 사람이라는 다산의 생각을 반영한다.

이 장에서 맹자가 왜 유하혜를 '성인 중의 화기로운 사람'으로 소개했는지 알게 된다. 공자는 있을 자리가 아니라고 생각하면 나라를 떠났지만 유하혜는 관직에서 쫓겨나도 아랑곳하지 않았고, 쫓겨난 자리에 다시 임명하더라도 마다하지 않았다. 자기를 누그러뜨리고 주위와 화합했기 때문에 가능한 일이었다. 그러면서도 그는 맡은 일을 할 때는 언제나 "도를 곧바로 하여 남을 섬겼다." 자기를 내세우지 않으면서도 원칙을 지켰다는 말이다. 주어진 환경이 어떻든 자기 할 일을 했으므로 부모의 나라를 떠날 필요가 없었다. 그의 사적은 이미 소개했다(15.14).

18.3

제 경공이 공자를 대접했다. 말하기를 "계씨처럼 하는 것은 내가 할 수 없고, 계씨와 맹씨 사이로 대접할 것이다"라고 했다. 말하기를 "내가 늙었다. 쓸 수가 없구나"라고 하니 공자가 떠났다.

齊景公待孔子. 曰; 若季氏, 則吾不能, 以季孟之間待之. 曰; 吾老矣, 不能用也. 孔子行.

공자가 35세가 되던 기원전 517년 노 소공이 계씨를 벌하려다 실패하여 제나라로 도망갔다. 공자는 군주인 소공의 뒤를 따라 제나라로 갔다. 이때 공자는 경공을 만나 나라의 쓰임을 절약함으로써 제나라를 강하게 만들 수 있다고 유세했는데, 그 말에 크게 감동을 받은 경공이 공자를 등용하려고 하자 안영과 제나라의 대부들이 반대했고, 공자는 다시 노나라로 돌아갔다. 이 장은 이때 경공이 했던 말을 기록했다. 전반은 안영의 반대에도 불구하고 공자를 등용하려고 할 때의 말이고, 후반은 대부들 모두가 반대한다는 것을 안 뒤 공자를 포기하면서 한 말이다.

이 장에 대한 다산의 해석은 '대待'라는 한 글자를 어떻게 읽을 것인가를 두고 고금주와 미묘하게 달라진다. 고금주에서 '대'는 '대우하다'라는 뜻이다. '대우하다'라는 말에는 여러 의미가 있지만 고주에서는 특정한 지위를 부여하는 것을 의미하고, 금주에서는 특정한 예를 사용하는 것을 의미한다. 반면 다산에게는 위에 옮긴 것처럼 '대접하다'라는 의미다. "'대'는 희생으로 손님을 대접하는 것을 의미한다." 곧 다산에 따르면 '대'는 소고기, 양고기, 돼지고기를 상에 올려 품격을 갖추고 손님을 대접하는 것이다. 이때 이 세 종류의 고기를 몇 조합 준비할 것인가는 손님의 지위에 따라 다른데, 다산에 따르면 계씨는 다섯, 맹씨는 세 조합을 받을 자격이 있었다. 계씨든 맹씨든 제후국의 대부이므로 모두 세 조합을 받아야 하지만 계씨는 노나라의 실권자로 특별히 취급하여 다섯 조합이었다. 그러므로 경공이 "계씨와 맹씨의 사이로 대접할 것이다"라고 말했을 때는 공자를 위해 벌이는 만찬에 네 조합의 고기 요리를 준비하겠다는 뜻이었다.

다산의 해석은 고주와는 다르다. 하지만 금주와는 확연히 구별되지 않는다. 금주도 '대'가 손님을 대우하는 예와 관련된 것으로 보았기 때문이다. 그럼에도 불구하고 다산은 "고금의 주해가가 이것을 다시 연구하지 않았으니 소활한 것이다"라고 논평했다. 누구도 자신만큼 구체적으로 '대'의 뜻을 밝히지 않았다는 것이다. 아예 새롭지는 않았지만 다산은 '대'를 고례와 관련하여 구체적으로 설명하면서 흡족했던 것 같다. 이 해석은 '원의총괄'에 "'계씨와 맹씨 사이로 대접할 것이다'라는 말은 손님을 대접하기 위해 고기를 준비하는 예와 관련하여 말한 것이다"라고 기록되었다.

이 장에서 다산이 강조한 올바른 독법이 또 있다. 이 장은 맨 앞의 여섯 글자 뒤에서 끊어 읽어야 한다는 것이다. 이 독법 역시 '대'에 대한 그의 견해와 관련이 있다. 보통 이 장은 "제 경공이 공자를 대우하며(혹은 대우하는 일에 관하여) 말하기를…"이라는 정도로 시작하는데, 다산은 이렇게 읽을 경우 '대'의 뜻이 명확히 드러나지 않는다고 본 듯하다. 이렇게 끊어 읽는 것이 고금주의 독법과 얼마나 다른지는 불분명하지만 어쨌든 다산은 여섯 글자 뒤에서 마침표를 찍으라고 강조했다.

18.4

제나라 사람이 여자 악대를 보내니 계환자가 받았다. 사흘 동안 조회를 하지 않자 공자가 떠났다.

齊人歸女樂, 季桓子受之. 三日不朝, 孔子行.

이때 공자가 노나라에서 대사구라는 벼슬을 하면서 재상의 업무를 대신 보았는데, 나라가 잘 다스려졌다. 노나라가 강해질까 두려워한 제나라가 국정을 어지럽히기 위해 80명의 여자 악대를 보내 노나라 성문 밖에 머물게 하자 실권자였던 계환자가 미복으로 몇 번 나가보더니 급기야 받아들였다. 노 정공 역시 매혹되어 공연을 관람하며 사흘 동안 조회를 열지 않았다. 실망한 공자는 고국을 떠나 위나라로 향했는데, 이것이 13년 동안 이어진 '천하 주유'의 시작이었다. 여기에서 "조회를 하지 않았다"라는 것은 정공이 아예 조회를 폐지했다는 뜻이지 계환자가 혼자 조회에 출석하지 않았다는 뜻이 아니다. 계환자는 원래 무도한 사람이었으므로 계환자가 조회에 나가지 않았다고 해서 공자가 고국을 떠날 리 없다.

본문의 "제나라 사람(齊人)"은 제나라 군주를 가리킨다. 나라 뒤에 '인人'자가 붙을 때는 그 나라를 대표하는 사람인데, 많은 경우 군주를 가리킨다. 또 다산에 따르면 본문의 '귀歸'는 '귀'로 읽지 않고 '궤'로 읽어야 한다. 중국어에서는 이 글자가 그렇게 두 가지 발음을 가지는데, 우리식 한자음으로도 그렇게 되는지는 모르겠다. 어떤 음을 취하든 그 뜻은 '선물로 보내다'라는 것이다. '여악女樂'에 대해 다산은 "부인의 춤이니 역시 8명을 한 열로 삼는다"라는 주를 달았다. 이 장은 모두가 대체로 위에 옮긴 대로 읽는다.

그런데 문제는 이 사건, 제나라가 여자 악대를 보내고 공자가 노나라를 떠난 사건이 언제 일어났는가 하는 것이다. 『사기』「공자세가」는 이 사건 전후를 기록하면서 이것이 노 정공 14년, 공자 나이 56세 때의 일이었다고 했다. 기원전 496년이다. 하지만 다산은 공자와 관련된 사건의 연대를 획정하는 문제에서 「공자세가」보다는 『좌전』이나 『자치통감강목』의 기록을 더 신뢰한다. 청의 양방황도 다산이 신뢰를 보낸 자료에 의거해서 『공자연보』를 지었다. 그에 따르면 계환자가 여자 악대를 받은 것도 공자가 노나라를 떠난 것도 노 정공 13년, 기원전 497년이다. 앞에서 몇 번 언급한 것처럼 다산도 공자가 그해 노나라를 떠났다고 보았으므로 당연히 여자 악대의 일도 같은 해에 일어났다고 생각했을 것이다. 하지만 다산은 이 장의 일을 소개하면서 「공자세가」의 기록을 인용했다. 일관성이라는 면에서 아쉽다고 하겠다.

18.5

초나라의 미치광이 접여가 노래를 부르며 공자를 지나갔다. "봉조
여, 봉조여! 어찌 덕이 쇠약해졌는가? 지나간 것은 간할 수 없어도
올 것은 따라잡을 수 있으니 그만두어라, 그만두어라! 지금 정사를
따르는 사람은 위태롭구나!" 공자가 내려서 같이 이야기하려고 했
으나 걸음을 빨리 하여 공자를 피했으므로 더불어 이야기할 수 없
었다.

楚狂接輿歌而過孔子, 曰; 鳳兮鳳兮! 何德之衰? 往者不可諫, 來者猶可追. 已
而已而! 今之從政者殆而! 孔子下欲與之言, 趨而辟之, 不得與之言.

접여는 초나라 현자였다고 한다. 초 소왕의 정치가 아름답지 않으므로 출
사하지 않고 미치광이 행세를 했다. 고주는 그의 이름이 육통陸通이라고 했
으나, 다자이는 성이 '접接'이고 이름이 '여輿'라고 했다. 다산은 다자이의 설
이 더 설득력이 있다고 생각하고 그것을 택했다.

당시 공자는 초나라로 들어가다가 길에서 접여를 만나게 되었고, 접여가
공자를 알아보고 위에서처럼 이야기했다고 한다. 『논어』의 '봉鳳'을 후대의
개념인 봉황으로 이해할 수 없다는 점은 이미 언급했다(9.9). 앞에서도 '봉
조'로 풀었으므로 여기에서도 그렇게 푼다. 봉조든 봉황이든 성군이 다스릴
때만 나타난다고 믿었던 태평한 세상의 상징물이다. 그런데도 봉조의 덕을
가진 공자는 자신을 등용해줄 군주를 만나려고 애써 돌아다녔으므로 접여
는 그 덕이 쇠했다고 했다. '간諫'은 상대의 행동을 말리려는 것이므로 그 안
에 이미 '멈추게 하다'라는 뜻이 들어 있다. 그와 상대되는 '추追' 역시 여기
에서는 '따라가서 말리는 것'을 의미한다고 봐야 한다. 모두 접여의 입장에서
한 말이다. 초나라에 이르기까지 공자가 이미 돌아다닌 것은 말릴 수 없지만

그가 앞으로도 계속 유력하려고 한다면 말리고 싶다는 뜻이다. 이어 나오는 '이ㄹ'는 고주에 따르면 '이미' 혹은 '이미 심하다'라는 뜻으로 세상이 이미 많이 망가졌음을 한탄하는 말이고, 금주에 따르면 '그만두다'라는 뜻으로 공자에게 권유하는 말이다. 다산은 금주를 지지했다.

『장자』에도 이 일화가 기록되었다. 말이 장황해서 원래 접어의 말 같지는 않지만 말하려는 바는 같다. 단지 『장자』에서는 이때 공자가 어느 집에 머물러 있었고, 접어가 그 집을 지나가면서 노래를 불렀다(『장자주』, 2:18b~19b). 그래서 『논어음의』에 따르면 정현은 본문의 '하ㅏ'가 '당에서 내려오다'라는 뜻이라고 했다(『경전석문』, 24:25b). 하지만 고금주에서는 모두 수레에서 내리는 것을 의미한다. 다산도 마찬가지였다.

18.6

장저와 걸익이 짝을 지어 밭을 갈고 있는데, 공자가 지나다가 자로에게 나루터를 묻도록 했다. 장저가 말했다. "저기 가마를 붙잡고 있는 사람이 누구요?" 자로가 말했다. "공구이십니다." "노나라 공구 말이요?" "그렇습니다." "그렇다면 나루터를 알 것이오." 걸익에게 물으니 걸익이 말했다. "선생은 누구요?" "중유라고 합니다." "노나라 공구의 문도인 것이오?" "그렇습니다." "물이 우당탕탕 흘러가니 이것은 천하가 다 그런데 누가 자신의 뜻을 바꾸겠소? 또 그대가 사람을 피하는 인사를 따르는 것이 어찌 세상을 피하는 인사를 따르는 것과 같겠소?" 걸익이 고무래질을 하며 멈추지 않으니 자로가 자리를 떠나 고했다. 우리 선생님께서 슬퍼하며 말씀하셨다. "새나

집승과는 같이 무리를 이룰 수 없으니 내가 이 사람들 같은 무리가
아니라면 누구와 함께하겠는가? 천하에 도가 있다면 나 구도 그들
과 뜻을 바꾸지 않을 것이다."

長沮桀溺, 耦而耕. 孔子過之, 使子路問津焉. 長沮曰; 夫執輿者爲誰? 子路曰;
爲孔丘. 曰; 是魯孔丘與? 曰; 是也. 曰; 是知津矣. 問於桀溺, 桀溺曰; 子爲誰?
曰; 爲仲由. 曰; 是魯孔丘之徒與? 對曰; 然. 曰; 滔滔者, 天下皆是也, 而誰以易
之? 且而與其從辟人之士也, 豈若從辟世之士哉? 耰而不輟. 子路行以告, 夫
子憮然曰; 鳥獸, 不可與同羣, 吾非斯人之徒與, 而誰與? 天下有道, 丘不與易
也.

『논어』에 은자와 조우한 공자를 기록한 글이 여럿 있지만 그중에서도 가
장 흥미로운 만남을 기록한 장이다. 장저와 걸익 두 사람도 초나라 사람인데,
앞에 초나라의 미치광이 접여가 나왔기 때문에 이 장에서는 거듭 밝히지 않
았다. 접여는 공자가 초나라에 들어갈 때 만났고, 이 둘은 초나라를 떠나 채
나라로 돌아올 때 만났다고 한다. 다산은 이들이 조우하게 된 배경을 좀 더
구체적으로 설명했다. 곧 초나라로 가기 전 공자는 진나라 대부들에 의해 길
이 막혀 이레 동안 곡식을 먹지 못하는 곤욕을 치렀고, 그랬기 때문에 초나
라를 떠날 때 일부러 사람이 없는 길을 택했다가 급기야 길을 잃고 나루터를
묻게 되었다. 본문의 "사람을 피하는 인사(辟人之士)"는 당연히 공자를 가리키
는데, 걸익은 공자가 사람을 피해 한적한 길을 택한 곡절을 이미 알았기 때
문에 이렇게 이야기했다고 한다. 다산의 견해다. 과연 공자는 "사람을 피하는
인사"가 아니다. 그러므로 걸익이 공자를 왜 그렇게 은유했을까 하는 의문을
가질 수 있는데, 다산의 해설이 궁금증을 풀어줄 수 있다.

이런 해설도 흥미롭지만 이 장에 대한 다산의 독법은 큰 틀에서도 기존의

독법과 다르고, 세세하게도 다르다.

우선 고금주는 모두 본문의 '여輿'가 '고삐'를 의미한다고 했다. '고삐'를 의미하는 '비轡'와 같은 글자라는 것이다. 이렇게 고금주가 같은 해석을 내놓으면 대부분은 반성적 검토 없이 받아들인다. 하지만 비판적인 다산은 '여'와 '비'는 엄연히 다른 글자인데, 어떻게 덜컥 같은 글자라고 하는가 반문한다. 실상 옛날 수레를 보면 '여'라는 구성물이 있다. 수레 위에 사람이 앉을 수 있도록 올리는 가마가 그것이다. 그러므로 그에게 '여'는 '고삐'가 아니라 '가마'다. 또한 고금주는 본문의 '우耰'가 '뿌린 씨앗을 덮는 것'을 의미한다고 보았다. 마찬가지로 대부분은 이 주해를 받아들인다. 하지만 다산은 또 따진다. 본문을 보면 두 사람은 함께 밭을 갈고 있었고, 자로를 만나 짧은 대화를 나누었는데 언제 씨를 뿌릴 겨를이 있었겠는가? 씨 뿌릴 겨를도 없었는데 대뜸 씨를 덮는다면 말이 되는가? 그래서 다산에 따르면 '우'는 여기에서 '추椎(몽둥이)'와 같고, 밭을 갈 때 생긴 흙덩이를 부수는 것을 의미한다.

이런 것은 오히려 작은 문제다. 그에 비해 다산이 '도도자滔滔者'부터 이 장의 끝까지를 읽는 방법은 실로 독창적이다.

'도도자'가 공자 앞을 가로막는 강물을 형용한 말이라는 데는 모두가 의견을 같이 한다. 그렇지만 느낌은 각각이다. 고주가 세상을 가득 덮고 흐르는 물을 형용한다고 보았다면 금주는 쉼 없이 흘러서 돌아오지 않는 물을 형용한다고 보았고, 다산은 큰 비가 쏟아져 나루터마저 보이지 않는, '도도히' 흐른다기보다는 '우당탕탕' 혹은 '콸콸' 쏟아져 흐르는 물을 형용한다고 보았다. 고주에서는 온 세상이 흙탕물에 잠겼다는 함의를 갖는다면 금주에서는 세상의 도덕적 쇠퇴를 막을 수 없다는 함의를 갖고, 다산에게는 큰물이 나서 나루터가 없어진 것, 곧 강을 건너려고 해도, 세상을 구제하려고 해도 방법이 없다는 함의를 갖는다. 다산은 자로가 나루터를 물었으므로 걸익의 대꾸도 반드시 그와 관련시켜야 한다고 본다.

　이 정도 차이도 아직은 작은 차이다. 하지만 '수이역지誰以易之'에 대한 다산의 해석은 사건이라고 칭할 정도다. 이 구절을 말 그대로 풀면 "누가 그것을 바꾸겠는가?"인데, 문제가 되는 것은 대명사 '그것(之)'이다. 고주의 공안국은 '그것'이 '자신이 살고 있는 곳'을 의미한다고 보았다. 따라서 공안국에게 '수이역지'는 온 세상이 흙탕물이어서 여길 가든 저길 가든 다 마찬가지인데, 무엇 때문에 수고스럽게 사는 곳을 바꾸어 가며 옮겨 다니겠는가 하는 질문이다. 이 질문에는 걸익 자신처럼 한곳에서 유유자적하면서 은거하는 게 좋다는 함의가 들어 있다. 금주의 주희는 '그것'이 '세상'을 의미한다고 보았다. 따라서 그에게 '수이역지'는 어지러운 세상에서 누가 그것을 바꾸려고 하겠는가 하는 질문이다. 이 질문에는 공자처럼 세상을 바꾸려고 하는 자는 어리석다는 함의가 들어 있다. 이에 비해 다산은 '그것'이 '자기 자신의 뜻', 특히 걸익 자신의 뜻을 의미한다고 보았다. 이때 걸익의 뜻은 당연히 은거하려는 뜻이다. 따라서 다산에게 '수이역지'는 큰물로 나루터가 다 잠기어서 건널 방법이 없는 지금 누가 자신의 은거하려는 뜻을 바꾸겠는가 하는 질문이다. 좀 더 구체적으로는 누가 자신의 은거하려는 뜻을 세상을 개선하려는 공자의 뜻과 바꾸겠는가 하는 질문이다. 이 질문에도 역시 공자의 사업이 무익하고 무용하다는 함의가 들어 있다. '수이역지'의 '역易'은 고주에서 사는 곳을 바꾸는 것, 곧 '이사하다'라는 의미이고, 금주에서는 '변화시키다'라는 뜻이며, 다산에게는 '교환하다'라는 뜻이다.

　더 흥미로운 다산의 독법은 이 장의 마지막 부분과 관련이 있다. 우선 다산은 '斯人之徒사인지도'가 누구인지를 전혀 새롭게 해석한다. 고주나 금주에서 이 말은 잘 알려진 것처럼 세상 사람들 혹은 동물과 구별되는 우리 인간을 가리킨다. 그렇게 이해했기 때문에 공자는 이 장에서 새나 짐승이 아니라 사람들과 같이 하겠다고 한 것이고, 그렇기 때문에 이 장은 공자의 인문주의 정신을 가장 잘 보여준다는 평가를 받았다. 하지만 다산에게 '사인지도'는 장저, 걸익 같은 사람들 무리, 곧 "이 사람들 같은 무리"를 의미한다. 세상 사람을 가리키는 것이 아니라 은자를 가리킨다. 공자는 분명히 '사인지도'와 함께 하겠다고 했는데, 그렇다면 그가 지금 은자와 함께 하겠다는 뜻을 피력했다는 말인가? 다산에 따르면 그렇다. 그에 따르면 공자는 만약 자신이 은거를 해야 한다면 새나 짐승과는 같이 할 수 없으므로 장저, 걸익 같은 사람들과 함께 하겠다고 말했다. 공자는 "지금 그들을 부러워함을 밝힌 것이다."

그러면 군자는 언제 은거하고 언제 세상에 나서는가? 이 질문에 다산은 "대개 군자는 무도한 세상에서는 은거하고 도가 있으면 나타난다"라고 분명하게 답한다. 다시 말해 공자 당대가 은거할 때였다. 그러므로 공자는 지금 은근히 은거하고 싶다는 개인적 소망을 피력하고 있는 셈이다. 물론 다산의 해석이다. 만약 도가 있는 세상이라면 어떻게 되는가? 다산은 이 장의 마지막 말이 그 경우 공자의 선택을 보여준다고 생각했다. "나 구도 그들과 뜻을 바꾸지 않을 것이다." 좋은 때가 오면 은거하려는 장저, 걸익의 뜻이 아니라 국가 경영에 참여하려는 공자의 뜻이 빛을 발할 것이기 때문에 이때는 공자도 은자들과 뜻을 바꾸지 않는다. 다산은 이 마지막 구절에서 '…와'라는 뜻의 '여與'라는 한 글자에 주목해야 한다고 했다. 그 글자 때문에 누군가와 무엇을 바꾸지 않겠다는 공자의 뜻이 드러난다는 것이다.

다산의 놀라운 해석은 한편으로는 납득이 간다. 따지고보면 '사인지도'를 왜 무작정 고금주처럼 세상 사람을 가리키는 말로 이해해야 하는지 의문이 든다. 다산의 제자 윤동은 그 점을 지적했다.

공목(윤동)이 주장했다. "만약 천하 사람들을 가리키려고 한다면 마땅히

'사민斯民'이라고 해야지 '사인斯人'이라고 해서는 안 되며, 마땅히 '사인'이라고 해야지 '사인지도'라고 해서는 안 된다."

세상 사람과 함께 하겠다는 뜻이었다면 '사민'이라는 말을 썼을 것이고, 백 번 양보해서 '사인'이라고 하더라도 '사인지도'라고 할 리는 없다는 지적이다. 듣고보면 고금주가 당연하지 않다는 것을 금세 느끼게 된다.

고금주의 문제는 더 있다. 고주에서는 '역'이라는 글자가 두 가지 의미를 가진다. 앞에서는 '사는 곳을 바꾸다'라는 의미이고, 뒤에서는 '교환하다'라는 의미다. 그럴 수 있겠지만 석연치 않다. 금주에서는 '역'이 일관된 의미를 지닌다. 하지만 금주를 채택할 때 앞의 '역'과 관련된 문장은 대부분 "누가 그것(세상)을 바꿀 수 있겠소?"라는 식으로 '가可'라는 글자를 첨가해서 해석한다. 어떤 식이든 글자를 첨가해야만 한다면 문제가 있는 해석이다. 뒤의 '역'과 관련된 문장에서는 다산이 주목해야 한다는 '여'라는 글자를 해석하지 않는다. "나 구는 세상을 바꾸려고 하지 않을 것이다"라는 정도가 금주에 따른 표준적 풀이이기 때문이다. 반면 다산의 해석에서 '역'은 앞뒤로 일관된 의미를 가진다.

물론 고금주에도 장점이 있다. 고금주에서 이 장의 마지막 부분은 금수가 아니라 인간과 함께 하겠다는 공자의 인문주의 정신을 보여주며, 그런 면에서 장저, 걸익 같은 은자를 비판한다. 해당 부분은 고주에서 "천하에 도가 있더라도 나 구는 저들과 나의 도를 바꾸지 않겠다"라는 정도로, 금주에서는 "천하에 도가 있다면 나 구는 세상을 바꾸려고 하지 않을 것이다"라는 정도로 옮기게 되는데, 두 독법은 모두 은자의 세계관과 공자의 세계관이 달랐음을 보여주며, 그런 면에서 공자 사상 전체와 이 장을 잘 연결시킨다.

이렇게 보면 이 장에서 다산과 고금주가 달라지는 계기는 은자의 세계관

혹은 가치관에 대한 다산의 관점이다. 고금주와 달리 다산은 그것이 공자 사상의 대척점에 있지 않다고 보았다. 다시 말해서 다산은 이들의 세계관과 가치관을 어느 정도 수용했다. 그랬기 때문에 "내가 이 사람들 같은 무리가 아니라면 누구와 함께하겠는가?"라는 과감한 해석이 나올 수 있었던 것이다.

이러한 과감한 해석을 통해 다산은 다시 한 번 그의 『논어』 읽기의 독자성을 과시했다. 하지만 그와 동시에 부정할 수 없는 공자의 인문주의를 그의 해석과 어떻게 조화시킬 것인가 하는 과제를 안게 되었다.

이 장에 대한 다산의 독창적 해석은 '원의총괄'에 두 개로 나누어 기록되었다.

'도도'는 큰물을 형용하는 말이니 천하가 모두 혼란하여 큰물을 건너려고 해도 나루터가 없는 것과 같음을 가리킨다.

'수이역지'는 자신(걸익)이 하려는 바를 공자와 바꾸지 않겠다는 것을 의미한다.

이 장에 대한 다산의 독법은 이렇게 골자에서도 세부에서도 기존의 해석과 많이 다르므로 다산을 따라 『논어』를 읽을 때는 다산이 어떻게 다른가를 꼼꼼히 보여줘야 한다.

18.7

자로가 공자를 따르다가 뒤에 처졌는데, 지팡이로 삼태기를 짊어진

노인을 만났다. 자로가 물었다. "선생께서는 우리 선생님을 보셨습니까?" 노인이 말하기를 "사지를 수고롭게 하지도 않고, 오곡을 분간하지도 못하면서 누가 그대의 선생님인가?"라고 하고는 지팡이를 꽂아놓고 김을 맸다. 자로가 두 손을 모으고 서 있었더니 자로를 멈추어 유숙하도록 했다. 닭을 잡고 각서를 만들어 먹게 하고는 두 아들을 보게 했다. 이튿날 자로가 그곳을 떠나 고하니 선생님께서 "은자로구나"라고 말씀하시고 자로에게 돌아가 뵙도록 했다. 자로가 그곳에 이르니 떠나고 없었다. 자로가 말했다. "벼슬을 하지 않으면 의도 없다. 장유의 절도를 폐할 수 없었다면 군신의 의를 어떻게 폐할 것인가? 자기 몸을 깨끗이 하려고 하면서 큰 인륜을 어지럽히는 것이다. 군자가 벼슬할 때는 의를 행하려는 것이니 도가 행해지지 않을 것은 이미 알고 있다."

子路從而後, 遇丈人以杖荷蓧. 子路問曰; 子見夫子乎? 丈人曰; 四體不勤, 五穀不分, 孰爲夫子? 植其杖而芸. 子路拱而立. 止子路宿, 殺雞爲黍而食之, 見其二子焉. 明日, 子路行以告, 子曰; 隱者也. 使子路反見之, 至則行矣. 子路曰; 不仕無義. 長幼之節, 不可廢也, 君臣之義, 如之何其廢之? 欲潔其身, 而亂大倫. 君子之仕也, 行其義也. 道之不行, 已知之矣.

이 장에서 또 다른 은자, "지팡이로 삼태기(蓧)를 짊어진(荷) 노인(丈人)"을 만난다. 보통 하조장인荷蓧丈人이라고 불리는 사람이다. 앞에서 다산이 은자의 가치관을 보통보다 훨씬 더 호의적으로 이해했다고 했는데, 이 장에서도 같은 생각을 엿볼 수 있다.

이때 자로는 공자를 수행하다가 뒤에 처져 낯선 노인에게 공자를 묻는다. 다산에 따르면 공자의 풍모가 워낙 남달랐기 때문에 누구나 기억할 수 있었고, 그래서 자로는 공자를 아는지 모르는지도 모르는 낯선 사람에게 "우리 선생님을 보셨습니까?"라고 질문했다고 한다. 밭일을 하려고 준비하던 노인은 자로의 질문을 퉁명스럽게 받아쳤다. 농사일에 힘을 보탤 생각도 없고 오곡을 분간하지도 못하면서 하릴없이 '우리 선생님'을 찾는 자로가 한심해 보였기 때문이다. '분分'은 고주에서는 '나누어 심다'라는 뜻인데, 다산은 금주를 따라 '분간하다'라는 뜻으로 이해했다. 또 고주에서 '식植'은 '기대다'라는 뜻이어서 관련 부분을 "지팡이를 의지하고서(植) 김을 맸다(芸)"라고 읽게 되지만 다산은 이것도 금주를 따라 위에서처럼 '(지팡이를) 꽂다'라는 뜻으로 읽었다.

'원의총괄'이 기록한 이 장의 '원의'는 "'살계위서殺鷄爲黍'에서 '서黍'는 각서角黍를 가리킨다"라는 것이다. 고금주에서 '서'는 기장(黍)이라는 곡식으로 만든 밥인데, 다산은 이것이 잘못된 해석이라고 주장했다. 그가 보기에 '서'가 기장밥을 의미하려면 반드시 '반飯'이나 '직稷' 같은 글자가 뒤에 더 붙어야 하는데 본문은 그렇지 않고, 따라서 '서'는 기장밥과 구별되는 다른 음식일 수밖에 없다. 이렇게 생각한 뒤 다산은 『풍토기』라는 책에서 형초荊楚 지방의 풍속에 관한 다음 기록을 찾았다.

> 사람들은 단옷날에 오리를 삶고 통종筒粽을 상에 올리는데, 각서라고도 한다. 찰진 쌀밥과 밤, 대추 등을 줄풀 잎으로 싸서 쪄 읽힌 음식인데, 대체로 음양이 껍질 안에서 아직 흩어지지 않은 모습을 취했다고 한다(『어정패문운부』, 36B:21b).

이 인용문에 나오는 '통종'은 아직도 중국인이 단옷날에 즐겨 먹는 '종자粽子'를 가리킨다. 그 다른 이름이 각서다. 이 장의 노인이 이 음식으로 자로를 대접했으리라는 추측은 그 역시 초나라 사람이기 때문에 가능했다. 접여부터 줄줄이 나오는 은자는 모두 초나라 사람이며, 이들이 즐겨먹는 음식이 각서이므로 당연히 자로에게 대접한 음식도 각서일 것이라는 주장이었다. 그럴 듯하고 흥미로운 주장이다.

다산은 위의 증거를 『풍토기』에서 찾았다고 했지만 그가 실제로 본 것은 십중팔구 『패문운부』였겠다. 『풍토기』 같이 구하기 어려운 책을 강진 시골에서 직접 볼 수 있었을 리 만무하고, 결정적으로 그가 『풍토기』와 함께 인용한 당나라 사람 왕중주王仲周의 "단오진상端午進狀"이라는 글도 『패문운부』에 함께 소개되었기 때문이다. 참고로 왕중주는 『정본 여유당전서』를 비롯하여 『논어고금주』 모든 판본에 왕중한王仲閒으로 되어 있는데, 왕중주의 잘못이다. 『패문운부』는 한자 성어의 용례를 모아놓은 책으로 『강희자전』과 함께 다산이 애용한 책 중의 하나다.

본문으로 돌아가서 자로가 다시 노인의 집을 찾았을 때 노인은 없었다. 이와 관련하여 고주는 '행行'이 잠시 집을 떠난 것이고, 따라서 이어지는 자로의 말은 노인의 두 아들에게 한 말이라고 해설했다. 하지만 다산은 공자가 위 영공에게 실망하여 떠나는 장면에서처럼(15,1) 『논어』에서 '행'은 아예 떠나는 것을 의미한다고 보았고, 그보다 "남의 아들을 놓고 그 아비가 인륜을 어지럽힌다고 책망하는 그런 이치는 없다"라고 판단했다.

이제 자로가 노인의 은둔을 비판하는데, 이것이 누구의 말인가에 관해서는 세 가지 설이 있다. 고주는 공자의 생각을 자로가 대신해서 말했다고 보았다. 금주는 고주를 받아들이면서도 어떤 판본에는 '자로子路'와 '왈曰' 사이에 '반자反子' 두 글자가 더 있다는 사실을 소개하여 아예 공자의 말로 볼 수도 있다고 했다. 이런 판본에서 해당 부분은 "자로가 돌아오자 선생님께서 말씀하셨다"라는 정도가 된다. 다산의 생각은 이들과 달랐다. 그에 따르면 이것은 자로의 말로 순전히 자로의 생각을 자로가 이야기했을 뿐이다.

> 그(자로)가 말하는 군신의 의로움이란 이런 것에 불과하니 어찌 그런 것으
> 로 오히려 고답한 선비를 기롱하여 인륜을 어지럽히는 것으로 몰아갈 수
> 있겠는가? 자로가 여기에서 말한 것은 완전히 억지스러운 판단이다. 그것
> 이 본색인데도 선유들은 그것을 반드시 우리 선생님의 말로 삼으려고 했
> 으니 아마도 그렇지 않을 것 같다.

다산은 "고답한 선비"의 세계관과 가치관을 받아들였고, 그들의 선택을 존
중했으며, 공자도 그랬다고 믿었던 것이다.

왜 다산은 은자의 가치관과 이렇게 타협했을까? 먼저 은자와 타협한 것은
다산 자신이 아니라 다산이 해석한 공자였을 수 있다. 「미자」에 많이 기록된
공자와 은자의 만남을 읽으면서 다산은 공자가 언제나 은자를 존중했다고
생각했을지 모른다. 그런데 다산은 공자를 닮으려고 노력한 사람이다. 공자
가 은자를 존중했다면 그 역시 은자를 존중하려고 했을 것이다. 두 번째 가
능한 설명은 은자에 대한 다산의 태도가 그의 삶을 반영한다는 것이다. 비
록 강제였기는 해도 중앙 정치에서 은둔한 다산은 결국 스스로 은자의 가치
관을 가지게 되었는지도 모른다. 그렇지만 『논어고금주』만 보더라도 그는 도
가적 가치, 가령 무위 같은 개념을 신랄하게 비판했고, 유림 중에서도 사림
이 아니라 관학파에 가까웠으며, 스스로 행동하고 실천하는 지식인이 되기
위해서 노력했다. 이 두 가지 설명이 그럴듯하지 않다면 달리 설명할 수 있는
방법이 또 있다. 곧 『논어고금주』에서 다산은 일관된 가치관을 보여주었다기
보다 새로운 해석을 위해 일관되게 노력했다는 것이다. 도가적 무위를 비판
하는 것도 해당 장에서 새로운 해석을 제시하기 위해서였고(2.1), 여기에서

은자와 타협한 것도 결국 고금주와 다른 자기만의 『논어』 읽기를 보여주기 위해서였을지 모른다. 『논어고금주』에서 다산이 결국 하려고 했던 것은 기존의 모든 주해를 극복하고, 종합하고, 지양해서 새로운 『논어』 읽기를 그 자신의 이름으로 우뚝 세우려는 것이었기 때문이다.

18.8

버려진 백성으로 백이, 숙제, 우중, 이일, 주장, 유하혜, 소련이 있었다. 선생님께서 말씀하셨다. "그 뜻을 굽히지 않고 그 몸을 욕되게 하지 않은 것은 백이, 숙제일 것이다!" 유하혜와 소련을 말하기를 "뜻을 굽히고 몸을 욕되게 했으나 말은 이치에 맞고 행동은 사람의 생각에 맞았으니 이들 뿐이었다"라고 하셨고, 우중과 이일을 말하기를 "은거하며 말을 마음대로 했으나 몸은 깨끗함에 맞고 숨는 것은 권도에 맞았다. 나는 이와 다르니 가한 것도 없고 불가한 것도 없다"라고 하셨다.

逸民, 伯夷·叔齊·虞仲·夷逸·朱張·柳下惠·少連. 子曰; 不降其志, 不辱其身, 伯夷·叔齊與! 謂柳下惠·少連, 降志辱身矣, 言中倫, 行中慮, 其斯而已矣. 謂虞仲·夷逸, 隱居放言, 身中淸, 廢中權. 我則異於是, 無可無不可.

다산이 소개하듯이 '일逸'에는 여러 뜻이 있다. '숨는다'라는 뜻도 있고, '떠돈다'라는 뜻도 있고, '편안하다'라는 뜻도 있고, '초연하다'라는 뜻도 있고, '버려지다'라는 뜻도 있다. 고주는 '초연하다'라는 뜻을 택했고, 다산은 금주를 따라 가장 마지막 뜻을 택했다.

본문에 소개된 이들 중에는 왕족도 있고 귀족도 있으며, 나중에 제후가 된 사람도, 높은 벼슬에 오른 사람도 있다. 백이, 숙제는 고죽국의 왕자였고, 우중 역시 주나라의 왕족이었다. 이일은 대부의 집안에서 태어난 귀족이었고, 유하혜는 옥을 다스리는 최고 관리가 되었다. 소련의 사적은 알려지지 않았으나 동이 사람으로 상례를 잘 지켜 이름을 날렸다고 했으므로 역시 상민은 아니었을 것이다. 하지만 이들을 모두 '백성(民)'이라고 한 것은 백성처럼 벼슬을 하지 않는 것으로 세상살이를 시작했기 때문이다. 다산의 해설이다.

이중에서 다산이 집중적으로 검토하는 인물은 우중이다. 보통 이런 옛날 사람에 대한 정보를 주는 고주는 아무 말이 없고, 금주는 이 사람이 중옹仲雍을 가리킨다고 했으나 다산이 보기에는 잘못이기 때문이다. 금주의 결정적 증거는 『춘추좌씨전』에 있다. "궁지기가 말했다. '태백과 우중은 태왕의 소昭다'"(『춘추좌씨전』, 11:33a~b). 여기 나오는 태백은 주 태왕의 맏아들로 『논어』에서도 공자가 "세 번 천하를 양보했는데도 백성이 그를 칭송할 수 없었다"(8.1)라고 존경한 인물이다. 태자였지만 아버지 태왕이 막내인 계력에게 주나라를 물려줄 뜻을 가졌음을 알고 동생 중옹과 함께 남쪽으로 떠났고, 나중에는 오나라의 개국시조가 되었다. 그가 후사 없이 죽고 난 뒤에는 동생 중옹이 오나라 임금이 되었다. 위에서 인용한 『춘추좌씨전』의 기사에서 '소'는 보통 아들을 가리키므로 그렇다면 해당 기사는 태백과 우중이 태왕의 아들이었다고 말하는 것이고, 따라서 우중은 중옹이라는 주장이 가능했다.

하지만 문제는 우중의 '우虞'가 나라 이름, 그것도 중옹의 종손從孫인 무왕이 은나라를 정복하고 주 왕조를 개창한 뒤 세워진 제후국의 이름이었다는 데 있다. 만약 우중이 이 우나라와 어떤 식으로든 관계가 있다면 우중은 중옹일 수 없다. 따라서 반대 증거를 찾는다면 금주와 다른 견해를 내는 것이

가능했는데, 그렇게 한 사람은 자신의 지식을 모두 주희 경학의 문제점을 찾기 위해 사용한 모기령이었다.

모기령이 찾은 반대 증거는 가까운 데 있었다. 『사기』 「오태백세가」는 오나라가 어떻게 태백부터 시작되었는지를 서술하면서 "무왕이 은을 정벌하고 태백과 중옹의 후손을 찾았는데, (중옹의 증손자인) 주장 형제를 얻었다. 주장은 이미 오나라의 군주였으므로 주장의 아우 우중을 우나라에 봉했다"(『사기』, 31:1a~3a)라고 기록했다. 그러므로 『사기』에 따르면 우중은 태백의 증손이었다. 그러면 『춘추좌씨전』의 기록은 어떻게 설명할 수 있는가? 모기령은 그것이 우중의 시조가 태왕이었음을 보여줄 뿐이라고 이해했다. 앞의 인용문에 나온 '소'는 아들을 의미할 수도 있지만 시조의 위패를 중심으로 그 왼쪽에 위패를 놓는 자손을 가리킬 수도 있고, 그렇다면 반드시 아들을 의미하지는 않는다. 모기령의 이 주장은 『논어계구편』에 자세히 서술되어 있다(『논어계구편』, 7:6b~8b).

다산은 모기령의 견해를 지지했다.

> 내가 보기에 노나라는 주공을 태조로 하고 우나라는 중옹을 태조로 한다. 그러므로 노나라는 문왕의 '소'가 되고, 우나라는 태왕의 '소'가 된다. 사실 중옹의 시대에 우나라의 존재는 꿈도 꿀 수 없었다.

다산이 이렇게 고증학적 논쟁에 참여하고 나름대로 결론을 제시할 때는 어떤 식으로는 결론을 강화하는 보완 증거를 찾아 제시하는 게 보통이다. 하지만 이 논쟁에서 다산은 위와 같은 촌평만 남겼다. 심지어 그는 금주와도 다르고 모기령과도 다른 고염무의 견해, 곧 '우'와 '오吳'는 서로 통하는 글자이며 따라서 『춘추좌씨전』의 우중은 실제로는 오중吳仲을 가리킨다는 견해

(『일지록』, 7:19a~b)를 길게 소개하면서도 짧은 촌평조차 남기지 않았다. 동의할 만하다고 생각했기 때문이다.

그런데 사실 우중이 중옹의 증손자라는 다산의 주장은 '일민逸民'에 대한 그의 해설과 조화되지 않는다. 그에 따르면 '일민'은 모두 한때 세상에서 버려졌는데, 중옹이라면 한때 버려졌다고 하겠지만 주장 형제를 포함한 그의 자손은 태어나면서부터 줄곧 귀족이었다. 이런 애매한 문제에도 불구하고 다산의 결론은 '원의총괄'에 이렇게 기록되었다. "우중은 중옹의 증손이다."

각설하고, 이 장의 몇 가지 논란거리에 대한 다산의 설을 소개하면 다음과 같다. '윤倫'은 '이理' 곧 '이치'라는 뜻이고, '여慮'는 '탁度' 곧 '헤아리다'라는 뜻이다. '기사이이의其斯而已矣'는 고금주가 모두 "그것은 이것뿐이었다"라는 의미, 곧 유하혜와 소련에게 높이 살 점은 "이것뿐이었다"라는 의미로 읽었지만 다산은 "그것은 이 사람들뿐이었다"라는 의미, 곧 그렇게 행동했던 사람은 유하혜와 소련밖에 없었다는 의미로 읽었다. '방언放言'도 고금주는 "말을 내려놓았다," 곧 세상일에 대해서 말을 하지 않았다는 의미로 읽었지만 다산은 "말을 마음대로 했다," 곧 이미 세상을 등진 입장에서 자유롭게 하고 싶은 말을 했다는 의미로 읽었다. '폐廢'는 몸을 일으키지 않고 감추어둔다는 의미, 곧 '숨다'라는 의미다. 마지막으로 본문에 이름만 나오고 공자가 부연하지 않은 사람이 하나 있는데, 주장이다. 다산은 황간 등을 따라 주장의 덕이 공자의 덕과 같았기 때문에 그랬다고 보았다.

이 장에서는 결국 공자의 경계가 핵심이다. "가한 것도 없고 불가한 것도 없다." 글의 맥락으로 볼 때 이 말은 특정한 경향성을 가진 '일민', 가령 "불가하다"라고만 하는 백이, 숙제나 "가하다"라고만 하는 유하혜와 소련, 그리고 "불가하다"라는 태도(隱居)와 "가하다"라는 태도(放言)를 동시에 가지고 있지만 어떤 식으로든 경향성을 드러내는 우중, 이일 등을 공자와 비교한 것이다.

따라서 이 말에서 어떠한 경향성도 가지지 않은 공자, 자유롭고 초월적이며 광활한 정신 경계를 가진 공자를 발견할 수도 있다. 하지만 그런 면을 지나치게 강조하면 사람들을 규범으로 인도하는 공자의 모습이 흐릿해진다. 초월적 가치보다는 실천적 가치를 중시한 다산도 이런 위험성을 의식했다. 그래서 그는 채청을 인용하면서 공자의 실천에는 가불가가 있었고, 단지 그의 마음에 가불가가 없었음을 분명히 밝힌다(『사서몽인』, 8:91b~92a). 가령 효도는 가한 일이고, 불효는 불가한 일이다. 이런 실천적 문제에서 가불가가 없다면 다산의 공자가 아니다. 하지만 사람들을 불효로 이끄는 묵가를 따른다고 해서 그들을 마음으로부터 내칠 필요는 없다. 다산이 읽은 "가한 것도 없고 불가한 것도 없다"라는 말의 뜻은 이것이었다. 그래서 다산은 가불가가 없는 공자를 "군자가 천하를 대할 때는 주장하는 것도 없고 불가하다고 하는 것도 없으니 의로써 헤아릴 뿐이다"(4.10)라는 말을 통해 보완해야 한다고 조언했다.

18.9

태사 지는 제나라로 가고, 아반 간은 초나라로 가고, 삼반 요는 채나라로 가고, 사반 결은 진나라로 가고, 큰북 방숙은 하내로 들어가고, 작은북을 흔들던 무는 한중으로 들어가고, 소사 양과 편경을 치던 양은 바다로 들어갔다.

大師摯適齊, 亞飯干適楚, 三飯繚適蔡, 四飯缺適秦, 鼓方叔入於河, 播鼗武入於漢, 少師陽·擊磬襄入於海.

앞 장이 세상을 등진 사람을 기록했기 때문에 이 장도 나라를 떠난 악관들을 기록했는데, 공자의 말로 보기는 어렵다. 금주의 견해로 다산도 받아들였다. '태사 太師'는 악관의 우두머리이고, 뒤에 나오는 '소사 少師'는 태사를 돕는 보좌관이며, 나머지는 모두 특정한 연주를 담당했던 악관이다. 이중 '아반 亞飯' '삼반 三飯' '사반 四飯'은 글자 그대로 볼 때 각각 '두 번째 식사' '세 번째 식사' '네 번째 식사'를 의미한다. 옛날 천자나 제후가 밥을 먹을 때는 식욕을 돋우기 위해 연주를 했으므로 이 용어들이 그때 연주하던 악관을 가리키게 되었다. 작은북(鼗)을 흔들던(播) 무가 들어간 '한漢'은 한중漢中이라는 지역이고, 편경(磬)을 치던(擊) 양이 들어간 '해海'는 실질적으로는 섬을 가리킨다.

이 장의 첫 번째 논란거리는 왜 첫 번째 식사를 담당했던 악관은 기록하지 않았는가 하는 점이다. 이를 두고는 몇 가지 설이 있었다. 첫째, 태사 혹은 소사가 첫 번째 연주를 책임졌다(『사서몽인』, 8:92b). 둘째, 본문에서 말한 이들은 노나라의 악사였고 제후국인 노나라의 군주는 세 번의 식사, 곧 '아반'부터 '사반'까지만 할 수 있었다(『논어집주대전』, 18:21a). 셋째, 원래 첫 번째 식사에는 연주를 하지 않았다(오규 나베마쓰).

다산은 이 설 모두에 결정적인 결함이 있다고 보았다. 모두 노나라 군주가 네 번 식사했다고 전제한 것이다. 이렇게 전제한 것은 한편으로 이해가 된다. 『백호통』에 따르면 천자는 네 번의 식사를 하고, 제후는 세 번의 식사를 한다(『백호통의』A:26b~27a』). 하지만 노나라는 시조인 주공 덕택으로 특별히 천자의 예를 사용할 수 있도록 허락 받았으므로 군주가 네 번 식사할 수 있었다. 그래서 노나라에 '사반'까지 있었던 것이다. 위에 소개된 세 가지 설 중 두 번째 금주의 설은 세 번의 식사를 전제한 것 같지만 이 설을 제기한 제이겸에 따르면 원래는 네 번의 식사였다. 단지 그렇게 천자의 예를 사용하는 것이 강상에 어긋났으므로 공자가 첫 번째 식사를 폐지했고, 그래서 '아반'부터 '사반'까지 남게 되었던 것이다.

다산이 보기에 노나라 군주가 네 번의 식사를 했다는 이러한 주장은 보다 더 중요한 기록, 곧 『주례』「대사악」과 『예기』「예기」를 자세히 읽지 않은 결과다. 이 자료들에 따르면 천자는 하루에 한 끼를 먹고, 제후는 두 끼, 대부는 세 끼를 먹는데(『주례주소』, 22:24b; 『예기주소』, 23:13b), 다산의 해석으로 볼 때 한 끼에 세 번의 식사를 하므로 결국 천자는 세 번, 제후는 여섯 번, 대부는 아홉 번의 식사를 한다. 다산은 이렇게 설명한다.

> 군자는 덕을 숭상하고 소인은 힘을 써서 먹기 때문에 지위가 높을수록 먹는 것은 더 적어지는 것이 옛날의 도다.

그러므로 제후국인 노나라 군주는 여섯 번 식사를 했고, 여섯 식사에서의 연주를 책임진 여섯 명의 악사가 있었다. 다산은 이중 두 번째, 세 번째, 네 번째 연주를 책임진 악사만 노나라를 떠났고, 첫 번째, 다섯 번째, 여섯 번째 악사는 노나라를 떠나지 않았다고 보았다. 떠나지 않았기 때문에 이 장은 세 명만 언급했다. 이것이 '원의총괄'에 "여섯 번 먹는 것이 제후의 예다"라고 요약된 다산의 독창적인 해석이다. 참신한 해석이다.

이 장의 또 다른 논란거리는 과연 이들이 어느 시대 사람인가 하는 문제다. 앞의 논의에서 이미 드러났지만 다산은 이들이 모두 노 애공 때, 노나라의 멸망이 임박했던 암울한 시기의 악관이었다고 본다. 이들은 노나라의 폭정과 무도함에 실망하여 나라를 떠났다. 공안국의 견해였다. 하지만 악관이 떠날 정도의 폭정이 있었던 시대는 또 존재한다. 주나라 평왕과 은나라 주왕의 치세였다. 게다가 이 장에 나오는 태사 지는 이미 『논어』에서 소개되었고,

그곳에서 정현은 태사 지가 주 평왕 때의 인물이라고 했다(8.15). 그렇다면 본문의 악관은 모두 주 평왕 때의 인물이다. 한편 반고는『한서』「고금인표」에서 본문에 언급된 지, 간, 요, 결 등 여덟 명을 백이와 숙제 후대의, 그러나 문왕보다 앞선 인물로 기록하면서 은나라 주왕 때의 사람들이라고 했다(『전한서』, 22:13a). 요컨대 이미 한나라 때부터 공안국, 정현, 반고라는 걸출한 경학자 셋이 저마다 다른 견해를 내놓은 것이다.

이 문제에 관해 다산은 당연히 공안국을 따랐다. 공안국을 따르지 않으면 앞에 소개한 그의 '원의'가 성립되지 않는다. 그와는 달리 반고를 택한 사람도 있었다. 다산이 앞 장에서 크게 참고한 모기령이었다. 모기령은『한서』의 기록이『상서』「태서」에서 왔다고 하면서 반고의 견해가 가장 믿을 만하다는 점을 증명하려고 했다(『논어계구편』, 7:8b~10a). 따라서 이 장에서 다산은 모기령을 비판해야 했다. 그리고 그는 첫째, 본문에 나오는 '제齊'니 '초楚'니 하는 것은 모기령이 주장하는 대로 지역 이름이 아니라 엄연히 주 왕실이 창건된 뒤 생긴 제후국을 가리키며, 둘째 「태서」의 글은 무왕이 은을 정벌할 때 흰 물고기가 그의 배 안으로 뛰어든 일과 맞물려 나온 것인데 모기령은 이 사건의 신빙성을 부정해왔으므로 이제 다시 그에 근거하여 자신의 주장을 펴는 것은 자기모순이고, 셋째『사기』의 공자 관련 사적에 이 장에 소개된 악사가 일부 등장한다는 점 등을 들면서 그 임무를 다했다. 누구의 견해가 옳다고 단정할 수는 없지만 분명한 것은 다산이 이런 논쟁에 즐겨 참여하여 그가 성리학만이 아니라 한학의 계승자이기도 함을 보여주었다는 사실이다.

18.10

주공이 노공에게 말씀하셨다. "군자는 친한 사람을 소홀히 하지 않고, 대신이 쓰이지 않는다고 원망하지 않도록 하며, 큰 연고가 없으면 오랜 지기를 버리지 않고, 한 사람이 다 갖추기를 구하지 않는다."

周公謂魯公曰; 君子不施其親, 不使大臣怨乎不以, 故舊無大故則不棄也, 無求備於一人.

공통된 해설에 따르면 이 장은 주공의 아들 백금, 곧 본문의 노공魯公이 노나라에 봉해져 주나라를 떠날 때 주공이 이야기한 교훈을 기록하고 있다. '시施'는 『논어음의』에 '이弛'로 되어 있고, 금주와 다산은 모두 그렇게 되어야 한다고 했다. 단지 금주는 '이'를 '버리다'라는 뜻으로 이해했고, 다산은 '소홀히 하다'라는 뜻으로 이해했다. 이와는 달리 고주는 '시'가 '바꾸다'라는 뜻이며, 남의 친한 사람 때문에 자신의 친한 사람을 바꾸지 않는 것을 의미한다고 했다. 큰 맥락에서는 서로 통한다. 군자는 친한 사람을 친애한다(親親)는 의미다.

'이以'는 여기에서 '용用'과 같은 글자다. 대신으로 임명해놓고 임무도 주지 않고 조언도 듣지 않는 것이 대신을 쓰지 않는 것이다. "큰 연고(大故)"는 역모를 꾸민다든지 하는 대역죄를 말한다. 한 사람을 등용하면서 모든 일을 다 할 수 있기를 기대하는 것이 다 갖추기를 구하는 것이다.

18.11

주나라에 여덟 명사가 있었으니 백달, 백괄, 중돌, 중홀, 숙야, 숙하,
계타, 계와였다.

周有八士, 伯達·伯适·仲突·仲忽·叔夜·叔夏·季隨·季騧.

이 편 「미자」는 전체적으로 난세를 만나 세상을 등지거나 버려진 사람들
을 기록했는데, 마지막으로 주나라의 여덟 명사를 기록하여 좋은 시절에는
많은 인재가 있었음을 회상한다. 백중숙계라는 형제의 차례를 이르는 말을
통해 소개된 것으로 보아 이들은 모두 형제다. 고주는 이들이 한 어미에서
나온 네 쌍둥이고, 네 쌍둥이 모두가 현달했으므로 특별히 기록했다고 했으
나 고주보다 합리적인 금주는 고주의 설을 소개하면서도 유보적인 태도를 보
였고, 합리적이면서도 창의적인 다산은 고주의 설을 믿을 수 없다는 것을 넘
어서 이들이 각자 다른 시간에 태어난 여덟 명의 형제였는데, 백중숙계를 사
용하다 보니 둘씩 짝을 짓게 된 것이라고 추론했다.

이들이 어느 때의 사람인지는 확실하지 않다. 정현은 주 성왕, 마융과 유
향은 주 선왕, 왕응린은 무왕 혹은 문왕 때의 사람일 것이라고 추측했다. 다
산은 특별히 한 설을 지지하지는 않았다. 확실하지 않을 때는 결론을 유보하
는 것이 합리적일 것이다. 또 이 여덟 명사는 자로만 소개되고 성이 없으므
로 여기저기 고전의 기록을 들춰내 남궁이라는 성을 가졌을 것이라는 설을
제시하는 사람도 있었으나 다산은 소개만 했다. 단지 여덟 명의 자가 운율에
부합한다는 다자이의 설은 다산이 받아들였다. 그렇다면 본문의 '타隨'는 보
통처럼 '수'가 아니라 '타'로 읽어야 한다.

제19편

자장

子張

19.1

자장이 말했다. "사는 위험을 보면 목숨을 바치고, 이득을 보면 의를 생각하며, 제사에는 공경함을 생각하고, 상사에는 슬픔을 생각하니 이렇다면 가할 것이다."

子張曰; 士見危致命, 見得思義, 祭思敬, 喪思哀. 其可已矣.

이 장은 모두가 위에서처럼 읽지만 숨겨진 논쟁거리가 있다. 목숨을 바치는 "위험"이 누구의 위험인가 하는 문제다. 고주에 따르면 군주의 위험이다. 곧 고주에서는 군주가 위험해졌을 때만 "목숨을 바친다"라는 용감한 선택을 한다. 만약 이 "위험"이 모든 사람의 위험이라면 위험에 빠진 사람을 구하려고 목숨을 바치는 것은 공자의 태도인가? 반드시 그렇지는 않다. 이미 공자는 "인한 사람은 누군가 함정 속에 인이 있다고 말하더라도 좇아가겠습니까?"라는 재아의 물음에 "어찌 그렇겠는가?"라고 대답했다(6.25). 사실 위험에 빠진 모든 사람을 구하려는 것은 유자가 아니라 묵협의 행동이다.

따지고보면 자장은 공자의 제자 중에서 가장 묵가적인 사람이었다. 이 편

「자장」에 기록된 그의 발언을 보면 넓게 사랑하고 차별하지 않으려는 정신을 확인하게 된다. 그렇기 때문에 자장은 "위험을 보면 목숨을 바친다"라는, 보수적인 유학자가 보기에 격렬한 말을 할 수 있었을 것이다. 그래서 금주의 황간은 본문의 '이已'를 보통처럼 어조사가 아니라 '그치다'라는 뜻의 동사로 봐야 한다고 했다. 그의 주장대로라면 이 장은 "이렇다면 가할 뿐이다"라는 식으로 끝난다. 아름다운 것이 아니라 괜찮을 따름이라는 것이다. 다산은 '이'를 어조사로 봐야 한다고 했지만 황간의 독법을 적극 반대하지도 않았다.

19.2

자장이 말했다. "덕을 잡는 것이 넓지 않고, 도를 믿는 것이 돈독하지 않으면 어찌 있다고 할 수 있으며, 어찌 없다고 할 수 있겠는가?"

子張曰; 執德不弘, 信道不篤, 焉能爲有? 焉能爲亡?

'홍弘'과 '독篤'은 금주와 다산에게는 위에 옮긴 대로 형용사이고, 고주에서는 동사다. 고주는 앞의 두 구절을 "덕을 잡으면서도 그것을 넓히지(弘) 않고, 도를 믿으면서도 그것을 돈독히 하지(篤) 않으면"이라고 읽는다. "어찌 있다고 할 수 있으며, 어찌 없다고 할 수 있겠는가?"라는 말은 그런 사람이 있다는 것이 무엇이 중요하며, 또 그런 사람이 없다고 한들 무엇이 문제가 되겠느냐는 의미다.

19.3

자하의 문인이 교유하는 것을 물었다. 자장이 "자하는 뭐라고 하던 가?"라고 물으니 대답하기를 "자하께서 말씀하시길 '가한 사람과는 같이하고, 불가한 사람은 물리친다'라고 하셨습니다"라고 했다. 자 장이 말했다. "내가 들은 것과는 다르다. 군자는 훌륭한 사람을 높 이면서도 무리를 용납하며, 선한 사람을 아름답게 여기면서도 능하 지 못한 사람을 불쌍히 여긴다. 내가 뛰어나게 훌륭하면 남들에게 어찌 용납 받지 못할 것이며, 내가 훌륭하지 못하면 남이 나를 물리 칠 것이니 어찌 남을 물리치겠는가?"

子夏之門人, 問交於子張. 子張曰; 子夏云何? 對曰; 子夏曰: 可者與之, 其不可 者拒之. 子張曰; 異乎吾所聞. 君子尊賢而容衆, 嘉善而矜不能. 我之大賢與, 於 人何所不容? 我之不賢與, 人將拒我, 如之何其拒人也?

앞에서 설명한 대로 자장의 호방함을 엿볼 수 있는 장이다. 깐깐하게 구별 하는 자하와 자못 대비가 된다. 맥락으로는 자장이 자하를 나무라는 듯한 데, 자장을 중심으로 기록되었기 때문이다. 그렇지만 자하나 자장은 모두 공 문의 높은 제자이므로 우열을 나누는 것은 다산이 하려고 했던 것이 아니 다. 자하의 길이 있고, 자장의 길이 있을 뿐이다.

두 사람의 방법은 장단점이 있다. 고주의 포함은 자하는 벗과 교유할 때에 관해, 자장은 남과 두루 사귈 때에 관해 말했다고 했고, 『논어의소』에서 정 현이나 왕숙은 자하는 지위가 같은 사람들과 사귈 때, 자장은 아랫사람으로 서 윗사람과 교유할 때를 말했다고 했다. 또 주희는 자하는 초학자를 위해서, 자장은 이미 덕을 완성한 사람을 대상으로 말했다고도 했다. 다산은 "포함 의 설이 가장 낫다"라고 판단했다. 아울러 자하의 말에는 박절한 측면이 있

고, 자장의 말에는 지나치게 고상한 측면이 있다는 주희의 촌평을 두고 다산
은 "내가 생각건대 공문의 고제는 모두 가볍게 평하고 의론해서는 안 된다"
라고 다시금 경고했다. 안자, 증자만 높이고 다른 제자를 쉽게 평가하는 성리
학의 고질도 군세지만 기회가 되면 편견을 교정하려는 다산의 노력도 끈질기
다. 글은 제법 길지만 다른 논란거리가 없는 장이다.

19.4

자하가 말했다. "비록 작은 도라도 반드시 볼 만한 것이 있으나 멀
리 이르러서는 막힐 것이 두렵다. 이 때문에 군자는 하지 않는다."

子夏曰; 雖小道, 必有可觀者焉, 致遠恐泥, 是以君子不爲也.

"작은 도(小道)"는 무엇을 가리키는가? 고주에 따르면 이단이 "작은 도"이고
(하안), 좀 더 구체적으로는 제자백가의 학설이 그것이다(형병). 그렇다면 양
주나 묵적 같은 이단의 학설에도 볼 만한 것이 있고, 또 비록 작지만 그것을
도라고 할 수 있는가? 벽이단 의식이 강했던 성리학의 금주는 이런 질문을
가능하게 하는 고주를 경계하면서 "작은 도"는 제자백가가 아니라 농학이나
의학 같은 실용적 학문을 가리킨다고 했다. "작은 도는 성인의 도에 합치되지
만 작은 것이고, 이단은 성인의 도를 어기면서 다른 것이다"라는 황간의 설명
은 성리학의 관점을 잘 보여준다.

고금주의 다른 견해를 놓고 다산은 둘을 다 포용하려고 했다. 곧 그에 따
르면 '이단'의 함의는 시대에 따라 다르다. 하안의 시대에 이단은 제자백가가
아니라 농학이나 의학 같은 학문을 가리켰고, 주희의 시대에 이단은 도불이

나 양묵을 가리켰다. 따라서 하안의 해설은 금주와 다르지 않다. 그들이 말하는 '이단'의 함의가 다를 뿐이다. 그러면 다산에게는 어떤가? 다산에게 "작은 도"는 농학이나 의학 같은 실용적 학문이다. 이른바 '실학'의 주제를 다산은 "작은 도"로 인식한 것이다.

> 대체를 닦고 다스리는 것을 큰 도라고 하고, 소체를 기르는 것을 작은 도라고 한다. (작은 도에도) 각각 이치가 있으므로 볼 만한 것이다.

대체는 사람의 마음이며, 소체는 몸이다. 몸을 기르는 학문은 다산에게 모두 작은 학문이다. 다산은 이 점을 분명히 하면서 '큰 도'는 성명性命의 학문이며, '작은 도'는 군사, 농업, 의약과 관련된 학문이라고 부연했다. 따라서 실용적 학문을 '실학'이라고 규정하고 다산을 실학자라고 정의하는 것은 그가 "작은 도"라고 생각한 것을 그의 본령으로 설정하는 오류를 범한다.

그렇지만 다산은 성리학과도 달랐다. 공자는 본문에서 이런 학문에 몰두하게 되면 "멀리 이르러서는 막힐 것(泥)"이기 때문에 투신하지 않는다고 했다. 이런 학문을 오래, 또 깊이 공부하면 결국 뚫지 못할 난관에 봉착하게 된다는 것이다. 궁극의 진리에 닿아 있지 않기 때문이다. 그래서 성리학은 "작은 도"에 시간을 쓰지 않았다. 그에 비해 다산은 "작은 도"를 그의 학문 영역으로 끌어들였다. 그 안에서도 '이치(理)'를 발견할 수 있기 때문이다. 그 결과 다산이 "작은 도"에서도 적지 않은 성과를 냈다는 것은 모두가 잘 알고 있다. 이렇게 "작은 도"에서 '이치'를 발견하고 그것을 포용함으로써 다산은 '이'의 세계를 확장시켰고, 성리학의 의리와 사리는 물론 물리까지 종합한 실리학의 지평을 열 수 있게 했다.

19.5

자하가 말했다. "날마다 자기에게 없는 것을 알고, 달마다 자신이
능한 것을 잊지 않으면 배움을 좋아한다고 할 만하다."

子夏曰; 日知其所亡, 月無忘其所能, 可謂好學也已矣.

"날마다 없는 것(亡)을 안다"라는 말은 알고 있지 않은 것을 날마다 배워서
알아간다는 뜻이다. 이 점은 고주나 금주, 다산이 모두 받아들인다. 하지만
"달마다 자신이 능한 것을 잊지 않는다"라는 말은 이견을 낳았다.

　금주에서 이 말은 학습을 통해서 알게 된 것을 보존하는 일과 관계된다.
이때는 새로 획득한 지식의 보존을 넘어서 어떻게 살아야 하는지에 대한 새
로운 이해를 보존하는 것도 "잊지 않는" 일에 포함된다. 반면 다산에게 이 말
은 온전히 지식을 확충하는 일과 관계된다. 쉽게 말해서 달마다 하는 것은
일종의 복습이다. 그래서 다산에게 이 장의 가르침은 '온고지신'이라는 말과
통한다. "날마다 없는 것을 안다"라는 것은 '지신'이고, "달마다 자신이 능한
것을 잊지 않는 것"은 '온고'다. 단지 앞에서는 '온고'를 먼저 말하고 '지신'을
말한 반면(2.11) 여기에서는 '지신'을 먼저 말하고 온고를 말해 순서가 바뀌
었을 뿐이다.

> 지식을 얻는 선후로 본다면 옛것이 먼저고 새것이 나중이나 힘을 쓰는 것
> 과 관련하여 무엇이 급하고 급하지 않은가로 본다면 새것이 급하고 옛것
> 이 급하지 않다. 그러므로 앞 장에서는 먼저 '온고'를 말했고, 여기에서는
> 먼저 '지신'을 말했다.

결국 다산에게 이 장은 지식 확충의 두 과정을 보여준다. 배우고 복습하면

서 지식이 늘어난다. 이 해석은 이 장이 "배움을 좋아하는 것"을 논한다는 점에서 설득력이 있으나 그렇다면 왜 이미 소유한 지식을 "능한 것(能)"이라고 표현했는지 쉽게 설명할 수 없다.

반면 금주는 이 장을 온고지신과 비교하는 것에 반대했다. 금주에서 온고지신은 '온고'를 통해 새로운 도리를 알아가는 일, 혹은 새롭게 도리를 알아가는 일이어서 결국 '지신'이 초점이다. 반면 이 장에서는 '월무망月無忘'의 보존이 강조된다. '온고지신'은 새로운 것의 획득, '월무망'은 있는 것의 보존을 말하기 때문에 서로 비교할 수 없다는 것이다. 이 해석은 "능한 것"이라는 표현을 잘 반영하지만 그런 것을 "배움을 좋아하는 것"이라고 할 수 있는가 하는 질문을 부른다.

결론적으로 다산은 지식을 쌓는 배움에, 금주는 아는 것을 보존하는 배움에 초점을 맞추었다고 할 수 있다. 둘의 주안점이 다르다. 다산은 이 장을 온고지신에 비교하면서 또한 그 핵심적 가르침이 『시』「주송」에 나오는 '일취월장日就月將'이라는 말(『모시주소』, 28:7a)과도 연관된다고 했는데, 이것이 '원의총괄'에 기록된 다산의 '원의'였다. "'날마다 알고(日知)' '달마다 잊지 않는다(月無忘)'라는 것은 곧 일취월장을 의미한다(곧 온고지신이다)." 다산에 따르면 이때 '장將'은 '끌고 나아가다'라는 뜻이 아니라 '이어받아 보존하다'라는 뜻이다.

19.6

자하가 말했다. "널리 배우고 뜻을 돈독히 하며, 절실히 묻고 가까운 곳에서 생각하면 인이 그 가운데 있다."

子夏曰; 博學而篤志, 切問而近思, 仁在其中矣.

고주는 여기의 '지志'가 '식識'과 같은 글자로 '안다'라는 뜻이라고 했는데, '식'이 '기록하다'라는 의미의 '지'와 같다고 할 수는 있지만 '지'가 '식'과 같다고 할 수 있는지는 모르겠다. 다산도 "'지'를 '식'으로 이해하는 것은 더욱 잘못되었다"라고 했다.

또한 고주는 '근사近思'를 "가까운 것을 생각한다"라는 의미로 이해했다. 이때 "가까운 것"이란 내가 지금 이해하지 못하는 것을 가리킨다. 곧 목전의 문제나 주어진 과제다. 그렇다면 이 장은 그런 것을 생각해야지 멀리 있는 주제들, 가령 근본적 질문이나 최종적 과제를 먼저 생각하면 안 된다는 교훈을 준다. 구체적인 이유를 밝히지는 않았지만 다산은 이 해석도 문제라고 보았다. 사실 이 장의 문장 구조를 보면 고주처럼 '근近'을 명사로, '사'를 동사로 읽기 어렵다. '근'과 병렬되는 '박博' '독篤' '절切'은 명사가 될 수 없기 때문이다.

다산은 '근사'를 "가까운 곳에서 생각한다"라는 뜻으로 읽었다. 금주와 같다. 단지 금주에서 "가까운 곳"은 자신이 이미 가지고 있는 것, 곧 내면의 덕이라든가 본성을 의미하고, 다산에게는 자신의 몸을 의미한다. 금주의 '근사'는 사태를 생각할 때 그것이 어떻게 인간의 내면을 반영하는지를 성찰하라는 뜻이지만 다산의 '근사'는 사태를 생각할 때 언제나 자신의 경험에 의거하여 성찰하라는 뜻이다.

이 장에도 '원의총괄'에 기록된 '원의'가 있다. "'널리 배우고 뜻을 돈독히 한다'로 시작하는 장은 앞의 '훌륭한 사람을 훌륭하게 여겨 미색을 대신한다'로 시작하는 장과 합해서 봐야 한다." 이 장과 합해서 봐야 한다는 앞의 한 장(1.7)도 자하의 말이다. 하지만 그곳에서 자하는 "비록 배우지 못했다고 하더라도 나는 그를 두고 반드시 배웠다고 할 것이다"라고 하면서 실천궁행을 강조했다. 반면 이 장은 배우고, 묻고, 생각하는 것 다시 말해서 학문을 강조한다. 그래서 자하가 앎을 중시했는가 실천을 중시했는가를 둘러싸고 논쟁이 벌어지는데, 다산의 답은 두 장을 "합해서 봐야 한다"라는 것이다.

이 '원의'는 '원의총괄'에서 유일하게 두 번 기록되었다. 곧 앞에서도 여기에서도 같은 견해를 '원의'로 선언했다. 그만큼 중요했다는 것이다. 이를 두고 다산은 다음과 같은 간결하지만 힘 있는 주장을 편다.

> 대개 보자면 아는 사람은 반드시 행하고, 행하는 사람은 반드시 안다(知者必行, 行者必知). 천하에 배우지 않고 능히 인을 행하는 사람도 없고, 능히 인을 행하면서도 배우지 않는 사람도 없다. 두 장을 합해서 봐야 그 뜻이 밝아지니 각자 그 하나만을 본다면 말에 치우침이 있는 것처럼 보인다.

유학사의 주요한 논쟁 중의 하나는 앎과 실천, 지와 행의 관계를 어떻게 이해할 것인가다. 잘 알려진 대로 주희는 먼저 알아야 실천한다는 '선지후행先知後行'을 주장했고, 왕수인은 진정으로 안다면 즉시 실천하게 되어 있다는 '지행합일知行合一'을 주장했다. 이 설들에 어깨를 견줄 수 있는 것이 다산이 지금 말하는 '지자필행知者必行, 행자필지行者必知'다. 다산은 '지자필행'을 통해 앎은 반드시 실천을 낳으므로 실천을 위해서 알아야 한다는 선언을 했고, 그렇게 함으로써 먼저 알아야 한다는 주희의 방법론적 '선지후행'과 아는 사람은 반드시 실천한다는 왕수인의 결과론적 '지행합일'을 모두 포괄했다. 나아가 그는 '행자필지'를 통해 실천이 앎을 증진시킨다는 점을 확인하여 앎과 실천의 변증법적 관계를 완성시켰다. 그렇다면 다산은 전대의 모든 유산을 종합하여 새로운 체계를 세운다는 그의 궁극적 목표에 걸맞게 주자학과 양명학을 통합하는 지행론을 제시했다고 하겠다. 이것을 지행상즉설知行 相即說이라고 부를 수 있다고 본다.『논어고금주』에서 발견하는 다산의 독창 적이면서도 설득력 있는 논의의 하나다.

19.7

자하가 말했다. "백공은 일터에 머물러 일을 완성하고, 군자는 배움 으로써 도에 이른다."

子夏曰: 百工居肆以成其事, 君子學以致其道.

고금주는 '사肆'를 관부에서 물건을 만드는 곳이라고 해설했다. 옛날 공장 은 모두 관에 소속되었으므로 공장의 일터가 관부에 있었다. 그런데 '사'라는 글자에는 '만들다'라는 뜻이 없다. 그래서 다산은 '사'를 '진열하다'라는 뜻으 로 보아 '물건을 진열하는 곳'을 가리킨다고 주장했다. 하지만 이때 '물건을 진 열하는 곳'이 점포를 가리키지는 않을 것이다. 상식적으로 완성된 물건을 진 열한 곳에서 장인이 작업을 하지는 않는다. 더욱이 점포는 물건을 파는 곳인 데 관부에 소속된 공장이 물건을 팔 임무를 가졌는가 하는 의심도 든다. 그 러므로 다산이 말하는 '물건(物)'이란 장인이 사용하는 도구를 가리킬 것이 다. 뜻으로는 고금주나 다산이나 모두 '사'를 "일터"로 이해한 것이다. 하지만 반드시 그렇다고 할 수는 없고, '사'를 달리 옮길 수도 있다. 군자에게 배움은 장인의 "일터"와 같아서 배우지 않고는 도에 이를 수 없다는 가르침이다. 큰 논란이 없는 장이다.

19.8

자하가 말했다. "소인은 잘못을 저지르면 반드시 꾸민다."

子夏曰; 小人之過也, 必文.

'문文'은 '문식하다' 곧 '꾸미다'라는 뜻이다. 잘못을 솔직히 인정하고 고백하기보다 그를 가리고 변명하면 소인이다. 이에 비해 군자는 "허물이 있으면 고치기를 꺼려하지 않는다"(1.8, 9.25). 이 장은 모두가 같은 식으로 읽는다.

19.9

자하가 말했다. "군자는 세 번 변함이 있으니 멀리서 보면 장엄하고, 가까이 다가가면 온화하고, 그 말을 들으면 엄정하다."

子夏曰; 君子有三變, 望之儼然, 卽之也溫, 聽其言也厲.

고주는 이 장이 모든 군자를 말한다고 보았으나 금주와 다산은 공히 여기의 '군자君子'가 공자를 가리킨다고 주장했다. 단지 그 이유가 다르다. 금주는 이렇게 변화하면서도 언제나 적절한 사람은 공자밖에 없다고 생각했기 때문에 '군자'가 공자를 가리킨다고 보았고, 다산은 『논어』에서 '군자'가 때때로 공자를 가리키므로 여기에서도 그렇게 볼 수 있다고 했다. 가령 "군자는 감색이나 짙은 붉은색의 비단으로 장식하지 않았다"(10.6)라는 말에서의 '군자'도 다산에 따르면 공자다. 「향당」은 공자에 대한 기록이기 때문이다. '엄연儼然'은 단정하면서도 위엄 있게 보이는 모습이고, '여厲'는 '무섭다'라기보다는 남에게 아부하지 않는 모습, 말을 엄정하게 하는 것을 가리킨다. 사실 "군자는 세 번 변함이 있다"라고는 했으나 군자가 변하는 것이 아니라 사람들이 달리 느끼는 것이다. 이충이 말하고 다산이 받아들인 설명이다.

19.10

자하가 말했다. "군자는 믿게 한 뒤 백성을 수고롭게 하니 믿게 하지 않으면 자신들을 병들게 한다고 생각할 것이고, 믿게 한 뒤 간언을 올리니 믿게 하지 않으면 자신을 비방한다고 생각할 것이다."

子夏曰; 君子信而後勞其民, 未信則以爲厲己也. 信而後諫, 未信則以爲謗己也.

여기에서 '군자君子'는 지위를 가진 사람이다. 이들은 종종 백성을 사역해야 하고, 또 때로는 임금에게 간쟁을 해야 한다. 하지만 이런 임무를 수행하기 전에 사리사욕이 없음을 보여 백성이나 임금에게 믿음을 주어야 하며, 그렇지 않으면 백성이나 군주는 오해를 한다. '여厲'는 '병病'과 같은 글자, 곧 '병들게 하다'라는 뜻이다.

이 장에서 다산은 형병을 비판하는데, 그 이유가 흥미롭다. 형병은 군주에게 충성을 다하는 것이 믿음을 얻는 방법이라고 했는데, 그렇게 되면 충성이 방편이 되기 때문에 제대로 군주에게 충성할 수 없다는 것이 다산의 생각이었다. 그런데 사실 형병의 주를 꼭 다산처럼 읽어야 할 필요는 없다. 다산은 형병의 주를 중간에서 끊어버려 단장취의한다는 혐의를 주었는데, 왜 그렇게 해서라도 군주에 대한 순수한 충성을 강조해야 했는지는 알 수 없다. 이와 관련하여 다자이는 믿음을 얻는 다양한 방법을 소개한다. 가령 높은 덕성을 통해서 믿음을 얻을 수도 있고, 아름다운 목표, 굳센 절개, 풍부한 책략, 깊은 공부 등을 통해서도 얻을 수 있다. 물론 효과는 같다. 이 설을 두고도 다산은 "순후하지는 않다"라는 평가를 내렸다.

19.11

자하가 말했다. "큰 덕을 가진 사람은 문턱을 넘지 않지만 작은 덕을 가진 사람은 출입하더라도 가하다."

子夏曰; 大德不踰閑, 小德出入可也.

'한閑'은 글자 그대로 문 안의 나무, 곧 안팎을 구분하는 "문턱"을 가리키며, 비유로는 법(고주)이나 경계(금주) 혹은 규범적 한계(다산)를 의미한다. "출입한다(出入)"라는 것은 문턱의 안팎으로 들어오기도 하고 나가기도 하지만 설령 나가더라도 금세 다시 들어올 수 있을 정도로 멀리 나가지 않는 것, 곧 법이나 규범적 한계를 어기더라도 곧바로 반성하고 다시 상궤로 복귀하는 것을 의미한다. 잘못이지만 작은 잘못이다.

고주와 다산은 이 장을 위에 옮긴 것처럼 읽었다. 이 독법에서는 본문의 '대덕大德'과 '소덕小德'이 그런 덕을 가진 사람을 가리킨다. 한편 금주에서 '대덕'과 '소덕'은 각각 '큰 절도(大節)'와 '작은 절도(小節)'를 의미한다. 나아가 금주는 이 장을 달리 읽는다. "큰 절도에서 문턱을 넘지 않는다면 작은 절도에서는 출입하더라도 가하다." 금주에서의 방점은 큰 절도에서는 결코 문턱을 넘지 않아야 한다는 데 찍힌다. 작은 절도는 상관하지 않겠지만 주요한 절목은 반드시 지켜야 한다는 규범주의자의 경고다. 다산은 금주가 경문의 요지를 훼손시켰다고 비판했는데, "이 장의 뜻은 깨치지 못한 사람을 포용하고 실수를 용서하려는 데 있기" 때문이다. 작은 실수를 용서한다는 교훈을 큰 절도를 절대 어기지 말라는 것으로 해석했으므로 금주는 이 장의 가르침을 훼손시켰다.

그런데 다산의 해설을 계속 읽다보면 다산이 왜 금주를 비판했는지 또 다른 이유가 나온다.

> 진실로 대체人體에 악이 없다고 해서 오직 출입하는 데 뜻을 두는 것을 허락한다면 어찌 덕을 완성하는 날이 있겠는가? 곡례曲禮 삼 천에 대해 오직 출입하는 데 뜻을 둔다면 경례經禮 삼 백은 설 곳이 없다.

금주처럼 읽으면 소소한 예절을 어기는 것을 용납하게 되고, 소소한 예절을 용납하면 큰 예절도 무너지므로 그렇게 읽어서는 안 된다는 것이다. 사실 이런 문제 때문에 금주의 오역도 "이 장에는 폐단이 없을 수 없다"(『논어집주』, 10:3a)라고 주의를 주었다. 그야 어쨌든 위의 인용문에서 다산은 어떤 예절도 어겨서는 안 된다고 주장한다. "작은 절도에서는 출입하더라도 가하다"라고 한 금주보다도 더 엄격하다. 그런데 다산은 이미 이 장은 "실수를 용서하려는 데" 취지가 있다고 말했다. 혼란스럽다. 다산이 혼란에 빠지지 않았다면 적어도 후인이 혼란에 빠지는 것을 방지하지 못했다고 할 것이다. 이런 문제점에도 불구하고 "'대덕'과 '소덕'에 관련해서는 마땅히 옛날의 설(고주)을 따라야 한다"라는 주장은 '원의총괄'에 기재되었다.

참고로 한유는 이 장을 "큰 덕을 가진 사람(성인)의 문턱은 넘을 수 없지만 작은 덕을 가진 사람(현인)의 집은 출입할 수 있다"라는 식으로 기발하게 읽었다. 하지만 다산은 "『필해』가 말하는 건 모두 말끔하지 않다"라는 핀잔을 남겼다.

19.12

자유가 말했다. "자하의 문인 중 어린 사람들은 물 뿌리고, 쓸고, 응낙하고, 대답하고, 나아가고, 물러가는 일에서는 괜찮지만 오히려 이것들은 말단이라, 근본에 대한 것은 없으니 어떻게 할 것인가?" 자하가 듣고 말했다. "아! 자유가 지나치다. 군자의 도를 무엇을 먼저 해서 전하고, 무엇을 뒤로 해서 게을리 할 것인가? 초목에 비유하면 구역으로 구별되는 것이니 군자의 도를 어찌 속일 수 있겠는가? 처음이 있음으로 해서 끝이 있는 사람은 오직 성인뿐이다!"

子游曰; 子夏之門人小子, 當洒掃應對進退則可矣, 抑末也. 本之則無, 如之何? 子夏聞之曰; 噫! 言游過矣. 君子之道. 孰先傳焉? 孰後倦焉? 譬諸草木, 區以別矣, 君子之道, 焉可誣也. 有始有卒者, 其惟聖人乎!

고금주는 '문인소자門人小子'가 자하의 문인인 젊은이를 가리킨다고 했지만 다산은 자하의 문인 중에서도 나이가 어린 무리를 가리킨다고 보았다. 뒤에 열거되는 공부는 "어린 동자의 소소한 예절"이기 때문이다. 과연 유교적 훈도를 채택하는 집안에서 "물 뿌리고, 쓸고, 응낙하고, 대답하는 것," 곧 쇄소응대는 아이들에게 가장 먼저 가르치는 규범이다. 이것을 자유(言游)는 '근본(本)'과 구별되는 '말단(末)'으로 보면서 그에 치중하는 자하의 교육 방법을 문제 삼았고, 자하는 자유의 생각을 비판했다. 그러면 자유가 말하는 '근본'은 무엇이고, 자하는 어떤 논리로 자유를 비판했는가? 이것이 이 장에서 여러 해석을 낳는 질문이다.

고주가 말하는 자유의 '근본'은 선왕의 도다. 곧 고주는 어린아이의 실천이 도의 학습과 구별된다고 보았다. 당연한 듯하다. 하지만 이런 설명에는 문제가 있다. 선왕의 도는 작은 도덕적 실천을 포함하고, 나아가 도의 실현도 소소한 의무를 다하는 것에서 시작되기 때문이다. 따라서 고주는 '근본'과 '말단'을 이분법적으로 구별한다는 문제를 가진다.

금주는 이러한 이분법을 거부하고, '근본'과 '말단'은 떼려야 뗄 수 없는 관계임을 먼저 밝힌다. 동시에 금주는 마치 '이'와 '기'가 실질적으로 결합되었으면서도 개념적으로 구분되듯이 '근본'과 '말단'은 뗄 수 없으면서도 내용적으로 구분된다고 말한다. 쉽게 말하면 『대학』의 성의정심誠意正心 공부는 청소하는 일과 구별되는 것이다. 성의정심 공부는 내 마음속의 이치를 성찰하고 함양하는 공부여서 형이상의 궁극적 진리를 직접 대면하는 일이기 때문에 '근본'이다. 청소하는 것은 실천적이지만 성의정심은 명상적이고, 청소하는 것은 몸을 움직이지만 성의정심은 마음에 집중한다. 금주는 '근본'과 '말단'을 이렇게 구분했다. 그럼에도 불구하고 이 둘은 분리되지 않으므로 금주는 결국 "쇄소응대를 따르는 것과 의를 정밀히 하여 신묘한 경지에 들어가는 것은 단지 하나의 이치에 의해 관통되므로" 청소하면서도 세계를 관통하는 이치를 체득할 수 있고, 따라서 "쇄소응대는 곧 형이상이니 '이'에는 크고 작음이 없기 때문이다"라는 결론에 이른다.

이 결론은 기괴해 보인다. 어린아이들이 쓸고 닦는 일이 형이상이란 말인가? 자유를 비판할 때 자하는 쇄소응대를 통해서도 궁극의 진리를 깨달을 수 있다는 생각을 했다는 말인가? 도대체 제자백가도 아직 등장하지 않은 시대에 이런 사유가 존재했다는 것을 인정할 수 있는가? 청소하면서도 깨닫는다는 말은 나무 하다가 독경 소리 한 번 듣고 깨달았다는 혜능의 고사 혹은 다산이 인용한 문수사리와 유마힐의 고사와 너무 유사한 것 아닌가? 이런 것들이 다산이 이 장에서 금주에 던진 질문이다.

그러면 다산에게 '근본'은 무엇인가? 그는 '성명性命의 학문'이 '근본'이라고 했다. 그렇다면 그의 '근본'이 성리학에서 말하는 '근본'과 과연 다른가 의심하는 사람도 있을 것이다. 성의정심 공부도 성명을 다루기 때문이다. 그러나 같지 않다. 성리학에서는 성의정심 같이 내면을 탐구하는 길을 통해서 성명을 이해할 수 있다고 본다. 하지만 이런 공부는 다산에게 불교의 공부 방법, 이단의 추상적이고 관념적인 공부 방법에 불과하다. 성리학에서 말하는 유사 불교적 성의정심 공부로는 결코 학문의 '근본'인 '성명의 학문'에 참여할 수 없다. 다산이 보기에 '근본' 공부에는 많은 준비와 절차가 필요하다. 우선 문자를 읽혀야 하고, 기본적 몸가짐과 의무도 알아야 하고, 스승으로부터 배우고 경전을 읽어야 하며, 나아가서는 하늘과 하늘의 이치를 논하는 많은 글을 읽고 토론해야 한다. 그리고 이 긴 과정의 시작은 청소하는 일, 쇄소응대다. 그러므로 학문은 '말단'부터 시작해야 한다. '말단'에서 시작하여 오랜 시간이 지난 뒤에야 비로소 '근본'을 생각하고 연구할 수 있다. 공자의 제자조차도 "우리 선생님의 문장은 들을 수 있었으나 우리 선생님께서 본성과 천도를 말씀하시는 것은 들어보지 못했다"(5.12)라고 말하지 않았는가?

이에 비해 성리학의 '근본' 공부인 성의정심은 다산에게 단지 도덕적 실천을 위한 일종의 태도다. "뜻을 정성스럽게 하고(誠意), 마음을 바르게 하는 것(正心)"은 '성명의 학문'이라는 큰 공부를 할 때는 물론이고 심지어 쓸고 닦을 때도 필요하다.

성의정심은 별개로 하나의 공부가 될 수 없다. 그것은 어버이를 섬기고 어른을 섬길 때 항상 사람이 실천을 위해 의존하는 것이니 가령 쇄소하는 일에도 정성스러운 것이 있고 거짓된 것이 있다. 또한 성의정심은 무슨 고원하고 깊고 미묘한 일이 아니다. 비록 처음 배우거나 지식이 얕은 사람이라 할지라도 그에 힘쓰지 않을 수 없다.

따라서 태도에 불과한 성의정심을 '근본'의 학문으로 사유하는 성리학은 오류다. 다산이 보기에 이 장의 '근본'은 근본적 주제를 다루는 공부이면서 동시에 실천적으로나 개념적으로 쇄소응대와는 구분되는 일종의 박사과정 수업이다.

'근본'에 대한 다산의 이해는 얼핏 고주와 일맥상통하는 듯하다. 고주도 쇄소응대와 구분되는 보다 높은 차원의 학문, 선왕의 도에 대한 학문이 별도로 존재한다고 했기 때문이다. 하지만 고주는 그 '근본'을 쇄소응대로부터 이어지는 공부의 연속성 속에서 이해하지 않았다. 다산에게 쇄소응대는 공문 교육의 일부로서 어린 사람들을 위한 기초 교육이다. 그리고 그중 더 준비가 된 사람이 차후 '근본'을 연구하게 된다. 이렇게 고금주를 모두 비판하는 다산의 '근본'에 대한 이해는 '원의총괄'에 "자유가 말하는 '근본(本)'은 마음을 닦고 본성을 좋게 하는 일을 가리킨다"라고 요약되었다.

이런 해석의 차이는 "무엇을 먼저 해서 전하고, 무엇을 뒤로 해서 게을리 할 것인가?"라는 애매한 문장에 대한 해석의 차이도 낳는다. 다산은 이 문장에 대한 고주의 해석을 비판하면서 "'먼저 해서 전하고, 나중으로 해서 게을리 한다(先傳後倦)'라는 말의 뜻은 주자가 해석한 것이 명백하고 확실하니 바꿀 수 없다"라고 했다. 하지만 고주가 문장 자체를 달리 읽은 것은 아니다. 다산이 비판한 것은 이 문장에 대한 고주의 해석이다. 고주의 포함은 이 구절을 해설하면서 "먼저 전한 업은 사람들이 반드시 먼저 싫증을 내게 된다. 그래서 나(자하)의 문인을 위해서는 먼저 작은 일을 가르치고 나중에 큰 도로 가르치는 것이다"라고 했다. '말단'을 먼저 하는 것이 더 좋다는 것이다. 곧 고주는 "무엇을 먼저 해서 전하고, 무엇을 뒤로 해서 게을리 할 것인가?"라는 질문을 놓고 '말단'을 먼저 해서 전하고, '근본'을 뒤로 해서 게을리 한다는 답변을 준비했다. 같은 질문에 대한 금주의 답변은 다르다. '근본'과 '말단'의 선후를 엄격히 구분해서는 안 된다는 게 금주의 생각이기 때문이다.

'말단'을 먼저 해야 하는가 아니면 '말단'을 통해 '근본'을 이해해야 하는가 하는 문제에 초점을 맞추면 다산도 고주와 입장이 같다. 어린아이들의 공부가 공문 제자의 공부와 같을 수 없기 때문이다.

성명은 공자도 드물게 말한 바이고, 공자의 문인도 얻어 들을 수 없었다. 그런데도 자유는 (자하) 문인 중 어린 사람들이 큰 근본에 힘쓸 것을 원했으므로 자하가 그렇지 않음을 분변한 것이다.

그렇지만 고주는 '근본'을 먼저 가르치면 싫증을 내기 때문에 '말단'을 먼저 해야 한다고 했다. 이것이 문제다. 다산이 보기에 '말단'을 먼저 하는 것은 그런 방편적 편의 때문이 아니다. 공부의 자연스러운 순서가 그런 것이다.

다산은 몇 가지 글자와 용어 풀이에서도 고금주와 구별된다. 우선 고금주는 '구區'를 '유類'와 같은 뜻, 곧 '종류'를 의미한다고 보았고, 다산은 '구역'을 의미한다고 보았다. 옛날 초목을 기를 때는 구역에 따라 다른 품종을 길렀기 때문이다. 둘째, 본문의 '군자지도君子之道'는 다산이 보기에 공자의 도를 가리킨다. 그러므로 "군자의 도를 어찌 속일 수 있겠는가?"라는 말은 공자의 가르치는 방법을 어떻게 무시하겠는가 하는 반문이다. 셋째, 다산은 '유시유졸有始有卒'이 '하학상달下學上達'과 같은 뜻임을 분명히 했다. 곧 '유시'란 배움의 시작이며, '유졸'이란 배움의 궁극으로서 깨달음을 얻는 것이다. 그러므로 이 말을 옮길 때도 보통처럼 "처음이 있고 끝이 있는 것은"이라는 식으로 옮겨서는 안 되며, '유시'라는 시작을 통해서 결국 '유졸'까지 이른다는 점을 보여줘야 한다.

19.13

자하가 말했다. "벼슬하고 남으면 배우고, 배우고 남으면 벼슬한다."

子夏曰; 仕而優則學, 學而優則仕.

이 장에서 다산은 벼슬하는 것과 배우는 것의 유기적 관계를 논하면서 "배움은 벼슬하는 방법이고, 벼슬은 배움에서 도움을 얻는다"라고 했다. 성리학은 "성인됨을 배울 수 있는가?"라는 질문에 "배울 수 있다"라고 답하면서 시작되었기 때문에 '성학聖學', 곧 성인이 되기 위한 학문이라는 이름을 얻었는데, 다산은 배움을 관직에 나아가기 위한 수단으로 생각했다. 나아가 사농공상의 '사士'도 다산은 흔히 그렇게 하듯이 개인의 덕성과 관련시켜 '선비'라고 정의하지 않았으며, 대신 "사농공상의 '사'는 '사仕'와 같다. 배우는 것은 배워서 벼슬하는 것이다"라고 말했다.

19.14

자유가 말했다. "상사에는 슬픔에 이르렀으면 그칠 것이다."

子游曰; 喪致乎哀而止.

이 장에서 다산은 대체로 고주를 따른다. 고주에 따르면 이 장은 상을 당한 사람이 지나친 슬픔으로 건강까지 해치게 되는 상황을 염려해서 한 말이다. 『효경』에 "(상을 당한 후) 3일 뒤에는 식사를 하니 백성이 죽음 때문에 삶을 해치지 않도록 한 것이다. 애통함으로 몸을 해치는 것이 목숨을 멸하는 지경까지 가지 않도록 하는 것이 성인의 정사다"(『효경주소』, 9:1b)라는 말이 있는데, 이 장과 통한다. 그러므로 "그칠 것이다(止)"라는 말은 상례를 그친다는 것이 아니라 적절한 정도의 슬픔에 이르렀으면 더 깊은 슬픔에 빠지지 않도록 한다는 뜻이다.

그런데 적절한 정도의 슬픔을 과연 계량할 수 있는가? 혹은 적절한 정도의 슬픔을 계량하는 것이 옳은가? 이 때문에 금주는 본문의 '치致'는 '이르다'라는 뜻이 아니라 '슬픔의 극에 달하는 것'이라고 하면서 "'그칠 것이다'라는 말은 고원함에 지나쳐서 세밀한 부분을 소홀히 하는 폐단이 있을 수 있다'라고 경고했다. 이 경고는 결국 자유를 향하는 것이므로 다산은 그런 폐단을 발견하지 못했다고 적었다.

19.15

자유가 말했다. "내 벗 자장은 능하기 어려운 것을 하지만 아직 인하지는 않다."

子游曰: 吾友張也, 爲難能也, 然而未仁.

고주는 이 장의 전반부를 글자 그대로 해석할 때 "내 벗 자장은 능히 하기가(能) 어려운 것이(難) 되지만(爲)"이라는 식으로, 의미로 볼 때 "내 벗 자장은 능히 따라 하기 어렵지만"이라는 식으로 읽었다. 뜻을 제대로 풀기 위해서는 글자를 추가해야 하므로 다산은 받아들이지 않았다.

앞에서 자유는 '말단'에 치중하는 자하를 비판하면서 '근본'을 강조했는데, 그런 그의 눈에도 자장은 소소한 의무보다는 큰 목표에 관심을 두었다. 그래서 나중 유자는 항상 자장이 고원한 것을 추구하는 폐단이 있었다고 했고, 채청은 "사(자장)는 치우쳤다"(11.18)라는 공자의 평가와 이 장을 연결시켜 그를 교언영색한 사람으로 비판했다. 이렇게 공문 제자를 비판하는 경우를 보면 다산 역시 가만히 있지 않는다. "공문의 고제를 망령되게 매도해서는 안 된다."

19.16

증자가 말했다. "당당하구나 자장이여! 더불어 인을 행하기 어렵다."

曾子曰: 堂堂乎張也! 難與竝爲仁矣.

이번에는 증자가 나서서 자장을 평가하는데, 앞 장과 맥락이 유사한 듯하다. 장점이 있지만 뜻이 높아서 차분히 함께 인을 행하기 어렵다는 것이다.

여기 나오는 '당당堂堂'에는 부정적인 함의가 없으므로 앞 장과 맥락이 같다면 앞 장의 "능하기 어려운 것을 한다"라는 말도 자장에 대한 칭찬으로 봐야 한다. 그렇지만 '당당'한 자장을 마뜩치 않게 생각한 후대의 유자는 '당당'이 단지 그의 용의, 곧 겉으로 드러난 태도를 표현한 말이었을 뿐이라고 의미를 축소한다. 다산이 공자의 직전 제자를 어떻게 보호하려고 했는지 안다면 이에 대한 다산의 반응도 예측할 수 있다. "반드시 용의에 대해서만 그랬다고 할 필요는 없다." 간혹 모기령처럼 '당당'을 자신을 크게 만들려고 과장하는 모양으로 이해하면서 그 자체에 부정적 함의를 담는 사람도 있었는데, 그 경우에도 다산의 반응을 예측할 수 있다. "'당당'은 단지 몸가짐이 엄숙하고 준엄한 것을 가리킨다. 평사가 아니다."

19.17

증자가 말했다. "내가 우리 선생님에게 들으니 사람이 스스로 극진히 하지 못하는 일이 있지만 부모상에는 반드시 그렇게 한다고 했다!"

曾子曰; 吾聞諸夫子, 人未有自致者也, 必也親喪乎!

'치致'는 극진함을 다하는 것을 의미한다. 다른 일에는 소홀히 하는 경우가 있지만 부모가 돌아가셨을 때는 게을리 하지 못하는 것이 사람의 상정이라는 말이다. 『맹자』에도 유사한 말이 있다. "부모상에는 진실로 스스로 극진함이 있다"(『맹자집주』, 3A:2). 등 정공이 죽었을 때 나중에 문공이 되는 태자가 어떻게 해야 올바르게 아버지를 보내드릴 수 있는지 묻는 것을 보고 맹자가 좋아하면서 한 말이다. 해석에 이견이 있을 수 없는 장이다.

19.18

증자가 말했다. "선생님께 들으니 맹장자의 효는 다른 것은 능히 할 수 있지만 아비의 신하와 정사를 바꾸지 않은 것은 능히 하기 어렵다고 했다."

曾子曰; 聞諸夫子, 孟莊子之孝也, 其他可能也. 其不改父之臣與父之政, 是難能也.

고주는 맹장자가 중손련을 가리킨다고 했는데, 이것이 중손속의 잘못이라는 것은 이미 금주가 지적했다. 중손련의 사적은 보이지 않으므로 다산은 '연連'이 '속速'의 오자였다고 판단했다. 그의 아버지는 맹헌자이며, 이름은 중손멸이다. 맹장자의 덕은 그가 자기 아들 대신 더 능력이 있는 맹효백에게 집안을 이끌도록 했다는 데에서도 알 수 있다. 앞에서도 설명했지만 중손씨는 원래 환공의 둘째 아들이 궁에서 나와 이룬 가문이지만 그 시조인 중경이 임금을 살해했으므로 맹손씨로 바꾸었다.

금주는 맹헌자 역시 덕행이 있었기 때문에 그의 정사도 이어받을 만했을 것이고, 그의 신하도 현신이었을 것이라고 했다. 하지만 다산은 잘못이라고 보았다. 좋은 정사와 현신을 이어받는 것은 "능히 하기 어렵다"라고 칭찬할 만한 것이 아니기 때문이다. 그래서 다산은 선대의 인재와 정사를 "진실로 큰 악이 없다면 계속 등용하고, 진실로 큰 폐단이 없다면 계속 그것을 통해 백성을 이끄는 것, 이것을 두고 '능히 하기 어려운 것'이라고 말한다"라고 설명했다. 이 말을 뒤집으면 선대의 신하에게 큰 악이 있다면, 혹은 선대의 정치에 큰 폐단이 있다면 효를 내세워 아비의 정사를 이어받는 일 따위는 하지 말아야 한다. 이 점은 다산이 이미 토론한 바 있다. 다산처럼 맹헌자의 신하와 정사에 문제가 있었으리라고 추측하는 것이 고주이므로 "'부신父臣'과 '부정父政'에 관련해서는 마땅히 구설을 따라야 한다"라는 다산의 제안이 '원의 총괄'에 '원의'로 기록되었다.

19.19

맹씨가 양부를 옥을 다스리는 관리로 삼자 증자에게 물었다. 증자가 말했다. "위에서 도를 잃어 백성이 흩어진 지 오래다. 만약 그 실정을 얻었다면 슬퍼하고 불쌍히 여길 것이며, 기뻐하지 말라."

孟氏使陽膚爲士師, 問於曾子. 曾子曰; 上失其道, 民散久矣. 如得其情, 則哀矜而勿喜.

양부는 증자의 제자다. 맹손씨가 옥을 총괄하는 높은 자리에 임명하자 스승인 증자에게 어떻게 해야 할지를 물었다. 증자의 대답이 아름답다.

다산은 양부가 맹손씨의 일원이었을 것이라고 추정했다. 그는 필경 양씨였을 것이고, 그렇다면 앞에서 논의한 양화와 같은 집안이었을 것이고, 양화는 필경 맹손씨 사람이었을 것이기 때문이다. 양화가 맹손씨 사람이라는 것은 다산의 견해로 그는 양화가 삼환씨를 제압한 뒤 스스로 맹손씨 집안을 다스리려고 했다는 사실에 근거하여 그렇게 추론했다(17.1). 물론 이 추론이 옳지 않다면 양부가 맹손씨에 속한다는 추론도 증명할 수 없다.

이 장에서 '실정(情)'이 무엇인지는 작은 논란이 된다. 고주는 옥에 갇히게 된 실정을 의미한다고 보았고, 금주는 백성이 살고 있는 실정을 의미한다고 했다. 다산은 이 두 가지 설을 소개만 하고 자신이 어떤 것에 기우는지 밝히지 않았는데, 두 해석이 다 받아들일 만하고 또 서로 통하기 때문이었을 것이다. 유교는 백성이 어쩔 수 없어 죄를 지었다는 것을 알면 긍휼히 여기지만 그들을 사면하지는 않는다. 유교는 국가를 경영하는 사상이고, 어떤 것에 대해서도, 심지어는 연민이라고 하더라도 극단으로 가지는 않기 때문이다.

19.20

자공이 말했다. "주의 불선함이 이처럼 심하지는 않았다. 이 때문에 군자는 하류에 거하는 것을 싫어하니 천하의 악이 모두 그곳으로 모인다."

子貢曰; 紂之不善, 不如是之甚也. 是以君子惡居下流, 天下之惡皆歸焉.

은나라를 망하게 했다는 주왕이 어떻게 천하의 악인이 되었는지 이 장을 통해 알 수 있다. 주왕이 좋은 왕은 아니었지만 그의 악행이 흔히 이야기하는 것처럼 그렇게 심하지는 않았다고 자공은 증언했다. 주왕의 악명은 과장되었다는 것이다. 물론 모든 것은 그가 초래했다. '하류下流', 곧 "지형이 낮아서 모든 물줄기가 모이는 곳"처럼 더러움이 모이는 곳에 몸을 맡긴 것은 그이기 때문이다. 이렇게 한 번 악명이 나기 시작하면 걷잡을 수 없이 악인이 되어가므로 명예를 소중히 생각하는 사람은 조심하지 않을 수 없다. 다산은 악명이 번져가는 과정을 이렇게 묘사한다.

한 사람이 악명을 얻으면 옛날 들었던 다른 사람의 악행 중 비슷한 것을 모두 그 사람에게 돌린다. 혹은 더하거나 빼고, 거짓을 조작하고, 와전에 와전을 거듭하면서, 오래 되면 실록이 되어버린다.

고금주는 악명을 얻으면 사람들의 미움을 사게 되기 때문에 악명이 더해진다고 했다. 하지만 다산은 이 해설이 정확하지 않다고 보았다. 악명이 점점 커지는 과정은 누가 누구를 싫어해서가 아니라 그저 자연스러운 흐름일 뿐이다. 자공은 '하류'라는 말을 써서 물이 자연스럽게 아래로 흘러가듯이 "천하의 악이 모두 그곳으로 모인다"라고 했으므로 다산의 설명이 설득력이 있다.

19.21

자공이 말했다. "군자의 잘못은 일식이나 월식과 같다. 잘못하면 사람들이 모두 쳐다보고, 고치면 사람들이 모두 우러른다."

子貢曰; 君子之過也, 如日月之食焉. 過也, 人皆見之, 更也, 人皆仰之.

'경更'은 여기에서 '고치다(改)'라는 뜻이다. 앞 장에서 "소인은 잘못을 저지르면 반드시 꾸민다"(19.8)라고 했는데, 그렇다면 군자는 잘못을 저지르더라도 꾸미거나 둘러대지 않음을 알 수 있다. 그래서 누구나 군자의 잘못을 알아차린다. 그런 모습이 마치 일식이나 월식 때 모두가 하늘을 쳐다보는 것과 같다. 또 군자가 잘못을 고치면 일월식 후 해나 달이 다시 하늘에 나타나 모두가 탄성을 지르는 것처럼 그를 존경하게 된다. 그런 면에서도 "군자의 잘못은 일식이나 월식과 같다."

이 장에서 다산은 지면을 할애해서 일식과 월식이 왜 일어나는지를 설명한다. 그에 따르면 "합삭合朔이 일어날 때 해와 달이 서로 만나 동서의 경도도 같고 남북의 위도도 같아지면 달이 해를 가린다. 그렇지만 해와 달과 관찰자 셋이 일직선에 있어야 일식을 볼 수 있다. 또 지구가 해를 가리면 월식이 된다. 달은 본래 빛이 없고 햇빛을 받아 밝아지는데, 정망正望 때 달과 지구와 해 셋이 일직선에 있으면 땅이 햇빛을 가리게 되고 사람은 땅과 해를 등지게 되어 월식을 볼 수 있다." 다산의 실리학은 의리, 사리, 물리에 대한 연구로 구성된다고 했는데, 이렇게 다산은 물리에 대한 연구를 보고했다.

19.22

위나라 공손조가 자공에게 물었다. "중니는 어떻게 배웠습니까?" 자공이 말했다. "문왕, 무왕의 도가 아직 땅에 떨어지지 않아 사람에게 있었습니다. 뛰어난 사람은 그 큰 것을 기록하고 뛰어나지 않은 사람은 그 작은 것을 기록하여 문왕, 무왕의 도가 없지 않았으니 우리 선생님께서 어찌 배우지 않았겠습니까? 또 어찌 일정한 스승이 있었겠습니까?"

衛公孫朝問於子貢曰; 仲尼焉學? 子貢曰; 文武之道, 未墜於地, 在人. 賢者識其大者, 不賢者識其小者, 莫不有文武之道焉. 夫子焉不學? 而亦何常師之有?

이 장부터 「자장」 마지막까지 네 장은 모두 같은 형식이다. 대부분 대부의 지위에 있는 유력자가 공자를 묻거나 품평하고, 그에 대한 대응으로 자공이 공자를 칭송한다. 공자를 높이려는 의도를 분명히 하려고 했는지 등장하는 대부는 공자를 그의 자, 중니仲尼로 부르고, 대부의 질문에 자공은 스승을 '부자夫子'라는 존칭으로 일컫는다. 상례는 아니므로 기록이 잘못되지 않았다면 모두 공자가 죽은 뒤의 대화였을 것이다. 이미 죽은 공자라면 이렇게 높일 수 있다.

자공의 첫 번째 대화 상대는 공손조인데, 위나라의 대부라고 한다. 공손, 곧 위공의 자손이었으므로 대부였을 것이다. 사적은 알려진 것이 없다. 이 정체 모를 대부는 공자의 박식함에 경탄했고, 그 지식의 소종래가 궁금했다. 지금 공자는 성인이지만 당대에는 오히려 박식함으로 이름이 났다고 한다. 그래서 공손조는 공자의 스승이 궁금했다. 하지만 자공은 공자에게 일정한 스승이 없었음을 알린다.

이 장의 논란거리는 "사람에게 있었다(在人)"라는 말이다. 금주는 이 구절을 문왕, 무왕의 도를 아는 사람이 여럿 있었다는 의미로 이해하면서 예를 들어 공자가 태묘에 들어갈 때 "매사를 물었다"(3.15)던 누군가가 바로 그런 사람이라고 했다. 나아가 『노자』를 썼고 공자를 훈계했다고 사마천이 기록한 노담, 공자가 주나라에 갔을 때 그에게 예악을 가르쳤다는 장홍, 노나라에서 젊은 공자에게 옛날의 관제를 가르쳤다는 염자, 공자에게 음악을 가르쳤다고 사마천이 기록한 사양 등도 그런 사람들이라고 했다.

그렇지만 다산은 금주의 해설이 잘못이라고 판단했다. 그에 따르면 "사람에게 있었다"라는 말은 문왕, 무왕의 도가 그것을 이해한 "사람에게 있었다"라는 뜻이 아니라 "사람들이 기록한 전적에 있었다"라는 뜻이다.

다산의 해설에는 강점이 있다. 본문에서 공자에게 일정한 스승이 없었다는 점을 분명히 했기 때문이다. 정말로 공자가 사람에게서 배웠다면 그들이 대여섯 명이더라도 일정한 스승이 없었다고 하기는 어렵다. 다산의 해설에는 약점도 있다. '재인在人'이라는 두 글자에서 과연 "사람들이 기록한 전적에 있었다"라는 의미를 끄집어내는 것이 자연스러운가 질문할 수 있기 때문이다. 또 다산도 인정하듯이 "공자의 시대에 (공자에게 가르침을 주었을 주요한 전적인) 『시』나 『춘추』(이 맥락에서는 주나라의 역사)는 이미 대부분 훼손되었다." 그래서 공자는 "동주시대 열국의 시를 취합해서 『시』를 보완했고, 노나라 역사를 취해서 『춘추』를 만들었다." 그런데 공자가 문왕, 무왕의 도를 몰랐다면 이렇게 『시』를 편집하고 『춘추』를 짓는 일이 가능했을까? 불가능했을 것이다. 그렇다면 공자는 이미 알았던 문왕, 무왕의 도에 기반해 『시』를 보완하고 『춘추』를 지었으며, 또 이 전적들을 통해서 그것을 배운 셈이다. 다산은 공자가 육경을 통해 배웠다고 했기 때문이다.

본문의 '지識'는 여기에서 '기록하다(記)'라는 뜻이다. 사람들이 기록한 문왕, 무왕의 도 중 큰 것은 '성명덕교性命德敎'이고, 작은 것은 '예악문장禮樂文章'이다. 요즘 말로 바꾸면 큰 것은 사상과 교육이고 작은 것은 전례와 제도다. 다산의 해석이지만 금주의 해석도 유사하다.

19.23

숙손무숙이 조정에서 대부들에게 말했다. "자공이 중니보다 낫다." 자복경백이 자공에게 고하니 자공이 말했다. "궁궐의 담장에 비유하면 저 사의 담장은 어깨에 미치니 집안의 좋은 것을 볼 수 있으나 우리 선생님의 담장은 몇 길이나 되어서 그 문으로 들어가지 못하면 종묘의 아름다움과 백관의 풍요로움을 볼 수 없습니다. 그 문을 얻은 자가 드무니 부자께서 말씀하신 것이 또한 마땅하지 않겠습니까?"

叔孫武叔語大夫於朝曰; 子貢賢於仲尼. 子服景伯以告子貢, 子貢曰; 譬之宮牆, 賜之牆也及肩, 窺見室家之好. 夫子之牆數仞, 不得其門而入, 不見宗廟之美百官之富. 得其門者或寡矣, 夫子之云, 不亦宜乎?

숙손무숙은 이름이 숙손구로 노나라의 대부이며, 자복경백 역시 노나라의 대부로 이미 소개했다(14.37). 자공은 재주가 뛰어나 명망도 높았는데, 공자를 높이는 그의 비유가 멋들어진다. 자신의 장점은 눈에 잘 띄지만 깊이가 얕고, 공자의 덕은 깊어서 잘 안 보이나 한 번 보게 되면 찬탄하지 않을 수 없다. 이 장에 두 번에 걸쳐 '부자夫子'라는 말이 나오는데, 앞에서는 공자, 뒤에서는 숙손무숙을 가리킨다. 혼란을 피하기 위해 뒤의 것은 그대로 '부자'로 옮긴다.

이 장에서 다산은 전체적으로 고금주에 동의했으나 한 가지에서는 다른 견해를 냈다. 곧 '궁장宮牆'은 "궁궐의 담장"을 의미한다. 고금주에서 '궁宮'은 '사람이 거처하는 곳'을 포괄적으로 가리키므로 반드시 궁궐을 의미하지 않고, 따라서 '궁장'도 '집의 담장'을 의미한다. 그런데 본문을 자세히 보면 공자의 문으로 들어서면 볼 수 있는 "종묘의 아름다움과 백관의 풍요로움"은 한 사람의 집이 아니라 궁실 안 종묘와 조회에 참석한 백관에 대한 묘사다. 꼼꼼한 다산은 그 점에 착안하여 '궁장'을 위에서처럼 옮겨야 한다고 주장했다.

19.24

숙손무숙이 중니를 비방하니 자공이 말했다. "소용없이 하는 것이다. 중니는 비방할 수 없다. 다른 사람의 뛰어남은 언덕과 같아서 오히려 넘을 수 있지만 중니는 해와 달이라, 넘을 수가 없다. 사람이 비록 스스로 끊으려고 하여도 어찌 해와 달을 상하게 하겠는가? 단지 자신이 사람의 국량을 모른다는 것을 보일 뿐이다."

叔孫武叔毁仲尼. 子貢曰; 無以爲也. 仲尼不可毁也. 他人之賢者, 丘陵也, 猶

可踰也. 仲尼, 日月也, 無得而踰焉. 人雖欲自絕, 其何傷於日月乎? 多見其不

知量也.

숙손무숙이 어떻게 공자를 비방했는지는 바로 앞 장에 나온다. 제자가 스승보다 낫다고 말하는 것이 스승을 비방하는 일이다. 물론 이 장의 일은 또 따로 있을 것이다. 단지 숙손무숙이 공자를 허투루 생각했다는 것은 앞 장만 보아도 알 수 있다. 이 장에서 자공은 다시 절묘한 비유를 통해 공자를 높인다. 그에게 공자는 뛰어넘을 수 없는 해와 달이다.

본문의 '이以'는 '용用'과 같다. 따라서 '무이위無以爲'는 글자 그대로 보면 "소용이(以) 없이(無) 한다(爲)"라는 의미, 곧 쓸데없는 일을 한다는 뜻이다. "끊는다(絶)"라는 말은 관계를 끊고 멀어지는 것인데, 무엇과의 관계를 끊고 무엇으로부터 멀어지는가를 놓고는 고주와 금주의 생각이 다르다. 고주는 해와 달로부터 멀어지려고 해도 소용이 없다고 했고, 금주는 공자로부터 멀어지려고 해도 소용이 없다고 보았다. 그래서 "어찌 해와 달을 상하게 하겠는가?"라는 말은 금주에서 공자를 저훼하지 못한다는 사실을 비유한다. 다산은 금주를 따랐다.

'양量'도 몇 가지로 해석할 수 있다. 우선 위에서 옮긴 것처럼 사람의 도량 혹은 국량을 가리키는 명사로도 볼 수 있고, 아니면 '헤아리다'라는 의미의 동사로도 볼 수 있다. 그런데 두 뜻은 모두 곡물의 여러 단위를 가리키는 '양'에서 온 것이므로 서로 통한다. 다산의 설명이다. 곧 다산을 따른다면 이 장의 마지막 구절을 "단지(多) 스스로가 헤아릴(量) 줄 모른다는 것을 보일(見) 뿐이다"라고 옮겨도 좋다. 이에 비해 고금주에서는 '양'이 도량 혹은 국량을 가리킨다. 하기는 고금주처럼 보더라도 '양'이 공자를 비방하는 숙손무숙의

좁은 국량을 가리키는지 아니면 단순히 "사람의 국량"을 가리키는지는 확실하지 않다. 다산은 "'양'은 휘, 말, 되, 홉 등을 가리키니 작고 큰 것의 차이가 있다"라는 풍의(1140~1232)의 견해를 금주에서 인용한 뒤 반박하지 않았으므로 위에서는 "사람의 국량"으로 풀었다. 숙손무숙은 사람의 국량에 대소의 차이가 있는 줄 몰랐다는 의미다. '다多'는 여기에서 '지祇'와 통하는 글자로 '단지'라는 뜻이다.

19.25

진자금이 자공에게 말했다. "선생님께서 공손하십니다. 중니가 어찌 선생님보다 낫겠습니까?" 자공이 말했다. "군자는 한 마디 말로 아는 사람이 되고, 한 마디 말로 알지 못하는 사람이 되니 말은 삼가지 않을 수 없다. 우리 선생님께 미칠 수 없음은 사다리를 놓아서 하늘을 오르지 못하는 것과 같다. 우리 선생님께서 나라를 얻으셨다면 이른바 세우면 세워지고, 이끌면 행하며, 편안케 하면 몰려오고, 고무시키면 화합한다는 것이 될 테니 그 삶은 영화로웠고, 그 죽음은 슬펐다. 어떻게 미칠 수 있겠는가?"

陳子禽謂子貢曰; 子爲恭也, 仲尼豈賢於子乎? 子貢曰; 君子一言以爲知, 一言以爲不知, 言不可不愼也. 夫子之不可及也, 猶天之不可階而升也. 夫子之得邦家者, 所謂立之斯立, 道之斯行, 綏之斯來, 動之斯和. 其生也榮, 其死也哀, 如之何其可及也?

다산은 이 장의 진자금이 앞의 한 장(1.10)에 나온 자금을 가리킨다고 보았다. 앞 장에서도 자금은 공자를 힐난하려는 의도를 가지고 자공에게 질문했는데 여기에서도 마찬가지이기 때문이다. 그렇다면 그의 이름은 진항陳亢이다. 앞에서 고주의 정현이 그렇게 소개했다. 이 장에서 그를 진자금이라고 한 것은 그 때문일 수 있다. 『공자가어』는 진항이 공자의 제자라고 했지만 앞에서 설명한 것처럼 주희와 다산은 공자가 아니라 자공의 제자라고 했다. 이 것이 다산의 주장이므로 위에서도 자공이 제자와 대화하는 것으로 이해하고 본문을 옮겼다.

하지만 이 주장에는 설명해야 할 문제가 하나 있다. 여기의 자금이 자공의 제자라면 그가 공자를 '중니'라고 칭할 수 있었을까? 또 스승의 스승인 공자를 폄훼할 수 있었을까? 이런 문제 때문에 고주의 형병은 여기의 자금이 공자(다산에 따르면 자공)의 제자로 알려진 진항과는 다른 사람이며 단지 진항과 성도 같고 자도 같다고 했다. 물론 이 설명도 추측에 불과하다.

다산에 따르면 이 장이 "삶은 영화로웠고, 그 죽음은 슬펐다"라고 묘사하는 사람은 공자다. 금주도 생각이 같다. 그렇다면 이 장을 포함한 「자장」의 마지막 네 장은 공자 사후의 기록이다. 이와 달리 고주는 공자의 세상에서 살았던 사람들의 삶이 영화로웠고, 그들이 죽을 때 슬퍼했다고 보았다. 행복하게 살았기 때문이다.

어찌 됐든 자공은 공자가 나라를 다스릴 기회를 얻지 못한 것을 한탄하면서 만약 공자가 다스릴 수 있었다면 "세우면(立) 세워지고, 이끌면(道) 행하며, 편안케 하면(綏) 몰려오고, 고무시키면(動) 화합했을 것"이라고 했다. 괄호 안에 든 글자를 다른 식으로 해석할 수도 있지만 다산은 공자의 모든 정령이 소기의 효과를 거두는 광경을 이렇게 묘사했다고 보면서 다른 해석, 특히 고주의 해석을 두고 "황당하다"라고 평가했다.

제20편

요왈

堯曰

20.1

요임금이 말했다. "아! 너 순아! 하늘의 역법이 네 몸에 있으니 진실로 그 가운데를 잡아라. 사해가 곤궁해지면 하늘의 봉록이 영원히 마칠 것이다." 순임금도 이것으로써 우임금에게 명했다.

堯曰; 咨! 爾舜! 天之曆數在爾躬, 允執其中. 四海困窮, 天祿永終. 舜亦以命禹.

이 편 「요왈」에는 역대의 성왕이 차례로 등장한다. 이 장에는 요임금, 순임금, 우임금이 등장하고, 『논어고금주』의 편장으로 볼 때 다음 장에는 탕왕, 그다음 장에는 무왕이 등장한 뒤 모든 왕이 공유한 가르침을 적고, 마지막으로 공자가 등장한다. 비록 왕이 되지는 못했지만 공자는 성왕에 견줄 만한 공적을 남겼으므로 『논어』가 그를 왕, 그것도 성왕 대접을 한 것이다. 이 때문에 공자는 자리가 없는 왕, 소왕素王이라는 이름을 얻었다.

이 장에 기록된 요임금의 말은 그가 순임금에게 선양할 때 했다고 한다. 그렇다면 요임금은 이른바 '역수曆數'가 순임금에게 있다는 것을 알았기 때문에 아들 단주 대신 그에게 왕위를 넘긴 것이다. 그런데 '역수'가 무엇인지는 고금주와 다산의 설명이 다르다. 고금주에서 '역수'는 왕위를 주고받는 '차례(曆)'를 의미하고, 다산에게는 천문 역상(曆)의 법칙(數), 곧 "역법"을 의미한다. 얼핏 보면 서로 전혀 다르다. '원의총괄'도 "'하늘의 역법이 네 몸이 있다'라는 말은 바야흐로 순임금이 역상을 다스림을 말한다"라고 하여 다산의 의견을 '원의'로 기록했다.

그렇지만 두 해석은 보기보다 서로 가깝다. '차례'라는 의미의 '역曆'은 '역상'이라는 의미의 '역曆'과 통하기 때문이다. 역상은 원래 일월성신이 지나간 자취(曆)를 형상화한 것이고, 그 자취의 순서 있는 배열이 차례다. 고대의 세계관에서 역상에 규칙성을 부여하는 것은 하늘이고, 제왕을 선택하는 것도 하늘이다. 다시 말해서 역상도 제왕의 차례도 모두 하늘의 법칙(數)에 따라 결정되며, 따라서 제왕의 차례가 역법과 관련이 없을 수 없다. 그렇기 때문에 제왕이 되면 역상의 규칙성에 기초하여 역법을 제정하고 책력을 만들어 반포하는 것이 급선무가 된다. 다산이 주목한 것도 바로 그 점이다. 제왕이 된다는 것은 역법을 관장하는 최고의 자리에 오른다는 의미다. 그러므로 "하늘의 역수가 네 몸에 있다"라는 말은 "하늘의 역법이 네 몸에 있다"라는 뜻이다. 그런데 역법을 다스리는 권리는 한 사람에게만 머물 수 없고, 다른 제왕에게 차례대로 넘겨진다. 그런 의미에서 '역수'를 "역법"으로 보는 다산의 견해가 고금주와 완전히 동떨어진 것은 아니다. 어쨌든 이것이 이 장에서 다산이 발견한 '원의'다.

"진실로(允) 그 가운데(中)를 잡아라"라는 말에서 '가운데'는 두 극단의 중간보다 과불급이 없는 중용을 의미한다. 정치적으로 보면 편향과 편견을 없애고 공명정대하면서도 시의적절하게 나라를 운영하는 것이다. 이 '가운데', 곧 '중中'을 "희로애락이 아직 발하지 않은 것을 '중'이라고 한다"라는『중용』의 말을 참고하여 사물과 감응하기 이전, 아직 감정이 발하지 않았을 때의 인간 본성을 가리키는 것으로 볼 수도 있다. 다산도 "'중'은 '천명지성天命之性'이다"라고 하여 '중'을 인간의 본성으로 보았다. '천명지성'이란 '하늘의 명령으로 사람이 가지게 된 본성'이라는 뜻이다.

그런데 다산의 사상에서는 본성으로서의 '중'도 중용을 의미하는 '가운데'와 통한다. 그는 인간의 본성이 언제나 중용, 곧 선을 지향한다고 생각했기 때문이다.

인간의 본성은 지극히 선하니 능히 이 본성을 지킨다면 천하가 인으로 돌아갈 것이다. 이것 역시 ("진실로 그 가운데를 잡아라"라는 말의) 한 뜻이다.

다산의 인성론을 성기호설로 소개할 때 그가 심리적 기호를 인간 본성으로 생각한 것처럼 설명하기도 하는데, 큰 오해다. 성기호설은 맞지만 다산의 사유에서 인간 본성이 기호하는 것은 선이다. 크게 보면 성선설과 차이가 없다. 이 점은 이미 충분히 설명했다(17.2).

이 장 후반부에 나오는 "사해가 곤궁해지면(四海困窮) 하늘의 봉록이 영원히 마칠 것이다(天祿永終)"라는 말은 금주와 다산에게는 일종의 경고다. 잘못 다스리면 자리가 위험해진다는 말이다. 그렇지만 고주의 해석은 다르다. 고주는 '곤困'을 '극極'과 같은 뜻으로 보면서 해당 구절을 "사해를 끝까지(困) 다하도록(窮) 하늘의 봉록이 영원히(永) 마치리라(終)"라고 읽었다. "사해를 끝까지 다한다"라는 말은 온 세상을 품에 안는다는 뜻이고, "영원히 마친다"라는 말은 하늘의 봉록이 끝날 때까지는 오랜 시간이 흐를 것이라는 뜻이다. 간단히 말해서 고주는 이 말을 일종의 축복으로 보았고, 금주와 다산은 심각한 경고로 이해했다.

사실 '영종永終'은 고전에서 종종 축복이다. 가령 『서』「금등」에는 "너는 영원히 마칠 것(永終)을 도모해야 한다"(『상서주소』, 12:13b)라는 말이 있고, 『주역』에도 "군자는 영원히 마치는 것(永終)을 통해 폐단을 안다"(『주역주소』, 9:18a)라는 말이 있다. 이런 용례를 보면 '천록영종'을 경고로 이해하기 어렵다. 그래서 염약거나 모기령은 이 논쟁에서 고주의 손을 들어주었다. 하지만 고주는 '곤'을 '극'과 같은 뜻으로 보기 때문에 문제일 수 있다. '곤궁'이라는 말의 의미는 너무 명확하므로 이렇게 비틀지 않으면 논란이 되는 구절을 축복으로 해석할 수 없다. 다산이 금주를 따른 것도 이 때문이다. "'곤'이라는 글자는 어떤 것이 가운데 있어서 무엇인가에 둘러싸인 것을 형상하는 것이다. '극'으로 풀이하는 것이 가하겠는가?" 그래서 다산은 "『집주』의 해석은 바꿀 수 없다"라는 결론을 내렸다.

만약 다산의 논의가 여기에서 끝났다면 그래도 쉬울 것이다. 하지만 그의 논의는 계속되고, 계속되면서 결론이 살짝 바뀐다. 모기령은 이 논란에서 고주를 지지하기 위해 많은 전거를 찾아냈는데, 다산은 일단 위의 결론을 내린 뒤에 계속 모기령의 전거를 검토하면서 그에게 동조하는 듯한 발언을 한다.

> 신라 최치원은 "숭복사비명崇福寺碑銘"에서 "내 힘껏 네 몸을 보호하리니 진실로 그 가운데를 잡으면 천록이 영원히 마치리라(永終)"라고 말했다.

"『집주』의 해석은 바꿀 수 없다"라는 자신의 결론에 대한 반증을 소개한 것이다. 이어서 다산은 다시 모기령의 전거를 검토한 뒤 "생각해보건대 한위 이래 본래 두 가지 해석이 있었다. 그러므로 각각을 증명할 수 있음이 이와 같은 것이다"라고 논평했다. 그렇다면 이 논의에서 반드시 고주를 배척할 필요는 없다.

그럼에도 불구하고 다산이 금주를 지지한 데는 이유가 있다. 이 이야기는 이 장과 유사한 글이 『상서』 「대우모」에 나온다는 사실에서부터 시작된다. 「대우모」의 기사는 다음과 같다.

하늘의 역수가 네 몸에 있으니 너는 마침내 으뜸가는 임금의 자리에 오를 것이다. 인심은 오직 위태롭고, 도심은 오직 은미하니 오직 집중하고 오직 하나로 하여 진실로 그 가운데를 잡아라(『상서주소』, 3:12a~b).

이 장과 거의 유사하다. 「대우모」의 글은 순임금이 우임금에게 왕위를 넘겨줄 때 했던 말이다. 그러므로 "순임금도 이것으로써 우임금에게 명했다"라는 이 장의 말은 「대우모」의 기사로 입증된다고도 할 수 있다. (반대로 「대우모」를 위작으로 보는 입장에서는 "순임금도 이것으로써 우임금에게 명했다"라는 『논어』의 말에 근거하여 「대우모」의 내용이 만들어졌다고 볼 수도 있다.) 이어 「대우모」에서 순임금은 "공경하라! 삼감으로써 자리를 보존하되 공경히 백성이 원할 만한 것을 갖추라"(3:12b)라고 한 뒤 문제가 되는 '사해곤궁四海困窮, 천록영종天祿永終'이라는 말을 덧붙인다. 그리고 「대우모」의 이 구절을 주해하면서 공안국은 '천록영종'이 "하늘의 봉록과 전적이 길이 네 몸에서 마칠 것이다"라는 뜻이라고 해설했다. 곧 「대우모」를 참고하면 앞의 논쟁에서 고주를 지지할 수밖에 없다.

하지만 문제는 「대우모」의 진위 여부다. 알다시피 염약거는 이 글이 조작되었음을 밝혔고, 그것을 시작으로 『상서』를 둘러싼, 나아가 중국 고전 전체를 둘러싼 금고문 논쟁이 전개된다. 나중에 모기령은 염약거의 『위고문상서』 비판을 잘못이라고 판단하면서 『고문상서원사』를 썼고, 다산은 다시 모기령을 비판하면서 어떻게 매색이 『위고문상서』를 만들어냈는지 연술했다. 그런데 염약거 이전에『상서』의 일부분에 의심을 보인 사람이 있는데, 그가 바로 주희다. 그러므로 '사해곤궁, 천록영종'이라는 구절을 둘러싼 논쟁은『위고문상서』를 둘러싼 금고문 논쟁의 연장선 위에 있다. 주희와 다산이 같은 입장이고, 모기령이 그 반대편에 있다. 다산이 만약 이 구절에 대한 모기령의 해석을 받아들인다면 그것은 결국 '매씨대우모梅氏大禹謨', 나중에 매색이 지어『상서』에 끼워넣은「대우모」에 대한 공안국의 해설을 받아들임을 의미한다. 다산은 그렇게 할 수 없었다. "『집주』의 해석은 바꿀 수 없다"라는 그의 결론은 이렇게 나왔다. 그러나 순전히 본문의 독법만 놓고 보면 고주의 독법도 충분히 근거가 있고, 다산도 실질적으로 그것을 인정했다.

매색의『위고문상서』를 둘러싼 다산의 논설은 다산의『매씨서평』에 자세히 나와 있다. 하지만 이 장에서 다산이 남긴 논평만 보면「대우모」는 다음과 같은 점에서 위작이다. 첫째, "인심은 오직 위태롭고, 도심은 오직 은미하다"라는 말은『순자』에 나오는 옛날 도경道經의 글이다(『순자』, 15:9b). 둘째,『논어』의 글은 운이 맞는데,「대우모」의 글은 운이 맞지 않는다. 셋째, '곤궁'이라는 말에 대한 공안국의 주는 "완전히 이치에 성립되지 않으며," 따라서 그 주가 달려 있는「대우모」도 신뢰할 수 없다.『위고문상서』와 관련된 논쟁은 다음 장에서도 계속된다.

20.2

말하기를 "나 소자 이는 감히 검은 수소를 써서 감히 크나큰 상제 임금께 밝게 고한다. 죄가 있으면 감히 사면하지 않으며, 상제의 신하는 가릴 수 없으니, 살펴 택하는 것은 상제의 마음에 있다. 내 몸에 죄가 있으면 만방과 나누지 않을 것이고, 만방에 죄가 있으면 그 죄는 내 몸에 있을 것이다"라고 했다.

曰; 予小子履, 敢用玄牡, 敢昭告于皇皇后帝. 有罪不敢赦, 帝臣不蔽, 簡在帝心. 朕躬有罪, 無以萬方, 萬方有罪, 罪在朕躬.

고금주는 이 장을 앞 장과 합했는데, 다산은 분장했다. 요임금과 순임금을 다룬 앞 장과 달리 이 장은 은나라의 개조 탕왕이 하나라의 걸왕을 징벌한 뒤 백성을 상대로 선포한 맹서를 기록했기 때문이다. '이履'가 탕왕의 이름이다. 은나라 왕족의 성은 '자子'이므로 자이子履가 그의 온전한 이름이다. 이 글을 하늘에 제사드릴 때 쓴 고천문으로 보면 본문을 옮길 때 경어를 써야겠지만 이 글은 뒤에서 언급하는 「탕서」와 비슷한 성격을 지닌 것으로 백성이 듣는 주체이므로 평어로 옮겨야 한다. '나'를 '짐朕'으로 칭하는 것이 또 그 당연성을 입증한다.

이 맹서를 선포할 때 하나라는 이미 멸망했다. 그렇지만 아직 은의 제도가 정립되기 이전이므로 검은색을 숭상했던 하의 제도 그대로 "검은 수소(玄牡)"를 사용했다고 한다. '황皇'은 '크다(大)'라는 뜻이며, '후后'는 '임금(君)'이라는 뜻이고, '제帝'는 '상제'를 뜻한다. "죄가 있으면 감히 사면하지 않는다"라는 말은 세상을 어지럽힌 걸왕의 죄를 탕왕이 사면하지 못함을 밝히는 말이다. 모두가 다 받아들이는 설명이다.

이 장에는 다시 『위고문상서』를 둘러싼 논쟁을 불러일으키는 구절이 있다. '제신불폐帝臣不蔽'가 그것이다. 이 말을 옮기면 어떤 독법에서도 위에서처럼 "상제의 신하를 가릴 수 없다"라는 정도가 되는데(한유의 다른 독법이 있기는 하다), 구체적 의미는 주해가마다 다르다. 그들의 차이는 결국 "상제의 신하(帝臣)"를 누구로 보는가의 차이다. 고주는 그것이 걸왕을 의미한다고 보았고, 금주는 천하의 모든 현인을 가리킨다고 보았으며, 다산은 천하의 모든 제후를 가리킨다고 보았다. 금주와 다산의 차이는 무시할 수 있지만 고주와의 차이는 그렇지 않다. 고주처럼 "상제의 신하"를 걸왕으로 보면 이어지는 "가릴 수 없다(不蔽)"라는 말도 걸왕의 죄를 가릴 수 없다, 곧 그의 죄를 덮어줄 수 없다는 뜻이 된다. 그러므로 고주에 따르면 본문에서 탕왕은 걸왕의 죄를 사면할 수 없고, 그 죄도 감추어줄 수 없음을 고한다. 그 죄를 살피는(簡) 것은 결국 하늘이기 때문이다. 고주에서는 탕왕이 이렇게 하나라 정벌의 당위성을 선포한다. 고주에서 '간簡'은 '살피다(閱)'라는 뜻이다.

반면 금주나 다산처럼 "상제의 신하"를 현인이나 제후로 보면 "가릴 수 없다"라는 말도 그들을 인위적으로 감추어둘 수 없다는 뜻이 된다. 따라서 본문에서 탕왕은 걸왕을 사면할 수 없고, 인재를 감추어둘 수도 없음을 고한다. 어떤 사람을 천하의 주인으로 삼을지 살펴 선택하는 것(簡)은 하늘이기 때문이다. 금주와 다산의 해석에서는 탕왕이 이렇게 하늘이 자신을 선택했음을 선포한다. 이때 '간'은 '살피다'라는 뜻과 함께 '선택하다(選)'라는 뜻도 가진다.

그런데 『상서』에는 탕왕이 걸왕을 정벌하고 은나라를 세울 때 한 맹서를 기록한 글이 두 개 더 있다. 「탕서」와 「탕고」다. 「탕서」는 마지막 전쟁을 앞두고 명조鳴條라는 곳에서 탕왕이 군사들 앞에서 한 맹서이며, 「탕고」는 그 전쟁에서 이기고 은나라의 수도인 박亳으로 돌아와서 반포한 포고문이다. 이중 「탕고」는 매색의 『위고문상서』 25편 중 하나이고, 「탕서」는 매색 이전부터 통용되던 『상서』, 분서갱유로 사라진 『상서』를 학자들의 기억에 의존하여 한나라 때 복원한 금문 『상서』에 속한다. 어쨌든 「탕서」와 「탕고」에는 이 장과 유사한 글이 있을 텐데, 과연 그렇다. 「탕서」에는 없고, 「탕고」에만 있다. 「탕고」에는 "감히 검은 수소를 사용하여 감히 상천의 신령스러운 임금에게 밝게 고하여 죄가 하나라에 있음을 청하는 것이다. (…) 너에게 선함이 있다면 내가 감히 가릴 수 없으며(爾有善, 朕弗敢蔽), 죄가 내 몸에 있다면 감히 스스로 사면하지 못할 것이니 오직 살피는 것은 상제의 마음에 달려 있다"(『상서주소』, 7:17b)라는 글이 있다.

그런데 고주에서 공안국은 "저 소자 이는 감히 검은 수소를 써서 감히 크나큰 상제 임금께 밝게 고합니다"라는 구절을 해설하면서 "『묵자』가 인용한 「탕서」에 나온 말이 이와 비슷하다"라고 했다. 이 장과 유사한 글이 나오는 것은 「탕고」인데, 공안국은 「탕고」에 대해서는 일언반구 말이 없고 『묵자』가 인용한 「탕서」에 비슷한 말이 있다고 했다. 이제 매색이 누구의 권위를 빌어 『위고문상서』를 원제에게 헌상했는가를 기억할 차례다. 그는 『위고문상서』가 공안국으로부터 전해졌다고 했다. 만약 공안국이 정말로 「탕고」를 비롯한 이른바 『위고문상서』를 전했다면 그가 이 장을 주해하면서 대단히 유사한 글을 담고 있는 「탕고」를 언급하지 않았을 리 없고, 「탕고」를 언급하는 대신 『묵자』가 인용한 「탕서」에 비슷한 내용이 있다는 것만 언급했을 리는 더욱 없다. 결국 공안국은 『위고문상서』의 「탕고」를 알지 못했다는 것이고, 따라서 『위고문상서』가 공안국에게서 전해졌다는 매색의 증언도 거짓이다. 그래서 다산은 이 장에 대한 공안국의 주가 『위고문상서』가 위작임을 밝히는 철의 증거라고 생각했다.

> 생각건대 지금의 「탕고」는 매씨가 말하는 소위 공안국의 진본이다. 공안국 스스로가 「탕고」를 전했는데도 이 글(「탕고」에 있는 이 장과 유사한 글)을 보지 못하고 멀리 떨어져 있는 『묵자』를 끌고 와서 성경(『논어』)을 증명했으니 이러한 이치가 있는가? 이것은 매씨가 『상서』를 위조했다는 철증이니 변론하는 것이 장의나 공손연 같더라도 대응할 길이 없을 것이다.

이 주장은 '원의총괄'에도 기록되었다. "공안국 주의 『묵자』 관련 해설은 매씨가 위조했다는 철증이다."

다산의 논설은 설득력이 있다. 매색이 『위고문상서』를 위조했다는, 지금 많은 학자가 받아들이는 주장에 하나의 증거를 제공한다. 「탕고」는 위조된 것이고, 고주의 공안국 주는 믿을 만하다. 과연 고주에서 공안국이 말한 그대로 『묵자』가 인용한 「탕서」에는 이 장과 유사한 글이 있다(현행본 『묵자』 「상현」에 있다). 그렇지만 이미 언급한 것처럼 지금 통용되는 『상서』의 「탕서」에는 이 장과 유사한 글이 없다. 이것은 『묵자』가 인용할 때 「탕서」에 있었던 글이 한나라 때 『상서』가 금문으로 복원될 때는 사라졌다는 것을 의미한다. 곧 금문 『상서』도 원래의 『상서』를 그대로 보여주지 않는다.

이렇게 이 장에 대한 공안국의 주에 기반하여 공안국이 전했다고 하는 『위고문상서』의 위작 증거를 강화한 다산이지만 '제신불폐'라는 말을 두고는 고주가 아니라 금주를 따른다. "만약 포함의 설을 따른다면 '간재제심簡在帝心'이라는 말을 해석할 수 없다."

다산의 이 판단은 앞의 논의만큼 설득력 있지 않다. 일단 고주에서도 '간재제심'을 문맥에 어긋나지 않게 해석하는 것이 가능하다. 그보다 더 큰 문제는 '제신불폐'에 대한 다산이나 주희의 해석이 앞에서도 인용한 「탕고」의 문장과 잘 어울린다는 점이다. "너에게 선함이 있다면 내가 감히 가릴 수 없다." 곧 다산은 '제신불폐'의 해석에서 자신이 위조되었다고 단언한 「탕고」의 문맥을 받아들인다. 그는 "포함은 매씨의 책을 보지 못했기 때문에 '폐蔽'를 '죄를 가리다'라는 의미로 해석했고, 주자는 매씨의 책을 보았기 때문에 '폐'를 '현명함을 가리다'라는 의미로 해석했다"라고 하여 자신이 전후의 상황을 잘 안다는 것을 보여주었다. 그런데도 그는 「탕고」의 문맥을 받아들이면서 금주를 따른 것이다. 그리고 다산은 얼핏 보기에 독자를 어리둥절하게 만드는 이 혼란을 절묘하게 설명한다. 다산이 보기에 「탕고」는 『상서』의 일부가 아니라 『논어』이 장의 주석에 불과하다. 그러므로 『논어』의 이 장을 읽을 때는 「탕고」라는 오래된 주석에 따라 이 장을 읽어야 한다.

20.3

주나라에 큰 베풂이 있었으므로 착한 사람이 부유해졌다. "비록 주나라의 친족이 있으나 인한 사람보다 못하고, 백성에게 잘못이 있으면 내 한 사람에게 있는 것이다." 저울과 도량을 엄정히 하고, 법과 제도를 살피며, 무너진 관직을 보수하니 사방의 정사가 실행되었다. 멸망한 나라를 일으키고, 끊어진 세대를 잇게 하며, 숨은 백성을 등용하니 천하의 백성이 마음을 귀복시켰다. 중하게 여긴 것은 백성의 먹을거리, 상사, 그리고 제사였다.

周有大賚, 善人是富. 雖有周親, 不如仁人, 百姓有過, 在予一人. 謹權量, 審法度, 修廢官, 四方之政行焉. 興滅國, 繼絶世, 擧逸民, 天下之民歸心焉. 所重, 民食喪祭.

고금주는 이 장을 앞의 두 장과 합쳤는데, 다산은 분장했다. 이 장은 은나라를 무너뜨리고 주나라를 세운 무왕의 일을 기록했기 때문이다. 이 장 역시 『위고문상서』와 복잡하게 얽혀서 독법과 해석의 논쟁을 낳았다.

우선 "주나라에 큰 베풂이 있었다(周有大賚)"라는 말이 먼저 나온다. 여기에서 '뇌賚'는 '사賜'와 같은 의미로 공훈과 덕행이 있는 사람에게 은사를 내리는 것을 의미한다. 이 말을 달리 읽을 수는 없지만 그 함의에 대해서는 고주와 금주의 설명이 다르다. 고주는 하늘이 "큰 베풂"을 주나라에게 주었다고 보았고, 금주는 주나라가 "큰 베풂"을 공훈이 있는 사람에게 주었다고 보았다. 고주처럼 이해하면 이어 나오는 '선인시부善人是富'도 "착한 사람이 풍부해졌다"라고 읽어야 한다. 곧 하늘의 은사를 받아 주나라에는 착한 사람, 인재가 많아졌다. 반면 금주처럼 이해하면 위에 옮긴 것처럼 "착한 사람이 부유해졌다"라고 읽는다. 주나라에서 은사를 내려 착한 사람이 부를 누리게 되었다는 뜻이다. 다산은 금주를 따랐다.

이제 기억해야 할 것은 『상서』「무성」에 "주나라에 큰 베풂이 있었다"라는 말과 유사한 문장이 있다는 사실이다. "사해에 크게 베푸니(賚) 백성이 열복했다"(『상서주소』, 10:36a). 「무성」의 맥락에서는 문제가 되는 말을 고주처럼 읽을 수 없다. "사해에 크게 베풀었다"라고 했으므로 주나라만 은사를 받은 것(고주)이 아니라 사해가 받은 것이다(금주). 또 고주에 따르면 "주나라에 큰 베풂이 있었다"라는 말은 주나라가 은나라를 정복하기 이전의 일을 묘사한다. 주나라가 하늘의 은사를 받아 인재를 가졌고, 그 뒤 은나라를 정벌했기 때문이다. 그렇지만 「무성」은 무왕이 은나라를 정복한 뒤의 기록이다. 그러므로 「무성」을 참고하면 금주와 다산이 맞다. 금주에서 주희는 지금 논의하는 말이 "「주서·무성」편에 보인다"라고 하여 그가 「무성」을 참고했음을 보여주었다.

그런데 「무성」 역시 『위고문상서』 25편 중 하나다. 다산처럼 『위고문상서』를 위작으로 간주한다면 「무성」을 참고하기가 어렵다. 그럼에도 다산은 「무성」을 참고한 금주의 해석을 채택했다. 얼핏 보면 모순적이다. 그렇지만 이런 경우 다산의 논리가 있다. 앞 장에도 적용된 논리다. 곧 다산은 매색이 『위고문상서』를 조작할 때 『논어』를 참고했다고 보았고, 따라서 그에게 『위고문상서』는 『논어』의 각주다. 쉽게 말해서 「무성」은 문제가 되는 구절에 대한 동진

시대의 경학자 매색의 오래된 주석이다. 따라서 「무성」은 주석으로서 참고할 수 있다.

　일단 이 논리를 받아들이고 다음 문장, "비록 주나라의 친족(周親)이 있으나 인한 사람보다 못하다"라는 문장을 검토해보자. 지금 이 문장은 다산의 독법을 따라 옮긴 것이다. 그에 비해 고금주는 해당 구절을 "비록 지극히(周) 친한 사람(親)이 있었더라도 인한 사람보다 못했다"라고 읽는다. 고금주의 독법에서 '주周'는 '지至', 곧 '지극하다'라는 의미다. 이렇게 읽으면 은 주왕에게도 지극히 친한 사람이 있었지만 주나라가 가진 인한 사람보다 못했고, 그래서 주나라가 은나라를 정벌할 수 있었다는 뜻을 얻을 수 있다.

　고금주의 독법에는 근거가 있다. 이제는 『상서』 「태서」다. 「태서」에는 '수유주친雖有周親, 불여인인不如仁人'이라는 구절이 그대로 나온다. 그리고 그 구절에 공안국이 주를 달았다. "주왕에게 지극히 친한 사람이 비록 많았더라도 주나라 왕실에 인한 사람이 많은 것보다 못했다"(『상서주소』, 10:14a). 그러므로 이 주를 참고한다면 문제가 되는 구절은 당연히 고금주처럼 읽어야 한다. 주희도 이 주를 언급하면서 자신이 그것을 참고했음을 밝혔다.

　하지만 「태서」 역시 『위고문상서』 25편 중 하나다. 그리고 다산에 따르면 『위고문상서』에 달린 공안국의 주는 모두 매색이 위조한 것이다. 곧 매색은 『논어』 등을 참고하여 『위고문상서』의 본문을 조작했을 뿐만 아니라 공안국의 이름을 훔쳐 주까지 달아놓았다.

　그런데 재미있게도 고주에 '수유주친, 불여인인'에 대한 공안국의 주가 있다. 거기에서 공안국은 "친하더라도 사람이 현명하지 않고 충실하지 않으면 주살하는 것이니 관숙과 채숙이 이것이다. 인한 사람은 기자와 미자를 가리키니 찾아오면 등용하는 것이다"라고 했다. 관숙과 채숙은 무왕의 형제로 무왕이 죽은 뒤 조카가 왕이 된 것에 불만을 품었다가 결국 주공에게 죽었고,

기자와 미자는 은나라에서 버려졌다가 나중에 주나라 무왕이 등용했다. 곧 고주의 공안국은 '수유주친, 불여인인'을 주나라와 연관시켜 설명했다. 동일한 문장을 해설하면서 고주의 공안국은 『상서』「태서」의 공안국과 다른 주를 남긴 것이다. 「태서」의 공안국을 매색으로 보는 다산은 당연히 이 문제를 짚고 넘어간다.

> 또 살펴보건대 『논어』의 주는 진짜 공안국의 주이고, 「태서」의 주는 가짜 공안국의 주다. 진짜와 가짜는 서로 도모할 수 없으니 어찌 양자가 서로 합치되겠는가? 이것은 다시 매씨가 위조했다는 사실을 보여주는 철증이니 어찌 벗어날 수 있겠는가?

앞 장에서도 고주의 공안국이 『위고문상서』의 공안국을 모르는 사례가 있었다. 그때도 다산은 그것이 『위고문상서』가 위조임을 보여주는 철의 증거라고 했다. 다산은 여기에서도 똑같은 증거를 발견했다.

그런데 고주의 공안국 주는 정말 「태서」의 공안국 주와 다른가? 확실하지 않다. 확실한 것은 적어도 고주의 형병은 그렇게 보지 않았다는 점이다. 형병은 왜 공안국이 같은 문장을 두고 두 개의 다른 주를 남겼는가를 설명하면서 "양쪽으로 그 뜻이 통하게 하기 위해" 그렇게 했다고 했다. 다시 말해서 공안국은 '수유주친, 불여인인' 자체는 「태서」의 공안국처럼 읽었다. 단지 고주에서 이 말을 해설할 때는 그 안의 정치철학이 은나라만 아니라 주나라에도 적용된다고 생각했기 때문에 관숙과 채숙을 거론하고 기자와 미자의 예를 들었다.

그렇지만 이것은 형병의 생각일 뿐이다. 다산은 「태서」를 무시하고 고주의 공안국에 주목했다. '수유주친, 불여인인'에 대한 다산의 독법이 고금주와 다른 점은 그것을 주나라와 연결했다는 것인데, 이 독법은 십중팔구 고주의 공안국에게서 영감을 얻었을 것이다. 고주의 공안국이 그것을 주나라와 연결시켰기 때문이다. '주친周親'을 "주나라의 친족"으로 읽는 다산의 다른 독법은 이렇게 탄생했다. '원의총괄'은 이 논의를 "'주친'은 희씨姬氏를 가리키며, '인인'은 미자와 기자다"라고 기록했다. '희씨'는 주나라 왕실의 성이다.

그런데 왜 다산은 "주나라에 큰 베풂이 있었다"라는 말을 이해할 때는 『위고문상서』「무성」의 맥락을 받아들이고, '주친'을 놓고는 『위고문상서』「태서」의 맥락을 받아들이지 않았을까? 다산은 설명하지 않았다. 단지 한 가지 가능한 설명은 「무성」의 맥락은 『위고문상서』 본문의 맥락이고, 「태서」의 맥락은 『위고문상서』 본문에 달린 주석의 맥락이라는 것이다. 곧 『위고문상서』 본문은 『논어』를 제대로 읽는 데 도움이 되지만 거기 붙은 공안국의 주석은 참고할 가치가 없다. 설명이 되는 것 같기도 하다. 그러나 다산에 따르면 『위고문상서』의 본문이나 주석은 모두 매색의 위작이다. 그런데도 둘을 달리 취급하는 것이 과연 타당한가? "'주친'은 희씨姬氏를 가리키며, '인인'은 미자와 기자다"라는 다산의 '원의'는 이런 점에서 석연치 않다.

물론 그렇다고 해서 고금주가 옳지는 않다. 고주나 금주도 문제가 있다. 고주는 '주유대뢰'를 놓고는 「무성」을 무시했고, '수유주친, 불여인인'을 놓고는 「태서」를 참고했다. 금주는 일관되게 『위고문상서』를 참고한 듯이 보인다. '주유대뢰'와 관련해서는 「무성」을 언급했고, '주친'을 해석하면서는 「태서」를 언급했기 때문이다. 하지만 금주처럼 해석하면 이 장은 무왕이 이미 은을 정벌한 뒤 주나라가 크게 베푼 일(周有大賚)을 그 정벌을 시작하기 전의 상황(雖有周親, 不如仁人)보다 먼저 서술한 셈이 된다. 비상식적이다. 결국 이런 문제는 결론을 내기 어렵다. 그렇기 때문에 역대 수많은 논쟁이 있었으며, 다산은 자신의 결론을 제시하여 다시금 자주적이고 독창적임을 보여주었을 뿐이다.

독창적이고자 한 다산은 '주유대뢰'에 대해서는 「무성」을 참고하고 '주친'에 대해서는 고주의 공안국을 참고하면서도 자신의 해석이 약간이라도 어떻게 다른지를 밝혔다. 곧 「무성」에서는 "사해에 크게 베풀었다"라고 했지만 다산은 "널리 베풀고 무리를 구제하는 것은 요순도 어렵게 여기셨는데, 주나라의 큰 베풂이 어떻게 사해에 미쳤겠는가?"라고 하면서 '사해'라는 용어가 적절하지 않음을 지적했고, 고주의 공안국을 두고는 "관숙과 채숙을 죽인 것은 성왕 때의 일이니 어찌 무왕의 일이겠는가?"라고 하면서 그 예가 잘못되었음을 지적했다. 다산이 보기에 "비록 주나라의 친족이 있으나 인한 사람들보다 못하다"라는 말은 무왕이 그의 친족보다 인한 사람을 먼저 생각했다는 사실과 더 직접적으로 관련이 된다. 무왕은 정벌이 끝난 뒤 가마에서 내리기도 전에 황제와 요순의 후예를 찾아 봉했고, 가마에서 막 내린 뒤에는 하나라와 은나라의 후예를 봉하고, 비간의 묘에 봉분을 올렸다. 그의 친족은 뒷전이었다. 무엇을 먼저 할 것인가라는 문제에서 그들은 인한 사람보다 못했기 때문이다.

여태까지 논의한 "비록 주나라의 친족이 있었으나 인한 사람들보다 못했다"라는 문장부터 이어 나오는 "백성에게 잘못이 있으면 내 한 사람에게 있는 것이다"라는 문장까지는 모두 무왕의 맹서하는 말이다. 그래서 위에서는 인용문으로 처리했다. '권權'은 저울이며, '양量'은 곡식의 부피를 재는 도량을 의미하는 것으로 주나라는 제멋대로였던 이것들을 엄정하게 하여(謹) 평준화했다. 또 다산에 따르면 주로 형률을 의미하는 법(法)과 전례 및 기물에 관한 제도(度)를 검토했고, 난세에 사람을 구하지 못해 폐지시켰던 관직을 복원하여 "사방의 정사(四方之政)를 실행했다."

이때 '사방지정四方之政'은 다산에 따르면 "사방을 순수하여 하늘과 산천에 제사하고, 관리의 업적을 고과하며, 형률과 제도를 통일하고, 계절과 달의 시간을 조화롭게 하고, 오례를 닦는 정사"를 말한다. 중앙 정치가 안정을 찾으면서 왕이 순수하는 제도를 다시 부활시켜 지방 곳곳까지 효율적으로 다스려지도록 했다는 말이다. '사방지정'의 대한 다산의 설명은 이것이 거의 전부이고, 더 이상의 논의는 없다. 또 고금주도 다산의 설명에 반대하지 않았을 것이다. 그럼에도 불구하고 '원의총괄'은 이것을 다산이 발견한 '원의'로 기록했다. "사방지정'은 당우 시대 사악四岳을 순수하던 정사를 가리킨다." 과연 '원의'로 기록될 만한지 의심스러운 경우다.

"멸망한 나라를 일으키고, 끊어진 세대를 잇게 하며, 숨은 백성을 등용했다"라는 말은 무왕이 인한 사람을 잘 대접했다는 사실을 증명한다. 후손이 있지만 땅이 없는 것이 "멸망한 나라"인데 이 경우에는 후손을 찾아 옛 영토에 나라를 세우게 함으로써 그것을 잇게 했고, 땅은 있지만 후손이 없는 것이 "끊어진 세대"인데 이 경우에는 서얼을 찾아 왕계를 잇도록 하고 제후로 삼았다. 이어서 기자나 미자 같은 숨어 있는 사람을 등용함으로써 주나라의 제도가 정비되었고, 세상은 평화로웠다. 무왕 자신의 친족보다 어진 사람을 더 중시함으로써 민심을 얻었던 것이다.

'원의총괄'에 기록된 이 장의 '원의'는 셋인데, 그중 둘은 소개했다. 마지막은 "'민식상제民食喪祭'를 병렬하여 네 가지 물건으로 봐서는 안 된다"라는 주장이었다. 이것은 '민식상제'가 백성, 먹을거리, 상례, 제사 네 가지를 가리킨다는 공안국에 대한 반론으로 역시 『위고문상서』와 관련된다. 앞에 거론된 「무성」에 "중히 여긴 것은 백성과 다섯 가지 가르침(五敎)이며, 오직 먹을거리, 상례, 제사였다"(『상서주소』, 10:37a)라는 기록이 있기 때문이다. 고주의 공안국에게 '민식상제'는 네 가지다. 그런데 「무성」은 먹을거리, 상례, 제사 세 가지를 묶어 이야기한다. 그러므로 고주의 공안국은 「무성」을 몰랐다. 그럼에도 불구하고 매색은 「무성」이 공안국에게서 전해졌다고 했다. 이렇다면 다산의 주장을 예상할 수 있다.

> 살펴보건대 공씨가 만약 "중히 한 것은 백성과 오교였다"라는 (「무성」의)
> 글을 보았다면 반드시 네 가지를 병렬하지 않았을 것이다. 이것 또한 (매
> 색이) 위조했다는 철증이다.

앞의 논쟁에서와 마찬가지로 금주는 「무성」을 참고하여 고주를 반대하고
'민식상제'가 백성의 먹을거리(民食), 상례(喪), 제사(祭) 세 가지를 가리킨다
고 했다. 다산도 「무성」을 참고하여 세 가지여야 한다고 주장했다. 그에게 「무
성」은 『논어』의 각주이기 때문이다. 나아가 다산은 왜 세 가지여야 하는지
그 이유를 보완했다. 첫째, 백성이 사람이 아닌 나머지 세 가지와 병렬될 '이
치'가 없으며, 둘째 세 가지는 모두 양생송사의 도구이므로 백성이 낄 데가
아니다.

20.4
관대하면 무리를 얻고, 믿음직하면 백성이 신임하며, 민첩하면 공이
있고, 공정하면 기뻐한다.

寬則得衆, 信則民任焉, 敏則有功, 公則悅.

고금주와 다산이 동의하듯이 이 장은 어떤 한 왕의 업적과 관련되지 않고,
모든 성왕이 공유한 가르침을 기록했다. 고금주는 좁게 보아서 앞에서 소개
된 요임금, 순임금, 우임금, 탕왕, 무왕 다섯 성왕이 공유했던 가르침이라고 했

으나 다산은 더 넓게 보아 모든 임금이 명심해야 할 교훈이라고 생각했다. 고금주는 이 장까지도 앞의 세 장에 붙여 하나의 장으로 취급했으나 앞의 세 장을 모두 별개의 장으로 이해한 다산은 이 장 역시 별개의 장이라고 파악했다.

20.5

자장이 공자에게 묻기를 "어떻게 해야 정사에 종사할 수 있습니까?"라고 하니 선생님께서 말씀하셨다. "다섯 가지 아름다움을 높이고, 네 가지 악을 막아라. 그러면 정사에 종사할 수 있다." 자장이 "무엇을 다섯 가지 아름다움이라고 합니까?"라고 물으니 선생님께서 말씀하셨다. "군자는 은혜로우면서도 낭비하지 않고, 수고롭게 하면서도 원망을 사지 않고, 욕망하면서도 탐하지 않고, 태연하면서도 교만하지 않고, 위엄이 있으면서도 사납지 않다." 자장이 "무엇을 은혜로우면서도 낭비하지 않는다고 합니까?"라고 물으니 선생님께서 말씀하셨다. "백성이 이롭게 여기는 바에 따라 그들을 이롭게 하니 이것이 은혜로우면서도 낭비하지 않는 것이 아니겠는가? 수고롭게 할 만한 일을 택하여 수고롭게 하니 또 누가 원망을 하겠는가? 인을 욕망하여 인을 얻으니 또 어찌 탐하는 것이겠는가? 군자는 많거나 적거나를 막론하고, 또 크거나 작거나를 막론하고 감히 게을리 하지 않으니 이것이 또한 태연하면서도 교만하지 않은 것이 아니겠는가? 군자는 의관을 바르게 하고 백성이 바라본다는 것을 귀하게 여겨 엄연하게 함으로써 사람들이 바라볼 때 경외하도록 하니 이것이 또한 위엄이 있으면서도 사납지 않은 것이 아니겠는가?" 자장이 "무엇을 네 가지 악이라고 합니까?"라고 물으니 선생님께서 말씀하셨다. "가르치지도 않고 죽이는 것을 잔학이라고 하고, 경계하지도 않고 눈앞에서 이루려는 것을 난폭이라고 하며, 정령을 게을리하면서도 기한을 맞추려는 것을 도적이라고 하고., 고르게 하려고 남에게 주면서도 출납에 인색한 것을 유사라고 한다."

子張問於孔子曰; 何如, 斯可以從政矣? 子曰; 尊五美, 屛四惡, 斯可以從政矣. 子張曰; 何謂五美? 子曰; 君子惠而不費, 勞而不怨, 欲而不貪, 泰而不驕, 威而不猛. 子張曰; 何謂惠而不費? 子曰; 因民之所利而利之, 斯不亦惠而不費乎? 擇可勞而勞之, 又誰怨? 欲仁而得仁, 又焉貪? 君子無衆寡無小大無敢慢, 斯不亦泰而不驕乎? 君子正其衣冠, 尊其瞻視, 儼然人望而畏之, 斯不亦威而不猛乎? 子張曰; 何謂四惡? 子曰; 不敎而殺謂之虐, 不戒視成謂之暴, 慢令致期謂之賊, 猶之與人也, 出納之吝, 謂之有司.

이제 공자가 등장한다. 역대의 성왕은 앞에서 묘사한 대로 다스렸지만 공자라면 어떻게 다스렸을까? 이 의문에 대한 공자의 대답을 자장과의 문답을 통해 듣는다. "다섯 가지 아름다움을 높이고, 네 가지 악을 막아라(屛)"라는 것이었다.

다섯 가지 아름다움의 첫 번째는 재정이다. 재정을 써야 하지만 백성이 원하는 곳에 쓰면 낭비는 없다. 두 번째는 요역이다. 백성에게 도움이 되는 사업에 백성을 동원하면 원망이 없다. 세 번째는 정치의 목적이다. 이때 "인을 욕망한다"라는 말은 다산에 따르면 "백성을 편안하게 하려는 것"을 말한다. 인은 남을 사랑하는 것이며, 백성을 편안하게 하는 것이야말로 정치의 사랑이기 때문이다. 네 번째는 통치자의 마음가짐이다. 어떤 상황에서도 교만하지 말라. 다섯 번째는 통치자의 몸가짐이다. 단정하라.

　아름다움을 권장한다면 악함은 막아야 한다. 첫 번째 악은 형벌의 남용이다. 무엇이 의롭고 불의한지 가르치지도 않고 잘못했다고 죽이는 것이다. 두 번째 악은 요역의 불공정이다. 미리 알려주지도 않고(不戒) 당장 "눈앞에서 이루라고(視成)" 곧 성과를 내라고 핍박하는 것이다. 세 번째 악은 관리의 나태함이다. 계획의 고지는 게을리 하면서도(慢令) 자기가 설정한 기한 내에 일을 끝내라고(致期) 강요하는 것이다. 네 번째 악은 재정의 인색이다. 지출해야 할 때인데도 국고를 자기 돈으로 생각하여 인색하게 구는 것이다. 이 마지막 악과 관련된 구절에서 '유猶'는 '균均'과 통하는 글자로 '고르게 하다'라는 뜻이고, '여與'는 '주다'라는 동사다. 금주의 해석으로 다산이 받아들였다. '출납出納'은 글자 그대로 보면 '주고 받아들이는 것'이므로 재정을 지출하고 수입을 확보하는 것 모두를 이야기하는 것 같지만 실제로는 재정의 집행을 의미한다. '출납'이라는 두 글자가 묶여 쓰여서 재정의 집행을 의미한다. 다산이 다른 설명을 억누르며 한 해설이다. 다산에 따르면 "이 장은 백성을 다스리는 요결이므로 왕들의 정치를 소개한 뒤에 기록했다." 길지만 쉽게 이해할 수 있는 장이다.

20.6

공자가 말했다. "명을 알지 못하면 군자가 될 수 없고, 예를 알지 못하면 설 수 없으며, 말을 알지 못하면 남을 알 수 없다."

孔子曰; 不知命, 無以爲君子也. 不知禮, 無以立也. 不知言, 無以知人也.

『논어』의 마지막 장이다. 『논어』 첫 장의 주제는 배움(學)이었는데, 이제 끝을 맺으면서 '명命'을 이야기한다. 고주에서 '명'은 어떤 사람은 현달하고 어떤 사람은 궁벽해지는 차이가 존재한다는 사실, 곧 개인이 어떻게 할 수 없는 운명 같은 것이다. 내게 어떤 운명이 주어졌는가를 모르면 운명에 반하는 삶을 살며, 내 도덕과 인격을 유지할 수 없다. 그래서 "명을 알지 못하면 군자가 될 수 없다." 금주에서 '명'은 예상하다시피 도덕적 명령으로서의 천명이다. 이 도덕적 명령이 존재하고 내게 그 명령을 수행할 능력이 있음을 아는 것이 '명'을 아는 것이다. 이런 믿음이 없으면 이득을 취하고 손해를 피하려는 소인의 충동을 극복할 수 없다. 그래서 "명을 알지 못하면 군자가 될 수 없다."

다산의 『논어』는 『논어고금주』다. 처음부터 나는 이 책이 고주와 금주를 종합하여 『논어』 읽기의 새 지평을 열기 위해 쓰였다고 했다. 그래서 다산은 고주와 금주의 '명'을 종합한다. 곧 그에게 '명'은 일단 금주의 '명'과 같이 "하늘이 사람에게 부여한 것으로 본성이 덕을 좋아하는 것"을 의미한다. 하늘이 본성을 부여했기 때문에 본성은 자연스럽게 도덕의 길로 움직인다. 그 길로 걸어가라는 것이 하늘의 명령, 곧 '명'이다. 동시에 다산은 "죽고 살고, 화를 입고 복을 받고, 영광과 오욕을 경험하는 것에도 역시 '명'이 있다"라고도 말한다. 하늘의 도덕적 명령도 '명'이지만 한 시대를 살면서 성공 혹은 실패를 경험하는 것 역시 하늘의 '명' 곧 운명인 것이다. 이런 사유는 세상을 주재하는 하늘이 존재하고, 하늘의 선한 의지가 실재하며, 그로부터 모든 것이 시작되고 그에 의해 모든 것이 끝난다는 종교적 믿음을 가졌기 때문에 가능했다.

이렇게 해서 다산은 '배움'이라는 지근한 주제부터 시작하여 '명'이라는 자못 이해하기 어려운 주제로 끝나는 『논어』의 긴 여정을 마치면서도 초심을 잃지 않고 '고금주'를 완성시켰다. 다산은 이 여정을 이렇게 정리했다.

노나라의 『논어』는 '학學'에서 시작해서 '명命'으로 끝나니 "아래에서 배워서 위에 이른다"라는 의미다.

이 짧은 논평이 '원의총괄'에 가장 마지막으로 등재된 '원의'다. "아래에서 배워서 위에 이른다"라는 말은 공자의 공부를 요약한 것인데, 이 말을 한 뒤 공자는 "나를 아는 것은 하늘일 것이다"라고 알 듯 모를 듯한 감회를 남겼다. 아마 다산도 같은 말을 하고 싶었을 것이다. 그가 이 역시 '명'이라고 본 그의 운명은 그가 볼 때 성공의 운명이었는지 실패의 운명이었는지 궁금하다. 답을 아는 것은 하늘일 것이다.

『논어고금주』교감

아래는 『논어고금주』에서 수정되어야 할 글자들이다. 다산학술문화재단 판 『논어고금주』나 고전번역원판 『논어고금주』, 그리고 한글 번역본 『논어고금주』에서 지적되지 않은 경우에만 적시했다. 인쇄 과정에서 빚어진 단순 실수도 있지만 『논어고금주』가 잘못된 출처를 제시한 경우도 적지 않고, 고전 원문의 인용 과정에서 발생한 실수도 있다.

1. "曾西之不爲管仲"은 "管仲曾西之所不爲"로 바뀌어야 한다. ("원의총괄")
2. "五十而"는 "五十以"로 바뀌어야 한다. ("원의총괄")
3. "五世爲大夫之五世"는 "五世爲諸侯之五世"로 바뀌어야 한다. ("원의 총괄")
4. "邵端簡"은 "鄭端簡"으로 바뀌어야 한다. (2.1)
5. "許氏"는 "金氏"로 바뀌어야 한다. (2.5)
6. "爛"은 "尋"으로 바뀌어야 한다. (2.11)
7. "季孫叔"은 "季孫宿"으로 바뀌어야 한다. (3.1)
8. "凶年"은 "中年"으로 바뀌어야 한다. (3.16)

9. "食貨志"는 "貨殖列傳"으로 바뀌어야 한다. (3.22)

10. "宋書"는 "南史"로 바뀌어야 한다. (4.7)

11. "淸儒"는 "明儒"로 바뀌어야 한다. (4.7)

12. "管子"는 "國語"로 바뀌어야 한다. (4.11)

13. "齊說"은 "晉語"로 바뀌어야 한다. (4.11)

14. "兄子"는 "弟子"로 바뀌어야 한다. (5.2)

15. "陸稼書"는 "杜氏"로 바뀌어야 한다. (5.20)

16. "越二年"은 "越十五年"으로 바뀌어야 한다. (5.20)

17. "文十二"는 "文十七"로 바뀌어야 한다. (5.20)

18. "文十四"는 "宣十四"로 바뀌어야 한다. (5.20)

19. "十有八年"은 "三十有六年"으로 바뀌어야 한다. (5.20)

20. "氏姓書"는 "姓氏書"로 바뀌어야 한다. (5.24)

21. "八觚六觚"는 "八稜六稜"으로 바뀌어야 한다. (6.24)

22. "九丘八索"은 "八索九丘"로 바뀌어야 한다. (6.26)

23. "竿氏"는 "芉氏"로 바뀌어야 한다. (6.27)

24. "收"는 "牧"으로 바뀌어야 한다. (6.29)

25. "北山者"는 "北山上者"로 바뀌어야 한다. (7.6)

26. "劉炫"은 "劉焯"으로 바뀌어야 한다. (7.7)

27. "周生烈子"는 "周生列子"로 바뀌어야 한다. (8.20)

28. "南史"는 "梁史"로 바뀌어야 한다. (9.19)

29. "後漢書"는 "漢書"로 바뀌어야 한다. (9.19)

30. "班固傳"은 "王莽傳"으로 바뀌어야 한다. (9.19)

31. "禮韻"은 "禮運"으로 바뀌어야 한다. (9.27)

32. "以涅染緅"는 "以涅染緇"로 바뀌어야 한다. (10.6)

33. "潼容"은 "童容"으로 바뀌어야 한다. (10.10)

34. "答難"은 "論難"으로 바뀌어야 한다. (10.17)

35. "通"은 "不通"으로 바뀌어야 한다. (10.17)

36. "孔疏"는 "賈疏"로 바뀌어야 한다. (10.21)

37. "樂輿"는 "樂轡"로 바뀌어야 한다. (10.31)

38. "以禮貌之"는 "以貌禮之"로 바뀌어야 한다. (10.31)

39. "版是戶籍圖"는 "版戶籍圖地圖"로 바뀌어야 한다. (10.31)

40. "一日讀"은 "一旦讀"으로 바뀌어야 한다. (11.6)

41. "杜云"은 "何云"으로 바뀌어야 한다. (11.9)

42. "漢書王符傳"은 "後漢書王符傳"으로 바뀌어야 한다. (11.14)

43. "萬萬"은 "十八萬萬"으로 바뀌어야 한다. (11.14)

44. "吾道誠微哂"는 "吾道成微哂"로 바뀌어야 한다. (11.25)

45. "犁耕"은 "黎耕"으로 바뀌어야 한다. (12.3)

46. "蔡曰"은 "馮曰"로 바뀌어야 한다. (12.9)

47. "蔡說"은 "馮說"로 바뀌어야 한다. (12.9)

48. "陸德明"은 "邢昺"으로 바뀌어야 한다. (12.12)

49. "猶草"는 "惟草"로 바뀌어야 한다. (12.19)

50. "無幾"는 "毋幾"로 바뀌어야 한다. (13.15)

51. "踜踜"은 "硥硥"으로 바뀌어야 한다. (13.20)

52. "慈焉不怡"는 "慈焉不說"로 바뀌어야 한다. (13.28)

53. "四十七章"은 "四十六章"으로 바뀌어야 한다. (14.0)

54. "於國則否"는 "於邑則否"로 바뀌어야 한다. (14.9)

55. "如平生"은 "如驊平生"으로 바뀌어야 한다. (14.13)

56. "首止"는 "首戴"로 바뀌어야 한다. (14.17)

57. “杜預”는 “孔穎達”로 바뀌어야 한다. (14.18)

58. “己”는 “人”으로 바뀌어야 한다. (14.25)

59. “駕馬”는 “駕三馬”로 바뀌어야 한다. (15.6)

60. “循環”은 “循環窮”으로 바뀌어야 한다. (15.11)

61. “玉路繁纓”은 “玉路樊纓”으로 바뀌어야 한다. (15.11)

62. “奏九韶”는 “奏九磬”로 바뀌어야 한다. (15.11)

63. “無得”은 “無德”으로 바뀌어야 한다. (15.20)

64. “磨之之”는 “磨之”로 바뀌어야 한다. (15.25)

65. “玆都函弘”은 “伊玆都之函弘”으로 바뀌어야 한다. (15.29)

66. “守位以仁”은 “何以守位曰仁”으로 바뀌어야 한다. (15.33)

67. “野牛”는 “似牛”로 바뀌어야 한다. (16.1)

68. “蔡曰”은 “蘇曰”로 바뀌어야 한다. (16.1)

69. “蔡說”은 “蘇說”로 바뀌어야 한다. (16.1)

70. “本不好學”은 “人本不好學”으로 바뀌어야 한다. (16.9)

71. “師”는 “師之梁”으로 바뀌어야 한다. (16.9)

72. “六十”은 “十六”으로 바뀌어야 한다. (16.9)

73. “熱如探湯”은 “如探湯”으로 바뀌어야 한다. (16.11)

74. “禽獻”은 “禽獸”로 바뀌어야 한다. (17.2)

75. “希冕”은 “絺冕”으로 바뀌어야 한다. (17.2)

76. “眞性本然, 故名眞實”는 “性本然故, 名眞實行”으로 바뀌어야 한다. (17.2)

77. “成”은 “郕”으로 바뀌어야 한다. (17.4)

78. “一”은 “一通”으로 바뀌어야 한다. (17.6)

79. “回”는 “氏”로 바뀌어야 한다. (17.10)

80. “鄭伯”은 “許男”으로 바뀌어야 한다. (18.1)

81. "持"는 "待"로 바뀌어야 한다. (18.3)

82. "王仲閑"은 "王仲周"로 바뀌어야 한다. (18.7)

83. "海島"는 "海鳥"로 바뀌어야 한다. (18.8)

84. "象庶"는 "衆庶"로 바뀌어야 한다. (18.9)

85. "盡"은 "儘"으로 바뀌어야 한다. (19.1)

86. "圖錄之名"은 "有圖錄之名"으로 바뀌어야 한다. (20.1)

87. "故天祿永終"은 "故福祿永終"으로 바뀌어야 한다. (20.1)

88. "以其簡在帝心故"는 "以其簡閱在帝心故"으로 바뀌어야 한다. (20.2)

89. "周家之多仁人"은 "周家之少仁人"로 바뀌어야 한다. (20.3)

90. "無所指"는 "無所措"로 바뀌어야 한다. (20.6)

찾아보기

다산 논어 2

ⓒ 김홍경

초판 인쇄 2024년 3월 25일
초판 발행 2024년 4월 12일

지은이 김홍경
편 집 강성민 홍진표
펴낸이 강성민
편집장 이은혜
마케팅 정민호 박치우 한민아 이민경 박진희 정유선 황승현
브랜딩 함유지 함근아 고보미 박민재 김희숙 박다솔 조다현 정승민 배진성
제 작 강신은 김동욱 이순호

펴낸곳 (주)글항아리
출판등록 2009년 1월 19일 제406-2009-000002호
주소 10881 경기도 파주시 심학산로 10 3층
전자우편 bookpot@hanmail.net
전화번호 031) 955-8869(마케팅) 031) 941-5159(편집부)

ISBN 979-11-6909-218-0 93140

잘못된 책은 구입하신 서점에서 교환해드립니다.
기타 교환 문의: 031) 955-2661, 3580

www.geulhangari.com